华南理工大学 建筑学院城乡规划专业 社会调研优秀作业选编

Collection of Excellent Work
on Academic Writing of Urban Studies,
B.E. Program in Urban Planning,
South China University of Technology

李昕　赵渺希　编

中国建筑工业出版社

图书在版编目（CIP）数据

华南理工大学建筑学院城乡规划专业社会调研优秀作业选编 = Collection of Excellent Work on Academic Writing of Urban Studies, B.E. Program in Urban Planning, South China University of Technology / 李昕，赵渺希编. —北京：中国建筑工业出版社，2020.8
ISBN 978-7-112-25526-9

Ⅰ. ①华…　Ⅱ. ①李…　②赵…　Ⅲ. ①华南理工大学建筑学院—大学生—社会调查—调查报告—文集　Ⅳ. ① G642.45-53

中国版本图书馆 CIP 数据核字（2020）第 185755 号

责任编辑：周　觅　杨　虹
书籍设计：康　羽
责任校对：王　烨

华南理工大学建筑学院城乡规划专业
社会调研优秀作业选编
Collection of Excellent Work on Academic Writing of Urban Studies,
B.E. Program in Urban Planning,
South China University of Technology
李昕　赵渺希　编
*
中国建筑工业出版社出版、发行（北京海淀三里河路9号）
各地新华书店、建筑书店经销
北京雅盈中佳图文设计公司制版
北京中科印刷有限公司印刷
*
开本：880毫米×1230毫米　横1/16　印张：22¼　字数：780千字
2024年12月第一版　2024年12月第一次印刷
定价：**89.00**元
ISBN 978-7-112-25526-9
　　　　（36527）

版权所有　翻印必究
如有内容及印装质量问题，请与本社读者服务中心联系
电话：（010）58337283　QQ：2885381756
（地址：北京海淀三里河路9号中国建筑工业出版社604室　邮政编码：100037）

指导教师

车　乐　邓昭华　费　彦　贺璟寰　李　昕

刘　晖　刘玉亭　戚冬瑾　汤黎明　陶　杰

陶　金　王成芳　王世福　魏立华　魏宗财

阎　瑾　姚　圣　俞礼军　赵渺希　曾天然

Francesca Frassoldati

序一

疫情期间，宅在家中，收到李昕博士的写序邀请，欣然答应。

华南理工大学（以下简称华工）的城乡规划办学一直走在我国高等教育城乡规划专业教育的前列，一方面拥有以建筑"老八校"为代表的传统工科院校在城市领域善于解决问题的闯劲，另一方面通过人才引进逐步建立起一支城市科学研究团队，将地理学、经济学等学科的研究方法，应用到城市规划中，对城市发展的特征、机理、机制等的分析不断加强，使得解决方案的逻辑愈发缜密，走出了一条理工结合、各显所长、融会贯通的城乡规划办学的新路子。这本《华南理工大学建筑学院城乡规划专业社会调研优秀作业选编》正是近年来华工办学实践成果的重要展示。

粗翻一遍，看到华工同学们满满的社会关怀。周日聚集在香港中环的菲佣，轻度智障人士，高校里的听障学生和非裔学生，通过社交网络积极参与社会生活的视障人士，行色匆匆的外卖骑手，被城市发展逼上岸的疍民，落脚在城中村中的人们，通过打篮球与本地人建立友谊的外来务工者，还有城市乡村面对各类养老问题的长者，将他们放在显微镜下面，他们是谁？他们如何使用城市空间？他们需要什么样的空间？高效的政策制订实施很容易忽略边缘群体的适用性。《正义论》说，对弱势群体的态度反映了一个社会的文明程度。看到边缘群体、弱势群体，看到他们的需求，看到他们的困境，是一个城市规划师在平衡城市增长与社会公平时必有的眼界，这一点，华工同学们做到了。

细细看来，除了遍布城市间隙的温柔细致的研究视角，同学们在报告中显示的对各类社会调研分析方法的综合运用，令人印象深刻。例如2019年社会调研优秀作业《贮藏时光 未老先行——时间银行养老模式实施情况调查》中，同学们确立了南沙时间银行实施现状特征、使用者评价以及制度改进空间等几个关键问题，首先通过南沙时间银行官网上2600多条交易数据的抓取，利用GIS分析工具得到其在区位分布、与人口住户等人口经济数据叠合的特征；其次对于服务接收端长者的评价，通过与社区联系定位，采取传统个人访谈和焦点小组的方式获得数据；而对于分布在网络上的服务提供者群体来说，通过进入志愿者微信群采取网络问卷及个别管理者访谈的方式获得。多方位的数据获得方式，保障了数据的系统性以及分析结果的科学性。

华工规划对珠三角地区的长期关注和研究积累，使得华工同学在成果传承上具有明显优势。2019年交通创新调研二等奖作品《十年"伴"载——对顺德公共交通共同体（TC）模式的研究及改善》，不仅对当前顺德TC模式实施在公交出行效率、公交服务质量及社会公平等方面的优势进行充分调研，最重要的是整合本校同学在2011年、2016年两篇同样针对TC模式的调研报告的主要成果，对TC模式给出了连续十年的观察，传承、延续、消化、提升，这种学习和探索精神是难能可贵的。

善于针对空间问题提出具体解决方案,"接地气"是华工学生作品的一大特色。诸如针对公众假期聚集在城市公共场所的菲佣群体,同学们提出引导、疏解策略之外,更针对他们的需求设计出低成本、便携、美观、灵活的城市家具;针对新媒体发展下"不务正业"的报刊亭,设计了因地制宜、因时制宜对空间灵活高效利用的"文化星光"报刊亭。他们设计功能复合的城市篮球场,他们设计供外卖骑手停留的街道家具,他们更对母婴室、残障人士工疗站等少数人群使用空间提出了实用的空间优化策略。

毫无疑问,所有学生调研报告所显示出的科研能力和人文关怀,无不蕴含着教学团队的辛苦付出。很高兴看到这本《华南理工大学建筑学院城乡规划专业社会调研优秀作业选编》的出版,这是李昕博士和华工各位老师们辛勤付出的重要回报,真诚期待华工的老师和同学们今后能出更多这样的好作品,为各高校城乡规划专业的教师教学和学生学习提供参考和借鉴,也为我们共同推进城市治理、社会治理等各个方面的国家治理体系和能力现代化提供更多、更大的支持。

北京大学城市与环境学院 教授

2020 年 3 月 3 日 于北京

序二

城乡规划专业除了培养建成环境的规划设计能力之外，更要重视通过社会调查来发现问题、分析问题并进行理论思考、观点归纳的能力培养。这种能力，首先需要教师在城市社会学、地理学、经济学等理论课教学基础上，引导学生对现实城乡发展、建设中的各种问题进行关注，并将理论方法与可能的调研选题关联起来，既不能过于宏观宽泛，也不能陷入微观细节。其次，社会调研作业一般是 3~5 名学生组成小组开展，讨论和形成调研计划以及合理有效的合作分工也非常考验学生以及指导教师，而这种合作能力以及其中的领导力、包容力也恰是作为未来规划从业人员所必需的一种素质。最后，调研本身的数据收集、论据整理、论点归纳以及报告写作的文本结构、逻辑关系、结论表述等，也是一种城市研究与城市规划设计综合并重，且更具理性的城乡规划专业能力的体现。

华南理工大学建筑学院的城乡规划专业办学，始终强调学生综合的人文素质与设计能力并重的培养。近年来，结合教学内容、教学方法等多方面的改革与探索，城乡规划专业在社会调研方面的教学取得了良好效果。在全国高等学校城乡规划学科专业指导委员会组织的评优中，城乡社会综合实践调研报告、城市交通出行创新实践均获得了一系列荣誉，积累了一批具有示范交流意义的优秀作业。《华南理工大学建筑学院城乡规划专业社会调研优秀作业选编》的出版，一方面将这些教学成果集中展示，另一方面可为教师教学和学生学习提供参考，同时也作为我校城乡规划教学的一种分享与反思，并记录下这个纷繁变化的城市时代。

华南理工大学建筑学院　教授、副院长

2020 年 3 月 31 日

目录

编者按

主题一　社会公平 ··· 001

障·爱——广州市黄埔区智障人士工疗站发展状况调研·· 002
中环"马尼拉"——香港中环周日菲佣聚集现象调查研究·· 016
大爱无声——基于社会融合的广州某高校听障生社群调研·· 032
和你一起慢慢变老——广州市逢源街社区养老设施调查研究·· 047
老有所"仰"——与第三年龄大学对比的广州高校型老年大学现状调研·· 060
老人与土——广州城郊3村的土地养老调研报告·· 073
老何所"漂"——广州岑村丫小区"老漂族"的生活现状和漂泊感调查研究·· 086
环境移民！？——对广州新洲渔民新村疍民生存困境的调查·· 100
侧耳倾听——视障网民的社交空间调查·· 114
贮藏时光　未老先行——时间银行养老模式实施情况调查·· 129

主题二　城乡治理 ··· 145

"非"常校园——基于广州高校非洲留学生交往活动及交往空间特征的校园需求分析································ 146
何以匆匆？——外卖骑手工作空间调研·· 157
"管"中窥貌——基层治理视角中浙南上张乡集镇风貌整治的田野调查·· 170
危情"伺"伏的大学城——基于环境心理学的广州大学城环境安全感知分析·· 182
城中又一村——以广州里仁洞村为例的大城市淘宝村形成机制研究·· 195
"不务正业"的报刊亭——广州市五山地区报刊亭生存现状调研·· 207

无界线的篮球场——篮球场空间对东莞社会融合的促进机制研究 ··· 221
"村中乐巢"——广州市城中村青年公寓现象研究 ··· 234

主题三　城市更新 ··· **247**

老城 新馆 粤剧艺术博物馆——规划视角下的用地与建筑调查 ··· 248
猎德花园——规划视角下的用地与建筑调查 ··· 258
T.I.T 创意园 ··· 268
唯品同创汇——基于旧厂房改造的城市认知 ··· 279

主题四　交通出行 ··· **289**

渡城内外——广州市水上巴士系统调研及改善 ··· 290
"秩"同道合——深港跨境学童出行链模式研究 ··· 296
"小小数字，大大便利"——广州轨道交通出行数字标识系统的调研 ··· 301
"童行"协力——广州市"警家校"护安护畅交通模式研究及推广 ··· 307
共享单车"电子围栏"的潮汐式动态优化设计 ··· 312
"小·快·灵"——适用于高校社区的微公交运营模式及推广调研 ··· 317
灵公交·助广交——广交会期间临时公共巴士调研及改善 ··· 323
夜 35 在路上——广州夜间巴士 35 路现状调研及优化 ··· 329
优步迷途——广州人民优步使用状况调研及改进推广 ··· 335

附录　2006—2019 年华南理工大学《城乡社会综合调查研究》获奖作业列表 ··· 341

编者按

"城乡社会综合调查研究"（简称"社会调研"）是全国高等学校城乡规划学科专业指导委员会编制的城市规划专业本科生10门核心课程之一，其教学目标是培养城乡规划专业学生关注社会问题的职业素养，增强学生理论联系实际，将工程技术知识与经济发展、社会进步、法律法规、社会管理、公众参与等多方面结合的专业意识，培养学生发现问题、分析问题、解决问题的研究能力，提升学生文字表达水平和综合运用的能力。自2006年开始，全国高等学校城乡规划学科专业指导委员会每年举行"社会综合实践调研报告课程作业评优"以及"城市交通出行创新实践竞赛评优"（2011年开始），是各高校专业教学成果展示及教学经验交流的重要途径之一。

华南理工大学城市规划专业学生自2006年开始参与全国高等学校社会调研课程作业评优，连续多年成绩不俗，累计获奖73个，三等奖以上奖项占比超过50%。尤其在近年来，教学团队通过全面系统强化学生在社会科学研究方法上的训练，竞赛成绩在2014年之后获得显著、全面的提升，尤其是在"社会实践"单项竞赛中连年获奖率都超过80%，明显高于全国兄弟院校平均水平，近5年获得奖项累计达20个，位列全国城市规划专业高校之首；"交通创新"单项累计获奖12项，全国排名第四。与此同时，教学团队通过有意识地对以往社会调研报告成果进行培育，拓展深化研究成果，做到以社会调研促学术研究。自2015年起，以优秀社会调研报告为基础的多项成果得以培育拓展，获得多次各类国家级、省级大学生创新创业、挑战杯等竞赛的重要奖项，并衍生出多篇论文和专利成果。这部分成果都集结体现在本次同步出版的《华南理工大学建筑学院城乡规划专业科创竞赛作业选编》中。

本人自2014年开始参与并负责"城乡社会综合调查研究"的课程教学及竞赛指导工作，结合自身在人文地理学、城市经济学等方面的研究经历，进行了一系列教学研究和改革的尝试，获得各方面的支持，取得良好效果。教学改革项目先后获得2016年度华南理工大学本科教研教改项目、2019年度广东省高等教育教学研究和改革项目的立项与支持，教学经验的整理获得全国高等学校城乡规划学科2018年教师教学创新实验评优佳作奖。自2015年起由华南理工大学资助，连续5年邀请香港大学建筑学院李宁衍副教授来"社会调研"的课堂进行社会科学研究方法的教学与分享，为学生调查研究能力的提升提供更广阔的视野。

为了能够将多年来的教学成果集中体现，同时为后续教师教学和学生作业提供参考，自2019年暑假开始，我和赵渺希老师对近百篇获奖作业和优秀作业进行整理分类，通过多方讨论，选择其中31篇获奖、优秀作业集结出版。其题材涵盖城乡中国的方方面面，按社会公平、城乡治理、城市更新以及交通出行4个主题组织。这些作业无论在选题的社会意义、研究设计的系统性、数据获得方法选择的科学性、结果分析的逻辑严谨性以及最终成果体现的完整性等各方面均表现突出，也能够反映出华工城乡规划专业学生社会观察敏锐、问题意识突出、分析可视化能力强及解决问题意识积极等特点。

本次《华南理工大学建筑学院城乡规划专业社会调研优秀作业选编》的内容涵盖 5 届学生的作业，涉及指导老师近 20 位。甄选、排版编辑历经 6 个月，实属不易。首先，感谢历年来华南理工大学城乡规划专业所有同学参与"社会调研"学习的热情和努力。竞赛的高获奖率能反映其一，同时还有各种原因未获奖的多份优秀作业也值得一读再读。通过对同学们在调研报告写作中的指导，我也与各位同学建立了深厚的友谊，此次联系已毕业多年的同学收集资料，无论身处世界各地读研深造，抑或在各自工作岗位上，都得到了同学们的迅速回应，非常感谢。

其次，感谢历年来参与教学指导的教师团队的精湛指导和辛勤付出。"社会调研"在华工城乡规划"3+2"的教学体系中是四年级下学期的重头戏，每位新入华工规划的教师，无论何种专业背景都需要通过参与四年级的教学逐步熟悉融入，我也非常荣幸和感激能够一直留在四年级和各位同僚并肩作战，感谢学院每一位老师的热情帮助！

感谢负责本次《华南理工大学建筑学院城乡规划专业社会调研优秀作业选编》整理、编辑、排版工作的彭琪帜、白雪、梁锡燕、张建楠同学。

特别感谢本书的责任编辑杨虹老师，为了让读者获得一流的阅读体验，她付出了最严谨细致的工作。

最后，由于近年来华南理工大学城乡规划专业在社会综合调查研究教学方面成绩突出，获奖作品及优秀作业众多，本书只收录部分，还有大量获奖报告未能收入，在附录中一一给予体现。

李昕

2020 年 2 月 26 日

于西安

主题一

社会 + 公平

障·爱
——广州市黄埔区智障人士工疗站发展状况调研

作者学生：刘彦欣、徐嘉婧、许君正、叶宸希
指导老师：李昕、阎瑾、李嘉妍

全国高等学校城乡规划学科

2015城乡社会综合实践调研报告评优

二等奖

扫码阅读
彩色版本

摘要与目录

摘要：

　　智障人士与社会公众之间存在差异，本次调研从智障人士对工疗站的需求角度出发，以广州黄埔区康园工疗站体系为例，利用实地考察、访谈、网络问卷、SD因子分析法等方法，对工疗站的公众了解及接纳程度、布点、服务半径、与周边设施的结合情况和内部空间及使用者评价等多方面进行综合调研，探讨更加合理的工疗站布点设置情况和更适合智障人士的工疗站内部空间模式。最后，对调研结果进行总结，并结合国内其他案例，为工疗站的空间布局提供必要性建议，帮助智障人士在工疗站中学习、生活并融入社会，使工疗站更好地发挥在智障人士和社会大众交流中的桥梁作用。

关键词： 工疗站体系；智障人士；社会接纳程度；空间布点；导则系统

Abstract:

There is an estrangement between Intellectual disabilities and the public. Therefore, this investigation proceeds from the need of Intellectual disabilities for Adult Daycare Facilities for Disabilities and takes an example of Kangyuan Occupation Therapy Station of Guangzhou Whampoa District. This research uses field trip, visit, network questionnaire, SD factor analysis methods and so on to make a comprehensive investigation on comprehension and acceptance of the public, stationing, service radius, combination condition with surrounding facilities and internal space as well as the evaluation of users. At last, this research makes a conclusion and combines with other cases in China to offer some essential recommendations for spatial distribution of Facilities for Disabilities. This is significant to help the disabilities to study and live in this kind of station as well as can fit into the society. Otherwise, it is also make Adult Daycare Facilities for Disabilities better in acting function as a bridge of communication between the Intellectual disabilities and the publics.

Keywords:
System of Adult Daycare Facilities for Disabilities, Intellectual disabilities, Acceptance of the public, Stationing, Guideline

第一章 研究背景与研究思路 01
1.1 研究背景 01
1.2 研究思路 01
第二章 工疗站现状概况 02
2.1 工疗站的公众认知 02
2.2 广州市工疗站整体发展状况 03
第三章 广州市黄埔区工疗站现状特点 04
3.1 广州市黄埔区工疗站整体设置 04
3.2 典型工疗站内部空间及设施使用状况 05
3.3 各人群对工疗站空间及内部设施的使用评价 06
第四章 广州市黄埔区工疗站发展的改进建议 08
4.1 广州市黄埔区工疗站发展的政策性建议 08
4.2 工疗站设置的改进建议 08
4.3 国内其他工疗站与广州市工疗站案例对比 10
附录 11
[附表一] 调研问卷 11
[附表二] 访谈对象资料 12
参考文献 12

研究背景与研究思路

第一章 研究背景与研究思路

1.1 研究背景

1.1.1 背景分析

①智障人群现状简介

智障人士：智力障碍，一般是指大脑受到器质性损害或是由于脑发育不完全，从而造成认识活动的持续障碍以及心理活动的障碍。据统计，广州持证的智障人士约有2万名。

弱势：智障人士由于智力上的缺陷，人身安全与基本权益遭破坏的事件常有发生，而智障人士无法像正常人那样表达自己的诉求，往往更容易受到伤害和利用，几乎不能通过法律途径维护自己的正当权益。

缺乏关注：相比于肢体、视力、听力方面的残疾人士，智障人士受到的社会关注度更低，社会也很难给予他们实质性的关怀。大多数智障人士在行动和感官上并无障碍，与社会接触的愿望也比较强烈。

②工疗站简介

工疗站是民办非企业性质机构，又称街居工疗站，是街道、居委会设置的，主要为智力残疾人及精神病人提供以职业康复训练为主要性质、康复及辅助性就业的残疾人社会福利服务机构。目前工疗站限于现实条件，最主要的功能为智障人士的日间托管。

1.1.2 调研问题

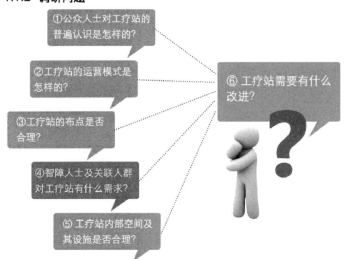

1.2 研究思路

1.2.1 研究目的

通过对工疗站的实地观察和调研，并结合访谈和网络问卷，了解智障人士对工疗站的使用感受，分析其真正需要的工疗站空间特征，从而为黄埔区工疗站发展提供改进建议。

1.2.2 研究流程与方法

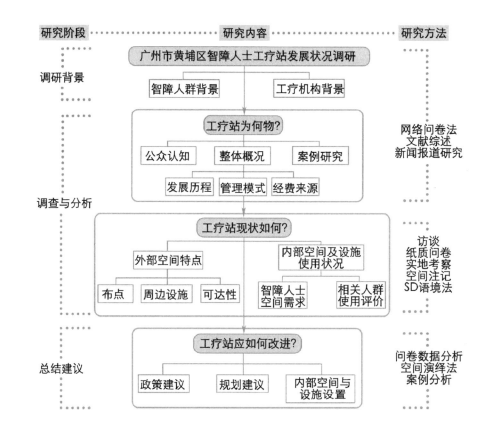

工疗站的公众认知

1.2.3 研究内容
针对工疗站发展状况，从了解工疗站为何物、工疗站现状两个方面，提出改进建议。

① 工疗站为何物：

[公众认知] 从公众对工疗站的认识和接纳程度两个方面，调查工疗站的社会基础，为工疗站定位提供参考。

[整体状况] 从发展历程、管理模式、经费来源三个方面，梳理工疗站整体状况，把握改进的方向。

[案例研究] 从政策解读、规划布点、内部设施三个方面，对比国内工疗站案例，总结经验。

② 工疗站现状：

[外部空间现状] 从工疗站布点、周边设施设置、可达性三个方面，评价工疗站外部空间现状，总结现有问题。

[内部空间及设施使用状况] 从智障人士的不同空间需求、相关人群的设施使用评价两个方面，评价工疗站内部空间及设施现状，总结现有问题。

③ 改进建议：

从政策、规划布点、内部空间与设施等方面提出建议。

1.2.4 调研对象与区域

① 调研对象： 在正式调研之前，我们在黄埔区康园庙头联合工疗站就智障人士的可沟通性做了一次初步的问卷调查。问卷包括站员的姓名、年龄、入站年龄、居住地址、日常活动等问题。大部分智障人士可以自行填写基本信息，只有少部分文化程度较低的站员需要我们口述询问，并记录他们的答案。站员们都非常乐于与我们沟通，为我们日后的调研打下基础。

*站员：即年龄在18~60岁，在工疗站进行工疗的智障人士或其他残疾人士。

② 调研区域： 我们选取广州市黄埔区区划内的康园工疗站体系进行调研。黄埔区位于广州市东部，我们选取这个区域有两个原因。a.可调研性：智障人士与我们在日常生活中接触甚少，要进入他们的生活空间并不容易，我们通过在黄埔区残联工作的朋友介绍，得以进入工疗站开展调研活动。b.经过预调研，我们发现黄埔区内的工疗站体系较为完善，主要城区和街道都有工疗站。

第二章 工疗站现状概况

2.1 工疗站的公众认知

为了调查社会大众对工疗站及智障人士的认知及接纳程度，我们在网络上发放了相关问卷，共回收223份，有效问卷为223份。调查对象性别、年龄基本平均。我们的调查得出四个结论：

① 社会大众对工疗站机构了解程度很低。

根据统计数据可知，大部分公众对工疗站完全不了解，在做此问卷之前从未听说过。其余公众对工疗站有不同程度的了解。

② 公众对于参加工疗站志愿活动的意愿较高。

调查对象中，并没有工疗站长期志愿者，仅有极少数的受访人士曾当过志愿者，这与公众对工疗站的了解程度相吻合。而大部分公众希望对公益事业贡献自己的力量，只是需要恰当的媒介和动力。同时我们也可以看到还是有小部分公众对工疗站及智障人士仍持有保留和排斥的态度。

③ 公众对智障人士的了解程度不高，日常生活中接触较少。

根据数据，在社会生活中，社会公众与智障人士直接接触、长期相处的经历并不多。大部分社会公众只是对智障人士有着比较片面的印象，少部分甚至存在一些偏见，进而拒绝接触智障人士，使得智障人士与社会公众之间存在隔阂。

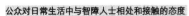
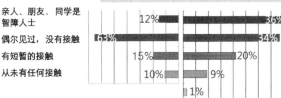

智障人士受侵害见诸报端

调研现场图

——广州市黄埔区智障人士工疗站发展状况调研

工疗站的运营模式分析

④公众对智障人士的接纳程度不高，大多数持保留态度。

由于一些固有的观念，关系到日常生活和切身利益问题时，超过半数的社会公众对"与智障人士共享社区资源""接近智障人士聚集的地方（工疗站）"还是持保留态度。

总结：根据公众问卷结果，我们建议工疗站：①增大宣传力度，让更多社会公众了解工疗站和智障人士；②密切与志愿者团体的联系，提供多种渠道，让公众有机会参与到志愿活动中来。

2.2 广州市工疗站整体发展状况

2.2.1 工疗站发展历程

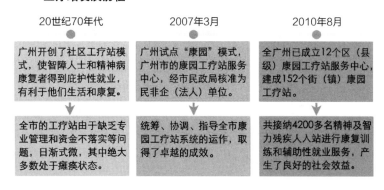

经过我们的实地调研，黄埔区康园工疗站体系下的各个工疗站，站员都以智障人士及智障精神混合型为主，因此我们的报告中，主要通过对这一部分智障人士的调研，通过他们的需求与社会公众对他们的接纳了解程度，深入剖析广州市黄埔区工疗站体系。

2.2.2 工疗站运营模式

根据政府在2006年颁布"惠民66条"中的日间托养措施，广州在2008年建立第一所工疗站，黄埔康园建立于2009年。

建立初期	通过宣传、家访、电访，让社区街道中适龄的智障人士及其家属得知工疗站的存在，并鼓励他们来到工疗站进行工疗。
站员入站之前	进入工疗站前，智障人士需要接受检查，并开具证明，证明其有一定程度的独立生活能力；若是精神病人，则需要出具精神状况稳定、不具有攻击性的医生证明方可入站。
站员日常	站员每天到工疗站上班，按天数计算当月工资。进行文化课学习、基本生活技能训练等课程，也接单做些简单的手工劳作，赚取一定的工钱。

工疗站接受18~60岁的站员，黄埔康园每所工疗站站员的上限是30名，由于政府维持工疗站运营部分的补贴是按照站员数量配给，当站员数接近30人时，所得补贴的数额才能维持工疗站正常运作。当招收不到足够的智障或精神残疾站员时，其他残疾人也可以进入工疗站进行工疗。

2.2.3 工疗站经费来源

经费分为两部分，一部分是给站员的补贴（一天15元），此部分经费由福利彩票和政府残联拨款各占一半。

另一部分则是工疗站的运营维护费用和工作人员的工资。这部分三成由福利彩票捐赠，七成为政府残联拨款。

工厂产品加工、手工艺品义卖也是经济来源，但是占的比例非常小，每人每年只有数十元，且近年工疗站手工艺品普遍接单较少，此部分收益亦逐年减少。

■ 公众对工疗站功能的预期
（排序后加权评分）

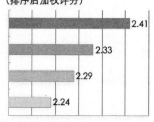

- 提供康复性再就业培训，以工作促疗养 2.41
- 为智障人士提供专业就业培训 2.33
- 提供日间托管机构，分担家庭负担 2.29
- 提供疗养空间，体现人文关怀 2.24

■ 工疗站建立的意义

庙头站长的困惑：
工疗站成立之后，智障人士能够得到稳定的照顾，但他们的家属似乎因此推卸责任，使得工疗站的压力很大，工疗站是智障人士的庇护场所，但家庭温暖更重要。

黄埔站长的烦恼：
我们这里不邻近地铁站，又在巷子里面，位置很难找，大学生志愿者从来都没有来过。我们的志愿者都是些老街坊，我特别想让站员们接触一些有朝气的年轻人。

广州市黄埔区工疗站分布及周边设施分析

第三章 广州市黄埔区工疗站现状特点

3.1 广州市黄埔区工疗站整体设置

3.1.1 广州黄埔区工疗站的服务范围不能覆盖全区

黄埔区内现有10个工疗站,各个工疗站间相距2~5km。其中长洲街第二工疗站和穗东街第二工疗站分别与精神病院、养老院结合设置,服务范围较小。其他8个工疗站的大多数站员从家到工疗站所花费的时间均在30min以内,平均服务范围为1.5~2km。

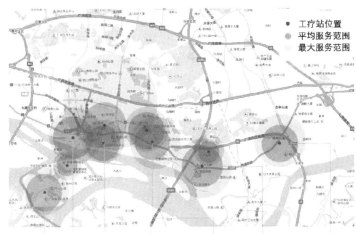

- 工疗站位置
- 平均服务范围
- 最大服务范围

长洲街　鱼珠街　黄埔街　红山街　庙头街　南岗街

由黄埔区工疗站分布图可看出,现有的工疗站主要集中在黄埔区南侧,北侧则存在多处空缺,服务范围难以覆盖到整个区域,个别站员需要从较远的地方来到工疗站。如大沙街工疗站最远的站员来自姬堂社区,距离工疗站约4.3km,大大超过了平均的服务半径。同时,通过对家属的访谈我们了解到,他们希望工疗站能设置在距离住址1000m以内,现有的工疗站布置还难以满足家属的期望。

除此之外,在黄埔区西侧工疗站设置较为密集,服务范围存在重合的情况。由于不同工疗站的条件不同,可考虑资源的整合与共享,增加不同工疗站之间的联系。

3.1.2 广州黄埔区工疗站的周边设施布置

黄埔区现有的工疗站多数结合街道办事处、福利彩票中心、街道信访中心及一些家政服务中心布置,便于资源的共享和交流(站员接受家政服务中心的帮助,也可以尝试参与家政工作),增加了智障人士与社会的接触机会。然而现有的工疗站很少与医疗设施、教育设施结合设置。在对工作人员及家属的访谈中,他们均提到了希望工疗站能结合医疗设施进行布置,以便发生紧急情况时能对站员进行及时的救治。除去情况特殊的长洲街第二工疗站和穗东街第二工疗站,其他工疗站的周边设施布置如下表所示。

	鱼珠街	大沙街	黄埔街	长洲街	文冲街	红山街	庙头街	南岗街
面积(㎡)	70	123	180	150	100	63	160	70
室外活动场地	大	小	小	中	大	小	中	小
街道办公室	●	●	●	●	●	●	●	●
信访中心	●	●	●	●	●	○	●	●
福利彩票中心	●	●	●	●	●	●	●	●
家政服务中心	●	○	●	●	●	○	●	○
医院	○	○	○	●	○	○	○	○
启智学校	○	○	○	●	○	○	○	○
活动中心	●	●	●	●	●	●	●	●
幼儿园	●	○	○	○	○	○	○	○

● 有　○ 无

3.1.3 广州黄埔区工疗站的可达性不高

由于没有系统的规划,黄埔区内现有的工疗站多布置在各个角落中,距离公交站、地铁站都有一定距离。同时部分工疗站标识性极低,对智障人士的到达造成阻力,这也使得住址较远的智障人士难以入站,大大降低了工疗站的服务范围。

	公交站	地铁站	是否临街	最近公交站的距离(m)	公交站至工疗站的拐角数量
鱼珠街	●	●	○	190	6
大沙街	●	○	●	110	2
黄埔街	●	○	●	110	2
长洲街	●	○	●	20	0
文冲街	●	●	○	295	2
红山街	●	○	●	160	0
庙头街	●	○	●	155	0
南岗街	●	○	●	290	1

● 有　○ 无

——广州市黄埔区智障人士工疗站发展状况调研

智障人士从家到工疗站的交通状况

交通方式：公交、地铁、步行、自行车、其他

出行时间：10分钟以内、10~30分钟、31~60分钟、60分钟以上

近50%的站员通过公交来到工疗站,另有34%的站员通过步行到站。同时,约85%的站员从家到工疗站所花费的时间在30分钟以内,由此我们推算出现有的工疗站的服务范围。

Q：请问您觉得从家里到工疗站方便吗？

很方便 61%　比较方便 23%　没感觉 9%　不太方便 7%

黄埔区大多数工疗站的站员均来自工疗站附近,因此大多数到站都比较方便,但仍有一些站员感觉不便。

> 我和我老婆两个人轮流送儿子过来,每天都要送,因为他智障程度比较严重,不识字也不能正常说话。还好这个工疗站离我们家比较近,10分钟就能走过来,如果太远我们就不能送他去了。
>
> ——鱼珠街李站员家属

障·爱

工疗站关联人群及内部空间概况

3.2 典型工疗站内部空间及设施使用状况

3.2.1 智障人士及其相关人群对工疗站的使用概况

工疗站的使用人群除了其主要服务的智障人士，还包括工疗站的工作人员、智障人士的家属及来到工疗站开展活动的志愿者们。他们之间相互关联，并且由于对工疗站的使用频率及性质不同，对工疗站有着不同的需求及评价。

4.5小时 — 使用时间 8:00am~11:00am　2:30pm~4:00pm

6.5小时 — 使用时间 8:00am~12:00am　2:30pm~5:00pm

智障人士（站员）

工疗站的主要服务对象，也是工疗站内各种活动的主体。黄埔区每个工疗站有30名左右的站员，每天使用工疗站约4.5小时，使用时间长且需求多样。通过调研，我们了解到站员每天需要在工疗站内进行手工制作、学习文化艺术课和室外运动等活动。

工作人员

工疗站的主要使用者之一，每个工疗站有2~3名工作人员。虽然人数远远少于站员，但比站员的使用时间更长，对工疗站的运行作出重大的贡献。工作人员在工疗站内的主要活动有文书工作、组织站员的各种活动和对站员进行心理辅导等。

0.5小时 — 使用时间 8:00am~8:30am　2:30pm~3:00pm

2小时 — 使用时间 9:00am~11:00am 或 2:30pm~4:00pm

站员家属

站员家属与工疗站相关联，工疗站的设立帮助家属照顾站员，减轻了智障人士家属的负担。家属与工疗站的联系也体现在空间上，一些站员的家属会接送站员往返工疗站，并在工疗站短暂停留，与工作人员交流，了解站员的情况。

志愿者

黄埔区的大部分工疗站都会有志愿团体不定期开展志愿活动，部分条件较好的工疗站有志愿团队定期过来帮忙组织活动和开展课程。志愿者对工疗站的使用时间不定，但由于需要开展多样的游戏或课程活动，对工疗站的空间及设施存在不同的需求。

3.2.2 内部空间及设施概况

广州现有的工疗站主要由手工制作区、疗养康复区、办公区、活动区及展示区等区域组成，其中活动区又分为室内活动区和室外活动区，由于各个工疗站的条件不同，区域的设置和分布也有所不同。我们通过预调研时的实地调查，选取了以服务智障人群为主，且室内条件、交通条件有特点的三个工疗站进行深入调研，分别是鱼珠街工疗站、庙头街工疗站及长洲街工疗站。

站名	平面图	面积	分区类型	卫生间
鱼珠街工疗站		70㎡，室内空间较小，且基本无隔断	工疗区 康复区 办公区	无独立卫生间，无无障碍设施
庙头街工疗站		160㎡，室内面积充裕，便于开展各种游戏活动	工疗区 康复区 办公区 心理咨询室 厨房	有独立卫生间，无无障碍设施
长洲街工疗站		150㎡，室内空间较大，便于开展各种活动	工疗区 康复区 办公区	无独立卫生间，无无障碍设施

---广州市黄埔区智障人士工疗站发展状况调研

庙头站工作人员访谈记录：
2015年4月13日　10:00am
访谈对象：张丽霞

Q：你们平时的工作主要有哪些内容？
A：我们的工作可以说是站员们的老师，也是父母。（笑）平时主要组织站员们的工疗（手工）、娱疗（活动）和劳动工作。有时候也要帮忙解决他们的心理问题。

Q：不同工作人员有什么不同分工？
A：我们站的主要工作人员就三名，分别负责监督、文书和开展活动。

Q：会对不同程度的智障进行区别培训吗？
A：一般的手工培训和活动都没有区别，扫盲班的时候会按智障程度分开上，也会根据不同兴趣和能力上一些书画、音乐课。

Q：有没有智障人士通过培训重新回到社会去工作？
A：很少有人能重新回到社会工作，我们站只有一名。他们能做一些简单的加工和家政服务，也有专门的残疾人招聘网站，但是由于家里人不放心以及各方面的压力，智障人士很难回到正常的工作岗位。

智障人士对工疗站的使用评价

3.3 各人群对工疗站空间及内部设施的使用评价

3.3.1 智障人士对工疗站的使用评价

我们选取了黄埔区3个典型的工疗站对智障人士进行问卷调研和深入访谈。希望从他们的角度获取他们的需求和现有工疗站的不足之处。

基本信息： 共发放45份调研问卷，回收有效问卷44份。调研对象的性别、年龄分布基本平均，调研对象入站时间基本分布在4~5年，对工疗站生活有比较深入的了解。

从问卷调查中，我们得出以下3个结论：

①工疗站对绝大多数智障人士有积极的影响，智障人士对工疗站存在依赖性。

绝大部分的受访智障人士赞成工疗站对他们的生活有帮助，且每天都会到工疗站参加工疗活动。其中，占75.0%和72.7%的人分别认同来到工疗站后，"更加有信心和别人交往了"和"会主动、更多参加一些社会活动了"，甚至有34.1%的人认为自己有信心，"倾向于找一份工疗站之外的工作"。

智障人士进入了工疗站后有哪些改变

75.0% 更加有信心和别人交往了　　72.7% 会主动、更多参加一些社会活动了　　45.5% 会更多地出来逛街了　　34.1% 会倾向于找一份工疗站之外的工作

比起在家里疗养，智障人士选择工疗站的因素

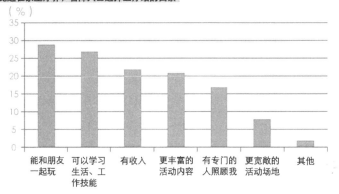

能和朋友一起玩　可以学习生活、工作技能　有收入　更丰富的活动内容　有专门的人照顾我　更宽敞的活动场地　其他

②智障人士希望工疗站尽可能多开展适合他们的活动。

我们调研发现智障人士对"文化艺术课程"有最高的热情，进一步深入访谈发现，不同的站员会有各种各样的活动类型需求。活泼的站员喜欢"唱歌、跳舞"之类的活动（长洲街工疗站的叶女士），内向、智障程度轻微的更喜欢"读书、写字"（庙头街工疗站的黄女士），智障程度较严重的则希望能有更多诸如"叠被子"之类的生活技能培训。因此，工疗站开展活动时应该结合站员的具体情况（智障程度、肢体是否残疾）、具体需求来安排不同的活动内容。

智障人士在工疗站最喜欢的课程与活动

1 文化艺术课　2 学习工作技能　3 室外活动　4 学习生活技能　5 跟志愿者玩　6 其他

88.6%的站员表示希望跟更多的志愿者交流

③智障人士非常渴望与志愿者交流。

约89%的受访站员表示"希望跟更多的志愿者玩耍、交流"。由于智障人士受社会关注度不如其他的弱势群体，鲜有志愿者会通过普遍的渠道接触到工疗站。这造成部分规模较小的工疗站缺乏志愿者的帮助，难以开展高质量、多种类的志愿活动。对南岗街的南岗第二工疗站站长的访谈发现，该站由于受限于地理位置和规模等因素，从来没有志愿者团体来此开展志愿活动，这使得站里的活动内容、活动氛围十分糟糕。因而增加工疗站的宣传，使更多专业或业余志愿者能接触到工疗站十分有益。

——广州市黄埔区智障人士工疗站发展状况调研

不同人群对工疗站的感受

> 来到这里有很多朋友啊，在家里什么也做不了，来这里还可以跟大家打打牌、唱唱歌。
> ——长洲街站陈站员

> I like speaking English. 我一直很喜欢学英语，我来到这里之前学过一些，来到站里虽然可以学写字，但是我还是想学英语。
> ——鱼珠街站龙站员

> 我觉得应该给站员开设生活模拟课程，让他们学习生活技能，比如烹饪，不过现在工疗站资源有限，要开这样的课程比较困难。
> ——庙头街站黄站长

> 原来他在家里只能看看电视，还要人照顾，现在他在那里既有消遣，又有工作（经济收入），我们都不怎么担心他了。
> ——鱼珠街杨站员哥哥

> 来这里之前我也完全不了解智障人士，来过几次之后觉得很有感触，希望有更多志愿者能来帮助他们。
> ——华师志愿者队余队员

智障人士对工疗站的使用评价

④智障人士对空间大小的需求不高，但对一些特殊空间（如图书角、运动设施、饮水区、卫生间）有较高的要求。他们希望工疗站能够增加一些更现代化的设施，让他们更好地融入社会。

如前文所述，工疗站工疗区域普遍面积较狭窄，然而只有25%的站员表示室内的面积"不足够"，16%的站员表示室外场地面积"不足够"。许多站员在访谈中跟我们表示：只要这里的活动内容好、空间划分合理、站员玩得开心，面积小一点也无所谓。

为了进一步研究他们对室内空间的具体评价，我们把室内的区域从功能上分为了手工制作区、康复健体设施、图书角、独立卫生间、室外活动场地、手工艺品展示区、运动设施、饮水区8个区域，让他们根据自己的认知进行打分。得分最高的3项依次是手工艺品展示区、手工制作区、室外活动场地。得分最低的3项是图书角、运动设施、饮水区，大部分工疗站在这些空间上大多显得简陋甚至缺乏。

站员对工疗站内设施的评分排序

01 4.37 手工艺品展示区
手工艺品展示区陈列了站员在文化艺术课上的作品，也是工疗站对外展示的门面。

02 4.35 手工制作区
手工制作区是平时站员们制作胶花、剪纸的地方，承载着他们主要的日常活动。

03 4.20 室外活动场地
室外活动场地是平时站员们锻炼的场地，虽然场地比较小，但对站员们极为重要。

04 4.17 独立卫生间
卫生间是站员们生活不可缺少的空间，然而部分工疗站却没有设立独立卫生间。

05 4.08 康复健体设施
大部分工疗站配置了康复健体设施，然而没有针对智障人士特征设计，使用频率不高。

06 4.05 饮水区
只有少部分工疗站设置了饮水区域，为站员带来了便利。

07 3.84 运动设施
大部分工疗站均设置了乒乓球桌等运动设施，但由于场地有限，种类少而简陋。

08 3.77 图书角
部分工疗站设置了图书角，受到了站员们的欢迎，但是图书旧且种类少。

我们还对站员心目中"应该增加的设施"进行调研，发现站员对"多媒体娱乐区"（57%）、"电脑学习区"（48%）这两项最感兴趣，这反映了他们对适应现代社会发展的需求，这些对以后工疗站扩建、新建室内空间、设施安排有实际指导意义。

站员对工疗站内设施重要性的排序

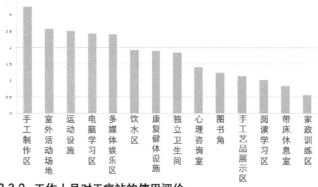

3.3.2 工作人员对工疗站的使用评价

我们通过对黄埔区的庙头街工疗站、鱼珠街工疗站、长洲街工疗站及其他几个工疗站工作人员进行访谈，了解到了从工作人员的角度对工疗站的使用评价和需求。

①人手不足，资金短缺。

黄埔区现有的每个工疗站有2~3名工作人员，每个工疗站需要照顾30名左右的站员，因此，每名工作人员的工作量都非常庞大。同时，由于这份工作工资很低（高职1700元/月，本科2000元/月），工作琐碎，很难招收到人。现有的工疗站工作人员大多数是女性，体力劳动大，难以处理站员身体不适等紧急事件，同时自身安全与权益也难以得到保障。

②场地不足。

黄埔区现有的各工疗站室内面积为60～160㎡不等，部分工疗站没有可以进行活动的室外场地，难以开展大型的游戏活动。

③课程单一，缺乏对生活技能的培训。

由于人员、资金、场地等各方面的局限，工疗站对站员开设的课程主要是一些简单的文化艺术课（如书法、绘画、三字经），而缺少一些对智障人士本身极为重要的生活基本技能的培训课程，如烹饪、家庭生活模拟等。

站员希望工疗站能增加的设施

48% 电脑学习区
57% 多媒体娱乐区
32% 阅读区

> 我很喜欢看书，我们这里有专门的图书角，可是看来看去都只有几本，我希望能看更多新的书。
> ——长洲街站李站员

受访的智障人士绝大多数都没有操作过手机、电脑等现代人必备的电子产品，他们十分希望工疗站能增设一些电脑设备让他们学习。

工疗站人员配比现状

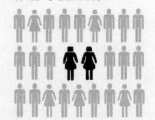

■ 工作人员　　　站员

黄埔区现有的工疗站工作人员主要为女性，站员多、工作人员少，工作量大。

工疗站关联人群使用评价及工疗站改进建议

3.3.3 站员家属对工疗站的使用评价

我们通过与鱼珠街工疗站的两位智障人士家属进行深入访谈，获知了他们对工疗站的感受和评价。

①**工疗站解放了至少一个家庭劳动力，为他们减轻了负担。**

受访的家属都表示，有智障人士在家，就意味着至少要分出一个人来照顾他，不仅整个家庭的收入降低，智障人士在家里也无法得到更好的康复。而工疗站的出现为他们解决了这个问题，智障人士的家属能出去工作，从而减轻家庭的负担。

②**工疗站以工代疗的模式，既改善了智障人士的状况，又能为家庭带来收入。**

受访家属均表示智障人士在加入工疗站后精神状况比以前改善很多。同时，智障人士在工疗站做一些手工活，加上每天到站则有的15元补贴，能为家庭带来一些收入。

综上，工疗站不仅对智障人士本身，对智障人士的家属更是一种帮助。正所谓"帮扶一人，幸福一家，和谐一方"。

入站前智障人士与家属的状况　　入站后智障人士与家属的状况

3.3.4 志愿者对工疗站的使用评价

①**志愿者群体接触工疗站渠道过于单一，志愿者人力资源稀缺。**

②**超过50%的志愿者认为工疗站需要增加活动场地以及工作人员。**

志愿者组织活动时，需要使用工疗站室内外开阔的活动场地，并需要专职人员在场协助解决突发问题。据访谈与调查，不足60㎡的可活动场地与仅2名专职人员是开展志愿者活动的瓶颈。

志愿者认为工疗站需要改进的方面

53.9%　38.5%　38.5%　23.1%　38.5%　53.8%
增加活动场地　增加康复设施　开设更多不同种类的课程　增加文体设施　多邀请志愿者和多参加社会活动　增加工作人员

③**超过70%的志愿者认为工疗站位置便利可达最重要。**

黄埔区10所工疗站中只有4所临近交通性城市主干道，可达性不足是影响志愿者群体到工疗站开展活动的重要因素，尤其对于非黄埔区内的学校志愿者社团。

第四章　广州市黄埔区工疗站发展的改进建议

4.1 广州市黄埔区工疗站发展的政策性建议

4.1.1 工作人员配置及待遇应合理化

工作人员不足，难以招收到男性工作人员，且无安保人员，站员精神状况不稳定时，存在安全隐患。**应在可能的范围内，增加工疗站工作人员，适当提高工作人员工资待遇。**

4.1.2 应进行分类工疗

由于缺乏分类工疗，工疗站开展活动经常效率低下。肢体残疾人士往往拒绝与其他站员一起活动，而智力障碍程度较重的站员也难以胜任如朗诵《弟子规》之类的活动。**应按照智障人士的智力性格、障碍程度、是否肢体残疾等因素对他们进行分类工疗。**

4.1.3 应增加宣传力度

广州市黄埔区各个工疗站由于缺少人力物力，导致许多课程和设施配备跟不上，因而向社会广泛宣传、寻求帮助十分必要。**应增加宣传力度，吸引更多的社会爱心人士为工疗站募资、提供志愿服务等。**

4.1.4 切忌"指标式"的任务分配

由于工疗站归街道居委会管辖，有时会有一些"硬指标"，如要求工疗站在年终汇演中一定要有舞蹈的表演，然而有的工疗站自身条件并不满足（如肢体残疾站员的比例大），便会使开展活动沦为"走形式"。**开展活动务必结合不同工疗站的具体情况，不宜遵照统一的"硬指标"。**

4.2 工疗站设置的改进建议

4.2.1 工疗站整体布点建议

由于工疗站的最重要的功能在现实条件下为日间托养，因此工疗站本身的存在是首要条件，根据现状布点分析，我们给出整体布点改进建议。

● 原工疗站位置　　● 原工疗站建议服务范围
● 新增工疗站位置　● 新工疗站建议服务范围

工疗站整体布点建议

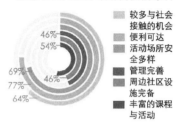

志愿者认为工疗站所需要的条件

较多与社会接触的机会 46%
便利可达 54%
活动场所安全多样 69%
管理完善 77%
周边社区设施完备 46%
丰富的课程与活动 64%

工疗站人员配比合理化

6830元　1895元　2400元　2000元　1700元

■ 广州市2015年平均月工资
■ 广州市2015年最低工资标准
■ 广州市居委残联社工平均工资
■ 黄埔区工疗站本科学历人员月工资
■ 黄埔区工疗站高职学历人员月工资

工疗站工作人员工资待遇

分类工疗示意

——广州市黄埔区智障人士工疗站发展状况调研

广州市黄埔区工疗站发展的改进建议

4.2.2 工疗站个体布点建议

服务范围	工疗站的定义是"街道工疗站",服务范围应该是一个街区的距离,即服务半径500~1000m之间
公共交通	工疗站附近应有公交站或地铁站,以增加其可达性,公交地铁站离工疗站距离(步行可达距离)应在200m内
转弯次数	转弯次数严重影响智障人士对方向的判断、工疗站的可达性,同时也影响志愿者到工疗站的可达性,应使公交地铁站点到工疗站的转弯次数在2次以内
临街	工疗站需要临近生活性干道,使其环境更加开放,增加与外界交流的机会。但不宜临近车流量很大的交通性干道,影响工疗站的安全性

4.2.3 周边设施建议

①**街道办事处、社区服务中心**：能够整合社会资源,加强智障人士与社区服务中心的义工、康复师们的联系,能加强工疗的效果,也增加智障人士与外界的接触。

②**社区医院、疗养院**：工疗站若能与社区医院、疗养院等整合,智障人士在身体不适时,可以及时就医,并可以整合利用室外空间,同时服务于工疗站和医院病人。

③**居民区**：大部分社会公众在涉及自己日常生活问题时,对智障人士还是持保留态度,因此工疗站与居民区不宜太过邻近,可以用公共广场、公共绿地等间隔。

4.2.4 基于需求分析的工疗站室内空间改进建议

必须有	独立卫生间、手工制作区、手工艺品展示区、康复设施区、饮水区、室外活动场地防滑地砖、足够的暖气及照明、能保持空气流通的门窗；足以容纳使用助行器具或乘坐轮椅的残障人士通过的通道和入口
宜有	图书角、运动设施区、电脑学习区、多媒体娱乐、带床休息室、心理咨询室
不宜有	过小的室内空间、占地大但使用频率很低的康复器材
不能有	尖锐物品、有毒物品、可能作为攻击性武器的物品(不受监管下使用)；容易漏电或造成伤害的电器(如立式电暖炉、保护罩空隙过大的风扇)

4.2.5 黄埔区鱼珠街工疗站内部空间改进设计

现状描述：鱼珠街工疗站工疗空间狭小,无独立卫生间和站长办公室。现建议扩建该工疗站,合并周边房间,使工疗站的功能更完善。

改造措施：

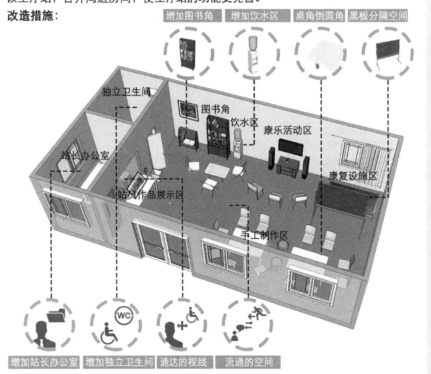

调研感想：

在调研过程中,我们进行了多次志愿活动,并深深地被工疗站中智障人士的乐观与善良打动。工疗站系统建立后,智障人士到工疗站进行工疗,是他们走出家门的第一步。虽然在现实社会中,智障人士与社会实现真正的融合并不容易,但若能让更多人知道工疗站,并通过志愿服务与智障人士相处,相信会对智障人士回归社会有所帮助。

改造意向：

站员作品展示区

图书角

独立卫生间

——广州市黄埔区智障人士工疗站发展状况调研

国内其他工疗站与广州市工疗站案例对比

4.3 国内其他工疗站与广州市工疗站案例对比

4.3.1 工疗站案例对比

广州市工疗站	
政策文件	穗府办〔2006〕12号
机构规模	每个街镇至少设一个康园工疗站，工疗员人数上限为30人，且总面积不得少于60㎡，即人均面积接近2㎡
人员配备	工疗站配置专职工作人员4~6人（实际状况为2人，工疗站长1名、助理1名）
站员划分	皆为日间照料类型
残障人员补贴	由市财政局负责发放，每人每天补贴6元，由市级残疾人就业保障金和区、县级残疾人就业保障金按5:5分担
资金来源 运营资金	由市残联划拨每人每月500元工疗站运营经费，由市福利彩票收入中的残疾人事业专项资金和区、县级残疾人就业保障金分别承担30%和70%

香港残疾人机构	
政策文件	《残疾人士院舍条例》（香港法例第613章）
机构规模	最低人均建筑面积为6.5㎡，各机构实际在册人数40~200人不等
人员配备	主管1名、助理员每40人1名、护理员每60人1名、保健员每60人1名、护士每60人1名
站员划分	高度照顾院舍(针对无自理能力残障人士) 中度照顾院舍(针对有基本自理能力残障人士) 低度照顾院舍(针对有较好自理能力残障人士)
残障人员补贴	由政府每人每月1200港元补贴到机构
资金来源 运营资金	1.非免费设施；托养机构向残疾人收取一定护理费用； 2.政府机关福利署拨款资助

4.3.2 启示与建议

①政府社会分工，制定服务标准

可参照香港"小政府、大社会"的管理方式，政府负责制定服务政策、拟定发展路向、提供资金支持、监察NGO的服务表现。

同时NGO作为绝大部分社会福利服务的提供者，需按照既定政策向市民提供优质的社会福利服务，并协助政府制定政策及策划服务，向政府反馈服务需求及服务使用者的意见，以便及时作出调整。

②优化资金扶持和购买服务制度

政府资助是香港NGO生存发展的最重要资金来源。NGO的服务项目如果要接受政府资助，其人员编制、工资薪水、单项服务投入都必须严格按照社会福利署的规范和标准来做。

同时香港NGO还可以开展一些自负盈亏的服务项目，并且可以留底25%的收入做储备，而超过25%的部分则要被政府回收。这部分储备资金，也给了NGO更大的发展空间和机会，比如基督教家庭服务中心就通过储备资金提供社工人员培训服务。

③建立完整的服务体系，拓展服务内容

广州目前工疗服务单一，只提供日间照料与康乐活动。应针对不同程度的残障人士的需求，开设多样化的残障人士福利机构，制定灵活多样的服务内容，比如为重度残障人士提供独立住宿与监护服务，为中度残障人士提供日间职业训练与照顾托管服务。

——广州市黄埔区智障人士工疗站发展状况调研

香港NGO模式

香港NGO资金扶持模式

香港的残障人士服务体系

■ 职业康复服务：
- 展能中心
- 庇护工厂
- 职业康复服务中心
- 职业训练中心
- 残疾人在职培训计划
- 职业康复延展计划

■ 住宿服务：
- 严重弱智人士宿舍
- 中度弱智人士宿舍
- 辅助宿舍

■ 社区支援服务：
- 残疾人地区支援中心
- 家居训练计划
- 残疾人日间照顾中心
- 残疾人社交及康乐中心
- 收容所
- 紧急安置服务

附录

【附表一】调研问卷

a. 针对智障人士的工疗站使用情况调查问卷

1. 请问您觉得来工疗站对您的生活有帮助吗？
A. 有帮助　B. 没影响　C. 帮倒忙
2. 请问您参加了工疗站后有哪些改变？（多选）
A. 更加有信心和别人交往了
B. 会主动、更多参加一些社会活动了
C. 会更多地出来逛街了
D. 会倾向于找一份工疗站之外的工作
E. 其他：
3. 比起在家里疗养，工疗站疗养您最看重的是哪三点？（多选）
A. 有专门的人照顾我
B. 能和朋友一起玩
C. 可以学习更多的生活、工作技能
D. 有收入
E. 更宽敞的活动场地
F. 更丰富的活动内容
G. 其他：
4. 请问您每天在工疗站的主要活动是什么？
A. 学习工作技能，如（手工艺）_____
B. 学习生活技能，如（公交、家务）_____
C. 上课，如（书法、绘画、唱歌、朗诵）_____
D. 室外活动，如（做操、球类运动）_____
E. 跟志愿者玩，如_____
F. 其他，如_____
请问以上活动您最喜欢的是哪几项？为什么？
5. 请问您来工疗站的频率？
A. 每天都来　B. 两三天来一次　C. 一周一次　D. 一月一次甚至更久
6. 请问您通过什么交通方式来到工疗站？（多选）
A. 公交车　B. 地铁　C. 自行车　D. 步行　E. 轮椅　F. 汽车　G. 其他方式____
7. 请问您从家里到工疗站要花多长时间？
A. 10分钟内　B. 10~30分钟　C. 31~60分钟　D. 60分钟以上
8. 请问您觉得从家里到工疗站方便吗？
A. 很方便　B. 比较方便　C. 没感觉　D. 不太方便　E. 很不方便
9. 您希望有更多的志愿者来陪您吗？
A. 希望，很想跟他们交流、玩耍
B. 不希望，他们对我们没有帮助　C. 无所谓，对我不影响
10. 请问您觉得工作疗养分区有没有帮助？
A. 有帮助　B. 没帮助　C. 不知道
11. 请问您觉得教室够不够大？
A. 足够　B. 不够　C. 没感觉　理由：_____

12. 请问您觉得室外活动场地够不够大？
A. 足够　B. 不够　C. 没感觉　理由：_____
13. 请对以下现有的工疗站设施评价打分：

	5分（非常满意）	4分（满意）	3分（一般）	2分（不满意）	1分（非常不满意）
1. 手工制作区					
2. 康复健体设施					
3. 图书角					
4. 独立卫生间					
5. 室外活动场地					
6. 手工艺品展示区					
7. 运动设施					
8. 饮水区					

14. 您认为工疗站还应具备以下哪些设施？（多选）
A. 带床休息室　B. 独立康复室　C. 多媒体娱乐区　D. 心理咨询室
E. 家政训练区　F. 阅读学习区　G. 电脑学习区

请你挑出以上5个比较重要的设施，按照由重到轻的顺序排序：

15. 您希望工疗站还有哪些方面可以改进？

基本信息：
姓名：_____　性别：_____　年龄：_____　入站时间：_____

b. 针对公众的工疗站认知情况调查问卷

1. 请问您了解工疗站吗？
A. 非常了解，经常陪同亲友家属去
B. 了解，有参与过义工活动
C. 稍微了解，在媒体上看过新闻报道
D. 完全不了解，在此之前从未听说过
2. 广州市政府组织了很多例如"志愿在康园"的志愿活动，如果有机会，请问您是否愿意参加工疗站的志愿服务？
A. 已是长期志愿者
B. 曾经当过志愿者
C. 没当过，但有机会会去
D. 不会去
3. 工疗站资金来源，目前主要依靠政府财政补贴及福利彩票收入，但仍存在资金匮乏的问题，您认为是否应该设立独立的基金，接收社会定向捐款？
A. 应该，更灵活的社会资金能够为残障人士提供更多帮助
B. 不清楚，社会捐款模式不太明晰，不甚了解
C. 不应该，残疾人的疗养是政府的义务

4. 请问您有与智障人士接触的经历吗？
A. 亲人、朋友、同学是智障人士，有长期相处的经历
B. 通过志愿服务，有短暂的接触
C. 偶尔见过，没有直接接触
D. 从未有任何接触
5. 请问您在日常生活中会避免与智障人士的接触吗？
A. 完全不会，愿意与他们做朋友或帮助他们
B. 不会避免，但是不愿意与他们过多接触
C. 无所谓
D. 下意识有所抵触
E. 主动避免与他们接触
6. 您对您所住的小区(街道)附近建立工疗站持怎样的态度？
A. 非常认同，是社会进步的表现
B. 可以接受，前提是不会产生负面影响
C. 无所谓
D. 不太认同，会影响居民生活
E. 强烈反对，残疾人应该与居民隔离
7. 请问您愿与智障人士共享社区资源吗？（如社区服务中心、公园、广场等）
A. 非常乐意
B. 可以接受
C. 无所谓
D. 不太乐意
E. 不能接受
8. 请您为以下工疗站的功能按照重要性进行排序，1为最重要，4为最不重要：　[排序题]
A. 为智障人士提供疗养空间，体现人文关怀
B. 为智障人士提供日间托管机构，分担家庭负担
C. 为智障人士提供康复性再就业培训，以工作促疗养
D. 为智障人士提供专业就业培训，使其具备一技之长，促进智障人士融入社会、回归社会

基本信息：
性别：_____　年龄：_____　职业：_____　学历：_____

附录2

c. 针对志愿者的工疗站认知情况调查问卷

1. 请问您是通过什么途径成为工疗站的志愿者？
A. 学校志愿者社团或协会的成员
B. 家庭综合服务中心介绍
C. 工疗站直接招募
D. 由青年志愿者协会组织
E. 其他

2. 请问您是哪个工疗站的志愿者？＿＿＿＿＿

3. 您认为工疗站最需要的条件是什么？
A. 较多与社会接触的机会
B. 位置便利可达
C. 活动场所安全且多样
D. 管理全面完善
E. 周边社区服务设施完备
F. 丰富多样的课程设置和使用设施
G. 其他

4. 请问您觉得您工作的工疗站哪里需要改进？
A. 增加活动场地
B. 增加康复设施
C. 开设更多不同种类的课程
D. 增加文体设施
E. 多邀请志愿者或参与社会活动，增加与社会接触的机会
F. 增加工作人员
G. 其他

基本信息：
性别：＿＿＿＿＿ 年龄：＿＿＿＿＿ 职业：＿＿＿＿＿ 学历：＿＿＿＿＿

【附表二】访谈对象资料

黄埔各工疗站工作人员：

编号	姓名	性别	所属工疗站	职务
1	黄女士	女	鱼珠街工疗站	站长
2	黄女士	女	黄埔街工疗站	站长
3	何女士	女	长洲街工疗站	站长
4	余女士	女	大沙街工疗站	站长
5	陆女士	女	红山街工疗站	站长
6	李女士	女	文冲街工疗站	站长
7	邓女士	女	庙头联合工疗站	站长
8	张小姐	女	庙头联合工疗站	工作人员
9	文女士	女	长洲街第二工疗站	站长
10	何女士	女	穗东街第二工疗站	站长
11	彭女士	女	南岗街第二工疗站	站长

智障人士家属：

编号	姓名	性别	所属工疗站	与智障人士关系
1	杨先生	男	鱼珠街工疗站	兄弟
2	李先生	男	鱼珠街工疗站	父子

参考文献

[1] 马廷慧.成年智障人士康复训练服务的思考与实践[J].中国特殊教育，2004,48（6）：43-46.

[2] 陈鹏,刘宇,王敏.国外及我国港澳台地区社区日间照料中心的开展状况及启示[J].中国护理管理，2013,13（11）：67-69.

[3] 宋海东,曹日芳,周国龄.杭州市精神卫生康复站（工疗站）的现状与分析[C]//浙江省医学会精神病学分会.2007年浙江省精神病学学术年会论文汇编.[出版地不详]：[出版者不详]，2007：385-387.

[4] 曾凡林,王雷,张晓昕.上海市"阳光之家"智障人士生活质量调查[J].中国特殊教育，2008,97（7）：3-9.

[5] 谢建社.探索街居工疗站社会工作服务与管理新机制新方法——以广州为例[J].重庆工商大学学报(社会科学版)，2013,30（2）：1-7.

[6] 刘春玲. 美国智障人士社会融合研究[J].中国特殊教育，2006（9）：16-20.

[7] 朱玲会. 智障人士生活安置模式的现状及思考[J].南京特教学院学报，2010(1).

[8] 曾凡林. 上海市成年智障人士家庭需求调查[J].中国特殊教育，2006（9）：21-25.

[9] 修宏方,李娜. 智障人士回归社会的社区服务模式探索——以北京慧灵智障人士社区服务机构为例[J].学理论，2009（23）：47-49.

[10] 于惠芳. 对智障青年实施"课程康复"模式的探讨与实践[J].现代特殊教育，2010（Z1）：75-77.

[11] 方俊明,汤凌燕. 我国台湾地区智障人士社会融合研究[J].中国特殊教育，2007（9）：29-32；59.

中环"马尼拉"

——香港中环周日菲佣聚集现象调查研究

作者学生：程宸、何韦萱、慕容卓一、郑浥梅
指导老师：阎瑾、李昕、魏宗财、白雪

全国高等学校城乡规划学科
2019城乡社会综合实践调研报告评优
三等奖

扫码阅读
彩色版本

中环"马尼拉"——香港中环周日菲佣聚集现象调查研究

"每到周日,在香港岛的心脏地带——中环地区,目之所及是成千上万席地而坐闲话聊天的菲律宾女人,人数多到无法数清,……她们通常在中环休息一天,用纸箱壳或塑料布围合一小块区域,聊天聚会,占据着街道、天桥,地道等公共空间。然后在傍晚返回工作的地方……在这超高密度的城市里,她们确实也无处可去,让人感受到隐藏在这个城市中的不公平。"

这段文字节选自纪录片《世界上最繁忙的城市:香港篇》,不仅描绘了周日香港中环的景象:一个由纸箱和棚布构成的"城市内部的临时城市"——中环"马尼拉",而且隐喻着在香港工作的几十万名菲佣的生活现状。

摘要:
香港是全球外佣密度最高的城市之一,占外佣主体的菲律宾籍家佣为香港城市发展作出了重要贡献。同时,公众假期间菲佣群体在以香港中环为代表地点的公共空间聚集,形成中环"马尼拉",这种典型的非正式空间问题引发了占据公共资源、影响市民生活和城市形象等外部性争议。本研究选取中环地区的菲佣聚集地点,通过多次实地观察、半结构式访谈和分类派发问卷的方式,全方位探索周日菲佣集聚对公共空间的占用情况。通过进一步分析菲佣和市民各自使用公共空间的意愿,提出中环地区公共空间弹性规划建议,并提出适宜性城市家具设计方案,以期为减少中环公共空间使用矛盾、平衡市民与菲佣的空间需求提供良策。

关键词:
菲佣;非正式空间;香港中环

目录

- 一、绪论 ………………………………………… 1
  - 1.1 选题背景 ……………………………… 1
  - 1.2 调研目的与意义 ……………………… 1
  - 1.3 调研对象与范围 ……………………… 1
  - 1.4 调研内容与研究方法 ………………… 1

- 二、中环"马尼拉"背景和现状调查 …………… 2
  - 2.1 香港菲佣的政策背景 ………………… 2
  - 2.2 香港菲佣的生存现状 ………………… 2
  - 2.3 中环菲佣人群画像 …………………… 2

- 三、公共空间的"私人活动"
  - ——周日中环菲佣聚集现象研究 …… 3
  - 3.1 菲佣中环聚集时空图谱 ……………… 3
  - 3.2 聚集方式与活动类型 ………………… 3

- 四、菲佣聚集空间分类详述 …………………… 4
  - 4.1 中环"马尼拉"聚集网络 ……………… 4
  - 4.2 聚集空间使用情况 …………………… 4
  - 4.3 菲佣的空间使用意愿 ………………… 8
  - 4.4 市民的空间使用意愿 ………………… 8
  - 4.5 市民视角下菲佣聚集活动的影响 …… 8

- 五、结论与建议 ………………………………… 9
  - 5.1 中环"马尼拉"聚集空间问题总结 …… 9
  - 5.2 中环"马尼拉"聚集空间梳理疏解 …… 9
  - 5.3 中环"马尼拉"聚集空间设施优化 …… 10

- 主要参考文献 …………………………………… 10

- 附录:各调查问卷原文 ………………………… 11

中环"马尼拉"——香港中环周日菲佣聚集现象调查研究

一、绪论

1.1 选题背景

过去的几十年里,香港经历快速经济增长。中产阶层妇女放弃"女主内"开始工作。超过35万的来港外佣中,过半来自菲律宾(图1-1、图1-2),她们依法律规定住在雇主家,极度缺乏隐私和个人空间。

周日是大部分菲佣每周的休息日,这天中环会集结大量从四面八方赶来的菲佣。她们在地上垫纸壳或餐布,席地或坐或躺,和好友聊天,分享食物(图1-3、图1-4)。有人唱歌跳舞,有人制作手工或售卖商品,有时还能看见她们为彼此庆祝生日,就像中环"马尼拉"大家庭。

周日变作"菲佣天下"的中环,已成为体现香港多元化的一处风景。但菲佣作为外来务工人群,面临着许多社会问题,例如歧视和不公平等,而其周日在中环聚集所表现的时空问题正是这一系列复杂问题的缩影,我们以此为切入点进行探索研究。

图1-1 菲佣在香港中环街道聚集(自摄自绘)

图1-3 菲佣在街道上坐卧(自摄)

图1-4 菲佣在大厦下聚集(自摄)

图1-2 香港菲佣背景及菲佣输出产业流程

1.2 调研目的与意义

- 分析菲佣聚集的空间分布和行为特征,为其聚集环境品质的改善提供有效措施。
- 调研菲佣与市民于公共空间使用的偏好差异,提出公共空间合理使用的建议,以平衡市民与菲佣的空间需求,营造和谐的社会环境。

- 外佣人口占香港就业人口的10%
- 菲佣数占香港外佣的54%,为最大占比
- 每3个育有孩子的家庭就有1个家庭聘请菲佣
- 香港菲佣人数为201090人(2017)
- 菲佣占香港人口的3%
- 香港菲佣98.5%是女性

1.3 调研对象与范围

本调研以中环核心区为研究范围(图1-5),以周日中环聚集的菲佣及在中环的香港市民为主要调查对象。关注菲佣聚集的时间和空间特征、群体的构成特征、聚集特征、活动特征及空间的需求。同时调查市民对该现象的空间感受。

图1-5 研究范围

1.4 调研内容与研究方法

关于菲佣调查的英文问卷一共发放194份,有效问卷177份,并且全英文深入访谈25位菲佣。关于市民的调查问卷共发放135份,有效问卷124份,深入访谈15位市民。

于2019年4月27~28日、5月25~26日、6月1~2日实地调研,对各研究层面的问题采用有针对性的方法,详见图1-6。

图1-6 调研技术路线

二、中环"马尼拉"背景和现状调查

2.1 香港菲佣的政策背景

居住
- 外佣须在合约指明的雇主住所工作及居住
- 雇主须提供有合适私隐的免费住宿（不能与异性同住）
- 受雇期间，外佣将获得免费膳食或补贴

收入
- 规定最低工资为每月4520港币
- 应在不迟于工资期完结后的第七天全数发放工资

休息
- 有权每七天享有最少一天休息日、法定假日及有薪年假
- 雇主不能强迫其在休息日及假日工作，或以薪酬代替
- 鼓励外佣假日出门进行活动

签证
- 合约终止后，外佣只可在香港逗留不超过两星期
- 如期限过后仍未离开本港，即触犯违反逗留条件的罪行

菲佣只能住雇主家，私人空间非常缺乏（图2-1）。

虽然菲佣享有法定休息日，但需与雇主协商日期，大多情况下是周日。

严格的签证政策，使菲佣无法承担失业风险，失业后两周无法找到工作即被遣送回国。

图2-1 香港外佣政策背景 *资料来自香港劳工处、入境事务处

2.2 香港菲佣的生存现状

(1) 经济状况差

从进入菲佣学校开始再到中介，菲佣已提前付出大量金钱（图2-2、图2-3）。很多菲佣在被雇前已处于欠债状态。且雇主也随时可能克扣其工资。

图2-2 菲佣的经济支出

图2-3 菲佣参加付费培训

(2) 居住环境恶劣

香港极端的高密度建成环境，使得发展商和雇主等对菲佣居住质量低下的问题视而不见，甚至部分菲佣居住条件颇为恶劣（图2-4）。

图2-4 香港菲佣恶劣的居住环境

2.3 中环菲佣人群画像

(1) 青壮年占主体

据问卷统计，在中环聚集的菲佣绝大部分为青壮年，少年与老年组人数较少（图2-5）。

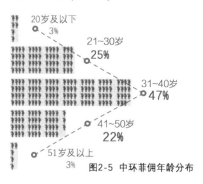

- 20岁及以下 3%
- 21~30岁 25%
- 31~40岁 47%
- 41~50岁 22%
- 51岁及以上 3%

图2-5 中环菲佣年龄分布

(3) 收入水平低下

半数以上的菲佣工资水平都低于最低标准(4520港币)，85%的菲佣工资都低于5000元（图2-7）。而香港每人每月的平均开支为9253港币*(2015)，香港在职女性每月收入中位数为15300港币*(2018)，可见菲佣收入状况十分紧张。

*资料来自香港特区政府统计处

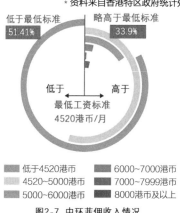

- 低于最低标准 51.41%
- 略高于最低标准 33.9%
- 低于4520港币
- 4520~5000港币
- 5000~6000港币
- 6000~7000港币
- 7000~7999港币
- 8000港币及以上

图2-7 中环菲佣收入情况

(2) 学历普遍较高

中环聚集的菲佣学历普遍较高。据问卷统计，大部分都拥有大学及以上学历，基本具有中学及以上学历（图2-6）。

访谈发现，为取得竞争优势，许多菲佣都获得家政护理专业学士或硕士学位，也有其他专业高学历者为寻高薪来港从事菲佣行业。

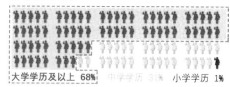
大学学历及以上 68%　中学学历 31%　小学学历 1%

图2-6 中环菲佣教育水平

(4) 非正常居住问题显著

有30%的中环菲佣处于非正常居住状态（图2-8）。访谈中获悉，许多菲佣认为香港劳工处对于雇主提供"合适住宿"定义不清晰。由于香港极高的建设密度，人均面积极小，无法保障菲佣的私人空间需求。所以在节假日菲佣只有外出才能进行个人休闲活动。

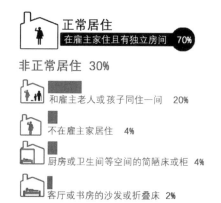

正常居住
- 在雇主家住且有独立房间 70%

非正常居住 30%
- 和雇主老人或孩子同住一间 20%
- 不在雇主家居住 4%
- 厨房或卫生间等空间的简陋床或柜 4%
- 客厅或书房的沙发或折叠床 2%

图2-8 中环菲佣居住情况

中环"马尼拉"——香港中环周日菲佣聚集现象调查研究

三、公共空间的"私人活动"——周日中环菲佣聚集现象研究

3.1 菲佣中环聚集时空图谱

笔者从时间和空间特征方面对菲佣在中环的聚集现象进行深入探究。

(1) What: 中环周日菲佣聚集

每逢周日，大量的菲佣从香港各地到达中环地区，在广场、公园、道路等公共空间，组成若干大小组团，以一定的方式聚集在一起，与熟人相会聊天，并且衍生出有组织的活动，如歌舞、选美、游行等(图3-4)。

(2) Why：同胞聚集和丰富的菲裔相关商业吸引菲佣

菲佣选择中环进行聚集的主要原因是同胞聚集和丰富的菲裔相关商业(图3-1)，且这两个因素也在互相促进。

环球大厦是中环"马尼拉"的故事起点，位于中环地铁站上盖，是菲佣汇款、交易、邮寄服务的中心节点(图3-2、图3-3)。

图3-1 菲佣选择中环原因
- A. 同胞聚集令我快乐放松 30%
- B. 给菲裔的商品服务丰富 28%
- C. 中环定期举行许多活动 17%
- D. 中环交通位置十分方便
- E. 中环公共环境优美舒适
- F. 来到教堂参加宗教活动
- G. 其他：如为了孩子的教育

各种业态分布比例
- 汇款等金融服务：48 (21.24%)
- 菲律宾食物及杂货：33 (14.60%)
- 手机售卖：29 (12.83%)
- 裁缝铺：10 (4.42%)
- 鞋类店铺：12 (5.31%)
- 珠宝饰品店：12 (5.31%)
- 衣裤等时装店：22 (9.73%)
- 化妆品护肤品：9 (3.98%)
- 快餐服务和其他餐厅：7 (3.10%)
- 手表和其他电子产品：8 (3.54%)
- 邮寄服务：8 (3.54%)
- 旅游中介服务：7 (3.10%)
- 房地产物业服务：3 (1.33%)
- 其他服务：18 (7.97%)

店铺总数：226个
首层：4个 二层：76个
三层：73个 四层：73个
▲入口 ◎中环地铁站出入口

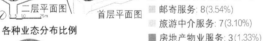
图3-2 环球大厦平面及业态分布

图3-3 环球大厦外景(自摄)

图3-4 聚集现象与相关商业互相促进(自摄)

(3) When: 白天逗留

中环是菲佣假日活动首选地，80%以上的菲佣一周至少来中环一次(图3-5)。

她们基本于9:00~18:00时，即白天逗留中环(图3-6)。到达和离开时间主要由工作结束和开始时间决定。

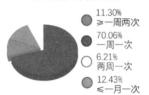
- ≥一周两次 11.30%
- 一周一次 70.06%
- 两周一次 6.21%
- ≤一月一次 12.43%

图3-5 菲佣中环活动频率

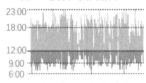
图3-6 菲佣中环活动时间分布

(4) How: 公交出行

菲佣使用以港铁为主的公共交通，从新界和港岛各区域(图3-7)及九龙半岛的荃湾、美孚等新市镇汇集到中环站附近。平均交通时间为35min，最远的由临近深圳的上水而来，耗时接近2h。

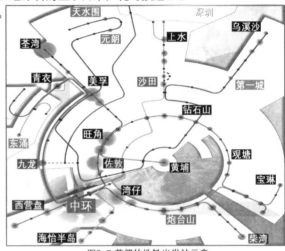
图3-7 菲佣的地铁出发站示意

3.2 聚集方式与活动类型

(1) 五种聚集方式

菲佣聚集方式可以归纳为五种：列坐、站立、铺地、铺地+围护、铺地+围护+盖顶(图3-8)。

无特殊空间限定：列坐聚集、站立聚集
限定平面空间：织物/纸箱铺地、铺地+围护
限定立体空间：铺地+围护+盖顶
空间占据程度低 → 空间占据程度高

图3-8 菲佣在中环的聚集方式

(2) 活动类型丰富多样

菲佣在中环进行丰富的个人和社群活动(图3-9)，大部分菲佣会进行宗教活动。访谈统计到的菲佣都有宗教信仰，大都信仰罗马天主教，还有基督教、路德教等，可见宗教对菲佣群体的重要性。

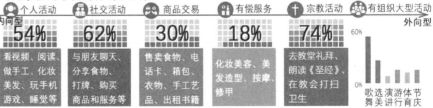

内向型 ← → 外向型
- 个人活动 54%：看视频、阅读、做手工、化妆美发、玩手机游戏、睡觉等
- 社交活动 62%：与朋友聊天、分享食物、打牌、购买商品和服务等
- 商品交易 30%：售卖食物、电话卡、箱包、衣物、手工艺品、出租书籍
- 有偿服务 18%：化妆美容、美发造型、按摩、修甲
- 宗教活动 74%：去教堂礼拜、朗读《圣经》、在教会打扫卫生
- 有组织大型活动：歌选演游体节舞美讲行育庆

图3-9 菲佣在中环的活动类型

四、菲佣聚集空间分类详述

4.1 中环"马尼拉"聚集网络

周日中环菲佣的聚集以环球大厦为中心，以公园、广场、建筑、设施空地为节点点状分布，沿街道呈线状分布，共同构成中环"马尼拉"聚集网络（图4-1）。

根据空间特征将聚集空间分为3类：公园绿地与广场，建筑与公共设施附属空地，道路。

图4-1 中环"马尼拉"聚集网络图

考虑使用功能、空间权属、设施条件的不同，在这3类空间中分别选取2~3个典型地点进行多次实地观察、访谈、问卷调查，调研地点分布见图4-2。

重点调研区域选点示意
公园绿地与广场
① 皇后像广场
② 教堂周边及长江公园
建筑与公共设施附属空地
③ 汇丰银行底层架空
④ 交易广场裙楼花园
⑤ 九号以及七号码头
道路
⑥ 遮打道行人专用区
⑦ 干诺道中人行天桥
⑧ 干诺道中地下通道

图4-2 调研地点分布图

4.2 聚集空间使用情况

通过实地观察，记录菲佣在各地点的聚集行为和市民的行为，分析各个聚集地点的空间特征和使用情况，总结适宜菲佣聚集的空间类型。将公园绿地与广场，建筑与公共设施附属空地和道路3类聚集空间分别分析。

(1) 公园绿地与广场：环境好，使用矛盾小，适合聚集

中环有多个公园绿地与广场，大多建成于20世纪。它们对公众开放，而市民较少使用。其因具备空间开阔、环境优美、周边设施齐全，有丰富休憩和遮阳设施等有利条件，是菲佣聚集的主要选择。具体空间分析详见表4-1。

公园绿地与广场聚集空间分析　　表4-1

		① 皇后像广场	② 教堂周边及长江公园
空间特征	空间开阔程度	开阔	较开阔
	设施齐全程度（卫生间、座椅等）	齐全	齐全
	空间遮盖程度（树荫、雨篷等）	中等，部分遮盖	较弱，部分树荫遮盖
	管制程度	中等	弱
聚集特点	聚集人数	636人	86人
	聚集密度	0.12人/m²	0.01人/m²
	活动类型	• 个人活动 • 社交活动 • 有偿服务	• 个人活动 • 社交活动 • 宗教活动
	聚集热点	雨篷及柱廊下	树荫下、座椅周边
	环境氛围	热闹	安静
使用矛盾	具体矛盾	周围商场橱窗被菲佣遮挡，需要保安管制	没有明显矛盾
	行人流量	周六 40人/min ／ 周日 43人/min	周六 12人/min ／ 周日 11人/min
	非菲佣停留人数	周六 43人 ／ 周日 22人	周六 3人 ／ 周日 4人

图4-5 公园中野餐、休息（自摄）

图4-6 广场边商场保安在巡逻（自摄）

- 广场适合大量的聚集，而公园适于小型集会。对广场（图4-3）和公园（图4-4）比较后发现，广场有大面积硬质铺地，容纳量大；而公园空间尺度较小，适合小型会面（图4-5）。
- 菲佣对有盖顶的空间有明显偏好。盖顶舒适，遮阳防雨，为聚集热点。
- 市民很少使用公园广场，菲佣和市民使用矛盾小。
- 菲佣聚集对周边商业环境影响较大，周边商场管制多（图4-6）。

平面图图例
- 研究范围
- 洗手间
- 餐厅
- 垃圾桶
- 座椅
- 建筑入口
- 有盖顶空间

聚集密度：
低 ▬▬▬ 高

图4-3 皇后像广场平面图

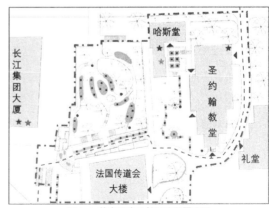

图4-4 教堂周边及长江公园平面图

(2) 建筑与公共设施附属空地：遮盖度高，吸引聚集

中环的一些私人物业及公共设施(如码头)带有入口前广场、底层架空、裙楼花园等附属空地，这些空间通常景观优美、周边设施齐全、空间遮盖程度高(图4-7~图4-9)。虽然附近往往有较强管制措施，但此类空间仍是许多菲佣选择的聚集场所(图 4-10)。

- **遮盖度是菲佣选择聚集地点的重要条件。**
  交易广场裙楼花园除了没有遮盖外，其他空间条件与汇丰银行架空层一致(表 4-2③④)，而被完全遮盖的汇丰架空层聚集人数和密度比它大得多。

- **相比公共设施，私人物业对菲佣聚集管制较强。**
  交易广场裙楼花园(表 4-2④)为保持良好环境，保安禁止菲佣倚靠建筑或橱窗等。

- **菲佣会被活动吸引而聚集**(图4-11、图4-12)。
  码头聚集密度很大，其人群密度最大的地点是活动场地，选美、街舞等活动吸引人参加或观看。

- **码头空间遮盖程度高**(图 4-9)，空间完整、面积充足，管制少，菲佣常利用码头空间举办活动。

建筑与公共设施附属空地聚集空间分析　　表4-2

		③汇丰银行底层架空	④交易广场裙楼花园	⑤九号以及十号码头
空间特征	空间开阔程度	开阔	开阔	中等
	设施齐全程度(卫生间、座椅等)	齐全	齐全	缺乏
	空间遮盖程度(树荫、雨篷等)	强，全遮盖	弱，无遮盖	强，全遮盖
	是否私人物业	私人物业	私人物业	公共空间
	管制程度	强	强	弱
聚集特点	聚集人数	824人	231人	366人
	聚集密度	0.31人/m²	0.08人/m²	0.14人/m²
	活动类型	• 个人活动 • 社交活动 • 有偿服务 • 商品交易	• 个人活动 • 社交活动 • 有偿服务 • 商品交易	• 个人活动 • 社交活动 • 商品交易 • 有组织大型活动
	聚集热点	整个区域都高密度聚集	被花坛围合的座椅	举办活动的场地
	环境氛围	热闹	安静	热闹
使用矛盾	具体矛盾	聚集密度太高以致于难以通行，在管制下划分出了 3 条 1.5~3m 的通道供行人通过	没有明显矛盾	周六市民和游客在码头钓鱼、观景，周日码头完全被菲佣占据，市民和游客无法使用
	行人流量	周六 5人/min　周日 9人/min	周六 25人/min　周日 30人/min	周六 24人/h　周日 34人/h
	非菲佣停留人数	周六 9人　周日 8人	周六 5人　周日 0人	周六 109人　周日 0人

图4-10 周日爆满的汇丰银行架空层（自摄）

图4-11 九号码头的选美比赛（自摄）

图4-12 十号码头的菲佣同乡会活动（自摄）

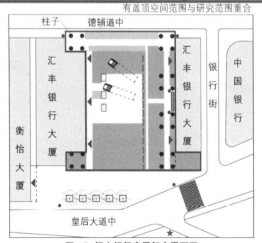

图4-7 汇丰银行底层架空平面图

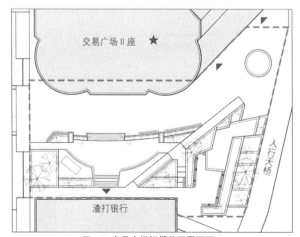

图4-8 交易广场裙楼花园平面图

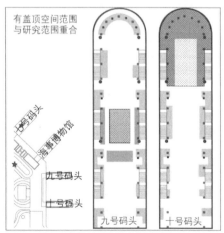

图4-9 九号以及十号码头平面图

(3) 道路：聚集人数较多，使用矛盾最严重

为改善步行环境，香港在一些路段设立周日临时行人专用区，将车行道变为步行街，形成带状较开阔的空间。露天的道路行人专用区和有盖顶的人行天桥、地下通道是菲佣聚集密度很高的区域。

道路相对于前两类空间来说较狭窄，大量聚集的菲佣严重影响道路通行，与行人使用矛盾很大。

- 菲佣自由度大，活动丰富(表 4-3 活动类型)。
  道路空间中菲佣行为自由度大，甚至可举办歌舞活动(图 4-13)。相比之下私人物业对菲佣行为约束强，如不能摆卖以及聚众举办活动等。

- 聚集密度高，与行人间使用矛盾大(图 4-14、图 4-15)。
  矛盾主要体现在菲佣聚集对行人交通的影响。道路是必要交通空间，同时又很符合菲佣聚集需求。在 5m 宽的天桥的部分路段，菲佣占两侧各 1.5~2m 的宽度，仅留下 1.5~2m 通行(图 4-16)，给交通带来严重不便。

- 在天桥和地下道，菲佣偏好靠近商场(图 4-16)。
  商场有洗手间、餐厅等设施，靠近商场更便利。而因出入口人流量大，菲佣不会紧邻出入口聚集。

- 遮盖度高、管制相对少，聚集人数多、密度大。
  天桥和地下道都有盖顶，适宜长时间停留。道路的管制行为是为了维持秩序与安全，相比私人物业，管制力度低了不少，菲佣行为更自由。所以有许多菲佣选择道路空间聚集(图 4-17)。

图4-13 遮打道宗教歌舞（自摄）

图4-14 干诺道中人行天桥（自摄）

道路聚集空间分析　　　　表4-3

		⑥遮打道行人专用区	⑦干诺道中人行天桥	⑧干诺道中地下通道
空间特征	空间开阔程度	较开阔	较狭窄	较狭窄
	设施齐全程度(卫生间、座椅等)	齐全	齐全	齐全
	空间遮盖程度(树荫、雨篷等)	较弱，少部分遮盖	强，全遮盖	强，全遮盖
	管制程度	中等	中等	中等
聚集特点	聚集人数	751人	683人	330人
	聚集密度	0.21人/m²	0.23人/m²	0.24人/m²
	活动类型	・个人活动 ・社交活动 ・有偿服务 ・商品交易 ・有组织大型活动	・个人活动 ・社交活动 ・有偿服务	・个人活动 ・社交活动 ・有偿服务 ・商品交易 ・有组织大型活动
	聚集热点	人行天桥下等有盖空间	靠近商场的路段	靠近商场的入口处
	环境氛围	热闹	分段，人多的路段热闹	热闹
使用矛盾	具体矛盾	・影响交通 ・影响周围商场，遮挡橱窗和建筑出入口	・影响交通 ・菲佣在天桥两侧的不均匀聚集分布使行人的流线弯曲成"S"形	・影响交通 ・大量菲佣聚集、穿行使通道拥挤，使地下道空间闭塞、闷热
			・菲佣的行为受到管制	
	行人流量	周六 21人/min ／ 周日 25人/min	周六 43人/min ／ 周日 33人/min	周六 24人/min ／ 周日 35人/min
	非菲佣停留人数	周六 0人 ／ 周日 0人	周六 0人 ／ 周日 0人	周六 0人 ／ 周日 0人

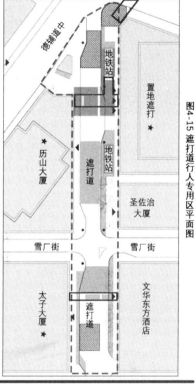
图4-15 遮打道行人专用区平面图

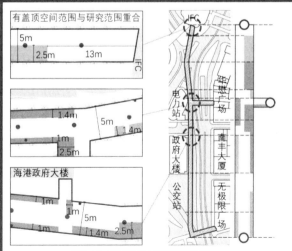
图4-16 干诺道中人行天桥平面图

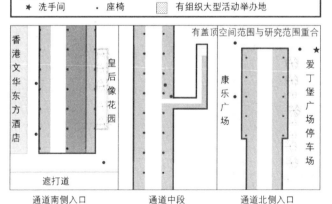
图4-17 干诺道中地下通道平面图

(4) 空间使用情况横向对比

① 外界管制：高聚集密度、私有权属下管制严格

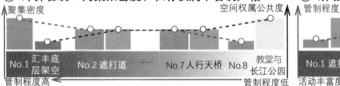

图4-18 外界管制程度排序

出入口禁止停留　留出通道

禁止乱扔垃圾　橱窗前禁止停留

禁止摆卖　禁止赌博

图4-19 与菲佣相关的空间管制

- 外界管制程度与聚集密度和空间权属相关。高密度聚集和私人空间权属的空间管制较多，如汇丰银行底层架空空间(图4-18)。
- 私人物业为保证商业利益和空间风貌，会严格控制菲佣在内部空间和出入口的行为(图4-19)。

② 活动丰富：管制宽松的宽敞空间活动更多样

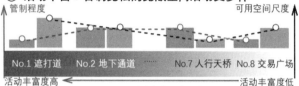

图4-20 活动丰富程度排序

图4-21 有组织大型活动及其适宜空间特征

- 活动丰富程度与管制程度和可用空间尺度相关。管制越少，空间尺度越大，活动越丰富，如遮打道(图4-20)。
- 社会活动广泛存在于各类空间，不同活动对空间条件有不同需求(图4-21)。

③ 使用冲突程度：交通空间冲突最严重

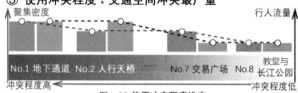

图4-22 使用冲突程度排序

- 交通空间使用冲突最大，人流易受聚集干扰(图4-22)。
- 广场和公园使用冲突较少，行人流量较少，适合聚集。

④ 环境氛围：聚集密度大、活动丰富则更热闹

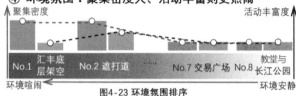

图4-23 环境氛围排序

- 环境喧闹程度与聚集密度呈正相关(图4-23)。
- 氛围与活动丰富度关系密切，如遮打道活动多，较喧闹。

⑤ 周六与周日聚集情况对比：有盖顶、交通方便的空间更受青睐

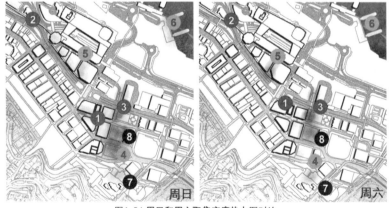

图4-24 周日和周六聚集密度热力图对比

亦有少数菲佣假期在周六，她们也会来中环聚会，但人数较少不足以形成大规模现象。由周六聚集空间(图4-24)也可看出菲佣偏好：
- 有盖顶空间：地下通道聚集密度大；
- 交通方便的空间：位于地铁口旁边的皇后像广场聚集密度高。

⑥ 相关外界活动：聚集规模的印证、设施缺乏的体现

图4-25 与菲佣聚集相关的外界活动场景

图4-26 盈利活动图解

- 外界活动多为盈利性，是菲佣聚集密度高的印证。
- 纸箱租赁活动体现公共空间缺乏座椅和遮荫设施的现状。廉价用品售卖体现菲佣生活需求(图4-25、图4-26)。

结论① 适合菲佣聚集的空间有：菲佣偏好且使用冲突小的空间，如码头、广场、公园。

结论② 菲佣偏好的空间要素有：
1. 有盖顶；2. 交通方便；
3. 设施齐全；4. 管制少

结论③ 不同类型菲佣活动需不同空间要素。主要几种如下：

- 个人活动：环境优美、交通方便、设施齐全
- 社会活动：交通方便、设施齐全、有盖顶空间
- 有组织活动：使用冲突较小、利于吸引人流、空间宽敞、管制较少

主题一 社会公平

中环"马尼拉"——香港中环周日菲佣聚集现象调查研究

4.3 菲佣的空间使用意愿

(1) 菲佣偏好的空间类型

菲佣在公共空间类型上偏好于公园、广场等公共性强的空间，以及人行天桥一类有遮盖且便于到达各类建筑的交通空间(图4-27)。

图4-27 菲佣对不同空间类型的偏好比例

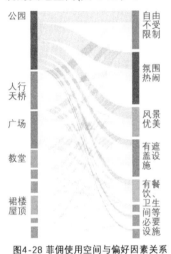
图4-28 菲佣使用空间与偏好因素关系

(2) 菲佣的空间偏好因素

- **非设施因素：**
  自由、限制少；
  环境氛围热闹(图4-28)。
  原因：
  日常生活受到较多限制(例如雇主和管理者等)
  本身热情开朗、喜爱聚会的民族性格。

- **设施因素：** 遮荫遮雨设施。
  原因： 香港多雨的气候。

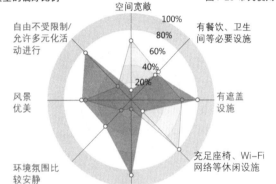
图4-31 菲佣与市民的空间因素偏好重合度

4.4 市民的空间使用意愿

(1) 市民使用的空间类型

市民经常使用的空间类型含商场内部(可供消费和停留)及人行道和天桥等交通空间(图4-29)。

图4-29 市民使用不同空间类型的比例

(2) 市民的空间偏好因素

- **非设施因素：**
  无特别偏好。

- **设施因素：** (图4-30)
  宽敞的空间；
  丰富的商业休闲设施。
  原因：
  宽敞的空间保证了适宜的交往距离以及放松的心理。充足的设施能满足消费之余的各项需求。

总结：
- 菲佣与市民空间因素偏好重叠少(图4-31)。
- 使用空间类型上重叠的主要是有盖顶的交通空间及公共性较强的开放空间。

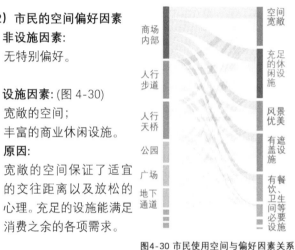
图4-30 市民使用空间与偏好因素关系

4.5 市民视角下菲佣聚集活动的影响

(1) 市民对于聚集菲佣的心理印象与行为反应

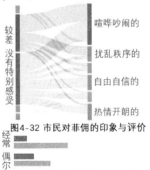
图4-32 市民对菲佣的印象与评价
图4-33 市民对菲佣聚集的行为反应 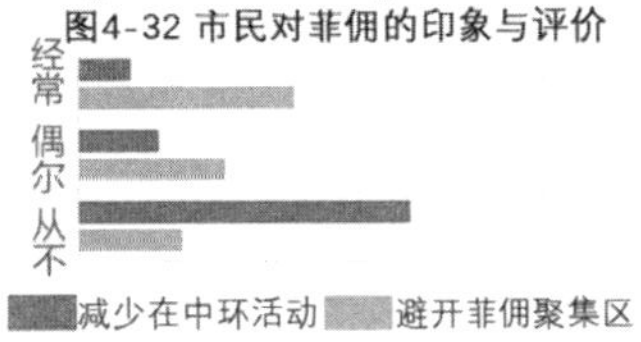

- **总体印象：**
  没有特别感觉或感觉较差(图4-32)。

- **词汇评价：**
  负面词汇多，其中"喧哗吵闹"是市民对菲佣最为突出的印象。

大多市民不会因菲佣聚集减少周日在中环的活动(图4-33)，但较多市民会避开菲佣聚集区。

(2) 菲佣聚集对于中环地区的影响

总体来说，市民普遍认为菲佣聚集对于中环产生影响集中在消极方面。主要是造成空间拥挤、影响设施使用等。同时也有积极影响，例如促进中环风貌更加多元化，展示香港全球性的文化(图4-34)。

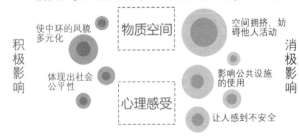
图4-34 市民认为菲佣聚集对中环的影响

(3) 市民对于菲佣聚集现象的改善意向

- **菲佣聚集影响较小之处：**
  宗教空间、公园、广场(图4-35)。
  原因： 市民少有宗教信仰且在室外空间停留少。

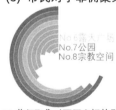
图4-35 菲佣聚集对不同空间的影响程度

多数市民认为需要对现状有所改善。例如增加设施缓解现状冲突，另外设置或利用现有资源提供给菲佣使用的公共空间(图4-36)。

图4-36 市民对改善菲佣聚集情况的建议

五、结论与建议

5.1 中环"马尼拉"聚集空间问题总结

① 部分空间聚集密度过大，影响周边环境和商铺。
② 占用较强交通功能空间，影响人行交通通畅性。
③ 设施条件有待改善，**缺乏盖顶空间及座椅设施**。
④ 部分聚集空间缺乏管理和规划，菲佣聚集无序，容易对空间原有功能和城市风貌造成影响。

5.2 中环"马尼拉"聚集空间梳理疏解

周日外出至中环的菲佣群体人数极多、出行时间非常集中，而可用的聚集空间有限。根据调研结果，提出对聚集空间的梳理与疏解策略，缓解菲佣与市民的空间使用冲突，提高菲佣聚集环境空间质量。

(1) "梳理"中环——引导菲佣在中环适宜地点活动

综合周末中环公共空间使用情况和对菲佣、市民公共空间使用意愿的分析和总结，活动限制少的非交通、非商业空间适合菲佣聚集活动，且最好有盖顶。

在中环这样的空间有码头、广场、公园、教堂四种类型（图5-1），并且可以满足菲佣各种活动对空间的需求（图5-2）。

图5-2 中环适宜菲佣聚集的地点与适宜的活动类型图

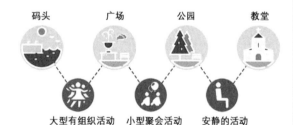

图5-1 公共空间类型与对应的适宜活动类型

找出这些公共空间，并且采取措施吸引菲佣于此聚集（图5-3），可减少中环公共空间使用矛盾，平衡市民与菲佣的空间需求。

图5-3 吸引菲佣定向聚集的措施

(2) "疏解"中环——引导菲佣在中环外的地点活动

将近一半的菲佣周日会在中环外的地点活动(图5-4)。他们最常去的中环以外的地点是海滩和教堂，常常进行的活动则是在公园聚会和结伴远足(图5-5)。

教堂是市民公认菲佣聚集产生影响最小的公共空间。根据本文对聚集空间的研究，海滩、公园这类对商业影响较小且开阔的非交通空间也较适宜菲佣聚集。

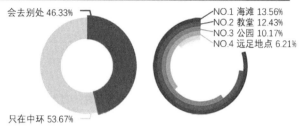

图5-4 菲佣周日活动范围　图5-5 菲佣周日会去的中环外地点

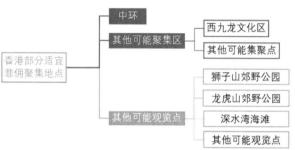

图5-6 香港部分适宜菲佣聚集地点

结合香港轨道交通分布，引导菲佣至中环外交通较为便捷的公园、海滩等地点活动，能够有效疏解中环周日的承载压力，促进空间资源合理分配(图5-6)。

图5-7 香港菲律宾社团组织的歌舞与聚会活动（自摄）

① 对于轨道交通节点附近的易达地点，可以呼吁菲律宾社团(菲律宾人的兴趣社团或教会组织)在中环以外的适宜地点举办活动，吸引菲佣(图5-7)。

② 对于距市区较远的海滩和郊野公园，可以鼓励本地民间非营利性组织等带菲佣进行远足、摄影等短期游览活动，在疏解中环的同时缓解社会矛盾。

5.3 中环"马尼拉"聚集空间设施优化

针对菲佣聚集过程中产生大量垃圾、缺乏遮荫避雨的有盖顶空间、缺乏座椅设施等问题，可从改善公共空间设施条件入手加以缓解。具体建议如下：

(1) 增加垃圾桶、临时垃圾站，加快清理转运速度。

在菲佣大量聚集的区域，如遮打道、汇丰银行底层架空等，常有垃圾桶满溢、垃圾遍地的情况(图5-8)，需要增加临时垃圾桶等，并加强环卫清理工作。

图5-8 遮打道垃圾桶满溢/遮打道周日临时垃圾站

(2) 在公园、广场等露天场所提供折叠遮阳伞租赁。

据调研，菲佣聚集的纸箱租金约20港币/天。据此制定菲佣可承受的遮阳伞租金，或是由政府免费提供和设置，统一管理，以便保证市容整洁。同时，限制遮阳伞的使用范围，避免对通过性空间的占用。

(3) 适宜菲佣使用的城市家具设计。

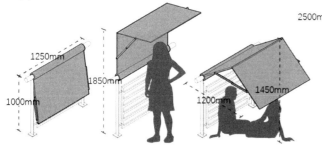

遮板是依附于道路栏杆的可折叠挂件。工作日街道无菲佣聚集，为保障通行顺畅，遮板折叠；假日菲佣聚集，则打开遮板，可为站立或坐卧者提供遮阳和防雨功能。

图5-9 可供菲佣使用的道路护栏折叠遮板设计

① 在栏杆或墙壁上加装折叠遮板(图5-9)

适用于有围护结构的道路空间以及建筑物附属空地，可以替代菲佣自行搭建的塑料雨篷，为菲佣聚集提供便利并改善环境风貌。

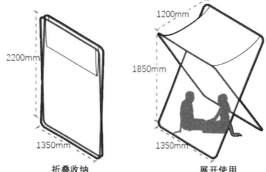

图5-10 可折叠遮阳棚设计

② 增加位置灵活的可折叠遮阳棚(图5-10)

适用于海滨广场、建筑物附属空地等较开阔空间，使用位置灵活，可以拼接连成更大面积的有盖顶空间。若有规范聚集地点的需要，也可以临时固定在地面或建筑物墙壁上供菲佣使用。

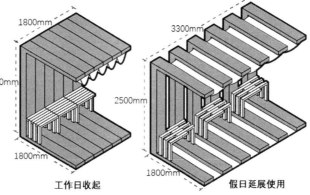

图5-11 可伸缩城市家具设计

③ 在空地安装可伸缩城市家具(图5-11)

适用于公园广场等开阔公共空间，平日里可供市民使用，周末菲佣聚集高峰时段可以伸展扩大容量，为菲佣提供更多有盖顶空间及座椅休闲设施。

主要参考文献

[1] 侯桂新. 菲佣与香港的社会和谐[J]. 新闻人物, 2007(7): 152.

[2] 秦前红, 张筱倜. 基于"菲佣居港权"案件判决的几点反思[J]. 理论月刊, 2014(8):180-184.

[3] SIU MING CHEUNG. 在皇后头上动土：菲佣在皇后像广场的日常生活实践[J]. 文化研究@岭南, 2007: 5-13.

[4] TILLU J S. Spatial empowerment: the appropriation of public spaces by Filipina domestic workers in Hong Kong[D]. Cambridge: Massachusetts Institute of Technology, 2011:31-58.

[5] KOH C L. The use of public space by foreign female domestic workers in Hong Kong, Singapore and Kuala Lumpur [D]. Cambridge: Massachusetts Institute of Technology, 2009:25-51.

[6] 中华人民共和国香港特别行政区政府统计处. 香港统计年刊2018年版[EB/OL]. (2018-10-19). https://www.censtatd.gov.hk/en/data/stat_report/product/B1010003/att/B10100032018AN18B0100.pdf.

[7] 俞悦. 在港菲佣的社会福利问题[J]. 社会福利(理论版), 2014(10):23-29; 37.

[8] 走近"世界最专业的家政服务者"[J]. 标准生活, 2013(8):74-77.

[9] 徐宁, 徐小东. 香港城市公共空间解读[J]. 现代城市研究, 2012,27(2):33-39; 66.

[10] 何平. 香港的"菲佣"与"菲佣现象"探析[J]. 东南亚, 1998(1):46-50.

附录：各调查问卷原文

Questionnaire about Filipino Domestic Helpers in Central District HK

Hello! We are students from XXX in XXX city. We are conducting a sociological survey on the basic situation of Filipino domestic workers gathering in Central on Sunday. Therefore, we chose the Central District of Hong Kong to conduct a simple questionnaire survey. Thank you very much for your help in answering our questions and providing your views and opinions. I hope to get your strong support and cooperation.

This survey is anonymous. The results of the survey only use the comprehensive situation of the survey information, and do not obtain the personal data of the respondents. At last, the information is sorted out by the students. It's a great honor for us to listen to you. Your suggestions are very important to us. Thank you for your cooperation and valuable time!

Part 1   Why When & How you come to Central District

1. Why do you come to Central on Sundays？
   (Please select one or more options)
   A. Much Filipino service and goods are offered in Central (eg. World Wide House).
   B. Convenient transportation location of Central.
   C. I feel safe and relaxed because many Filipinos are gathered in Central.
   D. Public space in Central are spacious, available and plentiful.
   E. The environmental quality of public space is good.
   F. Many community events are held in Central regularly.
   G. Others : _____

2. How often do you come to Central ?
   A. Twice a week or more
   B. Once a week
   C. Once every two weeks
   D. Once a month or less

3. What kind of transportation do you usually use to come to Central ?
   A. Walking
   B. Bus or tramway
   C. MTR or LRT (Light Rail Transit)
   D. Ferry
   E. Others : _____

4. The cost of your one-way transportation to Central is _____ HKD.

5. It takes me ___ h ___ min to come to Central from my workplace.

Part 2   Your Sunday Schedule & Activities

6. I arrived in Central at ___ this morning, I suppose I will leave Central at ___.

7. What kinds of public space do you prefer to stay in Central on Sundays ?
   (Please select one or more options)
   A. Footbridge   B. Pavement   C. Underground passage
   D. Park   E. Open square   F. On the mountain
   G. Open Ground-floor space of architecture   H. Roof of podium
   I. Inside shopping malls   J. Others : _____

8. Do you have a fixed place to stay in Central on Sundays?
   A. Yes. Where is it ? _____ (Please turn to Question 10)
   B. No.

9. If you don't have a fixed place to stay in Central, where do you usually go?
   (Please select one or more options)
   A. Footbridge   B. Pavement   C. Underground passage
   D. Park   E. Open square   F. On the mountain
   G. Open Ground-floor space of architecture   H. Roof of podium
   I. Inside shopping malls   J. Others : _____

10. Which factors below will you consider when choosing a place to stay ?
    (Please select one or more options)
    A. The width of the space
    B. Freedom   (No restriction and surveillance / security or police interference)
    C. Environment and scenery
    D. Comfortable atmosphere (quiet or lively)
    E. Necessary facilities (like toilets)
    F. Other leisure facilities (like benches , Wi-Fi hotspot, restaurants...)
    G. Whether the place is shaded from the sunlight and rain.   H. Others: _____

11. What do you usually do in Central ?   (Please select one or more options)
    A. Individual activities like doing handwork, watching movies, reading books, etc
    B. Chatting, having a picnic, or playing cards with companions
    C. Go shopping
    D. Providing paid services : making up, styling hair, etc
    E. Selling goods: food, clothes, telephone cards, etc
    F. Go to church and do religious worship   G. Others: _____

12. What kinds of organizational and collective activities would you watch or take part in on Sundays？（Please select one or more options）
A. Nothing   B. Singing and dancing   C. The beauty pageant
D. Speech   E. Parade   F. Others : ___

13. How do you usually have meals in Central on Sundays？
（Please select one or more options）
A. Cook by self, pack and share with friends   B. Buy some from people who sell food nearby   C. Have meals in nearby restaurants （Where is it?___）   D. Buy takeaway food from nearby restaurants   E. Others:___

14. Where is the toilet you usually go？Is that a public toilet or a one in the shopping mall?（Please write down the exact location）

15. What kinds of public facilities do you usually use during your stay in Central？（Please select one or more options）
A. Seats and other leisure facilities   B. Direct drinking water system or water dispenser   C. Public Wi-Fi hotspot   D. Others:___

Part 3 The Spatial Condition in Central District & Your Feelings

16. Which of the following things have happened when you are in Central？
（Please select one or more options）
A. Restriction and surveillance / security or police interference
B. Discrimination and incomprehension from pedestrians
C. Not allowed (or restrictions) to enter the nearby buildings
D. Not allowed (or restrictions) to use the facilities in nearby buildings
E. Others:___

17. What would you be prevented from doing by the security?

18. What improvements do you think can be made to the public spaces for Filipinos in Central on Sunday？（Please select one or more options）
A. Add more public facilities such as restrooms, restaurants, trash cans, etc
B. More space for sheltering from sun and rain
C. Other public spaces available to the Filipino domestic helpers, such as ___（Your suggestion）
D. Others:___

19. Except the Central area, will you go to other places for leisure activities on Sundays? Where is it? Please describe the place : ___

20. Please tick the options according to your own opinions:

Viewpoint	Very agree	Agree	Neutral	Disagree	Very disagree
Central is well equipped, convenient and lively, I like it very much.					
Central is too crowded, noisy and has high level of consumption. I feel out of place most of the time when I stay here.					
I feel free and relaxed when I stay here.					
I feel that I have been discriminated against and unfairly treated while staying in Central.					
I am satisfied with the status of my stay in Central.					
Compared to local citizens in Hong Kong, I prefer to stay with my Filipino companions.					
I think that gathering with companions in Central on Sunday necessarily meet the needs of Filipino social contact.					
I don't think the gathering of Filipino helpers in Central every Sunday makes any negative impact.					

Part 4 Your Brief Information

21. What is your age group?
A. 20 and below   B. 21~30   C. 31~40   D. 41~50   E. 51 and above

22. Which MTR station is the nearest one to your work place? ___

23. Which one is your monthly salary group?
A. 4520 HKD and below   B. 4520~5000 HKD   C. 5000~6000 HKD
D. 6000~7000 HKD   E. 7000~7999 HKD   F. 8000 HKD and above

24. What's your highest level of education you have completed?
A. Uneducated
B. Primary school
C. Secondary school
D. College education and above

25. What is your religion? ___

26. How is your living condition?
A. I don't live in the employer's house
B. I live in my employer's house and have a separate room of my own
C. Share one room with others (old people, children, etc)
D. Use sofa bed or folding bed in living room, study, etc
E. A simple bed or cabinet in a kitchen, balcony, or bathroom
F. Others:___

Thank you for your cooperation and valuable time again！

香港中环周日公共空间菲佣集聚现象社会学调研 市民问卷

您好，我们是来自 XXX 市 XXX 大学的学生。我们正在进行一个有关周日菲佣中环聚集现象的社会学调研。您作为香港公众的观点对我们来说格外重要。本问卷大概需两分钟，感谢您宝贵的时间！本问卷是完全匿名的，仅用于学术的问卷，关注综合情况而不涉个人信息，请放心填写，再次感谢您的帮助！

1. 您在周日到中环的频率是？
A. 每个周日都来中环　　B. 每两三周有一个周日来到中环
C. 每月只有一个周日来到中环　　D. 几个月一次或者更少

2. 您最近一次来中环的目的是什么？（多选题）
A. 逛街和购物　　B. 参加社会活动、集体活动等
C. 上班、上学、工作等通勤和业务目的
D. 无特殊目的的散步消遣，看滨海风景
E. 做礼拜，参加宗教活动　　F. 和其他人聚会
G. 聚餐、餐饮方面的消费活动　　H. 其他：＿＿＿

3. 您使用中环的哪类公共空间的频率最高？（多选题）
A. 商场内部　　B. 露天广场　　C. 公园　　D. 一般天桥或行人专用区
E. 人行天桥和连廊　　F. 地下通道　　G. 建筑物屋顶平台花园
H. 建筑物底层架空空间　　I. 教堂等宗教空间　　J. 其他：＿＿＿

4. 您认为一个好的公共空间最重要的方面是？（请选择1~3项）
A. 空间宽敞　　B. 环境优美，风景秀丽　　C. 有充足的设施，例如座椅、Wi-Fi网络等
D. 有遮荫和防雨措施　　E. 有餐饮、卫生间等设施　　F. 允许进行多元化的活动
G. 氛围比较安静　　H. 氛围比较热闹　　I. 其他：＿＿＿

5. 您对在中环聚集的菲佣的印象是？
A. 很差　　B. 较差　　C. 没有特别感觉　　D. 较好　　E. 很好

6. 以下哪些词语最符合您对中环聚集的菲佣的看法？
A. 扰乱秩序的　　B. 不讲卫生的　　C. 喧哗吵闹的　　D. 热情开朗的
E. 活泼有趣的　　F. 自由自信的　　G. 没有特别感觉　　H. 其他：＿＿＿

7. 您认为菲佣周日的集聚对于中环地区造成了哪些影响？（多选题）
A. 影响市容，损害城市形象　　B. 空间拥挤，妨碍他人活动　　C. 让人感到不安全
D. 空间变得不卫生，容易促进传染病传播　　E. 占用和影响公共设施的正常使用
F. 没有特别影响　　G. 使中环的风貌多元化，表现社会开放
H. 使中环体现出建设社会公平的积极性　　I. 刺激中环地区的消费和经济
J. 使得中环变得丰富热闹和令人愉悦　　K. 其他：＿＿＿

8. 您认为菲佣在中环哪些公共空间聚集时对您的影响最小？
A. 露天广场或公园　　B. 一般天桥或行人专用区　　C. 人行天桥和连廊
D. 地下通道　　E. 建筑物屋顶平台花园　　F. 建筑物底层架空空间
G. 码头等滨海空间　　H. 教堂等宗教空间　　I. 占据都对我有很大影响　　J. 其他：＿＿＿

9. 以下选项中，哪些是实际存在的，且对您的影响最大的菲佣行为？
A. 占用公共设施，使得排队时间变长，例如餐厅和卫生间等
B. 进行活动制造噪声，影响工作和生活
C. 乱扔垃圾，污染环境，影响市容
D. 占据道路，使得通行不畅　　E. 空间变得拥挤，使得通行不畅
F. 对我没有什么影响　　G. 其他：＿＿＿

10. 您是否会因为菲佣聚集而减少周日在中环的活动？
A. 常常　　B. 偶尔　　C. 从不

11. 您在中环活动时是否会特意避开菲佣聚集的区域？
A. 常常　　B. 偶尔　　C. 从不

12. 您认为对于菲佣使用公共空间的问题，哪些解决方案是有必要的且可以接受的？
A. 政府应该提供专门为菲佣准备的独立的活动空间，而非占据公共资源
B. 没有什么问题，保持现状即可
C. 分散至香港其他地方的公共空间，例如郊野公园等
D. 在现状的基础上，通过增设更多公共设施和提高服务水平，来缓解现状的紧张
E. 其他：＿＿＿

13. 您的性别是？
A. 男　　B. 女

14. 您的年龄是？
A. 20 岁及以下　　B. 21 ~ 30 岁　　C. 31 ~ 40 岁
D. 41 ~ 50 岁　　E. 51 ~ 60 岁　　F. 61 岁及以上

15. 您的职业是？
A. 职员（从事一般工作的人员）　　B. 商务人员　　C. 家庭主妇　　D. 学生
E. 第三产业服务人员　　F. 产业工人　　G. 从事农林牧渔业的劳动者
H. 各级政府部门、企业事业单位、党政机关和公众团体的领导者
I. 专业技术人员（教师、科研人员、医生、工程技术人员、作家等专业人员）
J. 私营企业主　　K. 自由职业　　L. 失业　　M. 离退休人员　　N. 军人　　O. 其他：＿＿＿

若您的家庭雇佣了菲佣，请回答以下问题。若无，请跳过。

16. 您是否允许菲佣周日（节假日）呆在家中？
A. 允许　　　B. 不允许

17. 为您的家庭工作的菲佣每周放假时在什么时间开始外出？
请选择：周六/周日/周一　　&　　填写：_____ (具体时间)

18. 为您的家庭工作的菲佣每周什么时间结束放假并返回您的家中？
请选择：周六/周日/周一　　&　　填写：_____ (具体时间)

19. 为您的家庭工作的菲佣平时的居住情况是？
A. 不在家里住　　B. 住在家里，有自己的独立房间　　C. 与您的家庭成员共住一间
D. 在客厅、书房等空间使用沙发床或者折叠床
E. 在厨房、卫生间、阳台或楼顶等临时搭建的床铺　　F. 其他：_____

再次感谢您花费宝贵的时间填写！谢谢！

大爱无声 ——基于社会融合的广州某高校听障生社群调研

作者学生：卢逸伦、陈佩谦、赵杨、叶子荷
指导老师：阎瑾、曾天然、王慧芹

全国高等学校城乡规划学科
2018城乡社会综合实践调研报告评优
三等奖

扫码阅读
彩色版本

大爱无声——基于社会融合的广州某高校听障生社群调研

摘要：

我国听障人群数量庞大，也催生了急速发展的聋人高等教育。其中一些高校走在前列，将听障生与普通生放在同一校区就读。调查以社会融合理论为切入点，通过问卷、访谈、空间轨迹研究等手段，对广州某招收听障生的高校进行调查，从融合意愿与融合能力两个层面探讨了听障生的社会融合现状，并分析其影响因素与问题。研究发现，在"共处一校"的模式下，听障生社会融合的程度显著提升，逐渐摆脱以往边缘社会群体的身份。但同时，学校过于关注融合教育，忽视了其专业能力的培养，导致听障生融入社会的长期发展受到限制。研究结果对城市社会学与听障生高等教育实践起到了反馈补充。

关键词：

社会融合；聋人；高等教育；空间轨迹

Abstract：

The large number of hearing-impaired people in our country has given birth to the rapid development of deaf education. Some of universities serve as leading roles, allowing the deaf students share the same campus with the hearing ones. Taking the social integration theory as the starting point, the survey conducted surveys on one of the colleges in Guangzhou concerning the circumstance and problem of hearing-impaired getting involved in society through questionnaires, interviews, and space trajectory research. It discusses the current situation of social integration of hearing-impaired students from the two aspects of integration willingness and integration ability. And analyze its influencing factors and problems. The study found that under the model of "co-location with one school", the degree of social integration of hearing-impaired students has significantly improved, and gradually got rid of the identity of marginal social groups in the past. However, the school ignores the weakness of their professional ability training, which has limited the long-term development of hearing-impaired students into society. The result has supplemented the feedback of urban sociology and hearing-impaired students' higher education practice.

Keywords：

Social integration, Deaf people, Higher education, Space trajectory

目录

第一章　引言 01
    1.1 选题背景 01
    1.2 理论背景 01

第二章　调研设计 01
    2.1 调研对象 01
    2.2 技术路线 02
    2.3 研究方法与实施 02

第三章　调查结果与分析 03
    3.1 听障生的人群特征 03
    3.2 听障生的空间活动 04
    3.3 听障生融合现状分析 06
    3.4 融合意愿与融合能力的影响因素 07

第四章　结论与思考 09
    4.1 听障生社会融合影响因素总结 09
    4.2 "聋—健"社群的融合困境 09
    4.3 国内外聋人教育对比分析与思考 10
    4.4 建议与展望 10

参考文献 10

附录：各调查问卷原文 11
    附录一：基于社会融合的听障社群调查问卷（听障生）...... 11
    附录二：基于社会融合的校园交往调查问卷（普通生）...... 13

目录与摘要

大爱无声——基于社会融合的广州某高校听障生社群调研

第一章 引言

1.1 选题背景

"听障者",即聋人。我国有听障人士2054万。这样庞大的群体,在社会生活中却缺乏参与度。听力的丧失使其难以获得充足的教育资源,也就更难就业和融入主流社会。

在平权社会的呼声下,聋人高等教育应运而生。从全球范围看,众多国家正在逐步建立聋人高等教育体系,美国加劳德特大学甚至设立了聋人博士学位。在国内,聋人高等教育也逐渐普及:长春大学、北京联合大学等23所高校均开始招收听障生。通过聋人单招高考,听障生获得了圆梦大学的机会。

值得注意的是,一些高校不再为听障生设置独立校区,而是让其与普通学生同处一个校园内。这种"共处一校"的模式会对听障生有何影响?基于对广州某设立聋人专业的大专院校的调研,我们对校园公共空间内听障生社会融合现状进行多维分析,以回馈于听障生高等教育的实践。

1.2 理论背景

社会融合(Social Integration),主要指社会少数群体能够获得平等的资源,与大多数人享有同样的社会认可并融入其中。这一概念与平等、包容等社会学理念相联系,是城市社会学中一个热点话题(张帆,2015)。20世纪以来,它被广泛应用在宗教少数群体、流动人口等城市研究中。

对于社会融合的研究,主要从经济整合、文化接纳、行为适应、身份认同等一些维度去衡量(杨菊华,2009)。当下中国听障生的研究中,这种"融合"的思想也被有意识地化用:主要从身份认同角度切入,以此描绘听障生的文化和身份认同(胡雅梅,2005)。听障生并非一个走入社会的成熟群体,在高校中也处于不完全的特殊社会空间,所以对其"融合"的研究应存在侧重性。

因此,**本研究从社会融合角度出发,将听障生的融合从融合意愿与融合能力两个侧面去量度,并分析影响这两个侧面的因素,以分析该高校"融合教育"的优势与不足,对"共处一校"模式存在的问题进行思考和展望。**

图1-1 社会融合的两个侧面

第二章 调研设计

2.1 调研对象

2.1.1 调研地点选择

调研地点选择在广州某高校A,该校从2007年开始招收听障生,是广东省最早面向聋人招生的高等教育学校,目前全日制在校生5700余人,其中听障学生约180人。

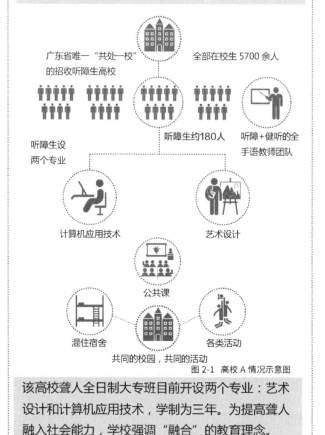

图2-1 高校A情况示意图

该高校聋人全日制大专班目前开设两个专业:艺术设计和计算机应用技术,学制为三年。为提高聋人融入社会能力,学校强调"融合"的教育理念。

2.1.2 调研对象

听障生通过聋人高考进入该高校，为了适应其依赖视觉的特点，两个专业的培养方向都倾向于设计。

图 2-2 听障生现状示意图

经过三年专业学习，听障生进入社会就业，平均就业率为97%。其中排名前三的就业岗位是文员、酒店服务和美工。就业率虽高，但受限于其专业能力，对口情况和就业质量都一般。

2.2 技术路线

调研从社会融合理论出发，结合听障生的特殊性，将其社会融合维度划分为融合意愿与融合能力两个层面，进而对其融合现状进行分析。同时，分析影响其融合意愿、能力的因素，进而发现听障生社会融合的症结所在，以此分析"同处一校"模式对听障生的影响，反馈于听障生高等教育实践。

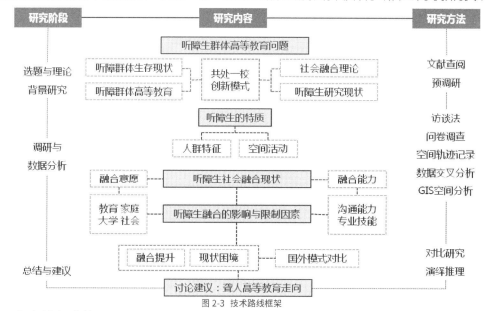

图 2-3 技术路线框架

2.3 研究方法与实施

调研对不同阶段问题分别采取针对性的收集数据方法：

（1）听障生的人群特征、身份认同与社交关系：

①发放问卷调查听障生的主观态度，以及健听同学的接纳程度；②对师生进行深入访谈了解情况。

（2）听障生的空间活动：

①通过空间—时间分布问卷，了解两类学生在工作日与周末的活动规律；②轨迹记录软件收集其轨迹数据。

（3）听障生的教育与就业：主要通过对老师与听障生的访谈收集其专业培养与就业的相关信息。

调研共发放问卷507份（有效问卷429份），组成为：① 人群特征、身份认同与社交调查问卷：270份有效（听障生122份，普通生148份）；② 空间活动有效问卷159份。深入访谈13人（6名老师、5名听障生和2名普通生），收集了20名学生（听障生与普通生各10人）6月9日~6月11日的轨迹数据。

第三章 调查结果与分析

3.1 听障生的人群特征

3.1.1 听障生家庭背景

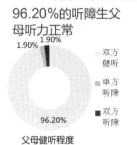

96.20%的听障生父母听力正常

27.50%的听障生难以与父母沟通

84.30%的听障生不是独生子女

图3-1 听障生家庭背景分析图

（1）校内的听障生大多来自正常家庭，因为有先天缺陷，所以父母大多选择生育二胎，这也导致**父母对听障生学业上的期望普遍不高。**

（2）听障生在家庭内沟通需求有时不能得到满足，即使是父母，也常常不能完全理解听障生的沟通意图。

3.1.2 听障生教育基础

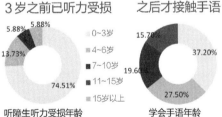

74.51%的听障生在3岁之前已听力受损

62.80%的听障生小学之后才接触手语

86.27%的听障生此前上过特教学校

图3-2 听障生教育基础分析图

（1）听障生通常自幼失聪，但在小学之后才接触和学习手语，因此其沟通能力较弱，相比于同龄人心智显不成熟。

（2）听障生大多上过特教学校，有一定的教育基础，但与普通学生相比各方面素养仍显不足。这些学校均是全聋人的环境，也因此听障生在进入大学之前通常很少接触到家人之外的健听人，融合程度较低。

3.1.3 听障生能力特点

听障生获取信息和理解世界的方式不同于常人，在学习与交流中存在着一些独有的特点，主要体现在能力特点、专业学习、思维模式、交流逻辑等方面。这些因素影响他们对健听社会的适应程度。

（1）能力特点：视觉依赖

听障群体对于视觉的依赖较强烈，对于图形化的刺激也较敏感。听障生具有较强的视觉观察能力和模仿能力，适于从事直观的操作性工作。

模仿能力不错，但是不擅长创造性的作业。

就业指导老师：手语实践
任教：听障生

（2）专业学习：泛而不精

听障生的逻辑理解基于日常生活，对于抽象名词理解能力差，受到自身能力的局限，专业的学习往往停留于浅层的知识，泛而不精。

逻辑理解基于生活经验，抽象的名词他们理解不来。记忆力弱一点。

普通老师：建筑艺术、书籍装帧
任教：听障生、健听生

（3）思维模式：表达自我

相较于健听群体处理事务时会较全面地考虑他人的需求，听障群体的思维具有强烈的对内倾向，思考问题主要从自身的感受出发，更注重自我感受的表达。

听障生同学更擅长讲故事，倾向于自我表达，健听生比较考虑实际。

听障老师：立体构成、素描基础
任教：听障生

（4）交流逻辑：图形感知

听障社群的交流逻辑基于手语的表达，以手语具象的动作组合为依据，与健听人正常交流的口语及文字顺序不相一致。同时听障社群对抽象概念理解不强，与健听群体交流存在一定障碍。

听障学生对视觉信息有更强的感知，言语交流逻辑与我们不太一样。

普通老师：建筑摄影、网络
任教：听障生、健听生

图3-3 听障生能力特点

3.2 听障生的空间活动

3.2.1 听障生空间活动表征

调研对听障生、普通生在周一（工作日）、周六（休息日）7:00~24:00的空间分布进行了问卷调查，并制作了两类学生的典型活动轨迹图。

对比活动轨迹差异，可发现听障生空间活动的如下特征：

（1）听障生较少前往图书馆、课室等自习场所

听障生文字认知能力与普通学生存在明显的差距，"自习"和"阅读"对他们而言门槛较高。

（2）听障生更喜欢离开宿舍、学校参加各类活动

视觉与亲身体验是听障生学习和交流的主要渠道，他们更倾向于从活动中获取知识和结识朋友，进而被大家所接纳和认可。

听障生的空间活动与其自身特点密切相关。基于听障生的活动特征，学校增加了众多共同参与的校园活动，以帮助听障生建立与其他学生的交往，提升融入主流社会的意愿和能力。

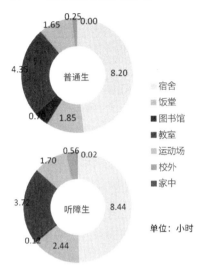

图3-4 听障生、普通生空间—时间分布（周一）

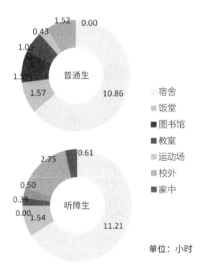

图3-5 听障生、普通生空间—时间分布（周六）

图3-6 共同参与的各类校园活动

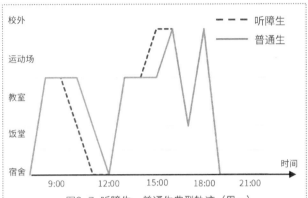

图3-7 听障生、普通生典型轨迹（周一）

周一：由于专业不同，两类学生上课时间有所差异。但在课后，**听障生和普通生均喜欢前往运动场锻炼，共同的体育活动增进了两者的交流与认同。**

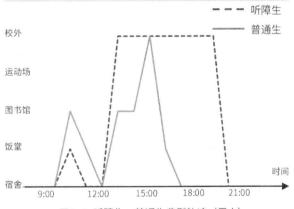

图3-8 听障生、普通生典型轨迹（周六）

周六：**听障生比普通生更爱离校活动，回校的时间也更晚。**同时，**听障生更少出现在教学楼、图书馆等自习场所。**由于语言能力弱，听障生难以通过专业能力实现其价值，因此对学业的期望和投入均不足。

大爱无声 ——基于社会融合的广州某高校听障生社群调研

抽样收集两类学生周一、周六两日的移动轨迹数据（20人），制作空间热点图如下：

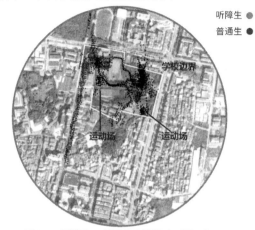

图3-9 听障生、普通生空间热点（周一）

听障生与普通生在球场、教学楼等场所的轨迹高度重合，共享公共空间为其提供了交往的平台。

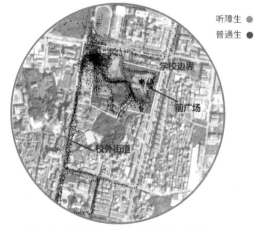

图3-10 听障生、普通生空间热点（周六）

两类学生在周末参加校园活动，轨迹在前广场与中庭等空间重合，同时，也有结伴前往校外的情况。

3.2.2 空间活动与社会融合关系

（1）空间是听障生社会融合的表征

空间活动的不同反映了社会融合程度的不同，是听障生社会融合的表征。**听障生融合程度越高，越不会在健听人多的公共场合感到不适，越倾向参与各类公共活动。**

（2）空间活动推动听障生社会融合

通过增加公共活动，可以达到促进听障生群体与外界交流的目的。**听障生在公共空间活动的频率越高，对外界的态度也就越开放，**越容易融入主流人群。

（3）不同类别活动对融合的影响分异

自发或被动性的公共活动，对听障生社会融合的影响有差异。在文体和社团等自发性公共活动中结识健听生的，和健听同学的交流能力提升更多；通过公共课等被动性活动结识健听生的，沟通能力提升幅度不大。

3.2.3 空间活动促进"融合"的措施

调研高校同样意识到听障生的空间活动与其融合程度的联系，并希望以此为切入点推行"融合教育"，力图增加其与普通学生的交往面：

（1）增加公共活动，提供听障生融合平台

学校有意识地举办各类共同参与的文体活动，这对听障生意义重大，给予他们锻炼沟通能力的平台，促使其在文化与身份认同上与大众融合。

（2）关注公共空间，增进听障生交往面

共同的校园环境，是听障生与普通学生交往的重要渠道。校园内现状公共空间仍显不足，仅有体育场等一些室外场所可供活动。

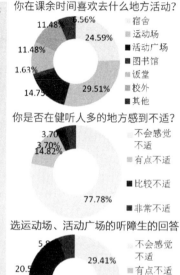

空间活动偏好反映听障者的融合程度：

54.10% 的听障生在课余时间喜欢在运动场、活动广场等校园公共空间活动。

在选运动场、活动广场的学生里有 **77.78%** 的听障生完全不会在正常人聚集的地点感到不适；

而选择其他地点的听障生有 **70.59%** 会不同程度感到不适。

图3-11 空间活动偏好反映听障者的融合程度分析图

不同类活动对听障生社会融入影响不同：

问题：你主要通过什么方式结识健听生？

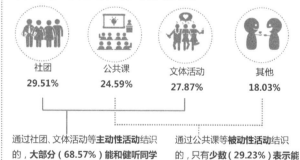

社团 **29.51%** ｜ 公共课 **24.59%** ｜ 文体活动 **27.87%** ｜ 其他 **18.03%**

通过社团、文体活动等主动性活动结识的，**大部分（68.57%）** 能和健听同学很好交流。

通过公共课等被动性活动结识的，只有**少数（29.23%）** 表示能和健听同学很好交流。

图3-12 听障生、普通生结识模式

第三章 调查结果与分析

3.3 听障生融合现状分析

听障个体对听障文化群体和健听文化群体之间有着**不同的接纳和靠近**，本次调研从听障生**融合意愿和融合能力**这两个侧面来衡量听障生的融合现状。

融合意愿：听障生主动或接受与健听者交往的心理态度等主观因素。

融合能力：听障生具有沟通和表达技能、专业能力等客观能力因素。

(1) 四种不同的交往结构

根据融合意愿和融合能力不同，分为四种交往结构：**稳定型交往结构、封闭型交往结构、自我型交往结构、试探型交往结构**。以听障生交往生活主要接触的对象——家长、老师、听障生、健听生为分析对象，分析四种不同交往结构的交往模式。

(2) 大部分听障生为试探型交往结构

通过问卷统计分析，大部分听障生有较强的融合意愿，但融合能力受限。融合意愿与融合能力呈正相关。

(3) 四种不同的身份认同倾向

交往结构的不同反映了听障生对聋人文化和健听文化不同的接受态度，形成了四种不同的身份认同倾向。

(4) 在学校生活对聋健融合的影响

统计分析听障生的交往结构在学校期间有变化。"共处一校"的教学模式使得听障生的融合意愿有较强的提高，但融合能力的提高因人而异，与接受大学教育提高的程度等多个因素有关。

第一阶段：**大一到大二时期，为听障生的聋文化加强阶段**。听障生刚进入学校时，对自己有较高的期望，接触的同班同学多是听障生，先是在听障生群体内部建立社交关系。

第二阶段：**大二到大三时期，为听障生适应健听文化，聋文化和健听文化融合的阶段**。随着学校生活的深入，听障生接触更多的健听生，逐渐了解健听文化并建立社交关系。

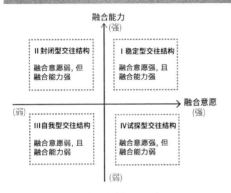

图3-13 听障生交往结构分析示意图

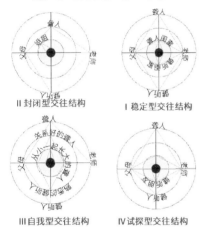

图3-14 四种交往结构模式

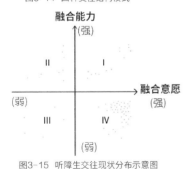

图3-15 听障生交往现状分布示意图

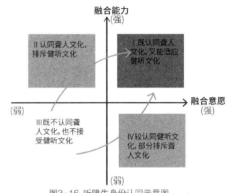

图3-16 听障生身份认同示意图

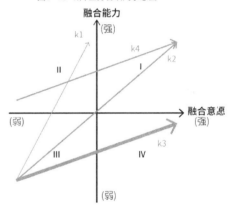

图3-17 听障生身份认同和交往结构变化示意图

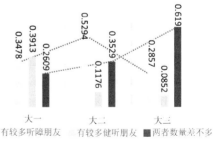

图3-18 "你的听障朋友比较多还是健听朋友比较多？"

3.4 融合意愿与融合能力的影响因素

听障生的社会融合意愿受其家庭环境、早期教育、社会接纳、大学生活等方面影响，融合能力受沟通能力和专业素养方面的影响。

3.4.1 影响融合意愿的因素

（1）家庭环境

绝大部分听障生习惯向健听的兄弟姐妹倾诉。家人的陪伴与交流对听障生向健听社会的融合起主要促进作用。但也存在少部分父母过于期盼听障生融入健听社会，让听障生感到压力而反生抗拒的情况；有些父母对于听障生的过度担心关护也影响听障生的融合意愿。

 平时遇到心事的时候我最习惯向健听的姐姐倾诉，她和我一起长大，最能理解我的想法。（受访者，听障女生）

 我爸爸希望我能和健听人一样生活，从小都希望我能在社会中自力更生，但我觉得自己很难成为他期望的那样。（受访者，听障男生）

图3-19 家庭环境调研

（2）早期教育

听障生的早期教育对其长大后社会融入的意愿影响深远，听障生个体经历的差异性造成融入意愿差异明显。

 早年开始接受比较全面的聋人教育，认为听障和健听群体在身份上平等，以人的性格而非是否听障作为交往意愿的依据。
受访者 听障女生

 早年在普通小学读书，不习惯，二年级转学到特殊学校，更为习惯融入听障社会，不抵抗和健听人接触。
受访者 听障女生

 早年无法跟上普通小学教育而重读听障小学，认为健听人做事更可靠、更值得信赖，对于向健听社会融合意愿强烈。
受访者 听障男生

图3-20 早期教育调研

（3）社会接纳

健听社会对于听障人士的认知存在距离与误解，大多数健听人群不了解听障群体的需求，低估他们的个人能力并区别对待，这样的社会环境对于听障群体的社会融合产生阻力。

（4）大学生活

大学校园中，听障生与健听生的交往经历与生活会对其融合意愿产生重要影响，其融合意愿随交往的深入而不断提升。

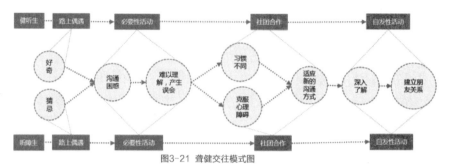

图3-21 聋健交往模式图

66.22%的健听生想要与听障生交流

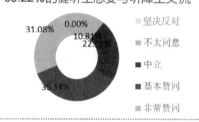

77.05%的听障生想要与健听生交流

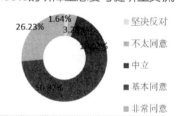

坚决反对 / 不太同意 / 中立 / 基本赞同 / 非常赞同

82.43%的健听生愿意和听障生共同使用一个校园

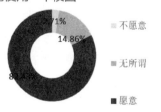

不愿意 / 无所谓 / 愿意

64.71%的听障生愿意和健听生共同就读

一起就读 / 不知道 / 就读于特殊学校

图3-22 大学听障生与健听生融合意愿分析

"共处一校"的交往对健听生和听障生的影响是双向的。听障生接触健听生后，对复杂情感和复杂关系有了深入的体验，但同时也意味着面对更大的来自健听社会的压力；而健听生对听障生的看法会更为包容，对听障人士的接纳与理解程度有所提高。

3.4.2 影响融合能力的因素

听障生的融合能力指其参与社会活动、正常就业和生活，并被社会其他群体平等接纳的客观能力。本次调研发现，**影响融合能力的因素主要存在于沟通能力和专业技能的两个层面，尤以后者是限制听障生社会融合的最大阻碍。**

（1）沟通能力培育：关注焦点

调研高校将"融合"教育作为听障生培养的重中之重。通过各种公共活动的举办、有意的生活与学习上的混搭，校方为听障生营造了一个"特殊而又不特殊"的校园环境。在共处一校的条件下，听障生的生活圈明显扩大，与普通学生之间的鸿沟逐渐弥合，沟通与交往的能力获得了提升。

 跟正常人交往或者说看到正常人，他才会获得复杂情感体验。（受访者，辅导员）

 "共处一校"和那种特教学校是完全不同的。在这里他们学会了怎么和人相处、怎么去沟通，这才是走向社会的必要能力。（受访者，老师）

图3-23 沟通能力培育调研

图3-24 聋人和健听人在校畅谈

图3-25 聋健生在同一个饭堂就餐

图3-26 电美班参加院级篮球赛

（2）专业技能培养：明显忽视

然而，在沟通能力显著提升的背后，**专业教育作为大学的核心培养内容却在一定程度上被各方忽视**，这体现在以下几个方面：

a.学校方面：对专业培养并未投入足够的重视，课程的内容虽足够丰富，但对学生完成情况的要求却不够严格。教师认为听障生理解能力与教育基础不足，因此对听障生要求普遍过于宽松。

b.家庭层面：父母对听障生期望较低，能够自力更生已非常满足，并未督促其在学业上投入更多努力。

 听障生主要还是怎么融入社会，专业这方面他们确实学得一般。（受访者，就业指导老师）

 我还是比较希望聋人能学习更深入一些的专业知识，这样他们未来可以稳定一点。（受访者，听障老师）

图3-27 专业技能培养调研

（3）就业现状反馈融合能力短板

就业状况反映了听障生受到社会接纳的程度，从侧面印证了其真实的融合能力。现状听障生就业呈现如下特点：

a.专业能力受到质疑：企业对听障生就业能力存在疑虑，期望值低，就算听障生努力负责工作，往往很难得到晋升机会，个人价值受到较少重视。

b.薪水受"残疾税"制约：尽管听障生就业率达到95%，但企业招收听障生有很大原因是规避"残疾税"。听障生的待遇通常很低，很难超过企业交纳的残疾税金额。

c.专业不对口：毕业的听障生从事工作前三位依次是文员、服务员和美工。只有美工与专业所学的设计相关。听障生难以通过所学专业实现自身价值。

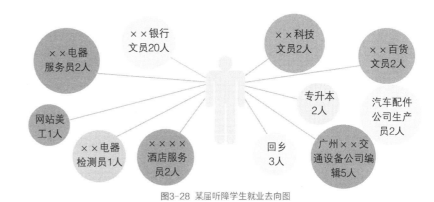
图3-28 某届听障学生就业去向图

（4）小结："木桶效应"中的短板

大学期间，借由"共处一校"环境，听障生与普通生交往频繁，沟通能力明显提升。但是，听障生的专业能力却没有得到社会的认可，这才是阻碍听障生社会融合的最大短板。只有弥补上这块短板，才能使听障学生掌握立足于世的核心技能，真正承担起应有的社会责任。

第四章 结论与思考

4.1 听障生社会融合影响因素总结

该高校"聋健共处一校"的高等教育模式一定程度促进了聋—健群体的社会融合，交流环境明显优于校外。下表从对听障生的融合的影响因素进行总结，并研究校方在其中的作用和角色，可以发现，学校在促进交流方面参与度最高，反而在学生教育、老师招募和培训方面有所欠缺，这反映了在听障生专业培养上的短板。

不同维度所反映的"聋—健"融合　　　　表 4-1

分析维度	影响层级	维度内涵	现状分析	校方角色
早期教育家庭环境	影响融合意愿	早期教育与家庭环境构成了听障生融合的基础	教育基础较为薄弱，在家庭环境中常常不受重视	关系较小
大学生活	影响融合意愿	大学社会塑造了听障生的社交观念	"共处一校"增加了聋健双方了解，显著提高听障生融合意愿	提供公共空间增加公共活动
社会影响	影响融合意愿	听障生在社会中受到的反馈影响其融合意愿	社会对听障生的影响因人而异	关系较小
沟通能力培养	影响融合能力	沟通是听障生融入社会的基础性能力	"共处一校"显著提高了听障生的沟通能力	关注重点，倾注大量精力
专业培养	影响融合能力	专业技能是听障生在社会立足的能力核心	专业能力有限，难以被就业单位认可	缺乏应有的关注

4.2 "聋—健"社群的融合困境

在该高校的聋健"共处一校"的教育模式中，学校和老师对听障生群体的帮助主要体现在两个方面，分别是社会交际和高等教育。但是，学校在这两个方面的作用差异较大，在提升社会交际方面卓有成效，但是听障生的高等教育状况并不理想。

（1）听障生高等教育的失位与"天花板困境"

"天花板困境"是听障生群体普遍面临的难题，主要反映为就业单一、工资低、职业上升通道窄等多方面。增进听障生的社会交际，虽然可以一定程度提升听障生融入社会的能力，但教育水平和专业素养是决定其能否获得社会认可和高薪职业的根本因素。调研显示，学校在教育上主要采取"放养"的态度，与此同时家长对子女的教育期望值不高，这使得听障生专业技能普遍低于健听生，直接导致用人单位对于听障生员工的雇佣存在许多顾虑。

图 4-1 听障生就业需求与困境

（2）听障生群体内部个体差异大，融合水平参差不齐

听障生内部个体差异较大，这和家庭环境、基础教育、校园生活等都相关。幼年和健听生一起上学的听障生，因为受歧视更多，更为排斥与健听生发生交流；也有听障生因为在大学生活中与健听生互动良好而更适应聋—健融合的，但这多是自发行为。学校在应对差异明显的听障生时，往往不能提供针对性的帮助。

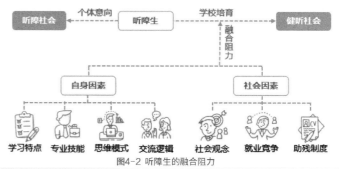

图 4-2 听障生的融合阻力

4.3 国内外聋人教育对比分析与思考

调研高校"聋健共处一校"的教育模式已然是广东地区教育创新，但是正如前文所述，学校对听障生的帮助主要停留在增进聋—健社会交流的层面，在其教育方面存在明显短板，这成为了听障生社会上升通道中的主要绊脚石。

(1) 听障生高等教育的水平差异

美国加劳德特大学被誉为聋人的哈佛大学，有极高的声望，将调研高校与其教学模式相对比，会发现两者都采用了"聋健共处一校"的模式，但是在开设院系、专业、水平以及学术论文发表等方面存在明显差别，毕业生成就上也有较大差异。

(2) 听障生高等教育的包容度差异

加劳德特大学的聋人教育在鼓励听障生融入主流社会的同时，尊重个体差异，认为聋人具有选择的权利，他们可以选择构建自身的聋人社会或者融入主流社会。这一点在教职人员的构成中得到明显的反映，相比于加劳德特大学超过1/3的聋人教员，调研高校的聋人教师仅有1人。

国内外高校听障生教育的对比分析　　　表4-2

对比内容	加劳德特大学	本调研高校
开设院系	艺术与科学学院、交际学院、教育与人类服务学院、管理学院等	计算机系、建筑艺术系
教育模式	聋健共处一校	聋健共处一校
教育水平	本科、硕士、博士	专科
开设专业	50多个专业的大学本科和研究生课程及相应学位	两个大专专业：计算机应用和电脑美术
教职人员	全校教职工228人，其中1/3为聋人	全校教职工140人，仅1位聋人教师，1位聋人图书管理员
学术论文	Web of Science 可搜索到70余篇论文	暂无

4.4 建议与展望

首先，学校应当在增进聋—健交流之外，着力于提升听障生专业教育的质量，从而弥补听障生在专业能力上的短板，这样才能真正打破制约聋人的"天花板"，确保聋人的社会地位与权利。此外，学校应当关注聋人群体内的个体差异和需求，针对不同的听障生群体制定更有针对性的教学模式和内容。

参考文献

[1] 麻一青, 孙颖. 残疾人高等教育现状及发展对策[J]. 中国特殊教育, 2012(7):19-24.

[2] 杨菊华. 从隔离、选择融入到融合:流动人口社会融入问题的理论思考[J]. 人口研究, 2009, 33(1):17-29.

[3] 刘茜. 法国移民子女社会融入探析[J]. 教育观察, 2018, 7(4):18-20.

[4] 胡雅梅. 聋人大学生身份认同的研究[D]. 大连：辽宁师范大学, 2005.

[5] 庆祖杰, 朱珊珊. 普通高校健听大学生对听障大学生接纳态度的个案研究[J]. 中国特殊教育, 2009(10):50-54.

[6] 许巧仙, 施国庆. 社会融合视角下聋人大学生身份认同及其影响因素研究[J]. 社会工作（学术版）, 2011(7):39-43.

[7] 郭晓媛. 中、日、美聋人大学创业教育的比较与借鉴[J]. 时代教育, 2012(11):71.

[8] 张思远. 优势视角下聋哑人社会融合研究[D]. 贵阳：贵州大学, 2015.

[9] 许巧仙, 王毅杰. 从社会交往看聋人大学生的社会融合——基于某学院的实证研究[J]. 中国特殊教育, 2011, 19(10):43-48.

[10] 郝均倩. 聋人大学生情绪管理能力对其学校适应性的影响研究[D]. 重庆：西南大学, 2011.

[11] 张积家, 芦松敏, 方燕红. 聋人大学生的空间概念及其组织[J]. 中国特殊教育, 2010(4):28-32.

[12] 李雹. 聋人大学生孤独感与其身份认同的关系研究——聋人大学生孤独感产生的社会心理因素分析[D]. 沈阳：沈阳师范大学, 2012.

[13] 谭千保, 钟毅平, 陈芳, 等. 聋生的身份认同及其与社交焦虑的关系[J]. 中国临床心理学杂志, 2010, 18(4):509-510;513.

[14] 杨有弟. 网络环境下聋人大学生社交技能发展研究——以创业认知活动中的社交技能为例[D]. 重庆：重庆师范大学, 2016.

[15] 陈恪觉, 陈方烨, 刘巍. 聋哑青少年心理状况调查分析[J]. 护理研究, 2008, 22(s1):63-65.

大爱无声——基于社会融合的广州某高校听障生社群调研

附录：各调查问卷原文

附录一：基于社会融合的听障社群调查问卷（听障生）

此次调查旨在了解目前听障大学生社群的校园及社会融入度，需要您填写一些基本情况，题目选项没有对错之分，请您根据自己的真实情况填写。请认真阅读题目和每个选项代表的意思，根据您的实际情况，在最符合您的选项上打钩"√"。本调查结果仅作研究实用，我们将对您所填写的资料和回答绝对保密，请您放心。对您的支持与协助，我们深表感谢！

基本资料：

性别：（男 / 女）　　　　专业：（艺术设计 / 计算机应用技术）
年级：（一 / 二 / 三）　　上大学之前户口所在地：（城市 / 农村）
独生子女：（是 / 不是）　　上大学之前在聋人学校读书：（是 / 不是）
大学期间做过学生干部：（是 / 不是）
父母的听力状况：（父母都是健听人 / 父母中有听障 / 父母均有听障）
你的听力损失程度：（全部丧失 / 有部分听力）
听力受损的年龄：（0~3岁/4~6岁/7~10岁/11~15岁/15岁以上）
学会手语的年龄：（4岁以前/上小学前/上小学期间/上中学期间/18岁以后）

1.你平时比较喜欢怎样的活动？
A.一个人独处的活动　B.和少数私人好友一起活动　C.和班级等群体一起活动
2.平时不上课的时候，你经常去哪里休闲？（可多选）
A.宿舍　B.商场　C.体育馆或健身房　D.电影院　E.书店　F.公园　G.其他：＿＿
3.你在课余时间喜欢去什么地方活动？
A.宿舍　B.体育场　C.活动广场　D.图书馆　E.饭堂　F.校外　G.其他：＿＿
4.你与健听同学交流时是否能互相明白？
A.完全能互相明白　B.明白大部分，不影响交流　C.比较难明白，交流有困难
5.你喜不喜欢和别人交流？
A.很喜欢和别人交流　　B.比较喜欢和别人交流
C.不太喜欢和别人交流　D.不喜欢和别人交流
6.你觉得自己的沟通能力怎么样？
A.很好　B.比较好　C.一般　D.不好
7.你在学校的听障朋友多还是健听朋友多？
A.听障朋友比较多　B.健听朋友比较多　C.听障朋友和健听朋友的数量差不多
8.你能不能明白其他听障同学打的手语？
A.完全能互相明白　B.明白大部分，不影响交流　C.比较难明白，交流有困难
9.家人最经常用什么方式和你交流？
A.口语　B.手语　C.笔书　D.打字（QQ、微信等）
10.你和家人是否能够相互明白想表达的意思？
A.完全能互相明白　B.明白大部分，不影响交流　C.比较难明白，交流有困难
11.你最喜欢用什么方式和同学交流？
A.手语　B.口语　C.笔书　D.打字（QQ、微信等）
12.你主要通过什么方式结识健听生？
A.社团　B.公共课　C.文体活动　D.自由认识（QQ、微信等）
13.你在学校比较想要与什么同学多交流？
A.听障同学　B.健听同学　C.听障同学和健听同学都想　D.不想和同学交流
14.如果与别人的想法不一样，你是否愿意表达自己的想法？
A.很愿意　B.比较愿意　C.不太愿意　D.不愿意
15.你上课与老师交流时是否能互相明白？
A.完全能互相明白　B.明白大部分，不影响交流　C.比较难明白，交流有困难
16.你是否因为自己的听障问题感到不自信？
A.很自信　B.比较自信　C.有点不自信　D.很不自信
17.在学校外，你最喜欢去哪里玩？＿＿＿＿＿＿＿＿＿＿＿＿＿＿＿＿
你为什么喜欢去那里？＿＿＿＿＿＿＿＿＿＿＿＿＿＿＿＿＿＿
18.相对于个人作业，你更喜欢合作作业吗？
A.是，更喜欢合作作业　B.不，更喜欢个人作业　C.两种作业都喜欢
19.你是否适应大学的集体住宿生活？
A.能完全适应　B.有一点不适应，需要更多时间　C.不能适应
20.在校园内，你是否因为听力障碍受到过健听生歧视？
A.聋健生相处友好，没有受到歧视　　B.大家互不干扰，没有受到歧视
C.偶尔受到歧视　　　　　　　　　　D.受到过多次歧视
21.你在学校是否参加了社团组织？
A.参加了社团组织　　　　　　　　　B.没参加社团组织，因为不感兴趣
C.没参加社团组织，因为觉得很难融入其中　D.没有，但希望参加社团组织
22.你最喜欢用什么方式和家人交流？
A.手语　B.口语　C.笔书　D.打字（QQ、微信等）

23.你参加的社团听障同学多还是健听同学多？
A.听障同学比较多 B.健听同学比较多 C.听障同学和健听同学数量差不多
24.如果遇到心事，你更愿意告诉谁？
A.老师 B.家长 C.听障生 D.健听生
25.你觉得健听人是否了解听障群体的生活？
A.很了解 B.比较了解 C.了解一点 D.完全不了解
26.听障生与健听生是否应一起就读？还是就读于特殊教育学校？
A.应一起就读 B.不知道 C.应该在特殊教育学校
27.你是否在健听人较多的地方感到不适？
A.不会感觉不适 B.有点不适 C.比较不适 D.非常不适
28.在自己不熟悉的公共场合，如果有需要你是否会向他人求助？
A.会 B.不会 C.不确定
29.在校园外，你是否因为听力障碍受到过歧视？
A.没有受到歧视 B.偶尔受到歧视 C.受到多次歧视
30.你是否担心工作以后与同事的沟通问题？
A.不担心 B.有点担心 C.比较担心 D.很担心
31.你希望你的男/女朋友是：
A.听障人 B.健听人 C.都可以 D.没考虑过
32.是否有和健听学生一起完成合作任务(学习或者活动)？有什么感受？
A.有，感觉合作很愉快 B.有，但感觉合作有一定困难 C.有，但是觉得合作非常困难
D.没有，但是希望有机会尝试 E.没有，未来没有兴趣尝试
33.你觉得学校哪些地方需要改进？（可多选）
A.教学楼 B.操场 C.图书馆 D.饭堂 E.宿舍 F.其他：_____
34.你觉得和谁呆在一起最开心？
A.老师 B.家长 C.听障生 D.健听生 E.自己
35.你是否觉得自己孤单？
A.完全不孤单 B.不太孤单 C.有点孤单 D.很孤单
36.你和健听同学会经常无法交流吗？
A.经常会 B.有时会 C.很少会 D.从不会
37.你和听障同学会经常无法交流吗？
A.经常会 B.有时会 C.很少会 D.从不会
38.你最崇拜的人是谁？（填空）_____

39.在自己不熟悉的公共场合，你是否会帮助向你求助的人？
A.会 B.不会 C.不确定
40.你是否有非常要好的听障生朋友?(比如：你十分愿意倾诉和对他提供帮助的对象)？
A.有 B.没有 C.其他

41.请根据你自己的看法，对下列观点和表述打分（在相应分数一栏内打钩"√"），非常赞同为5，基本赞同为4，无所谓/不知道/中立为3，不太同意为2，坚决反对为1。

观点/表述	5分 非常赞同	4分 基本赞同	3分 无所谓/不知道/中立	2分 不太同意	1分 坚决反对
听障生和健听生应该在同一个大学校园上学，而不是单独就读于特殊教育					
大学校园生活有助于听障生融入社会和就业					
在同一个校园里，我交到了更多的健听朋友					
我在身边都是健听人士而没有听障者的时候会感到不适应					
健听人不了解听障群体的生活					
在吃饭、上公共课、听讲座和做运动的时候，我更愿意和听障同学而不是健听同学待在一起					
我朋友很多，不觉得自己孤单					
我和健听同学能够很好地交流					
我和其他听障同学能够很好地交流					
我上课的时候能够通过手语和文字理解老师讲的东西，没有遇到过什么语言障碍					
我想要和健听同学交流					
我可以明白其他听障同学打的手语，交流很顺畅					

大爱无声——基于社会融合的广州某高校听障生社群调研

附录二：基于社会融合的校园交往调查问卷（普通生）

此次调查旨在了解目前听障大学生社群的校园及社会融入度，需要您填写一些基本情况，题目选项没有对错之分，请您根据自己的真实情况填写。请认真阅读题目和每个选项代表的意思，根据您的实际情况，在最符合您的选项上打钩"√"。本调查结果仅作研究用，我们将对您所填写的资料和回答绝对保密。对您的协助，我们深表感谢！

基本资料：

性别：（男 / 女） 专业：

年级：（一 / 二 / 三） 独生子女：（是 / 不是）

大学期间做过学生干部：（是 / 不是）

是否会手语：（会 / 不会）

1.你对听障生是否了解？
A.比较了解听障生 B.不太了解 C.不了解

2.在上大学之前是否与听障社群有过接触或了解？
A.接触过，很熟悉 B.接触过，不太熟悉 C.没接触过，但听说过 D.没接触过，不熟悉

3.你是否愿意和听障生交流？
A.非常愿意 B.比较愿意 C.不太愿意 D.不愿意

4.你和听障生的交流程度怎样？
A.经常交流，能互相理解 B.有时交流，比较能互相理解 C.没有交流，不太理解

5.你是否有和听障生一起完成合作任务（学习或者活动）？有什么感受？
A.有，感觉合作很愉快 B.有，但感觉合作有一定困难 C.有，但是觉得合作非常困难
D.没有，但是未来希望有机会尝试 E.没有，未来没有兴趣尝试

6.你是否有听障生朋友？
A.有一些听障朋友 B.说不清 C.没有

7.你对听障生的态度是怎样的？
A.愿意成为朋友 B.愿意正常生活接触 C.不太关心 D.反感

8.你对和听障生一起在一个校园生活学习的看法是怎样的？
A.有助于双方互相了解 B.双方互不影响彼此生活 C.双方不利于彼此生活

9.你是否认为听障生和健听生在校园内喜欢的空间聚集场所有所不同？
A.是 B.不是 C.没有关心过

10.你最喜欢校园内的哪个地方？
A.教学楼 B.操场 C.图书馆 D.饭堂 E.宿舍 F.其他（请填写相应名称）：____

11.你在校园里最经常遇到听障生的地方是哪里？
你猜测他们喜欢聚集在那里的原因是 ____

12.你是否愿意学习手语（或其他更有利于与听障人沟通的方式）？
A.愿意 B.不愿意 C.没有关心过

13.你通过什么方式接触学校中的听障同学？
A.共同的社团 B.一起上公共课 C.参加学校公共活动 D.其他：____

14.你是否觉得听障生是弱势群体需要特殊关注？
A.觉得他们需要特殊关注 B.觉得他们需要平等对待 C.没有关心过

15.你一般在学校什么地方遇到听障生？（多选）
A.公共食堂 B.教学楼 C.操场 D.其他：____

16.你是否有非常要好的听障生朋友？（比如：你十分愿意倾诉和对他提供帮助的对象）
A.有 B.没有 C.说不清

17.请根据你自己的看法，对下列观点和表述打分（在相应分数一栏内打钩"√"），非常赞同为5，基本赞同为4，无所谓/不知道/中立为3，不太同意为2，坚决反对为1。

观点/表述	5分 非常赞同	4分 基本赞同	3分 无所谓/不知道/中立	2分 不太同意	1分 坚决反对
上大学之前我与听障社群有过接触或了解					
我很愿意和听障生交流					
我和听障生的交流程度很高					
我愿意和听障生成为朋友					
我愿意和听障生共同使用一个校园					
我愿意学习手语（或其他利于与听障同学沟通的方式）					
我觉得听障生应该被特殊关注					
上大学之前我与听障社群有过接触或了解					

附录：各调查问卷原文

和你一起慢慢变老
——广州市逢源街社区养老设施调查研究

作者学生：梁伟研、王舜奕、王玮
指导老师：贺璟寰、李昕、刘洁敏

全国高等学校城乡规划学科

2016城乡社会综合实践调研报告评优

三等奖

扫码阅读
彩色版本

摘要：

社区养老是以家庭为主体，以社区为依托，由政府和社会提供养老服务，满足老年人日常生活照料、医疗保健卫生、精神心理慰藉等需求的养老模式。在老龄化日益严重的形势下，社区养老是当前最受欢迎的可行的养老模式，具有一定的研究价值。

本文首先对社区养老的整体状况和公众认知进行了调查研究，然后选取了广州市荔湾区逢源街社区养老服务体系作为研究对象，通过对逢源社区养老的基本设施、服务模式、运作机制的研究，提取出逢源街社区养老模式的特点。再结合国内外社区养老实例的研究，提出逢源街社区养老存在的问题及改善建议。最后在此层面上思考国内养老体系存在的问题以及逢源街社区养老模式的推广意义和难度。

关键词：养老模式；社区养老；逢源街社区；社会多方参与

Abstract:

Community care is a family-centered, community-based, pension services provided by the government and the community, meet the elderly daily care, medical care and health, psychological comfort and other needs of the pension model. In the increasingly serious situation of aging, community care is currently the most popular viable pension model has certain research value. Firstly, the overall situation and public perception of community care were investigated, and then select the Liwan District of Guangzhou City Fengyuan Street community care service system as the research object, through Fengyuan Street community endowment of infrastructure, service mode, operation mechanism of extracted features of Fengyuan Street community care model. Combined with domestic and international research community endowment instance, proposed Fengyuan Street community pension problems and recommendations for improvement. Last Thoughts domestic pension system problems and to promote the significance and difficulty of Fengyuan Street Community pension model at this level.

Keywords: Pension model, Community care, Fengyuan Street community, Participation of various social parties

目录

第一章 研究背景与研究思路 ……………………………… 01
 1.1 研究背景 …………………………………………… 01
 1.2 研究思路 …………………………………………… 01

第二章 社区养老的概念以及公众认知 …………………… 02
 2.1 社区养老的概念 …………………………………… 02
 2.2 社区养老的整体状况 ……………………………… 02
 2.3 社区养老的公众认知 ……………………………… 03

第三章 广州市荔湾区逢源街社区养老设施现状 ………… 03
 3.1 逢源街社区养老设施概况 ………………………… 03
 3.2 基本设施 …………………………………………… 05
 3.3 服务模式 …………………………………………… 06
 3.4 运作机制 …………………………………………… 08
 3.5 逢源街社区养老模式特点 ………………………… 08

第四章 国内外社区养老案例分析研究 …………………… 09
 4.1 人性化服务案例：日本冈山幸福之家 …………… 09
 4.2 综合全面服务案例：辽宁久安社区 ……………… 09
 4.3 优秀养老模式案例：美国退休社区 ……………… 09

第五章 逢源街社区养老设施的改善及推广 ……………… 10
 5.1 逢源街社区养老服务的现存问题 ………………… 10
 5.2 逢源街社区养老服务的改进建议 ………………… 10
 5.3 逢源街社区养老服务模式的推广意义 …………… 10

附录
 附表A 逢源街社区养老服务使用评价调查问卷 ……… 11
 附表B 针对公众的社区养老认知情况调研问卷 ……… 11
参考文献 ……………………………………………………… 11

 和你一起慢慢变老——广州市逢源街社区养老设施调查研究

第一章 研究背景与研究思路

1.1 研究背景

1.1.1 老龄化社会背景

当一个国家或地区60岁及以上人口占总人口的比重超过10%，或65岁及以上人口占总人口的比重超过7%时，通常认为这个国家进入老龄化社会。截至2014年底，我国60岁以上老年人口已经达到2.12亿，占总人口的15.5%。（中国老龄事业发展报告，2013）据预测，21世纪中叶老年人口数量将达到峰值，超过4亿，届时每三个人中就会有一个老年人。人口老龄化不仅影响到社会经济发展，还将对社会的医疗卫生带来诸多压力。对社会而言，随着参保人员年龄结构老龄化的不断变化，社保的收支比例面临平衡，影响其安全运行；对个人而言，人口老龄化导致老年抚养系数上升，家庭抚养老人的负担将越来越重，比如一个核心家庭需要负担四位老人。中国应对老龄化可能是全世界人数规模最大、最复杂，也是最难的命题。养老问题成为我国当前面临的重大社会工程之一。

广州市老龄化状况

截至2014年底，广州市60周岁以上老年人达140.65万人，占户籍人口总数的16.75%，开始进入中度老龄化社会。预计到2020年，广州老龄人口将达到180万人，如果按目前户籍人口计算，届时，广州户籍人口老人将占户籍总人口的21.44%。另外，独居老人、纯老家庭数量持续攀升。纯老家庭即全部人口都在60周岁以上的家庭，目前广州纯老家庭人口达到26.15万人，占老龄人口总量的18.6%；独居老年人11.23万人，占老龄人口总量的8%。

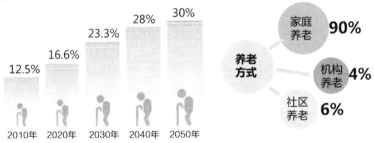

我国老龄化趋势示意

城市养老方式及比重

1.1.2 城市养老模式的发展及现状

城市传统养老模式有家庭养老和社会机构养老，近年来发展出社区养老、以房养老、旅游养老、异地养老、基地养老、合居养老等新的养老形式。养老模式目前仍以家庭养老、社会机构养老以及社区养老为主，其中，家庭养老又占到绝大多数。以广州为例，目前，广州正在形成"9064"养老格局，即96%的老年人在社会保障体系和服务体系支持下通过家庭与社区照顾养老，其中绝大多数即90%的老年人选择家庭养老，仅有6%的老人可以享受到社区养老设施，此外，4%的老年人可入住养老机构。

养老设施的供需矛盾主要表现在以下方面：
①设施数量较为短缺；
②设施配建规模普遍偏低，难以达到配套标准要求；
③尚未实现功能分类，护理型养老机构偏少，护理人员配比低；
④设施入住率低，配置不足与资源闲置并存；
⑤城市内部的设施空间分布欠合理。

1.2 研究思路

1.2.1 研究内容

通过对老龄化社会背景以及城市养老模式的了解，我们发现社区养老作为近年来倡导发展的一种养老模式，能够有效整合资源，减轻家庭和社会的养老负担，有一定的推广价值，因而我们将对社区养老进行深入研究，并选取广州市逢源街社区作为研究实例。

调研实例——广州市荔湾区逢源街社区

逢源街位于广州市荔湾区老城区的中部，街辖面积0.78hm²，人口近7万人，东起康王路，西至龙津西路，南接长寿西路、宝源路，北达中山八路、龙津中路。辖逢城、泰兴、源胜、华贵、何家祠、耀华、厚福、马基涌、隆城、富力东、富力西、逢源北12个社区居委会。逢源社区位于广州市荔湾区西关大街内，是广州典型的老城区，老龄人口众多，常住人口约6万人，60岁以上老人约1.3万人，约占总人口的21%，其中，孤寡老人300多人，独居老人400多人（杨芳、张净，2013）。

广州市中心城区及逢源社区位置　　逢源社区范围

近年来广州市政府将逢源街的社区服务设施作为民生工程的重要环节着力打造，目前逢源街的各类设施已经相对完善，调研将针对逢源街社区内的养老设施进行展开，从而对逢源街社区的养老服务体系深入了解。

主要研究目标包括：
①社区养老的基本设施、基本服务、运作机制；
②广州市逢源街社区养老设施现状及使用评价；
③社区养老的设施优化建议。

 和你一起慢慢变老——广州市逢源街社区养老设施调查研究

研究对象选取原因
1. 逢源街在广州市老城区的诸多街道中，人口老龄化程度很高，具有很强的代表性
　　逢源街60岁以上人口比重为17.98%，老年抚养比高达25.03%。而以上这些数据仅仅是2010年统计的人口数据，随着时间的推移，这些老城区的人口老龄化程度将会更加严重。
2. 逢源街在社区养老服务建设方面开展较早，设施较为丰富，具有一定的研究价值
　　在众多老年群体中，逢源街退休早、收入低的老年群体较多，高龄化情况也更为严重。逢源街是较早采用社区养老形式的社区之一，设施相对齐全，服务体系相对成熟。

1.2.2 研究框架

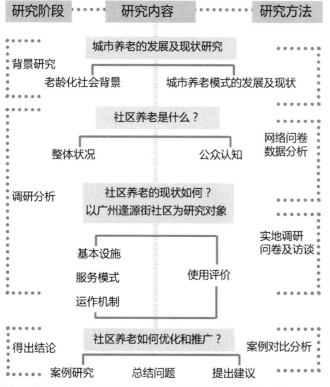

第二章 社区养老的概念以及公众认知

2.1 社区养老的概念
　　社区养老指通过政府扶持、社会参与、市场运作等方式逐步建立以家庭为核心，社区为依托，专业化服务为手段，向社区内老人提供生活照料、医疗保健、精神慰藉、文化娱乐等内容的养老服务模式。社区养老"既能让老人生活在自己的家庭环境里满足情感归属需求，又能享受到来自社区提供的专业化服务"，能有效整合家庭与社会资源，成为城市新型养老方式。社区养老是一个"**没有围墙的养老院**"。开展居家养老服务相对于机构养老，更为适应我国老年人的生活习惯和心理特征，满足老年人的心理需求，有助于他们安度晚年，也更为符合中国实际。

2.2 社区养老的整体状况

2.2.1 老年家庭的类型

老人空巢家庭 / 老年单身家庭　　　　　传统多代同堂家庭

2.2.2 社区养老服务形式

 +

上门服务　　　　　　　　　社区养老设施

2.2.3 社区养老服务的内容
社区照顾：分为居家老人照料服务和社区养老机构照料服务，前者为主，后者为辅。居家老人照料服务分为上门照料和"日托"照料。
社会参与：社会参与是老人实现自身价值、寻求精神寄托、获得心理满足的需要。对于绝大多数老人来说，社区是他们参与社会的重要窗口和桥梁。
社区活动：社区活动包括各种社区老年活动中心、不同规格的社区老年学校、各式各样的社区老年文体活动，以及社区专门为老年人举办的各种活动。
社会支援：社会服务机构在市场经济的原则下，以社区服务的名义在社区里开办的各种为老年人所需要、所欢迎的项目和连锁服务。

多方参与的社区养老模式：

政府扶持　　社会参与

社区养老

市场运作　　社区依托

家庭核心

我国目前社区养老主要服务设施：

①举办社区养老院、敬老院、托老所、老人公寓、老人新村等社会福利机构；
②设立社区老年购物中心、服务中心；
③开设老人餐桌、老人食堂；
④开设家政服务中心，提供上门服务；
⑤建立社区老年医疗保健机构；
⑥建立社区老年活动中心；
⑦设立老年婚介所；
⑧开办社区老年学校；
⑨设立老年人才市场。

结论：
社区养老是一种以家庭和社区为主体，社会多方参与的新型养老模式，基本形式是"居家生活 + 社区服务"，是一种适应老年人生活习惯，意在减轻家庭和社会负担，提高资源配置效率的养老模式。

2.3 社区养老的公众认知

社区养老作为一种减轻家庭和社会养老负担的养老模式，有一定的推广价值，为了调查社会大众对于社区养老的认知情况和参与意愿，我们在网上进行了相关问题的问卷派发，共收回了 153 份有效问卷，调查对象以 40~55 岁中年人为主体，男女比例大致相等，根据数据统计结果，我们得出以下结论。

公众对社区养老的了解程度

公众对于社区养老的了解程度偏低。
36.84% / 10.53% / 30.26% / 22.37%
约有 1/4 的人群对于社区养老完全不了解，其余人群对于社区养老已有不同程度的了解，但是对社区养老非常了解的人很少，约有 10%。

- 了解
- 知道一些
- 听说过几次
- 完全没听过

公众对于父母养老方式的选择

大多数人倾向于父母在家养老，并且得到上门服务。
7.24% / 16.44% / 76.32%
仅有极少数的人选择将父母送往社会机构养老，多数人会选择父母依然由自己照顾，同时希望有上门服务进行协助。

- 机构养老
- 家庭养老
- 社区养老，并有上门服务

公众对于自己养老方式的选择

绝大多数人倾向于在家养老，并得到上门服务。
9.56% / 12.81% / 2.63% / 75%
相比于公众对于父母养老方式的选择，会有较多的人为自己选择机构养老，但是多数人依然希望可以在家养老，同时希望有上门服务进行协助。

- 机构养老
- 家庭养老
- 社区养老，并有上门服务
- 其他

公众对于社区养老服务类型的倾向

社区养老各项服务中需求最大的是医疗保健。
42.11% / 68.42% / 19.08% / 85.53% / 39.47%
根据统计，在社区养老服务中，医疗保健的需求最大，对于家政服务的需求也很大，其次是对于健身以及娱乐活动的需求。

- 健身
- 娱乐
- 医疗保健
- 家政
- 其他

公众眼中社区养老的主导方

多数人认为社区和政府部门应起到主导作用。
30.26% / 20.39% / 5.69% / 15.37% / 28.29%
在公众眼中社区以及政府应该起到社区养老的首要作用，其次是家庭配合和市场运作，再次是社会福利机构。

- 政府部门
- 家庭
- 社区
- 政府部门购买服务
- 社会组织、福利机构

公众对于社区养老志愿服务的意向

绝大多数人愿意或已经参与社区养老的志愿服务。
9.21% / 1.97% / 3.95% / 84.87%
绝大多数的公众都有意愿参与到社区养老的服务当中，部分公众已经在从事此类工作，说明公众对于社区内的义工活动非常认可并具有一定积极性。

- 不会参与
- 曾经参与过
- 会去参与
- 已经是长期义工

结论： 根据以上统计和分析，我们认为公众对于社区养老的认知较低，可见社区养老在我国的实践较少，但是公众对于社区养老服务的需求非常大。

第三章 广州市荔湾区逢源街社区养老设施现状

3.1 逢源街社区养老设施概况

3.1.1 基本设施

逢源街养老公服设施 —— 穗港家庭综合服务中心

 康龄社区大学　　 邻舍康龄社区服务中心

逢源人家服务中心

 邻舍日间护理中心　　 能享养老院

3.1.2 设施使用者

使用者分类	生活完全自理	需要看护照料
主要调研对象	康龄中心老年会员 老年义工 社区大学老年学员	日托护理的老人 养老院居住者
主要服务设施	邻舍康龄社区服务中心 康龄社区大学 逢源街道文化站 家庭综合服务中心	邻舍日间护理中心 能享养老院
主要调研方法	问卷调研 通过问卷选项直观地获得受访者对于社区养老服务设施的评价	访谈调研 受访者无法填写问卷，故使用访谈的方式直接获得受访者的评价感受

基本信息：共发放 107 份调研问卷，回收 104 份有效问卷。调研对象主要为在邻舍康龄社区服务中心、康龄社区大学、逢源街区文化站、家庭综合服务中心等服务设施中使用社区养老服务的老年人，年龄均在 50 岁以上，对社区养老服务有一定的了解。

3.1.3 设施发展历程

1997年
开启穗港社区服务合作模式

1998年5月
成立邻舍康龄社区服务中心

2002年6月
成立逢源街社区服务中心
能享养老院

2008年
成立家庭综合服务中心

2008年12月
成立逢源邻舍康龄社区大学

2010年7月
成立长者日间护理中心

参与主体

 获得社区照顾和帮扶，并且通过社区活动丰富晚年生活。　**老人**

 父母由社区帮忙照料，减轻了养老负担，节省了劳动力。　**家属**

 老人集中照顾，提高了工作效率，节省了人力物力。　**社工人员**

 汇集社会力量，不仅服务了老人，也发挥了自己的个人价值。　**志愿者**

 和你一起慢慢变老 —— 广州市逢源街社区养老设施调查研究

服务对象基本信息

服务对象性别比例

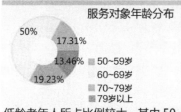

- 女性 84.62%
- 男性 15.38%

调查对象中女性老年人比例远高于男性。原因可能是社区养老服务对老年女性的吸引力比老年男性大。

服务对象年龄分布

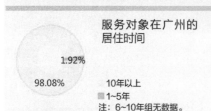

- 50~59岁 17.31%
- 60~69岁 50%
- 70~79岁 19.23%
- 79岁以上 13.46%

低龄老年人所占比例较大。其中50~69岁的低龄老年人占总人数的67.31%,占大多数。

服务对象在广州的居住时间

- 10年以上 98.08%
- 1~5年 1.92%
- 注:6~10年组无数据。

调查对象基本为"老广州"。约98%的老年人在广州居住了10年以上。由于逢源街处于老城区,老年人中本地居民占绝大多数。

服务对象家庭情况

- 与配偶居住 32.96%
- 与配偶、或子女居住 5.50%
- 与子女或其他家人居住 7.69%
- 在养老院居住 9.62%
- 独自居住 44.23%

大部分老年人与配偶或子女一起居住,仅有小部分老年人独居或在养老院居住。由统计数据可见,社区内的老年单身家庭较少,老年空巢家庭约占1/3,所占比重较大。

3.1.4 设施分布状况

逢源街社区设施分布情况

距离养老设施的距离

服务对象从家里到达养老服务设施所用时间

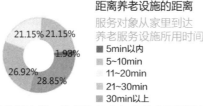

- 5min以内 21.15%
- 5~10min 21.15%
- 11~20min 1.93%
- 21~30min 28.85%
- 30min以上 26.92%

从数据上看,约45%的老年人从家里到达社区养老服务设施所需时间在20min以内,55%的老年人需要20min以上,老年人到达社区养老服务设施的所需时间相对较长。

使用养老设施的频率

服务对象每周造访养老服务设施的次数

- 每天都来 25%
- 每周4~5次 9.62%
- 每周2~3次 3.84%
- 每周1次 26.92%
- 每月1次或更少 34.62%

社区养老服务设施的使用频率较高,近7成老年人每周来2次以上,由此推测社区养老服务设施的利用率较高,能够发挥一定的效用。

社区居委会
家庭综合服务中心
能享养老院
社区青少年中心
社区图书馆

家庭综合服务大楼

邻舍日间护理中心
残障人士展能中心

逢源社区文化站
康龄社区大学
社区婚育学校

邻舍康龄社区服务中心

○ 老年服务设施   ● 其他服务设施

老人到达服务设施所需时长与使用频率交叉分析

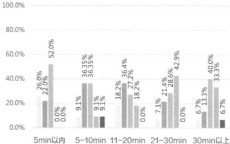

通过对老年人到达社区养老服务设施所需时长与使用频率的交叉分析,由图可得,老年人到达社区养老服务设施所需时长越短,对社区养老服务设施的使用频率越高。

> 结论:逢源街社区养老设施分布较为集中,各个设施之间有分工合作,因而集中分布有利于发挥效率。设施分布在社区中心位置,由于社区较大,因而部分老年人前往时间较长。老年人对设施的使用频率较高。

文化站教室

文化站排练厅

能享养老院活动室

日托中心活动室

康龄中心活动室

综合服务中心阅览室

和你一起慢慢变老——广州市逢源街社区养老设施调查研究

3.2 基本设施

康龄社区服务中心

康龄中心统筹协调社区养老服务各项工作，涉及老年人康乐及社交、居家养老、长者支援、义工发展、社区教育、辅导工作等方面，组织老年义工参与到社区服务当中，使老年人得以发挥余热，"老有所为"。

服务设施：
康龄中心活动室、逢源街文化站活动厅。

工作人员：
正式的中心社工以及中心注册的社会义工、社区长者义工。

康龄社区大学

康龄社区大学由五个学院组成，涉及文学、艺体、社会服务及社会科学、信息及科技、医疗保健，实行学分制，为社区内55岁以上老人服务，丰富老年文化生活，真正实现"老有所学"。

服务设施：
课堂地点有两个：街道文化站教室、康龄中心的活动室。

工作人员：
社区有才艺的长者、康龄中心注册的社会义工。

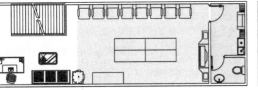
康龄中心活动室平面图
活动区　交流区　卫生间

街道文化站教室平面图

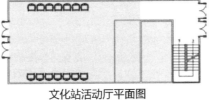
文化站活动厅平面图
活动区　交流区　卫生间　后勤办公

基本设施的评价及分析

社区中心/大学服务人员是否充足？

46.15%　32.69%　21.16%

足够　没感觉　偏少

大部分老年人觉得社区养老服务配备的服务人员足够，但是仍有21.16%的受访者觉得服务人员偏少。

社区中心/大学活动场地是否充足？

30.77%　28.85%　40.38%

足够　没感觉　偏少

虽然多数老年人认为服务设施的场地可以满足需求，但还有近四成老年人觉得社区养老服务提供的活动场地偏少。

长者日间护理中心

广州市首个长者日间护理中心，专门为白天家中无人照顾的老人提供社区养老服务。日间护理中心不仅为子女免除了白天上班老人没人照顾的后顾之忧，又可以让老人晚上回家享受天伦之乐，深受社区居民的欢迎。

服务设施：
畅谈室、护士当值室、自由活动区、康复室、多感官治疗室等多功能活动室。

工作人员：
专业社会工作者、物理治疗师、职业治疗师、护士。

能享养老院（家庭综合服务中心）

能享养老院是一座迷你型的养老院，一共只有20个床位。旨在照顾社区内的失能老人，有专业医护人员进行陪护，提供全天候护理服务，养老院设置于社区内部，离家不远，方便子女探视，老人也可以随时回家。

服务设施：
社区图书馆，电子阅览室，各种自助、互助活动场所，床位及住宿设施等。

工作人员：
一位护士专门负责长者的保健工作，两位工作人员专事做饭。

日托中心陈阿姨
对日托提供的活动、场地、服务人员和服务项目等都相当满意。

养老院李阿姨
养老院的服务设施和环境都很好，工作人员也足够多。

日托中心梁姑娘
日托中心配备了康复室和厕所，康复室配备完善康复设施，从粗大肢体活动到精细的训练仪器都有。厕所使用马桶及配备了紧急钟，以防老人在方便时发生意外。目前活动场地相对充足，配置完善。

结论： 康龄中心和社区大学的服务人员充足，但是活动场地偏少。而能享养老院和日托中心的活动场地较为充足，基本能够满足需求。

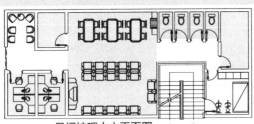
日间护理中心平面图
活动区　交流区　卫生间　后勤办公　康复室

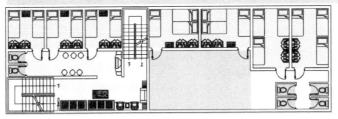
能享养老院平面图
活动区　交流区　卫生间　卧室

和你一起慢慢变老——广州市逢源街社区养老设施调查研究

3.3 服务模式

服务模式概述

逢源街家庭综合服务是一个完整的服务体系,服务对象涉及社区内的老人、妇女、儿童、残障人士、失业人士等需要帮助的群体,还提供各种便民服务,解决社区居民生活中遇到的各种问题。同时开展各类社区活动,丰富社区居民的精神文化生活。

- 婚育服务
- 青少年服务
- 残障康复服务
- 就业服务

养老服务
- 长者服务
- 授课服务
- 日间托老服务
- 全托养老服务
- 上门服务

其他服务

逢源街社区家庭综合服务体系

老年人兴趣统计分析

对各个活动中心的内容,您感兴趣的常规康乐活动是:

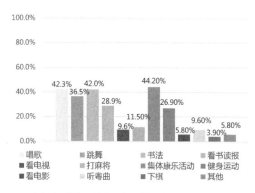

老年人对社区养老服务设施举办的唱歌、跳舞、书法、集体康乐活动等最感兴趣。社区养老设施在活动设置中应充分考虑老年人的喜好,安排老年人喜欢的活动,以满足他们的精神文化需求。

3.3.1 社区活动——面向生活完全自理的老人

服务类型	服务内容	服务时间
长者服务 康龄中心	1. **康乐服务**:各类治疗性小组、组织行动不便的长者出游、节庆活动; 2. **社区教育服务**:社区孝道宣传、垃圾分类教育、举办长幼棋艺比赛; 3. **长者支援服务**:中心义工到老人院慰问、家务助理服务; 4. **义工发展服务**:长者义工培训、香港义工组织参观交流。	周一至周五, 周末偶尔活动; 9:00~11:00、 14:00~17:00

星期一	星期二	星期三	星期四	星期五
康龄好声音 09:00~10:30	书法班 09:30~11:00	英语提高班 09:00~10:30	开心跳舞班 09:00~10:30	英语基础班 08:45~10:15
	串串情深 14:30~16:00	《易经》班 14:30~16:00 葫芦丝班 14:30~16:00		

服务类型	服务内容	服务时间
授课服务 康龄社区大学	1. **文学院**:中文识字和畅谈普通话班等; 2. **体艺学院**:唱歌、书法、舞蹈及手工艺班等; 3. **社会服务及社科学院**:义工训练、退休生活教育、人际关系班等; 4. **信息及科技学院**:计算机、上网、中文输入班等; 5. **医疗保健学院**:食疗、营养与按摩班等。	周一至周五: 9:00~11:00、 14:00~17:00

星期一	星期二	星期三	星期四	星期五
畅赏中国 同事会议	关怀义工组 爱心大使会议 居家老友聚一聚	逢源街队长会议 五湖四海寻梦羊城 月会/健康检查站	康龄晨操/乐善组 月会/健康检查站 康龄探射灯	"齐齐松一松"活动 社区探访 康龄棋艺社
畅赏中国 康龄义工代表联会	关怀义工组 爱心大使会议	康龄义工分队会议 五湖四海寻梦羊城	端午假期	端午假期
畅赏中国 微笑大使、亲善大使义工交流活动	关怀义工组 爱心大使会议	五湖四海寻梦羊城	康龄晨操 乐善组	"齐齐松一松"活动 社区探访/道德讲堂 康龄棋艺社
畅赏中国 万能组会议	关怀义工组 爱心大使会议 社工小组	道德讲堂	迎新会	"齐齐松一松"活动 社区探访 康龄棋艺社
同事会议	康龄第二季度生日彩排 社工小组	"党在我心中,师生情意浓"暨康龄第二季度生日会	康龄晨操 乐善组	"齐齐松一松"活动 社区探访 康龄棋艺社
机构会议	关怀义工组 爱心大使会议 社工小组	长者义工队长会议 月会 健康检查站	康龄晨操/乐善组 月会/健康检查站 康龄探射灯	"齐齐松一松"活动 社区探访 康龄棋艺社

服务模式的评价与分析

来这里的主要目的是?

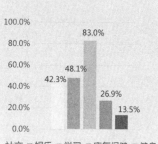

社交 42.3% | 娱乐 48.1% | 学习 83.0% | 康复保健 26.9% | 健身 13.5%

受调查的老年人中使用社区养老服务设施的目的以学习为主。受调查的老年人普遍希望通过逢源街社区养老服务发挥老人"余热",老有所学,同时也与社区养老服务的提供目的相符。

服务类型是否充足?

足够 59.62% | 没感觉 3.84% | 偏少 36.54%

大部分老年人认为社区养老服务提供的活动类型充足,绝大多数老年人认为现有活动类型可以满足需求。

结论:
逢源街对于生活自理的老人提供的各类服务,活动安排充实,种类丰富,基本可以满足参与其中的老年人的兴趣和需求。

3.3.2 社区照顾——面向需要看护照料的老人

服务类型	服务内容	服务时间
日间托老服务 长者日间护理中心	1. **护理服务**：护理计划、基本健康检查、基本护理、健康教育活动等； 2. **康复服务**：个人康复计划、康复治疗、康复用品的评估及代购； 3. **社交活动**：社交及康乐活动、文化娱乐活动、教育活动、义工活动； 4. **起居照顾**：主要是协助如厕、协助餐饮以及护送等； 5. **支援服务**：主要是提供膳食、暂托及转介等服务。	周一至周五： 9:00~17:00

时间轴：8:30 / 9:00 / 10:00 / 10:30 / 11:30 / 12:00 / 13:00 / 14:00 / 15:00 / 16:00 / 17:00 / 17:30
活动：回中心、活力健身操、个人护理、午休、认知训练/康复治疗活动、离开中心、基本健康检查、班组活动、午餐、观赏电视节目、休闲活动

服务类型	服务内容	服务时间
全托养老服务 能享养老院	1. **护理服务**：提供基本的个人护理和保健服务，包括健康检查、康复治疗等； 2. **社交活动**：老年人交流、互助的活动，义工探访，亲属探访等； 3. **起居照顾**：主要是协助如厕、协助餐饮以及护送等； 4. **文娱活动**：棋牌活动、阅读、散步、看电视、聊天交流。	周一至周日， 包括节假日： 全天24h

时间轴：6:00 / 6:30 / 7:00 / 7:30 / 9:00 / 10:30 / 12:00 / 13:00 / 14:00 / 16:00 / 17:30 / 18:30 / 21:00
活动：晚休、早起洗漱、早餐、棋牌活动、午餐、读书看报、晚餐、晚休、活力操、基本身体检查、义工探访、午休、聊天交流、休闲活动

3.3.3 其他服务

服务类型	服务内容	服务时间
上门服务 家庭综合服务中心	1. **居家养老服务**：定时送饭、个人护理、家居清洁、洗衣、保健咨询、购物送递、关怀探访等； 2. **紧急支援服务**：建立长者呼援系统，对社区内的孤老、独居长者提供全天候的紧急支援； 3. **义工探访活动**：长者义工前往老人家中谈心交流、家政援助。	（具体服务内容由中心评估人员进行评估后与老人家庭协商确定。）
其他援助服务 家庭综合服务中心	1. **法律援助**：向社区内老年群体普及各类涉老法律、法规和政策； 2. **学习援助**：管理社区图书馆、阅览室，帮助老年人阅读和学习网络。	

和你一起慢慢变老 —— 广州市逢源街社区养老设施调查研究

老年人的访谈记录

日间托老服务

访谈对象：陈阿姨
82岁，四代同堂，一直在广州居住。

近年眼睛有点问题，每天都自己步行回家，约15min路程。对日托提供的活动、场地、服务人员和服务项目等都相当满意，觉得收费水平合理。每天来日托中心，虽然谈不上很开心，但是比每天待在家里盼着子女回家的感觉好多了。逢源街设立了日托中心，相对其他街区已经很好了，十分满足。

访谈对象：李伯
86岁，"老广州"，跟配偶、子女居住。

腿脚行动不便，每天家人接送，家里离日托中心约15min路程。
中心的姑娘都很好相处，早上的益智活动很有趣，每天都会换新的。喜欢每周二、周三、周五的康复训练，康复师会根据个人情况制订训练计划。对各方面都很满意，收费也不贵。

全托养老服务

访谈对象：李阿婆
86岁，四代同堂，在广州居住。

之前养老院住有10多位老人家，后来有10位已经去世，现在人少了，没以前那么热闹了。
家里有4个子女，曾孙女也进幼儿园后，不用带孩子了，就来养老院住了几年，每个周末家人都会来探访。对养老院的服务、环境等都很满意。平时活动主要是看电视、看报纸和打麻将，也会到附近散步。但有时也会觉得闷，希望有人来陪她聊天。

访谈对象：乐叔
91岁，在广州员村居住

现年91岁的乐叔在能享养老院生活已经十几年了，他精神矍铄，身体硬朗。当天有两位工友前来探望他，他对服务设施非常满意。

工作人员的访谈记录

访谈对象：梁姑娘
日托中心社工，负责组织活动。

Q：日托中心对于接受的老人有怎样的要求呢？

A：只要是60岁以上的广州市民，就可以申请入住日托中心，不对老年人的年龄作上限要求，无论年龄多大，只要具备一定的行动能力，我们就会接收。我们接收过最年长的老人有97岁。

Q：你们平时有哪些工作内容？

A：社工负责日托中心的管理、活动安排策划，护士和两位护工负责老年人的基本医疗看护和中心的卫生清洁工作。逢周二、周三、周五会有康复师过来帮助老年人进行康复训练。

Q：会组织老年人外出活动吗？

A：街道每年会组织2~3次全体老年人的外出活动，如过年逛花街、游海珠湖等。到时会组织义工协助老人出行（推轮椅等），街区会租大巴接送。

Q：设施现状有什么问题或者使用不便吗？

A：街区内无障碍设施不足，导致在给老人选择外出活动场地时受到限制。

结论：
社区内的托老设施提供的服务比较周全，得到了老年使用者的认可，托老设施的使用者对于交往类活动有比较大的需求，在活动内容安排上应尽量满足。

3.4 运作机制
3.4.1 管理机制

逢源街道办事处
养老服务的具体供给

逢源人家服务中心
行政督导与管理

香港有关社会组织
服务方面的督导协助

家庭综合服务中心主任既是街道的工作人员，还管理着能享养老院，同时也负责与逢源人家服务中心以及康龄中心、康龄社区大学、长者日间护理中心工作人员的沟通协调事宜，而以上三个服务中心的社工、助理社工以及其他职能工作者则隶属于逢源人家服务中心。

3.4.2 资金来源

由于逢源街社区养老服务是政府重点打造的项目，政府投入是资金来源主体，同时通过融合社区资源，为老人提供低偿和无偿服务，让每位老人都能"消费得起""享受得到"。逢源社区开展养老服务所需要的物业场所都由民政部门和逢源街道办事处无偿或低价提供，养老服务所需资金由街道及街道文昌慈善基金会支持。

文昌慈善基金会的资金主要来源于四个方面：

| 街道、居委会工作人员带头捐款、捐物 | 广泛发动区属有关部门和企事业单位赞助支持社区福利事业 | 发动个体和辖内居民出资、出物，主动关心社区福利事业 | 吸纳境外善款参与社区福利事业 |

3.4.3 服务收费标准

设施项目	收费标准
康龄社区中心	无偿
康龄社区大学	无偿
邻舍日托中心	逢源社区内 200+10元午餐/月 逢源社区外 300+10元午餐/月
能享养老院	1240元/月

收费标准是否合理？
84.62% 较低
9.62% 合理
5.76% 较高

受调查的老年人普遍认为逢源街社区养老服务的收费水平合理。

逢源街社区养老服务是广州政府重点打造的示范项目，其服务基本上都是无偿提供或者收取极少费用，虽然有慈善机构和福利事业的支持，但政府投入巨大，而其他社区并不可能获得如此强大的资金支持。

3.5 逢源街社区养老模式特点

1. 资金来源以地方财政资金投入为主

逢源街社区服务模式运作资金来源以地方财政资金投入为主，福利彩票公益金重点资助，文昌慈善基金会捐赠等款为辅。

社区养老服务属于社会公共服务范畴，目前仍由政府主要负责，政府的财政资金投入是社区养老服务模式能否运行及运行质量高低的决定性因素。有别之处是逢源街区引进香港社区公共服务经验，成立了以社区筹款互助为目标的文昌慈善基金会，接受社会捐赠资金，对逢源街社区服务模式进行资助。

2. 政府向非营利社会组织购买社区服务

逢源街道办事处与香港国际社会服务社及香港邻舍辅导会合作成立了非营利组织——逢源人家服务中心。通过区政府购买社会服务项目，逢源人家服务中心依托康龄中心、日间护理中心、康龄社区大学等服务设施，具体落实并监督相关服务项目的运行，提供社区养老服务。

3. 社区养老服务机构协调运作，形成无缝隙链条式服务

逢源街的社区服务模式根据不同人群的不同需求，给予不同内容和程度的专业关怀和照顾，形成了环环相扣的链条式服务。社区各服务机构由家庭综合服务中心统一管理，协调运作，以达到社区资源利用的最大化。

4. 提供半公益性的无偿或低偿服务

逢源街社区为老人提供低偿或无偿社区养老服务，让老人"消费得起""享受得起"，体现了目前养老事业作为由政府主要负责的社会公共服务事业的公益性质及福利性质。

5. 社区老年人对于逢源街社区养老服务体系具有很高的满意度和认可度

通过问卷调查和访谈可知，老年人普遍对逢源街的社区养老服务体系感到满意。即使在场地、服务类型、工作人员素质及数量等问题上仍存在一定不足，但是相对于广州其他街道甚至在全国范围内，逢源街在社区养老建设方面已经较为领先，能够较好满足老年人的养老需求，因此，社区老年人对于逢源街社区养老服务体系具有很高的满意度和认可度，同时也说明了逢源街的社区养老服务体系具有很多可供借鉴的地方以及推广的价值。

社区养老服务的总体评价

您对目前社区提供的养老服务项目满意吗？

55.77% 满意
40.38% 比较满意
3.85% 一般
不满意

绝大部分的老年人对目前逢源街社区提供的养老服务项目满意。
满意度高达 90% 以上，说明逢源街社区养老设施基本可以满足需求。

您希望该社区在哪些方面提高养老服务？

健全服务设施 69.2%
提高工作人员素质 50.0%
增加服务项目 30.8%
其他 1.9%

老年人主要希望逢源街社区在健全服务设施和增加服务项目方面提高养老服务质量。
多数老年人对服务设施和服务项目以及工作人员还有增加的需求。表明目前开展的社区养老服务还有较大的提高空间。

结论：
老年人对逢源街社区养老服务体系具有很高的满意度和认可度，社区养老服务还有较大的提高空间。

第四章 国内外社区养老案例分析研究

4.1 人性化服务案例：日本冈山幸福之家

冈山幸福之家是日本的一家社区专业养老机构,细致入微的人性化服务是其重要特点。

1. 岗前培训到位

所有护理服务辅助岗位上岗人员进行岗前培训,通过广泛的培训内容、耐心培训和微笑服务训练,使服务人员具备良好的服务素养。

2. 资金来源广泛

3. 冈山幸福之家人性化设计

临终关怀人性化 / 人性化服务 / 选址人性化 / "灿烂微笑" / 住宿设计人性化 / 餐饮卫生人性化

4.2 综合全面服务案例：辽宁久安社区

久安社区是辽宁省内首个探索社区养老模式的试点,社区积极与企业合作,让更多营利性组织加入到社区居家养老模式的构建中,以此来维持整个社区养老体系的运转。

1. 覆盖全面的设施

服务指挥中心 / 日间照料站 / 营养配餐室 / 用品选送站 / 多功能大厅

卫生医疗站 / 健康理疗室 / 老年活动室 / 图书阅览室

2. 社区信息网络的构建

社区通过各个设施以及信息系统之间的配合,形成"10min养老服务圈"。信息网络是社区居家养老服务模式的中枢神经。

信息网络

网络系统	紧急呼叫救助系统	电话系统
社区养老服务网络系统为社区老年人建立了电子信息档案和社区服务网站,方便老年人使用。	紧急呼叫救助系统是为了应对突发状况而建立起来的报警系统,第一时间为老人提供援助。	社区服务电话系统是久安社区居家养老服务中心的专线电话服务平台,老年人可以24h求助。

4.3 优秀养老模式案例：美国退休社区

美国的退休社区有以下五种形式向老人提供基本服务：

退休新镇	是为低龄老年人提供的聚居场所,这部分老年人身体健康状况良好,生活自理。
退休村	
退休营地	
老人照顾中心	是为高龄老年人提供的居住场所,这部分老人的身体状况较差,需要护理人员照顾。
继续照顾退休社区	

"退休新镇""退休村""退休营地"是为低龄老年人提供的聚居场所,其中"退休新镇"与"退休村"为老年人建立住宅、购物中心、休闲体验中心等基础设施,而"退休营地"的基础设施较前两者而言相对简陋,且不建设住宅楼房,"退休营地"主要是房车的聚集地点,老人在房车内生活,并可以在不同营地间穿梭。"老人照顾中心"和"继续照顾退休社区"是为高龄老年人提供的居住场所。"老人照顾中心"主要满足老年人照料、医疗需求,而"继续照顾退休社区"更加侧重老年人的临终关怀。

美国将老年人不同的年龄生理状况分层,提供不同力度、不同侧重点的服务。

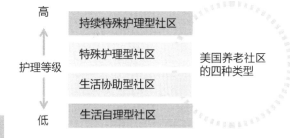

美国养老社区的四种类型

美国佛罗里达太阳城中心老年社区,是闻名世界的最为成熟的老年社区之一,社区的建设侧重四个方面:人性化的规划设计、多彩的体育运动、丰富的康娱中心、专业的社区管理。

启示与建议

1. 鼓励社会参与

久安社区积极引入营利性组织,而逢源街的资金来源以政府为主,各种募捐和福利事业为辅。引入营利性组织,社区服务质量得到显著的提高,并一定程度上解决了构建社区居家养老模式中资金、基础设施等方面的问题。

2. 人性化、多元化服务满足不同养老需求

养老机构的护理服务更具人性化,如选址、住宿设计、餐饮卫生、微笑服务模式等。如根据不同的年龄、身体状况等将老人分组,可以更加集中、高效地为老年人提供针对性强的养老服务。

3. 培养专业化服务队伍

提高专职和兼职服务队伍的专业水平。重视养老服务人员的培养。伴随着人口老龄化日益严重,这就需要更多人投入到养老服务的供给之中。专业化的养老服务人员能够为老年人提供优质、全面的服务。

4. 强化政府主导作用

政府在社区养老模式的构建中应起到主导作用,由于社区养老模式在本质上是为老年人提供服务,在为老年人提供的服务中,大部分是无偿或低偿的,只有政府在法律法规、资金、规划等方面予以支持,社区居家养老模式才能实现可持续的健康发展。

第五章 逢源街社区养老设施的改善及推广

5.1 逢源街社区养老服务的现存问题

空间资源缺乏

社区养老服务的进一步开展受到空间资源紧缺的限制。逢源社区地处广州商业旺地，寸土寸金，又是老城区，保留较多历史建筑，现阶段难以获得更多用地来提供养老服务。

服务对象有待拓展

逢源街60岁以上的人数过万，养老服务需求相当庞大。真正能够享受到这些服务项目的仅局限于政府购买的服务对象，数量仅有100余人。养老服务的供需之间存在巨大缺口，社区养老服务对象有待拓展。此外，受地域和文化等影响，外地老人难以融入本地群体，难以享受逢源社区的养老服务。

养老服务人才缺乏

社区养老服务需要建设一支由专职社工、兼职社工以及志愿者三部分组成的专业的、高效的队伍，其中专职社工人员是核心。但受报酬偏低和社会认可度低等传统观点的影响，社区养老服务队伍中专业人才相对不足，几乎没有专职社工人员。同时，社区养老服务机构的工作人员偏少。

运作资金紧缺

要维持庞大的社区服务体系，除了慈善捐款、福利彩票等多方资助外，全街道每年还要投入约200万元，压力巨大。运营经费不足，直接后果是工作人员待遇偏低，招聘社工及社工助理的工资仅为2500~3500元/月。

人性化设计不足

据社工介绍，逢源街社区内无障碍设施设计不足，在给老人选择外出活动场地时经常受到限制。此外，社区养老服务设施的人性化设计不足，对老年人的关怀不足。

5.2 逢源街社区养老服务的改进建议

细化社区养老服务内容 完善服务形式

社区养老服务要考虑不同年龄与不同经济收入水平的老年人群的服务需求差异，不断细化社区养老服务内容，形成老年生活照料服务、医疗保健康复服务、精神文化服务、志愿者服务和教育服务五大体系，使社区养老真正做到"老有所养、老有所医、老有所学、老有所为、老有所乐"。

继续拓宽资金来源渠道 完善多元社区福利供给

养老作为公共服务事业，应由政府承担主要责任，加大对社区养老的投入，同时应形成以公共财政投入为主体，由政府、社会组织和居民个人等众多主体构成的社区养老多元投入机制。由于我国目前经济实力不足，老年群体个体差异较大，需求各有侧重，社区养老服务要实行无偿、低偿、有偿相结合。

加快社区人才队伍建设 提高服务者的专业水平

社区工作人员的数量以及专业素质需要提高。目前我国环境下，养老服务行业难以吸引高素质的人才，必然造成社区养老服务缺乏专业人才。人才缺乏的困境需从根源上解决问题，养老服务人员的培训体制乃至国内养老服务行业大环境需要得到改善。另外，加强社区兼职人员培训，大力发展志愿者队伍，增强志愿者的专业性和稳定性。

5.3 逢源街社区养老服务模式的推广意义

5.3.1 逢源街社区养老服务模式——政府着力打造的精品工程

逢源街社区属于广州市政府在荔湾区建设社区养老服务体系中着力打造的一个精品工程，其养老服务的建设与管理相对完善，具有较高的认可度和满意度，但其背后必定有更庞大的资金投入支持逢源街社区养老模式的运行。

5.3.2 推广价值——社区养老建设的模范

现阶段，养老服务成为政府和社会关注并急需解决的民生工程，而社区养老是当前最受人欢迎的可行的养老模式。政府在推广社区养老建设时，逢源街社区养老服务模式有几个值得借鉴的经验。
——政府向非营利组织购买社区服务，地方财政资金投入有效利用
——根据不同老年人群体的不同需求，建立完善的社区养老服务体系
——通过非营利社会组织广泛吸纳社会捐赠资金，缓解资金紧缺问题

5.3.3 从社区养老服务模式的推广到国内养老体系的完善

在国内环境下，养老金制度的运行质量对老年人养老质量起着决定性作用。老年人享受的福利待遇、养老金的多少与养老金制度直接相关，而这些因素是老年人生活质量高低的最关键因素。社区养老建设对老年人养老质量有一定的提高，但所起的作用有限。提高养老质量的关键所在是改革完善国内养老金制度，从根源上解决问题。

我国养老金制度存在的问题

养老金收支缺口大	随着我国老龄化问题越来越严重，使得我国的养老金收支缺口越来越大，我国的养老金隐性债务问题严重。
养老金收益率过低	养老金收益率低于通胀率，将导致我国养老金的未来支付能力越来越弱，严重影响了养老保险制度的发展，长久下去养老基金将会面临巨大的财政问题。
养老金的待遇水平和替代率偏低	中国当前的养老金替代率水平偏低，要在新增养老人口大和养老金支出压力大的情况下提高养老金待遇及替代率，养老金制度改革的压力巨大。

现阶段养老金制度不完善，完善养老体系是解决养老的首要问题

我国现阶段的养老体系和养老金制度并不完善，导致老年人享受到的福利待遇及养老金水平偏低，大部分老年人物质生活水平仍没有得到有效保障。改善老年人养老问题，提高老年人生活质量，提高福利待遇及养老金水平是最直接的措施。因此要完善养老体系和养老金制度，从根源上改善养老问题。

大范围推广社区养老需形成多元化的资金供给体系

现阶段，国内养老体系及社区养老建设制度尚不完善。作为社会公共服务事业，社区养老服务模式摆脱不了政府主导模式，但由于政府财力有限，要大范围推广社区养老服务的关键问题是解决资金问题。

社区养老服务建设应形成多元化的资金供给体系。目前社区养老服务建设的资金来源主要有三个部分：政府财政拨款、社会筹集资金、企业单位投资。政府要发挥主导作用，统筹利用各方资金，并促进投资各方形成互助互利的局面，使得社区养老建设成为一种可持续发展的模式，得以大范围推广。

附录

附表 A 逢源街社区养老服务使用评价调查问卷
（针对生活基本自理的老年人）

基本信息

1. 您的性别　A．男　　　B．女

2. 您的年龄　A．50~59岁　B．60~69岁　C．70~79岁　D．79岁以上

3. 您目前的居住状况是？
A．独居　　B．与配偶居住　C．与配偶、子女居住
D．与子女或其他家人居住　E．与其他人居住　F．养老院　G．其他

4. 您在广州居住了多少年？
A．1年以内　B．1年到5年　C．6年到10年　　D．10年以上

社区养老

1. 您从家里来康龄中心/文化站/服务中心需要多久？
A．5min以内　　　　B．5~10min　　　C．11~20min
D．21~30min　　　　E．30min以上

2. 您来康龄中心/文化站/服务中心的频率是？
A．每天都来　B．每周4~5次　C．每周2~3次　D．每周1次
E．每个月1次或更少

3. 您来康龄中心/文化站/服务中心参加活动的主要目的是？
A．社交　　B．娱乐　　C．学习　　D．健身　　E．康复保健

4. 对各个活动中心的内容，您感兴趣的常规康乐活动是？[多选题]
唱歌　　　　　　集体康乐活动　　　　　　书法
跳舞　　　　　　健身运动　　　　　　　　看书读报
看电视　　　　　听粤曲　　　　　　　　　看电影
打麻将　　　　　下棋
其他：＿＿＿＿＿

5. 您认为社区提供的活动类型是否充足？
A．充足，能满足我的需求　　　　B．一般，能基本满足我的需求
C．不足，不能满足我的需求

6. 您觉得社区养老服务提供的活动场地足够吗？
A．足够　　　B．没感觉　　　C．偏少

7. 您觉得社区养老服务配备的服务人员足够吗？
A．足够　　　B．没感觉　　　C．偏少

8. 您认为该社区养老服务的收费水平怎样？
A．较低　　B．合理　　C．较高

9. 您对目前社区提供的养老服务项目满意吗？
A．满意　　B．比较满意　　C．一般　　D．不满意

10. 您希望该社区在哪些方面提高养老服务？[多选题]
A．健全服务设施　　B．提高工作人员素质
C．增加服务项目　　D．其他

附表 B 针对公众的社区养老认知情况调研问卷

1. 您的年龄是多少？
A．25岁以下　B．25~34岁　C．35~44岁
D．45~55岁　E．55岁以上

2. 您是否了解社区居家养老服务？
A．了解　　B．知道一些　　C．听说过几次　　D．完全没听说过

3. 如果听说过，主要通过什么渠道知道的？[多选题]
A．社区宣传　B．电视广播　　　　C．报纸
D．网络　　　E．亲戚、朋友、邻居　F．其他

4. 您希望为您父母选择哪种养老模式？
A．在家里养老，由儿女照顾
B．机构养老
C．在家里养老，子女照顾的同时，有人上门服务
D．其他

5. 您觉得，如果需要有人为您家里老人提供服务，那么您希望是哪些方面？[多选题]
A．家政　　B．健身　　C．医疗保健
D．娱乐　　E．其他

6. 等您年老后，您会选择以下哪一种养老模式？
A．家庭养老（主要由家庭成员提供日常照顾）
B．机构养老（老年公寓、敬老院等）
C．社区养老（社区为老人提供生活照料、家政服务、医疗保健等）
D．其他

7. 您认为在社区养老服务中，应该起到首要或主导作用的是？
A．家庭　　　　　　B．社区　　　　　　C．政府部门
D．政府部门通过购买服务　E．社会组织、慈善机构等

8. 在社区养老服务机构担任义工和志愿者，您会参与此类活动吗？
A．已经是长期的义工或志愿者了　B．曾经参与过
C．没参加过，会去参与　　　　　D．不会参与

参考文献

[1] 陈雅丽.社区居家养老模式的探索及思考——以广州市为例[J].社科纵横,2011,26(6)：51-54.

[2] 杨芳,张净.城市社区养老服务"逢源"模式探析[J].西北人口,2014,35(3)：96-101.

[3] 赵清莹.日本养老机构冈山"幸福之家"护理服务模式研究[J].经济视角（上旬刊）,2014(6)：44-46.

[4] 奚雪松,王雪梅,王凤娇,等.城市高老龄化地区社区养老设施现状及规划策略[J].规划师,2013,29(1)：54-59.

[5] 黄少宽.国外城市社区居家养老服务的特点[J].城市问题,2013(8)：83-88.

[6] 王忠明.老龄社会来临背景下城市社区养老服务供给研究——以广州逢源社区为例[D].广州：华南理工大学,2015.

[7] 杨继瑞,薛晓.社区居家养老的社会协同机制探讨[J].经济理论与经济管理,2015(6)：106-112.

[8] 崔恒展,李宗华.老龄化背景下的养老内容研究[J].山东社会科学,2012(4)：29-35.

[9] 许泽宁,毕玥.借鉴国外模式　探讨我国社区居家养老建设[J].内蒙古民族大学学报,2012,18(3)：73-74.

[10] 王承慧.美国社区养老模式的探索与启示[J].现代城市研究,2012,27(8)：35-44.

[11] 王拓.我国城市社区居家养老模式研究——以沈阳市久安社区为例[D].沈阳：辽宁大学,2013.

[12] 杨雪莲.广州市空巢老人社区居家养老问题研究[D].广州：广州大学,2013.

[13] 周铨.我国养老金制度改革研究[D].武汉：华中师范大学,2014.

[14] 梁宏志,张士斌.中日韩公共养老金制度及其改革比较研究——基于覆盖城乡社会养老保障制度的视角[J].当代世界与社会主义,2011(5)：161-165.

老有所"仰"

—— 与第三年龄大学对比的广州高校型老年大学现状调研

作者学生：黄银波、苏伊珩、周健莹、何慧灵
指导老师：陶杰、李昕、林铭祥

全国高等学校城乡规划学科

2016城乡社会综合实践调研报告评优

三等奖

扫码阅读
彩色版本

老有所"仰"——与第三年龄大学对比的广州高校型老年大学现状调研

摘要：

随着国内老龄人口增多、终身教育等理念兴起，老年大学已成为退休老人学习知识、满足兴趣的重要场所。国外第三年龄大学(the University of the Third Age，即U3A)的模式以及学者Laslett提出的第三年龄(Third Age)概念，为分析老年大学发展现状和退休人群的学习需求提供了一个新颖的视角。

高校型老年大学不同于老干部大学和社区民营的老年大学，是依托高校资源建设、面向全社会开放的老年大学，比较具有代表性。本次调研选取广州三所典型的高校型老年大学，研究它们的发展现状，通过问卷、访谈等方式研究人群学习特征，分析广州高校型老年大学在运作模式、教学方式等方面的特征及问题。

通过与国外第三年龄大学的案例对比，我们分析广州高校型老年大学与国外第三年龄大学的差异，最后从资金来源、校际交流、办学模式三个方面对广州高校型老年大学的发展提出建议。

关键词：

第三年龄大学；第三年龄；高校；老年大学；学习需求

Abstract：

The population of the aged is increasing, and the concept of lifelong education is being accepted by more .The elderly university is important in offering knowledge and meeting the interests of the aged. The "Third Age" and the University of the Third Age(U3A), become the reference to analyze the need of the retired and the condition of the elderly university.

The elderly university which is based on ordinary university and open to the whole society is the most representative type of all. This research studies three representative elderly universities in Guangzhou, using questionnaires and interviews to discover the learning feature of the third agers, and the deficiencies of the traditional elderly university from different aspects.

After referring U3A in other countries , we try to give some advice in three aspects: sources of fund, communication platform and mode of running schools.

Keywords：

University of the Third Age , Third Age , University , Elderly university , Learning need

目录

第一章 绪论 1
  1.1 研究由来 1
  1.2 理论背景 1
  1.3 研究目标 1

第二章 研究思路 2
  2.1 研究内容 2
  2.2 研究对象 2
  2.3 研究方法 2
  2.4 研究框架 2

第三章 调研与分析 3
  3.1 广州高校型老年大学的发展现状 3
    3.1.1 运作模式 3
    3.1.2 办学硬件 3
    3.1.3 教学安排 4
  3.2 学习人群特征 5
    3.2.1 学员基本情况 5
    3.2.2 对现有教学的态度 5
    3.2.3 对新型教学的态度 6

第四章 对比与分析 7
  4.1 国内外第三年龄大学案例对比 7
    4.1.1 国内外对比 7
    4.1.2 成功的模式 7
  4.2 与国外第三年龄大学存在的差异 8

第五章 讨论与建议 8
  5.1 前景展望 8
    5.1.1 动态老龄化与代际差异 8
    5.1.2 老年大学面临较大的转型需求 8
  5.2 国内外存在差异的原因 9
  5.3 建议 9
    5.3.1 拓宽获得资金的渠道 9
    5.3.2 建立交流平台，共享信息 9
    5.3.3 办学模式多样化 10

参考文献 10
附录一：访谈提纲 10
附录二：问卷 11

老有所"仰"——与第三年龄大学对比的广州高校型老年大学现状调研

第一章 绪论

1.1 研究由来

截至2014年底，中国60岁以上老年人口占总人口的15.5%，已进入老龄化社会。

在个体层面上，我国目前有许多老人退休后选择在老年大学继续学习，有些老人甚至一读就是十几年。在国家管理层面上，对老龄化的态度趋向于更加积极地对待。要积极看待老龄社会，积极看待老年人和老年生活，老年是人的生命的重要阶段，是仍然可以有作为、有进步、有快乐的重要人生阶段。

从全球范围来看，老年教育愈发受到重视。1973年，法国开设了第三年龄大学，为退休学员提供多样的课程和活动。1989年，剑桥学者Peter Laslett提出了"第三年龄"的概念："第三年龄为个体退休后至身心机能快速衰退前的阶段。此时个体已完成责任，积极追求个人的兴趣，参与学习"。

广州现有各类老年大学36所，包括政府主导的老干部大学、依托高校的老年大学、社区民营的老年大学3种类型。但它们提供的学位数量有限，而且主要开设的课程偏重康乐性质，对第三年龄人群的学习需求缺乏足够的考虑。这一现状引发我们的思考：从"老有所养"到"老有所'仰'"，如今的老年大学应当如何有所仰望、寻求新的发展？

图1-1 广州老年大学上课情况

1.2 理论背景

(1) 国内的老年大学

目前，国内对老年大学的研究主要集中在3个方面：

① 对教学的研究，如李炜（2014）提出教学要兼顾"老有所学"和"老有所乐"的原则，将课堂教学、社团活动、社会活动有机结合；

② 对空间设计的研究，如许星晨（2013）对教学用房、交通、平面组合进行探讨，提出以空间复合使用的方式改善老年大学用地不足的情况；

③ 对老年学员需求的研究，如肖海艳（2014）主要分析了老年群体学习需求的多样性及影响的因素。

然而，国内基于第三年龄大学这一视角的研究相对较少，而且对第三年龄人群学习需求的研究也没有充分结合教学进行对比分析。

(2) 第三年龄

Laslett将人生分为4个年龄阶段。依据他的划分方法，退休后的人生阶段可分为第三年龄阶段和第四年龄阶段。对于长达30到40年的第三年龄阶段，目前世界上更倾向于鼓励这一年龄段的群体积极生活、参与学习。

第一年龄	第二年龄	第三年龄	第四年龄
人开始社会化、接受教育	立业成家、养育子女、赡养父母	**退休后尚未衰老，追求兴趣、参与学习**	生活不能自理、依赖他人照料、逐渐走向死亡

图1-2 Laslett提出的人生发展四阶段

(3) 第三年龄大学

第三年龄大学是为处于第三年龄的人（其中大部分是退休老人）提供学习机会的场所，其主要特征包括3个方面：

① 运作模式：主要有2种，包括依托高校资源的法国模式和学员自主学习型的英国模式；

② 教学形式：法国模式为学员提供丰富多样的课程，英国模式则鼓励学员之间通过学习团体相互分享知识；

③ 人群特征：来源广泛，且退休后对学习仍有强烈兴趣。

本次调研将结合国内外的理论研究，与国外的第三年龄大学进行对比，分析广州高校型老年大学的发展现状。

1.3 研究目标

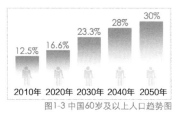

随着中国社会的快速发展，退休老人不仅数量增多，而且在精神方面的需求也呈现出越来越高的趋势。

图1-3 中国60岁及以上人口趋势图

我们选取广州的高校型老年大学调研其发展现状，通过问卷、访谈，总结广州的第三年龄人群有哪些学习需求，分析广州高校型老年大学的不足。对比国外成功的第三年龄大学模式，了解广州高校型"老年大学"与"第三年龄大学"的异同，从不同的角度提出建议。

第二章 研究思路

2.1 研究内容

为回答"广州高校型'老年大学'与'第三年龄大学'的异同"这一问题,我们将此问题拆解成4个层次:

(1) 从运作模式、办学硬件和教学安排3个方面,调研广州高校型老年大学的发展现状;

(2) 对老年大学学员的基本情况及学习需求进行分析;

(3) 通过国内外案例的研究对比,分析两者间的差异;

(4) 分析广州高校型老年大学的发展前景并提出建议。

2.2 研究对象

我们选取了广州市内A、B、C 3所高校型老年大学进行了实地调研。选取这3个对象是基于以下的原因:

(1) 代表性: 广州市由政府出资建设的老年大学只面向退休干部开放;而民营型老年大学由于资金限制,办学规模及质量往往有限。高校型老年大学一方面办学条件较好,另一方面由于对全社会开放,其学员可以代表社会上退休老人的普遍现状。

(2) 可调研性: 通过预调研,我们发现A、B、C是广州市高校型老年大学中办学情况较好的3所,其中A老年大学办学规模最大,学员约3000名;B、C老年大学学员则分别为600名和500名左右。此外我们在与老年大学工作人员的沟通中获得了他们的支持和配合,因此派发问卷、访谈等调研活动能够比较顺利地开展。

2.3 研究方法

本次调研我们以对比分析的方法为主,其中的数据收集采用问卷法和访谈法,对3所高校型老年大学进行调研。其中,面向A老年大学学员共发放问卷325份,回收有效问卷318份,有效率为97.8%。在分析数据时,我们利用SPSS软件对数据进行了T-检验和回归分析。

2.4 研究框架

本次调研与一般的现状调研有所不同,更注重对比分析。此前的研究多数是对现状的课程或空间等进行单方面分析,而本次研究则是通过现状与需求、国内与国外的情况对比分析,来向广州高校型老年大学发展提出建议。

图2-1 三校实景图

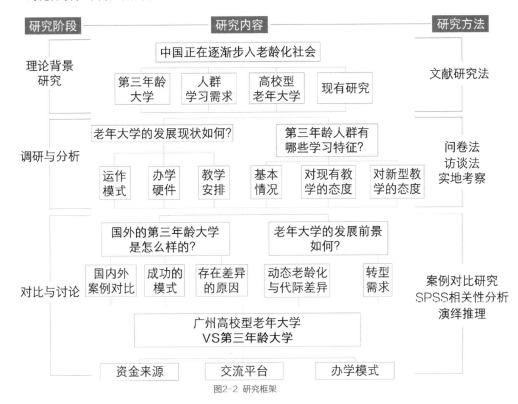

图2-2 研究框架

第三章 调研与分析

3.1 广州高校型老年大学的发展现状

3.1.1 运作模式

高校型老年大学利用所在高校的资源办学，在管理、资金和师资等方面得到校方的部分支持。作为一个非营利性的机构，目前主要的运作动力为学员交纳的学费，且学费标准相对较低。

(1) 资金来源——以学员学费为主

高校型老年大学基本为非营利性机构，其主要资金来源包括：
①政府财政支持的专项资金用于办学硬件开支，包括场地、设施的费用等；
②老年大学学员的学费用于日常运作开支，包括聘请教师、举办活动的费用等；
③校方专项资金用于日常水电费开支、管理开支等，目前仅A校有此项资金支持。

其中，学员学费为老年大学开展教学最为主要的资金来源。为了维持老年大学的持续运营，A、B、C三校对课程招收学员的人数有较为严格的限制，一般以20人/班为最低限度要求，保证收取的学费能支付日常开支及该课程老师的薪酬费用。

学员学费标准较低且对本校员工有所优待。以A老年大学摄影基础课为例：

本校退休教职工	本校教职工家属	校外退休人员	未退休人员
150元/学期	200元/学期	250元/学期	300元/学期

图3-1 A老年大学摄影基础课收费示意图

(2) 师资来源——以外聘师资为主

高校型老年大学的教师基本为兼职，其主要来源包括：
①由老年大学公开招聘，为最主要的师资来源；
②由省市级老干部大学调拨；
③依凭高校的师资优势，部分教师由高校教师兼任。

(3) 管理架构——校务委员会与离退休工作处共同管理

高校校方组织建立起老年大学校务委员会，由该委员会任命老年大学正副校长、办公室主任等管理层人员，与离退休工作处共同管理、维持老年大学的正常运营。

在班级管理层面，则由老年大学的管理层任命离退休协会理事为班主任。

部分班级还设有班长职务，由学员选举形成。班长所起的作用与班主任相近，即协助维持班级的秩序，并起到管理层与学员之间联系桥梁的作用，是学员自治的一种体现。

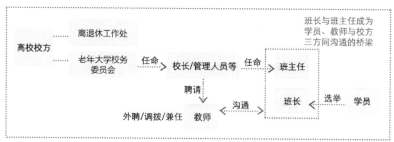
图3-2 广州高校型老年大学管理架构示意图

3.1.2 办学硬件

因校方提供的资金补助与场地条件不同，目前广州高校型老年大学的办学硬件水平参差不齐。

(1) 办学场地——各校场地来源不同

A、B、C三校办学条件各异。

A老年大学有独立用地，于2010年新建建筑，将老年大学教室、相关办公室、教工活动中心整合一体，高效利用空间；邻近大学体育场，可利用室外场地开展体育类等课程。

B老年大学由旧建筑改造而成，空间较小，但因其与教工活动中心一街之隔，可借用大房间开展舞蹈类等课程；无室外场地。

C老年大学与所在高校出版社共用一栋旧有楼房，因此其可用空间十分有限，许多课程需到外面租借场地；无室外场地。

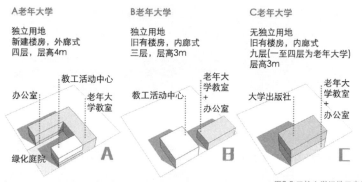
图3-3 三校办学场地示意图

(2)教学设施——各校设施水平差异较大

由于A老年大学是新建楼房，因此其在教学设施设计上充分考虑了老年教学的特殊需求。B、C老年大学则是旧建筑改造利用，教室存在众多不合理之处。

以钢琴课堂的教学设施为例：

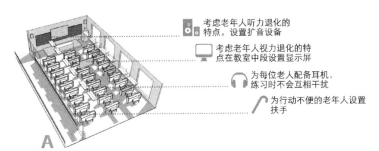

- 考虑老年人听力退化的特点，设置扩音设备
- 考虑老年人视力退化的特点在教室中段设置显示屏
- 为每位老人配备耳机，练习时不会互相干扰
- 为行动不便的老年人设置扶手

A老年大学
层高4m，空间感受宽敞舒适
外廊式楼房，自然通风采光条件良好
为每位老人配备电子琴，可跟随教师课堂练习

B、C老年大学
层高3m，空间感受拥挤不适
旧有楼房为内廊式，自然通风采光条件差
只有一台钢琴供老师演示使用，学习效率低下

图3-4 三校教学设施示意图

针对目前高校型老年大学的发展现状，我们对三所老年大学的办学方进行访谈，主要有以下几个观点：

> 学校目前每学期招收学员约3000人，但未来可能会根据国家政策情况扩招。
> —— A老年大学 校长

> 教师的教学应考虑老人家记忆力衰退、行动不便等特点，对此我们也有相应的考核方式。
> —— B老年大学 办公人员

> 我校办学费用均为自筹，学校并无专项资金支持，每个班约20人收支平衡，人数太少则不开班。
> —— B老年大学 办公人员

> 我校与C大出版社共用场地，有时也需向大学方租用场地，但租借时并无优惠条件。
> —— C老年大学 办公人员

图3-5 老年大学办学方访谈

3.1.3 教学安排

(1)课程设置——以传统课程为主

三所老年大学的课程设置都以舞蹈、音乐类等传统课程为主。

其中，A老年大学的课程设置相对较全面，且每类课程下有更细分类。

以A校摄影课程为例，由摄影欣赏课——摄影基础课——摄影提高课——图片处理课一系列关于摄影学习的完整课程，提供了系统性学习的可能性。

图例：舞蹈、声乐、养生、书画、摄影、乐器、体育、电脑手机

图3-6 三校各类课程节数占比示意图

(2)课外教学活动——各种类型的课外活动丰富

三所老年大学的课外教学活动较为丰富多样，包括文艺体育类的老年人运动会、文艺汇演；实用技能类的外出摄影、旅游；人文社科类的讲座等多种活动。

运动会 文艺汇演 摄影
旅游 讲座

图3-7 老年大学课外活动剪影

在教学安排方面，各校会利用学校其他资源来弥补不足，并根据学员的反馈进行调整：

> 我校虽无电脑、手机类课程，但我们会安排志愿者到老年人家中帮助他们学习。
> —— C老年大学 工作人员

> 我校去年开设过祖孙班。虽然反馈良好，但由于报班人数减少、人手不足以照顾小朋友，今年的祖孙班已经停办。
> —— B老年大学 教师

图3-8 老年大学员工访谈

3.2 学习人群特征

3.2.1 学员基本情况

本次调查发现A老年大学学员的基本情况有以下特点：

学员年龄跨度大；学员来源广泛，除本校退休教职工，更有校外人群参与；学员普遍受教育程度较高；学员接受老年大学教育具有持续性。

(1) 学员男女比例接近于3：7。

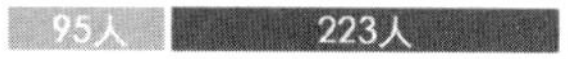

图3-9 学员男女比例

(2) 学员年龄段集中在55~75岁，合计占比70.5%；此外有13.2%的中年人甚至是年轻人参与到课程学习中。学员年龄跨度达五十多岁，初步显现了全年龄学习的特征。

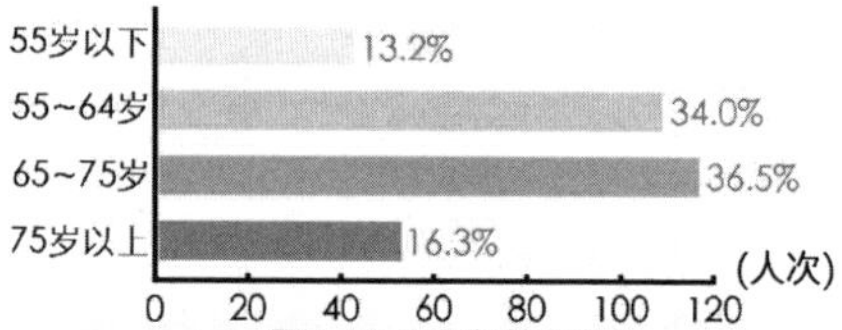

图3-10 学员年龄段分布

(3) 学员退休前职业多种多样，除了本校教职工外，也包括校外多种社会群体，如医生、科研人员、公务员、工程师、建筑师等。其中本校退休教职工占比41.5%。该老年大学不仅面向本校退休教职工开放，对社会中其他人群也有较大包容性。

图3-11 学员退休前职业

(4) 学员的受教育程度较高，其中47.8%的学员接受过本科或以上的教育，其余学员学历水平占比从大专至初中依次下降，无小学学历或文盲学员。

图3-12 学员受教育程度

(5) 超过3/4的学员接受老年大学教育年限超过1年，其中甚至有16.9%的学员接受老年大学教育年限超过5年，体现了老年大学教育的持续性。

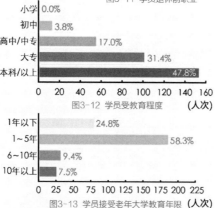

图3-13 学员接受老年大学教育年限

3.2.2 对现有教学的态度

针对学员目前的学习需求，从学习目的、期望的上课频率、课程选择的影响因素、对现有课程兴趣程度等方面，调查学员对现有教学的态度：绝大部分学员基于兴趣而学习。

(1) 学习目的： 兴趣是最好的老师。82.4%的学员基于兴趣而参与学习，30.2%的学员希望从中获取知识及技能，30.8%的学员希望弥补年轻时未能学习该课程的遗憾。

有6.3%的学员希望学成后回报社会，比如为社区的居民写对联、将太极拳的技法传授给社区成员等。

图3-14 学习目的

(2) 期望的上课频率： 学员期望的上课频率为每周1~3次，其中以每周2次占比最高，为42.1%。

学员期望的上课频率与家庭生活的时间安排、学校与住处的来往方便程度、学员学习能力等有较为密切的联系。

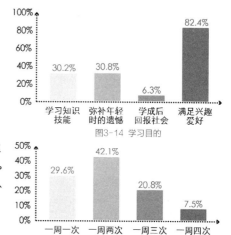

图3-15 期望的上课频率

(3) 课程选择的影响因素： 学员对课程感兴趣与否为首要因素，占比达78.0%。

其余依次为任课教师的教学水平与质量、课程内容的实用性、上课的时间安排、自身的学习能力，而身边朋友参加与否影响程度最低。这与学员参与老年大学教育的目的基本一致。

图3-16 课程选择的影响因素

(4) 学员对现有课程兴趣程度： 呈现多样化的态势。

艺体类课程最受欢迎，尤其是乐器类，达到45.3%；其次为实用类课程，其中电脑手机课受欢迎程度达到35.7%；而人文类课程中，传统的书画类等课程受欢迎程度也不低。

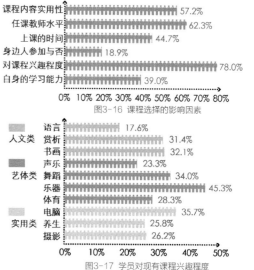

图3-17 学员对现有课程兴趣程度

老有所"仰"——与第三年龄大学对比的广州高校型老年大学现状调研

3.2.3 对新型教学的态度

为了解学员对国外新型的第三年龄大学教学方式的需求,本次问卷设置了四个问题,得到了以下几个初步的结论:学员对新型课程感兴趣,对参与高校选课、全年龄学习、网络授课等新型教学方式的接受程度较高。新型课程、教学方式存在推广发展的可能性。

(1) 对于是否参与高校的选课流程、与高校学生一起学习,超过一半的学员对该方式表示赞同。赞同的学员表示,该方式有利于获取高校传授的知识技能,积极融入新生代的社会之中。

图3-18 是否参与高校选课流程等

(2) 对于全年龄学员包括少年、青年、中年参与老年大学的教学这一观点,超过 60% 的学员表示赞同,而在调研过程中我们也发现这种教学方式已在探索当中,有 13.2% 的 55 岁以下的学员参与到目前的课程当中。

图3-19 是否赞同全年龄学员参与老年大学的教学

(3) 35.2% 的学员对在老年大学就读之后获得学业证书感兴趣。学员认为学业证书的获得有助于科学规划学习阶段。

(4) 接近一半的学员接受通过网课学习的方式。学校可以考虑将网课作为一种授课方式。

图3-20 是否需获得学业证书   图3-21 是否接受通过网课学习

(5) 基于第三年龄角度我们提出了 16 项目前老年大学未开设的新型课程供学员选择。结果显示,学员对新的课程表现出浓厚的兴趣。

课程	比例	课程	比例
自然科学	11.7%	哲学探究	8.3%
棋类课程	4.9%	时事学习	2.4%
理财投资	10.4%	老人心理	9.4%
岭南文化	5.6%	西方艺术	9.8%
影视赏析	13.8%	食品营养	29.0%
纪录片赏析	5.7%	烹饪料理	22.0%
文物鉴赏	10.4%	旅游地理	27.7%
插花课程	21.7%	外国文化	8.2%

图3-22 学员对课程的兴趣分布

在访谈的过程中,第三年龄群体对新型教学方式和新型课程表达了不同的意见,以下是几个主要观点:

51.6% 的受访老人接受在高校选课的新形式

这是对高校资源的充分利用,且在一定的受教育程度支持下,老年学员与高校学生可以互动交流,各取所长,共同进步。

> 如果是有趣的课程比如文物鉴赏的话,当然可以啊。
> 退休职工 57岁

> 我们那个年代学习的知识已经被时代淘汰了吧,进高校学习与时俱进的知识当然很乐意啊。
> 退休教师 75岁

> 老人思维变慢了,应该跟不上大学的课程教学吧。
> 退休会计 65岁

61.6% 的受访老人接受全年龄学习的新形式

多数老人认为全年龄共同学习的新形式有趣也有效,可以在交流的过程中更新自己的知识、与时俱进。

> 能跟年轻人一起学习当然好啊,显得我也很年轻。
> 退休职工 56岁

> 平时和家里人相处时间很少,如果可以有一起上课的机会挺不错的。
> 退休工程师 69岁

> 不同年龄应该需要不同的教学方法才合适吧,老师要怎么兼顾?
> 退休教师 58岁

35.2% 的受访老人希望通过学习获得证书

多数老人认为他们学习以满足兴趣为目的,无需获得证书作为证明;赞同的老人则认为这是对自身努力的认可,可以激发学习的动力。

> 拿到这个证书是对我一向认真学习的肯定。
> 退休教师 77岁

> 为了证书而学习,只是徒增压力而已吧。

> 我们学习只是为了兴趣和健康而已,这种形式上的东西对我们没有意义。
> 退休收银员 62岁

退休工人 60岁

47.2% 的受访老人接受网课的新形式

网课可以有效减少出行上的不便。相对而言,书画、英语课的老人更接受网课,符合他们反复观看学习内容的需求。

> 这样家里住得远或者腿脚不好的老人家就方便多啦。
> 退休医生 76岁

> 来这里上课不仅是因为面对面学习效率高,而且还是我们的社交需求。
> 退休教师 75岁

> 很多老人都不会上网的,而且这对眼睛不好。
> 退休公务员 72岁

图3-23 第三年龄群体对新型教学方式和新型课程的主要观点

第四章 对比与分析

4.1 国内外第三年龄大学案例对比

4.1.1 国内外对比

国外的第三年龄大学主要包括法国模式和英国模式，前者依托高校资源，后者强调自主学习。各国基于这两种模式，结合当地情况发展形成自己的特色。与国内相比，国外办学机制更多元化，教学模式更丰富多样。

4.1.2 成功的模式

(1) 依托高校型：向第三年龄人开放大学课程。德国有超过40%的60岁以上的老人在大学学习，他们学习的专业非常全面，从考古学、解剖学到科学史，平均每个学期有120门课程，老年大学生与年轻的同学们一起参与课堂讨论、交流心得。

(2) 自主型：同伴学习模式(Peer Learning)。这种模式无需专门聘请老师，也没有严格意义上的老师与学生的概念之分，鼓励各个领域的退休成员相互学习、发挥特长。成员提交少量的费用，就可以获得第三年龄大学的资源，并通过学校的社交网络找到同样感兴趣的伙伴来组成学习小组。英国的第三年龄信托委员会(Third Age Trust)负责统筹各地区的第三年龄大学，并在网络上宣传、招纳学员。

图4-1 英国同伴学习模式(Peer Learning)示意图

广州高校型老年大学与国外第三年龄大学的模式对比　　　表4-1

	广州高校型	法国模式	英国模式
起源	—	1973年法国Toulouse大学	1981年英国剑桥大学
运作模式	在高校内设老年大学，为非营利机构，资金主要有3种来源： ①学员缴纳的学费为主 ②政府支持的专项资金 ③高校校方的专项资金	主要依托高校建设，资金主要有以下3种来源： ①大学资金支持为主 ②学费、社会团体捐款和当地政府拨款 ③成员自主捐款	各大学分别由成员自主选出的委员会成员管理，由成员捐款，并独立运营。学员可成立自治性的学习团体
教学形式 — 上课方式	传统的老师讲授、学生聆听方式，此外还包括少量的户外活动和摄影书画展览	形式多样化，包括了公开讲座、短途旅行、开放部分高校课程等	自主学习模式，不需专门外聘老师，鼓励成员发挥自身专业优势，互为师生
教学形式 — 课程设置	以舞蹈、书画等娱乐消遣类为主，实用技能类课程较少	涵盖范围较广，文娱类、实用技能类、人文艺术类课程均有涉及	类型多样，如调研活动、学术性的艺术研究、体育运动等
人群特征	优先考虑高校退休人员，同时招收社会退休老人	最初只面向当地的退休老人，后来也同时接收对教育有需求的各类人群，包括家庭主妇和失业人群等	不再全职工作的所有退休或半退休老人
应用该模式的国家	—	德国、比利时、瑞士等	美国、澳大利亚、新西兰等
总结与借鉴	通过与国外两种模式的对比，广州高校型老年大学可以借鉴以下几个方面： ① 多样化的资金来源，获得社会力量的支持 ② 不同类型的教学模式，符合第三年龄人群的学习规律 ③ 丰富的课程类型，满足不同人群的需求		

注：本页内容参考自论文《An International Perspective of the University of the Third Age》，Richard Swindell, Jean Thompson, 1995.
来源：http://worldu3a.org/resources/u3a-worldwide.htm#top.

4.2 与国外第三年龄大学存在的差异

我们结合实地调研和国外案例收集情况进行对比,从运作模式、教学形式和人群特征3个方面来对比分析我国老年大学与国外存在的差异。

(1)运作模式

首先,和国外相比,我国老年大学的资金来源有所不同。根据调研发现,高校型老年大学作为非营利机构,前期投入主要依赖政府和高校的财政支持,此后的日常运营费用主要来自学员缴纳的学费。相比较而言,国外的第三年龄大学的资金来源则更加丰富。

其次,我国老年大学的师资力量较为不足。当前的教师多为各个老年大学自己外聘,多数为兼职,存在经常停课、迟到等情况。由于第三年龄群体的受教育水平普遍较高,对教师素质有着较高的要求。而国外的自主学习模式中,学员间可以相互学习,并分享各类资源。

(2)教学形式

高校型老年大学的课程丰富度有待提升。多数受访者与时俱进,对电脑、手机等紧跟时代的课程,以及食品营养等尚未开设的课程都表示出很大兴趣,希望获得实用、有趣的知识,然而目前的课程设置则仍然以传统的康乐性质课程为主。

此外,老年大学的教学方式传统单一。虽然老年大学会不定期开展各类课外教学活动,然而在大部分的时间里,仍然采用老师讲课、学生听课的传统上课方式。有相当一部分老人表示愿意接受参与高校选课、全年龄学习、网课等新兴的上课形式,对学习形式有更多样性的需求。而国外的第三年龄大学则具有更丰富的课程和教学形式。

(3)人群特征

在国内的高校型老年大学中,虽然存在一定比例的社会人员,但大部分学员是高校退休人员,在社会上的普及程度仍然有限。在国外,学员来源则更加广泛,除了有来自社会各界的第三年龄人群以外,部分高校还接纳如家庭主妇、失业人员等对教育有需求的人群。

第五章 讨论与建议

5.1 前景展望

5.1.1 动态老龄化与代际差异

根据Riley(1999)等学者提出的"动态老龄化"理论,新进的老年人与原有的老年人之间,无论个体还是群体均具有一定的异质性,社会结构在不断发生着变化。

2008年中国综合社会调查表明,中国老龄群体之间存在着较为明显的代际差异。出生于20世纪40年代、50年代、60年代的人群,呈现出教育水平、健康水平、经济收入、科技水平等越来越高的趋势。

图5-1 不同年代群体经历事件示意图

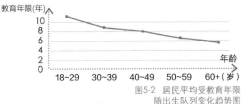

图5-2 居民平均受教育年限随出生队列变化趋势图

5.1.2 老年大学面临较大的转型需求

以前的老年大学以退休干部为主要服务对象,近年来逐渐向社会开放,越来越多老人愿意到老年大学学习。现在的老年大学学员中,部分人经历了"文化大革命",学历、知识水平受到一定影响,对教学、课程等的态度相对保守。

用SPSS软件对调研数据进行分析,T-检验结果显示P值均小于0.05,表明不同层次老人对新教学方式、新课程的态度存在显著差异。进行回归分析后,我们发现老年群体对新形式课程的接受程度分别与年龄、学历呈现较大的相关性,越是年轻、受教育程度高的受访老人,越希望采取新的上课形式。

即将退休的群体,多数经历过改革开放,对于新事物更为包容,而且教育、收入水平都高于目前的老人,因此退休后可能会更青睐新型的教学形式和课程内容。

这对老年大学的水平提出了更高的要求。

表5-1 相关性分析结果

因素\形式	参与选课	全年龄	网课
学历	$R^2=0.78$	$R^2=0.80$	$R^2=0.83$
年龄	$R^2=0.87$	$R^2=0.86$	$R^2=0.84$

图5-3 发展趋势示意图

5.2 国内外存在差异的原因

(1) 社会对于老年教育的重视程度不同

在国外，随着法国模式和英国模式的界限变得更加模糊，不少国家和地区的第三年龄大学结合国情，开展了丰富多样的教学活动。

然而，我国老年大学仍然将"玩儿"理解为老人的主流民意，老人的教育学习需求则往往被忽略。

(2) 社会资金来源不同

国外第三年龄大学的资金来源非常多样化，除了学员缴纳的学费以及当地政府或高校的资金支持，还有来自大量自治组织机构、民间慈善团体等的各类捐款。

在我国，诸如非政府组织(NGO)、民间慈善机构等的社会力量往往比较薄弱，难以给老年大学这样的社会公共产品提供足够的资金支持。因此，老年大学的日常运营只能主要依靠收取的学费和政府、高校有限的财政支持。

(3) 管理机构不同

在英国，第三年龄信托委员会作为非官方的民间慈善组织，为英国各地独立运营的自治性学习小组提供了资源共享和交流的平台。

然而国内缺少类似的管理机构，各老年大学相对孤立，无法实现资源的共享，导致各类自治学习活动只能在小范围内实现，难以大范围普及，形成系统。

图5-4 英国第三年龄信托委员会管理模式图

5.3 建议

广州的高校型老年大学已拥有一定数量的第三年龄人群，他们对于学习有着较高的热情。老年大学本身虽然存在一定的不足，但也在不断地调整、发展，有着向第三年龄大学发展的趋势。

为促进这种发展，老年大学在资金来源、校际交流、办学模式三个方面都应该有所改进。

5.3.1 拓宽获得资金的渠道

目前广州的高校型老年大学偏向于福利性质，以学费为主要资金来源；但是学费标准相对较低，限制了办学质量的提升。为了拓宽获得资金的渠道，可以从以下两个方面考虑：

(1) 政府应予以鼓励和扶持

在向第三年龄大学过渡的过程中，校方需要资金、师资等的支持，因此广州市的老干部局等相关机构可考虑给予一定的帮助。若条件允许，可以出台更具操作性的具体措施，如师资建设纳入教育体系、老年教育经费纳入财政预算、场地设施纳入政府目标任务等。

(2) 适当引入市场和社会团体的力量

要提高办学的质量，一是可以考虑适当提高学费标准；二是校方增加宣传，鼓励民间资本和社会团体进入第三年龄大学，借助社会力量推进建设；三是寻求高校校友对老年大学的建设提供资助。

5.3.2 建立交流平台，共享信息

第三年龄大学之间应建立便捷的信息共享平台，既可以是线上的即时交流平台，也可以定期举办线下交流活动，充分发挥不同交流方式的优势。

通过信息共享平台，各校可以交流各类资源，如教师资源、教学经验等，有助于减少彼此在探索上消耗的时间，实现共同进步。

图5-5 各级模式关系图

5.3.3 办学模式多样化

目前的高校型老年大学的办学模式相对单一,尚未充分满足第三年龄人群的学习需求。校方可以考虑从以下几个方面进行优化:

(1) 办学硬件

①错峰使用高校校园空间,利于其开展更多体育类等室外课程。

②部分老年人身体相对衰弱,因而在采光通风、无障碍设施等细节设计上,校方应更多考虑老年群体的特殊需求。

(2) 课程设置

①课程的设置应更多样化,满足不同学员的需求。

②可逐步增设自然科学、烹饪、旅游地理等第三年龄群体较为感兴趣的课程,而不局限于舞蹈和书画等传统课程。

(3) 上课形式

①借鉴国外同伴学习模式,建立学习组织,根据学员兴趣来决定学习内容。校方为学员提供社交平台以及资源,学员需缴纳一定的费用作为第三年龄大学的管理及发展资金;

②鼓励全年龄等多样化的教学形式,如与所在高校沟通,开放部分校内通选课的名额,并在部分文艺活动类的课程上采用全年龄上课的形式等;

③可建设线上教学系统,既可以为老年学员提供反复观看教学内容的机会、巩固知识,也能为不方便前往学校的老人提供学习的机会。

图5-6 办学模式优化示意图

参考文献

[1] GROOMBRIDGE B.Learning.education and later life[J].Adult Education, 1982.

[2] SWINDELL R, THOMPSON J.An international perspective of the university of The third Age[J]. Educational Gerontology: An International Quarterly, 1995,21(5): 429-447.

[3] 迟宝策. 英国老年教育研究——以第三年龄大学为中心[D]. 长春: 东北师范大学, 2011.

[4] 楚良勋. 日本老年教育特点及其对我国老年教育的启示[J]. 继续教育研究, 2006(4): 63-64.

[5] 李炜. 高校举办老年大学的教学特点探析——以SN大学和SU大学为例[D]. 上海: 上海师范大学, 2014.

[6] 陆剑杰. 大学第三年龄教育还没准备好?[N]. 北京日报, 2015-12-02.

[7] 田佳. 终身教育理论视阈下老年教育的缺失[J]. 理论界, 2008(6): 172-173.

[8] 王英, 谭琳. "非正规"老年教育与老年人社会参与[J]. 人口学刊, 2009(4): 41-46.

[9] 王英, 谭琳. 赋权增能: 中国老年教育的发展与反思[J] 人口学刊, 2011(1): 32-41.

[10] 肖海艳. 福州市老年大学学员学习需求研究[D]. 福建: 福建农林大学, 2014.

[11] 许星晨. 老年大学复合性空间设计探讨——基于重庆市老年大学现状的调查研究[D]. 重庆: 重庆大学, 2013.

[12] 杨佳, 陈瑶. 我国老年大学发展初探[J]. 成人教育, 2007(7):73-74.

[13] 姚远. 老年群体更替对我国老年社会工作发展的影响[J]. 国家行政学院学报, 2015(3): 69-74.

[14] 姚远, 陈昫. 老龄问题群体分析视角理论框架构建研究[J]. 人口研究, 2013,37 (2): 73-82.

[15] 岳瑛. 外国老年教育发展现状及趋势[J]. 外国教育研究, 2003(10): 61-64.

[16] 张苗苗. 老年大学: 一个新的老年生活空间——以J市老年大学为例[D]. 金华: 浙江师范大学, 2012.

[17] 赵丽梅, 洪明. 英国第三年龄大学及其借鉴[J]. 成人教育, 2007(8):95-96.

[18] 中国人民大学中国调查与数据中心. 中国综合社会调查报告(2003—2008)[R]. 北京: 中国社会出版社, 2009.

附录一:访谈提纲

一、办学方访谈

(1) 运作模式:

①贵校的办学规模如何?有多少名师生?主要是有哪些地方的老人来学习?

②办学的资金来源有哪些?有哪些方面的支出?

③办学场地是由哪里提供的?

(2) 教学安排:

①现在开设了多少课程,开设课程的依据是什么?

②有哪些课程是专门针对老年人群体开设的?

③师资情况如何?教师的来源有哪些?

二、教师访谈

(1) 教师个人情况:

①您会针对老年人的特点,在教学上做出哪些调整?

②除了在这里任教以外,您还有哪些工作?

(2) 教学情况:

①您觉得班上的老人学习状态如何?在教学上您会遇到哪些问题呢?

②班长与班主任平时主要负责哪些事务?两者之间主要有什么区别?

附录二：问卷

基于第三年龄视角的广州高校型老年大学现状调查问卷

尊敬的长辈：您好！我们是城市规划专业的大四学生，正在做一项关于老年人学的现状研究，以期推动老年大学的发展。本问卷仅用于学术研究，以不记名方式进行，敬请放心填写。我们对您的支持和帮助表示衷心的感谢！

第三年龄：个体退休后至身心机能衰退前的阶段。此时个体已完成责任，积极追求个人的兴趣，参与学习。

基本信息：性别_____ 退休前职业_____ 是／否本校退休员工

1. 您的年龄是：A. 55 岁以下 B. 55～64 岁 C. 65～74 岁 D. 75 岁及以上
2. 您的受教育程度是：A. 小学及以下 B. 初中 C. 高中或中专 D. 大专 E. 本科及以上
3. 您在退休后继续参加学习的目的是（多选题）：
   A. 学习知识和技能　　　　B. 弥补年轻时未能自由选择的遗憾
   C. 希望学成后能再度服务社会　D. 满足兴趣爱好　　E. 其他：_____
4. 您已经在老年大学学习了多久？ A. 1 年内 B. 1~5 年 C. 6~10 年 D. 10 年以上
5. 您这学期正在上什么课？_____
6. 请问您希望一周上几次课？（一次课为两节课，约为 1.5 小时）
   A. 一次 B. 两次 C. 三次 D. 四次及以上
7. 在已开设的课程中，您对哪三门课最感兴趣？

文艺体育类	实用技能类	人文社科类
声乐课、乐器课	电脑课	语言课
舞蹈课	养生课	赏析课
体育课	摄影课	书画课

8. 以下的因素中，哪三项对您选择课程影响比较大：
   A. 课程内容的实用性　　B. 任课老师教学水平
   C. 上课的时间　　　　　D. 身边的朋友是否参与了课程
   E. 对课程内容的兴趣程度　F. 自身的学习能力
9. 您对以下哪几门课比较感兴趣（这道题的选择不限数量）：

自然科学兴趣课	棋类课	理财投资课	岭南文化课
哲学探究课	时事课	老人心理学	西方艺术史
影视赏析课	纪录片赏析课	文物鉴赏课	插花课
食品营养学	烹饪料理课	旅游地理课	外国社会文化课

10. 德国法兰克福大学向第三年龄人群提供很多专业，第三年龄人群与年轻的同学们一起参与课堂讨论、交流。如果大学允许第三年龄群体选课，比如金融投资课、文物鉴赏课，您是否会选课，和高校学生一起上课？ A. 是 B. 否
11. 广州某大学曾经开设"祖孙班"，即老人与孙子或孙女一起在老年大学学习乒乓球、书法等课程。您是否接受和其他年龄的人（小孩／青年人／中年人）一起在老年大学上课？ A. 是 B. 否
12. 慕尼黑大学向第三年龄人群开放高校课程，积累到一定分值，可拿到学业证明。请问您是否希望通过老年大学的学习获得学业证明？ A. 是 B. 否
13. 澳大利亚已成立在线第三年龄大学，为无法参加当地课程的第三年龄人群提供在线资源以及交流论坛，比如自然、写作和科学等。您认为是否需要网课？ A. 是 B. 否
14. 您认为现在的老年大学还有哪些不足：_____

老人与土——广州城郊3村的土地养老调研报告

作者学生：江贺韬、梁永雄、王慧芹、张弘
指导老师：李昕、赵渺希、陈铠楠

全国高等学校城乡规划学科

2015城乡社会综合实践调研报告评优

三等奖

扫码阅读
彩色版本

摘要与目录

摘要：

　　农村的养老，历来以土地养老和家庭养老为主，其他养老方式为辅。随着经济的发展，在农村地区的土地养老地位一直上升，家庭养老趋于下降。而在今天，在大城市郊区不同区位的农村，土地养老方式在农村养老体系中到底扮演着什么样的角色呢？本次调研以距离广州市中心远近为变量，以不同区位的3个村庄55岁以上的老人作为我们的调研对象，调查各村的养老情况。通过问卷及访谈来探究农村中家庭养老、社会养老及土地养老方式的差异性，并重点探究土地养老的方式及其受区位影响的程度。针对土地养老的衍生问题，对部分学者如贺雪峰（2013）、周其仁（2013）、华生（2014）等进行实证检验，为郊区不同区位的土地养老提供建议。

关键词： 城郊村；土地养老；家庭养老；社保养老；区位

Abstract:

Providing for the aged in the rural area mainly depends on land or family, and slightly relies on other ways. With the development of economy, the status of providing for the aged with land rises, while with family declines. However, nowadays in the rural area of different district in the suburb of large cities, what role does providing for the aged with land play in the rural system ? This research reads the distance from downtown Guangzhou as a variable, the elder over 55 years old from 3 villages in different districts as research objects, making an investigation towards it. In this research, questionnaires and interviews are ways to study the difference of providing for the aged with family, society and land; and the way of providing for the aged with land and its influence caused by district are the main subjects. Aiming at the problems stemming from providing for the aged with land, the author of this research is going to do an empirical test towards some scholars such as He Xuefeng (2013), Zhou Qiren (2014) and Hua Sheng(2014), and offer suggestions to different **rural areas of land pension.**

Keywords: Suburban village, Land pension, Family endowment, Social endowment, Area

目录

第一章 绪论 1
  1.1 理论背景 1
  1.2 现实背景 1
  1.3 研究核心目标 1

第二章 研究思路 1
  2.1 研究内容 1
  2.2 研究框架(技术路线) 1
  2.3 研究方法 2
    2.3.1 文献法 2
    2.3.2 问卷法 2
    2.3.3 访谈法 2

第三章 调查结果与分析 2
  3.1 调查对象特征 2
    3.1.1 调研地点选择 2
    3.1.2 人群基本信息 2
  3.2 农村养老概述 3
    3.2.1 家庭养老功能弱化 3
    3.2.2 社会养老功能微妙变化 3
    3.2.3 土地养老功能增强 3
  3.3 各村土地养老特征 4
    3.3.1 土地利用情况及作物属性 4
    3.3.2 宅基地利用情况 4
    3.3.3 土地收入情况及投入时间 5
    3.3.4 土地流转意愿及其原因 5
  3.4 不同区位的土地养老横向对比 6
    3.4.1 土地用途 6
    3.4.2 土地养老效率 7
    3.4.3 土地继承 7
    3.4.4 土地流转 8

第四章 主要结论 9
  4.1 不同区位下的养老方式与特征 9
  4.2 不同区位下的土地养老特征 9
  4.3 老人对土地流转的意愿倾向特征 9

第五章 问题延伸及建议 9

参考文献 10

广州市城郊村土地养老的社会调查报告问卷 11

绪论与研究思路

第一章 绪论

1.1 理论背景

关于土地养老，国内的学者提出两种观点：一种观点认为土地养老作用不断弱化，现已承担不起农民的养老作用；另一观点则认为土地养老保障功能依旧重要。

目前，关于土地养老保障的研究大多集中在土地弱化的宏观定性研究上，对土地养老保障水平的定量研究鲜有涉及，并且关于郊区农村土地养老的区位影响研究比较缺乏，我们希望能对这个小盲点进行实证研究。

1.2 现实背景

随着经济的发展，农村劳动力向城市大规模流动，农村人口的老龄化速度显著快于城镇的老龄化速度；农村养老保障制度和保障水平却远远落后于城市。中国农民的养老，历来以土地养老和家庭养老方式为主，其他养老方式为辅。而在今天，在大都市郊区不同区位的农村，土地养老方式在养老体系中又扮演着什么样的角色呢？

1.3 研究核心目标

我们以广州郊区不同区位的3个村庄的407位老人为例，研究土地养老形式与基本特征，分析郊区农村区位因素对土地养老的影响。呼应学者们的理论争鸣，深入基层进行实证检验。通过问卷访谈等形式，定性定量分析土地养老的优势与局限，为郊区的土地养老政策提出具体的细化建议。

第二章 研究思路

2.1 研究内容

根据理论、现实背景以及研究的核心目标，我们确立的研究内容主要分为以下几大方面：

1. 不同区位的广州城郊乡村老人养老的方式与特征。
2. 土地养老方式在不同区位乡村的养老保障中的地位。
3. 在不同区位影响下，农村土地养老的地位和比重差异。

2.2 研究框架（技术路线）

调研框架如下：

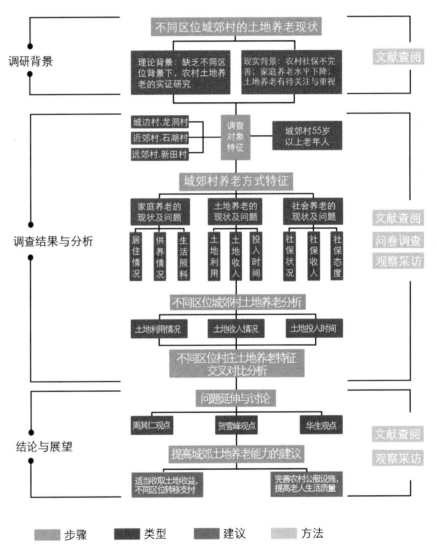

调查结果与分析

2.3 研究方法

2.3.1 文献法

实地调研前我们对文献有较多的查阅,通过文献来了解中国农村历来的养老方式与特征,土地养老的现状与未来可行性。

2.3.2 问卷法

我们分别于2015年4月17日和4月19日在龙洞村和从化新田村进行了预调研;随后在5月4日及5月29日在从化新田村进行了全天候的抽样调查,派发了210份问卷;分别于5月30日及6月4日在石湖村和龙洞村各派发了100余份问卷。共派发问卷420份,有效问卷407份,有效率为97%。通过问卷来调研不同区位影响下,广州城郊村老人养老的方式与特征及土地养老的地位和比重差异。

随后我们用SPSS软件中的卡方检验、交叉对比、多重响应等方法,对问卷数据进行了系统的检验,并用图表进行可视化分析,以定量的方式对各种因素及其之间的关系进行分析。

2.3.3 访谈法

我们对部分调查对象进行深入访谈,包括了不同村、年龄、性别的共20名被访者。通过录音来整理分析老人对农村养老以及土地养老的感受与意见,以质性研究的方法进行补充。

第三章 调查结果与分析

3.1 调查对象特征

3.1.1 调研地点选择

三个村沿广从线分布,区位上从城市中心到偏远郊区,城镇化程度有鲜明差距,土地情况变化明显。

新田村:新田村位于从化区温泉镇中部,面积约5平方公里,总人口约2990人,无外来人口。土地大部分为村民自耕,村民房屋以自住为主;城镇化程度较低,属于远郊村。

石湖村:位于白云区太和镇西南部,面积约7.5平方公里,总人口5581人,外来人口1500人。村中有一部分土地被征收,外来人口较少,村民房屋少量出租;城镇化程度中等,属于近郊村。

龙洞村:位于天河区东北部,面积约5.21平方公里,总人口7800人,外来人口2万人。土地绝大部分被征收,有大量外来人口,村中有较多的房屋出租;城镇化程度最高,属于城边村。

	田地	宅基地	土地征收	出租房	外来人口	
新田村	√	√				远郊村
石湖村	√	√	√	√	√	近郊村
龙洞村	√	√	√	√	√	城边村

3.1.2 人群基本信息

我们的调研对象为农村的老人。经数据统计,407个调研对象具有如下特征:

性别方面:男女比例为47.6:52.4,基本符合广州男女比例。

年龄方面:55岁以上的老人占94%,65岁以上的老人占55%,75岁以上的老人占20%,平均年龄为67.14岁。

户籍方面:78.6%的老人为农村户籍,32.6%的老人为农转非户籍,调研样本符合农村户籍的要求。

男女比例示意

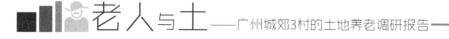

调查结果与分析

3.2 农村养老概述

3.2.1 家庭养老功能弱化

- **越靠近市区，老人独居情况越明显。** 在城边的龙洞村，部分儿女会选择搬到市区居住，老人留在村里，逢年过节才回家探望。

- **距离市区越远，越低比例的老人从儿女处获取经济来源。** 在远郊的新田村，儿女受教育水平低，多为务农或在外打工，无多余的收入供养老年的父母。

- **距离市区越远，家庭养老占老人收入的比重越低。** 远郊的新田村缺乏完善的社保制度，当老人无力耕种时，只能依靠家庭养老。

- **距离市区越远，越高比例儿女承担老人的医疗费用。**

3.2.2 社会养老功能微妙变化

- **区位差异导致社会养老的差异。** 远郊的新田村由于村集体经济能力比较弱，社保普及率比较低，收益较低；距离市区越近，村集体和政府经济能力越强，社保普及率高，收益高。

3.2.3 土地养老功能增强

- **离市区越近，土地养老占老人收入的比重越大，土地产出价值越高。** 在远郊的新田村，土地承担更多的是老人的生存需要而非经济产出；在近郊的石湖村、城边的龙洞村，土地从耕种中解放出来，稀缺性带来的价值得到释放。

- **土地是老人的主要经济来源，离市区越近，以此为经济来源的老人越多。** 在远郊的龙洞村，老人更多的把土地作为自给自足的基础，而不是出售换取经济收入。

- **土地体现价值的方式从单一走向多样化。** 土地从单一的利用方式——耕种，转变为分红、出租、流转等多种利用方式来产出价值。

- **出租功能的出现大大增强土地的养老功能。** 房屋出租收入高、投入低的特征，使得土地的经济价值产生质的变化。

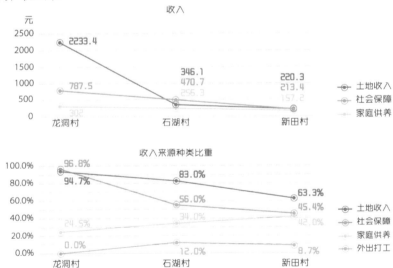

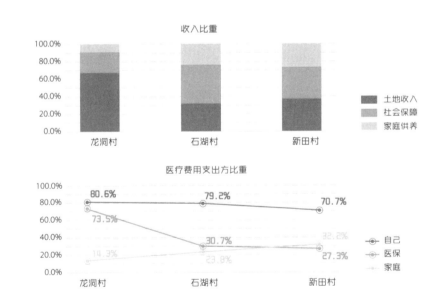

调查结果与分析

3.3 各村土地养老特征

| 城边的龙洞村土地养老基本情况 | 近郊的石湖村土地养老基本情况 | 远郊的新田村土地养老基本情况 |

3.3.1 土地利用情况及作物属性

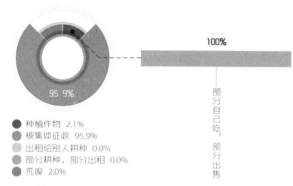

- 种植作物 2.1%
- 被集体征收 95.9%
- 出租给别人耕种 0.0%
- 部分耕种,部分出租 0.0%
- 荒废 2.0%

龙洞村老人几乎没有耕地。土地不再以耕种的形式为老人养老,而是土地流转以集体分红的形式产生收益。龙洞村大部分的耕地已被集体征收。

"20年前田地就被征收了,再也没有耕过田了。"
——龙洞村樊大叔

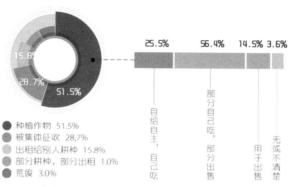

- 种植作物 51.5%
- 被集体征收 28.7%
- 出租给别人耕种 15.8%
- 部分耕种,部分出租 1.0%
- 荒废 3.0%

石湖村老人的土地以粮食作物的种植为主;土地除了满足老人自给自足的需求外,还带来经济收益——农作物出售、耕地出租、集体分红。老人的田地中约50%是老人自耕,约16%被老人出租,约30%被征收。从事耕种的老人中约2/3会将粮食作物转成经济作物出售。

"种菜自己吃或者拿出去卖,赚多花多赚少花少,但生病就不够了……"
——石湖村陈大叔

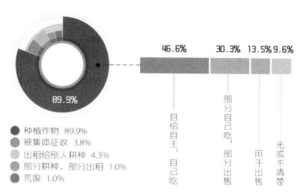

- 种植作物 89.9%
- 被集体征收 3.8%
- 出租给别人耕种 4.3%
- 部分耕种,部分出租 1.0%
- 荒废 1.0%

新田村老人的土地以粮食作物的种植为主。土地以最原始的形式——耕种为老人养老。老人的田地中超过80%是老人自耕,超过2/3的土地被老人用来种植粮食作物自给自足,少数土地被种植经济作物。

"耕田到多少岁?耕到做不动,有钱也要耕田,不干活,更容易生病……"
——新田村刘阿姨

3.3.2 宅基地利用情况

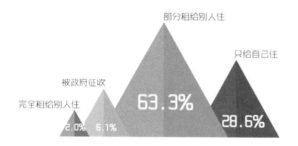

龙洞村为城边村。老人的基地除了自住外,还可以出租。宅基地收租为养老提供了较好的经济支持。

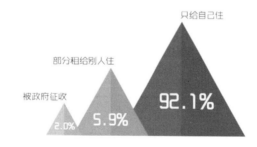

石湖村位于市区的近郊区,老人的基地除了自住外,部分还可以出租。宅基地开始为养老提供一部分经济支持。

新田村距离市区较远,老人的宅基地以自住为主,宅基地不能为养老提供经济支持。

调查结果与分析

城边的龙洞村土地养老基本情况

3.3.3 土地收入情况及投入时间

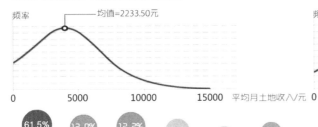

龙洞村土地养老收入少、收益高,除了房租的形式之外还有集体年分红。龙洞村老人只需在租客入住前后打理租房,即可获得每月房租;宅基地出租的土地养老效率高;集体分红不需要老人的付出。

> "我不用儿女给生活费的,他们给我,我也不要。我每个月收房租10000多元,我还要给他们呢!"
> ——龙洞村樊大叔

3.3.4 土地流转意愿及其原因

是否会将土地或房屋流转给集体来获取分红,以及不会的原因。

给子孙后代留一块地依然是高度城镇化的龙洞村老人的主流思想。在我们调查的老人中,没有老人愿意将自己的土地流转来获取分红。一方面是因为龙洞村的老人田地已被征收,只剩下宅基地可以流转给儿子;另一方面是因为宅基地的租金可以在很大程度上保障老年人的晚年生活。

> "这些地不是祖传的,是生产队分的。(只有经济价值,没有思乡情结)"
> ——龙洞村樊阿姨

近郊的石湖村土地养老基本情况

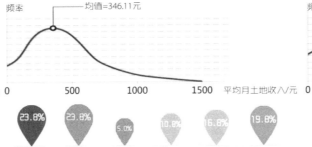

石湖村土地养老收入中等、投入中等。超过50%的老人月收入在500元以下,约70%的老人月收入在1000元以下。约20%老人土地投入时间在6个月以上,约40%的老人土地投入时间在3个月以上。

> "自己的子女有他们的家庭孩子,哪有钱给我们老人家?一边耕田一边帮他们带孙,腰酸腿痛时就不去几天,好点再去下田。不勤力、不做,一分钱都没有。"
> ——石湖村李阿姨

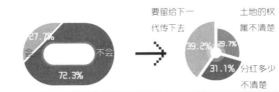

是否会将土地或房屋流转给集体来获取分红,以及不会的原因。

在石湖村,约1/4的老人有流转土地的意愿,不愿流转土地的原因各异。

> "可以流转当然流转了,现在村里水土污染严重,种的菜自己都不敢吃,还不是出去买菜吃。钱合理当然给啦。"
> ——石湖村张大叔

远郊的新田村土地养老基本情况

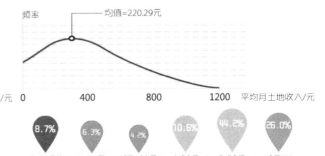

新田村土地养老收入低、投入高。约80%的老人土地月收入在500元以下,90%的老人土地月收入在1000元以下。约30%的老人土地投入时间在6个月以上,约70%的老人土地投入时间在3个月以上。

> "过年到现在,灾害多,几场大雨什么收入都没有……上个月买药1400多元,两公婆的积蓄来的,老人金一个月150元,一个月存着……"
> ——新田村张大叔

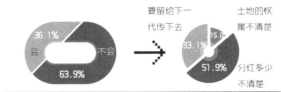

是否会将土地或房屋流转给集体来获取分红,以及不会的原因。

在新田村,传统的耕地式土地养老受到质疑,约30%的老人愿意流转,而不愿流转的老人中,有约50%的人是因为分红不清楚。

> "子女都出去打工了,自己又做不动,有分红的话,当然是流转给集体好。"
> ——新田村王阿姨

老人与土——广州城郊3村的土地养老调研报告

调查结果与分析

3.4 不同区位的土地养老横向对比

3.4.1 土地用途

与大城市的距离不同，农村的土地养老表现也会变得不同。

远郊村耕地用途以自耕为主，近郊村过渡到以出租为主。 由卡方检验可以知道，三个村的土地用途有显著差异。

根据图可知，在新田村，90%的农民的土地以自耕为主，并且自给自足。向广州靠近，自耕的土地越来越少，土地逐渐开始出租和被征收，到了最靠近城市的龙洞村，绝大部分耕地已经被征收完成。

	值	渐进sig（双侧）	精确sig（双侧）
Pearson卡方	283.473	0.000	0.000
似然比	312.819	0.000	0.000
Fisher的精确检验	308.255		0.000

注：sig值<0.05则认为有显著性差异。

各村耕地用途的卡方检验

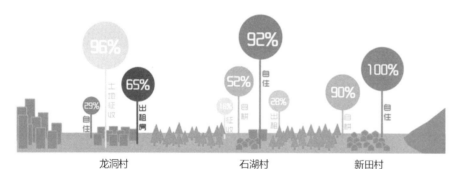

三村土地使用比例情况

	值	渐进sig（双侧）	精确sig（双侧）
Pearson卡方	221.313	0.000	0.000
似然比	208.293	0.000	0.000
Fisher的精确检验	204.541		0.000

注：sig值<0.05则认为有显著性差异。

各村宅基地用途的卡方检验

远郊村宅基地承担自住的单一功能，近郊村的宅基地开始分化出出租的功能，并以此逐渐普及。

不同区位的村宅基地用途差异明显。由图可知，新田村的宅基地全部是自己住，没有出租的现象；离大城市近一点，到了石湖村开始出现出租现象；到了城市边缘的龙洞村，出租现象非常明显，63.3%的宅基地用于出租。

不同区位的土地用途示意

造成土地用途发生差异的原因是什么？

区位导致的不公平。 越靠近市区，区位越好，出租房的需求越高，出租的价值高于耕种的价值。耕种的价值是大致不变的，而出租的价值会随着区位变好而水涨船高。

村集体或政府的土地征收。 由于建设的需要，村集体或政府征收土地，使农民"耕者无田"，只能靠分红与宅基地的出租养老。

调查结果与分析

3.4.2 土地养老效率

离大城市越近，土地养老的效率越高。

离大城市越近，由土地获得的收入越高。

由统计可以得知，新田村人均土地收入为237元，到了石湖村上升为320元，到了龙洞村再上升到2233元。

土地收入的上升，是由于土地用途的转变，农民从第一产业转变到第三产业，利益大大提升，获得土地收入的来源也更加丰富。

离大城市越近，对土地的时间投入越低。

由图得知，新田村有70.2%的农民每年对土地投入在3个月以上。

在龙洞村，不同于必须常年照料的耕地，获取分红、收取租金都是时间投入很低的行为，即使算上照料出租屋的时间也远远不及照料田地的时间。而且部分老人不负责收租，对土地并没有时间投入。

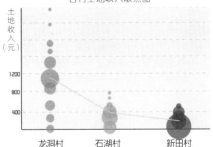

各村土地收入散点图

各村土地收入卡方检验

注：sig值<0.05则认为有显著性差异。

各村土地的时间投入卡方检验

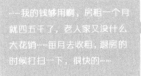

龙洞村 樊大叔 64岁

新田村 张大叔 62岁

各村土地继承意愿情况

3.4.3 土地继承

希望土地给儿子继承依然是主流，但离大城市越近，这种继承观念会有所弱化，老人会开始做出一些别的选择。

在新田村，99%的老人会选择把土地继承给儿子，这也是一直以来的传统观念。在石湖村，继承给儿子的观念下降到95%；到了龙洞村下降到81.6%。这表现了传统继承观念的弱化。

我国《物权法》规定：宅基地归集体所有，不可继承。当儿女从农村出来后转为城镇户口，宅基何去何从，又是否会激发城乡矛盾？

是什么造成这种继承观念的变化？

家庭养老功能的弱化。 离广州市区越近，家庭养老无论从经济上，还是从精神抚养上，都表现出一种弱化。因此会导致老人继承观念的变化。

土地养老功能的强化。 土地养老功能的强化让老人意识到土地的价值，因此会更加慎重地考虑土地继承的事情。

调查结果与分析

3.4.4 土地流转

越靠近大城市，老人的土地流转意愿越低。

在新田村有63.9%的老人表示不会考虑将土地流转给村集体以获取分红，到石湖村上升到72.3%，到龙洞村上升到91.8%。这种趋势表现出越靠近广州市区，老人的规划参与意愿越低。这也侧面反映了离广州市区越近，土地对老人越重要。

	值	渐进sig（双侧）
Pearson卡方	26.146	0.000
似然比	30.345	0.000

注：sig值<0.05则认为有显著性差异。

各村土地流转意愿卡方检验

当然不会流转啦，谁知道以后政策怎么变？土地流转了，我住哪里？以后留什么给子孙？土地流转了，我们吃什么？

龙洞村 樊大爷 72岁

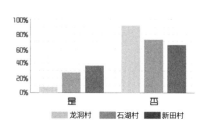

土地流转意愿直方图　　各村土地流转障碍因素

	值	渐进sig（双侧）
Pearson卡方	112.755	0.000
似然比	132.235	0.000

注：sig值<0.05则认为有显著性差异。

各村土地流转障碍卡方检验

子女都出去打工，自己腰痛脚痛耕不动了。有分红的话，当然是流转好啦。这些田地呢，不是祖传的，是生产队分的……

新田村 刘奶奶 87岁

 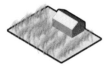 

自留地 0亩　　自留地 1.48亩　　自留地 3.14亩
宅基地 16.2平方米　宅基地 17.2平方米　宅基地 20.4平方米
人均土地收入 2233元　人均土地收入 346元　人均土地收入 220元

龙洞村　　　　石湖村　　　　新田村

流转意愿降低的原因是什么？

土地的价值开始上升。

向城市市区靠近，在区位优势的影响下，土地的价值越来越明显。土地将不仅限于耕种，更可以用于分红、出租，以获取更大的利益。

土地的养老功能增强。

在新田村，土地的作用是居住和耕种，仅仅能维持最基本的生存。如果能流转土地获取分红产生更大的价值，老人是愿意流转的。因此，新田村的老人更加关注分红多少的问题。

向市区靠近，土地产出的价值不仅可以满足老人的生存需要，还能支持老人进行旅游、娱乐、购物等活动。

土地逐渐体现稀缺性。

向市区靠近，由于土地征收，老人手中的土地不可避免地减少，老人因此逐渐意识到土地的稀缺。

最后的土地。

在龙洞村，绝大部分老人只有一处宅基地而没有田地。此时土地不仅养老，更体现了最基础的生存需要。流转了土地，老人将无处可去。

主要结论与问题延伸及建议

第四章 主要结论

总的来说，广州城郊村的养老保障并不完善。养老方式以家庭养老、社会养老和土地养老为主。其中，家庭养老普遍呈现出弱势；社会养老并不足以支撑老人的养老生活；而土地养老由于土地价值受特定土地位置的影响，越靠近城市中心区，土地养老的能力越强，呈现两极分化。以下是三种养老方式、土地养老特征以及老人对土地流转的意愿三个方面受区位影响分层的主要结论。

4.1 不同区位下的养老方式与特征

家庭养老——离市区越远，主干家庭越多，家庭养老的作用越大。

社会养老——区位差异导致社会养老的不公。离市区越远，受到政府的帮助越少，社会养老能力越弱。

土地养老——离市区越远，土地养老所占经济比重越小，土地养老能力越弱。城郊与城边农村的土地养老能力差异巨大。

4.2 不同区位下的土地养老特征

离市区越远，土地体现价值的方式逐渐单一化。土地分红、出租、流转等多种利用方式无法实现，只能依靠耕种来产生收益。

离市区越远，由土地获得的收入越低，成本投入越大，土地的养老效率越低。

4.3 老人对土地流转的意愿倾向特征

土地继承给儿子依然是主流意愿，但离大城市越近，这种继承观念会有所弱化，老人会开始做出一些别的选择。

离市区越近，老人的土地流转意愿越低。由于特定的土地位置能够提高土地的价值，离市区越近，土地的收入越高而且稳定，导致土地流转意愿降低。

第五章 问题延伸及建议

关于土地养老方式受区位影响的结论，我们进行了更深入的思考。从问卷统计的结果可以看出同样是农村集体用地，城边村与城郊村的土地收入差异巨大。然而这个土地收入的差异是什么原因导致的呢？土地涨价的收入又应该归谁，学界对此也进行过激烈的讨论（贺雪峰，2013；周其仁，2013；华生，2014）。

各村收入情况　　（单位：元）

	新田村	石湖村	龙洞村
土地收入	220.3	346.1	2233.4
社会保障	213.4	470.7	787.5
新田供养	157.2	256.3	302.0

首先，土地为什么会增值。商品的价格与其本身的价值和供需关系密不可分。关于城边农村土地的增值，华生(2014)认为是由规划主导，并且由城市公共品的投入决定，与产权人无关。贺雪峰(2013)认为农民之所以可以在建设用地上获益，一是因为特定土地位置，使得农村建设用地具有商业使用的价值；二是因为国家土地用途管制。也就是说农民的投入对土地价值的影响不大，这与我们关于区位影响下，土地收入与成本投入不成正比的结论是一致的。

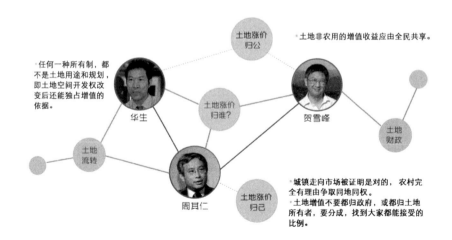

参考文献

其次，土地涨价应该归谁呢？以周其仁（2013）为代表的学者主张土地增值不要都归政府，或都归土地所有者，要分成，找到大家都能接受的比例。赋予农民更大的土地权利，增加农民的财产性收入。

而贺雪峰和华生等学者则认为农村土地的增值来源于政府对城市基础设施投资后产生的商业价值和集聚效应，因此，土地增值的收入应该由政府回收，并用于城市的基础设施建设，而这是农民工家庭等外来人口还可享受的。

以上的观点都是针对征收土地或者土地入市后的利益分配。然而从我们的调研结果可以看出，由于区位和城市基础设施投入的差异，土地养老的能力呈现出巨大的差异。城边村的老人通过收取房租享受了土地增值带来的好处，可以说是明显的土地增值归己。而城郊村的老人只能依靠微薄的土地产出生活，甚至只能寄望于农地流转获得收入。

城市化的高速发展，吸引大量农民工进城为城市发展作出贡献，城市土地、城边土地增值了，可是失去劳动能力的老年人留守农田却无法享受城市化的成果。

调研小组也观察到了周、贺、华的观点交锋。但我们从实证调研中发现，现阶段的区位差异确实影响了社会公平问题，而既得利益者的"二世祖""三世祖"隔代不公平，有可能衍生农村土地区位代际不平等。

因此，对于提高城郊土地养老的能力我们提出了以下的建议：

1.对城边村的土地收益进行适当收取，实现不同区位乡村建设的转移支付。

2.将税收和土地出让金的款项用于改善远郊村的公服设施，提高弱势老人群体的晚年生活质量。

【参考文献】

[1] 贺雪峰. 地权的逻辑Ⅱ：地权变革的真相与谬误[M]. 北京：东方出版社，2013.
[2] 华生. 城市化转型与土地陷阱[M]. 北京：东方出版社，2013.
[3] 周其仁. 城乡中国[M]. 北京：中信出版社，2013.
[4] 李宇希，罗晶. 农村土地养老现状的调查及思考——以松江区新镇村140户农民为例[J]. 经济研究导刊，2010(4):19-20.
[5] 李静. 建国后农村土地制度和养老方式变迁研究——以武汉Z村为例[D]. 武汉：华中农业大学，2013.
[6] 张磊. 农村老年福利多元供给研究——以渝东南Q村为例[D]. 南京：南京大学，2013.
[7] 张同林，林建永. 上海远郊农田对于农民的真正价值意义——以上海市奉贤区王家圩村的实际调研为例[J]. 农村经济，2009(7):37-39.
[8] 王增武，张甜甜. 浅论农村老年人对土地态度的嬗变及原因——以安徽省无为县X村为例[J]. 榆林学院学报，2011，21(2):9-12.
[9] 吴蓓. 中国农村家庭养老问题研究——以冀东南DLZ村为例[D]. 威海：山东大学，2013.
[10] 刘卫柏. 基于Logistic模型的中部地区农村土地流转意愿分析——来自湖南百村千户调查的实证研究[J]. 求索，2011(9):81-83.
[11] 潘漪，陆杰华. 农村土地养老状况及影响因素分析[J]. 中国人口科学，2004(s1):143-149;179.
[12] 韩芳. 农村土地养老保障功能的调查与思考[J]. 经济研究导刊，2008(14):172-176.
[13] 姜伟，张欢. 中国农村土地养老保障研究——关于农村土地养老功能弱化的思考[J]. 安徽农业科学，2011，39(29):18221-18223.
[14] 赖盛中. 土地保障与农村社会保障[J]. 柳州师专学报，2003(3):54-56.
[15] 位涛. 中国农村养老保险体系中土地养老保障水平实证研究[D]. 沈阳：辽宁大学，2013.
[16] 韩芳，朱启臻. 农村养老与土地支持——关于农村土地养老保障功能弱化的调查与思考[J]. 探索，2008(5):128-132.

附录

广州市城郊村土地养老的社会调查报告问卷

基本信息

1. 您的性别？
   A.男　　B.女
2. 您的年龄？
   A.55岁以下　　B.55~65岁　　C.66~75岁　　D.76~85岁　　E.85岁以上
3. 您的户籍情况？
   A.城镇户籍　　B.农村户籍　　C.农转非
4. 您家里有_____人一起住，宅基地有_____平方米，自留地有_____亩。
5. 您受教育的程度是？
   A.初中以下　　B.初中　　C.高中　　D.大专及以上
6. 您家里主要劳动力的工作情况？（多选）
   A.务农　　B.工厂打工　　C.自己做生意　　D.三产服务人员（保安、保姆、酒楼服务人员等）
   E.企业员工　　F.无固定职业
7. 您的收入来源？（多选）
   A.务农（从事副业）　　B.外出打工　　C.出租房屋　　D.子女或亲戚
   E.村集体分红　　F.退休金或者社保
8. 您的月收入大概是？
   A.500元或以下　　B.501~1000元　　C.1001~2000元　　D.2001~5000元　　E.5000元以上

家庭养老

9. 您的子女每月给多少生活费？
   A.无　　B.500元或以下　　C.501~1000元　　D.1001~2000元　　E.2000元以上
10. 您如何看待子女给的生活费？
    A.绰绰有余　　B.足够用　　C.一般　　D.偏少，不太够用　　E.完全不够用
11. 您的健康状况如何？
    A.能干农活　　B.能干家务　　C.日常生活需要别人帮忙　　D.完全不能自理
12. 您的起居怎么照顾？
    A.自力更生　　B.朋友相互照顾　　C.子女照顾　　D.雇保姆照顾

社保养老

13. 您社会保障的状况是什么？
    A.参加国家社会保障　　B.由村里负责社会保障　　C.没有参加社会保障　　D.不清楚
14. 您每月社保有多少钱？
    A.500元或以下　　B.501~1000元　　C.1001~2000元　　D.2000元以上
15. 您如何看待社保的补助？
    A.绰绰有余　　B.足够用　　C.一般　　D.偏少，不太够用　　E.完全不够用

土地养老

16. 您的耕地用途主要是什么？
    A.种植作物　　B.出租给别人耕种　　C.部分自己耕种，部分出租　　D.被集体征回　　E.荒废
17. 若土地主要由自己耕种，作物主要用于？
    A.自给自足，自己吃　　B.主要吃，部分用于出售　　C.用于出售　　D.无或不清楚
18. 您的宅基地用途主要是什么？
    A.只给自己住　　B.部分出租给别人住　　C.完全租给别人住　　D.被政府征收
19. 您自留地的农业收入或房屋出租每月收入多少？
    A.500元或以下　　B.501~1000元　　C.1001~2000元　　D.2000元以上　　E.无或不清楚
20. 来自土地（包括房屋出租）的收入占总收入比例？
    A.10%以下　　B.10%~29%　　C.30%~49%　　D.50%~70%　　E.70%以上　　F.无或不清楚
21. 您如何看待来自土地或者房屋的收入？
    A.绰绰有余　　B.足够用　　C.一般　　D.偏少，不太够用　　E.完全不够用　　F.无或不清楚
22. 您平均每年总计有多少时间用于耕地或者房屋的照料？
    A.10天以下　　B.10天~1个月　　C.1~3个月　　D.3~6个月　　E.6个月以上　　F.无或不清楚
23. 希望宅基地如何继承？
    A.给儿子　　B.因为没儿子，所以给女儿　　C.给女儿　　D.其他亲戚　　E.卖出去，价高者得
    F.给村集体
24. 是否会考虑将土地或房屋流转给集体来获取分红？
    A.会　　B.不会
25. 不会将土地或房屋流转的原因是？
    A.土地的权属不清晰　　B.分红多少不清楚　　C.要留给下一代传下去
26. 是否认为土地对您的生活非常重要？
    A.是　　B.不是

支出

27. 您每月支出是多少？
    A.500元或以下　　B.501~1000元　　C.1001~2000元　　D.2000元以上　　E.不清楚
28. 您每月饮食支出占总收入的多少？
    A.0%~30%　　B.31%~49%　　C.50%~80%　　D.80%以上
29. 您每月医疗支出占总收入的多少？
    A.0%　　B.1%~29%　　C.30%~49%　　D.50%~80%　　E.80%以上
30. 您的医疗费用一般由谁支出？
    A.自己　　B.子女或亲戚　　C.医疗保险
31. 您平均每月人情往来支出占总收入的多少？
    A.0%　　B.1%~29%　　C.30%~49%　　D.50%~80%　　E.80%以上

谢谢您的参与！

老何所"漂"

——广州岑村Y小区"老漂族"的生活现状和漂泊感调查研究

作者学生：贾姗、苏章娜、周一慧、莫海彤
指导老师：阎瑾、李昕、魏宗财

全国高等学校城乡规划学科
2017城乡社会综合实践调研报告评优
佳作奖

扫码阅读
彩色版本

老何所"漂"

广州岑村Y小区"老漂族"的生活现状和漂泊感调查研究

目录 Contents

摘要
1 绪论 1
1.1 现实背景 1
1.2 理论背景 1
1.3 概念界定 1
1.4 研究目的 1
2 思路与方法 1
2.1 核心问题 1
2.2 技术路线 1
2.3 研究方法 2
   2.3.1 问卷调查和深入访谈 2
   2.3.2 空间注记分析方法 2
   2.3.3 漂泊感影响要素量化分析 2
2.4 调研地点选择 2
3 调研结果与分析 2
3.1 "老漂"的生活现状 2
   3.1.1 个人尺度 2
   3.1.2 家庭尺度 4
   3.1.3 社区尺度 5
   3.1.4 城市尺度 7
3.2 漂泊感影响要素分析 7
   3.2.1 漂泊感总体情况 7
   3.2.2 漂泊感影响要素量化分析 7
4 结语与展望 9
4.1 "老漂族"现状生活的主要困境 9
   4.1.1 个人尺度 9
   4.1.2 家庭尺度 9
   4.1.3 社区尺度 9
   4.1.4 城市尺度 9
4.2 "老漂族"漂泊感的影响因素分析 9
4.3 "老漂族"幸福生活展望 9
   4.3.1 社区尺度 9
   4.3.2 城市尺度 9
附录 10
参考文献 12

摘要：

随着中国城镇化进程推进和老龄化问题加剧，"老漂族"作为中国社会转型的特殊产物在流动大军中逐渐占据重要地位。中共十八届中央委员会第五次全体会议决定：坚持计划生育的基本国策，完善人口发展战略，全面实施一对夫妇可生育两个孩子政策，积极开展应对人口老龄化行动。"二孩政策"全面放开，也使大众目光重新聚焦老漂群体。本文中的"老漂族"指的是为照顾孙辈而来到子女生活的城市的老龄群体，这些长者在城市生活中面临着包括代际关系矛盾、城市适应问题在内的种种困难。本文从个人、家庭、社区和社会四个尺度对"老漂族"的生活情况进行分析，并通过问卷调查和深入访谈，运用李克特量表法分析四要素对"老漂族"漂泊感的影响情况。最终，基于分析结果，得出"漂泊感主要体现在社区尺度和社会尺度上"的主要结论，并在规划层面上对改善"老漂族"生活提供建议。

关键词： 老龄化；二孩政策；"老漂族"；尺度差异；漂泊感影响要素

Abstract:

With the development of China's urbanization and the deterioration of the aging problem, "the old drift", a special product of China's social transition, gradually occupy the important position in the flow force. The 18th session of the central committee of the fifth plenary session decided: in order to actively deal with the ageing problem, we must adhere to the basic state policy of family planning, improve the population development strategy and allow the full implementation of a couple can have two children. The "two-child policy" has been fully liberalised and the public eye has been refocused on the old drift group. Floated in this article, "the old drift" refers to the elderly who come to his children's city to take care of his grandchildren. These elder people are facing many problems including intergenerational relationship conflict, difficulties in adapting to a new city and so on. This article aims to analyze the life quality of "the old drift" from four dimensions, individuals, families, communities and society. Moreover, through the questionnaire and in-depth interviews as well as using the Likert Scale method to analyze the proportion of four elements which influence the sense of drift of "the old drift". Finally, based on the results of the analysis, it is concluded that "the sense of drift is mainly manifested in the community scale and the scale of society". With this conclusion, we further provide constructive suggestions for the elderly to improve their life quality and be better adapted to the city life.

Keywords: The age problem, Two-child policy, The old drift, Tifferent dimensim, The sense of drift

目录 Contents

摘要
1 绪论 1
　1.1 现实背景 1
　1.2 理论背景 1
　1.3 概念界定 1
　1.4 研究目的 1
2 思路与方法 1
　2.1 核心问题 1
　2.2 技术路线 1
　2.3 研究方法 2
　　2.3.1 问卷调查和深入访谈 2
　　2.3.2 空间注记分析方法 2
　　2.3.3 漂泊感影响要素量化分析 2
　2.4 调研地点选择 2
3 调研结果与分析 2
　3.1 "老漂"的生活现状 2
　　3.1.1 个人尺度 2
　　3.1.2 家庭尺度 4
　　3.1.3 社区尺度 5
　　3.1.4 城市尺度 7
　3.2 漂泊感影响要素分析 7
　　3.2.1 漂泊感总体情况 7
　　3.2.2 漂泊感影响要素量化分析 7
4 结论与展望 9
　4.1 "老漂族"现状生活的主要困境 9
　　4.1.1 个人尺度 9
　　4.1.2 家庭尺度 9
　　4.1.3 社区尺度 9
　　4.1.4 城市尺度 9
　4.2 "老漂族"漂泊感的影响因素分析 . 9
　4.3 "老漂族"幸福生活展望 9
　　4.3.1 社区尺度 9
　　4.3.2 城市尺度 9
附录 10
参考文献 12

[1]第六次人口普查委员会 2010年第六次全国人口普查主要数据公报(第1号)[R] 北京:第六次人口普查委员会,2010.
[2]中共十八届中央委员会第五次全体会议公报,2015.
[3]江立华,王寓凡.空间变动与"老漂族"的社会适应[J].中国特色社会主义研究,2016(5):68-72.

1 绪论

1.1 现实背景

"北漂""上漂""广漂"作为中国人口流动中的一种特殊现象曾引起了社会的广泛关注。随着中国城市化进程推进以及老龄化问题加剧,"漂"一族又多了一些被称之为"老漂族"的老年人。据第六次全国人口普查报告显示,我国现有流动人口2.6亿;同期60岁以上人口占到了13.26%[1],老龄化进程明显加快,老漂群体在流动人口大军中逐渐占据重要的地位。同时,二孩政策的全面放开[2],也使大众目光重新聚焦在老漂群体。

离开故土来到异乡,由于社会保障缺位以及老年人自身的心理弱性,老漂群体普遍难以适应新的城市生活。因此,我们希望从个人、家庭、社区和城市四个尺度为改善老漂群体生活提供细致化建议。

1.2 理论背景

国内相关文献主要研究"老漂族"的成因、现状以及城市适应三大块,相关学者将影响"老漂族"城市适应的因素总结为个人因素、家庭因素、社区因素和社会因素四类(万姗姗等,2016)。既有研究对"老漂族"产生漂泊感原因分析以及相关实证研究较为缺乏,我们希望对这一学术空白进行案例补充的同时,运用李克特量表法(R.Likert,1932)对产生漂泊感的影响因素进行初步探索。

1.3 概念界定

"老漂族"是我国社会转型下的特殊产物,学界对于这一群体有许多其他的类似的称谓,诸如"随迁老人""迁居老人""候鸟老人"等,由此衍生出的概念界定十分繁多,其原因在于"老漂族"群体内部异质性大,难以综合抽象出一个具有代表性的称谓来定义他们。[3] 本文中的"老漂族"指的是为照顾孙辈背井离乡,来到子女所在城市生活的老龄群体。

1.4 研究目的

通过"老漂族"的实证调研,从个人—家庭—社区—社会四个等级的尺度考察其"漂"来后的新生活,并且量化分析其对漂泊感的影响,为提升此不断壮大的特殊群体的幸福感指明努力的方向。

2 思路与方法

2.1 核心问题

依据现实、理论背景和研究目的,我们确立的核心问题主要包括两方面:
1. "老漂族"在个人、家庭、社区和社会四个尺度上有何特征?
2. "老漂族"产生漂泊感的影响因素?

问题1基于实证研究,从四个尺度较为全面地对"老漂族"生活形成认识,问题2对"老漂族"心理感受进行量化分析,探索产生漂泊感的影响因素以及各因素之间的重要程度差异。

2.2 技术路线

现实背景

理论背景

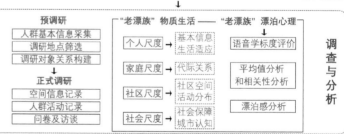

调查与分析

结论与展望

2.3 研究方法

2.3.1 问卷调查和深入访谈

研究采用问卷调查（量性研究）和深入访谈（质性研究）结合的方式，分阶段进行详细调查：

a.预调研阶段：2017年4月18日在岑村抽取4个小区进行初步访谈和问卷记录长者基本信息。此阶段派发问卷162份，回收有效问卷145份，有效率为89.5%，记为问卷A。调查组统计整理预调研问卷数据后选取Y小区进行深入调研。

b.正式调研阶段：2017年4月27日在岑村Y小区进行走访和再次访谈，联系居委会、管理处和业主委员会进行深入访谈。5月份抽取一周的工作日和非工作日进行全天问卷调查和深入访谈，同时观察并记录小区内"老漂族"对小区空间的使用情况。共派发问卷164份，回收有效问卷152份，有效率为92.7%。小组成员与52位"老漂族"进行深入访谈，并填写活动记录表，发放52份，回收47份有效活动记录表，有效率为90.4%。

2.3.2 空间注记分析方法

空间注记分析方法指在体验城市空间时，把各种感受（人的活动、空间细部等）使用记录的手段诉诸图片和文字中[4]。调查选取工作日和非工作日的下午六点对Y小区的M栋前广场进行空间注记记录。

2.3.3 漂泊感影响要素量化分析

依据李克特Likert三分量表[5]法建立评价体系，对老漂族城市生活适应困难的主要因素——个人、家庭、社区和社会四个尺度方向进行主观的评价，重点了解"老漂族"在适应新生活环境中的需求与困难。问卷测量指标利用语义学标度分为三个测量等级：满意、一般、不满意，并分别附上分值1、2、3，将主观评价结果转化为定距的等级测量层次，可以较为精准地测量心理态度。

2.4 调研地点选择

据广州市统计局数据，2016年广州市常住人口突破1400万人，60岁以上人口超过10%[6]，增量居北上广深四大一线城市之首。岑村是广州最大的外来务工人员居住片区之一，也是"老漂族"最为普遍聚居的片区之一，调查组选取岑村为调研地点，经过预调研阶段后选取Y小区进行深入调查。

3 调研结果与分析

3.1 "老漂"的生活现状

3.1.1 个人尺度

3.1.1.1 人群基本信息

经统计，本次调研的150个调查对象有如下特征：

- 年龄：多数刚步入老年，65岁之前的老人占68%。
- 男女比例：女性略多于男性，男女比例为11∶14。
- 地域分布：近35%来自华南地区，其次是华东（24.6%）和华中地区（13.3%）。
- 户籍方面：超过80%为非本地户口。
- 文化程度：接受过高中和高等教育的分别在30%左右。当前阶段的"老漂"群体多为20世纪60年代生人，有机会接受一定程度的教育。
- 原来职业：务农和职工最多，分别占24.7%和29%。
- 目前收入：无收入（即子女赡养）的比例为28%；收入水平在1000~5000元的人最多，占46%。这一情况和职业情况大致吻合。
- 家庭结构：三代同堂、二代同堂、独代家庭结构比例为15∶6∶4，单漂和双漂比例为2∶3。表明调查的老漂群体家庭目前以三代同堂为主，推断一方面是受限于家庭经济条件，两代之间难以实现各自独立的居住空间。
- 来广时长：分布较均衡。

- 总结调研对象的人群特征：**刚步入老年、家乡在地域上与广州较接近、无本地户籍、原职业层次不高、有一定的文化程度和收入水平。**

这一特征表明，受访"老漂"群体除了以往文献中被描述为弱势群体的一面之外，**仍然具有一定的文化和经济基础，这一特点或将影响他们的心理需求。**

"老漂族"人群基本信息统计

---

[4] 王璐, 汪奋强. 空间注记分析方法的实证研究[J]. 城市规划, 2002, 6(10):65-67.

[5] 亓莱滨. 李克特量表的统计学分析与模糊综合评判[J]. 山东科学, 2006, 19(2):18-23; 28.

[6] 广州市2015年全国1%人口抽样调查主要数据公报①[EB/OL]. http://www.gzstats.gov.cn/tjgb/glpcgb/201702/t20170221_25655.html,2016.

老何所"漂"

广州岑村Y小区"老漂族"的生活现状和漂泊感调查研究

目录 Contents

摘要
1 绪论 ... 1
1.1 现实背景 ... 1
1.2 理论背景 ... 1
1.3 概念界定 ... 1
1.4 研究目的 ... 1
2 思路与方法 ... 1
2.1 核心问题 ... 1
2.2 技术路线 ... 1
2.3 研究方法 ... 2
　2.3.1 问卷调查和深入访谈 ... 2
　2.3.2 空间注记分析方法 ... 2
　2.3.3 漂泊感影响要素量化分析 ... 2
2.4 调研地点选择 ... 2
3 调研结果与分析 ... 2
3.1 "老漂"的生活现状 ... 2
　3.1.1 个人尺度 ... 2
　3.1.2 家庭尺度 ... 4
　3.1.3 社区尺度 ... 5
　3.1.4 城市尺度 ... 7
3.2 漂泊感影响要素分析 ... 7
　3.2.1 漂泊感总体情况 ... 7
　3.2.2 漂泊感影响要素量化分析 ... 7
4 结论与展望 ... 9
4.1 "老漂族"现状生活的主要困境 ... 9
　4.1.1 个人尺度 ... 9
　4.1.2 家庭尺度 ... 9
　4.1.3 社区尺度 ... 9
　4.1.4 城市尺度 ... 9
4.2 "老漂族"漂泊感的影响因素分析 ... 9
4.3 "老漂族"幸福生活展望 ... 9
　4.3.1 社区尺度 ... 9
　4.3.2 城市尺度 ... 9
附录 ... 10
参考文献 ... 12

3.1.1.2 个人观念

我们经过文献阅读选取了户籍、房子、回乡、家庭团聚四个与"漂"相关的传统观念，考察传统观念对老漂族心理感受的影响。经分析得出以下结果：

■ **"老漂族"对传统观念认同度高，个人归属观念强于家族团聚观念**

询问"老漂族"对传统观念的认同度，以三级量表计算，3表示同意，2表示不一定，1表示不同意。结果发现，老漂群体对传统观念的总体认同度得分为2.32；各观念得分均大于2，认同度均较大，尤其是"有房才有归属感"，认同度最高，得分2.68。对"人老要落叶归根"的认同度略高于"人老要同子女团聚"，说明个人归属感相关的观念强于传统大家庭团聚的观念，也符合目前家庭结构收缩的社会趋势。

■ **是否拥有户籍并不显著影响户籍观念**

对调查对象的户籍情况和"拥有户籍才有归属感"观念认同度进行交叉分析，发现有户籍和无户籍的调查对象对该观念的认同度接近。

■ **"落叶归根"观念与未来去向呈正相关关系**

将老人们的未来去向同"人老了要落叶归根"和"人老了要同子女团聚"观念的认同度分别进行交叉分析和相关性分析，发现同意"落叶归根"的老人未来倾向于回老家，不同意或认为"不一定"的则倾向于留在广州。而"和子女团聚"这一观念与未来去向则无显著关系。

3.1.1.3 日常生活适应

日常生活适应是个人尺度上的重要部分，选取环境适应相关的四个要素（气候、饮食、习俗、语言）和活动适应相关的两个要素（生活方式、休闲活动类型），让调查对象对是否存在问题进行打分。结果如下。

■ **总体日常生活适应问题较小**

日常生活总体得分为1.8，各项得分除语言适应略高于2，其他都小于2。推测由于多数"老漂族"来自南方，地域上的差异较小，日常生活适应问题较小，但仍有改善空间。

■ **环境适应方面普遍问题较小，气候和语言问题相对突出**

"老漂族"来自的地域一大部分为南方地区，气候、饮食、习俗等差异较小，存在的难以适应的问题也较少。

认为气候存在适应问题的有28%。调研中也发现老人对广州炎热、蚊虫多的气候有所不适，活动中多选择楼宇间阴凉的广场且自备物理驱蚊的蒲扇（由于照顾婴孩不便使用化学驱蚊的方法），因而小区空间上需考虑从遮阳和植物选取上增加对"老漂族"的友好度。

认为语言存在适应问题的有35%。访谈中部分老人表示问题在文化程度不够、普通话有障碍，部分则表示用普通话与其他老人、老乡交流无问题，问题在粤语。将文化程度与语言交叉分析后发现，文化程度与语言是否存在问题无显著关系。因而推断语言上最主要的问题还是粤语方面。

■ **活动适应方面存在一定问题**

"休闲活动类型减少"的得分为1.95，仅次于语言问题。调查中我们了解到"老漂族"的休闲活动一方面被照顾孙辈的活动挤占，另一方面旧有休闲活动在新环境中也缺乏场所。

■ **适应问题随来广州时长增长而减弱**

将各因素得分与来广州时长进行交叉分析，发现随着来广州时长增加，各因素得分下降，即各问题减弱。

"（人老了要和子女团聚）这个我觉得不一定，如果生活可以自理，就不需要依靠孩子，还是留在老家好。"
——湖南大叔

"饮食没什么问题呀，都是自己煮自己的，但还是老家好，那里鱼自己养，菜自己种，都新鲜……语言上反正也是跟老乡打交道，也没什么问题……人老了，生活方式不会有大大变化的。"
——潮汕大妈

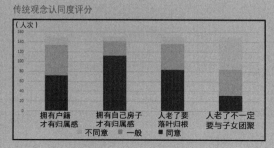

传统观念认同度评分

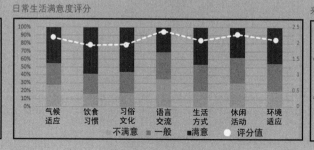

日常生活满意度评分

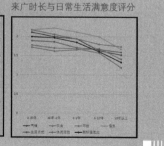

来广时长与日常生活满意度评分

老何所"漂"

广州岑村Y小区"老漂族"的生活现状和漂泊感调查研究

目录 Contents

摘要	
1 绪论	1
1.1 现实背景	1
1.2 理论背景	1
1.3 概念界定	1
1.4 研究目的	1
2 思路与方法	1
2.1 核心问题	1
2.2 技术路线	1
2.3 研究方法	2
2.3.1 问卷调查和深入访谈	2
2.3.2 空间注记分析方法	2
2.3.3 漂泊感影响要素量化分析	2
2.4 调研地点选择	2
3 调研结果与分析	2
3.1 "老漂"的生活现状	2
3.1.1 个人尺度	2
3.1.2 家庭尺度	4
3.1.3 社区尺度	5
3.1.4 城市尺度	7
3.2 漂泊感影响要素分析	7
3.2.1 漂泊感总体情况	7
3.2.2 漂泊感影响要素量化分析	7
4 结论与展望	9
4.1 "老漂族"现状生活的主要困境	9
4.1.1 个人尺度	9
4.1.2 家庭尺度	9
4.1.3 社区尺度	9
4.1.4 城市尺度	9
4.2 "老漂族"漂泊感的影响因素分析	9
4.3 "老漂族"幸福生活展望	9
4.3.1 社区尺度	9
4.3.2 城市尺度	9
附录	10
参考文献	12

我们对小区内50位"老漂族"进行了半结构式访谈,记录他们的一日活动。由于他们一日活动时间分配几乎由是否带孙决定,我们按照一日带孩子活动的比例将"老漂族"分为3类活动模式:

A类、全日照顾孙辈

孙辈年龄在0~3岁左右(未上幼托),未具备或已具备行走能力,且需要人全天照看。几乎全日照看孙辈,缺少自由支配时间。空间选择和空间需求考虑儿童需求。

B类、特定时间照顾孙辈

孙辈年龄一般在3~7岁,已上学或幼托,且需要家长接送、陪伴玩耍。除接送孙辈时间点和陪伴孙辈玩耍的时间(一般为下午放学后),有部分自由支配时间。

C类、无需照顾孙辈

孙辈已可独立上学并且有自己的玩伴。老人有大量自由支配的时间,但活动往往局限于玩手机、上网、打牌等消磨时间的活动。

3.1.1.4 小结

总结个人尺度上"老漂族"的生活现状特点如下:**适应情况中等,活动情况受孙辈年龄影响,活动多样性欠缺。**

3.1.2 家庭尺度

3.1.2.1 家庭结构特点

"老漂族"的家庭按居住结构分,可以分为三代同堂、两代同堂、独代居住,比例分别为59%、25%、16%。按"老漂族"是否与老伴一起迁至广州可以分为单漂和双漂,比例为2:3。

由文献得到,"老漂族"在家庭尺度上主要的问题是代际关系。因而选取与下一代生活习惯差异、与下一代思想观念差异、与下一代沟通、家庭地位变化四个要素对"老漂族"家庭生活满意度进行考察。

3.1.2.2 家庭生活评分情况

■ **家庭生活整体问题不大**

从家庭尺度各项因素的得分和总体得分可以看出,"老漂族"群体在家庭生活方面问题不大。

■ **存在代际关系问题的老人普遍表示了巨大困扰**

尽管该群体整体的家庭生活问题不大,但访谈中也发现,存在这方面问题的老人对这一问题反响相比其他因素都大,可见在新环境中,家庭支持对于"老漂族"的重要性。

■ **家庭结构与四项家庭生活满意度有一定关联**

将家庭结构按照是否与子女各自独立居住统计,分别同各满意度评分项交叉分析,发现两代之间独立居住对减少观念冲突和生活习惯冲突有影响,但并不影响总体代际关系满意度。

3.1.2.3 小结

总结家庭尺度上"老漂族"的生活现状特点如下:**家庭生活满意度中等偏满意,但家庭方面的代际关系对"老漂族"个人感受的影响是较大的。**

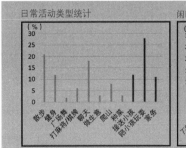
日常活动类型统计

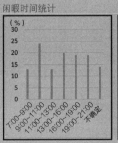
闲暇时间统计

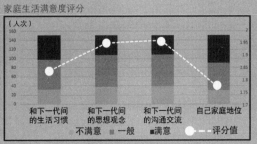
家庭生活满意度评分

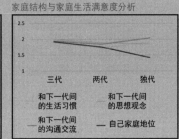
家庭结构与家庭生活满意度分析

> "我们人老了,小事我们可以作主,大事现在都是听我女儿、女婿的,这个我觉得很正常……"
> ——江西大妈

> "我原来只是个打工的什么都不懂,儿子、女儿从来不好声好气说话,有时想说话看到他们那个样子又不敢讲了……"
> ——广东大妈

老何所"漂"

广州岑村Y小区"老漂族"的生活现状和漂泊感调查研究

目录 Contents

摘要
1 绪论 1
1.1 现实背景 1
1.2 理论背景 1
1.3 概念界定 1
1.4 研究目的 1
2 思路与方法 1
2.1 核心问题 1
2.2 技术路线 1
2.3 研究方法 2
  2.3.1 问卷调查和深入访谈 2
  2.3.2 空间注记分析方法 2
  2.3.3 漂泊感影响要素量化分析 2
2.4 调研地点选择 2
3 调研结果与分析 2
3.1 "老漂"的生活现状 2
  3.1.1 个人尺度 2
  3.1.2 家庭尺度 4
  3.1.3 社区尺度 5
  3.1.4 城市尺度 7
3.2 漂泊感影响要素分析 7
  3.2.1 漂泊感总体情况 7
  3.2.2 漂泊感影响要素量化分析 7
4 结论与展望 9
4.1 "老漂族"现状生活的主要困境 9
  4.1.1 个人尺度 9
  4.1.2 家庭尺度 9
  4.1.3 社区尺度 9
  4.1.4 城市尺度 9
4.2 "老漂族"漂泊感的影响因素分析 9
4.3 "老漂族"幸福生活展望 9
  4.3.1 社区尺度 9
  4.3.2 城市尺度 9
附录 10
参考文献 12

3.1.3 社区尺度

3.1.3.1 "老漂族"的社区活动时空分布

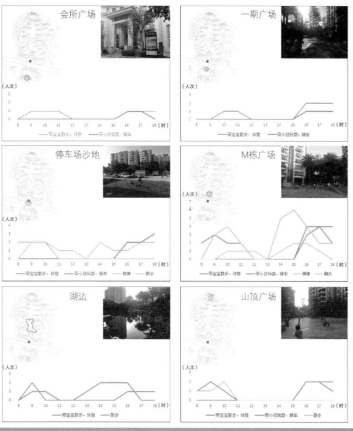

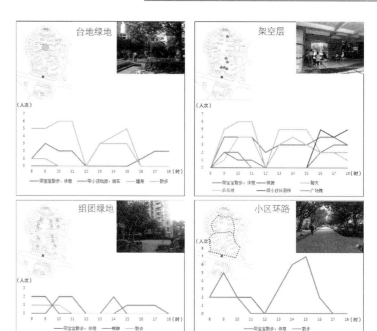

3.1.3.2 "老漂族"的社区活动时空分析

社区是"老漂族"日常生活最主要的活动空间。根据对50名"老漂族"的深入访谈，总结出其对住区空间使用具有以下特点：

时间：集中在白天；中午活动变少但仍存在，如打牌；晚上很少出门。

空间：M栋广场、台地绿地、架空层，是最受"老漂族"欢迎的活动空间。满足了"老漂族"多样的活动需求，例如社交、带孩子、健身等。尤其是下午5点幼儿园放学后，成为活动最集中的场所。其余空间的活动人数显著减少，多数是因为照顾孩子小、离家近的要素。散步活动范围则在整个小区。

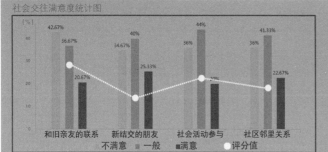

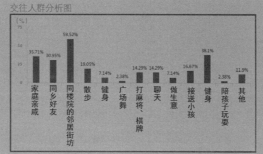

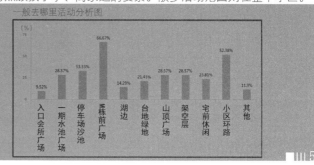

老何所"漂"

广州岑村Y小区"老漂族"的生活现状和漂泊感调查研究

目录 Contents

摘要
1 绪论 1
 1.1 现实背景 1
 1.2 理论背景 1
 1.3 概念界定 1
 1.4 研究目的 1
2 思路与方法 1
 2.1 核心问题 1
 2.2 技术路线 1
 2.3 研究方法 2
  2.3.1 问卷调查和深入访谈 2
  2.3.2 空间注记分析方法 2
  2.3.3 漂泊感影响要素量化分析 2
 2.4 调研地点选择 2
3 调研结果与分析 2
 3.1 "老漂"的生活现状 2
  3.1.1 个人尺度 2
  3.1.2 家庭尺度 4
  3.1.3 社区尺度 5
  3.1.4 城市尺度 7
 3.2 漂泊感影响要素分析 7
  3.2.1 漂泊感总体情况 7
  3.2.2 漂泊感影响要素量化分析 ... 7
4 结论与展望 9
 4.1 "老漂族"现状生活的主要困境 ... 9
  4.1.1 个人尺度 9
  4.1.2 家庭尺度 9
  4.1.3 社区尺度 9
  4.1.4 城市尺度 9
 4.2 "老漂族"漂泊感的影响因素分析 . 9
 4.3 "老漂族"幸福生活展望 9
  4.3.1 社区尺度 9
  4.3.2 城市尺度 9
附录 10
参考文献 12

3.1.3.3 M栋广场注记分析

根据预调研与问卷得出M栋广场是小区里最受欢迎的中心公共空间,活动人群为整个小区的居民,且下午6点为小孩放学活动的高峰,各类活动最为丰富,因此选择此时进行空间注记分析。

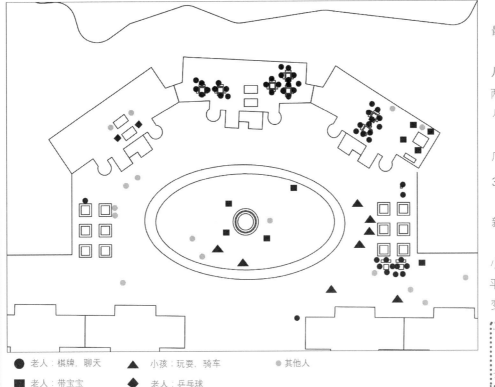

● 老人:棋牌,聊天　　▲ 小孩:玩耍,骑车　　● 其他人
■ 老人:带宝宝　　◆ 老人:乒乓球

3.1.3.4 M栋空间分析

经过研究发现M栋广场空间成为小区最热闹的中心是由于其具有以下几个特点:

空间复合:广场空间与架空层空间毗邻,公共性最大化,吸引不同人流。

设施多元:架空层内拥有乒乓球台、棋牌桌、儿童娱乐设施、座椅;广场空间拥有中心喷泉、两侧树池座椅、棋牌桌。在有限的空间内兼容了尽可能多的活动需求。

环境良好:架空层成为广场与中心湖的过渡空间,广场由建筑、绿化、架空层空间围合,自然通透。

3.1.3.5 社会交往分析

老人从异地漂泊到广州,远离了旧亲友,在新的生活环境中面临构建新的社交网络的问题。

经过研究发现,Y小区的"老漂族"最多通过在小区带小孩、接送小孩结识其他"老漂族"或居民,平时交往人群最多是老乡,且普遍表明结交朋友变少、社区活动参与少、邻里关系变弱。

> "以前在老家,大家伙都认识,经常一起喝个酒什么的,到这边来,熟人没几个,真有点想回去跟老朋友们在一起啊!"——山东大叔

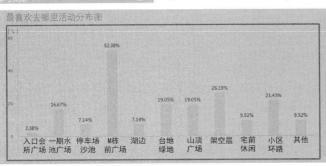
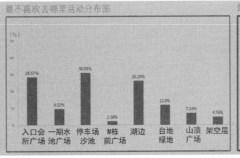
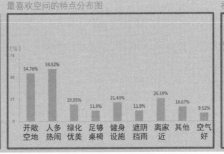
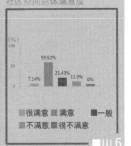

老何所"漂"

目录 Contents

摘要
1 绪论 1
  1.1 现实背景 1
  1.2 理论背景 1
  1.3 概念界定 1
  1.4 研究目的 1
2 思路与方法 1
  2.1 核心问题 1
  2.2 技术路线 1
  2.3 研究方法 2
    2.3.1 问卷调查和深入访谈 2
    2.3.2 空间注记分析方法 2
    2.3.3 漂泊感影响要素量化分析 2
  2.4 调研地点选择 2
3 调研结果与分析 2
  3.1 "老漂"的生活现状 2
    3.1.1 个人尺度 2
    3.1.2 家庭尺度 4
    3.1.3 社区尺度 5
    3.1.4 城市尺度 7
  3.2 漂泊感影响要素分析 7
    3.2.1 漂泊感总体情况 7
    3.2.2 漂泊感影响要素量化分析 .. 7
4 结论与展望 9
  4.1 "老漂族"现状生活的主要困境 .. 9
    4.1.1 个人尺度 9
    4.1.2 家庭尺度 9
    4.1.3 社区尺度 9
    4.1.4 城市尺度 9
  4.2 "老漂族"漂泊感的影响因素分析 9
  4.3 "老漂族"幸福生活展望 9
    4.3.1 社区尺度 9
    4.3.2 城市尺度 9
附录 10
参考文献 12

3.1.4 城市尺度

"老漂族"在迁移的过程中,从旧有的环境到新的环境,不仅仅是简单的人口流动,还关联着在城市尺度的社会保障制度问题。

目前,我国政府对于如何管理"老漂族",应给予何种优待等相关政策问题,还处于空白的状态,"老漂族"能够享有的只是户籍所在地的社会保障制度,而居住地没有单独针对他们开放的社会保障或者福利。针对社会保障福利的具体因素,我们对医疗保障制度、老人公交优惠政策、老人文化活动政策三个方面进行了满意度的调查。**医疗保障制度是"老漂族"最不满意的方面,异地就医结算的困境,使得医疗保障和就医问题成为"老漂族"的重要生活困境。**

部分受访老人认为,"老漂族"面临的问题需要配套的社会政策进行疏导和保障,有关部门应为老年人的流动创造客观条件。诸如养老保险、医疗保险要尽快实现全国联网,给老年人提供跨区域结算的便利。

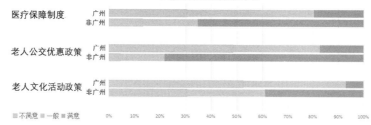

户籍对政策的满意度影响

另外,根据户籍与政策满意度的交叉分析,**是否拥有广州户籍,直接影响老人社会保障享受权利**,非广州户籍老人大多无法享受相关社会政策,广州户籍老人对社会政策普遍满意。

3.2 漂泊感影响要素分析

3.2.1 漂泊感总体情况

异地移居老年人,由于远离熟悉生活圈,缺乏朋友,在新的环境中因不能适应而产生孤独感和漂泊感。分析数据统计结果发现,**40.40%的异地移居老人认为存在漂泊感,33.11%认为不存在漂泊感。异地移居老人普遍存在漂泊感。**

根据数据分析得出,影响老人漂泊感产生的**主要原因是社区生活和社会生活的困难**,而不感到漂泊的移居老人则大多认为是**家庭生活的力量**,使其能够融入和适应新的生活。

3.2.2 漂泊感影响要素量化分析

对"老漂族"生活的各个尺度上的具体因素条件的分类,如下表所示,进行影响要素的量化分析。

漂泊感影响要素分类

尺度	具体因素	不满意	一般	满意	平均分
个人尺度	气候的适应	27.81%	27.15%	45.03%	1.83
	饮食的习惯	16.56%	25.17%	58.28%	1.58
	习俗的习惯	17.88%	25.83%	56.29%	1.62
	语言的交流	35.10%	33.77%	31.13%	2.04
	新的生活方式	19.87%	33.77%	46.36%	1.74
	个人休闲活动	30.46%	31.79%	37.75%	1.93
	新环境的适应	19.87%	35.10%	45.03%	1.75
家庭尺度	和下一代间的生活习惯	21.19%	43.05%	35.76%	1.85
	和下一代间的思想观念	25.17%	45.70%	29.14%	1.96
	和下一代间的沟通交流	25.83%	45.70%	28.48%	1.97
	自己的家庭地位	19.87%	39.74%	40.40%	1.79
社区尺度	和旧亲友的联系	42.38%	36.42%	21.19%	2.21
	新结交的朋友	34.44%	40.40%	25.17%	2.09
	社区活动范围	33.11%	36.42%	30.46%	2.03
	社区活动参与	35.76%	44.37%	19.87%	2.16
	社区邻里关系	35.76%	41.72%	22.52%	2.13
城市尺度	医疗养老保障	39.07%	11.92%	11.92%	2.37
	公交老人优惠	31.79%	26.49%	26.49%	2.15
	游览、文体老人优惠	45.70%	26.49%	26.49%	2.01

访谈信息

李大娘:"家里一个手术下来花了三四千元,全都不报销。如果在广州做手术,报销不了太多,而且床位紧张,住院天数少,后续的打消炎针只能自己去医院,对身体康复不好。"

采访中李大娘对就医犯了愁。在跟儿子移居照顾孙子的同时,自己的就医出现了困难。

城市尺度因素分析

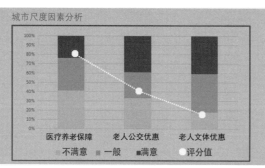

漂泊感程度人群比例

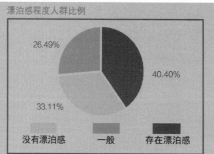

漂泊感是否存在各尺度影响对比图

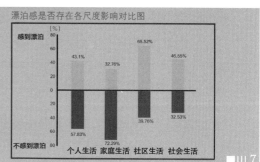

老何所"漂"

目录 Contents

摘要
1 绪论 1
  1.1 现实背景 1
  1.2 理论背景 1
  1.3 概念界定 1
  1.4 研究目的 1
2 思路与方法 1
  2.1 核心问题 1
  2.2 技术路线 1
  2.3 研究方法 2
    2.3.1 问卷调查和深入访谈 2
    2.3.2 空间注记分析方法 2
    2.3.3 漂泊感影响要素量化分析 2
  2.4 调研地点选择 2
3 调研结果与分析 2
  3.1 "老漂"的生活现状 2
    3.1.1 个人尺度 2
    3.1.2 家庭尺度 4
    3.1.3 社区尺度 5
    3.1.4 城市尺度 7
  3.2 漂泊感影响要素分析 7
    3.2.1 漂泊感总体情况 7
    3.2.2 漂泊感影响要素量化分析 7
4 结论与展望 9
  4.1 "老漂族"现状生活的主要困境 9
    4.1.1 个人尺度 9
    4.1.2 家庭尺度 9
    4.1.3 社区尺度 9
    4.1.4 城市尺度 9
  4.2 "老漂族"漂泊感的影响因素分析 9
  4.3 "老漂族"幸福生活展望 9
    4.3.1 社区尺度 9
    4.3.2 城市尺度 9
附录 10
参考文献 12

通过问卷中生活质量满意度评价，构建评价因素影响体系，对"老漂族"城市生活适应困难的主要因素——**个人、家庭、社区和城市（社会）4个尺度方向进行主观的评价**，重点了解"老漂族"在适应新生活环境中的需求与困难。

评价体系包含两个层次：5个一级指标（包含总体漂泊感）和19个二级指标，通过赋值量化分析其中的平均值、相关性和层级对比。

3.2.2.1 平均值分析

根据各因素的评分数值，分析发现，其中**医疗养老保障、老人公交优惠、和旧亲友的联系、社区邻里关系及社区活动参与**这5个因素的评价最差（得分大于2分），为"老漂族"在新环境生活中面临的主要问题，是造成"老漂族"新生活不适应的主要因素。

在各项评价值中，通过SPSS进行平均值分析的方法，对比各要素间的值，得出"老漂族"的漂泊感在4个尺度层面的主要成因。

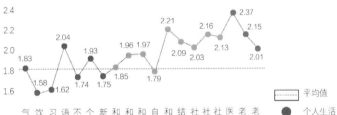

各因素平均值对比分析

3.2.2.2 相关性分析

通过SPSS的相关性分析，对19个二级层级的因素对总体漂泊感的影响进行相关性分析，如下表所示，分别计算各因素对总体漂泊感的相关性。其中个人生活的因素为a1~a7，家庭生活的因素为b1~b4，社区生活为c1~c5，城市生活为d1~d3。

将19个要素相关性分析发现，最影响"老漂族"漂泊感的因素是医疗养老保障、社区邻里关系、社区活动参与、和下一代的交流沟通以及和旧亲友的联系。说明医疗保障制度的不完善、社区生活的参与度减少，以及家庭关系的交流沟通存在问题等，是直接导致"老漂族"在新的生活环境中不能适应，而产生漂泊感和孤寂感的外界因素。

3.2.2.3 层级对比和结论

对个人生活、家庭生活、社区生活和社会生活的满意度进行总体评价评分，发现社会生活和社区生活存在较大的问题和困难，"老漂族"漂泊感的主要影响因素是**社区尺度和社会尺度**。

通过构建生活质量满意度的评分标准，对"老漂族"生活的4个层级分别进行量化分析，在平均值分析中可以得出具体存在因素的不足和问题，发现"老漂族"在各个尺度上的主要问题；相关性的分析得出影响"老漂族"漂泊感的主要相关因素，分析漂泊感的心理成因，最后横向比较4个层级发现，"老漂族"在适应生活的过程中，最主要的矛盾和困难集中在社区尺度和社会尺度层面。社区生活的构建和社会制度的保障是主要问题。

漂泊感相关性因素分析

总体漂泊感		a1	a2	a3	a4	a5	a6	a7	b1	b2	b3
	Pearson相关性	.803**	.583**	.310**	.528**	.392**	.457**	.373**	.427**	.362**	.437**
	显著性（双侧）	0	0.001	0.004	0	0.001	0.001	0.006	0.001	0.008	0
	N	201	201	201	201	201	201	201	201	201	201

总体漂泊感		b4	c1	c2	c3	c4	c5	d1	d2	d3	
	Pearson相关性	.316**	.320**	.326**	.250**	.284**	.501**	.485**	.475**	.397**	
	显著性（双侧）	0.006	0.005	0.004	0.002	0	0	0	0	0.001	
	N	201	201	201	201	201	201	201	201	201	

**. 在0.001水平上显著相关。

漂泊感评分比例

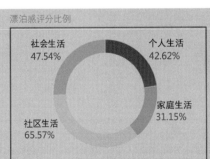

社会生活 47.54%
个人生活 42.62%
家庭生活 31.15%
社区生活 65.57%

漂泊感是否存在各尺度影响对比图

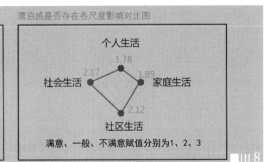

个人生活 1.78
家庭生活 1.89
社会生活 2.17
社区生活 2.12

满意、一般、不满意赋值分别为1、2、3

老何所"漂"

广州岑村Y小区"老漂族"的生活现状和漂泊感调查研究

目录 Contents

摘要
1 绪论 1
  1.1 现实背景 1
  1.2 理论背景 1
  1.3 概念界定 1
  1.4 研究目的 1
2 思路与方法 1
  2.1 核心问题 1
  2.2 技术路线 1
  2.3 研究方法 2
    2.3.1 问卷调查和深入访谈 2
    2.3.2 空间注记分析方法 2
    2.3.3 漂泊感影响要素量化分析 2
  2.4 调研地点选择 2
3 调研结果与分析 2
  3.1 "老漂"的生活现状 2
    3.1.1 个人尺度 2
    3.1.2 家庭尺度 4
    3.1.3 社区尺度 5
    3.1.4 城市尺度 7
  3.2 漂泊感影响要素分析 7
    3.2.1 漂泊感总体情况 7
    3.2.2 漂泊感影响要素量化分析 7
4 结论与展望 9
  4.1 "老漂族"现状生活的主要困境 9
    4.1.1 个人尺度 9
    4.1.2 家庭尺度 9
    4.1.3 社区尺度 9
    4.1.4 城市尺度 9
  4.2 "老漂族"漂泊感的影响因素分析 9
  4.3 "老漂族"幸福生活展望 9
    4.3.1 社区尺度 9
    4.3.2 城市尺度 9
附录 10
参考文献 12

4 结论与展望

4.1 "老漂族"现状生活的主要困境

"老漂族"现状生活的主要困境在于社区尺度和城市尺度上,个人尺度和家庭尺度满意度中等。

4.1.1 个人尺度

"老漂族"的个人日常生活现状满意度中等,活动情况受孙辈年龄影响,活动多样性欠缺。

4.1.2 家庭尺度

家庭生活现状满意度中等,但家庭方面的代际关系对"老漂族"个人感受的影响是较大的。

4.1.3 社区尺度

■ 空间未能适应目前"老漂族"的活动需求。

活动范围大部分都覆盖整个小区;闲暇活动较为单一,户外活动偏少;空间选择方面主要取决于孙辈年龄和儿童需求,倾向于在类型组合多样、设施齐全、环境良好的复合公共空间里活动。

■ 构建社交网络上仍然存在较大问题。

旧的社会网络变弱甚至失去是"老漂族"在社区尺度上满意度最低的一点。

新的社会网络构建上,"老漂"主要通过照顾小孩的活动结识其他居民,交往人群最多是老乡,且普遍表明结交朋友变少、社区活动参与少、邻里关系变弱。

4.1.4 城市尺度

■ "老漂族"主要受户籍和医疗保障制度所限,存在就医难问题。

4.2 "老漂族"漂泊感的影响因素分析

"老漂族"群体中漂泊感普遍存在。

造成漂泊感的主要原因是存在社区尺度和社会尺度的问题,而消除漂泊感的原因主要是家庭的支持。

目前"老漂族"漂泊感主要是受到社区层面和社会层面的影响较大。可以通过增强社会活动、完善社会保障制度来减少"老漂族"漂泊感的产生。

4.3 "老漂族"幸福生活展望

在我国老龄化趋势和二胎政策的双重催化下,"老漂族"这一流动人群将越来越不容忽视。目前户籍制度的限制使得社区、城市对"老漂"的关注是缺失的。

我们基于本专业,从社区和城市两个尺度入手,提出改造策略和建议,对老漂幸福生活作出展望。

4.3.1 社区尺度

■ 打造小街区,提升街道品质,为"老漂族"提供更大的社区活动范围。

响应"开放街区"的趋势,积极提升社区外部街道品质,鼓励"老漂族"扩大活动范围和交往圈,融入社区街道生活。

■ 为"老漂族"提供充足多样的活动交往场所。

基于小区现有条件,妥善维护、灵活利用社区内室内、室外空间,为"老漂族"提供多样化的活动场所。如为广大来自乡村的"老漂族"开辟社区菜园,既满足他们原来的劳作兼锻炼的活动需求,又满足他们劳动创造价值的心理需求,同时也能通过产品的交换促进邻里的沟通。

■ 提升社区内部空间品质。

从气候环境特点出发,打造更多适应岭南气候的架空层、小广场等活动空间,避免选择滋生蚊虫的植栽类型。从"老漂族"最主要的活动——照顾孙辈出发,活动场地应兼顾儿童安全性和适老性,可将游乐、健身、休憩等设施结合布置。

■ 社区与社工组织合作,为"老漂族"提供多样的活动。

寻求专业社工组织的帮助,为"老漂族"提供多样的活动和融入社会的方法,并且借此提高社会对"老漂族"群体的关注。

4.3.2 城市尺度

■ 完善异地移居老人社会保障政策制度,尤其是异地就医方面。

当前"老漂族"的社会保障问题根源是户籍的问题,在户籍制度还未能放宽的情况下,应增强开放的社会保障和福利政策,让异地老人在移居时能尽可能享受到新环境的社会福利保障。

总结:立足于"老漂族"的需求,提供更友好的社区空间,促进"老漂族"在社区层面的融入;在城市尺度上,为"老漂族"提供更为灵活便利的保障制度。

"我适应能力很强的,从2006年就在外地跑了,中间家里有点事才回去的,现在刚来广州一个多月,气候、饮食都还是可以的。我人比较外向,喜欢跟人打交道,语言这里好多老人都是说普通话,我也有学一点粤语,所以没问题。"
——浙江大妈

"现在结交新朋友反而比以前多!我现在天南海北的人都认识,好比我们俩都是安徽过来的(指旁边的老人),您看我要不是过来这边,我也不会认识她是不是。"
——安徽大妈

"我没有享受这个保障,我也没去办,主要问题还是这个保障制度不透明。老人在这里什么都不熟,这些保障他都不知道能不能办,流程又复杂,自己不知道怎么去办。"
——湖南大叔

老何所"漂"

广州岑村Y小区"老漂族"的生活现状和漂泊感调查研究

附录

预调研 问卷A
广州外地老人基本信息调研问卷

【导语】请您填写相应信息，问卷内容仅用于学术研究：

1. 请问您的年龄是 _____

2. 您的性别是？　○ 男　○ 女

3. 故乡所在地：_____

4. 您目前户籍情况是　○ 广州户籍　　○ 非广州户籍

5. 您的文化程度　　○ 小学及以下　○ 初中　○ 高中　○ 大学及以上

6. 您原从事职业？
   ○ 务农　○ 打散工　○ 个体户　○ 教师　○ 职工　○ 公务员　○ 企业家　○ 其他：_____

7. 您每月的收入水平为（包括工作、退休金、养老金等）[单选题] [必答题]
   ○ 子女赡养　○ 1000元以下　○ 1000~5000元　○ 5000元以上

8. 您跟谁一起居住？[单选题] [必答题]
   ○ 儿女、孙辈、老伴　○ 儿女、孙辈　○ 儿女、老伴　○ 孙辈、老伴
   ○ 孙辈　○ 老伴　○ 儿女　○ 独居

9. 请问您是因何原因来到广州居住？[单选题] [必答题]
   ○ 照顾孙子孙女　○ 跟随子女　○ 工作调动　○ 其他：_____

10. 您在广州住了多少年？_____

感谢您的填写，祝您身体健康，生活幸福！

正式调研 访谈
广州外地老人活动与空间使用访谈问卷

下列问题用于在访谈的过程中记录相应活动信息，不包含访谈的全部内容：

1. 必要性活动（家务、照顾孩子）调查：
   您每天花多少时间照顾孩子？
   您每天花多少时间做家务？

2. 闲暇时间活动调查：
   您每天有多少闲暇时间？

3. 一日活动记录表
   以下问题用于记录被访者一天的活动信息，并记录于一天活动记录表。
   3.1 请问您在什么时间？
   3.2 在什么地点？（附图）
   　组团级别：A~F　宅前级别：1~5
   3.3 进行什么活动？
   　3.3.1 若和孙辈一起将会进行什么活动？
   　3.3.2 您和谁一起活动？
   3.4 在每个地点的停留时间是多长？
   　A. 0.5小时以下　B. 0.5~1小时　C. 1~3小时　D. 3小时以上　E. 其他

一天活动记录表

活动序号	时间	地点	活动	同伴	停留时间
1					
2					
3					
4					
5					
6					
7					
8					
9					

附图

老何所"漂"

正式调研 问卷B
广州外地老人漂泊感调研问卷

【导语】请您根据在广州的新生活中，对个人生活、家庭生活、社区生活、社会生活的各项满意程度进行评分：

1. 您是否同意下面的观念：[矩阵量表题] [必答题]

	同意	不一定	不同意
拥有户籍才有归属感			
有自己的房子才有归属感			
人老了要落叶归根			
人老了不一定要和子女团聚			

2. 您来广州后，对个人生活的满意度评价：[矩阵量表题] [必答题]

	满意	一般	不满意
气候的适应			
饮食的习惯			
习俗的习惯			
语言的交流			
新的生活方式			
个人休闲活动			
新环境的适应			

3. 您来广州后，对家庭生活的满意度评价：[矩阵量表题] [必答题]

	满意	一般	不满意
和下一代间的生活习惯			
和下一代间的思想观念			
和下一代间的沟通交流			
新环境中自己家庭地位			

4. 您来广州后，对社区生活的满意度评价：[矩阵量表题] [必答题]

	满意	一般	不满意
和旧亲友的联系度			
新环境结交的朋友			
社区生活活动范围			
社区生活活动参与			
社区生活邻里关系			

5. 您来到广州后，对社会保障制度的满意度评价：[矩阵量表题] [必答题]

	满意	一般	不满意
医疗养老保障			
公交老人优惠			
游览、文体老人优惠			

6. 请问您在广州有漂泊的感觉吗？[单选题] [必答题]
○ 有漂泊的感觉 ○ 一般 ○ 没有漂泊的感觉

7. 让您觉得有漂泊感的主要原因是什么？[多选题] [必答题]
□ 个人观念（认为人要落叶归根，等等）
□ 日常生活（对气候、饮食等不习惯）
□ 家庭生活（和子女观念习惯不同、家庭地位下降等）
□ 社会交往（远离老朋友、社区生活不习惯等）
□ 社会保障（医疗、交通等方面的保障不够）

8. 是什么消除了您的漂泊感 [多选题] [必答题]
□ 个人观念（认为"人不一定要落叶归根"）
□ 日常生活适应（气候、饮食、居住环境等）
□ 家庭生活和谐（和子女生活习惯、观念不冲突等）
□ 社会交往顺利（结交新朋友、社区生活适应等）
□ 享受社会保障（医保、公交老人优惠等）

9. 您未来的生活打算？[单选题] [必答题]
○ 回老家 ○ 留在广州 ○ 去其他城市 ○ 不知道/没想好

【导语】第三部分为您的个人信息。

10. 请问您的年龄是_____
11. 您的性别是？ ○ 男 ○ 女

12. 故乡所在地：_____
13. 您目前户籍情况是 ○ 广州户籍 ○ 非广州户籍

14. 您的文化程度 ○ 小学及以下 ○ 初中 ○ 高中 ○ 大学及以上

15. 您原从事职业？
○ 务农 ○ 打散工 ○ 个体户 ○ 教师 ○ 职工 ○ 公务员 ○ 企业家 ○ 其他

16. 您每月的收入水平为（包括工作、退休金、养老金等）[单选题] [必答题]
○ 子女赡养 ○ 1000元以下 ○ 1000~5000元 ○ 5000元以上

17. 您跟谁一起居住？[单选题] [必答题]
○ 儿女、孙辈、老伴 ○ 儿女、孙辈 ○ 儿女、老伴 ○ 孙辈、老伴
○ 孙辈 ○ 老伴 ○ 儿女 ○ 独居

18. 请问您是因何原因来到广州居住？[单选题] [必答题]
○ 照顾孙子、孙女 ○ 跟随子女 ○ 工作调动 ○ 其他_____

19. 您在广州住了多少年？_____

感谢您的填写，祝您身体健康，生活幸福！

附表 部分访谈对象资料

编号	性别	年龄（岁）	访问地点	籍贯	孙子/女年龄（岁）
1	女	62	宅前小路	江西宜春	1
2	男	58	M栋广场	山东邢台	12
3	男	65	M栋广场	江苏泰州	8
4	女	63	入口水池广场	广东潮州	5
5	男	64	入口水池广场	湖南株洲	4
6	女	59	台地广场	湖南衡阳	4
7	女	62	山顶广场	安徽滁州	7
8	女	63	山顶广场	广东潮州	6
9	男	68	湖边	广东揭阳	3
10	女	66	湖边	广东梅州	3

参考文献

[1] 第六次人口普查委员会.2010年第六次全国人口普查主要数据公报(第1号)[R].北京:第六次人口普查委员会,2010.

[2] 中国共产党第十八届中央委员会第五次全体会议公报,2015.

[3] 刘庆."老漂族"的城市社会适应问题研究——社会工作介入的策略[J].西北人口, 2012, 33(4):23-26;31.

[4] 刘晓雪."老漂族"的养老问题初探[J].改革与开放, 2012, 25(13):36-37.

[5] 胡艳霞,龙理良,尹亦清.城市老漂族的生命质量及其影响因素分析[J].中国现代医生, 2013, 51(3):28-29;32.

[6] 何惠亭.代际关系视角下老漂族的城市适应研究[J].前沿, 2014(z9):157-161.

[7] 王丽英."老漂"的社会适应研究——以北京市9位"老漂"为例[D]. 北京:中国青年政治学院, 2013.

[8] 侯汇.女性"老漂族"朋辈支持网络构建的小组工作介入[D]. 长春：长春工业大学, 2016.

[9] 江立华,王寓凡.空间变动与"老漂族"的社会适应[J].中国特色社会主义研究, 2016(5):68-72.

[10] 万姗姗.社会工作视角下"老漂族"城市生活适应困境分析[J].赤子(上中旬), 2016(20):178.

[11] LIKERT R. A technique for the measurement of attitudes[J]. Archives of Psychology, 1932, 22(140):1-55.

[12] 王璐,汪奋强.空间注记分析方法的实证研究[J].城市规划, 2002, 26(10):65-67.

[13] 亓莱滨.李克特量表的统计学分析与模糊综合评判[J].山东科学, 2006, 19(2):18-23;28.

[14] 广州市2015年全国1%人口抽样调查主要数据公报①[EB/OL]. http://www.gzstats.gov.cn/tjgb/glpcgb/201702/t20170221_25655.html,2016.

[15] 刘亚娜.社区视角下老漂族社会融入困境及对策——基于北京社区"北漂老人"的质性研究[J].社会保障研究,2016(4):34-43.

[16] 王颖,黄迪."老漂族"社会适应研究——以北京市某社区为例[J].老龄科学研究,2016,4(7):22-31.

[17] 杨芳,张佩琪."老漂族"面临的政策瓶颈与突破路径——基于广州H社区的实证分析[J].社会保障研究,2015(3):10-14.

[18] 李静雅."老漂族"的城市社会融入问题研究——基于上海M社区25位老人的访谈[D]. 上海：华东理工大学,2015.

[19] 孙远阳."老漂族"再社会化情况探究[J].新西部(理论版),2014(8):11-12.

环境移民!? ——对广州新洲渔民新村疍民生存困境的调查
ENVIRONMENTAL MIGRANT!?

作者学生：麦晟、李玥、黄俊杰、元沃延
指导老师：李昕、陶金、罗圆

全国高等学校城乡规划学科

2016城乡社会综合实践调研报告评优

佳作奖

扫码阅读
彩色版本

环境移民——对广州新洲渔民新村疍民生存困境的调查

摘要：

疍民是中国南方沿海、沿河地区的一个古老而特殊的族群，以舟为居，捕鱼为生。广州现今仍生活着一群疍民，散落在多个政府规划的渔民新村中，海珠区新洲渔村是其中规模最大和最靠近市区的渔民新村之一。本文以新洲渔民新村疍民为主要调查对象，从人口、生产、生活和文化四方面，通过半结构式访谈、深度访谈等方法，调查其生存现状，分析其生存困境产生的原因，并通过国内外案例研究，从生态补偿等角度讨论其解决出路。研究发现，随着城市化、现代化进程不断加快，珠江生态环境持续恶化使新洲疍民的渔业生产受到严重影响，疍民逐步成为"环境移民"；与此同时，政府在行政体制和政策供给方面的不足，影响了新洲疍民的就业转型和生活水平改善。对此，本文建议采用生境补偿、经济补偿及资源补偿结合的补偿方式，帮助疍民走出困境。

关键词： 疍民；生态难民；生态补偿；广州

Abstract:

The Tankas, an ancient and particular ethnic group, live on junks in coastal parts in Southern China and fish for a living. Nowadays, there is a group of Tanka people still living in Guangzhou who went ashore and lived in the new fishing villages planned by the government in the 1950s and 1960s. One of the largest and closest ones to town is the Xinzhou fishing village in Haizhu district. With the continually accelerated urbanization and modernization, the Eco-environment in the Pearl River has been aggravated which has seriously damaged the fishery production of the Tankas in Xinzhou who are therefore reduced to "environment migrants". Government's deficiency of the administrative regiment and policies has objectively influenced on the industrial transformation and improvement of their living standard. In this paper, the Tankas in the Xinzhou fishing village are the main respondents. Their current living situation is investigated through semi-structured interviews and in-depth interviews in the aspects of production and their life. Characteristics of their present situation and the cause of this dilemma are summarized. Moreover, with the comparison of cases from home and abroad, discussion of its development direction is made from the perspective of space planning.

Keywords:
Tankas, Ecological refugee, Ecological compensation, Guangzhou

第一章 研究背景 01
1.1 研究意义 01
1.2 文献综述 02
1.3 新洲渔村概况 02

第二章 研究思路
2.1 研究目的 02
2.2 研究内容 02
2.3 研究方法 02
2.4 研究框架 03

第三章 新洲渔村疍民生存困境特征分析 03
3.1 总体评价 03
3.2 人口构成特征 04
3.3 生产困境——水上岸上，进退两难 04
3.4 生活困境——用地受限，发展滞后 05
3.5 文化困境——面临消亡，心态复杂 07

第四章 新洲渔村疍民生存困境成因分析 07
4.1 直接原因：生态破坏 07
4.2 根本原因：制度缺失 08

第五章 案例研究 09
5.1 环境移民的案例分析 09
5.2 生态补偿的案例分析 09

第六章 结论与讨论 10
6.1 结论 10
6.2 讨论 10

参考文献 11
附录1 访谈对象资料汇总 11
附录2 访谈结构 12

环境移民！？
——对广州新洲渔民新村疍民生存困境的调查

第一章 研究背景

1.1 研究意义

（1）环境移民

环境移民(Environmental migrant)，又称生态难民(Ecological refugee)，指因为所生活的环境发生了诸如干旱、沙漠化、海平面上升、极端天气等突发性的或长时期的改变而对其安全生存或良好生活产生威胁，被迫迁离其居住地的人群。环境移民的迁移可能发生在国家之间，也可能发生在国家内部；可能是地点空间上的移动，也可能是居住方式的变动。

根据国际移民组织(IOM, International Organization for Migration)提出的标准，将环境移民分为三类：

①环境应急移民(Environmental emergency migrants)：因环境灾难或突发环境事件而暂时逃离的人，如飓风、海啸、地震难民。

②环境被迫移民(Environmental forced migrants)：因环境状况恶化而被迫离开的人，如森林砍伐、海岸退化等环境缓慢恶化而被迫离开的人。

③环境诱导的经济移民(Environmentally induced economic migrants)或称环境动机移民(Environmental motivated migrants)：为避免未来可能发生的问题而选择离开的人，如由于沙漠化导致农作物减产而离开的人。

环境移民这一概念在20世纪后半叶提出后，已逐渐被人们广泛接受，并引起政府、学者和大众的关注。然而，对这一概念的界定以及相关的政治、法律制定工作目前仍十分欠缺，相关研究也有待拓展和补充。随着全球气候问题和生态问题日益凸显，对环境移民的研究势必成为重要的决策参考。

（2）广州的疍民

图1-1 1949年美国《生活杂志》记者拍摄的广州疍民

疍民（Tankas），又称水上人家，是一个古老而又特殊的水上族群，分布在广东、广西、海南、福建、浙江、香港、澳门等地各个水系的沿岸区域。这个族群起源于古代南方少数民族，世代捕鱼为生，在受到汉文化强烈影响的同时又保留有独特的文化传统。

这个以船为家的族群居无定所，是一个介于农民和城镇居民之间的边缘群体，在各个历史时期都饱受社会的误解，又被喻为"海上吉卜赛人"。直到1954年，《珠江区水上居民转业安置计划》出台。之后政府相继规划建设了近20处渔民新村，疍民由"水生"转为"两栖"。虽然他们在岸上有了政府规划的、属于自己的房子，但是他们仍旧需要到珠江各个渔场甚至是近海捕鱼来维持生计。

历史上，广州的疍民是一个庞大的群体，据伍锐麟等人的研究统计，1930年前后，广州至少有十万疍民，浩浩荡荡地分布在珠江上。而据渔业部门最近的统计，目前广州的疍民数量仅有7000多人，主要分布在海珠新洲渔村、番禺莲花山渔村、南沙新垦红海村、增城新塘渔村社区、黄埔鱼珠九沙围渔村等地，完全以船为家的疍民极少。

近三十年，随着城市化、现代化进程不断加快，珠江生态环境明显恶化，鱼类资源减少，已经严重影响以捕鱼为生的疍民的生计。按分类标准，他们应属于环境被迫移民。

图1-2 广州的疍民分布图

第一章 研究背景

1.2 文献综述

国外学界对"环境移民"的研究始于20世纪80年代后期。Jodi Jacobson(1988)第一个指出环境移民已成为一个亟待面对的问题，所有形式的环境移民将是政治难民的六倍多。Norman Myers（1995，1997，2007）的持续性研究认为，到2050年，全球将有2.5亿环境移民。然而在案例研究方面，国内外学者则多以自然生境主导下的案例为研究对象，且多集中在西部、北部地区，如对甘肃民勤草原退化造成的环境被迫移民研究（Hook，Leslie，2013）、对大兴安岭敖鲁古雅森林保护造成的环境动机移民研究（谢元媛，2011）、对青海三江源保护造成的环境动机移民研究（王小梅，2006）等，缺少东南沿海城市环境中的案例研究。

对"生态补偿"的讨论则多集中在制度健全和补偿机制方面（刘惠明，2004），缺少空间规划领域的探讨。对"疍民"的讨论多从人类学、民族学的角度，探究文化风俗和族群历史，近来随着文化事业发展，对疍民的文化变迁和传承十分关注（邱运胜，2015），然而缺少对决定上层建筑的经济和政治方面的探讨。对"渔民"的讨论以行政管理和经济政策为主（钟晶，2003），缺少对政治、经济、文化、生态、社会等方面之间的关系和格局的探讨。

本文尝试从"新洲渔村疍民是一种缺少关注的、具有特殊性的环境移民"这一切入点展开调研，进行生态环境、经济政策、制度管理、空间规划、文化认同等多方位的创新性研究。

1.3 新洲渔村概况

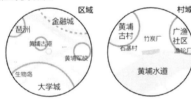

图1-3 新洲渔村区位分析

图1-4 新洲渔村发展时间轴

我们走访了海珠新洲渔村、黄埔鱼珠九沙围渔村以及增城新塘渔村社区三个较为典型的疍民村。在初步调查后选取了其中人口规模最大、发展历史最具代表性、受城市建设影响最大的新洲渔村作为深入调研的对象。新洲渔村作为一个政策扶持建立起来的渔村，既包含了广州地区其他渔村乃至整个疍民群体的共性，也存在着其自身发展的特点。

经过对村支部的访问和调查，以及走访村中了解到的情况，我们得知新洲渔村是1966年由国家"疍民上岸"政策扶持、从白云区和长洲岛迁来、利用旁边石基村4.3公顷用地、在堤坝上建立起来的一个渔村。至今已有50年的历史。村中户籍人口1000余人，其中近一半仍然从事捕鱼行业。村中现有渔船150艘，其中持有内河证的有43艘，持有出海证的有107艘。据了解，在属地管理上，渔村疍民的户籍、教育、医疗等归入海珠区琶洲街道管辖，但生产队仍归原来的白云区渔业社管理。

第二章 研究思路

2.1 研究目的

本文以新洲渔村为例，研究疍民在城市化、现代化背景下作为"环境移民"的生存现状特征及其变化，探究出造成疍民在社会发展过程中进退两难与丧失身份的困境的原因，并为疍民这一少数族群更好适应城市化、现代化进程提出建议。

2.2 研究内容

(1) 新洲渔村疍民的生存困境特征

• 生产：
1. 渔业生产的变化特征；
2. 上岸就业的特征。

• 生活：
1. 居住条件的变化；
2. 基础设施的发展特征；
3. 村中留有发展用地的规模。

• 文化：
1. 传统习俗的变迁特征；
2. 疍民的身份认同的情况。

(2) 新洲渔村疍民生存困境的形成机制研究

(3) 新洲渔村疍民走出困境的策略

2.3 研究方法

2.3.1 半结构式访谈

经过初步调研我们发现，新洲渔村的大多数疍民讲广东方言，文化水平偏低，对书面问卷理解及回答存在困难。因此，我们选取了39位具有代表性的、能涵盖所有年龄组、家庭构成和职业的渔村居民作为访谈对象，采用了半结构式访谈形式对其进行了访谈。

2.3.2 深度访谈

由半结构式访谈的结果，就重要问题我们还对部分村民进行了更为详细的深度访谈，其中包括村支部书记、职员，村中的疍民和非渔民等不同职业、年龄、性别共12名被访者，资料通过录音整理及语义分析后，选取其中具有代表性的内容作为数据支持。

2.3.3 案例研究

为了深入了解环境移民的生存困境与形成原因，借鉴成功的行政措施等改善策略，我们收集了孙德尔本地区（Sundarban region）原住民、敖鲁古雅鄂温克族等具有代表性的环境移民案例，以及国内外成功的生态补偿案例，并进行了深入的分析，作为我们结论与讨论的案例支持。

2.4 研究框架

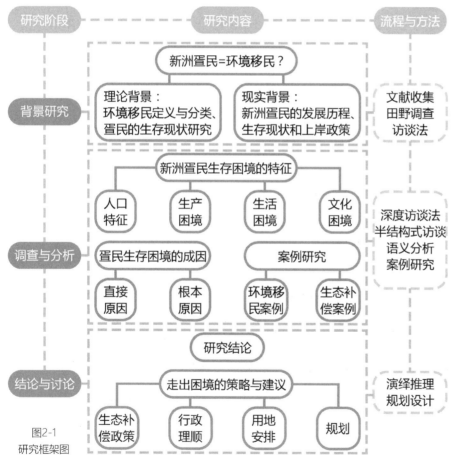

图2-1 研究框架图

第三章 新洲渔村疍民生存困境特征分析

3.1 总体评价

通过NLPIR汉语分词系统（ICTCLAS2016）对新洲疍民和村支书的访谈记录及相关新闻的语义分析，我们得到了疍民对生存现状的总体评价：负面情感多于正面情感；"海珠区""打鱼""辛苦"是生存过程中最常出现的词汇；"政府""申请""没有"是疍民最关注的话题；"经济"是生存核心问题。总体揭示了"新洲疍民生存陷入困境"这一事实。

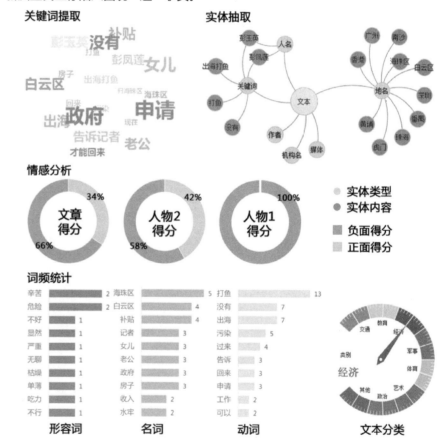

图3-1 语义分析结果

3.2 人口构成特征

3.2.1 基本构成特征

经统计，39位受访者具有如下特征：①**性别**方面：男女比为2.2:1。②**年龄**方面：各年龄组的比重中，中老年组（50岁以上）最大，为38.4%。③**学历**方面：大专以上的人所占比重最大，其次为初中以下的人所占比重，呈现两极分化现象。④**职业**方面：渔民占就业人口的43.2%。其他人中，从事文职工作的比重最大。⑤**收入**方面：年收入36000~84000元的人比重最大。年收入12000~84000元的人占79.4%。⑥**家庭**方面：4人家庭比重最大，为30.8%。三代同堂家庭比重最大，为33.3%。需抚养儿童或赡养老人的家庭占69.2%。

3.2.2 特征交叉分析

通过多个特征变量的交叉分析，我们发现了以下结论：①**在职业—年龄**关系上，渔民的年龄较大，其他职业者年龄较小，渔民和其他职业者之间存在明显的代际关系。②**在职业—学历**关系上，渔民的学历较低，其他职业者学历较高，渔民和其他职业者的学历差距显著。③**在年龄—学历**关系上，年龄越小，学历越高，年龄越大，学历越低，呈负相关。④**在职业—收入**关系上，渔民在每个收入阶层中分布较均匀，而其他职业者的收入集中在年收入36000~84000元阶层。⑤**在职业—性别—年龄**关系上，渔民多为较年长男性，其他职业者多为较年轻女性。

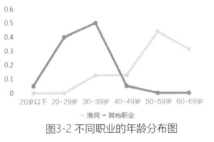

图3-2 不同职业的年龄分布图

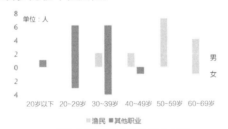

图3-3 不同职业的性别分布图

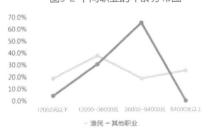

图3-4 不同职业的收入分布图

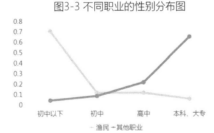

图3-5 不同职业的学历分布图

3.3 生产困境——水上岸上，进退两难

3.3.1 渔业生产，难以为继

（1）作业地点变远，环境威胁增多

新洲疍民原本是在内河捕鱼。从渔村附近河段到下游的虎门、石湾、太平一带是传统的渔区，分布着几个较大的渔场。随着珠江生态环境恶化，这些渔场已经基本不能满足渔业生产需求。现在，疍民不得不前往更远的珠江口海域的渔场捕鱼。

此外海上环境比内河复杂，一些不确定因素，如雷暴、龙卷风等强对流天气和海流、暗礁等不明海况，给疍民带来更多威胁。

如右图所示，威胁主要分为自然威胁、个体身心健康威胁以及家庭社会关系紧张等问题。这些都给渔民们带来经济和心理上的双重折磨。

图3-6 威胁渔民因素的构成图

（2）作业时间变长，身心折磨加剧

相比过去，新洲疍民平均一次出海捕鱼的时间明显增加。相比三十年前的"短则一天，长则一周"，现在有87.5%的渔民每次出海捕鱼时长在两个月以上。81.3%的渔民每年近2/3的时间是在船上度过的，除了过节、休渔期或家里有事一般都不会从海上返回村子。

长时间的水上作业，带来了一些问题：远离家庭，无法照顾老人、孩子，帮衬家中事务；忍受孤独，缺少社交和娱乐；信息渠道单一，缺少文化学习机会……即便技术进步提供了更好的船上环境，减轻了体力劳动强度，仍有75%的疍民表示身心更加疲惫。正如渔民黄阿姨所说："出去打鱼照顾不了女儿上学，全靠她自己了。在海上一呆就是一两个月，除了打鱼、吃饭、睡觉，就没别的事做了，很无聊。"

如右图所示，渔民们工作非常辛苦，工作时间从原来的几乎占据一天中的一半到现在在水上的时间远长于陆上生活的时间，不仅带来了身体上的疲惫，对社会关系也产生了很大影响。

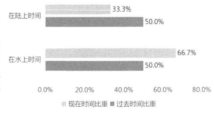

图3-7 渔民前后工作时间对比图

(3) 生产技术提高，捕鱼岗位减少

随着时代发展，渔船机械化程度提高，作业效率提升，作业环境改善，新洲疍民的渔业生产是有进步的。在这一过程中，作业地点变远，时间变长，也迫使他们对渔船进行升级改造。村支书介绍，政府对渔船有报废补贴和燃油补贴优待政策，支持疍民自主完成升级，然而由于经济条件所限，一些疍民还是不能自主完成升级。同时，出于引导疍民上岸就业和保护鱼类资源的目的，政府严格控制出海证的发放，只有达标的渔船才能领证。

渔船硬件和出海证两项要求提高了出海捕鱼的门槛，再加上客观上生产力提升，提供给新洲疍民的捕鱼岗位整体上是减少的。

3.3.2 上岸就业，转型困难

我们把就业人口按年龄段分为老年（60~69岁）、中年（40~59岁）、青年（20~39岁）三组，再进行职业分类和对比分析。

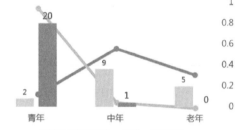

图3-8 不同年龄组的职业分布图

（1）中年渔民受限，两种选择艰难

作为抚养老幼的主力军、家庭的骨干分子，中年疍民是我们最关注的群体。面对异常的艰辛，90%的中年疍民仍然选择继续留在水上捕鱼，只有10%的中年疍民上岸就业。虽然捕鱼按能力、技术，也会有比其他职业高的收入水平，但66.7%的中年疍民希望能上岸就业。这反映出一个两难的局面：既不愿忍受捕鱼的艰辛，又不能上岸从事其他职业。通过3.2.2分析可知，学历低是限制中年疍民上岸就业的重要原因。正如捕鱼收入可观的渔民林伯所说：" 政府要是给点钱，我就去做小本生意。打鱼太辛苦了。我初中没读完就上船了，没什么文化，现在苦力活不好找，看门的都要会用电脑。"

（2）青年选择上岸，老年选择留海

相对于进退两难的中年疍民，80%的青年疍民由于受过大专以上教育，岸上就业面比较广，可以很快地融入到城市生活中；80%的老年疍民由于年龄和身体素质因素，不愿尝试新职业，再捕一段时间鱼就选择退休。可以预见，随着这批渔民老去，新洲捕鱼疍民将慢慢退出历史舞台。

3.4 生活困境——用地受限，发展滞后

3.4.1 用地受限，阻碍发展

（1）居住有所改善，空间相对紧张

根据走访大致统计，村内民宅65%为砖混结构平屋顶，25%为木梁坡屋顶，70%为"两层半"①。79.5%的被调查民宅为50~100m²，低于其他城中村水平。村中人均居住面积平均为28.39m²，低于2013年广东省统计局公布的广东省城镇人均住房面积34.4m²。访谈反映出村中人均居住面积比从前增加，绝大多数民宅已在原地翻修重建，面积变大，设施条件改善。但从访谈中获悉，疍民认为村子没有发展用地，随着人口增加，无地盖房，住房压力增大，已有31%的疍民搬出村子，自行改善居住环境。69%的疍民仍留在村内，有待改善住房。54%的疍民表示未来如果能搬迁改造，愿意继续逐水而居，这从侧面体现了疍民亲近水的习惯。

由于村子缺少发展空间，部分疍民在河边搭建水上棚屋，多用作存放渔具的仓房，部分有人居住。这些吊脚楼多为竹木结构，质量不高，布局随意，紧密相连，均为违章私建，存在严重的消防安全隐患。另外，村内只有一条窄窄的渔村大街将村东西串联，无法通消防车。民宅建筑质量不高，乱搭乱建现象较多，也存在着消防隐患。

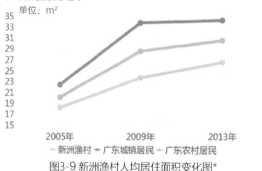

图3-9 新洲渔村人均居住面积变化图*

图3-10 村内民宅类型图

（2）发展用地紧缺

村子从规划建设至今，并没有考虑到村子自然增长需求和集体产业发展，没有预留发展用地，所以现在疍民十分被动，无地盖房，村内更是缺少必要的公共设施用地和集体企业生产用地。对基础设施建设和村子的更新发展，82%的疍民持观望态度。在自身受困，难以自发完成的情况下，疍民对由政府或开发商主导的建设活动感到迷茫，不过在访谈中，一些人也表达了理性判断的态度。

---
①"两层半"指在两层楼房基础上，再盖半层，这半层通常只有一米多高，房顶呈斜面。

*注：部分数据援引自广东省统计局。

3.4.2 基础设施，全面滞后

（1）交通发展滞后

与外界沟通的道路有两条，一条从村头向东，曲折穿过田野，去往广渔社区，从前为田埂土路，近年硬化为水泥路，1.8m宽，不能通车；另一条从村尾向西，笔直穿过田野，去往石基村，为今年政府出资修建，近3m宽，不能通中型以上货车。从前疍民多以水路进出村子，缺乏考虑日后公路的规划，现在公路交通主导下，村子的交通问题凸显。97%的疍民反映，出村不方便，看病、上学、消防等问题较为突出，村子几十年来交通条件没得到有效改善，交通设施滞后制约着村子的发展。

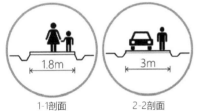

图3-11 新洲渔村交通现状分析

（2）防洪压力较大

由于村子选址于河堤上，容易受到洪水威胁，而村子标高为新洲地区最高，河堤扼守着土地的安全，所以村子防洪压力大。根据调查，59%的疍民认为近年来洪水有增多的趋势，每年汛期江水都至少一次漫过堤岸，浅则没过小腿，深则没过人身，给疍民带来诸多不便和生命财产威胁。有人依然记得1993年、1998年和2008年三次大洪水，村子遭受了不少损失。

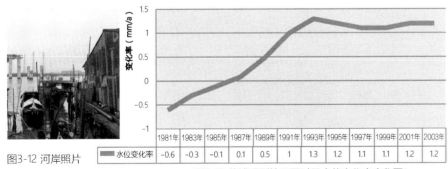

图3-12 河岸照片

图3-13 黄埔观测站不同时段水位变化率变化图*

*注：援引自蒋陈娟等《近几十年来珠江三角洲网河水位时空变化及原因初探》。

（3）公共空间缺失

村内除了居委会外，还有一间警务室、一个渔业合作社、一个船只修理点、一个卫生站、两家餐馆和四家杂货店等公共设施和服务点，缺少公共绿地以及为本村服务的文化体育等设施，城市消防设施极缺乏。

疍民在休渔期和春节、中秋节等节庆时留在村中较多。从前闲暇活动多为辅助渔业生产的活动和游泳嬉水，属于亲近水的活动，多发生在水边；现在江岸由于防洪需要加高，江水也污染严重，加上水上棚屋乱搭乱建，挤占公共空间，疍民几乎失去了水边活动空间，这些亲水活动逐渐转移或消失。

疍民对生活环境的改善其实是有很强渴望的，只是受用地现状限制，难以开口表达，甚至不抱希望。

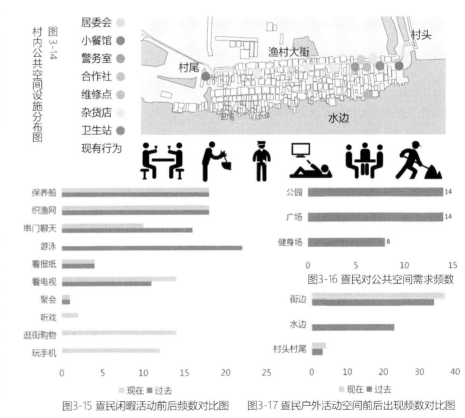

图3-14 村内公共空间设施分布图

图3-16 疍民对公共空间需求频数

图3-15 疍民闲暇活动前后频数对比图　　图3-17 疍民户外活动空间前后出现频数对比图

3.5 文化困境——面临消亡，心态复杂
3.5.1 习俗濒临消亡，龙舟凝聚人心

新洲渔村从前保留着许多疍民特有的习俗，如咸水歌、疍家饮食、疍家婚丧俗、疍家女服饰等。现在这些习俗大多被遗忘，偶有老人才能零星记忆，已有消亡风险。

目前传承情况较好的是端午祭典，全村参与度较高，是一年中最重要的节庆活动。祭典包括祭海仪式、龙舟巡游、水上筵席等内容。村委会负责向疍民筹集活动资金。新洲渔村作为广州市区最大的疍民村落，是广州龙舟巡游的一站，其他站还有车陂、猎德、珠村、小洲等。每年趁此时节，各村相互划龙舟、探亲、聚餐，水上好不热闹。村支书说，端午活动让长期漂泊海上的疍民聚合起来，齐心协力办好活动。可见端午祭典在团结新洲疍民方面发挥了巨大作用。

3.5.2 社会地位提升，族群心态复杂

"上岸政策"让新洲疍民有了一个属于自己的陆地的家，也让他们更多接触陆上生活，被其他人接纳，这有效消除了许多歧视现象。现在他们已经不像从前那样饱受歧视，社会地位显著提升。全部受访对象都表示，在社会平等方面，他们已经和陆上居民无区别。

在这种无区别的情况下，新洲疍民的族群心态是复杂的。一方面，在对待传统文化的态度上，虽然大部习俗濒临消亡，但保留较好的龙舟活动和祭海文化也是疍民文化比较精髓的部分，疍民对此也比较看重。87.2%的疍民认为应该继承和发扬这些习俗。另一方面，在对待族群认同的态度上，全部疍民都认为，并不看重自己的疍民身份，更多希望自己被看作普通的市民或渔民。对习俗的看法与年龄交叉分析可知，年长的人比年轻人更看重传承习俗。这种既希望保留独特文化，又不希望强调独特族群身份的心态耐人寻味。

图3-18 不同年龄段疍民对习俗传承的看法　　图3-19 疍民传统习俗照片*

第四章 新洲渔村疍民生存困境成因分析
4.1 直接原因：生态破坏

根据调查，100%的疍民认为珠江水质变差，及对水产质量产生不良的影响，其中87.5%的疍民认为收入随着水质的变差而降低，68.5%的疍民认为泥沙淤积导致周边渔场消失。由此可知，珠江水质的污染以及泥沙淤积对渔业的影响非常大，同时也是他们捕鱼点迁移的决定性因素。与此同时，59%的疍民认为洪水有逐年增多的趋势，威胁陆上生活的安全。珠江生态环境的破坏已经对新洲疍民的生产和生活造成了负面影响！

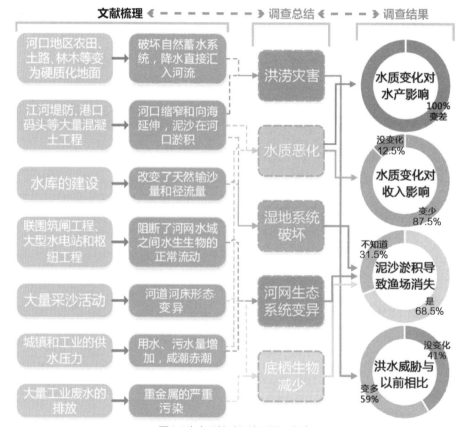

图4-1 生态环境破坏流程图（自绘）

环境移民——对广州新洲渔民新村疍民生存困境的调查

4.2 根本原因：制度缺失

4.2.1 渔业权受到侵害时缺乏补偿

纵观历史，我国广大农民在经济上得以独立，根本是受益于土地改革的进行，它保证了农民对最基本的生产资料——土地拥有使用权。而疍民却没有这样的权利保证，他们对世代在其上作业的渔业水域一直没有相关法律权利，当这些水域被征用、受到污染或破坏时也没有可以要求补偿或赔偿的法律依据，进一步加深了疍民作为弱势群体的不利地位。

同时，在珠江流域生态系统被破坏后，政府缺少经济补偿、建设人工鱼礁和海洋保护区等系列生态补偿措施来减缓或治理生态污染，致使附近流域水生生态系统被破坏后一直恢复不了，并导致水质污染加剧等，疍民的生活和工作环境日益变差。

> ……我们社保、医保都只能自己花钱买。渔社的工资也都是大家筹钱给的……珠江污染这么多年了，也没有谁说要补偿我们……我们这块地以前是江堤……每年都有水浸村……上面的防洪指示很紧，这里一旦失守，水就要淹到万胜围地铁站那边了……

4.2.2 没有土地令疍民上岸没有立足之地

相比城中村，新洲渔村最大的不同就是缺乏建设用地，大多城中村都能得到征地补偿，建设用地充足，区位良好，能吸引投资，第三产业发展迅速。而新洲渔村的基础设施比一般的"城中村"都要低一个等次，尤其是交通系统。失去周边渔场的疍民不能像农民那样得到征地补偿，自身的发展条件低下，导致第二、第三产业滞后。

> ……村里的地就这么大，盖多栋房子的位置都没有，哪有地方搞广场……向街道办申请了健身器材，也还没拨下来……路都是这几年才修的，街道办帮着做，以前只有泥土路，可是还是走不了汽车，出村非常不方便……

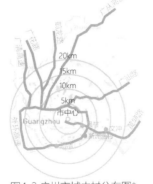

图4-2 广州市城中村分布图*

4.2.3 政府行政管理关系尚未厘清成为发展与转型的桎梏

新洲渔村面临较为尴尬的处境是，渔业社与行政村之间的关系尚未厘清，行政上隶属于白云区，社区管理服务却由其所在地海珠区琶洲街道广渔社区提供，这导致一些公共资源无法及时覆盖到所有村民。除在体制上存在制约其供给的因素外，基础薄弱的渔村集体经济也无法承担起所需的巨额建设资金，导致渔村基础设施建设落后，人居环境普遍较差，缺乏系统的道路，再加上无额外建设用地，导致无法发展第三产业，产业化水平不高。

> ……我们这个村1966年建立的……村的编制从以前到现在都属于白云区，但是地是海珠区的……现在市民的户口都落在了海珠区，教育、医疗、计生都归海珠区管；但生产归白云区。就因为这样，要申请什么项目什么补助时，我们总是被'踢皮球'……

*注：广州市城中村分布图援引自李俊夫《广州城中村土地利用研究》。

第四章 新洲渔村疍民生存困境成因分析

城中村与新洲渔村对比表(自绘)　　表4-1

对比项目	A型"城中村"	B型"城中村"	C型"城中村"	渔村
典型案例	员村	沥滘村	文冲村	新洲渔村
区域位置	建成区内，近中心区（距离市中心5～7.5km）	建成区内，中心区外缘（距离市中心7.5～12km）	建成区外，规划区内（距离市中心12～15km）	建成区外，规划区内（距离市中心10km）
农用土地	完全没有农用土地	有部分农用土地、处于城市近期重点建设区域	有较多农用土地、近期不列入重点建设区域	完全没有农用土地
人口特征	1.外来人口大量涌入，总人口大增；2.原居民部分外迁；3.外来人口超过本地人口	1.外来人口大量涌入；2.本地居民部分转化	1.外来人口增加、总人口增加；2.本地人口开始转化	1.无外来人口；2.原居民部分外迁
集体经济收益	1.土地收益：城市建设征地的补偿款；2.物业出租，包括厂房、商铺、住宅等多种类型；3.村办企业：工业、第三产业等（酒店、市场等）			无集体经济收益
家庭经济收益	1.集体分配；2.物业出租收益。主要为出租屋经济；3.从业收入。经商、打工、摩托车搭客等			大多数以渔业收入为主，少数从业，无集体分配和物业出租
景观特点	布局凌乱不堪，违法用地、违法建设和非法转让宅基地的问题严重，出现"一线天""贴面膜"等景观			除了布局杂乱外，在江边有密集的水棚和停泊的渔村景观
环境卫生	许多道路没有硬地化；排水沟没有管网化；绿化面积少，绿化覆盖率低			
基础设施状况	有一定程度的普及，除水、电外的其他基础设施，如道路、电信、排水、煤气管道等方面距离城市标准还差很远。道路系统很不完善，等级低，难以成系统，导致市政管网非常薄弱，布局凌乱			道路系统比一般的"城中村"还要落后，与外界无通车道路
公共设施	商铺众多而普遍缺少公共绿地以及为本村服务的初高中教育和相应的文化体育等设施，城市消防设施极缺乏			居委会、餐馆、警务室、渔业合作社、船只修理点、卫生站等和杂货店等公共设施机构四家
产业特征	1.农业基本消失；2.第二、第三产业及土地收益为主要经济来源；3.第三产业与土地收益地位突出	1.农业下降，比重较低；2.工业、第三产业及土地收益成为主要经济来源	1.从农业向非农业主导转变；2.工业发展，部分发展较快	1.渔业为主，无农业；2.有极少量第三产业
空间特征	1.外部发展基本停止，但内部发展因拆旧建新而有一定变动； 2.被城市用地包围，用地互相交错，空间关系不协调，对城市影响大	1.外部发展与内部变动并存，内箱扩展明显；2.城市用地大量渗入，城、用地交错扩展	1.逐渐加快的外向扩展为主；2.城市用地开始渗入，但规模相对较小，城、村空间矛盾尚不明显	无扩展，规模和建村初期差别不大

第五章 案例研究

5.1 环境移民的案例分析

5.1.1 国外案例

孙德尔本地区（Sundarban region）环境移民

孙德尔本地区的环境移民属于前述第二类环境移民，即环境被迫移民。

2009年的南二十四博尔戈纳县人类发展报告（South 24 Pargana District Human Development Report）指出，由于孙德尔本地区洪涝频发、土地侵蚀、水平面上升，越来越多的原住民失去生存空间、被迫移民，成为环境移民。

Hazra在其一项研究中指出，孙德尔本地区的南部岛屿面积在1969年到2009年之间从788.192平方公里缩小到了692.38平方公里；该地区海平面以每年3.24毫米的速度上升。占总人口40%的农耕和渔业人口受其影响最大，其耕地减少、收成缩水、生存受威胁并被迫移民。

当地政府鼓励这些遇到困境的原住民移民，在他处建设安置区。安置区距离他们的农田和渔场较远，使得他们难以维持生计。只有一部分原住民接受了这个政策，在安置区生活，在原地区工作；另一部分则拒绝接受政策移民，冒着危险继续在原地区生活。

5.1.2 国内案例

敖鲁古雅鄂温克环境移民

敖鲁古雅鄂温克环境移民属于前述第三类环境移民，即环境诱导的经济移民。

300年来，大兴安岭西北、额尔古纳河右岸的鄂温克族一直在原始森林里过着狩猎和采集野果的氏族公社生活。其人口维持在100~200人，游猎区面积约20000平方公里。

1959年，政府为鄂温克族在山下的皮毛山货集散地建设了定居点。只有小部分人常住于此，大多数猎民仍过着游猎生活，仅将其作为歇脚处。1965年，政府又于旧定居点往内150公里处修建新定居点，并建设配套设施。猎民虽居于此，但仍然上山狩猎。2003年，在内蒙古自治区根河市敖鲁古雅乡政府的鼓励下，鄂温克族再迁居至市郊政府建设的安置房。鄂温克族被禁止狩猎或伐树，仅能靠售卖驯鹿茸为生，收入减少80%。搬迁后不久，饲养驯鹿的30多名鄂温克族人又重返山林生活。

5.1.3 小结

纵观国内外的环境移民，造成其迁移后困境的主要原因，除了生态环境恶化或保护外，还有行政管理的不足。

5.2 生态补偿的案例分析

国际上，2005年荷兰鹿特丹港口扩建时涉及周边20平方公里的自然海域的丧失，港口建设单位采取了生态修复和货币补偿两种方式进行补偿，在邻近海域建立了海床保护区、在邻近滩涂进行沙滩的修复以补偿填海区域植被的破坏，并以货币的方式补偿周边居民的财产和财务损失。

英国南威尔士的加的夫海港，位于Taff和Ely河口，为了维持加的夫湾的生态服务功能及海港的可持续发展，提供新的湿地以补偿其带来的野生动物栖息地的损失，补偿因港口开发在Taff和Ely河口布设一系列堰坝而带来的不利生态影响。

生态补偿方法比较表（自绘） 表5-1

比较项目	海洋生态补偿方法			
	生境补偿		经济补偿	资源补偿
	海洋牧场（人工鱼礁）	海洋保护区		
补偿主体	企业个体、受益者	国家、政府	政府、污染者、受益者、社会公众	污染者、施工单位、企业
适用海域	鱼类繁殖区、适宜生长区	特征物种生存区	任何海域	施工建设海域
特点	通过人为的生境营造建立适宜海洋生物生存的环境，放流物种，并运用先进监测管理技术	通过划定海域，强制减少或者禁止人类活动	适用广泛	直接补偿
前期投入	材料选取与准备、方案选取	各种规划文件	无	生物资源的选取与准备
经济效益	具有较大的经济效益	经济效益受到影响，经济利益降低甚至消失	无直接经济效益	经济效益明显，但受到投放效果影响
环境效益	区域生物资源、生态环境改善明显	具有长远的环境效益	环境效益较弱，具有一定延迟性和间接性	区域生物资源恢复明显，生态环境改善较弱

环境移民！? ——对广州新洲渔民新村疍民生存困境的调查

第六章 结论与讨论

6.1 结论

随着城市的快速发展，一系列的城市建设活动给珠江流域生态系统造成了极大的破坏，水质的污染、水生生物种类和数量的减少，迫使新洲疍民转移到外海的捕鱼地点，工作环境变得枯燥危险。然而，在这个过程中，保护疍民权益的相关制度缺乏、疍民的社会保障制度不完善以及相关部门的监督力度不足等情况客观存在。

6.2 讨论

问题

生产：
- 海上时间变长，岸上时间变短
- 渔场转移，自然环境威胁
- 生理心理双重折磨
- 渔业生产难以为继
- 上岸就业转型困难

生活：
- 居住空间有所改善，但相对落后
- 交通发展滞后
- 防洪压力大
- 公共空间缺失
- 发展用地严重受限

文化：
- 文化习俗濒临消亡

策略

生态补偿

（1）**针对仍在从事渔业生产的疍民，要尽快确立渔业权制度**：当水域被征用、受到污染或破坏时为疍民提供要求补偿或赔偿的法律依据。

（2）**建立多元生态补偿机制**：①应设法将疍民纳入社会保障系统；② 采用多样性的生态补偿方式，近期通过经济补偿、资源补偿和系列生境补偿，保证生态系统得到长远发展。

（3）**完善针对疍民的就业制度**：强化职业教育和职业培训，让上岸疍民真正掌握一门非渔职业技能，提高他们的就业能力。

用地安排

面对交通用地不足带来的出行问题、居住用地不足而建筑密度过高带来的防洪防灾问题，以及发展用地不足带来的经济和居民自身发展问题，相关负责人、负责部门对内应合理利用渔村现有用地，保证必要的消防间距和防洪措施；对外应争取选址和规模皆合理的必要的渔村发展用地，改善渔村的交通状况，提供必要的公共空间。

规划建议

我们以新洲渔村的现状为依据，以用地安排的要求为原则，对渔村做了建议性规划。规划中，除了梳理交通、增添绿地和公共活动场所外，最大的工程是拆除了建于水上或离岸线20米以内的棚户与房屋，并将沿岸的20米带状硬质区域恢复成防洪绿带。防洪绿带除有生态防洪的作用外，也能为居民提供充满疍家记忆的滨水公共活动场所。

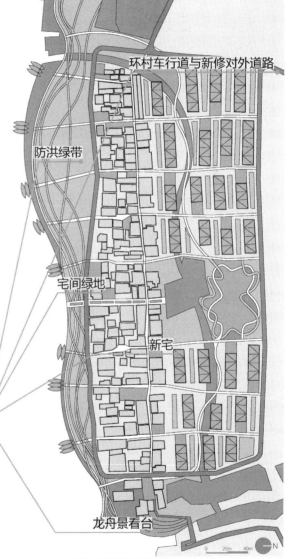

图6-1 新洲渔村规划设想平面图

参考文献

[1] 伍锐麟. 民国广州的疍民、人力车夫和村落：伍锐麟社会学调查报告集[M]. 广州：广东人民出版社，2010.
[2] 肖小霞，裘璇. 内河上岸渔民的生存现状和社会保障探索——以广州市为例 [J]. 改革与战略，2008, 24(1):76-79.
[3] 胡波. 生态环境挤压下的疍民——以珠江三角洲地区为中心 [J]. 史林，2014(6):113-121;182.
[4] 钟晶. 渔民——亟需关心的弱势群体 [J]. 中国水产，2003(10):19-20.
[5] 刘燕妮. 基于机会成本的生态补偿标准研究——以佛冈为例[D]. 广州：暨南大学，2013.
[6] 幸红. 流域生态补偿机制相关法律问题探讨——以珠江流域为例 [J]. 时代法学，2007, 5(4):38-44.
[7] 刘俊勇，张丽，张云，等. 珠江流域水生态补偿机制总体框架初步研究 [J]. 人民珠江，2011, 32(5):1-3.
[8] 苏源，刘花台. 海洋生态补偿方法以及国内外研究进展 [J]. 绿色科技，2015(12):24-27.
[9] 俞虹旭，余兴光，陈克亮. 海洋生态补偿研究进展及实践 [J]. 环境科学与技术，2013, 36(5):100-104.
[10] 廖志敏，谢元媛. 制度变迁的经济原因与困难——使鹿鄂温克族裔文明兴衰的启示 [J]. 中国农业大学学报（社会科学版），2011, 28(3):57-65.
[11] 谢元媛. 文明责任与文化选择——对敖鲁古雅鄂温克生态移民事件的一种思考 [J]. 文化艺术研究，2011, 4(2):110-117.
[12] 李生，韩广富. 生态移民对文化变迁作用的思考——以内蒙古草原生态移民为例 [J]. 探索，2012(5):121-124.
[13] 税伟，徐国伟，兰肖雄，等. 生态移民国外研究进展 [J]. 世界地理研究，2012, 21(1):150-157.
[14] 李碧，黄光庆. 城市化对珠江河口的生态影响及对策 [J]. 海洋环境科学，2008, 27(5):543-546.
[15] 王晓蕾，周勤. 关于珠江流域水环境与生态安全问题的探讨 [J]. 水利规划与设计，2005(4):5-7.
[16] 徐庆勇，黄玫，刘洪升，等. 基于RS和GIS的珠江三角洲生态环境脆弱性综合评价 [J]. 应用生态学报，2011, 22(11):2987-2995.
[17] 崔树彬，王现方，邓家泉. 试论珠江水系的河流生态问题及对策 [J]. 水利发展研究，2015(9):7-11.
[18] 翟慧敏. 围海造地对濒海文化生态的危害——以珠海市香洲区唐家湾后环渔村为例 [J]. 原生态民族文化学刊，2012, 4(4):28-32.
[19] 邱运胜. 都市边缘区渔业疍民的生计、信仰与日常生活——广州渔民新村的个案研究 [J]. 文化学刊，2015(12): 18-23.
[20] 杨士弘. 珠江三角洲城市化对生态环境的影响及持续发展对策 [J]. 华南师范大学学报（自然科学版）1999(3):74-81.
[21] 蒋陈娟，杨清书，戴志军，等. 近几十年来珠江三角洲网河水位时空变化及原因初探 [J]. 海洋学报（中文版），2012, 34(1):46-56.
[22] 王廷华. 珠江三角洲水位变化趋势及其影响分析 [J]. 人民珠江，1998(6):38-41;45.
[23] 李俊夫. 广州城中村土地利用研究 [D]. 广州：中山大学，2003.
[24] 肖小霞，裘璇. 内河上岸渔民的生存现状和社会保障探索——以广州市为例 [J]. 改革与战略，2008, 24(1):76-79.
[25] 刘惠明. 日本的渔业权制度及对我国的启示 [J]. 河海大学学报（哲学社会科学版），2004, 6(1):50-53.
[26] 韩立民，任广艳. 新渔村建设面临的问题及化解思路 [C]//2008中国渔业经济专家论坛论文集. [出版地不详]：[出版者不详]. 2008:209-213.
[27] 梅蒋巧. 沿海渔区渔民弱势群体的现状与问题研究 [J]. 经营管理者，2013(16):80.
[28] BERA M K. Environmental refugee: a study of involuntary migrants of Sundarban islands[J]. Hasanuddin University Press, 2013.
[29] HAZRA et al. Sea level and associated changes in the Sundarbans[J]. Science and Culture, 2002, Vol68(9-12): 309-321.
[30] BANK A D. Addressing climate change and migration in Asia and the Pacific[J]. General Information, 2012.

附录1 访谈对象资料汇总

序号	性别	年龄	职业	序号	性别	年龄	职业
1	男	30s	渔民	21	男	20s	文职
2	男	30s	渔民	22	男	30s	做生意
3	男	40s	渔民	23	男	30s	做生意
4	男	40s	渔民	24	男	30s	文职
5	男	50s	渔民	25	男	30s	文职
6	男	50s	渔民	26	男	30s	做生意
7	男	50s	渔民	27	男	30s	文职
8	男	50s	渔民	28	女	60s	渔民
9	男	50s	渔民	29	女	20s	文职
10	男	50s	渔民	30	女	20s	文职
11	男	50s	渔民	31	女	20s	文职
12	男	60s	渔民	32	女	30s	文职
13	男	60s	渔民	33	女	30s	做生意
14	男	60s	渔民	34	女	30s	做生意
15	男	60s	渔民	35	女	30s	文职
16	男	20s	文职	36	女	40s	文职
17	男	20s	文职	37	女	70s	已退休
18	男	20s	文职	38	女	70s	已退休
19	男	20s	做生意	39	女	70s	家庭主妇
20	男	20s	文职				

注：20s代表年龄在20~29岁，以此类推。

环境移民!? ——对广州新洲渔民新村疍民生存困境的调查

附录 2 访谈结构

1. 请问您是渔民吗？
A. 是 B. 否
2. 您的船是内河船还是海船？
A. 内河船 B. 海船

生产方式：
（1）渔民
3. 您以前去打鱼一次需要 ___ 时间，现在需要 ___ 时间？
A. 一天 B. 一周 C. 一个月 D. 两个月以上 E. 其他
4. 您以前在 ___ 打鱼，现在在 ___ 打鱼？
5. 您现在出去打鱼是否会遇到更多的自然威胁，比如台风、雷雨？
A. 是 B. 否 C. 不知道
6. 您是否觉得现在出去打鱼比以前更加劳累、枯燥和担心家里？
A. 是 B. 否 C. 不知道
7. 现在的珠江水质跟以前比是否有什么变化？
A. 变好 B. 变差 C. 没变化
8. 水质变化对水产种类、数量和质量有什么影响？
A. 变好 B. 变差 C. 没影响
9. 水质变化是否影响了您的收入？
A. 变多 B. 变少 C. 没影响
10. 泥沙淤积和水流变慢是否导致附近的渔场消失？
A. 是 B. 否 C. 不知道
11. 您为什么坚持打鱼而不上岸就业？（多选）
A. 技术熟练 B. 有政策补贴 C. 比岸上收入高 D. 学历低 E. 岸上体力岗位减少 F. 其他：_____

（2）上岸就业的居民
12. 您的职业是什么？
A. 文职 B. 做生意 C. 家庭主妇 D. 养老 E. 其他
13. 您以前是否当过渔民？　　A. 是 B. 否
14. 为什么上岸就业而不打鱼？（多选）
A. 作业时间长 B. 有台风等自然威胁 C. 工作劳累 D. 环境枯燥 E. 无法照顾家人 F. 学历较高 G. 有其他技能 H. 其他：_____

生活方式：
15. 您觉得和以前出村相比现在的交通方便吗？
A. 是 B. 否 C. 不知道
16. 近年来是否受到更多的洪水的威胁？
A. 是 B. 否 C. 不知道
17. 您住哪里？船上？村里有房子？在外面租房？在村里租房？
_____
18. 您家有多少平方米？
A. 50平方米以下 B. 50~100平方米 C. 101~200平方米 D. 200平方米以上 E. 其他：_____
19. 您觉得现在平均每人的住房面积跟以前比有什么变化？
A. 变大 B. 变小 C. 没变化
20. 以前闲暇时候有什么活动？现在呢？
_____
21. 您以前在户外喜欢在哪里活动？现在呢？（多选）
A. 街边 B. 村头村尾 C. 船上 D. 水边 E. 其他：_____
22. 您知道现在村里还保留什么风俗？
A. 咸水歌 B. 疍家女服饰 C. 疍家婚嫁习俗 D. 疍家饮食 E. 端午祭典 F. 其他：_____
23. 您对疍家特色风俗有什么看法？
A. 应该传承发扬 B. 不应该传承发扬 C. 无所谓
24. 您怎么看待疍家人这个身份？
_____

意愿：
25. 您今后的职业打算是什么？
_____
26. 您是否愿意像十九涌那样发展休闲观光渔业？
A. 是 B. 否 C. 无所谓
27. 您是否愿意将村搬迁改造为休闲观光渔港？
A. 是 B. 否 C. 无所谓
28. 您想要临水而居还是住普通的住宅？
29. 您有什么公共空间的需求？
A. 公园 B. 广场 C. 健身设施 D. 无所谓 E. 其他：_____

基本信息：
30. 您的性别？
A. 男 B. 女
31. 您的年龄？
32. 您受教育的程度是？
33. 您的年收入大概是？
A. 12000元以下 B. 12000~36000元 C. 36000~60000元 D. 60000~84000元 E. 84000元以上
34. 您目前家里有几口人？您的家庭组成？（可多选）
A. 独居 B. 配偶 C. 孩子 D. 父母 E. 兄弟姐妹 F. 朋友 G. 其他：_____

侧耳倾听
——视障网民的社交空间调查

作者学生：王俊超、古倩华、李兆扬、林苑儒
指导老师：李昕、赵渺希、曾冬梅

华南理工大学城乡规划学科

2019城乡社会综合实践调研报告

优秀作业

扫码阅读
彩色版本

摘要：

互联网技术的发展为视障群体打开了接触世界的另一扇窗口，滋生了规模庞大的视障网民群体。而微信、微博等社交媒体的迅猛发展则显著丰富了视障群体的社交生活，在以往核心生活圈社交之外，形成以线上社交和由此延展出的网络线下社交为主要构成的社交空间。本研究着眼于当下视障网民的社交空间现状，通过网络问卷、实地访谈、跟踪标记等研究方法，基于与健视网民的对比，分析其线上社交特征和网络线下社交空间的活动类型、空间特征及社会效应等。研究发现网络线下社交的建立对视障网民社交状况的改善有正面影响，发挥了显著社会支持的功能。但受限于社会偏见、相关政策，尤其无障碍环境的不完善，相当比例的视障人士仍然无法自主出行参与网络线下社交，由此本研究参考国内外案例经验进行了一系列建议讨论。

关键词： 视障网民；社交媒体；网络线下社交

Abstract:

The development of Internet technology has opened up another window for the visually impaired to reach the world, which has spawned a large group of visually impaired Internet users. The rapid development of social media such as WeChat and Weibo has significantly enriched the social life of the visually impaired. In addition to the social life of the core life circle, the formation of online social networking and the extended online social network is the main component, social space. This study focuses on the current social space of the visually impaired Internet users. Through online questionnaires, field interviews, tracking marks and other research methods, based on the comparison with the PC users, the online social characteristics and the types of activities in the offline social space are analyzed in activity types, spatial characteristics and social effects. The study found that the establishment of social networking has a positive impact on the improvement of the social status of visually impaired Internet users, and has played a significant social support function. However, due to social prejudice, related policies, especially the imperfect barrier-free environment, a considerable proportion of visually impaired people are still unable to participate in online social networking. Therefore, this study has carried out a series of suggestions based on domestic and international case experience.

Keywords: Visually impaired group, Social media, Internet-based offline sociality

目录

1 绪论 01
  1.1 研究背景 01
  1.2 文献综述 01

2 研究设计 01
  2.1 研究目的 01
  2.2 研究内容与方法 01
  2.3 技术路线 02
  2.4 调研实施 02
  2.5 样本概况 02

3 调研结果与分析 03
  3.1 视障网民的线上社交空间 03
  3.2 视障网民的网络线下社交空间 04
  3.3 线上—网络线下社交的社会支持 07

4 总结与讨论 09
  4.1 主要结论 09
  4.2 讨论：隐性的困境 09
  4.3 案例分析：理解社会公平 10
  4.4 建议与展望：更自由、更有尊严的未来 10

参考文献 11
附录 11

绪论

1 绪论

1.1 研究背景

视障人士是从低视力到完全失明等一系列有视力障碍的群体。我国有 1731 万视障人士，他们大多从事按摩业工作。广州市逾 70% 的盲人按摩师每日工作时间超 8 小时，部分甚至达到 13 小时以上（谌小猛等，2018），这导致多数视障人士可支配休闲时间较少，加之其不能正常地通过视觉通道获得空间感知，生活圈和社交圈都呈现出狭窄单调的特点（陈旻等，2014）。

《"十三五"加快残疾人小康进程规划纲要》强调，大力推进互联网和移动互联网信息服务无障碍。互联网和读屏软件的出现极大地改善视障人士的生活方式和社会感知方式（邵小艳，2017），他们不再需要完全依赖家人和朋友去获取信息，可触碰的社交网络增加了他们的独立感和安全感（Abascal J,2000），**在网络上活跃的视障人士共同组成了一个新的群体——视障网民。**

1.2 文献综述

1.2.1 社交媒体时代下的视障网民

根据《2018 年视障网民移动资讯行为洞察报告》，95% 的视障网民都是通过手机上网，其使用方式以聊天、社交、网上购物为主，本文所探讨的线上社交概念是依托社交媒体进行的包含聊天在内的接收、表达和交流信息的过程。

图 1-2-1 视障网民移动互联网使用状况
（图源：笔者根据《2018年视障网民移动资讯行为洞察报告》自绘）

虽然社交媒体在一定程度上扩展了视障网民与他人交往的可能性，基于社交媒体建立起来的众多社群为广大视障网民提供了凝聚力和归属感。但李莲莲（2017）指出，视障网民的线上社交仍然是以亲友为主的紧密强关系网络。

1.2.2 社交媒体对社交空间的影响

线上社交空间的实质为现实社会在虚拟空间中的映射（方楠，2014），而社交媒体的出现和普及为社交空间拓展了新的维度——网络线下社交，即基于线上社交发展出的现实社会交往活动。**网络线下社交空间**指活动发生之前借助网络发布活动信息，召集活动人群，然后脱离网络进行活动的线下实体空间（王小文，2013），其出现使得线上社交空间与线下社交空间产生了交叉，由此，基于社交媒体所产生的社会资源向线下转化，线上社交能够促进线下活动的开展，而线下活动的开展也能够帮助建立线上社交关系（杜蓉，2014）。

图 1-2-2 移动互联网时代下的社交空间（图源：笔者自绘）

但互联网在视障群体中的普及并不意味着视障网民能够在线上社交中获得和健视网民同等的满足感。李东晓（2017）认为，虽然线上交流提高了视障者社会交往的独立性和自主性，但其在不断适应网络内容和技术变化时显得较为吃力。李鸿达（2016）甚至指出，以微信为代表的社交媒体具有的强功能性可能使残障者产生依赖，从而使其脱离现实的社会生活环境，更难以融入社会。

2 研究设计

2.1 研究目的

在了解视障网民社交媒体使用情况的基础上，分析视障网民的网络线下社交特点，全面探究社交媒体对视障网民社交空间的影响，对如何更好地保障视障人士更自由、有尊严的社交生活进行探讨并提出相关建议。

2.2 研究内容与方法

（1）**视障网民的线上社交空间特点**

分别对健视网民和视障网民派发问卷，通过对比分析和语义分析理解视障网民的线上社交圈结构及使用感受。

（2）**视障网民的网络线下社交空间特点**

①问卷结合结构化访谈分析视障网民参与网络线下社交的意愿。

研究设计

②选取广州市 6 家代表性组织分析网络线下活动的类型和空间载体变化。
③对 3 个视障网民样本参与网络线下活动的路径进行空间注记,了解影响视障网民出行的无障碍环境建设情况。

(3) 视障网民的线上—网络线下社交的社会效应
①对问卷进行交叉分析,理解线上—网络线下社交对视障网民的影响。
②进行半结构化访谈,了解视障网民参与网络线下活动的心理变化。

2.3 技术路线

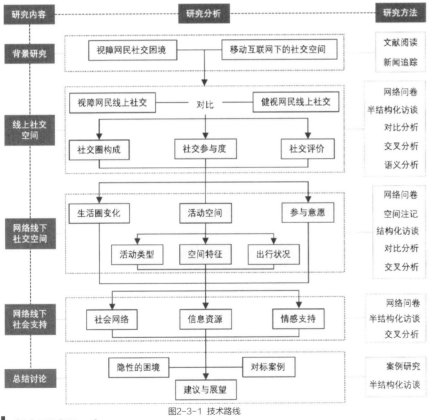

图2-3-1 技术路线

2.4 调研实施

由于视障网民的社交圈相对封闭,调研团队以"局内人"的身份多次参与视障网民的网络线下活动,与其建立社交联系。后期通过网络问卷、深入访谈、空间注记等多种方式获取数据,以微观视角解读视障网民的社交生活,具有科学性。

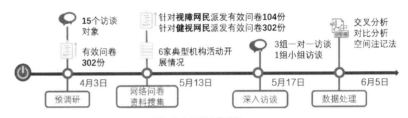

图2-4-1 调研实施流程

2.5 样本概况

针对视障网民回收有效问卷共 104 份,其中,样本构成以青年为主,73%的样本年龄为 30 岁以下,样本职业构成以商业服务业职工为主,符合大部分视障人士从事按摩业的客观情况,与《2018 年视障网民移动资讯行为洞察报告》结果接近,样本具有可信度。

访谈样本 26 个,涉及各年龄和多职业人群,样本选取具有代表性和科学性。

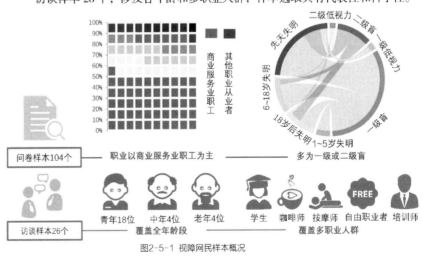

图2-5-1 视障网民样本概况

3 调研结果与分析

3.1 视障网民的线上社交空间

3.1.1 线上社交圈小

有 51%的视障网民每周保持联系的朋友只有 1~5 个，而这一情况在健视网民中只占 27%。每周保持联系的朋友能达到 15 个以上的，视障网民只占 19%，而健视网民占 29%。视障网民网络好友圈整体数量上较健视网民少，可见其线上社交圈较小。

图3-1-1 微信或QQ保持每周联系的人数　　图3-1-2 在微信或QQ上的好友的认识方式

此外，在社交媒体上通过网上认识好友更多的情况，视障网民占 13%，而健视网民基本没有；而通过现实认识好友更多的情况，视障网民占 65%，而健视网民占 94%。可见视障网民其线下社交圈的狭窄现状同样投射到了线上社交圈中。

3.1.2 线上社交构成多元、网友占比大

在视障网民的线上朋友圈构成中，学校认识的朋友最多，其次为家庭认识、网络认识、工作认识、活动培训、同乡朋友。而对比视障网民和健视网民线上社交朋友圈的构成，可以看出视障网民朋友圈构成更加多元，网络认识的朋友占据一定的比例，而健视网民主要依赖家庭亲戚、工作认识和学校认识朋友。

图3-1-3 视障网民线上社交朋友圈构成　　图3-1-4 健视网民线上社交朋友圈构成

3.1.3 线上社交的参与度较高

视障网民花费于社交媒体上的时间更多。仅有 50%的视障网民每天花费时间少于 2 小时，而健视网民中达到 65%；有 23%的视障网民每天花费时间超过 4 小时，在健视网民中只有 11%。

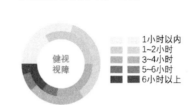 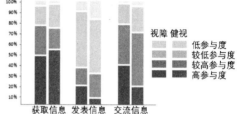

图3-1-5 每天花费在社交媒体上的时间　　图3-1-6 健视—视障人群线上社交参与度对比

按照社交媒体的参与程度可以从低到高分为 3 种情况：获取信息、交流信息和发表信息，再通过划分每种情况中 4 个强弱等级，最后通过对比可以看出：视障网民在交流信息和发表信息最活跃的部分明显高于健视网民。他们更加乐于公开分享自己的观点、更加乐意与不同的人聊天。

3.1.4 线上社交的评价较好

视障网民对于线上社交评价的综合评分 3.026，比健视网民 2.616 的综合评分更高，也更呈现正面积极的态度。从整体上可以看出视障网民对线上社交的依赖度较大，而对线上社交产生的人际关系评价也更好。

图3-1-7 对社交媒体上好友的信任程度

图3-1-8 名词、动词、形容词词频分析　　图3-1-9 情感语义分析

通过参与式调研进入微信群观察和了解视障网民的线上社交情况，可以看出视障网民对线上社交的认同程度较高，多表现出感情分享和经验分享的倾向，也较多采用较正面的形容词去表达自己的感受，通过一些乐观的态度和积极的建议分享帮助他人的同时也感知到更多的自我价值感。同时也会分享一些生活苦恼，表达自己存在的疑惑，线上社交成为一个较好的排解压力、缓解焦虑的工具。

3.2 视障网民的网络线下社交空间

3.2.1 网络线下社交参与意愿高

（1）线上社交向线下转化率较高、参与意愿强

有57.02%的视障网民有参与网络线下活动的经历，相比于健视网民45.03%的情况，其有更高的线下社交参与愿望。

参与网络线下活动时，视障网民可接受的通勤时间比健视网民长。57%的视障受访者表示"只要活动有趣，（到达活动地点）多长时间都可以"，而这一比例在健视受访者中仅占36%。

图3-2-1 健视—视障网民网络线下活动经历

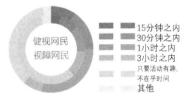

图3-2-2 健视—视障网民群体线下活动经历

（2）实际活动参与频率低

视障网民参与网络线下活动的频率低于健视网民，近五成视障受访者参与线下活动的频率只有数月一次。只有11%的视障受访者每周参与一次以上的网络线下活动，而这一比例在健视受访者中多达26%。对于视障网民而言，虽然参与网络线下活动的意愿较为强烈，但受限于自身出行障碍、活动举办频次少以及时间金钱等现实原因，实际能参与的网络线下活动有限。

由于本地社交联系少、社区融入感较低，视障网民中的"外地人"在参加网络线下活动时表现较为踊跃。

图3-2-3 健视—视障网民网络线下活动频率对比

图3-2-4 本地—外地视障网民线下活动参与频率对比

3.2.2 生活圈的拓展与跨越

根据视障网民出行特征可以将视障网民的生活圈分为三级：以家为核心的核心生活圈、以小区为中心的基本生活圈、以城市为对象的城市生活圈（陈青慧，1987）。

（1）核心生活圈：63%受访的视障网民会选择居住在离工作场所近的地方，方便自己的出行。视障网民从事的职业一般较为忙碌，因此主要的生活都集中在家和公司之间，主要和家庭亲戚、工作同事产生交往。

（2）基本生活圈：80%受访的视障网民能够借助导航软件以及盲杖等辅具，到自己家周边熟悉的地方购物、办理业务等。

（3）城市生活圈：73%的受访者有由家人陪同到公园等休闲场所游玩的经历；78%的受访者有与同乡朋友、学校同学到餐馆等消费场所聚会的经历；34%的受访者有通过社交媒体等信息渠道了解活动举办的地点、时间等并前往参加的经历。

视障网民由于受视力缺陷的限制以及现今城市无障碍建设水平低影响，生活圈整体的范围较小，主要的出行活动都集中在核心生活圈中。随着互联网和读屏软件的发展，越来越多的视障网民通过各种渠道了解并参加了网络线下活动，因此城市生活圈得以进一步地拓展。同时也存在部分视障网民通过社交媒体进行就业更换、城市迁移，形成核心生活圈的拓展甚至是城市生活圈的跨越，由单极变为多极。

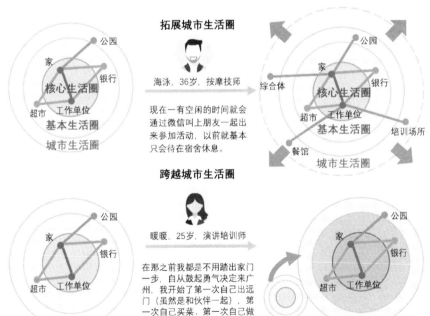

图3-2-5 基于网络线下社交的视障网民生活圈变化

调研结果与分析

3.2.3 活动组织更多元、活动类型更丰富

与健视网民相比，视障网民参与更多的培训学习类网络线下活动。值得关注的是，2010年后，依托越来越发达的社交媒体，广州市的社会组织和公益机构得到了一定发展。此外包括残联在内的传统组织也越来越多地借助网络平台发布活动资讯。

随着组织的丰富，活动类型逐渐从以基本生活保障为目的的培训扩展为各类兴趣小组，如运动协会、共生不错舞团等。视障网民的身份也从单纯的活动参与者逐渐成为发起者。

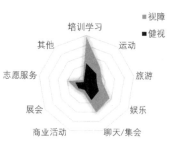

图3-2-6 健视—视障网民参与的线下活动类型

3.2.4 活动场所日趋开放

以培训学习为目标的活动大多在办公建筑内举行，由于场所相对封闭，视障网民基本没有与更多群体接触的机会。而近年发展起来的以兴趣圈为基础的活动往往在商业建筑或文教建筑举行，其场所相对开敞，在一定程度上实现了**视障网民社交空间与其他群体社交空间的融合**，而徒步一类的活动则更是进一步将视障网民引向户外，有助于其社交空间与生活圈共融。

需要关注的是，视障网民的网络线下活动场所基本位于公共交通条件和步行环境较好的区域，而对建筑物本身的无障碍条件则不太在意，这是因为他们更关注户外出行的安全性，且国内建筑物对于视障人群的无障碍支持普遍较差，视障网民在举办网络线下活动时往往没有太多选择的余地。

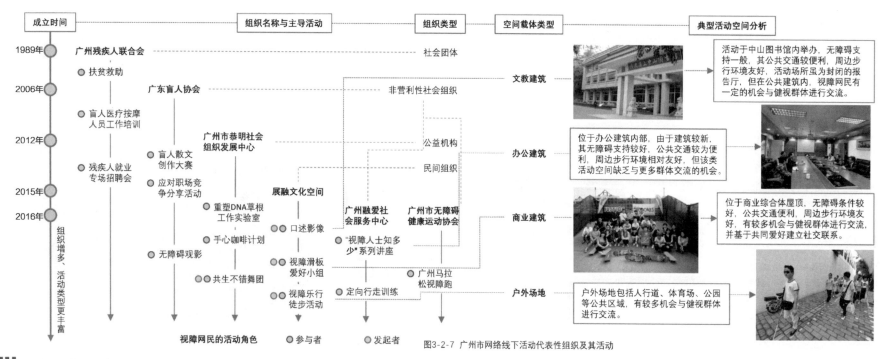

图3-2-7 广州市网络线下活动代表性组织及其活动

调研结果与分析

3.2.5 网络线下社交的参与受限于无障碍出行环境

视障网民参与网络线下活动的过程伴随着出行行为的发生，而受到视力限制的视障网民在不同的出行方式中面对着不同的障碍，总体来说传统步行和公共交通环境的无障碍出行支持虽发展多年但仍有诸多不完善，而网约车的发展提供更多便利，但成本更高。

其中，步行的出行困难主要反馈在过马路方面，仍然有不少地方交通提示音没有覆盖或出现故障情况，为视障网民的出行带来了很大困扰。地铁的无障碍条件相对较好，并设有可供视障人士使用的绿色通道，且工作人员可以帮助视障网民进出站、上下车。公交出行的评价相对较差，视障网民难以判断到站公交的具体班次，即便使用"车来了"等软件也难以确定公交车的具体停靠位置，需要上车咨询司机或周围乘客，存在很大不便。此外，以"滴滴出行"为代表的网约车的发展使得视障网民能够更方便地呼叫出租车，大大提升了出行的便利性，但由于视障网民普遍属于中低收入群体，难以负担这类成本偏高的出行方式。

视障网民对于不同出行方式的评价　　　　　　　　　　　表3-2-1

出行方式	针对视障人士的无障碍支持	困难点	反馈
步行	盲道、红绿灯提示音	面对天桥、岔路等难以判断步行方向 红绿灯提示音未完全覆盖	一般
公交	无	难以识别公交车号码 难以识别公交车停车点	较差
地铁	盲道、盲文、绿色通道	地铁站内外盲道衔接不佳 难以识别车厢	较好
出租车/网约车	无	难以向司机描述自己的所在地	好

为进一步了解视障网民参与网络线下活动的出行细节，我们对三名视障网民进行了路程的空间注记。发现：视障网民出行所花费的时间较健全人长，且出行过程中需要大量依靠周身店铺的声音进行定位。

特别地，他们往往羞于找路人寻求帮助，并对部分路人过度热心的态度表达了反感，像地铁站这类能快速寻求到工作人员帮助的出行方式对于他们而言更为安心。

空间注记样本及其出行路线、时间　　　　　　　　　　　表3-2-2

研究样本	出行路线	花费时间	健全人花费时间
小金，18岁，一级盲	元岗村（家）—富友财智中心	120min	72min
静娴，23岁，二级盲	同德围（家）—"一起开工"社区	97min	65min
小胡，32岁，一级盲	棠溪村（家）—广州塔	132min	63min

图3-2-8 视障网民小金参与网络线下活动的路程空间注记

3.3 线上—网络线下社交的社会支持

视障网民参与网络线下社交的社会效应主要体现在各种形式的社会支持。社会支持通常是指来自社会各方面，包括父母、亲戚、朋友等给予个体的精神或物质上的帮助和支持的系统（全宏燕，2008）。我们将线上—网络线下社交为视障者提供的社会支持分为社会网络、信息资源方面的客观支持与情感支持的主观支持三个方面。

图3-3-1 网络线下社交的社会支持类型

3.3.1 拓展社会网络

（1）社会网络向非刚性需求的社交发展

总体而言，视障群体借助线上—线下社交互动使其社会网络向非刚性需求的社交圈（如兴趣社交圈）发展，同时利用线上社交以发展社交圈、维持社交关系，但仍通过线下社交构建当前阶段社交关系的核心。

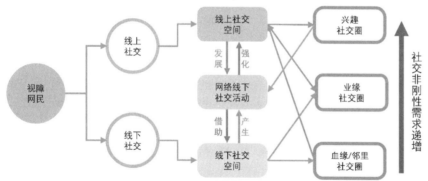

图3-3-2 线上—网络线下社交与社交网络关系图

（2）无固定职业者参与兴趣导向的网络线下活动更多

由于视障网民的社交模式主要因其职业性质的不同而呈现差异，我们将线上—网络线下社交互动模式对三类群体进行了划分：有固定职业视障网民、无固定职业视障网民、学生视障网民。

整体而言，在视障网民参与的网络线下社交活动中，培训学习活动最为普遍，其次以聊天/集会和娱乐等体验类活动为主。

不同身份之中，无固定职业群体有更多的参与线下活动的经历，有固定职业群体次之，学生最少。其中无固定职业者更多的参与活动经历体现在参加培训/运动/娱乐及展会活动之中。

图3-3-3 各身份视障网民参与的网络线下活动类型

（3）线上—网络线下社交满足了不同群体的不同社交拓展需求

固定职业者通过线上和线下社交维持业缘社交网络的联系，由于职业对其时间、体力的较大消耗，方便灵活的线上社交帮助他们满足基本的兴趣社交需求，也同时带来更多的线下社交机会。学生群体由于其家长"安全长大就好的"观念与出行经验不足，较难有机会参与线下活动，因此依赖线上社交来拓展自己的社交圈。

无固定职业者缺少稳定的业缘社会网络，会通过与多个社交圈保持一定线上社交关系以寻求新就业机会，同时由于有更多的可支配时间，与兴趣社交圈联系较为紧密并参加其网络线下活动，以实现心理满足并发展社交网络。

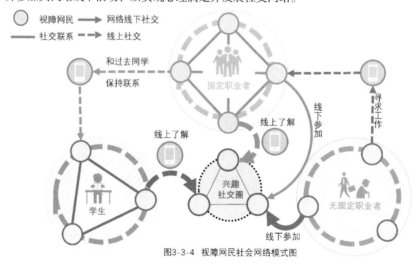

图3-3-4 视障网民社会网络模式图

3.3.2 补充信息资源

（1）就业信息交流：决策生成，改变就业

超半数视障者曾借助社交媒体更换工作，按摩针灸行业在全国范围有联系网，存在于不同城市，甚至有国家间迁移以寻求工作的情况。

（2）培训学习活动：保障生活、适应环境

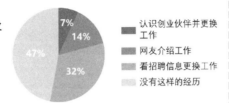

图3-3-5 借助社交媒体更换工作比例

目前培训学习活动以按摩培训、定向行走、互联网入门等基本生活能力培训为主，为低教育程度视障网民提供基础教育，同时为他们构建了最基础的社交联系。

（3）体验式活动：丰富生活内容、补充业余体验

以官方、民间社会机构通过社交媒体建立的各类群聊以及根据兴趣衍生出的群为基础，官方或自发组织旅游、运动、分享、娱乐等多种类型、以兴趣为主要导向的强调体验与分享的活动，为视障人群带来更丰富的生活内容与更广阔的生活空间。

3.3.3 提供情感支持

（1）更稳定的社交关系与归属感

对于视障网民而言，相对单调的生活模式和狭小的生活圈使得其对社交活动具有较大的需求。调查显示，视障网民对于已建立的社交关系的信赖程度是高于健视网民的，且这种信赖感会随着线下活动的开展而加强。

可见，虽然在线上社交活动中，视障网民能够实现社交圈的扩张，但稳定社交关系的形成仍然需要依托面对面的线下社交活动。特别地，相比本地视障人士，外地视障人士对线下活动认识的朋友更信赖，线下活动有助于他们更快速地融入当地社群。

此外，参与过线下活动的视障人士花费在社交媒体上的时间相对较少，可见，参与线下活动有助于避免过度沉溺线上社交而导致社会融入困难。线下社交一定程度替代了线上社交，给予他们满足感。

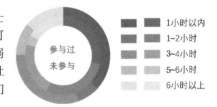

图3-3-8 参与—未参与过网络线下活动的视障网民使用社交媒体的时长

（2）勇气获得与自我提升

线下社交活动逐渐成为视障网民认知世界的重要窗口，一方面体现在参与线下活动的过程中，视障人士之间往往互相陪伴，这有助于出行胆怯的视障人士通过切身的出行体验塑造对周围环境的认知，积累出行经验，获得日后出行的勇气。

另一方面，面向视障网民开展的线下活动的组织者通常是相对活跃、积极的视障人士，他们乐于分享自己与外界接触的经验，并积极呼吁视障人士改善自己的生活状态。通过活动参与，视障网民能够拓宽对生活可能性的认识，实现自我水平的提升。

自由职业者 小李：我原来一个人的时候不是特别敢出门，主要是没人陪同相互照应。后来接触到一些比较活跃的视障者之后慢慢参与一些活动，意识到要**学会自主的生活**，现在我能自己独立出门了。

"手心咖啡"可能没办法帮助大家就业，这个需要社会更多的包容和认可才能实现，但是，这可以告诉大家盲人也是可以泡咖啡的，喜欢咖啡的盲人也可以找到一个可以一起聊咖啡、喝咖啡的地方，这可以是一种**更高质量的生活方式**。 手心咖啡负责人 晓晓

展融徒步计划发起者 阿冲：给盲人送钱、送盲杖很容易，但是这样有意义吗？这些吃不饱的人有意义，但是你们吃饱就够了吗？一个盲人来到世界上不是吃饱了活着就可以，**他们想活得更像一个普通人，更有尊严。**

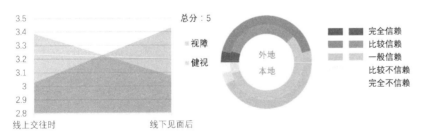

图3-3-6 健视—视障网民线下见面后信赖评分改变对比

图3-3-7 本地—外地视障网民对通过网络线下活动认识的朋友的信赖程度

图3-3-9 代表人物访谈

4 总结与讨论

4.1 主要结论

4.1.1 线上社交作用

互联网技术的发展帮助视障网民突破身体局限、缩短时空距离，而能和更多的人发生社会联系。视障网民通过社交媒体联系的好友比健视网民更加多元、更依赖网络认识，也表达出比健视网民更活跃参与线上社交的态度。通过社交媒体，如微信进行线上社交，是视障网民接触世界、了解社会的重要窗口，也是他们分享情感、表达想法的重要场所。

4.1.2 网络线下社交现状

基于移动互联网产生的网络线下社交给视障网民一个新的拓展城市生活圈，甚至跳脱原有基本生活圈的方式，视障网民中有58%的比例（高于健视网民）参加过网络线下社交。虽然视障网民有着更高的参加网络线下社交的意愿，却受限于无障碍出行的环境，面临活动场所有限、活动形式单一、到达场所困难等问题。

4.1.3 网络线下社交的社会支持

网络线下社交的开展给视障网民带来了不同程度的社会支持：以构建社会网络为主，兼有信息资源和情感支持的帮助。线下活动的参与不仅使视障网民得到出行技能的锻炼、身心的放松，还使他们走出平日生活的舒适圈，拓展了自身的眼界和社交圈，同时网络线下社交也有着社会融入的价值及帮助视障网民建立社会支持的作用。

4.2 讨论：隐性的困境

基于对视障网民社交空间的调查，我们可以看到虽然互联网的出现为视障人士的社交生活带来了诸多突破，但其社交空间仍然受到了诸多限制，这不仅与前文分析的无障碍建设滞后有关，更与一些隐性的困境相关。

4.2.1 技术层面——信息无障碍的滞后

根据《中国互联网视障用户基本情况报告》，视障网民对信息无障碍评价较满意的仅有11%，但认为不好甚至非常差的占23%。在信息获取障碍导致的贫富差距变得越来越明显的今天，如何利用技术和互联网方式，帮助

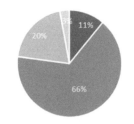

- 很好，几乎所有互联网产品都用得很顺畅
- 一般，互联网产品勉强让视障者使用
- 不好，大部分产品很难使用
- 非常差，对视障者来说简直是噩梦

图4-2-1 视障网民对互联网信息无障碍评价
——《中国互联网视障用户基本情况报告》，中国信息无障碍产品联盟，2016.

视障网民融入主流社会、实现脱贫，是一个需要攻克的难关。

4.2.2 社会层面——大型社会组织的局限性

由于盲协、残联等机构的地方分管形式与按户口、残疾证登记的服务的制度，对非本地户口视障网民的活动组织和信息提供有地方局限。并且现有常见的活动组织以基础技能培训为主，在活动类型上未能充分考虑帮助视障者实现对生活情趣、自由发展等更高水平的需求的满足。

盲协的群以区为单位，政策、福利、资讯都会交流，外来务工也有群，但各方面福利都是按照省属的、市属的到当地的残联去申请的。
李阿姨，56岁

他们都会有一些按摩的培训班，还有定向行走，就觉得很机械、没有温度、没有太实质性的帮助。
晓晓，22岁

图4-2-2 相关访谈

4.2.3 公众层面——亟需教育普及

公众对于视障人士的了解是十分薄弱的，他们认为视障人士缺乏基本生活能力，亦不了解帮助他们的方式。在302个健视网民样本中，仅7%有视障人士朋友，仅38%认为视障人士能够使用社交媒体，仅14%了解视障人士如何使用社交媒体。

此外，通过对视障群体的了解程度和与其交朋友意向程度的相关分析中可以看出，对视障群体了解程度越高的健视网民越愿意与视障群体交友。可见，公众对视障群体认知程度的不足直接影响了其与视障人士交友的意愿。

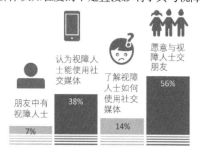

图4-2-3 公众对视障群体认知情况

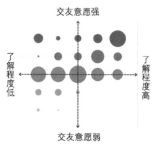

图4-2-4 公众对视障群体交友意愿

4.2.4 制度层面——残障群体权益被忽视

尽管我国对残障人群和无障碍设施建设已有比较完善的法规体系，但一方面由于残疾人团体在无障碍设计立法与建设过程中参与性较低，其建设标准不一定能完全适应使用者的需求（张森，2017）；另一方面自上而下的考核机制驱动，使得在实际建设、管理中出现盲目追求数量、疏于监管等问题。

总结与讨论 CONCLUSIONS & DISCUSSION

4.3 案例分析：理解社会公平

以视障网民为代表的视障人士所面临的社交困境一定程度反映社会公平的问题，社会公平强调所有公民拥有平等的政治和社会机会。如何促使残障者与健全人和谐交往？新加坡和瑞典在这一方面的尝试可以为我们提供一些参考。

4.3.1 新加坡 Enabling Village

Enabling Village（新协力社区中心）由新加坡协助身障者自立局（SG Enable）设立。该中心设有专门的资讯和职业中心，帮助残障者评估求职能力、推荐培训课程并帮他们配对工作。除了在设计上满足特殊族群的使用需求外，其也对社会大众开放使用——幼儿园中身障孩童与一般孩童各占一半；健身房里年长者与身障者和周围居民们一起运动。这样的设计，一来**协助身障者和社会建立连结**，增加**交流机会**；二来**更潜移默化地扭转社会大众的心态**，让大众能够同理并接受与自己的各种不同。

图4-3-1 新加坡以通用设计打造的社区中心

图4-3-2 Enabling Village的可借鉴模式

4.3.2 瑞典残疾人服务机制

瑞典以法治为基础，全面承担残疾人照顾的总体责任。瑞典国会2000年通过的《从病人到市民：残疾政策全国行动计划》，强调了残疾人从"病症角色"向"普通市民"的转变，它要求鉴别和移除残疾人全面参与社会的各种障碍，预防和禁止对残疾人的各类歧视，让残疾儿童和青少年能够独立生活。此外，瑞典残疾人组织的重要作用是**推动残疾人政策的制定**，很多的瑞典残疾人组织会经常进行各种社会运动。

瑞典残疾人政策的背后是"每个人都要拥有同等价值和同等权利"的原则，国家在消除残疾人与健全人之间的鸿沟、确保残疾人良好的健康社会与经济安全方面负有责任（杨立雄，2013）。

4.4 建议与展望：更自由、更有尊严的未来

通过研究，我们发现基于线上社交和网络线下社交，视障网民的生活圈得以扩张，且获得了更高水平的社会支持，但受限于网络信息可及性、网络线下活动的类型、公众态度和无障碍环境建设水平等因素，他们的社交空间仍然存在诸多限制。如何为以视障网民为代表的视障人士创建更和谐、公平的社会环境，保障其更自由、更有尊严的生活，我们提出在政府和市场层面做出更多努力。

4.4.1 政府层面：鼓励多元社会组织、补贴鼓励无障碍社区发展、制度激励企业发展信息无障碍、进行公众教育

残障人士生活和权益的保障是政府职责所在，政府需要通过政策环境营造、制度激励、直接财政补贴等多种手段促使社会组织和市场力量有所作为。政府应鼓励多元社会组织发挥自身服务优势、提高良好协作水平、基于不同的资源为视障网民提供全面优质的服务。同时也应提升视障群体服务体系的专业化水平，才能避免活动举办流于形式，使线下活动真正落地，满足视障网民的需求。

补贴鼓励无障碍社区发展。国内视障网民的基础生活往往局限在社群内部，像新加坡 Enabling Village 这样通过通用设计构建平等包容的实体社区环境来促进健全群体和残障群体互相交流和了解的做法值得参考和借鉴。网络线下活动的开展只能帮助拓展视障网民的城市生活圈，但真正能够改善他们生活、消除社会偏见的举措还是要从改善核心生活圈和基本生活圈做起。

图4-4-1 不同主体发挥作用

政府应通过制定政策鼓励更多的企业投入到无障碍信息建设中；另外在政策宣传、活动举行的过程中加强对公众进行教育，改变部分人群对视障群体的刻板印象。

4.4.2 市场层面：发挥企业责任让技术带来更自由的社交活动

在移动无障碍需求日益凸显的今天，软件开发企业应当规范软件应用基础的读屏体验，认真听取并收纳视障用户对软件无障碍使用的需求；将无障碍测试纳入软件版本更新迭代的必备环节，能够更好地提升视障群体的用户体验，使他们能在社交媒体上获取资讯、畅所欲言，重返社会自由流动的社交网络。

参考文献

[1] ABASCAL J, CIVITA.Mobile Communication for people with disabilities and older people: new opportunities for autonomous life [J]. Proceedings of Ercim Workshop, 2000.

[2] 中国信息无障碍产品联盟秘书处.2016年中国互联网视障用户基本情况报告[EB/OL]. http://www.199it.com/archives/460010.html.

[3] 酷鹅用户研究院.2018年视障网民移动资讯行为洞察报告[EB/OL].http://www.199it.com/archives/705825.html.

[4] WOHA建筑事务所.新加坡新协立综合社区服务中心[J].风景园林,2018,25(7):67-73.

[5] 陈旻,刘德儿,林晖.从地理信息系统角度探究盲人户外导航的几个关键问题[J].地球信息科学学报,2014,16(4):553-559.

[6] 陈青慧,徐培玮.城市生活居住环境质量评价方法初探[J].城市规划,1987(5):52-58;29.

[7] 陈晓琳. 视障残疾人社会支持网络构建个案报告[D]. 武汉: 华中师范大学, 2014.

[8] 谌小猛,罗妍,刘泽慧,等.盲人按摩师职业发展现状调查研究——以广州市越秀区为例[J].现代特殊教育,2018(2):75-79.

[9] 杜蓉,於志文,刘振鲁,等.基于豆瓣同城活动的线上线下社交影响研究[J].计算机学报,2014,37(1):238-245.

[10] 方楠."双面"人格在现实与虚拟社交空间的呈现——当代大学生人格异化探究[J].长春工业大学学报(高教研究版),2014,35(1):106-109.

[11] 侯文泽,贺腾飞,阮海燕.举步维艰,路在哪里——盲道中的残疾人福利漏洞[J].科协论坛(下半月),2011(6):183-186.

[12] 李东晓,熊梦琪."可及"之后:新媒体的无障碍传播研究与反思[J].浙江学刊,2017(6):199-206.

[13] 李鸿达.微信对残疾青年社会融入作用的可行性研究[J].科技传播,2016,8(11):96-99;163.

[14] 李莲莲. 视障者的社交媒体使用与公共参与——基于357名视障者的实证研究[D]. 长春: 吉林大学, 2017.

[15] 全宏艳.社会支持研究综述[J].重庆科技学院学报(社会科学版),2008(3):69-70.

[16] 邵小艳. 盲人推拿群体的交往与认同——基于合肥地区的个案研究[D]. 合肥: 安徽大学, 2017.

[17] 王小文. 城市网络线下休闲活动空间结构研究——以豆瓣网为例[D]. 南京: 南京大学, 2013.

[18] 夏夏.论社交媒体的空间可见性生产——以微博为例[J].东南传播,2017(5):98-101.

[19] 熊灵. 弱关系理论视阈下移动社交媒体的用户关系研究[D]. 南昌: 江西财经大学, 2017.

[20] 杨立雄.美国、瑞典和日本残疾人服务体系比较研究[J].残疾人研究,2013(1):69-75.

[21] 岳培宇. 残疾者休闲参与与社会融入关系研究[D]. 成都: 西南财经大学, 2014.

[22] 张淼. 城市视觉障碍人群的行为特征与智慧安全出行策略研究[D]. 天津: 天津大学, 2017.

[23] 张晓瑞. 移动社交网络的传播学研究[D]. 北京: 北京邮电大学, 2013.

附录

附录1 调查进度表

调查时间	调查地点	调查对象	调查方式	调查内容
2019年4月3日	广州市启明学校	盲人学校师生	访谈	了解视障群体基本出行现状、手机应用方式
2019年4月3日	盲人按摩店	盲人推拿师	访谈	了解视障群体基本出行现状、生活现状、手机应用方式
2019年4月10日	粤海集团大厦	视障群体	空间注记、观察、访谈	和视障人群一起徒步，观察出行遇到的问题，了解线下活动的方式和视障群体的生活现状
2019年4月13日	富力商贸大厦	融爱社会组织社工及参加活动的视障群体	访谈、观察	了解社会组织情况及线下活动形式和视障群体基本出行现状、手机应用方式
2019年4月24日	"一起开工"社区	视障群体	访谈、观察	了解手心咖啡线下活动形式及通过访谈了解阻碍视障人群出行的原因
2019年5月13日	网络	社会公众	问卷	了解社会公众对视障群体的认知程度
2019年5月17日	网络	社会公众	问卷	了解社会公众的线上和线下社交现状
2019年5月17日	网络	视障群体	问卷	了解视障群体的线上和线下社交现状
2019年5月27日-6月2日	网络	视障群体微信群聊	观察	了解视障群体线上社交内容
2019年6月1日	网络	盲人吧QQ群访谈	访谈	了解视障群体对线上、线下社交评价
2019年6月2日	"一起开工"社区	视障咖啡师	访谈	了解视障群体出行活动轨迹及对线下社交的评价
2019年6月7日	网络	视障朋友	访谈	了解视障群体出行活动轨迹及对线下社交的评价

附录2 问卷A：关于公众对视障网民社交媒体使用情况认知的调查

您好！我们是xx大学的学生，目前正在进行关于视障网民和健视网民社交媒体使用情况的调查，问卷不涉及隐私，您的填写可能为视障群体改善社交情况带来帮助。

1. 你是否有盲人（视障）朋友？[单选题]
A.是 B.否

2. 您觉得盲人（视障人士）能够使用互联网吗？[量表题]
1:完全不认同 2:比较不认同 3:一般 4:比较认同 5:完全认同

3. 您是否了解盲人如何使用互联网？[量表题]
1:完全不了解 2:比较不了解 3:一般 4:比较了解 5:完全了解

4. 您是否愿意和盲人交朋友？[量表题]
1:完全不愿意 2:比较不愿意 3:一般 4:比较愿意 5:完全愿意

5. 如果您对我们的研究感兴趣，欢迎您留下自己的建议或联系方式，如有需要我们会把问卷结果发至您的邮箱。

附录

附录3 问卷B：关于社交媒体使用情况的调查（视障网民）
关于社交媒体使用情况的调查

各位视障朋友们，你们好，我们是xx大学的学生，目前正在进行关于视障群体的社交情况调查，希望能够借由这次研究清晰了解视障人群的社交需求，从而为网络及线下社交条件的改善提供支持。问卷不涉及隐私信息，数据将全部作为研究用，请各位放心填写，您的填写将给我们的研究带来很大的帮助。预计填写时间为5~15分钟，完成问卷即可领取红包，再次感谢您的帮助！

社交媒体：是人们彼此之间用来分享意见、见解、经验和观点的工具和平台，主要包括微信、QQ、微博、豆瓣、博客、论坛等。 预计填写时间为5分钟，填完在问卷末尾有机会领取红包，感谢你的配合。[段落说明]

1.您的微信或QQ上保持每周联系的人大概有多少个？[单选题]
A. 1~5个 B. 6~10个 C. 11~15个 D. 16~20个 E. 21~30个 F. 30个以上
2.您和这些朋友是通过什么方式认识的？[多选题](请选择您认为最主要的1~3项)
A. 网络认识 B. 学校认识 C. 工作认识 D. 家庭亲戚 E. 活动培训 F. 同乡朋友 G. 其他：_____
3.您在微信或QQ上的好友是通过什么方式认识的？[单选题]
A. 基本都是现实中认识的 B. 大部分是现实中认识的 C. 在现实中认识和在网上认识的比例差不多 D. 大部分是网上认识的 E. 基本都是网上认识的
4.您每天花费在社交媒体上的时间为？[单选题]
A.1小时以内 B.1~2小时 C.3~4小时 D.5~6小时 E.6小时以上
5.您是否会在微信和QQ上与他人进行工作之外的交谈？[单选题]
A. 是的，我非常乐于与不同的人交谈
B. 是的，但我主要只和几个关系亲密的朋友交谈
C. 是的，但我只会在一些必要情况下与人交谈
D. 不，我几乎不在社交媒体上与人交谈
6.您是否会在微信和QQ上获取资讯？[单选题]
A. 是的，比起电视、广播或新闻平台，我更习惯在社交媒体上获取资讯
B. 是的，我使用社交媒体获取资讯的频率和电视、广播或新闻平台几乎差不多
C. 一般，我偶尔会在社交媒体上获取资讯
D. 不，我几乎不用社交媒体获取资讯
7.您是否会在微信或QQ上发布自己的观点？[单选题]
A.是的，我非常乐于公开分享自己的观点
B.是的，但仅限于在朋友圈内分享自己的观点
C.一般，如果遇到感兴趣的事情可能会发表观点
D.不，我几乎不会去发表自己的观点
8.您是否有通过社交媒体更换工作的经历？[多选题]
A.是的，我有在社交媒体看招聘信息更换工作的经历
B.是的，我有通过网友介绍更换工作的经历
C.是的，我有在社交媒体上认识创业伙伴更换工作的经历
D.不，我没有这样的经历
9.您是否认为在社交媒体上认识的人值得信赖？[量表题](不仅局限于微信或QQ，还包含论坛、微博等社交媒体)
1: 完全不信赖 2:比较不信赖 3:一般 4:比较信赖 5:完全信赖
10.您是否有通过社交媒体了解并参加网络线下活动的经历？[单选题](网络线下活动是基于网络的一种活动形式，指在活动发生之前借助网络发布活动信息，召集活动人群，然后脱离网络在实体空间中进行活动。)
A.是 B.否
11.您参与的网络线下活动种类有什么？[多选题](请选择您认为最经常参加活动种类的1~3项)
A. 培训学习 B. 运动 C. 旅游 D. 娱乐 E. 聊天 F. 集会 G. 商业活动 G. 展会
H. 志愿服务 I. 其他：_____

12.您能接受的到达网络线下活动地点的时长为？[单选题]
A. 15分钟之内 B. 30分钟之内 C.1小时以内 D. 3小时以内
E. 只要活动有趣，多长时间都可以 F. 其他：_____
13.您参与网络线下活动的频率是？[单选题]
A. 1周1次以上 B. 1周1次 C. 2~3周1次 D. 1个月1次 E. 几个月1次
F. 1年1次 G. 未曾参加
14.您是否认为在网络线下活动中认识的人值得信赖？[量表题]
1分: 完全不信赖 2分: 比较不信赖 3分: 一般 4分: 比较信赖 5分: 完全信赖
15.您的年龄是？[单选题]
A. 18岁以下 B. 18~25岁 C. 26~30岁 D. 31~40岁 E. 41~50岁 F. 51~60岁 G. 60岁以上
16.您的性别是？[单选题]
A. 男 B. 女
17.您的失明程度是？
A. 一级盲（一级视力残疾） B. 二级盲（二级视力残疾）
C. 一级低视力（三级视力残疾） D. 二级低视力（四级视力残疾）
18.您的失明年龄为？
A. 先天失明 B. 1~5岁 C. 6~18岁 D. 18岁以后
19.您的职业是？[单选题]
A. 在校学生 B. 政府/机关干部/公务员 C. 企业管理者 D. 普通职员
E. 专业人员（如医生/律师/记者/老师等） F. 普通工人 G. 商业服务业职工 H. 个体经营者/承包商 I. 自由职业者 J. 农林牧渔劳动者 K. 退休 L. 暂无职业 M. 其他：_____
20.您现在居住的城市是？[单行文本题]
21.您的家乡是？[单行文本题]
22.如果您对我们的研究感兴趣，欢迎您留下自己的建议或联系方式。

附录4 问卷C：关于社交媒体使用情况的调查（健视网民）
关于社交媒体使用情况的调查

您好！我们是xx大学的学生，目前正在进行关于视障群体和视健群体社交媒体使用情况的调查，问卷不涉及隐私，您的填写可能为视障群体改善社交情况带来帮助。

社交媒体：是人们彼此之间用来分享意见、见解、经验和观点的工具和平台，主要包括微信、QQ、微博、豆瓣、博客、论坛等。 预计填写时间为5分钟，填完在问卷末尾有机会领取红包，感谢您的配合。[段落说明]

1.您的微信或QQ上保持每周联系的人大概有多少个？[单选题]
A. 1~5个 B. 6~10个 C. 11~15个 D. 16~20个 E. 21~30个 F. 30个以上
2.您和这些朋友是通过什么方式认识的？[多选题](请选择你认为最主要的1~3项)
A. 网络认识 B. 学校认识 C. 工作认识 D. 家庭亲戚   E. 活动培训   F. 同乡朋友
G. 其他：_____
3.您在微信或QQ上的好友是通过什么方式认识的？[单选题]
A. 基本都是现实中认识的 B. 大部分是现实中认识的 C. 在现实中认识和在网上认识的比例差不多 D. 大部分是网上认识的 E. 基本都是网上认识的
4.您每天花费在社交媒体上的时间为？[单选题]
A.1小时以内 B.1~2小时 C.3~4小时 D.5~6小时 E.6小时以上
5.您是否会在微信和QQ上与他人进行工作之外的交谈？[单选题]
A. 是的，我非常乐于与不同的人交谈
B. 是的，但我主要只和几个关系亲密的朋友交谈
C. 是的，但我只会在一些必要情况下与人交谈
D. 不，我几乎不在社交媒体上与人交谈

附录

6.您是否会在微信和QQ上获取资讯？[单选题]
A.是的，比起电视、广播或新闻平台，我更习惯在社交媒体上获取资讯
B.是的，我使用社交媒体获取资讯的频率和电视、广播或新闻平台几乎差不多
C.一般，我偶尔会在社交媒体上获取资讯
D.不，我几乎不用社交媒体获取资讯

7.您是否会在微信或QQ上发布自己的观点？[单选题]
A.是的，我非常乐于公开分享自己的观点
B.是的，但仅限于在朋友圈内分享自己的观点
C.一般，如果遇到感兴趣的事情可能会发表观点
D.不，我几乎不会去发表自己的观点

8.您是否有通过社交媒体了解并参加网络线下活动的经历？[单选题](网络线下活动是基于网络的一种活动形式，指在活动发生之前借助网络发布活动信息，召集活动人群，然后脱离网络在实体空间中进行活动。)
A.是 B.否

9.您参与的网络线下活动种类有什么？[多选题](请选择你认为最经常参加活动种类的1~3项)
A.培训学习 B.运动 C.旅游 D.娱乐 E.聊天/集会 F.商业活动 G.展会
H.志愿服务 I.其他：_____

10.您能接受的到达网络线下活动地点的时长为？[单选题]
A.15分钟之内 B.30分钟之内 C.1小时以内 D.3小时以内
E.只要活动有趣，多长时间都可以 F.其他：_____

11.您参与网络线下活动的频率是？[单选题]
A.1周1次以上 B.1周1次 C.2~3周1次 D.1个月1次 E.几个月1次
F.1年1次 G.未曾参加

12.您是否认为在网络线下活动中认识的人值得信赖？[量表题]
1分：完全不信赖 2分：比较不信赖 3分：一般 4分：比较信赖 5分：完全信赖

13.您的年龄是？[单选题]
A.18岁以下 B.18~25岁 C.26~30岁 D.31~40岁 E.41~50岁 F.51~60岁 G.60岁以上

14.您的性别是？[单选题]
A.男 B.女

15.您的职业是？[单选题]
A.在校学生 B.政府/机关干部/公务员 C.企业管理者 D.普通职员
E.专业人员（如医生/律师/记者/老师等） F.普通工人 G.商业服务业职工 H.个体经营者/承包商 I.自由职业者 J.农林牧渔劳动者 K.退休 L.暂无职业 M.其他：_____

16.您现在居住的城市是？[单行文本题]

17.您的家乡是？[单行文本题]

18.如果您对我们的研究感兴趣，欢迎您留下自己的建议或联系方式。

附录5 访谈样本信息表

编号	性别	年龄（岁）	视力	职业	访谈日期
S1	男	37	全盲	按摩师	4月3日
S2	女	17	全盲	高职学生	4月3日
S3	男	18	全盲	高职学生	4月3日
S4	男	16	全盲	高职学生	4月3日
S5	女	38	正常	高职老师	4月3日
S6	男	24	全盲	按摩师	4月10日
S7	男	21	全盲	按摩师	4月10日
S8	女	23	半盲	演讲培训师	4月10日
S9	男	18	半盲	按摩店老板	4月10日
S10	男	22	全盲	按摩师	4月10日
S11	男	19	低视力	自由职业	4月10日
S12	男	24	全盲	按摩师	4月10日
S13	男	51	全盲	退休	4月13日
S14	男	52	全盲	退休	4月13日
S15	女	56	全盲	按摩师	4月13日
S16	女	58	半盲	退休	4月13日
S17	女	29	正常	社工	4月13日
S18	女	19	全盲	咖啡师	4月24日
S19	女	25	半盲	咖啡师	4月24日
S20	女	22	半盲	咖啡师	4月24日
S21	男	20	低视力	自由职业	4月24日
S22	男	24	低视力	自由职业	4月24日
S23	男	21	低视力	自由职业	4月24日
S24	女	22	低视力	咖啡师	6月2日
S25	女	25	低视力	咖啡师	6月2日
S26	男	22	全盲	自由职业	6月2日

贮藏时光 未老先行

——时间银行养老模式实施情况调查

作者学生：成昱晓、陈铭熙、李秋红、宋婉宁
指导老师：李昕、费彦、李依

华南理工大学城乡规划学科

2019城乡社会综合实践调研报告

优秀作业

扫码阅读
彩色版本

贮藏时光 未老先行
——时间银行养老模式实施情况调查

摘要：

时间银行最早起源于美国 2008 年经济危机之后，是市民通过以服务换服务、以时间换时间满足各自需求的互助形式。时间银行最早由瑞士运用于养老领域，鼓励低龄老人服务高龄老人获得时间货币，在未来支取时间货币获得免费养老服务。时间银行为养老服务提供了更多的可能性，是我国目前重点推广的新兴养老模式之一，上海、广州等若干地区在进行试点，广州南沙区于 2013 年开始实施。本调研以广州市南沙时间银行为调研对象，探讨基于时间银行的养老模式实施情况、分析其模式本质特征、影响其实施的空间因素及人群使用评价等。调研发现南沙时间银行是以养老服务为导向，具有福利性、公益性及依托网络平台等特征的养老服务提供体系。通过对比国内外其他时间银行运营模式，本文对南沙时间银行运营模式的可持续性及推广激励措施等提出建议。

关键词： 时间银行；社区互助；养老服务提供体系；养老问题

Abstract：

Time Bank, a mutual aid platform that allows citizens satisfy their own need by exchanging service with service or exchange time with time , originated in 2008 after financial crisis in America. Time Bank was firstly applied to elderly care in Switzerland, encouraging young age elderly people provide old age elderly people with service to obtain time coins so that they can use them to exchange free service in future. Providing more possibilities of elderly care, Time Bank is one of the most innovative elderly care modes in China. Shanghai, Guangzhou and some cities are popularizing this mode and Nansha in Guangzhou carried out Time Bank in 2013. This survey focuses on Nansha Time Bank and explores the effect of elderly care that based on Time Bank, analyze the fundamental characteristics of this mode, the factors that influence it's effect and people's comments. Survey reveals that Nansha Time Bank is directed by elderly care service, providing welfare. Public interest and relying on Internet platform. By comparing domestic and overseas' Time Bank, this survey comes out with some suggestions about how to make Nansha Time Bank more sustainable, effective and popular.

Keywords： Time Bank, Community mutual assistance, Care for the elderly

目录

一、绪论 1
　1.1 时间银行起源 1
　1.2 时间银行与养老的关系 1
　1.3 时间银行在国内外的发展历程 1
二、研究设计 1
　2.1 研究目的与研究框架 1
　2.2 研究实施 2
三、调查结果与分析 3
　3.1 时间银行在广州的实施情况 3
　3.2 不同视角下的南沙时间银行 4
　3.3 南沙时间银行服务实施的空间分异 5
　3.4 南沙时间银行平台使用情况 6
　3.5 南沙时间银行实施评价 8
四、总结与讨论 9
　4.1 总结 9
　4.2 思考与讨论 9
　4.3 南沙时间银行未来发展建议 10
参考文献 10
附录一：南沙时间银行使用情况调查问卷 11
附录二：南沙时间银行养老模式的认知程度及参与意愿调查 13

贮藏时光 未老先行
——时间银行养老模式实施情况调查

一、绪论

1.1 时间银行起源

时间银行最早由美国学者埃德加·卡恩提出，在西方国家经济危机的背景下产生，市民通过**"以服务换服务，以时间换时间"**的方式，满足各自需求的模式。它根本上是**一个存储时间的平台**。银行会员通过帮助别人获得相应时长的"时间货币"，并在时间银行等值存储，未来通过支取"时间货币"获得他人的服务。

图1-1 通过服务兑换服务

1.2 时间银行与养老的关系

①**常见的养老模式彼此之间通常相互独立**：按照养老服务的提供来源分类，目前我国常见养老模式有社会养老、社区养老以及居家养老三大类。不同养老模式一般只利用自身所有资源，难以充分利用不同层次的资源。

②**时间银行整合了社会、社区及家庭资源**：时间银行是一个社会资源、社区互助及居家养老有机整合的平台，通过第三方管理的平台整合了社会资源，为社区互助提供了物质基础和人力资源，并使老年人能够获得居家养老的贴心体验。

1.3 时间银行在国内外的发展历程

①**英美时间银行应用于社区互助领域**：在每个社区建立时间银行，居民可缴费入会，通过在日常生活中帮助、服务他人来获得时间储蓄，以此兑换服务。

②**瑞士时间银行主要应用于家庭养老领域**：规定60岁以上的退休老人允许加入时间银行，80岁以上的居家老人可以使用时间银行提供的服务，从而鼓励低龄老年人服务高龄老年人获得时间货币，未来低龄老年人年老之后支取时间获得免费养老服务。

③**我国出于养老目的提出建立时间银行**：为了给养老服务提供更多样的选择，我国引进了时间银行平台，并在若干城市实践。南沙时间银行是广州目前唯一推广成功的项目，因此这也是本调研着重调查的对象。

图1-2 时间银行可实现"跨时间"养老

二、研究设计

2.1 研究目的与研究框架

（1）研究目的

以广州市南沙区"南沙时间银行"为研究主体，通过服务实施的空间分异、人群使用习惯以及使用评价，分析"时间银行"模式下的养老服务实施效果以及存在问题，总结"时间银行"养老模式的独特性并提出发展建议。

（2）研究框架

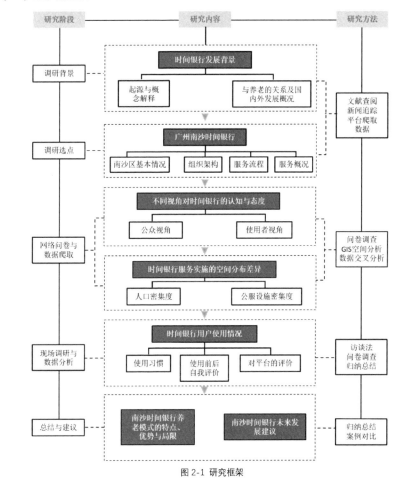

图2-1 研究框架

二、研究设计

2.2 研究实施

（1）研究内容与方法

①**时间银行发展背景及南沙时间银行发展概况**：通过搜集文献资料和网络数据，梳理出世界范围内时间银行的起源、概念及时间银行在广州南沙区的发展概况。

②**不同视角对南沙时间银行的认知**：通过网络问卷及访谈调查公众及时间银行会员对时间银行平台的认知与态度，回收人群认知问卷共137份，访谈3人。

③**南沙时间银行的服务实施情况**：通过统计官网公开数据获得2019年2月1日~2019年4月31日对接完成的服务内容，并分析结合GIS分析服务实施的空间分布差异。

④**南沙时间银行的用户使用情况**：通过实地问卷法、访谈法了解用户的具体使用状况，回收时间银行会员问卷共104份，访谈3人。

（2）研究区域与研究对象

①**南沙区基本情况**

南沙区是由国家和市政府扶持发展的国家级新区。2018年实现地区生产总值1458.41亿元，同比增长6.5%，增速超过广州市平均水平。其行政管理单元最小为镇街，建设密度低，各村/社区小而分散。全区总面积803平方公里，下辖有9个镇（街道）。镇街下辖共156个村/社区，已建设用地约20%。人均用地面积470~6800 m²。

- 老龄化程度较高，全区65岁及以上人口为67608人，占比8.9%。
- 南沙区是广州市推行时间银行最成功的试点，现已运行6年。

②**重点调研区域——南沙区黄阁镇**

黄阁镇是南沙时间银行服务实施最活跃的镇，注册会员数和活动完成量均较高，因此选取黄阁镇作为主要调研区域。

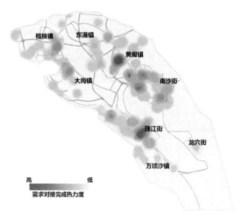

图 2-2 时间银行服务实施空间分布差异安排

③**调研对象——公众、时间银行管理者、黄阁镇的时间银行会员**
公众：调查大众对时间银行平台的认知态度及参与意愿。
时间银行管理者：调查时间银行平台的运作机制以及管理者对平台发展的期望与评价。
时间银行会员：调查时间银行会员的使用习惯及使用前后对自我认知的评价。

（3）研究落实

本次调研工作于2019年4月19日开始。首先对南沙时间银行总部工作人员进行预调研访谈，了解南沙时间银行大体情况；而后选取目前实施较好的黄阁镇作为重点调研区域，进行数据搜集、问卷调查及现场访谈。

图 2-3 研究落实日程安排

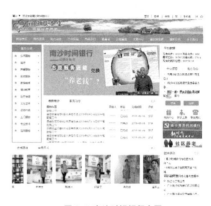

图 2-4 南沙时间银行官网

图 2-5 南沙时间银行APP

三、调查结果与分析

3.1 时间银行在广州的实施情况

（1）南沙时间银行的发展历程

①平台运作方式不断优化：南沙区民政局于2013年12月开启时间银行平台，在运营初期的2014—2016年采用线下手工记账+网页平台进行管理。2016年启用了手机APP客户端，结合网页平台实现"互联网+"全数字化运营。

②用户和服务数量逐年增加：截至2019年4月底，南沙时间银行发展会员60953个，服务对接完成25248单，流通时间货币总量603979枚。2019年一年内，会员增长10%，需求对接完成数增加86%，流通时间货币总量增加34.6%。

[南沙时间银行官网]

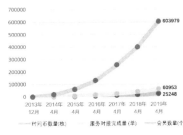

图3-1 时间银行发展情况

（2）南沙时间银行组织架构

南沙时间银行涉及主体由三方构成：

①政府购买的运营管理方：对时间银行的运营平台进行管理和维护，协调用户双方的利益矛盾，并在线下站点组织推广、宣传、志愿者培训等活动。

②服务接受方：拥有时间币的用户通过发布任务，消费时间币换取相应的服务。困难老人是较为活跃的任务发布主体。

③服务提供方：通过承接并完成发布的任务，赚取时间货币。

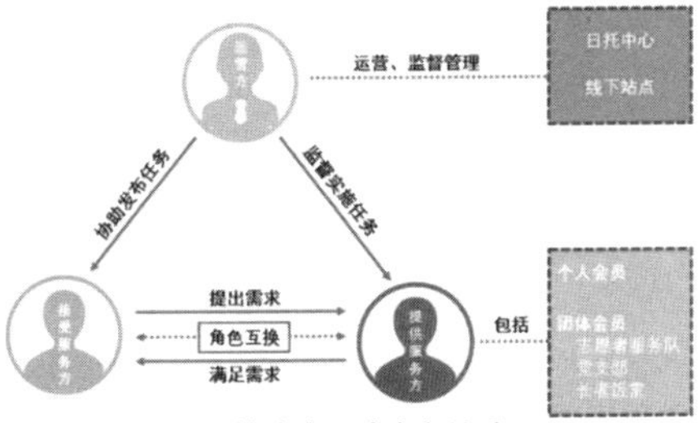

（3）南沙时间银行服务流程

①服务接受方发布服务需求，并提供自己账户的时间币进入公共账户；
②服务提供方选择性承接；
③服务接受方可反选提供方；
④配对成功后即可进行线下联系和具体服务；
⑤、⑥服务完成，双方确认后，时间币从公共账户转入提供服务方账户；
⑦双方线上互评并反馈给时间银行。

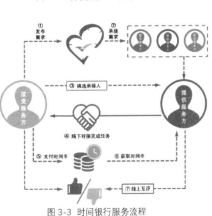

图3-2 时间银行三方角色关系

图3-3 时间银行服务流程

（4）南沙时间银行时间币价值属性

①设立时间币衡量服务价值是南沙时间银行的特色：基本上遵循1小时服务=12枚时间币的标准。但依据服务难度的不同、服务接收方自主意愿，相同服务时间下获得的时间币数量允许适当上调。

②时间币除可以兑换服务外，还可以兑换实物或赠与他人：时间币可以指定商家兑换特定类型实物、捐赠给家人或捐赠到公共账户以分配给有需要的人。

③时间币具有货币价值，可以购买，不能兑换现金：官方参照广州市社会平均工资标准规定1时间币=1.9人民币，每五年进行汇率调整。用户可以通过人民币购买时间币，但不鼓励通过这种方式获取。

④时间币是由政府保障的信用产品：政府担保避免了利率的不确定性和通货膨胀的预期，降低用户对养老储蓄风险的顾虑。

（5）南沙时间银行的服务概况

南沙时间银行平台包含11大类服务，在2019年2~4月期间服务对接完成量共2645次。

平台能够提供多种服务，但以订餐送餐、探访、清洁卫生等养老服务为主。

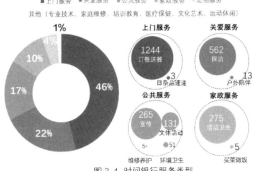

图3-4 时间银行服务类型

（6）南沙时间银行主要特征

①以养老为导向：作为南沙区养老政策的一部分，时间银行丰富了现有的养老模式，为养老服务提供了更多样的选择。

②具有福利性+公益性特征：福利性主要体现在时间银行的主要资金来源是政府投入，主要用于平台运营维护以及向困难老人提供时间币补贴。公益性主要体现在时间银行以非营利的性质，调动多方志愿参与的力量，如地方党支部、志愿者服务队、公益企业等。

③基于网络平台进行信息交换与管理：南沙时间银行依托互联网平台对会员及服务信息进行管理，提高了平台的运作效率，有效利用了各方资源。

3.2 不同视角下的南沙时间银行
（1）公众视角

为了解社会公众对南沙时间银行的认识，我们针对在广州地区居住的公众发放了网络问卷，共收到有效问卷137份，调查对象基本信息如下表所示，调查结果如下：

①**公众对南沙时间银行认知程度较低**：仅有17%的问卷调查对象对南沙时间银行有所了解，仅有7%的问卷调查对象使用过平台，其中大部分主要通过亲戚朋友介绍或通过政府宣传得到的了解。

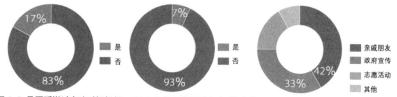

图3-5 是否听说过南沙时间银行　图3-6 是否使用过南沙时间银行　图3-7 获悉南沙时间银行的途径

②**公众对各类养老模式了解一般**：由下图可知，超过半数的问卷调查对象不了解或仅了解1~2种养老方式，在可接受的养老模式问题中，选择传统的家庭养老和由社区提供专业服务的社区养老的人占比最多。由此可知，公众实际上对于多元的养老模式了解不多，且目前可接受的养老模式偏传统。

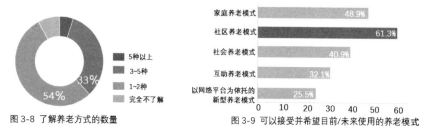

图3-8 了解养老方式的数量　　　图3-9 可以接受并希望目前/未来使用的养老模式

③**公众对南沙时间银行兴趣较大**：在了解南沙时间银行养老的运作机制之后，有85%的人认为在合适的机会下愿意参与到平台的养老服务中，其中丰富日常活动和对公益的喜爱是最主要的原因。

图3-10 了解南沙时间银行养老模式后的态度　　图3-11 了解南沙时间银行养老模式后愿意加入的原因

④**对回报不感兴趣或担心平台缺乏保障影响了公众参与**：由下图可知，部分公众在了解南沙时间银行模式后仍表示不愿加入，其中最主要的原因是对目前时间币可兑换的实物或服务不感兴趣。同时还有超过半数的人认为时间银行可能缺乏长期保障。但总体来说公众对其养老模式比较感兴趣，如能加强宣传平台可兑换的内容和保障机制，在公众中推广将有较大潜力。

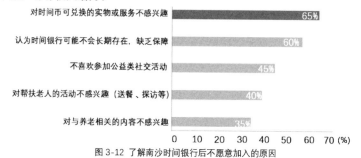

图3-12 了解南沙时间银行后不愿意加入的原因

> 南沙区群众 小王 26岁：我现在还很年轻，万一我现在做服务赚取的时间币，到年老之后不能用了怎么办？而且未来不一定会长期住在现在的地方，未来时间银行能发展到可以跨地区使用吗？这些都是我会担心的问题。

⑤**调查对象基本信息**：在参与公众认知调查的群体中，最多的是36~50岁的人群，占40.1%，其次是18~25岁的人群，占32.8%。36~50岁的人群普遍对时间银行养老模式比较感兴趣并愿意参与其中；18~25岁的人群对于时间银行的可靠性更多表示怀疑，担心若干年后时间银行平台是否还存在的问题。

调查对象基本信息*　　　　表3-1

属性	选项	频数	百分比(%)	属性	选项	频数	百分比(%)	属性	选项	频数	百分比(%)
性别	男	55	40.1	学历	小学	2	1.5	居住地	南沙区	25	18.2
	女	82	59.9		初中	10	7.3		天河区	54	39.4
年龄	0~17岁	2	1.6		高中/中专	29	21.2		越秀区	10	7.3
	18~25岁	45	32.8		大学/大专	88	64.2		荔湾区	8	5.8
	26~35岁	17	12.4		硕士及以上	8	5.8		海珠区	5	3.6
	36~50岁	55	40.1	职业	学生	39	28.5		白云区	2	1.5
	51~65岁	10	7.3		公务员	11	8.1		黄埔区	1	0.7
	65岁以上	8	5.8		事业单位	23	16.7		番禺区	23	16.8
收入	2000元以下	41	29.9		企业单位	37	27		花都区	4	2.9
	2000~4000元	65	47.4		个体经商	17	12.4		增城区	3	2.2
	4000~6000元	24	17.5		务农	4	2.9		从化区	2	1.5
	6000元以上	7	5.1		其他	6	4.4		合计	137	100
	合计	137	100		合计	137	100				

*合计中100%或为小数点后一位四舍五入。

贮藏时光 未老先行 —— 时间银行养老模式实施情况调查

三、调查结果与分析

（2）时间银行使用者视角

①服务提供者视角下的南沙时间银行：在服务提供者眼中，南沙时间银行多种功能并存，既可以满足使用者做志愿、帮助他人的愿望，也可以通过平台认识其他志愿者，结交有相同兴趣的伙伴，是可以提供志愿活动、交易、互动和学习等多种可能性的综合平台。

 志愿服务平台　　 志愿者交往平台
 服务交易平台　　 学习志愿服务知识的组织

图3-13 服务提供者视角

②服务接受者视角下的南沙时间银行：在被服务者的视角下，南沙时间银行在一定程度上可以帮助解决使用者的生活问题，如收集困难人群的需要，通过志愿者帮忙解决难题、对有需要的孤寡老人进行陪伴、看护等，从物质层面的补充到精神层面的慰藉都有所涉及。

 解决生活难题的渠道
 助老、敬老组织
  社区养老的延伸

图3-14 服务接受者视角

> 我在爱心饭堂负责统计订餐人数，有时候也会帮忙给老人送餐，在这里接触了很多老人和热心公益的志愿者，时间银行对我来说不仅是已经习惯了的日常服务，也是一个做好事还可以和更多人交流的地方。
> —— 爱心饭堂志愿者 何女士 45岁

> 我和老伴都年纪大了，行动不方便，他们（时间银行服务者）会来家里帮忙打扫卫生、做做家务，让我们生活上方便了很多，这些年轻人就像自己的孩子一样。
> —— 独居老人 李奶奶 79岁

图3-15 访谈

3.3 南沙时间银行服务实施的空间分异

（1）人口密度、社区规模因素

人口密度大、布局紧凑的社区（群）产生的服务供需更多：较高的人口密度意味着该社区有足够大的人口基数和多元的人口年龄、职业类型，而规模足够大的社区说明社区发展状况良好。在重点调查的黄阁镇中，"四大村"人口达13475人，占全镇人口的30.1%，同时也是全镇中实施时间银行服务最好的村落群。这在一定程度上保证了以需求为导向、基于社区互助的时间银行长期都有更多用户发布服务需求，并更可能有满足需求的服务承接者来达成双方任务对接。

（2）公共服务设施密集度因素

公共服务设施密集度大的社区（群）更便于时间银行的实施（包括公交/地铁站点、时间银行线下站点、爱心饭堂、社工服务站等）：时间银行线下站点主要进行宣传推广工作并指导用户对平台的注册、使用；社工服务站可协助困难老人发布需求；爱心饭堂统计、发布配餐送餐任务；公共交通站点的密集更方便承接者出行到达服务地点。这些公共服务设施与时间银行从平台推广、任务发布到对接完成的各个环节密切相关，从而影响其在各社区的实施效果。

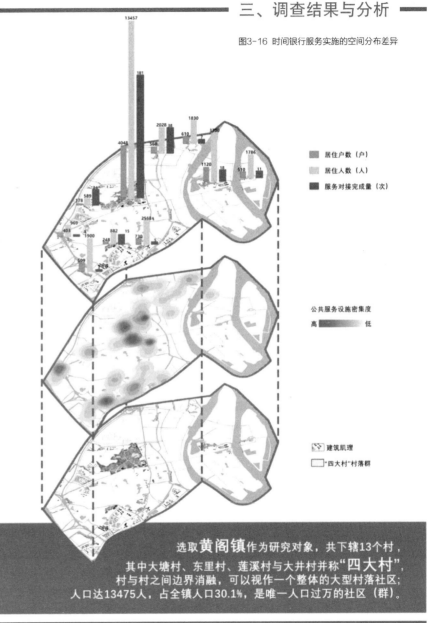

图3-16 时间银行服务实施的空间分布差异

选取**黄阁镇**作为研究对象，共下辖13个村，其中大塘村、东里村、莲溪村与大井村并称**"四大村"**，村与村之间边界消融，可以视作一个整体的大型村落社区；人口达13475人，占全镇人口30.1%，是唯一人口过万的社区（群）。

贮藏时光 未老先行
——时间银行养老模式实施情况调查

3.4 南沙时间银行平台使用情况
（1）服务提供者使用习惯

对服务提供者使用情况的调查共收回有效问卷80份。受访者中85%为女性；77%年龄在50岁以下；73%与配偶、子女或孙辈同住，生活中常有家人相伴、照应；职业（或退休前的职业）以务农和企业职工为主，共占比66%；月收入大多处于中低水平，每月收入在4000元以下的占73%。

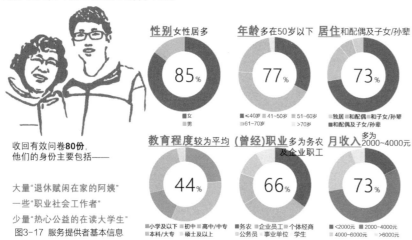

图3-17 服务提供者基本信息

① 参与目的主要是出于公益与社交动机：虽然有时间币作为激励机制，但超过75%的服务提供者表示自己具有志愿参与公益活动的动机。除了赚取时间币来为自己兑换服务或实物报酬的目的之外，也有相当一部分服务提供者从不同方面展现出参与时间银行的社交动机，如与老朋友一起参加活动、结交新朋友、减轻自己闲暇时间的无聊空虚感。

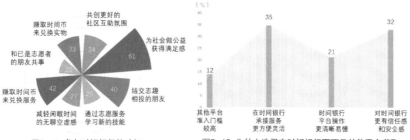

图3-18 参与时间银行的动机　　图3-19 为什么选择在时间银行而不是其他平台获取

三、调查结果与分析

图3-20 时间币获取方式　图3-21 提供过的服务类型　图3-22 提供服务的频率

② 看重对时间银行的信任感与服务对接的灵活性：对比商业性服务交易平台如"58同城"，33名受访者认为时间银行平台因有政府保障而比较值得信赖；对比传统志愿服务平台如"i志愿"，35名受访者认为时间银行服务对接流程更清楚便捷，且在服务时间、地点、类型等方面有更灵活的决定权。

③ 主要通过每月一到多次承接任务获得时间币：50名受访者曾通过团体安排承接任务赚取时间币，这也是服务提供者时间币获取的最主要方式；同时，18名受访者表示自己曾与家人朋友相互转赠时间币。承接的服务类型多为专业性要求较低的家政、公共服务和上门服务，分别有32名、32名、21名受访者曾承接过这三类服务；承接任务的频率集中在每月一到多次，占比84%，而有14%的受访者会更积极、频繁地参与其中。

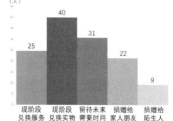

④ 倾向于现阶段用时间币兑换实物，即使不划算：由于当下年龄不高以及对时间银行平台运营持久性的顾虑，部分服务提供者在获得时间币后选择在现阶段兑换或捐赠出去，而非储蓄未来支出；有半数的受访者选择在现阶段兑换实物，即使普遍比市面价格更贵。

图3-23 时间币的使用方式

⑤ 选择服务对象看重服务类型、内容和距离因素：服务类型及内容受服务提供者自身能力限制；南沙地广人稀，公共交通便利度较低，导致服务出行距离成为提供者选择承接时考虑的重要因素。

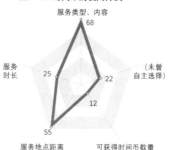

图3-24 选择服务接受者时考虑的因素（人次）

贮藏时光 未老先行
——时间银行养老模式实施情况调查

（2）服务接受者使用习惯

对服务接受者使用情况的调查共收回有效问卷 24 份。受访者中性别比例相对平均，女性有 14 位，男性有 10 位；绝大多数为老年人，83%年龄在 60 岁以上；75%是独居或仅与配偶居住的，生活中较为缺乏家人的相伴、照应；教育水平普遍偏低，63%仅为小学及以下；67%（曾经的）职业为务农；75%目前月收入较低，在 2000 元以下，多是源于社会保障金。

他们的身份主要包括——

大量"困难（低保/残障）老人"
一些"一般高龄老人"
少量"现阶段兑换服务的中/青年人"

图3-25 服务接受者基本信息

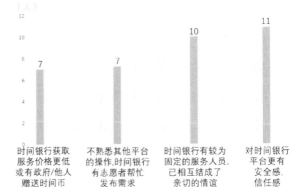

图3-26 为什么选择在时间银行而不是其他平台获取服务

① 认为时间银行较之其他服务平台更亲切、信赖：
对比商业服务交易平台如"58同城"、传统志愿服务平台如"i 志愿"，有 11 名受访的服务接受者认为时间银行更值得信赖，且更具有邻里互助的亲切氛围，10 名受访者认为在时间银行平台接受服务时有较固定的对接对象，更易于结成长久稳定的情谊。

② 时间币多来自政府对困难老人的补贴：
被访者中半数为在平台设立之初已失去自理能力的老人，无法通过提供服务为自己储蓄时间币。他们主要通过使用政府每月多次发放的时间币补贴来发布需求。此外，部分被访者也曾收到他人转赠的时间币，共计有五人次。（图表数据也包括少数通过承接任务赚取时间币、在现阶段兑换服务的中青年人。）

③ 基本服务需求类型较单一、频率较高：
老年人最主要的需求包含上门探访、清洁卫生、订餐送餐等家政/上门服务，且需求频率较高，共 62%为每周一到多次。这些需求与现阶段时间银行服务提供者的服务特征相匹配，基本上可以得到满足。

④ 偶有的特殊服务需求不一定能被满足：
有的需求专业技术要求较高或安全隐患较大，则较难匹配到相应的服务提供者。
（注册起步门槛虽低，时间银行对服务提供者方面设有安全、素质、信用、专业四方面的等级评分机制，用户需达到一定等级才能承接某些特定类型的服务。）

⑤ 选择服务提供者时对熟悉程度较敏感：
超过半数的受访者均表示，在反向选择服务提供者时，会优先考虑自己原本就认识或是曾经帮助过自己的人。结合主要接受的服务类型分析，家政/上门服务的确对熟悉程度带来的亲切感、信任感要求较高，专业技能水平则相对较不重要。

⑥ 互联网成为老人自主使用的极大阻碍：
由于教育水平普遍较低、年龄增长、认知能力下降的制约，接受服务的老人都几乎无法使用互联网平台自主发布需求，多是靠志愿者上门探访了解其需求、代其发布。

三、调查结果与分析

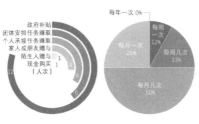

图3-27 时间币获取途径　　图3-28 时间币获取频率

图3-29 曾接受的服务类型　　图3-30 接受服务的频率

图3-32 选择服务提供者时考虑的因素（人次）

贮藏时光 未老先行 ——时间银行养老模式实施情况调查

三、调查结果与分析

3.5 南沙时间银行实施评价

（1）使用前后的自我评价对比

①使用者参与时间银行后对自我的评价有所提高：通过总结服务双方在使用平台前后的自我评价，可以看出在一定程度上，平台的服务交易与参与过程对使用者的个人状态改变、人际交往意愿和社会参与意愿都产生了一定的作用，且这种作用是促进使用者心态向着积极的方面转变。

②不同使用者存在生活状况和心理因素的差异：提供服务者在社会参与意愿方面提高最多，而被服务者在个人状态改变方面提高最多。

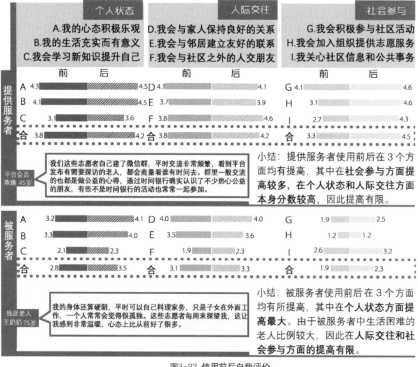

图3-33 使用前后自我评价

上图为使用者在南沙时间银行平台使用前后发生的心态变化，我们选择了**个人状态、人际交往与社会参与3个维度共9种描述**，分别对提供服务者与被服务者进行提问。调查对象针对这9种描述，根据**使用平台前后的心理状态**，在"非常符合""比较符合""符合""不太符合""非常不符合"5个等级中进行选择，上述选项得分依次为5分、4分、3分、2分、1分。

（2）使用者对平台的评价

①使用者对平台服务整体较满意：为了解平台使用者对于服务满意度的评价情况，我们在南沙时间银行网站公示的服务交易数据中爬取了近期公示的2000余条交易信息，分为个人任务1002条和团体任务1644条，并分别统计了不同服务类型的好、中、差评数量。通过分析数据可知，平台任务好评率整体较高，中评和差评占少数，其中差评几乎没有。

②团体任务好评率比个人任务高：通过对比2种任务大类，可知团体任务好评率比个人任务好评率更高，在各类型服务中，个人任务好评率均小于团体任务好评率。这是由于团体任务中订餐送餐这类较为简单的服务占比很大，而在个人任务中，定制服务、探访、清洁类服务占比较大，此类任务需要服务双方有较多的接触和交流，因此不同评价相对更均衡。

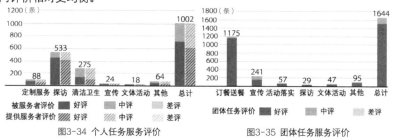

图3-34 个人任务服务评价　　图3-35 团体任务服务评价

③使用者普遍认为平台操作不够方便：通过分析数据可知，认为"平台操作不方便"的使用者比例达到了68%，且在对平台操作系统评价中，有41%的使用者认为操作不太好用或非常难用，认为比较好用或非常好用的占少数。

④可兑换的服务类型与实物种类不足：有45%的用户认为兑换类型不够丰富，仅次于认为平台操作不方便的用户。

图3-36 使用者认为平台存在的问题　　图3-37 使用者对平台操作系统的评价

总结：使用者对于南沙时间银行现有服务评价整体较好，对于需要双方较多接触的服务好评率低于总体情况，且平台操作便利性、可兑换的服务或实物类型仍需改进。

四、总结与讨论

4.1 总结

（1）时间银行平台丰富了现有的养老模式

①**政府向平台注入资金用于养老助老**：政府的投入部分转换为时间币发放给困难老人获取养老服务，部分用于运营者的开销。

②**以需求为导向，调动社会力量参与养老助老**：通过老年人发布养老需求，网络平台调动社会空闲劳动力参与服务活动，这是对现有养老模式的人力补充。

③**整合了社会养老、社区养老、居家养老的三方资源**：时间银行通过网络平台整合了社会养老的资金和人力、社区养老的线下服务空间和人力，并通过上门服务，为老人提供居家养老的舒适感受，让老人们在居家养老的环境中，获得社会养老和社区养老的养老服务。

（2）时间银行模式在养老上对个人和社会层面均有显著积极的意义，值得被广泛普及

①**平台福利性+公益性的优势**：对个人来说，老人有国家福利保障，有平台公益性的支持。对社会来说，可以借助平台扩大公益在人群中的影响力，提高公益积极性。

②**平台对社区营造的益处**：时间银行在养老服务中提倡交流，对使用者来说有益于与社区内外的人产生交往，同时社区营造也有助于形成"邻里相守"的和谐氛围。

（3）时间银行在人口密度和人口可持续性高的地区更容易推广

高人口密度可以保证地区的人口基础和服务需求量，利于居民间的服务交易发生，人口可持续性才能满足时间银行在中国养老实践中所遵循的"接力服务"宗旨。

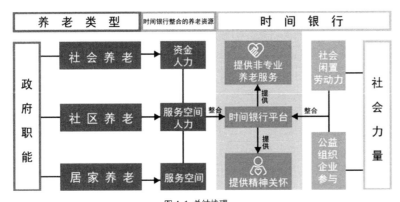

图4-1 总结梳理

4.2 思考与讨论

（1）南沙时间银行福利+公益性的来源与保障

①**政府投入与审核机制保障平台福利性**：
政府投入资金作为时间币补贴，但对发放对象有明确的审核要求，最终发放名单由民政局确定，以保障福利性的合理分配。

②**调动社会各界志愿力量实现平台公益性**：
政府信用担保，易使人产生信赖感，减轻对养老储蓄风险的顾虑，从而愿意参与其中；
企业可自愿向时间银行平台捐赠资金或物品，成为政府投入之外的资金来源；
平台会员注册起步不需专业身份，利于调动社会各界、各年龄段人士加入的积极性。

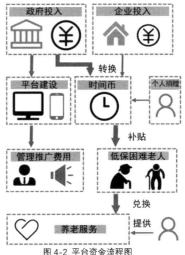

图4-2 平台资金流程图

不同服务平台对比　　　　　　　　　　表4-1

	时间银行	i志愿	58同城	百悦百泰
机构类型	社区互助信息平台	志愿服务信息平台	同城服务信息平台	专业养老机构
运营性质	福利性+公益性	公益性	营利性	营利性
投资主体	政府投入+企业捐赠	政府投入	商业集团	商业集团
报偿方式	时间币	无	人民币	人民币
服务提供者主体	以真实资料注册的时间银行会员	以个人资料注册的平台会员	以个人资料注册的平台会员	专业人才
成为服务提供者的门槛	依据账户的安全等级、服务等级等评分	无门槛	正规家政\护理机构员工或经验丰富的个人商家	高级执业人才\护理专业毕业生\年长护工身份人员
服务接受客体	时间银行会员	由政府\居委会\组织机构确定	平台会员	有养老需要的长者
成为服务接受客体门槛	接受普通服务无门槛；政府时间币补贴和特殊服务有审核条件	无门槛	无门槛，由活动组织者决定参与者	无门槛	无门槛

③**引导以服务兑换服务，尽量维持本身的非营利性**：
平台上有用时间币兑换日用商品和购物券的功能，但折算成人民币后普遍比市面价格更贵，并不划算，因此时间银行平台目前更鼓励用服务来兑换服务。

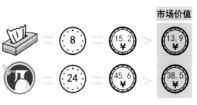

图4-3 实物价格对比

（2）南沙时间银行基于"互联网+"模式的优势与局限

①**"互联网+"模式实现养老信息的高效整合与公开透明**：养老需求与养老服务信息在互联网平台上可以实现即时交换，便于养老互助服务的对接，且全过程数据得以完整地记录、可通过网站公示以接受公众与相关部门的监督。

②**"互联网+"模式存在"银发数字鸿沟"**：即老年人对网络平台的使用较为困难。老年人是平台的主要使用者，目前老年人主要依靠工作人员帮助操作发布任务或搜集其需要后代为发布。该问题会随着平台操作的优化和老龄人群逐渐对互联网产品的熟悉得到解决。

（3）国内外时间银行运营特色对比

①**国外的时间银行允许负债或借贷，而国内不许**：美国时间银行新用户需缴费加入，允许首次时间币借贷；英国允许时间银行账户负债；国内时间银行在时间货币借贷负债方面严格禁止，相对来说没那么灵活。

②**南沙时间银行更公益，但能够提供的专业服务较少**：英美时间银行通过政府优惠税收和企业基金会捐款资金引入专业医疗团队或与医院等机构合作，组织专业人士加入平台为老人提供专业性养老服务。我国上海时间银行通过与养老企业合作注入专业服务人群。南沙时间银行目前几乎不能提供专业服务。

国内外时间银行运营特色　　　表4-2

对比内容	美国	英国	中国上海	中国南沙
时间衡量标准	依据服务时长	依据服务时长	服务时长、服务内容、服务对象综合衡量	服务时长、服务内容、服务对象综合衡量
货币借贷机制	允许新用户一次借贷10小时	允许负债，与信用挂钩	不许负债和借贷	不许负债和借贷
服务类型	社区互助为主			社区互助+助老服务
专业服务提供	提供专业医疗服务	提供专业医疗服务	提供一定专业服务	无
资金来源	政府投入+企业捐赠+基金会补贴	政府优惠税收+企业捐赠+基金会投入	政府投入+企业捐赠	政府投入+企业捐赠

美国官方引导医生使用平台：美国官方将平台推广至医护组织，引导他们使用来方便他们的生活。

英国使用资金引入专业团队：通过使用各渠道的资金，英国部分地区时间银行引入专业的医务团队提供服务。

上海与养老企业合作：只在虹口区试行，通过与养老企业合作，使用企业专业人员为平台提供服务。

4.3 南沙时间银行未来发展建议

（1）加强时间银行平台运营可持续性

①**增加线下服务站点及运营人手**：目前线下服务站点及运营者较少，对于基层推广不利，且指导老人使用平台需要更多的人协助。可在各镇街站点适当增加人手，用于组织更多的平台活动，并通过更广泛的宣传使更多的人了解到时间银行。

②**建立更广泛的通兑通换范围网络**：目前城市人口流动速度较快，且全国只有少数地区建立了时间银行，居住地的改变会对时间银行用户的使用预期造成顾虑。建议时间银行未来可在市域以及全国范围内推广，并加强各地时间银行服务的对接、流通，避免时间储蓄跨地失效的问题，实现更广泛、长效的养老服务机制。

（2）提高时间银行平台的吸引力

①**增加更多时间币兑换的可能性**：目前时间银行可兑换的选择不多，需要增加更多实物种类。例如在英美时间银行中，用户可用服务时间兑换电子产品。建议平台结合具体情况适当增加可兑换的实物种类，激励用户参与服务的积极性。

②**引入更多元的服务类型**：时间银行现有服务类型较为日常化，送餐、探访、清洁类服务比例较大，群众更高层次、更具专业性的需求较难被满足。未来可先通过加大对平台现有服务者的培训力度，提升其专业水平，再逐渐吸引更多元的职业背景与年龄层的大众参与进来，增加平台可实现的服务类型。

参考文献

[1] 蔡婷婷.曹梅娟.国内外时间银行下的互助养老模式研究现状[J].护理学杂志，2016,31(10):111-113.

[2] 陈伟东,吴岚波.困境与治理:社区志愿服务持续化运作机制研究[J].河南大学学报(社会科学版),2018,58(5):42-50.

[3] 刘亚男,申瑞茨,康晓娟.基于社会参与角度的时间储蓄养老系统研究[J].现代商贸工业,2019,40(23):83-84.

[4] 马岚.福利性、公益性和产业化相结合的养老服务模式研究[J].现代经济探讨,2019(2):40-45.

[5] 南沙时间银行官方网站：http://www.nstimebank.com/.

[6] 钱宁.中国社区居家养老的政策分析[J].学海,2015(1):94-100.

[7] 张文超,杨华磊.我国"时间银行"互助养老的发展现状、存在问题及对策建议[J].南方金融,2019(3):33-41.

贮藏时光 未老先行 ——时间银行养老模式实施情况调查

附录一：南沙时间银行使用情况调查问卷

您好！我们是XXXX大学城乡规划专业的学生，为了进行关于南沙时间银行使用情况的调查研究，我们希望通过此问卷了解您的感受与看法。本问卷不记名，调查结果仅作为课程研究使用。将占用您5~8分钟的时间。感谢您的支持与合作！

一、基本信息

性别：□男　□女　　　所在社区：_____

年龄：□40岁及以下　□41~50岁　□51~60岁　□61~70岁　□70岁以上

身份：□时间银行会员　□非会员社区居民

二、选择（请在您认为最符合的选项前画"√"）

1.您目前的居住状况是_____。（单选）
□独居　□和配偶居住　□和子女/孙辈居住　□和配偶以及子女/孙辈居住
□其他：_____

2.您目前的身体状况是_____。（单选）
□完全可以自理　□半自理　□完全不能自理

3.您的教育程度是_____。（单选）
□小学　□初中　□高中/中专　□本科/大专　□硕士及以上

4.您目前或退休前从事的职业是_____。（单选）
□学生　□公务员　□事业单位　□企业员工　□个体经商　□务农　□其他

5.您个人当前的月收入为_____。（单选）
□2000元以下　□2000~4000元　□4000~6000元　□6000元以上

6.您每天可利用的空闲为_____。（单选）
□1个小时以下　□1~2个小时　□2个小时以上

7.您目前对时间银行的了解程度是_____。（单选）
□十分了解　□比较了解　□不太了解　□仅仅听说过　□没有听说过

8.（接上一题）您是通过哪种途径得知时间银行的？（多选）
□社区宣传和组织　□从家人、亲戚、朋友聊天中得知　□邻居街坊告知
□互联网信息获取　□电视节目　□报纸信息　□志愿活动　□其他

9.您参与时间银行的目的是？（多选）
□希望有人能够帮助我　□共创更好的社区互助氛围
□和已是志愿者的朋友共事　□赚取时间币来兑换实物
□结交志趣相投的朋友
□减轻闲暇时间的无聊、空虚感
□通过获取时间币来兑换服务
□通过志愿服务学习新的技能
□为社会做公益，获得满足感

10.您获取时间币的途径是？（多选）
□陌生人赠予　□用现金购买　□自己通过平台承接任务赚取
□家人或认识的朋友赠予　□政府补贴　□团体安排任务赚取

11.您在时间银行获取时间币的频率是？（多选）
□每天　□每周一次　□每周多次　□每月一次　□每月多次

12.您支出时间币的方式是？（多选）
□兑换实物　□在现阶段兑换服务　□捐赠给其他有需要的陌生人
□捐赠给家人、朋友等身边需要的人　□存着待未来自己需要时兑换服务

13.您目前支出时间币的频率是？（多选）
□每天　□每周一次　□每周多次　□每月一次　□每月多次　□目前为止没有

14.您承接过的服务类型有哪些？（多选）
□公共服务(宣传、文体活动、公共清洁)
□家政服务(探访、家庭清洁、做饭、看护儿童、户外陪伴等)
□维修养护(家电家具维修、装修等)
□医疗保健(体检保健、康复训练、看护等)
□上门服务(订餐送餐、日杂用品快递、代驾等)
□专业技术(电脑、美工、法律、财务咨询等)
□目前没有承接过任务

15.您接受过的服务有哪些类型？（多选）
□公共服务　□家政服务　□维修养护　□教育培训　□医疗保健　□上门服务
□专业技术　□关爱服务　□目前还没有发布过需求

16.加入时间银行之前，您参与其他公益/志愿团体组织的频率如何？（单选）
□经常参与　□偶尔参与　□从未参与

17.如您有余力提供服务，为什么选择在时间银行平台而不是加入其他服务交易平台(如58同城、家政公司)？（多选）
□加入其他服务交易平台门槛较高，对个人的条件限制更多
□时间银行承接服务的时间、地点、类型可自己选择，较方便灵活
□在时间银行通过公益性地帮助他人，获得了满足感
□时间银行平台的操作流程比其他服务交易平台清晰易懂
□目前没有承接过任务

18.如您需要服务，您为什么选择在时间银行发布需求而不是使用其他交易平台(如58同城、家政公司)？（多选）
□通过时间银行获取服务的价格更低，或有政府/他人赠送时间币
□时间银行有较为固定的服务人员，已形成了亲切的情谊

贮藏时光 未老先行 ——时间银行养老模式实施情况调查

☐对时间银行平台更有安全感、信任感
☐不熟悉其他平台的操作，时间银行有志愿者帮忙发布需求
☐目前还没有发布过需求

19.作为提供服务者，您承接任务时考虑的因素是？(多选)
☐由志愿者服务队或者其他团体组织安排 ☐服务地点距离
☐服务时长 ☐服务内容

20.您在时间银行平台提供服务时使用的交通工具是？(多选)
☐步行 ☐公交 ☐私家车/出租车 ☐自行车 ☐电动车/摩托车

21.您在时间银行平台提供服务时可接受的步行路程是？(单选)
☐10min 以内 ☐10~20min ☐20~30min ☐30~40min ☐40min 以上

22.您在时间银行平台提供服务时可接受的车行路程是？(单选)
☐10min 以内 ☐10~20min ☐20~30min ☐30~40min ☐40min 以上

23.作为被服务方，您选择承接人考虑的因素是？(多选)
☐具有满足自己需求的专业技能
☐由志愿者服务队或其他团体安排
☐自己原来认识的人
☐信用评价高的人
☐服务好评率高的人
☐曾经帮助过自己的人

24.参与时间银行对您起到了怎样的作用？(多选)
☐丰富了日常生活 ☐让生活更便利 ☐解决了生活困难 ☐用较低的成本获取了服务 ☐用较低的成本兑换了实物 ☐实现了自我价值 ☐结交了更多朋友

25.您认为南沙时间银行存在哪些不足？(多选)
☐平台可兑换实物类型不足 ☐平台可兑换服务类型不足 ☐宣传力度不足
☐活动不够丰富 ☐平台操作不方便 ☐平台管理者不足 ☐对接流程不够透明
☐线下站点不足

26.你认为南沙时间银行平台操作感受如何？(单选)
☐非常好用 ☐比较好用 ☐一般 ☐不太好用 ☐非常难用

27.根据您使用南沙时间银行平台前后的状态进行自我评价。
（在您认为最符合的选项格子中画"√"）

	个人状态方面	非常同意	同意	一般	不同意	非常不同意
使用前	我的心态积极乐观					
	我的生活充实而有意义					
	我会学习新知识提升自己					
使用后	我的心态积极乐观					
	我的生活充实而有意义					
	我会学习新知识提升自己					

	个人状态方面	非常同意	同意	一般	不同意	非常不同意
使用前	我会与家人或朋友保持良好的关系					
	我会与社区邻居建立友好的联系					
	我会与社区之外的人建立朋友关系					
使用后	我会与家人或朋友保持良好的关系					
	我会与社区邻居建立友好的联系					
	我会与社区之外的人建立朋友关系					

	社会参与方面	非常同意	同意	一般	不同意	非常不同意
使用前	我会积极参与社区组织的活动					
	我会加入社会组织提供志愿服务					
	我关心社区的信息和公共事务					
使用后	我会积极参与社区组织的活动					
	我会加入社会组织提供志愿服务					
	我关心社区的信息和公共事务					

28.您对时间银行还有什么建议？

_____

问卷到此结束，感谢您的参与！

贮藏时光 未老先行 ——时间银行养老模式实施情况调查

附录二：南沙时间银行养老模式的认知程度及参与意愿调查

南沙时间银行是一项基于网络平台（网站和APP）的社区互助项目，会员将参与志愿服务的时间存储在时间银行中，等将来自己需要帮助的时候可提取存储的时间获得需要的服务，也可以用服务时间兑换所需物品。

"互联网+"时代下，该平台基于社区的创新型互助养老模式既区别于普通社区养老，又与其他市场化服务交易平台有很大不同，因此而获得了越来越广泛的关注和支持，从2013年启动至今，已吸引超过5万余名会员注册。

本问卷填写时间预计3~5分钟，感谢您的配合。

1. 您的性别：
□男　□女　　　所在社区：_____

2. 您的年龄：
□0~17岁　□18~25岁　□26~35岁　□36~50岁　□50岁以上

3. 您目前的居住所在地：
□南沙区　□天河区　□越秀区　□荔湾区　□海珠区　□白云区　□黄埔区　□番禺区
□花都区　□增城区　□从化区　□非广州地区

4. 您的受教育程度：
□小学　□初中　□高中/中专　□本科/大专　□硕士及以上

5. 您目前或退休前从事的职业：
□学生　□公务员　□事业单位　□企业员工　□个体经商　□务农　□其他

6. 您之前是否对南沙时间银行有所了解？
□是（跳转第7题）　□否（跳转第8题）

7. 您是通过何种途径了解南沙时间银行的？
□志愿活动　□政府宣传　□亲戚朋友　□其他

8. 您之前是否对养老问题有所关注或对各类养老模式有过了解？
□是　□否

9. 您目前或未来可以接受并比较欣赏的养老模式包含下列哪些方式？
□家庭养老（主要由子女或亲属在家中养老）
□社区养老（以社区专业化服务为依托，提供各类服务内容同时兼具居家舒适感）
□社会养老（由政府、社会组织、企业、志愿者为老人提供各种生活所需）
□互助养老（成立互助社，低龄老人服务高龄老人，以互助方式解决社区养老问题）
□以网络平台为依托的新型养老模式（例如时间银行，基于社区互助，多种优势结合）

10. 下列哪些情况是您在目前或未来养老时可以接受的？
□可以不依赖子女或其他赡养人的规律陪伴
□经常与社区的其他老人一起活动
□经常与熟悉的志愿者一起活动
□经常与不同的志愿者一起活动
□全都不能接受

11. 如果有恰当的时间、合适的机会，您目前或未来是否有意愿参与帮扶老人的活动并赚取时间币？
□是，我认为这样的行动很有意义。（跳转第12题）
□否，我认为这样的行动对我没有意义。（跳转第13题）

12. 您愿意参与上述活动的理由包括以下哪些选项？
□可以赚取时间币兑换服务
□可以赚取时间币兑换实物
□可以结交更多有趣的人，丰富日常活动
□从公益活动中可以获得快乐和满足

13. 您不愿参与上述活动的理由包括以下哪些选项？
□对养老相关内容没有了解或不感兴趣
□对帮扶老人的活动（例如探访、陪伴、送餐等）内容不感兴趣
□对赚取时间币不感兴趣（不了解时间币用途或对时间币可兑换的服务不感兴趣）
□不喜欢参与公益类社交活动

14. 如果您有更多关于自己期待的养老模式的想法或建议，请在下方填写，非常感谢。

问卷到此结束，感谢您的参与！

主题二 城乡+治理

"非"常校园
—— 基于广州高校非洲留学生交往活动及交往空间特征的校园需求分析

作者学生：邢鹏威、仇普钊、许欢、刘畅
指导老师：车乐、汤黎明、张文侠

全国高等学校城乡规划学科

2014城乡社会综合实践调研报告评优

二等奖

扫码阅读
彩色版本

基于广州高校非洲留学生交往活动及交往空间特征的校园需求分析

【目录】

一、绪论 ………… 1	2.2 公共空间 ………… 4
1 调研背景 ………… 1	2.3 教学空间 ………… 5
2 调研目的 ………… 1	2.4 居住空间 ………… 6
3 调研区域 ………… 2	2.5 餐饮空间 ………… 8
4 调研对象 ………… 2	三、改造与实践 ………… 9
5 调研方法 ………… 2	1 校园改造实践
6 调研框架 ………… 2	——以华南理工
二、调研与分析 ………… 2	大学为例 ………… 9
1 人群特征 ………… 2	2 校园改造规划建议 ………… 9
1.1 群体构成 ………… 2	四、总结 ………… 9
1.2 宗教信仰 ………… 2	参考文献 ………… 9
1.3 爱好习惯 ………… 2	附录 ………… 10
1.4 文化习俗 ………… 2	
1.5 社交活动概况 ………… 3	
2 校内空间喜好分析 ………… 3	
2.1 校园整体认知 ………… 3	

摘要

随着来华读书的外国留学生日益增多,未来中国高校将更加国际化。其中,在广州各大高校中,非洲留学生群体数量大、特征明显,最具代表性。因此,本次调研以广州各大高校的非洲留学生为对象,调查其群体特征、对校园现状的满意度、日常学习生活和活动交往的空间特征以及其影响因素,探讨与总结了更加适合非洲留学生生活、学习与交往的校园空间模式,并从校园规划与管理、建筑空间等角度提出了合理的改良建议。为证明其可行性,我们更进一步抽取华南理工大学作为改造案例,并通过采访中国学生和老师进行验证,对改造建议进行修改和补充。从而,帮助非洲留学生更好地融入校园,提高其在校期间的幸福度,使他们能健康地步入社会。

关键词:广州高校;非洲留学生;空间特征;校园规划改造

一、绪论

1 调研背景

2013年在华学习的外国留学生总数达35.6万人,据预测,到2020年我国将成为亚洲最大的国际学生流动目的地国家。留学生数量的增多吸引了各界关注,但此前的研究往往是针对于其文化适应性,对其空间特征的涉及几乎为零,尤其在校园规划的领域,留学生群体往往被忽略。

自20世纪80年代改革开放以来,广州因其地理、经济、文化上的优势,吸引一批非洲人来此"淘金"。至2000年,中非关系进入了全新的发展阶段。越来越多的非洲人涌入广州,据统计,广州市的常住非裔人口达到2万,且每年以30%~40%的速度递增。民间数据甚至达到了20万,成为广州最大的外籍群体。非裔群体在带动广州经贸发展的同时,也带来了诸多的社会问题。

另外,广州各高校中非洲留学生所占的比例居全国首位。中国长期对非洲各国优秀的学生提供政府奖学金,高等院校培养了大量有意愿留华的非洲学生,他们在步入社会之后将成为在华非裔群体中的精英阶层。但由于现阶段校园建设对这一群体的关注欠佳,导致他们无法很好地适应中国的生活,对校园缺乏归属感。

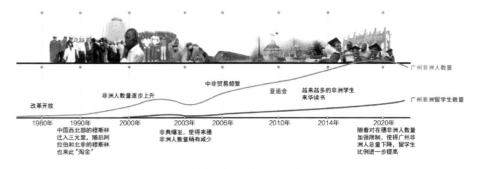

广州非洲裔群体的发展概况

2 调研目的

(1)基于调查方法的综合运用获取大量一手资料,系统剖析其群体特征,对校园现状的满意度,日常学习、生活和活动交往的空间特征以及其影响因素。

(2)通过整理出非洲留学生的校内空间喜好和校外空间的需求,探索更适合非洲留学生的校园空间模式。

(3)为促进非洲留学生的健康发展,从专业角度作出思考,从硬件、软件和空间三个方面对校园规划改造提出建议,为未来中国高校规划改造提供新的思路和实证依据。

基于广州高校非洲留学生交往活动及交往空间特征的校园需求分析

一、绪论

3 调研区域

选取广州市内非洲留学生较多的学校，包括华南理工大学（约300人）、中山大学（约80人）、广东外语外贸大学（约150人）、华南师范大学（约20人）、暨南大学（约20人）以及大学城部分学校。

调研各大高校地点分布

4 调研对象

调研对象包括广州高校非洲留学生、中国学生、相关教师。

5 调研方法

（1）文献分析法：查阅书报、网络评论、新闻报道以及论文资料。
（2）访谈法：对广州各大高校非洲留学生、国际教育学院相关管理人员进行访谈。
（3）问卷法：本次共派发100份问卷，回收有效问卷94份。

由于留学生基数的差异，各个高校的问卷数量有所不同，其中华南理工大学南校区23份、北校区20份，广东外语外贸大学19份，中山大学15份，华南师范大学10份，暨南大学7份。

（4）跟踪法：针对非洲留学生个体进行跟踪调研，深入了解其日常生活，尤其针对校外生活需求。
（5）认知地图法：非洲留学生凭印象绘制校园简易地图，标记上自己的喜好和活动地点，并附上主观评价，从而反映其对校园的整体认知。
（6）空间注记法：对校园各空间中非洲留学生的停留点进行记录。
（7）朋友圈注记法：通过添加非洲留学生微信对其朋友圈分析，了解其日常活动、社交网络、情绪变化等。

6 调研框架

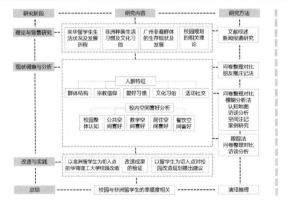

二、调研与分析

1 人群特征

1.1 群体构成

年龄：非洲裔留学生的年龄集中在20～30岁，以22岁为主，平均年龄为21.6岁，群体较为年轻化。
性别：非洲裔留学生群体男性数量远超女性，约为女性数量的2倍。
学历：以本科学习为主。
国家背景多样：非洲裔留学生来自非洲的不同国家和地区，包括南非、北非、东非等国家和地区，其中来自尼日利亚、坦桑尼亚、埃塞俄比亚、几内亚和刚果等国家的较多。

【总结与剖析】
随着中国和非洲的很多国家的贸易往来增加，对汉语人才的需求也不断增加，掌握汉语会在求职等方面有帮助，来华留学的经历能帮助其在简历上加分。且非洲存在一定重男轻女现象，这造成教育资源分配上男女比例不均衡。

1.2 宗教信仰

大部分非洲留学生信仰基督教和伊斯兰教两大宗教的不同教派。

【总结与剖析】
宗教是非裔留学生生活中的重要部分，而中国由于宗教设施缺乏，对他们的生活产生了一定影响。

1.3 爱好习惯

作息：晚睡早起，午餐和晚餐的时间较晚，普遍为晚上1点后入睡，早上8点前起床，午餐14点左右，晚餐19点左右。
生活习惯：有礼拜的习惯，但由于教堂的数量和远近的限制，次数不多。周五晚和周末晚喜欢成群活动聚餐或去酒吧玩。地点多为小北或淘金等外国人聚集的地方。会定期去健身，大多1周2～3次。
爱好：喜欢音乐、舞蹈和运动，尤其是户外运动，如滑板、足球等。

【总结与剖析】
非洲民族的性格比较豪放热情，喜欢结交朋友，能歌善舞是他们的民族特色，他们也喜欢用这种方式来表达情绪。非洲大陆纬度偏低，全年气温较高，有热带大陆之称，他们的生活节奏慢，时间观念不强。

1.4 文化习俗

（1）讲究发型和服饰
非洲人发型讲究新颖、雅致，还喜欢艳丽多彩的服饰。
（2）喜爱自然与运动，热衷音乐与舞蹈
非洲留学生更喜欢待在户外，他们热爱运动，尤其是足球、健身、游泳和舞蹈等。
（3）英语为主要交流语言
调查发现，非洲留学生的汉语水平参差不齐，有一定的英语基础，不同国籍的留学生之间用英语进行交流。

主题二 城乡治理

基于广州高校非洲留学生交往活动及交往空间特征的校园需求分析

二、调研与分析

1 人群特征

1.5 社交活动概况

我们通过添加微信、整理其朋友圈的方式，全面了解他们半年来在广州的活动情况，并抽取重点对象作为样本，整理其活动分别如图所示：非洲留学生在广州的主要活动集中于三元里、小北、淘金、体育中心和珠江新城这几个区域，其中在体育中心和珠江新城的活动主要以游览娱乐为主。小北和三元里则是非洲留学生独特的活动区域。

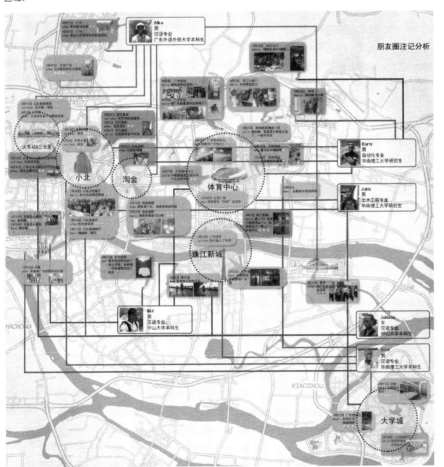

2 校内空间喜好分析

2.1 校园整体认知

认知地图是反映人对空间感受的有效方法，体现人对空间路径、标志、节点、区域、边界的认知。本次调研共收回47份认知地图，其中华南理工大学北校区15份、南校区10份、广东外语外贸大学12份、中山大学10份。进一步对各高校认知地图进行分类和归纳，整理出各高校的典型认知地图。通过系统分析，我们发现非洲留学生对于校园公共空间、运动设施以及周边配套设施和交通站点的认知度较高，这些成为他们对校园评价的主要因素。

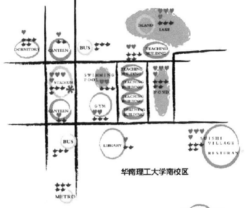

华南理工大学南校区

♥ 喜欢的地方
♠ 常去的地方
✱ 聚会的地方

认知分析：
（1）道路——对方格网的路网系统印象深刻，尤其是东西向两条连接教学区与生活区的道路。
（2）建筑——宿舍与饭堂是其重要的参考点。
（3）公共空间——对校园周边的餐饮设施更加满意。
（4）喜好——喜爱运动。
（5）高频地点——穗石村可提供更丰富的商业配套，地铁和公交是其前往市区的主要交通方式。

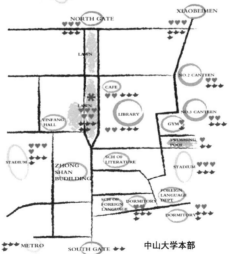

中山大学本部

♥ 喜欢的地方
♠ 常去的地方
✱ 聚会的地方

认知分析：
（1）道路——中山大学的南北中线处于统领地位，由于小北门外有更丰富的商业配套设施，故通往小北门的道路认知度更高。
（2）建筑——除了宿舍与饭堂，北门的牌坊、中西合璧的礼堂与图书馆的认知度较高。
（3）公共空间——十分喜爱中部的大草坪。
（4）喜好——喜爱运动，但对校园的体育馆并不满意，原因是开放的时间不多。
（5）高频地点——小北门附近可提供更丰富的商业配套设施，常乘坐地铁外出。

"非"常校园

基于广州高校非洲留学生交往活动及交往空间特征的校园需求分析

二、调研与分析

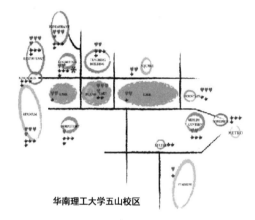

华南理工大学五山校区

♥ 喜欢的地方
♠ 常去的地方
✳ 聚会的地方

认知分析：
(1) 道路——沿湖的两条东西向道路认知度较高。
(2) 建筑——宿舍与饭堂是其重要的参考点，但对图书馆的认知度较低。
(3) 公共空间——喜爱校园的湖，尤其是中部的湖，有岛和亭子。
(4) 喜好——喜爱运动，但对校园的体育馆并不满意，原因是价格太贵。
(5) 高频地点——东莞庄与小西门附近可提供更丰富的商业配套设施，常乘坐地铁外出。

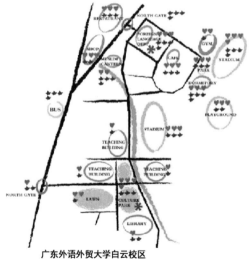

广东外语外贸大学白云校区

♥ 喜欢的地方
♠ 常去的地方
✳ 聚会的地方

认知分析：
(1) 道路——对沿河及从宿舍至北门商业设施的路段认知度较高。
(2) 建筑——(留学生)外国语学院的教学楼空间丰富、设施齐全，认知度较高。
(3) 公共空间——喜爱文化公园、相思河，外国语学院教学楼也为其提供了举办各种活动的设施与空间。
(4) 喜好——喜爱运动，对校园周边的餐饮设施更加满意。
(5) 高频地点——北门附近可提供更丰富的商业配套设施，公交是其前往市区的主要交通方式。

2.2 公共空间

【总结与剖析】

在广州各大高校中，非洲留学生对以下公共空间具有较高的满意度，它们大多在校园空间中占据最主要地位，通常是校园的一张名片，通过分析，我们得知非洲留学生普遍喜欢校园绿化丰富的开敞空间以及风景优美的滨水空间，这与中国学生是相似的，因此，营造良好的公共空间可以大大促进非洲留学生的交往与融合。

公共空间区位	平面示意及人群分布	空间模式	现场照片
广东外语外贸大学文化公园			
华南师范大学文化广场			广东外语外贸大学文化公园与华南师范大学文化广场均具有西方园林的特征，几何明显的构图、丰富的绿化与座椅增加了场所的停留感。
中山大学大草坪			大草坪是非洲留学生非常喜爱的场所，草坪被各种功能的建筑环绕，在这里他们可以休息、聊天、野餐、踢球等。
华南理工大学西湖			大片水面提供了良好的景观画面，小岛与中式凉亭成为视觉焦点，沿湖的座椅增加了场所的停留感。
广东外语外贸大学相思河畔			线状水体对其两侧的空间品质有很大提升，沿河座椅为学生提供了休憩与交往的功能。

基于广州高校非洲留学生交往活动及交往空间特征的校园需求分析

二、调研与分析

2 校内空间喜好分析

2.3 教学空间

2.3.1 教室

【现状描述】 通过调查我们发现,中山大学第三教学楼(汉语学院教学楼)最受非洲留学生的喜爱,留学生的交流状况也最为良好,广东外语外贸大学次之。中山大学留学生第三教学楼位于校园东南部,紧邻中轴线,距离留学生宿舍仅360m,距离体育场325m,地理位置相对合理。教学楼共五层,其中三、四、五层为留学生教室,一层门厅配有小卖部。

【空间模式总结】

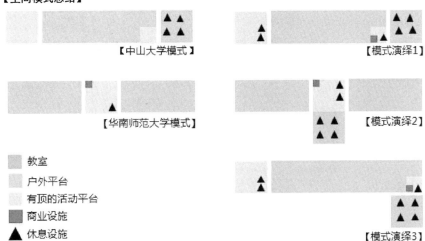

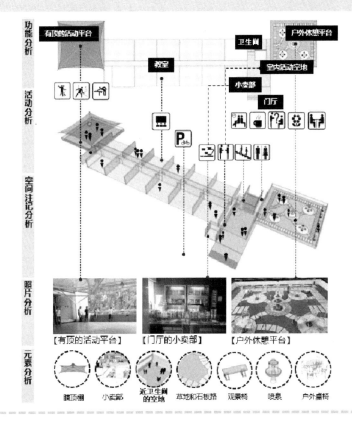

Q:您对课室是否满意?

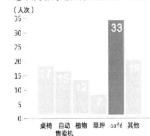

Q:您认为教学楼需要增加什么措施?

超过3/4的留学生会选择咖啡茶座和绿化这两项,其次是自动售卖机。据访谈,多数留学生会在教学楼进行交往活动,需要咖啡茶座等交往空间,而中国教学楼的配置通常只关注教室。

有超过3/4的留学生对教学楼感到满意。

【总结与剖析】

受非洲留学生欢迎的教学空间具有以下特点:
(1)距离适中:去宿舍、饭堂、运动场、校门方便,宜小于400m;
(2)足够的户外空间和绿化:相对于中国学生,非洲留学生对于阳光、新鲜空气、植物有着更多的需求;
(3)足够的休息设施:足够且多样的桌椅、景观良好的空地能促进非洲留学生不同程度交流,中山大学、广东外语外贸大学设置桌椅数更多,交往状况更为良好;
(4)提供足够的商业设施:中山大学、广东外语外贸大学、华南师范大学均设置了自动售卖机或小卖部,在课间这些设施很受欢迎,而靠近休息设施和门口的将会有更高利用率。

基于广州高校非洲留学生交往活动及交往空间特征的校园需求分析

二、调研与分析

2 校内空间喜好分析

2.3.2 图书馆

【现状描述】 留学生去图书馆一是查阅资料，二是自习，相对中国的学生爱"泡"图书馆，有超过一半的非洲留学生几乎不使用图书馆，原因包括缺少英文书籍、不喜欢图书馆的气氛、中文阅读难度大等。

【总结与剖析】
（1）增加英文书籍。 虽然网络很方便，但书籍是更加可靠和第一手的资料。
（2）增加英语的标识。 方便汉语不通的留学生查书和使用图书馆的设施。

2.4 居住空间

2.4.1 个人空间

【现状描述】 这次调查的几所大学宿舍几乎都是廊-房间，每个房间两个学生的模式，非洲留学生对此满意度较低。其中，暨南大学的公寓式宿舍满意状况较好。

暨南大学留学生公寓与普通公寓类似，三房一厅一厨一卫，每个房间一两人，共享起居室和厨房，不大幅增加人均居住面积却拥有更多交流的场所。

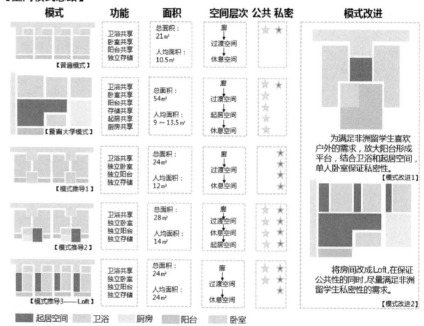

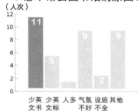

Q:您不常去图书馆的原因？

有43%的留学生不使用图书馆，图书馆是重要的学习空间，但非洲留学生对其认可度不高。

Q:您是否经常使用您的宿舍？

接近50%的留学生不选择宿舍作为其居所。

【总结与剖析】

非洲留学生对宿舍有以下需求：

（1）更大的休息空间：非洲留学生相较于中国学生体型有所差异，而现阶段留学生宿舍床的尺寸与中国学生的一致，因此许多非洲留学生反映宿舍床尺寸不合适。

（2）增加共享交流空间：非洲学生热爱音乐与舞蹈，部落性导致群居性更强，对于交流共享空间有更大的需求。

（3）私密性的需要：非洲留学生对私密性的需求很高，对两个人无间隔生活感到非常不适应。

（4）丰富的色彩：老、旧成为非洲留学生对宿舍描述频率较高的词，同教学空间一致，他们认为单调的色彩不利于他们的创造力。

主题二 城乡治理

基于广州高校非洲留学生交往活动及交往空间特征的校园需求分析

二、调研与分析

2 校内空间喜好分析

2.4.2 公共空间

【现状描述】此次调查非洲留学生对宿舍公共空间的满意度普遍较低，此外，公共空间缺乏导致热爱音乐、舞蹈的非洲留学生只能在宿舍内部解决其需求，也引起了其他留学生和附近中国学生的不满，加深了隔阂。本次调查中大学城华南理工大学留学生宿舍获得了相对较高的评价，而中山大学次之。

【空间模式总结】

走廊	楼层	宿舍楼	建筑群
几个宿舍公用的休息空间	规划单元＋起居室	入口及公共社交场所（活动室）	公共体育设施及庭院

简单的外廊式，宿舍与走廊缺乏过渡空间，走廊无凹凸，缺乏停留感，几乎没有学生在走廊停留、聊天。

每层有一个公共休息室，非洲留学生利用它来跳舞，还配有露天公共空间，但由于功能缺乏，得不到良好的使用。

入口门厅配有沙发和自动售卖机，有较多停留和互相打招呼的学生。

院子边上有许多留学生（不仅仅是非洲留学生）在聊天，但由于院子中央缺乏停留空间，很少被利用。

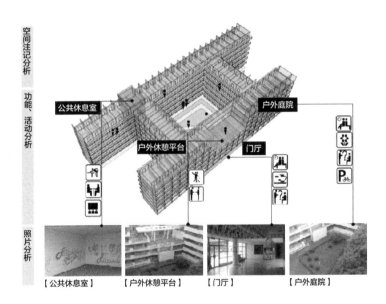

空间注记分析 / 功能、活动分析 / 照片分析

【公共休息室】【户外休憩平台】【门厅】【户外庭院】

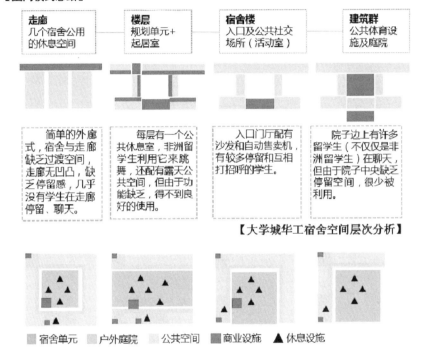

【大学城华工宿舍空间层次分析】

■宿舍单元　■户外庭院　□公共空间　■商业设施　▲休息设施

Q：您认为宿舍需要增加什么措施？

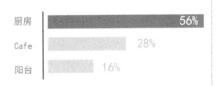

厨房 56%
Cafe 28%
阳台 16%

选择厨房的人有26个，占到总数的56%，可见留学生对厨房的需求非常大，根据访谈得知，大部分留学生宿舍均配备了厨房，但这些厨房缺乏维护，脏乱差。

部分学校功能配置表

学校	厨房	活动室
中山大学	V	V
广东外语外贸大学	X	V
大学城	X	X
暨南大学	V	V

大部分学校难以在宿舍配备齐全的设施。

【总结与剖析】

宿舍公共空间常常被忽视，受非洲留学生喜爱的宿舍公共空间有以下特点：
（1）丰富的公共空间层次：走廊—楼层—宿舍楼—建筑群，分别配置不同的尺度、功能的公共空间，满足不同的需要，如聚会、舞蹈、乐器演奏，减少利用宿舍进行干扰较大活动的可能性；
（2）户外公共空间：提供多种桌椅的选择；
（3）适当的体育活动空间：满足非洲留学生对运动量的需求；
（4）足够的功能：商业设施，包括小卖部、咖啡厅、自动售卖机都是吸引其停留和交流的设施，这些设施应结合其他公共空间设置。

"非"常校园

基于广州高校非洲留学生交往活动及交往空间特征的校园需求分析

二、调研与分析

2 校内空间喜好分析

2.5 餐饮空间

【现状描述】 非洲留学生对食堂满意度较低,使用频率远低于中国学生,其中口味不合是最主要的原因。非洲留学生近一半为穆斯林,而在此次调查的几所学校中,只有华南理工大学有清真餐厅。另外,吃饭时间与饭堂供应时间短、环境氛围差,甚至是排队拿饭的形式也成为其拒绝使用食堂的原因。据访谈,华南理工大学中区食堂被他们认为是虽然口味不合,但环境氛围较好的食堂,而中山大学的第三食堂由于其自助取餐的形式而受到欢迎。

【空间模式总结】

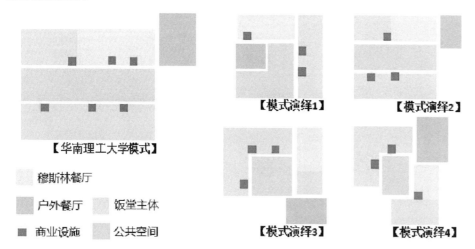

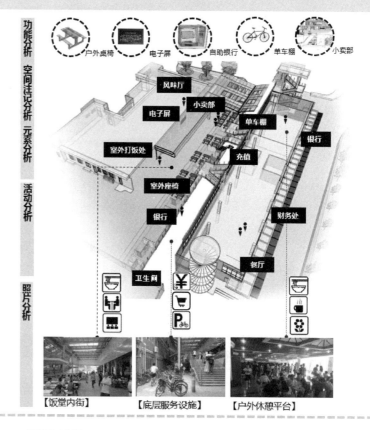

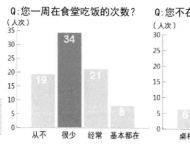

Q:您对食堂是否满意? 仅不到40%的非洲留学生对食堂满意。

仅不到34%的留学生依靠食堂,其中约24%从不去食堂。

Q:您一周在食堂吃饭的次数?(人次)
- 从不:19
- 很少:34
- 经常:21
- 基本都在:8

Q:您不在食堂吃饭的原因是?(人次)
- 桌椅:6
- 排队:10
- 难吃:29
- 贵:7
- 人多:12
- 其他:14

近37%的非洲留学生因味道差而不去食堂,需要排队、拥挤等也是重要因素。

【总结与剖析】

(1) 配穆斯林餐厅:非洲留学生达到一定数量,需考虑设置清真餐厅,且离宿舍不宜太远。数量较少,则考虑在食堂中增加适合的菜品;

(2) 采用自助取餐方式:语言不通、习惯不同导致他们对排队感到不适应;

(3) 食堂供应时间灵活:非洲留学生时间更加灵活,食堂可增加一个持续供应的窗口;

(4) 结合商业配套设施:如金融、邮政、超市、维修等;

(5) 多样的就餐空间:尤其增加户外就餐空间;

(6) 结合娱乐设施配置:如中区食堂的大屏幕。

三、改造与实践

1 校园改造实践——以华南理工大学为例

华南理工大学的西湖是非洲留学生较满意的空间，但通过调研发现，多处滨水空间的停留感不强，造成了一定的景观浪费，餐饮设施对滨水空间的利用不够充分，因此，我们对一些空间节点进行改造。

2 校园改造规划建议

为促进非洲留学生更好地融入校园，健康发展，我们对校园提出以下几点建议：

（1）空间方面

应注重交往、休憩空间的营造，如在宿舍、教学楼增加平台、公共活动室等；重视校园公共空间的营造，如增加开敞绿地、滨水的公共空间；提高配套设施的空间可达性，对留学生宿舍合理选址，使其可以方便到达清真餐厅、校园周边的商业配套与交通站点。

（2）硬件方面

应逐步提升宿舍与教学楼的条件，如冷暖气供应、无线网络信号等；加快完善校园设施，如完善体育运动设施、增加图书馆的英文书籍、完善餐饮购物等配套服务等。

（3）软件方面

管理工作者需要具有跨文化意识，对非洲留学生能进行差异化管理，营造国际化氛围，减少非洲留学生因汉语水平而造成的沟通隔阂，增加英文版的标识与校园活动公告，并完善留学生志愿服务体系等。

四、总结

通过这次调查我们发现，非洲留学生在华留学期间生活的幸福度与其对校园空间的满意度存在一定的正相关关系。根据马斯洛需求层次理论——足够的硬件配套是保证非洲留学生基本的需要（如休息、餐饮、购物和文体活动）得到满足的必要条件；而针对其喜好的空间塑造能进一步提高他们的生活质量以及增加其交往的机会；另外软件方面（管理体系，包括英文标识、志愿者等）系统的建立，则能更进一步帮助他们融入校园、融入广州并爱上中国，增强他们的归属感，让他们消除身在异国的不适应感和孤独感。通过这三个方面，保证其在中国的学习和生活是愉快的，身心是健康的。

随着中国的发展，国际化程度越来越高，留学生数量的增加要求我们（包括校方、规划师和建筑师）在进行校园规划和改造的时候，要适当的考虑到留学生的种种需求以及留学生和中国学生之间可能产生的问题，这样创造出来的校园才能更加体现以人为本的理念。

另外，中非建交已久，两地之间感情深厚，但中国学生和非洲留学生交往程度较低。隔阂的消除有赖于全民的努力，在校园规划中也要有所体现，如居住和教学设施不要过于中外分离以及设置有效的公共空间，都是减缓隔阂的有效办法。

【参考文献】

[1] 杨军红. 来华留学生跨文化适应问题研究[D]. 上海：华东师范大学, 2005.
[2] 安然. 来华留学生跨文化适应模式研究[J]. 中国高等教育, 2009(18)：61-62.
[3] 云嘉妮. 在华非洲留学生的文化适应调查[D]. 长春：吉林大学, 2013.
[4] 许涛. 广州地区非洲人的社会交往关系及其行动逻辑[J]. 青年研究, 2009(5)：71-86；96.
[5] 罗磊. 中非关系视角下的广州地区非洲人研究[D]. 广州：暨南大学, 2013.
[6] 梁杰. 在华德国留学生文化适应策略与主观幸福感的关系研究[D]. 杭州：浙江大学, 2010.
[7] 张静. 高校交往空间的适应性研究[D]. 西安：西安建筑科技大学, 2011.
[8] 何炳泉. 人性化的居住空间——我国高校学生公寓设计研究[D]. 武汉：华中科技大学, 2004.

基于广州高校非洲留学生交往活动及交往空间特征的校园需求分析

附录

Questions about Africa students in GuangZhou

Dear friends:

Hello! we come from SCUT. We are doing a survey about the life and study situation of the African students, and your answer will be very useful for the survey.

Don't worry, all the information on the questionnaire will be kept confidential.

Thank you

Basic Information

Gender: male☐ femal☐ Age____ Nationality____ Religion____

Academicbackground: bachelor☐ master☐ doctor☐

How long have you been in China?_____

Questions about your life

1. Why you chose to study in China?_____
   A.Love Chinese culture   B.Get a scholarship given by China   C.Want to learn Chinese Language
   D.The opportunities and potential in future China   E.Other reason:_____

2. Would you stay in Guangzhou after finishing your study here?
   A.Yes   B.No

3. If the answer is Yes, the factors including:
   A.High salary   B.Low cost of living   C.Good environment
   D.The culture background   E.More opportunity   F.Others:_____

4. If your answer is No,where you prefer to go?
   A.Beijing B. Shanghai C.Shenzhen D.Other cities of China_____ E.Foeign country F. Homeland

5. How many Chinese friends do you have?_____
   A.None B.1-2 C.3-5 D.more than 5

6. What's your main problem in interacting with Chinese student?_____
   A.Language barrier   B.Wide difference in social customs
   C.Wide difference in hobbies   D.Hard to find a suitable space for intercaction activities

7. Which of the softwares do you often use in China?_____
   A.QQ B.Wechat C.Microblog D. Instagram   E.Others:_____

8. Time of the weekday:
   Get up _____   Breakfast_____   Lunch_____   Dinner_____   Go to bed_____

Questions about the campus

9. Do you like your campus? Yes___ No___

10. Do you like your classroom? Yes____ No____.
    What facilities do you think need to added in the teaching building?(multiple choice)
    A.Tables and chairs B.Vending machine C.More plants
    D.Lawn   E.Cafe in the yard   F.Others:___

11. Do you like your dormitory ?Yes___ No___.
    What do you need most in your dormitory building?_____,_____,_____(arrange in the order of importance)
    A.Kitchen B.Living room   C.Balcony   D.Cafe/platform with tables and chairs in the yard
    E.Convenientstores&vending machine   F.Parking lot
    G.Common room(for reading,watching TV,chatting and etc.)
    H.Hall for activities(parties,dancing,English corner&Chinese corner and etc)   I.Others:_____

12. Do you like your canteen?Yes___ No___.
    How many times do you eat in the canteen a week?
    A.Never   B.Rarely   C.Often   D.Most of the time eat in the canteen
    If you don't like eating in the canteen,what are the reasons?
    A.Uncomfortable tables and chairs   B.Needs to wait in a line   C.Bad taste
    D.Price is high   E.Crowded   F.Others:_____

13. Where do you prefer to eat? (multiple choice)
    A.Around the west gate（小西门） B.Dongguanzhuang（东莞庄） C.Wushan（五山） D.Around the front gate（正门） E.Xiaobei（小北） F.Zhujiang new town（珠江新城） G.Taojin（淘金）
    H.Shamian（沙面）   I.Others:_____

14. Where do you often go shopping?
    A.Logistics building（后勤楼）B.Wushan(五山) C.Central market D.Xiaobei（小北） E.Trainstation（火车站）
    F.Beijing Road（北京路）   G.On the Internet   H.Others:_____

15. Do you often use the library? Yes ___ No ___
    If the answer is No,why?
    A.Lack of Englishbooks   B.Lack of English signals
    C.Too crowed   D.Don't like the atmosphere
    E.Lack of facilities   F.Others:_____

16. What need to be added in the campus in your mind? _____,_____,_____(arrange in the order of importance)
    A.Gym   B.Skateboarding   C.Rock climbing   D.Bar   E.Cinema   F.Church
    G.Resturant&Café   H.Supermarket   I.Square/hall for party   J.Swimming pool
    K.Playground   L.Communication space(park&garden)   M.Others:____

17. What difficulties do you have in the period when you just arrive Guangzhou for the first time?
    A.Homesick   B.Language barriers   C.Without friends   D.New environment
    E.Culture shock   F.Others:_____

18. Which the facilities are most important for you? _____,_____,_____(arrange in the order of importance)
    A.Playground B.Libray C.Market D.Gym E.Swimming pool F.Cafe
    G.Muslim canteen   K.Lawn   L.Square M.Others:_____

19. which of these can be helpful? (multiple choice)
    A.Signals in English   B.Volunteers who can help you get familiar with the campus
    C.Websites/software specialized for overseas D.Guide/ advise from the institution

何以匆匆？
———外卖骑手工作空间调研

作者学生：何雨晴、尹心桐、康冰冰、梁锡燕
指导老师：车乐、向博文

全国高等学校城乡规划学科

2018城乡社会综合实践调研报告评优

三等奖

扫码阅读
彩色版本

何以匆匆？——外卖骑手工作空间调研

摘要：

  自 2010 年网络外卖订餐出现以来，人们的生活方式发生了巨大的改变。越来越多人选择点外卖用餐，随之而来的是庞大的订单量和高效的配送需求。因此，外卖骑手往往顶着巨大的配送压力，匆匆赶路，有时甚至不惜违反交通规则，导致送餐事故频发。

  本次调研以广州市天河区石牌商圈外卖骑手为对象，通过对骑手的 140 份问卷调查、与 36 位骑手的访谈，以及对配送站站长、商家、路人、顾客的访谈与问卷，得出外卖骑手的人群与工作空间基本情况，并从交通、外卖平台管理制度、配送链条等方面深入分析了导致外卖骑手配送途中"行色匆匆"的原因。最终，总结外卖骑手避免配送超时的工作经验，并为外卖骑手工作空间的未来优化提供相关建议。

关键词：

石牌商圈；外卖骑手； 交通隐患； 工作智慧； 空间优化

Abstract:

Since the advent of online take-out ordering in 2010, people's lifestyle has changed dramatically. More and more people choose to order take-out meals, which is followed by a large number of orders and an efficient delivery demand. Delivery riders are often under great pressure, rushing to get to the customers, sometimes even breaking traffic rules,which leads to frequent accidents.

This research takes delivery riders in Guangzhou, Tianhe, Ling business circle as study object. Through 140 questionnaires and interviewing with 36 riders, as well as interviewing with the distribution station chief, restaurant owners and passersby, the basic information of the crowd and work of the delivery rider was collected. From the aspects of transportation, delivery platform management system, delivery chain, etc, this paper analyzes the reasons why the delivery riders are in a hurry during delivery. Finally, this paper summarizes the work experience of delivery rider to avoid delivery overtime, and provides relevant suggestions for the future optimization of delivery rider's working space.

Keywords:

Ling business circle, Delivery riders, Traffic hidden trouble, Work wisdom, Space optimization

目录

1 绪论 ································· 1
 1.1 研究背景 ························ 1
 1.2 研究对象 ························ 1
 1.3 研究目的 ························ 1
2 研究思路 ····························· 2
 2.1 研究问题 ························ 2
 2.2 研究框架 ························ 2
 2.3 研究方法 ························ 2
3 职业画像 ····························· 3
 3.1 人群画像 ························ 3
 3.2 工作模式 ························ 3
4 调研结果——何为匆匆 ··············· 4
 4.1 匆匆的现象 ····················· 4
 4.2 匆匆的程度 ····················· 4
 4.3 匆匆的后果 ····················· 5
5 调研分析——何以匆匆 ··············· 5
 5.1 交通因素 ························ 5
 5.2 配送链条 ························ 6
 5.3 外卖平台管理机制 ·············· 7
 5.4 分析总结 ························ 8
6 何"避"匆匆 ··························· 8
 6.1 外卖骑手的工作智慧 ··········· 8
 6.2 策略与建议 ····················· 9
附录 ···································· 11
参考文献 ······························· 11

何以匆匆？——外卖骑手工作空间调研

1 绪论

1.1 研究背景

·国内外卖行业发展

随着"互联网+"的快速发展，我国互联网餐饮外卖呈现爆发式增长。随着社会节奏越来越快，方便快捷的外卖已然成为人们生活中重要的组成部分。国内外卖市场已经相对成熟，行业竞争愈发激烈。因此，外卖骑手配送速度至关重要。

·外卖相关研究

近年来研究者对外卖的研究主要关注于外卖行业本身，如外卖配送路径方案制定、用户满意度与忠诚度，同时也着眼于外卖所反映的特征，如时空压缩与时空扩展、餐饮店铺在城市空间分布的特征。此外，还有对于外卖骑手这一人群的研究，但目前仅限于其薪酬管理模式及其社会适应问题，对于外卖骑手工作空间，目前尚未有研究者涉猎。

·外卖骑手群体愈发受关注

与此同时，新闻报道中外卖骑手在配送过程中发生的各种交通事故与轶事报道愈发频繁，外卖骑手行业的高风险也被大家所熟知。

2017年各大城市公布了上半年交通事故相关数据，其中送餐外卖事故多发。截至2018年5月，广州交警针对非机动车交通违法行为开展十余次全市统一行动，查处非机动车交通违法行为7万余宗，其中外卖送餐人员交通违法行为近6000宗。对于骑手来说，时间就是送餐的生命线，骑手争分夺秒无视交通规则横冲直撞，导致了交通事故频发。

那么，是谁在外卖骑手配送中按下了加速键？为何外卖骑手要冒着生命危险抢夺时间？究竟如何保障外卖骑手出行安全？

相关新闻报道配图

相关报道词频统计

1.2 研究对象

广州天河区石牌东路位于广州市中心城区，周边人口密度大，商业办公地点分布密集，外卖商家和外卖骑手众多，具有一定的代表性和研究价值。因此本次调研范围选取了以石牌东路为中心的周边直径约3 km的区域，重点访谈对象为外卖骑手。

调研范围

1.3 研究目的

从外卖骑手的角度出发，通过问卷调查和访谈等多种调查方法了解这一社会群体的工作情况，探究他们日常工作中的配送空间和停留空间，分析导致他们"匆匆"的原因并了解相应的应对机制，最后对他们的工作空间提出优化建议。

何以匆匆？——外卖骑手工作空间调研

2 研究思路

2.1 研究问题

■ 外卖骑手基本概况

a.谁在做外卖骑手？
b.外卖骑手是如何工作的？

■ 何为匆匆？——外卖骑手是怎么"匆匆"行驶的？

a.外卖骑手"匆匆"行驶有什么具体的现象？
b.外卖骑手"匆匆"行驶的现象有多严重？
c.外卖骑手"匆匆"行驶影响了什么？

■ 何以匆匆？——外卖骑手究竟为何"匆匆"行驶？

a.外卖点餐高峰的时间与交通拥堵高峰的时间重叠程度？
b.在整条配送链中，各个环节如何影响配送的匆忙程度？
c.外卖平台方面有什么原因致使外卖骑手"匆匆"行驶 ？

■ 何"避"匆匆？——如何改善外卖骑手的交通出行安全问题？

a.外卖骑手有什么应对策略？
b.城市管理者在其中能做什么？
c.外卖平台一方要怎么做？现行制度要如何调整？如何把控配送链中每个环节，提高配送效率，同时保证安全？

2.2 研究框架

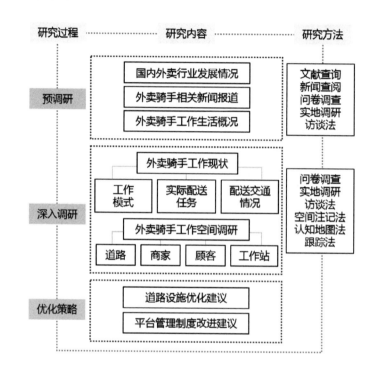

2.3 研究方法

a. 文献查阅法：查阅新闻资料、官方统计报告，对外卖员群体形成大体认识。

b. 问卷调查法：给外卖员派发问卷，获取职业画像。

c. 深度访谈法：对外卖员个体面对面访谈，深入了解其工作情况。

d. 实地调研和空间注记法：调研外卖员蹲点、常走路段、危险交叉口。

e. 认知地图法：了解骑手对城市空间的认知情况。

f. 跟踪法：跟踪外卖骑手一天的配送路径，了解其配送实际交通情况。

何以匆匆？——外卖骑手工作空间调研

3 职业画像

3.1 人群画像

男性为主、低背景、高收入、工作强度大、短期从业。

由调研数据可知，外卖骑手群体的特征如下：男性占绝大多数，整体年龄层偏低，农村户籍为主，多来自外省，学历不高，月收入集中在 5000~10000 元，工作强度大，从业时间平均为半年到一年，并且在此之前大部分已经有几份工作经历，未来没有长期工作的打算，住房条件一般。整体来说，该群体工作满意度一般，且压力普遍较大。这些特征表明，大部分骑手为外来务工人员，因为工资高而选择了这个职业，但因为各种因素不打算长期从事这个职业。

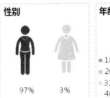

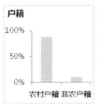

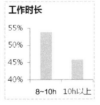

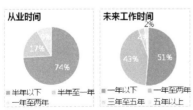
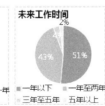

3.2 工作模式

3.2.1 配送模式

专送：由平台自动派单，即平台根据骑手的定位信息，调配距离骑手较近的商家订单。骑手接单范围一般不超出平台所处商圈范围，如本次调研对象所处的石牌商圈。骑手配送范围一般不超出站点周边 5km 范围。

众包：由平台发布订单，骑手自己抢单。骑手一般会根据自己所处位置、已接订单配送路线及个人偏好进行抢单。订单一般不超过站点的市辖区范围，如棠下站点一般只发布天河区的订单。配送范围不限所在站点的市辖区范围。

3.2.2 工作时间

专送：骑手每天先到工作站开会，然后开始上班，中午可以选择休息或不休息，晚上到了下班时间直接回家或宿舍。他们上班时间固定，但是可以自由选择早、中、晚班。每天最低工作时长一般为 8 小时，但是多数骑手会工作 12~13 小时。

众包：骑手没有固定的工作时间模式，上班时间完全由自己掌握。

何以匆匆？——外卖骑手工作空间调研

3.2.3 外卖骑手认知地图

设置调研片区的认知地图问卷，以限定描画法要求 20 名外卖骑手在路网底图上绘制出他们的配送认知地图。以下为出现频数超过 10 的分布点整理图。

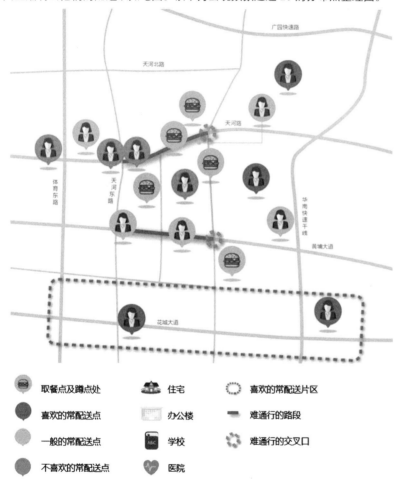

4 调研结果——何为匆匆

4.1 匆匆的现象

违反交通规则： 通过实地调研，我们发现部分外卖骑手由于匆匆赶路，出现了不同的违反交通规则的行为，包括逆向行驶、超速行驶、闯红灯、在机动车道上行驶等。

路边休息： 在实地调研中，我们还发现许多外卖骑手没有固定的休息时间和休息区域，只能坐在电动车上或人行道边，一边休息，一边等待接单或抢单，随时准备配送。

逆行　　　　　　路边休息　　　　　人行道边休息

4.2 匆匆的程度

与快递行业比较： 虽然外卖与快递同为配送行业，但对于配送效率有更高的要求。

行业	配送物品	配送距离	配送总时长	骑手配送环节时段	即时性要求	弹性
外卖	热的或冷的餐品	3km以内	平均1h	集中于就餐时间	大	小
快递	各类商品	距离长	数天	当天内	一般	大

快递在当天各个时间段内将寄件送达即可，时间弹性较大；而外卖则由于配送物品的特殊性，以及顾客对即时性的要求大，对于配送速度要求极高，所以外卖行业的骑手比起快递行业的骑手骑行的速度更快，更有可能违反交通规则。

何以匆匆？—— 外卖骑手工作空间调研

实际违规情况：通过问卷调查发现，近九成骑手有过违规驾驶行为。而在实地调研中，我们观察到在主次干道交叉口，由于路况复杂，红绿灯个数多且等待时间长，平均每分钟就有十余名骑手选择跟随机动车一起通过交叉口。

大型医院前的车道由于通往众多目的地且车道数少，车流量巨大且经常拥堵。然而车道边的非机动车道有较多人流和各种障碍物，通行不便，大部分骑手会选择在机动车道上逆行，平均每分钟仅有两名骑手会使用非机动车道通行。

是否有过违规驾驶行为

外卖骑手交通情况		
人行道/非机动车道上骑行（人/分钟）		2
马路上逆行（人/分钟）		2
马路上顺行（人/分钟）		10
在石牌东交叉口逆行（人/分钟）		7

4.3 匆匆的后果

通过问卷调查发现，超过一半骑手曾在配送中经历交通事故；有过半的骑手感到人身不安全；在探讨"外卖配送行业人员流动性较大的原因"问题中，工作危险性大最为骑手们认同。

几乎每天都有至少一起（骑手）交通事故。违规的（骑手）也很多，超速啊，逆行啊，不走非机动车道啊，抓到一次罚款50元。

交警

5 调研分析——何以匆匆
5.1 交通因素

由于用餐时间与人们生活、工作作息相关，点餐高峰期一般与城市交通高峰期有所交叉，骑手在道路上行驶也很大程度上受拥堵的交通影响，其中不仅限于机动车辆对骑行的影响，也涉及非机动车及行人占道的影响。通过点餐高峰时间与交通拥堵高峰的时间对比图，发现尤其是中午与下午就餐时段重叠较多。

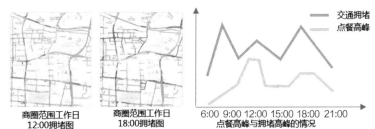

城市道路系统的复杂性及建设不完善也同样对外卖骑手配送效率有着较大影响。以下以骑手们普遍反映行驶较危险的两个路段为案例具体展开分析。

天河路与石牌东路交叉口：从石牌东路驶出的骑手分多个方向行驶，经过多个人流集散点。在配送高峰时段，人行道与绿道上人来人往，加之部分路段设有路障、报刊亭等设施，骑手往往会在机动车道上行驶。

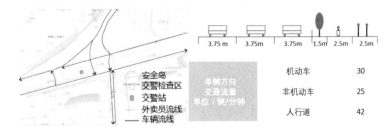

石牌东路：作为一条连接岗顶和珠江新城的双向三车道道路，高峰时段车流量极大，停放需求也较大。经测算，石牌东路约有60%的路段停放有车辆。由于原有非机动车道被清除，道路右侧被路边停车及共享单车停车所占用，且非机动车道不连贯，骑行市民只能与汽车混行。而石牌东路集聚了许多的餐馆，周边取餐点大多在此处，混乱的路况也给外卖骑手骑行的效率与安全性带来很大影响。

何以匆匆？——外卖骑手工作空间调研

5.2 配送链条

5.2.1 商家因素

每一单外卖的配送时间包含了骑手的配送时间与商家的出餐时间，当商家一端花费时间过长时，骑手的配送时间相应也缩短，骑手迫于配送时间的要求，不得不匆匆而行。出餐时间与配送时间的分配因此常常成为商家与外卖骑手的矛盾冲突来源。

- a. **餐品出餐时间长**：不同餐品类型所需要的出餐时长不同，有些餐品制作相对复杂，需要时间更长。
- b. **商家接单过多出餐慢**：正值点餐高峰期，不少商家接单过多导致出餐较慢。

像我们家出餐快，十多分钟就能搞定，骑手们会比较开心。但有的商家半个多小时才能弄好，留给骑手们的时间就不多了。
另外，商家如果提前点了确定出餐的按钮，骑手也会跟你吵，因为这样他们配送时间在后台显示就少了。
——蒙×× 老板娘

我们对骑手们的印象？就是不停地催我们快点出餐啊！
——一×× 员工

5.2.2 骑手因素

- a. **忽略职前培训**：为提高配送效率，每有新人上岗，站点都会分配有经验的骑手带领新手熟悉道路，一般需要一至两周时间。其间新手并不接单，而是尾随师傅配送订单。由于骑手工资算法为按单计算，不接单便无工资，一般新手只愿尾随两至三天。这导致大量新手不熟悉路线，降低配送效率。
- b. **接单过多**：新手入职需要投入3000元的资金购买设备，这对大多数骑手来说是一笔不小的金额，而且不少骑手仅将这个职业作为未来发展的垫脚石，希望在几年之内多赚点钱去发展其他事业，所以骑手往往急于接很多订单，导致配送时间紧张。
- c. **高估自身能力**：站点根据骑手的工作经验分配订单，但骑手仍可抢单，不熟路线的骑手若是抢了能力范围之外的订单，更会严重影响配送效率。

5.2.3 顾客因素

从认知地图中，我们可以总结出骑手们喜欢的配送点主要为学校、住区、不允许上楼的办公楼。

配送点	学校	住区	不允许上楼的办公楼
特点	无需上楼	有电梯，上楼人少	电梯上楼困难，但无需上楼

从认知地图中的不喜欢的配送点以及对骑手的访谈中发现，顾客端对配送链条的影响主要分两部分：

送餐难：由于外卖的点餐主力军为白领，配送目的地中办公楼便占了较大比重。为节约时间，骑手倾向于将电动车停放在办公楼下，但有些大厦门口并无明确位置停车，可能会遭到保安驱赶，只能舍近求远停至别处。此外，部分顾客要求骑手将外卖配送上楼，让骑手叫苦连连。

"电梯几乎一层一停，还不如爬楼梯。" 有些办公楼要求外卖骑手只能乘坐货梯。
"客梯有八部，货梯就那一部，等半天（电梯）都下不来。"

顾客一方取餐慢：外卖骑手难免偶尔会遇到一些情况，比如顾客手机没电，顾客在睡觉，由于各种原因外卖骑手联系不上顾客，耽误了剩余订单的配送，导致骑手配送时间非常紧张。

顾客们并不理解骑手。雨天订单量大，路又滑，配送自然比较慢。顾客就不断打电话催单，语气里好像都把自己当上帝，但是接客人电话很影响骑手骑行。要是冬天碰上雨天就更辛苦，路上又湿又冷。其实我们商家都比较能理解他们的苦。
——蒙×× 老板娘

何以匆匆？——外卖骑手工作空间调研

总结：配送链条中商家出餐慢、顾客取餐时骑手遇到各种困难等外部因素会导致骑手配送时间被压缩，加上骑手业务能力不足和对收入的追求等自身因素，导致外卖骑手配送的速度慢不下来，所以商家、顾客以及骑手自己都是按下"加速键"的"手"。

5.3 外卖平台管理机制

5.3.1 薪酬制度

现行制度：

外卖骑手皆无底薪，工资按订单量计算，不同类型骑手算法不同。

订单	单价1	单价2	补贴或奖励	外包单价
专送	8元/单（总订单≥350单）	9元/单（总订单≥1000单）	10元/单（早餐、宵夜）	5元/单
众包	8元/单（高峰时段）	6元/单（其他时段）	周订单量超过100单时平台会给予一定奖励	—

"匆匆"原因：

外卖骑手薪酬没有保障，收入直接与订单量挂钩，骑手增加一次配送的单数就能提高单程的收入。

外卖骑手业务熟悉程度主要与认路能力、电动车驾驶熟练度相关。大部分新手（入职1个月以内）日业务量为20~30单；较有经验的骑手（入职1个月以上）为30~40单；被骑手和商家们奉为"大神"的骑手为40~50单。

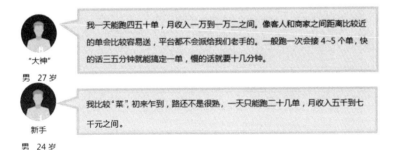

5.3.2 激励制度

外卖平台为了保证专送外卖订单的配送能够按时完成，采取了较为消极的激励制度：派单机制与投诉机制。

a. 派单机制

现行机制：

"匆匆"原因：

派单机制降低骑手接单质量后更容易导致骑手"匆匆"行驶，即系统默认该骑手配送能力较弱，近距离配送的订单也不能及时送达，于是将会把长距离配送的订单派给该骑手，配送难度加大，但能力不足的骑手也只能努力提高车速，争取按时送达，避免系统继续分配长距离订单的不良循环。

b. 投诉机制

现行机制：

外卖平台为顾客提供了投诉外卖骑手的途径，若骑手配送超过预计时间，顾客便可在平台APP内投诉，接到投诉的骑手会相应受到一定惩罚。

"匆匆"原因：

外卖骑手如果因投诉罚款500元，相当于普通骑手工作两天的收入，为了避免罚款，骑手只能冒生命危险违反交通规则，加快配送速度。

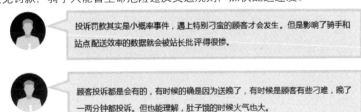

何以匆匆？—— 外卖骑手工作空间调研

5.4 分析总结

调查问卷显示众包骑手认为"匆匆"的原因主要在于交通状况和配送链条各方，商家端、自身、顾客端，他们认为外卖平台并不是造成他们匆匆行驶的原因。专送骑手认为"匆匆"的原因各方都有责任，但他们认为自身的原因比较少。

对比造成专送与众包骑手"匆匆"的原因异同发现，在同样较大程度受顾客端、外卖商家及路况原因影响的基础上，众包骑手受极端天气和外卖平台因素影响较小，受自身因素影响较大。通过进一步访谈发现：

第一，相较于专送骑手，众包的工作时间更为自由，极端天气情况下可自由选择接不接单；

第二，众包骑手受平台约束较小，当超时配送时罚款数额较小，且因自己抢单而不会影响骑手数据；

第三，由于众包骑手接单全由自己掌控，过量抢单的可能性更大，甚至有骑手同时使用多个不同平台抢单。以上原因分别造成了众包与专送之间的差异。

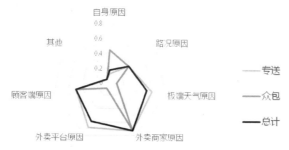

通过以上分析，可总结出：
1. 点餐高峰与交通拥堵高峰时间交叉，这是不可控因素，难以避免；
2. 外卖配送链条存在明显问题，很大程度导致了外卖骑手"匆匆"行驶，影响了外卖骑手的出行安全；
3. 外卖专送管理制度存在较大问题，在极端天气与平台制度方面要加强。

6 何"避"匆匆

6.1 外卖骑手的工作智慧

6.1.1 蹲点现象

在调研过程中，我们发现了外卖骑手的"蹲点"现象，即在非配送高峰期，骑手会在订单量较大的商家店门口集聚。如果是专送骑手，可以直接等待平台派送该商家或附近的订单，如果是众包骑手，则需要在平台抢所蹲商家的订单。"蹲点"现象通常出现在商家聚集的地方，同时周边交通比较便利，可快捷地去往其他方向。

"蹲点"现象也会随时间推移发生变化，如下午茶时间（15:00~17:00）外卖骑手主要集聚在一××饮料店附近，而到了晚餐时间，一××处的骑手逐渐减少，附近蒙××过桥米线店前的骑手则数量增加。

通过"蹲点"，骑手有更大的概率快速到达商家取餐，并配送至周边熟悉区域，节省了时间，提高了效率。

何以匆匆？——外卖骑手工作空间调研

6.1.2 偏爱的配送位置与路线

访谈的外卖骑手偏爱的配送位置主要是由石牌东路向兴盛路（西南方向）走，原因是这个方向沿路商圈密集，可以边送餐边顺路接单，效率高。花城大道片区也受到偏爱，因为这个区域的写字楼不用上楼，而且住宅区都有电梯，容易配送。

另外，也有众包骑手表示自己更愿意抢配送到学校的订单而不是写字楼的，因为学校不用上楼，同学容易接电话，而且距离近，路好走，总体来说效率比较高。

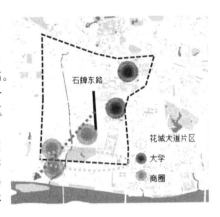

6.1.3 避让的路线及节点

在配送过程中，考虑到安全因素和配送效率，外卖骑手会尽量避免穿越车流量大、路况复杂的交叉口，绕路而行。

例如从暨南大学去相邻的居住片区时，骑手为了避开交叉口高架桥下来的车流，会选择多绕一点路，穿越高架桥下的桥洞去往相邻片区。

再比如，对一些尚未熟路的新手来说，石牌城中村道路复杂曲折，他们会避免从侧边小路进入城中村，而是选择先从比较宽敞的大路进入村中，以此缩小目的地范围。

6.1.4 及时的信息交流

每个工作站都会建立该工作站所属外卖骑手的微信群，通过即时的群信息交流，外卖骑手可以及时知道各处路况，避开拥堵或出现意外的道路。此外，他们也会沟通交警出现的位置，提前做好准备，避免违反交通规则被罚款。

在访谈过程中，我们还观察到，外卖骑手之间会主动问路上遇到的其他骑手是否想要自己接到但是不顺路的订单，如果对方顺路，就让出自己的订单，形成互利共赢的关系，以此提高整体配送效率。

6.2 策略与建议

6.2.1 城市管理者：优化外卖骑手工作空间

外卖骑手的行为模式主要分为"行""停"两种模式。"行"是骑行配送，而"停"是等餐、休息、接单。外卖骑手的工作空间优化将从这两种行为模式切入，在不侵犯其他群体权益的前提下，优化骑手行停空间，同时改善城市公共设施配置，丰富街道景观。

行为模式	功能	具体需求	设施
行	通行	顺畅	非机动车道
停	接单 等餐 休息	遮阳 停车 临时座椅 喝水	遮阳装置 可收起的座椅 直饮水

"行"驶空间 —— 规划非机动车道

根据道路宽度等实际情况，选择人非共板或机非共板的设置形式，保证非机动车道的完整性与连贯性，禁止在车道上放置妨碍行驶的设施或构筑物，合理设计人非共板与机非共板两种设施形式的衔接方式。

交叉口设计合理安排交叉口的流线，减少冲突点。

何以匆匆？ —— 外卖骑手工作空间调研

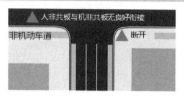
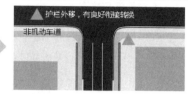

"停"留空间 —— 增加人性化道路设施，改善停车休憩空间

停留空间设计改造考虑到城市道路使用，仅适用于生活性街道改造。根据人行道路现状宽度，设计两种非机动车停放方式，非机动车道临时停车和人行道停车。

a. **非机动车停车位**：人行道宽度有限时，利用非机动车道部分空间停车；人行道宽度较宽时，利用行道树之间的空间作停车空间。

b. **街道家具**：结合护栏设置可折叠的座椅，根据需要折叠或打开，以及摆放街道家具长椅，使街道空间利用最大化，且丰富生活性街道活动。

c. **遮阳饮水景观装置**：设计同时满足遮阳与直饮水服务的"太阳花"，当有人停留，装置智能感应展开花瓣，为行人遮阳提供休息空间，夜晚则作为路灯，丰富城市街道景观。同时，置入直饮水装置，提供直饮水服务。

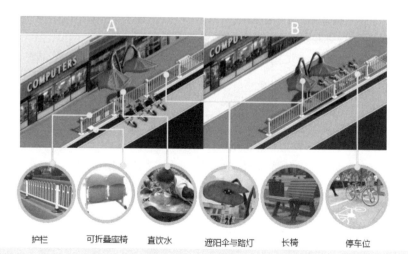

护栏　可折叠座椅　直饮水　遮阳伞与路灯　长椅　停车位

6.2.2 外卖平台

完善平台薪酬制度和激励制度

a. **薪酬制度**：
职前培训期间平台对骑手应有相应补贴；

b. **投诉机制**：
禁止配送加盟商以客户的投诉为判定惩罚的唯一标准，提供骑手申诉反映情况的途径，减轻骑手的心理压力；

c. **派单机制**：
派单机制将微信群共享信息的功能升级为外卖APP骑手端的新功能，通过APP及时了解路况，修改配送路线；

d. **优化配送链条各环节，提高效率，保证安全。**

①**商家端**：规范出餐时间

细分配送链条各环节的时间，规范不同餐品出餐速度、建立商家出餐速度考核机制。

②**外卖骑手**：智能计算配送时间作参考，加强行业培训，采用新技术

a. **配送时间**：骑手配送时间单独显示，系统智能计算骑手配送时间作为参考；

b. **识路培训**：新手需满足一定时长的资深骑手带路培训才允许接单配送；

c. **无人机配送**：长距离外卖采用无人机配送，骑手仅负责餐品从商家到无人机运输集散点和集散点到顾客这两段短距离配送，中间的路途由无人机完成，保障骑手出行安全。

③**顾客端**：采用机器人上楼送餐

办公楼机器人送餐解决外卖骑手反映的办公楼上楼送餐难的问题。每栋楼有自己的机器人，骑手仅送到首层，上楼配送服务由机器人完成，骑手可直接配送下一单。

何以匆匆？——外卖骑手工作空间调研

附录

调查问卷

1. 您的性别：[单选题] *
   ○男 ○女

2. 您的年龄段：[单选题] *
   ○18~25岁 ○26~30岁 ○31~40岁 ○40岁以上

3. 您的户籍类型为 [单选题] *
   ○农村户籍 ○非农户籍

4. 您的籍贯位于 [单选题] *
   ○广州 ○广东省非广州 ○外省

5. 您的学历为 [单选题] *
   ○初中及以下 ○高中 ○大专 ○本科 ○硕士及以上

6. 请问您是哪一类外卖骑手 [单选题] *
   ○餐厅自营 ○代理或加盟 ○众包

7. 请问您的月收入为 [单选题] *
   ○3000元以下 ○3000~5000元 ○5000~7000元 ○7000~10000元 ○10000元以上

8. 请问您每天工作时长 [单选题] *
   ○6小时以下 ○6~8小时 ○8~10小时 ○10小时以上

9. 请问您从事外卖行业有多久了？[单选题] *
   ○半年以下 ○半年至一年 ○一至三年 ○三至五年 ○五年以上

10. 请问您还打算从事外卖骑手这个职业多久？[单选题] *
    ○一年以下 ○一至两年 ○三至五年 ○五年以上

11. 请问您对外卖骑手这份工作满意吗？[单选题] *
    ○很满意 ○满意 ○一般 ○不满意 ○很不满意

12. 请问您觉得作为外卖骑手工作压力大吗？[单选题] *
    ○很大 ○比较大 ○一般 ○比较小 ○很小

13. 请问您作为外卖骑手，感到身心安全吗？[单选题] *
    ○非常安全 ○有点安全 ○一般安全 ○不太安全 ○不安全

14. 您曾经在送餐过程中发生过交通意外吗？[单选题] *
    ○经常 ○偶尔 ○从未

15. 请问您在配送过程中常有逆行/横穿机动车道/抄近道的行为吗？[单选题] *
    ○经常 ○偶尔 ○没有

16. 研究发现外卖配送行业人员流动性较大，您认为其中的原因有 [多选题] *
    □工作压力大 □工作危险性大 □职业不受人尊重 □工资低，福利不好
    □其他：_____

17. 请选出导致您行动匆匆最主要的原因 [多选题] *
    □自身原因（想多接单、路线不熟）
    □路况原因（道路拥挤、路面不平整、缺少非机动车道）
    □极端天气原因（订单量大、道路湿滑）
    □外卖平台原因（差评罚款、上级压力）
    □外卖商家原因（餐厅出餐慢、提前确认出餐）
    □点餐顾客原因（顾客催单及投诉）
    □其他：_____

参考文献

[1] 戴菲,章俊华.规划设计学中的调查方法 5——认知地图法[J].中国园林, 2009, 25(3):98-102.

[2] 美团点评研究院. 新时代 新青年：2018年外卖骑手群体研究报告[EB/OL]. http://www.199it.com/archives/720183.html,2018-05-04.

[3] 外卖行业要变天？饿了么外卖机器人正式投入商用, 100万骑手将面临大失业！[EB/OL].https://www.sohu.com/a/200771357_694882,2017-10-27.

[4] 大河网. 和时间赛跑，用生命在赌，谁把外卖小哥推到两难境地？[EB/OL]. https://4g.dahe.cn/news/20170919108536495,2017-09-19.

[5] 王荃菲. 快餐外卖配送路径方案研究[D]. 北京: 北京交通大学,2017.

[6] 赵桢. 西安美团外卖配送模式和流程优化研究[D]. 贵阳: 贵州大学,2017.

[7] 巩丹丹. 网络餐饮外卖商家治理模式优化研究[D]. 哈尔滨: 哈尔滨工业大学,2017.

"管"中窥貌

—— 基层治理视角中浙南上张乡集镇风貌整治的田野调查

作者学生：杨乙、叶东豪、殷佳婧、郑太善
指导老师：赵渺希、黄俊浩

全国高等学校城乡规划学科
2017城乡社会综合实践调研报告评优
三等奖

扫码阅读
彩色版本

"管"中窥貌——基层治理视角中浙南上张乡集镇风貌整治的田野调查

摘要：

2016年，浙江省开展小城镇环境综合整治行动，力争使乡镇环境质量得到全面改善。但小城镇在运动式整治的过程中出现了诸多治理问题。我们选取乡集镇作为研究对象，以浙南上张乡为案例进行田野调查深度剖析乡集镇在风貌整治中的基层治理问题。

本研究通过问卷、文献、倾听基层干部与村民叙事等方式总结出乡级政府在风貌整治中遇到的主要问题，重点探究产生这些问题的深层次原因。本研究认为：乡级政府作为国家治理架构的最底层，既要面对来自县级政府的压力，又要面对来自民众的顾虑，在乡集镇的风貌整治过程中面临复杂情况，解决具体问题。为此，乡集镇基层治理模式需要积极创新，在风貌整治中寻求包括乡村优秀人才在内的多方协作。

关键词： 风貌整治；基层治理；田野调查；乡村优秀人才；乡集镇

Abstract:

Zhejiang Province has carried out a comprehensive environmental improvement of small town in 2016, and strives to make overall improvement of environmental quality around the province. However, due to the tradition that imperial power should never govern small towns, the problem behind the movement of environmental improvement is thought-provoking. We choose Shangzhang town in the Xianju County as a research case, trying to explore social problems in the environmental improvement.

This article uses the methods of questionnaire, interviews, literature, and discussion trying to found the problems in the environmental improvement, and then focus on the deep-seated causes of these problems. This paper argues that the township government faces many difficulties in the environmental improvement because of its position as the last level of power institutions, and faces straight to people's misunderstanding. To this end, the governance of the small town needs to be innovative actively, seeking cooperation between the parties, introducing multi-party to join social governance.

Keywords: Environmental improvement, Social governance, Country elite, Small town

目录

一、研究背景 ... 1
   1.1 研究由来 ... 1
   1.2 发展趋势 ... 1

二、研究思路 ... 1
   2.1 研究对象 ... 1
   2.2 研究内容 ... 2
   2.3 研究方法 ... 2
   2.4 研究目标 ... 2
   2.5 技术路线 ... 2

三、风貌整治过程中的基层治理问题 ... 3
   3.1 上张乡风貌整治现状 ... 3
   3.2 问题表象 ... 4
   3.3 原因探究 ... 4

四、风貌整治中乡级政府基层治理的机制分析 ... 5
   4.1 乡集镇基层治理的机制特征 ... 5
   4.2 乡级政府基层治理的问题 ... 5
      4.2.1 乡级政府主导的优势 ... 5
      4.2.2 存在的问题 ... 5

五、风貌整治中乡村优秀人才基层治理的机制分析 ... 8
   5.1 传统乡村地方治理 ... 8
   5.2 乡村优秀人才 ... 8
   5.3 乡村优秀人才参与地方治理案例分析——以农家乐建设为例 ... 9
   5.4 总结与展望 ... 9

附录 ... 10

参考文献 ... 10

"管"中窥貌——基层治理视角中浙南上张乡集镇风貌整治的田野调查

一、研究背景

1.1 研究由来

2016年小城镇综合整治政策出台后，浙南地区开始了大规模的小城镇综合整治运动。在小城镇环境综合整治进行得如火如荼的时候，我们基于浙南仙居县上张乡风貌整治的项目，对乡集镇风貌整治的基层治理问题及运行机制进行田野调查。

1.2 发展趋势

浙江省2016年底正式启动小城镇综合整治项目，力争3年左右完成。此前，在2008年至2016年，浙江省先后提出了"美丽乡村建设""特色小镇建设"以及"小城镇环境综合整治"等政策以及实施计划。

1. 美丽乡村建设	2. 特色小镇建设	3. 小城镇环境综合整治
2008年，浙江安吉县正式提出"中国美丽乡村"计划，出台《建设"中国美丽乡村"行动纲要》，用10年时间把安吉县打造成为中国最美丽乡村。"十二五"期间，浙江省制定了《浙江省美丽乡村建设行动计划》，随后广东增城、花都等也开始启动美丽乡村建设。	在2015年初浙江省政府工作报告出炉后，特色小镇便吸引了各方关注。目前小镇主要有三种创建模式：①企业主体、政府服务；②政企合作、联动建设；③政府建设、市场招商。特色小镇建设难以在偏远地区奏效。	浙江省2016年底正式启动小城镇综合整治项目，力争3年左右完成。此次整治行动以"一加强三整治"为整治重点，加强规划设计引领，整治环境卫生，主要解决"脏"的问题；整治城镇秩序，主要解决"乱"的问题；整治乡容镇貌，主要解决"差"的问题。

在这一系列风貌整治政策的推动下，涌现出了一批优秀的特色乡镇，但仍然有很大一部分偏远地区的乡镇，因为人口外流、经济乏力等原因无力施行风貌整治。如何使这些偏远地区的乡镇在政策的推动下克服现实困难，实现集镇环境品质的提升，就成了亟需解决的问题。

二、研究思路

2.1 研究对象

一般地，乡集镇位于城市和农村的交界处，是农村和小城镇的结合体，是城乡二元结构下的特色产物。截至2015年底，我国乡镇级区划数多达39789个，但区域差异使得一刀切的政策难以施行，亟需对偏远地区的乡镇进行整治。

浙江省拥有颇多各具特色的小城镇，譬如经济综合实力极强的枫桥镇，开展了以历史文化背景为主要特色的风貌整治，政府总投资达2.5亿元；而著名的影视拍摄中心横店镇，由于影视产业的发达，也有大量的企业资金可投入到乡镇风貌建设中。然而不可否认的是，大多数偏远地区的乡集镇与它们的现实条件大不相同。

本研究选取的上张乡不同于枫桥、横店这样有特色或是有大量资本涌入的特色小镇，面临着特色文化和产业贫乏、人口大量流失、资金不足等众多问题，在乡集镇的风貌整治时显得力不从心。但正因如此，它更加接近大多数乡集镇所面临的普遍问题，尤其是外源性改建、资金与地方既有社会群体之间差异明显的治理问题。于是我们以此为例，对上张乡集镇在风貌整治中的基层治理问题进行研究与剖析。

上张乡概况：

上张乡位于浙东南的仙居县，距离仙居县城22公里，车程约1小时。省道仙清线贯穿上张乡全境，是上张乡的重要出入通道。西北角侧临诸永高速的出入口，与周边地区联系便利。

上张乡全乡总面积106平方公里，其中耕地面积453公顷，下辖32个行政村，总人口13000多人，本文研究范围为上张乡乡政府所在地的上张村、姚岸村。

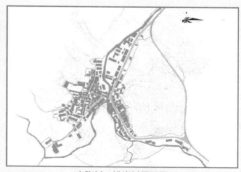

上张村、姚岸村平面图

"管"中窥貌——基层治理视角中浙南上张乡集镇风貌整治的田野调查

2.2 研究内容

现状 风貌整治工作开展现状，包括风貌整治规划流程、风貌整治工作内容和村民对整治结果的意见。

问题 风貌整治过程中存在的问题，从建筑形态、公共空间、道路交通、基础设施四个方面进行阐述。

原因 乡集镇风貌整治问题背后的原因，包括社会结构、土地产权、生活习惯、资金来源、管理维护和认知水平。

乡镇景观

风貌改造

走访考察

座谈会

2.3 研究方法

本研究从2017年3月开始，至2017年6月结束，共历时4个月。前期采用文献研究法，中期采用问卷、访谈、座谈会等研究方法，后期采用文献研究法。

（1）问卷法

我们向村民共发放了305份问卷，其中有效问卷254份，有效率为83.3%。

问卷内容主要涉及：村民对于风貌整治行动中各项工作的认知和满意度，村民在风貌整治行动中对政府工作的配合度，以及其在风貌整治行动中的贡献意愿。

（2）半结构式访谈法

对村民、农家乐店主、临街商户等不同社会群体进行了深度访谈，包括不同性别、年龄、职业的20名被访者，通过田野调查得到大量口述资料，经过录音回放整理与分析，选取了最具代表性的内容进行分析。

（3）座谈会

我们访谈了上张乡政府的主要干部与办事人员，就风貌整治以及基层治理的工作进行了针对性提问。了解了乡政府在风貌整治行动中遇到的种种障碍，并探讨了上张乡集镇未来建设的发展路线与可能性。

2.4 研究目标

随着特色城镇在各地的快速建设，各地对乡集镇的风貌整治日益重视。我们通过对上张乡风貌整治过程的研究，总结上张乡在进行风貌整治时遇到的基层治理问题，同时通过对这些问题进行深度剖析，找到改善基层治理的有效突破口。

2.5 技术路线

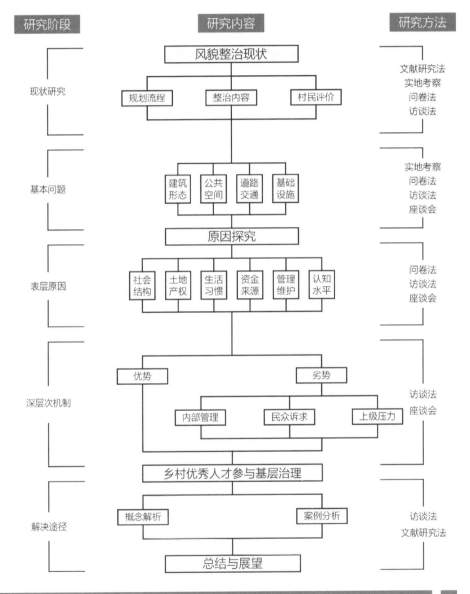

"管"中窥貌——基层治理视角中浙南上张乡集镇风貌整治的田野调查

三、风貌整治过程中的基层治理问题

3.1 上张乡风貌整治现状

一般风貌整治的内容包括环境整治（硬基础）与文化建设（软实力）两个部分。上张乡的风貌整治正处于起步阶段，我们主要通过田野调查的方式了解风貌整治的基本情况以及村民对风貌整治的态度。

上张乡的风貌整治过程是先由乡政府邀请规划师，共同提出整治方案，然后乡干部举办政府—规划师—村民代表三方座谈会，对整治方案进行讨论并提出修改意见。

规划制定流程表

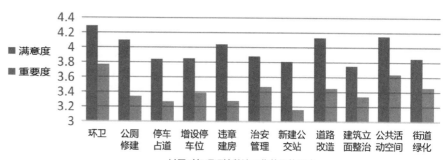

村民对各项环境整治工作效果的看法

在环境整治方面，上张乡的风貌整治主要体现在道路交通、基础设施、建筑形态以及公共空间这四个方面。整治重点集中在商业街两侧，各方希望通过对物质环境的改善来提升上张乡的整体面貌，改善村民的生活。具体整治项目如下表：

道路交通	基础设施	建筑形态	公共空间
路面改善	农贸市场建设	建筑立面改造	公园景观
电线埋入地	电线管网整治	违规建筑拆除	广场
路旁绿化改善	车站改建	危房重建	入口风貌
增设停车位	公共厕所增设和改建	背包式太阳能改造	水景优化
道路疏通	污水垃圾处理	商业街招牌改造	滨水绿道

环境整治项目表

增设停车位　　农贸市场建设　　建筑立面改造　　水景优化

在文化建设方面，乡政府组织了年货大会、旅游节等一系列文化活动。年货大会是为了展示当地特色传统以及推销农产品；旅游节则是结合抗战指挥部遗址举办的特色爱国旅游节。这些活动一方面可以发扬上张乡的特色文化；另一方面，这些活动提高了上张乡的知名度，吸引游客以及投资商，从而促进上张乡的地方发展。

通过问卷和访谈我们发现，村民原本对上张乡风貌整治的期望以及配合积极性比较高，普遍希望乡集镇在经过风貌整治后人居环境可以有所改善，并且当地一些年轻人希望有机会参与到风貌整治规划以及实施过程中。但是从2008年开始，整治行动一轮轮地开展，这些没有实质作用的整治行动使村民的积极性受到打击。很多村民在希望上张乡得到更好发展的同时，又害怕一次次地"瞎折腾"。

（1）是否愿意配合风貌整治？

3.54%
9.45%
6.30%
44.88%
35.83%

如果有机会让您参加义务环境监督管理，您愿意吗？

■非常愿意　■比较愿意
■一般　　　■不太愿意
■不愿意

 村民A：这外面刚做的没多久呀？改来改去的，就是让我们自己更麻烦而已。

 村民B：那肯定啊，如果有政策下来的话我肯定要配合的。这个街道二十几年都没有变。

（2）是否希望参与到风貌整治的规划与实施过程中？

23.62%
76.38%

您是否愿意接受专门的组织机构对城市秩序（类似城管等）的管理？

■是　■否

 村民C：他没有征求我们的意见，我们也没有办法。应该来问一下我们的意见是怎么样，大家的意见怎么样，汇总起来以后，政府再统一的部署，之前都没有征求。

 村民D：希望呀，还是希望参与进去的，只是没有这个机会。我们村那个外形设计的话好像是城建设计师设计的，外形还可以，就是装修方面有些东西不怎么样。没征求年轻人的意见，只是问下家里的老人，弄得挺难看的。

"管"中窥貌——基层治理视角中浙南上张乡集镇风貌整治的田野调查

3.2 问题表象

在上张乡的风貌整治进程中，虽然规划愿景美好，但乡级政府在规划实施的过程中却遇到重重困难。

在一些项目的实施中出现了政府承诺村民的补贴一直拖欠、风貌整治资金不足、政府官员认知水平良莠不齐、村里人口大量外迁导致村里人才短缺等问题。这些都或多或少成为风貌整治过程中的绊脚石，影响了乡级政府各项政策的实施，也成了风貌整治中迫切需要得到解决的问题。

除了上述矛盾外，我们将风貌整治中出现的问题从规划事项角度进行归纳，可分为建筑形态、公共空间、道路交通与基础设施四个方面。

乡集镇风貌整治过程中存在的问题

建筑形态：主要措施是整治建筑沿街立面，统一立面风格。在田野调查中，我们发现上张乡存在好几种明显经过整治的建筑立面，这其实是不同时期的整改结果，每一轮设计的建筑立面都不一样，而下一轮整改会覆盖上一轮整改成果，造成资源浪费。

公共空间：风貌整治方案中规划了中心公园、农贸市场等村民使用空间，但是如何拿地却是一个大难题。土地已通过各种方式分配到农民手中，使得上张乡现有集体土地非常少。虽然规划方案早已做好，但因土地无法审批导致建设项目迟迟未定。

道路交通：上张乡在举办年货节时车流量非常大，但上张乡目前的固定公共停车位却屈指可数，且村民的私家车都随意停在路边，影响集镇街道交通。乡政府计划在路边统一划定停车位，但因占用村民的宅基地而遭到反对。

基础设施：风貌整治规划将电线、管道等埋入地下，改建和增设公交站点，改建和增设公共厕所等。但是由于上张乡政府风貌整治项目资金有限，以及电网电信等企业没有达成利益共识等原因，导致项目难以推进。

3.3 原因探究

风貌整治中的上述问题主要是社会结构、土地产权、生活习惯、资金来源、管理维护、认知水平等原因造成的。

乡集镇风貌整治问题背后的原因

社会结构：上张乡总人口约14000人，其中8000人留在本地，6000人外出工作。留在村里的大多是老年人、妇女和小孩，没有足够的劳动力，乡镇缺乏活力。

土地产权：上张乡土地产权属于集体所有，因此在某些规划实施过程中经常会有产权利益冲突。比如某些土地规划后用作停车位，但这块地的产权属于村民，在规划实施的过程中需要与村民不断协商来达成一致。

生活习惯：道路边种植条形灌木带后，某些村民出门需要绕道才可以过马路，为图便利，他们擅自移植路边绿化，更甚者将自家门口的绿化植物拔掉，利用绿化带的土地种植蔬菜。

资金来源：上张乡风貌整治的资金来源仅有县级政府拨款的2320万元。而县级财政拨款有很大的不确定性，很大程度上取决于县领导对整治状况的满意程度。

管理维护：乡政府由于办事人员有限，在长期维护管理中困难重重。我们在调研中发现，上张乡整个镇区只有一名环卫工人，环卫工人工作量过大，导致部分街角成为卫生死角。

认知水平：通过问卷抽样调查，我们发现村民的文化水平普遍偏低，初中以下学历占比大约为79%，认知水平限制了村民的视野，使其无法有效参与上张乡发展决策。

四、风貌整治中乡级政府基层治理的机制分析

4.1 乡集镇基层治理的机制特征

乡集镇的基层治理完全由乡级政府主导，这种模式存在一些问题。而县级以上政府直接主导或村民完全自治由于现实因素是难以实现的，以上张乡风貌整治为例，具体如下：

(1) 在基层治理中，县级政府的主要职能在于政策的引导和资金的补助，但是由于县域有众多乡集镇，上级政府不可能了解每一个乡集镇的实际状况，难以有效地直接管理，因此需要乡级政府与乡村来治理，形成代理式的资金划拨管理模式。

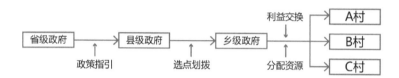

(2) 在风貌整治中，若县级以上政府直接将用于风貌整治的资金以平均的形式发放给村民，那么最终用于风貌整治的资金将寥寥无几，难以集中力量办大事。另外，上张乡中高中及高中以上学历的村民只占20%，受限于自身教育程度与认知水平，村民难以实现完全自治。

因此，在乡集镇的地方治理中，无论是县级以上政府的直接治理还是村民的完全自治都是不切实际的。就目前乡集镇的地方治理模式而言，体现为从县级政府到乡级政府再到村民的运动式/指令式的传递链，这种治理方式虽然快捷方便，便于政策的传达，但在各个方面也存在诸多问题。

4.2 乡级政府基层治理的问题

4.2.1 乡级政府主导的优势

乡级政府是国家的政权机构，拥有系统而完整的组织架构，这一性质决定了资源的拥有情况。上张乡政府掌管了农村社会最主要的政治资源、经济资源、组织资源和文化资源。乡级政府用这些政治、经济、组织和文化资源规划和主导农村的发展，为村庄的经济发展创造良好的外部环境，提供村庄治理所需的外部条件，并且能强有力地解决村庄内部矛盾。

4.2.2 存在的问题

(1) 内部矛盾

在对上张乡中的各村支书的访谈中，我们发现，即使是同一个乡里不同村的村支书，其管理水平和思想观念都有较大差别。例如姚岸村的村支书是位年过半百的大伯，虽然积极响应上级政府的环境整治工作，但是因为年纪和学历等因素，在风貌整治中对上级政策的理解不足，思想存在一定的局限性。而上张乡的中心村上张村的村支书则是一位中年企业家，年轻有为，思维比较活跃，视野更广，对于上张乡未来发展有自己独到的想法。

上张乡学历统计图

上张乡的基层干部水平参差不齐，有能力、有视野的领导能够提出好的发展路子，我们不能仅仅把乡村干部身上存在的问题简单地归于个人素质问题，而更应该关注现有基层社会治理的问题。

 我们本来是想沿着山脚做一条绿道，但是跟上张村干部统一不起来。上张乡的土地是以生产队为单位，我们村四个生产队的土地是统一归集体管的。

姚岸村支书

 我们上张乡的干部思想不开放，个别干部说老百姓素质差，但实际上是干部素质差，因为老百姓看干部，要看干部有没有思路，老百姓还是团结在干部周围的。

上张村支书

> 小结：
> 乡级政府干部之间水平、思路不一，导致乡村发展的随机性。对乡集镇发展的看法不同，导致干部之间有隔阂，各个村之间缺少合作，没有互助共赢意识。

(2) 与民众的矛盾

乡级政府在主导地方治理的过程中，其最直接接触的个体就是受自身管辖的民众，乡级政府主要通过对民众的指导与管理来实现基层治理。在风貌整治过程中，上张乡政府与民众的矛盾主要体现在土地资源、人口结构和政策变动三个方面。

① 土地资源

上张乡存在土地资源紧缺的问题，在上张乡进行风貌整治的过程中，乡政府为了绿化工程和沿街立面的整治准备征用村民的自留地，却发现部分村民在城镇化的进程中将户口迁出农村，但其名下的自留地却未交还集体，造成非农人口占用自留地的现象。

"管"中窥貌——基层治理视角中浙南上张乡集镇风貌整治的田野调查

自留地制度的历史沿革与遗留问题：

由于只规定了自留地归集体所有，而关于自留地使用权的法律细则长期处于真空状态，村委会和村民之间的分配与权属无法可依，在实际的管理过程中容易出现混乱。最典型的情况是自留地由村民先占先得，导致自留地分配不均。

 上张乡书记：我们上张乡目前没有集体土地，全部都是到户的自留地。目前上张乡自留地很少，人均不到二分地。

 规划师A：尽管自留地在村民手中，但其不得通过改变自留地用途、出租自留地等方式谋取经济利益，即处置权不在农户手中。

 上张乡副乡长：目前的征地补偿办法是按照土地数量和一定比例指标给完全让出自留地的村民以社保保障，以此进行自留地的权属交换。

 规划师B：从村到乡、到县、到省、到中央，越往上处置权越集中，土地作为要素的意义就凸显在此。

② 人口结构

村民对风貌整治的支持度与村民在风貌整治规划实施中的参与度密切相关，但是由于上张乡农村青年人口大规模向经济发达地区转移，使得农村地区"空心化"，人口结构中老人与留守儿童占比较高，使得村民在风貌整治的过程中受到较大的影响。

1. 上张乡总人口约14000人，其中8000人留在本地，6000人在外地工作，留在本地的人口约占57%。

2. 在留守的村民中，年龄60岁以上占比21%，36~60岁占比49%，18~35岁占比22%，18岁以下占比8%。根据实地调研，我们发现当地村民大致分为三类：老人、妇女和在校的青少年（数据四舍五入）。

人口分布图：本地生活人口 57.51%，在外工作人口 42.49%

本地人口年龄统计图：18岁以下 8.27%，18~35岁 21.26%，36~60岁 21.65%，60岁以上 48.82%

乡村优秀人才阶层的缺失使得村民自治实际上变成了村委会个别人的决策，风貌整治中乡村发展的决策无法反映大多数人的意愿。同时民主监督过程中的主体缺失致使监督权的让渡，风貌整治工作得不到有效监督。

③ 政策变动

随着社会经济的不断发展，上级政府关于城镇整治的政策不断变化，乡镇相继开展了一次又一次的整治运动。而每一次新政策都会提出对建筑沿街立面的整治要求，导致新一轮的整治成果覆盖了上一轮的整治成果，前后政策的样式标准承接不好，造成了严重的资源浪费。

2008年 美丽乡村建设 ｜ 2015年 特色小镇建设 ｜ 2016年 小城镇环境综合整治

例如在此次小城镇环境综合整治之前，上张乡已经进行过几轮整治，每一次都会对乡镇建筑立面做一次规划。但不久后下一次整治就将之前的成果拆掉重做。如今村民已经对建筑立面整治产生了抵触情绪，不愿意政府再对自家住宅进行改造。

 村民A：不要再改了，现在这些就是刚改过的，改来改去的，只是让我们更麻烦，现在这样就挺好的啦。

 村民B：我们原本好好的立面一次又一次地叫我们改，今天改成这样，明天又要那样改，也是白花钱。

小结：

政府与民众之间矛盾产生的原因主要为三点：① 土地产权不清晰导致集体所有的土地较少，乡级政府用于风貌整治的土地资源有限，实施较为困难；② 乡集镇人口"空心化"，年轻人比例较少，导致乡村优秀人才缺失，风貌整治决策与监督过程中村民主体缺失，村民对风貌整治不满意；③ 政策不断变化，导致整治运动一轮紧随一轮，整治的成果保持时间较短，村民失去耐心。

(3) 上级压力

乡级政府承受行政管理压力。而这些压力在上张乡的风貌整治中具体表现为资金来源有限、资金配比失衡、考核机制与现实冲突以及沟通脱节四个方面。

"管"中窥貌——基层治理视角中浙南上张乡集镇风貌整治的田野调查

① 资金来源有限

环境整治的资金主要依赖县级政府拨款，且上级财政资金的支出对于乡镇有较大的不确定性，依赖县级政府的拨款不是长久之计。

而通过其他渠道获得的资金，无论是款项还是总量都比较少。例如村民集资，由于村民的资产很少，过多的集资会给村民带来较重的负担；且由于上张乡缺少特色产业或特色文化，对投资商缺少吸引点，因此在招商引资方面没有足够优势。

资金来源比例图（上级拨款 89.10%、村民集资 6.22%、工商资本 4.68%）

② 资金配比失衡

我们将上张乡风貌整治的各个项目以问卷的形式发放，向当地村民征集他们对这些项目重要性的看法，然后将上张乡风貌整治的各项目资金投入和其对应的村民对此项目的重要性看法进行对比，进而发现，资金配比并不是完全按照居民对这些项目的重要性的意愿来进行的。

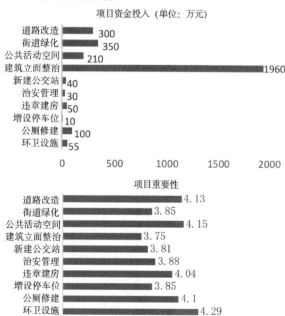

在建筑立面整治方面，村民认为其重要性较低，但在几轮整治中乡政府都把建筑立面作为重点，投入大量资金。这是因为建筑立面是最容易反映风貌整治成果的项目，乡政府需要用这种立竿见影的方式来体现整治成绩，也更容易向县政府获取后续整治资金。

与此相反，村民的关注点集中在环卫设施、公共活动空间、道路改造等提升生活质量的项目上，而乡政府在这些项目的投入比重很小。这充分反映了乡政府和村民对于风貌整治出发点的理解差异。

③ 考核机制与现实冲突

风貌整治的考核机制中部分项目的考核标准与乡集镇的现实情况存在矛盾与冲突，这些项目是以城市的标准来衡量的，而乡集镇与城市的实际情况有很大不同。在这种情况下，考核机制所要求的风貌整治成果，村民却并不买账，于是乡级政府处在了两难的境地。

例如，其中有一条规定是开敞阳台禁止晾晒衣服，本是为了维护良好的临街面整体美观，但却没有考虑到农村生活的实际情况。在浙南潮湿的环境下，室内比较潮湿，加之房屋设计水平低，格局死板，一般都是开敞阳台，烘干机在农村地区没有普及，农民只能通过阳台来晾晒衣服。而加盖阳光房的做法在上张乡也很难行得通。一方面，增加了整治成本；另一方面，这些阳光房又可能成为违建。

乡长：阳台不能晒衣服，实际上城市里能拿去干洗，但是农村呢？用太阳来晒衣服本身就是一个环保的行为（太阳晒过还舒服）。而且本身设计的时候也就没有考虑过阳台不能晒衣服，房子结构就是这样，他只能把衣服晒在阳台里，不然一些房屋就无法晒衣服。

副乡长：像在杭州、上海等大城市有要求不能晒在外面，但是有很多阳光房把它挡掉了，遮丑把它遮掉了。但是比如上张乡，再去盖阳光房可能从另外一个角度又增加了什么违建等，因为每个地方看那个问题结果和角度也不一样。

规划师：农村一般是未经设计的老房子，二层楼高，一家三代住在一栋七十平（方米）左右的房子里，受条件制约，一般在阳台或者屋前屋后空地上晾晒衣服，确实对整体环境造成一定视觉影响。

村民：来了几个政府的人说我家阳台上晒的衣服花花绿绿的影响乡容镇貌，我有什么办法嘛？我家就这一个阳台，我不在这晒我上哪儿晒去？我是很配合的，但是这要求达不到啊。

④ 沟通脱节

本节以农家乐为例阐述沟通脱节的具体表现。县级政府为发展旅游业，计划在上张乡建设若干农家乐，兼具餐饮和住宿功能。政府鼓励农民将自己家的房子改造成农家乐，再通过一定的考核标准来对村民进行补贴。

有些村民得知做农家乐既能得到政府补贴，还能接待游客赚钱，便纷纷跟风将自家住宅改造成农家乐。但县政府派人来检查时，却认为农家乐建达不到标准而不愿意发放补贴。即使满足标准的农家乐，也仅仅以每间民宿5000元的标准统一补贴。

"管"中窥貌——基层治理视角中浙南上张乡集镇风貌整治的田野调查

村民认为是乡政府拖欠补贴故意不发，而县政府责备乡政府没有指导村民建设。这种情况不仅影响到了乡政府后期的社会治理工作，也造成了上张乡资源和人力的极大浪费。

上张乡姚岸村目前有十八家农家乐，其中有三家只有餐饮功能，十五家兼具餐饮和住宿功能。每家农家乐要求有六个房间，共可接待游客二百余人次。但除了国家法定假期和村里举办的年货大会、旅游节等节日，村里几乎没有外来游客。

形成现阶段风貌整治问题的一个主要原因是政府与村民沟通不当。政府的基层治理思想以指令的模式单向、逐级传递，即县级政府处于高层级，对乡级政府下达政策指令，乡级政府进一步将政策指令传达给民众，并负责政策的落实。至于民众，则只能听取和配合上级规划。

在这样逐级传递的过程中，民众与县级政府沟通机会较少，易造成信息的流失和误传。加之民众与县政府各自的意见不能及时反馈给对方，极易造成村民与政府之间产生误解矛盾，从而导致民众参与风貌整治的积极性较低。在这种情况下，乡级政府作为信息传递的中间方，难免会显得分身乏力，进而在风貌整治规划的实施以及后期维护管理中难以下手。

 村民：农家乐装修花费了20多万，严格按照政府的文件来装修的，补贴到现在还没有，只有五六千，政府也没来验收。

 副乡长：其实上级政府的工作方法也有问题。政府让村民做农家乐，其实是想一起进入这个产业，一起去经营的。结果乡政府告诉村民我就是承诺你们，你们做了这个之后，就可以跟政府拿多少钱，村民就依托我建这个可以跟政府拿钱，实际上就失去了这个农家乐的意义。

小结：
在风貌整治过程中，乡级政府作为承上启下的一环，既承受着来自县级政府的指标压力，也作为最末层权力机构直接与广大人民群众接触。虽然基层治理中各个客体的长远目标都是为了乡镇更好的发展，人民安居乐业。但在短期目标上，县级政府出于便于管理、快速见效等各种目的，基于统一的考量制定了一些并不贴合村民生活的政策。又因村民与县级政府交流断层，县级政府很难得到政策反馈。故而我们引入了乡村优秀人才参与基层治理的社会机制。乡村优秀人才作为村民代表，可以起到维护乡村利益的作用，表达地方对乡级政府、县级政府乃至更高层的民众诉求。

五、风貌整治中乡村优秀人才基层治理的机制分析

5.1 传统乡村地方治理

传统乡村社会是以宗法血缘为基础，规范与习惯共同起作用的熟人社会。在这个熟人社会中，乡绅阶层扮演着国家与乡村社会的中介，成为乡村地方治理的主体。

明清以及明清之前，乡村是中国重要的税收来源，而天高皇帝远，自古便有"皇权不下县"的说法，于是便产生了"乡绅""族长"等群体来实施乡村治理。

 保障乡村利益："乡绅"协助地方政府管理乡村，保障乡村利益。

 维护乡村社会秩序："乡绅"通过自身成就与道德示范，赢得乡民们的信任和尊重，帮助其调动对乡村建设的积极性。

 实现多元合作治理："乡绅"参与治理。

5.2 乡村优秀人才

乡村优秀人才： 在掌握一定财富的同时，也具有道德、社会声望和社会影响力，具有知识和文化上的独特优势的农村文化和社会精英。

 威望高老党员：根正苗红，充分理解政府制定的发展路线，政治思想觉悟高，能扎根群众，赢得群众的信任，个人威望高。

 资历老干部：拥有长期基层从政的经验，十分了解政府治理构架，能与政府形成有效的配合，协助政府实施相关政策。

 群众积极分子：土生土长的本地人，对本地风俗民情、民意意愿十分了解，积极参加公共事务，愿意为地区发展作贡献。

 乡土企业家：事业成功，拥有独特的经济视野和知识面，且对本地有乡土羁绊之情，愿意带领本地民众致富。

"管"中窥貌——基层治理视角中浙南上张乡集镇风貌整治的田野调查

乡村优秀人才在上张乡的体现：

目前上张乡上张村的姚书记，同时也是当地为数不多的企业家之一，经营着一家手工艺品加工厂。在每个农村群体中或多或少都会存在这样一些个体，他们具有经济优势以及一定的政治影响力，但还存在一些不足：

个人威信不高	难以形成组织	缺少激励机制
姚书记拥有一家年产值上千万的企业，在实地采访中发现企业的工人好评不断，但是同乡的干部却对他颇有微词。这一方面说明企业家的企业需要做到足够大，才能拥有足够影响力；另一方面说明威信的建立需要一个漫长的过程，需要不断与各种群体沟通交流。	乡村优秀人才个体的影响力有限，只有群体的力量才足够大到在地方治理中占有一席之地。这就意味着乡村优秀人才在打造自己的个人名片时，背后需要一群支持者。这样形成集体效应后，才能更好地开展地方治理的相关工作。	现阶段政策上没有任何对于乡村优秀人才群体的激励机制，这样对于他们参与公共事务的积极性和持久性是非常不利的。对于培育乡村优秀人才集体，不能仅仅依靠个人道德约束或是思想教育，而应该给予一些体制允许的、合理的、可预见的市场经济回报。

乡村优秀人才成长机制：

我们认为要构建乡村优秀人才成长机制，就要通过制度创新、政策完善和现实激励等措施，既积极推动本土化乡村优秀人才的崛起，又努力实现乡村优秀人才的回归，实现人才资源在城乡社会的良性互动，促进优势的人才资源更多流向农村，形成一个以农村文化知识分子队伍为主的强大的农村中间社会阶层。

政策支持	乡村优秀人才培育其实是政府与地方对公共事务的合作管理，这是一种法制基础上的新型国家—社会关系的建构。为此，应完善村民自治制度，让村民自治回归自主的道路上来。	完善激励措施	一方面要给予乡村优秀人才们基本的市场回报；另一方面需要激发他们的社会责任感和奉献精神。加大精神性支持的力度可以提高其服务农村的热情和积极性。
多元合作	多元合作乡村治理模式可理解为乡镇政府、"两委"及其"乡村优秀人才"阶层、其他基层组织以及村民等通过相互合作积极参与乡村事务，解决乡村治理问题，保护乡村的公共利益。	提高民主素质	村民的民主经验和民主习惯，行使民主权利的政治能力，是农村基层民主政治建设顺利进行的依靠。只有具有民主意识和善于行使民主权利，才能够形成真正有效的民主监督。

5.3 乡村优秀人才参与地方治理案例分析——以农家乐建设为例

前期筛选	施工建设	运营阶段	领导视察补贴
由乡村优秀人才出面筛选思想开放、勤劳能干、有一定思想觉悟的家庭作为农家乐试点。	乡村优秀人才事先与政府沟通好农家乐设施标准，准确地向农户传达，并定期到施工现场视察。	乡村优秀人才依靠自己的社会经验和知识水平给予适当运营建议，长期跟进运营情况。	乡村优秀人才帮助农户将农家乐打造得符合验收标准，满足政府要求，最终协助农户获得补贴。

5.4 总结与展望

乡集镇的基层治理问题是一个盘根错节的复杂问题，其中牵涉县政府、乡政府、企业、村民等多方利益体。我们以上张乡的风貌整治运动作为切入点，试图在这庞大的关系网中梳理出几条主线做详细分析，这几条主线包括：乡村自留地制度、乡村人口流失、城镇整治政策变动、乡政府干部水平不一、整治资金来源单一、考核机制不符合实际以及沟通脱节，并提出一种可尝试的解决途径。

问题	原因	乡村优秀人才的作用
内部矛盾	干部视野不一乡村发展随机	乡村优秀人才的参与帮助协调解决问题
与民众的矛盾	土地资源紧缺	制定具有公信力、共同遵守的自留地准则
	人口流失严重	实现与人才的良性互动，促进优质人口资源回流
	整治政策变动	探索本村的建筑特色，统一本村建筑风格
上级压力	资金来源单一	积极吸引外来以及本地企业家投资，建立资金回馈机制
	考核机制不切实际	联合其他村民代表对考核机制提出异议
	上下沟通脱节	作为县政府与村民的中间人，有效传递双方诉求

因乡集镇社会矛盾众多，涉及方面错综复杂，我们的调研只是冰山一角，对核心问题的理解还不够深刻。希望通过我们的研究，来引起更多学者对乡集镇的关注。

"管"中窥貌——基层治理视角中浙南上张乡集镇风貌整治的田野调查

附录

调研问卷

年龄：□18岁以下　□18～35岁　□36～60岁　□60岁以上
性别：□男性　□女性　职业：_____　学历：_____
您的住址是否临近商业街：□是　□否

1. 对地面卫生与水体卫生现状的看法：
满意程度：1分 2分 3分 4分 5分　重要程度：1分 2分 3分 4分 5分

2. 对政府修建公共厕所的看法：
满意程度：1分 2分 3分 4分 5分　重要程度：1分 2分 3分 4分 5分

3. 对商业街设立公交车站的看法：
满意程度：1分 2分 3分 4分 5分　重要程度：1分 2分 3分 4分 5分

4. 对商业街增设停车位的看法：
满意程度：1分 2分 3分 4分 5分　重要程度：1分 2分 3分 4分 5分

5. 对商业街破损路、低洼路改造的看法：
满意程度：1分 2分 3分 4分 5分　重要程度：1分 2分 3分 4分 5分

6. 对整治街道停车占道现象的看法：
满意程度：1分 2分 3分 4分 5分　重要程度：1分 2分 3分 4分 5分

7. 对商业街电线埋入地等线路整治的看法：
满意程度：1分 2分 3分 4分 5分　重要程度：1分 2分 3分 4分 5分

8. 对建筑沿街立面整治美化的看法：
满意程度：1分 2分 3分 4分 5分　重要程度：1分 2分 3分 4分 5分

9. 对拆除违法违章建房的看法：
满意程度：1分 2分 3分 4分 5分　重要程度：1分 2分 3分 4分 5分

10. 对目前乡镇治安管理现状的看法：
满意程度：1分 2分 3分 4分 5分　重要程度：1分 2分 3分 4分 5分

11. 对目前公共活动空间现状的看法：
满意程度：1分 2分 3分 4分 5分　重要程度：1分 2分 3分 4分 5分

12. 对乡入口、商业街以及广场公园绿化环境的看法：
满意程度：1分 2分 3分 4分 5分　重要程度：1分 2分 3分 4分 5分

13. 对举办上张乡民俗文化节暨年华大集等活动的看法：
满意程度：1分 2分 3分 4分 5分　重要程度：1分 2分 3分 4分 5分

14. 如果有机会让您参加义务环境监督管理，您愿意吗：
A.非常愿意　B.比较愿意　C.一般　D.不太愿意　E.不愿意

15. 您认为用于环境整治的拨款的具体来源：
A.上级拨款　　B.企业投资　　C.群众集资　　D.银行贷款

16. 您作为群众是否愿意捐钱进行小城镇的整改（比如建筑的改造，环境卫生方面等）：
A.是　　　　B.否　　　　C.看情况

17. 如果政府要征用您的地，您会怎么做：
A.同意征用，获取一定补贴　　　B.反对征用，有自己的打算

18. 政府征用土地与群众利益产生分歧时的交涉难度：
A.容易　　B.一般　　C.困难　　D.非常困难

19. 您是否愿意成为基层城镇管理中的一员（比如城管等）：
A.是　　　　　　B.否

20. 在有合理的补偿条件下，您是否愿意配合政府的工作：
A.是　　　　　　B.否

21. 您认为在环境整治中最大的困难是什么（可多选）：
A.资金问题　B.政策制定　C.科学规划　D.公众配合　E.产业整治

参考文献

[1] 韦福雷.特色小镇发展热潮中的冷思考[J].开放导报,2016(6):20-23.
[2] 陈安华,江琴,张歆,等."特色小镇"影响下的小城镇建设模式反思——以永康市龙山运动小镇为例[J].小城镇建设,2016(3):54-61.
[3] 彭群燕.农村基层治理：现状、困境与对策——以湖北省H市为例[J].华北电力大学学报(社会科学版),2016,12(6):43-48;70.
[4] 程同顺.对当前乡村干部中存在问题的深层思考[J].调研世界,2002(7):15-18.
[5] 邰艳丽.我国乡村治理的本原模式研究——以巴林左旗后兴隆地村为例[J].城市规划,2015,39(6):59-68.
[6] 文剑钢,文瀚梓.我国乡村治理与规划落地问题研究[J].现代城市研究,2015(4):16-26.
[7] 申明锐.乡村项目与规划驱动下的乡村治理——基于南京江宁的实证[J].城市规划,2015,39(10):83-90.
[8] 芮光晔,王世福,赵渺希.基于IPA分析法的城镇风貌改造后评价研究[J].规划广角,2014,30(3):95-100.
[9] 林志聪.论基层政府管理与社区民众自治良性互动的重要性[J].企业导报,2014(8):185;187.
[10] 徐勇,赵德建.找回自治：对村民自治有效实现形式的探索[J].华中师范大学学报(人文社会科学版),2014,53(4):1-8.
[11] 蔺雪春.当代中国村民自治以来的乡村治理模式研究述评[J].中国农村观察,2006(1):74-79.
[12] 房正宏.村民自治的困境与现实路径[J].华中师范大学学报(人文社会科学版),2011,50(5):23-28.
[13] 阳信生.现代"新乡绅"研究三题[J].文史博览(理论),2013(10):27-31.
[14] 杨国勇,朱海伦."新乡绅"主政与农村民主政治建设[J].社会科学战线,2006(6):177-181.
[15] 黄贵洪.乡村治理转型与"新乡绅"培育[D].重庆：西南政法大学,2015.
[16] 任昆鹏.权能激发:基层村民自治管理模式的新探讨[J].理论前沿,2014(6):254-255.
[17] 刘刚,王兰.协作式规划评价指标及芝加哥大都市区框架规划评析[J].国际城市规划,2009,24(6):34-39.

危情"伺"伏的大学城
——基于环境心理学的广州大学城环境安全感知分析

作者学生：林焯炜、邱彦琦、李家琦
指导老师：戚冬瑾、蓝素雯

全国高等学校城乡规划学科

2017城乡社会综合实践调研报告评优

三等奖

扫码阅读
彩色版本

摘要：

城市的安全感是人与人正常交往的基础，而规划设计、空间设计中对安全感的忽视，是导致人们对空间产生恐惧感的根源。尤其在大学城的规划设计中，安全感的缺乏直接影响到大学生的生活范围与互相交往，甚至使大学生对大学城产生不好的印象。

本文通过对广州大学城的研究，统计并分析了大学城内部环境安全感缺乏的场所的分布，并深入调查了大学城各个层面的安全感缺失的原因，对影响大学城空间环境安全感的要素进行了分析，并研究了缺失安全感是如何对交往产生影响的。

最后，对大学城的规划设计提出具体有针对性的建议，减少大学城环境空间内安全缺失的现象，对往后的规划设计提出安全感知层面上的建议。

关键词：
广州大学城；环境安全感知；感知安全性

【目录】

第一章 调研简介
1.1 调研背景 ·· 01
1.2 调研对象 ·· 01
1.3 调研目的与意义 ······································ 01
1.4 调研思路和方法 ······································ 02

第二章 初步调研——广州大学城环境安全感缺乏的场所的分布调研
2.1 广州大学城学生安全感问卷调查 ···················· 03
2.2 广州大学城学生安全空间注记分析 ···················· 04
2.3 已发生恶性案件统计与空间分布分析 ·················· 04
2.4 环境安全感地图特征分析 ···························· 04

第三章 深入调研——广州大学城空间环境感知安全性调研
3.1 整体层面分析 ······································ 05
3.2 安全保障系统调查 ·································· 05
3.3 节点空间环境安全感分析研究 ······················ 06

第四章 大学城安全感缺乏的原因与反思
4.1 场所缺乏安全感的因素分析 ·························· 08
4.2 场所缺乏安全感的主要原因 ·························· 08
4.3 环境安全缺失对交往的影响总结 ······················ 08

第五章 大学城增强安全感空间设计优化建议
5.1 总体规划布局优化 ·································· 09
5.2 空间环境设计改善 ·································· 09
5.3 加强治安管理监控 ·································· 09

附录 ·· 10
参考文献 ·· 11

第一章 调研简介

1.1 调研背景

• 大学城环境安全引人忧心

2000年以来，多个城市纷纷**在郊区修建起了大学城**。这些郊区大学城自问世以来，其环境安全问题常常是社会各界热议的话题。

广州大学城在2015年的"6·29极限运动中心命案"①之后，其安全环境问题更是被推上了舆论的风口浪尖。广州大学城成为市民心中一处极不安全的地方。过去发生的一些案件也重新回到了大家的讨论当中。

在近十年内，大学城发生过一些恶性案件，例如，"大学城两学生行夜街遭抢劫"②和"大学城连环抢劫案"③等。 由于学生这个群体的信息传播速度极快，同时家长们也极为关注，因此发生在大学城的案件比发生在城市其他地区的案件更能引起社会大众的关注。

• 空间环境与空间安全性

空间环境不是犯罪的成因，而是犯罪的条件。雅各布斯提出经过规划设计的城市物质空间作为一种特殊的环境因素，会对犯罪行为产生影响。**不合理的空间环境设计会形成多种不安全因素，从而诱发犯罪活动。**

• 大学生的交往需求与空间安全性

交往的需求是大学生最重要的需求之一。一个安全的物质环境，往往能更有效地诱发适宜的大学生交往活动，同时也有助于整个空间环境安全性的提高，促进良性循环。

1.2 调研对象

本调研选取的地点为广州大学城。广州大学城位于广州市番禺区小谷围岛，距离广州市中心约17公里，内部仍保留4个自然村，用地总面积为18平方公里。大学城内共有十所高校，包括中山大学、华南理工大学、华南师范大学、广州大学、广东外语外贸大学、广州中医药大学、广东药学院、广东工业大学、广州美术学院、星海音乐学院。

1.3 调研目的与意义

通过对广州大学城内大学生进行访谈和问卷调查，结合已发案件分布点，绘制大学城环境安全感地图。**基于环境心理学，分析广州大学城的空间规划和场所环境设计对使用人群环境安全感的影响，提出改善大学城空间环境设计的建议，以提升大学城环境的安全性和使用者的归属感。**并希望借此调研成果，引起建设者关注环境安全感与公共空间设计的关系，构建具有空间安全性的大学园区环境。

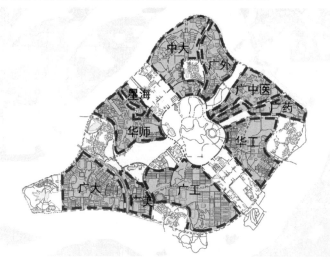

[环境心理学]
研究环境与人的心理和行为之间关系的一个应用社会心理学领域。

· 理论支撑
- 20世纪70年代
  普洛桑斯盖、爱特森和瑞文林
  《环境心理学：人与他的自然环境》
- 20世纪70年代
  扬·盖尔
  《交往与空间》

[空间环境安全]
通过设计和建设不利于犯罪活动的环境，减少犯罪的机会。

· 理论支撑
- 20世纪60年代
  街道眼理论
  雅各布斯
  《美国大城市的死与生》
- 20世纪70年代
  CPTED 理论
  杰夫瑞
  《通过环境设计预防犯罪》
- 20世纪70年代
  可防卫空间理论
  奥斯卡纽曼
  《可防卫空间：通过城市规划预防犯罪》
- 20世纪80年代
  死角理论
  伊藤滋
  《城市与犯罪》

---

① 据2015年7月2日《信息时报》报道，6月29日，保安在大学城极限运动中心自行车馆男厕发现女尸，后经确认是失踪了5天的杭州女大学生许某。
② 据2011年11月2日《羊城晚报》报道，10月30日晚9时许，华南师范大学大学城校区正门对面，一对男女学生散步时遭遇劫匪，受伤入院。
③ 据2015年11月3日广州警方通报，警方成功打掉一作案团伙，该团伙通常选择在夜晚搭乘出租车至广州大学城某偏僻路段，后抢去司机现金和手机。

第一章 调研简介

1.4 调研思路和方法
1.4.1 调研思路及方法

本次社会调查采用了多种调研方法：直接观察法、文献法、新闻跟踪、问卷法、访谈法、空间注记法、认知地图、Delphi方法、场地分析法。

为了了解广州大学城空间设计与安全感的联系，我们从了解广州大学城的犯罪事件开始，前往大学城高校进行多次实地调研，我们的调研聚焦在两个方面，环境安全感缺乏的场所分布，以及空间环境安全性的影响因素。

初步调研：环境安全感缺失的场所分布调研
[已有恶性案件的归纳热点分布]
从报道、互联网等多种渠道全面地了解2009年至2016年的恶性案件与其发生地点，从而得出发生恶性犯罪的热点分布，研究其导致的安全感缺失的范围。
[学生安全感缺失场所分布]
提取大学城中的地点，通过制作问卷进行统计分析，分析不同大学内大学生对于特定空间是否具有心理恐惧感。
[安全感缺失场所认知地图描绘分布]
通过访谈与认知地图直观地获得大学生和安保人员对于感觉上易于引发犯罪的地点的空间分布。

深入调研：空间环境安全性的影响因素调研
[整体空间层面分析]
基于对大学城规划的整体层面的分析判断人口、交通规划、布局等因素对心理恐惧感的影响。
[节点空间安全分析]
选取重要节点进行详细的空间分析。
[安全保障系统调查]
对大学城的治安管理系统的运行进行调查，研究安全保障系统对心理安全感缺乏的影响。

1.4.2 调研框架

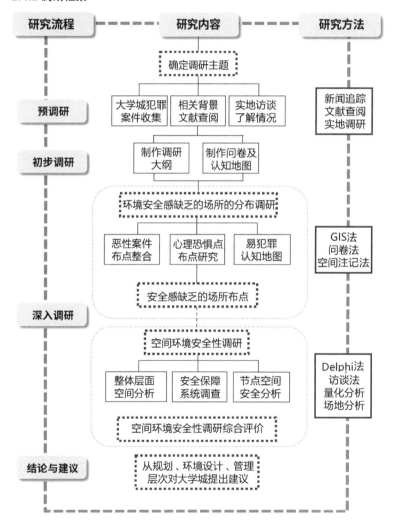

第二章 初步调研——广州大学城环境安全感缺乏的场所的分布调研

2.1 广州大学城学生安全感问卷调查

2.1.1 问卷一：校园内公共空间环境安全感调查

十所高校公共空间环境中低安全感的地点包括：天桥/隧道、田径场、校内绿地。

校园内公共空间环境：指在大学校园范围内供学生日常生活和学习的公共使用的空间，部分也可对市民开放。主要包括校内绿地与广场、校内道路、教学空间等区域。

基于每一所学校内的空间环境的差异性，十所学校的同一个因素叠加后可能会出现抵消的情况，低安全感的基准线设为30%。

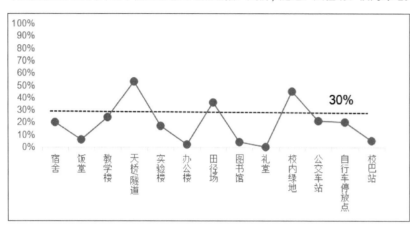

广外校园不安全感地点示意

2.1.2 问卷二：校园外公共空间环境安全感调查

校园外公共空间环境中低安全感的地点包括：中心湖公园、极限运动中心、体育中心体育场、北亭村和北亭广场。

校园外公共空间环境：指在校园范围外供大学生、居民日常生活和社会公共使用的空间。主要包括公园、广场、体育场馆、商业中心、自然村等区域。

基于每个学生的活动范围的差异性，对不同的校外公共空间的熟悉程度不同，低安全感的基准线设为30%。

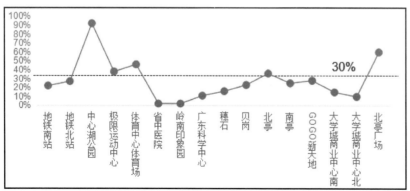

大学城中心区不安全感地点示意

· 问卷

一共发放了428份问卷，其中：
纸质问卷300份，有效问卷287份；
网络问卷128份，有效问卷128份。

有效问卷中各学校占比：

纸质问卷：

- 中山大学
- 华南理工大学
- 华南师范大学
- 广州大学
- 广东外语外贸大学
- 广州中医药大学
- 广东药学院
- 广东工业大学
- 广州美术学院
- 星海音乐学院

网络问卷：

· 环境安全感地图生成过程

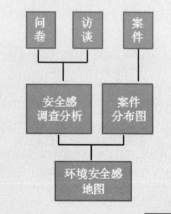

第二章 初步调研——广州大学城环境安全感缺乏的场所的分布调研

2.2 广州大学城学生安全空间注记分析

通过对大学城的十所高校内和其他公共空间内的学生及市民进行访谈和地图绘制，汇总得到以下环境空间安全心理恐惧感图。

2.3 已发生恶性案件统计与空间分布分析

我们通过翻阅报纸、电子报刊，搜索网站、微博、公众号等媒体，统计了在媒体上可查找到的2009—2017年发生在大学城的犯罪案件，并标记所有案件在大学城的分布位置。

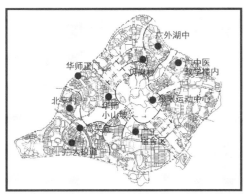

- 共访谈了37位学生和市民，对各类空间具有低安全感的人数统计如下：

类型	数量（个）
天桥/隧道	4
校内绿地	4
田径场	5
教学区	5
线性空间	/

- 这9起案件的发生地点：
学校5起、自然村2起、道路1起、校外公共空间1起。

低安全感产生原因：
- 空间存在一定的环境设计问题。
- 案件信息的传播速度快，传播范围广，容易引起民众恐慌。
- 从心理学上看，民众对案件发生地及其一定的辐射范围会产生恐惧感。

2.4 环境安全感地图特征分析

安全性弱 —————————————— 安全性强

大学　道路　自然村　森林公园　公建配套　楼盘

综合问卷、访谈和案件整理得到的环境安全心理恐惧点在大学城内的分布具有差异性，不同类型的环境空间的恐惧点的数量也有所差异。

低安全感的地点在校园内偏多，在大学城中心区偏少。主要原因是大学生较少在中心区活动，空间感知偏弱。

高校校园内低安全感的地点主要分布在中环外的教学区，其中以田径场、天桥/隧道和校内绿地为最多数。

安全性感知在空间上的分布差异与交往活动的发生次数有关，与熟悉程度和有效监视有关，如宿舍区的安全感高，校园绿地的安全感低。

低安全感的线性空间主要是高校与自然村的交界路段，及校园内的沿湖道路，这些线性空间的安全感知与人口结构和人口密度有关。

校园　中心区

田径场　天桥

宿舍区　校内绿地

交界道路　湖边小路

· 案件综述

调研主要就近年来侵犯公民人身与民主权利及侵犯财产的案件进行统计。

天桥底　小山坡
中心湖　外环

- 2009年12月26日，学生情侣于华师小山坡被四名男子打劫。男生被捅一刀，无生命危险。
- 2011年10月30日，广外的一对学生情侣在散步至华南师范大学正门时突遭两名男子抢劫，与歹徒搏斗时男生身中三刀。
- 2011年11月3日，男子行骗女大学生至大学城出租屋实施抢劫并强奸。
- 2015年6月29日，广州大学城大学城极限运动中心"6·29"案件。
- 2015年12月10日，多所高校接连有陌生人深夜进入寝室偷盗。
- 2015年12月14日，女大学生贝岗遭遇四人抢劫。
- 2016年3月23日，大学城内某高校在校男生藏匿女厕所猥亵女生。
- 2016年10月31日，夜班出租车司机被打劫。
- 2016年11月28日，大学城某高校湖中发现一具浮尸。

危情"伺"伏的大学城——基于环境心理学的广州大学城环境安全感知分析

第三章 深入调研——广州大学城空间环境感知安全性调研

3.1 整体层面分析
3.1.1 人口分析
[人群结构分析]

根据数据统计分析，可以看出比起普通城市高校，广州大学城人口结构简单，且群体社会地位、收入水平存在差距，在人口结构上分群化明显，为安全感的缺失提供了基础。因为学生的特殊性，活动范围具有局限性，处于学生经常性活动范围之外的区域，由不熟悉的、社会地位有差别的人群占据，在经过时便容易产生极大的不安全感。

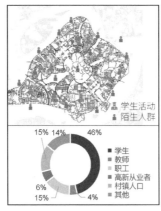

[人口规模分析]

同时大学城的人口分布较为集中，虽然人均用地面积少，但由于学生的活动范围具有一定规律性和局限性，导致广州大学城的多数地区一直处于"无人区"的状态，这样的区域，往往就是最缺乏安全感的区域，缺乏自然监视，缺乏交往。故大学城的人口规模与用地规模，目前在安全感层面来看，是不太相称的。

3.1.2 整体布局分析

广州大学城的规划布局是以城—组团—校区为布局方式。保留了岛上四个村落，形成大学城的城中村。

从布局来看，学校分组团设立具有领域感强等多种优势，但学校过大的尺度导致学校的边缘地带缺少人气，且相邻学校之间保留的绿地、山坡更是加重了交界区域的安全感缺乏。从公服配套来看，场地内的城市级别、组团级别共享资源利用率低下，由此滋生令人不安的空间。

3.1.3 道路系统分析

在道路交通规划体系中，道路横断面设计尺寸远远大于其需求，道路上常常空无一车导致道路活力低下，行人易产生不安全感。

此外其三环加辐射的道路设计使学校边缘地带出现领域感缺失的空间，这样的空间让人缺乏安全感。

3.2 安全保障系统调查
3.2.1 警力配置和治安亭分布

- **警力配置**
主要由派出所两个交警中队组成，他们与各高校的校卫队、各商业中心保安共同组成大学城的安保力量。

- **治安警亭**
多集中于校门口和公共活动空间，其他地方治安警亭较少且分布无规律。治安员巡逻频率不高，巡夜次数则更少。

3.2.2 摄像头网络

- **摄像头**
目前广州大学城地区共建有视频点9147个，全面覆盖了广州大学城各高校、保留村、体育场馆、广场、各主干道及出入口和公共休闲设施等区域。

2013年至今，318个高清视频点全部投入使用，系统平均完好率达96%以上。
大学城各地区视频点主要属于十所高校控制和管理，形成各个校园摄像头网络系统。

总结：
除了监控设备和治安人员的不足，大学城管理机制是造成高校周边环境诸多问题的主要原因，主要是执法主体不同，缺乏统一的协调联合执法。

· 访谈记录

田径场晚上没有灯，很暗，有很多人去跑步，觉得田径场和去田径场的路上都很危险，一般不会一个人走。
——广外某同学

实验楼人很少，很冷清，湖边都挺空的，除了上课不到那边。
——广外某同学

只有少数路口有保安，很少看见有人巡逻，不敢走人少的地方。
——广中医某同学

快速路隔离带和宿舍之间的路很偏僻，晚上很暗，之前也发生过案件，天桥晚上很黑，人很少。
——广大某同学

两个宿舍区之间的小山坡一般没什么人走，很暗，很多树，感觉很危险。学校和北亭之间的两条路都很少人走。
——华师某同学

危情"伺"伏的大学城——基于环境心理学的广州大学城环境安全感知分析

第三章 深入调研——广州大学城空间环境感知安全性调研

3.3 节点空间环境安全感分析研究

3.3.1 节点选取

进行节点空间分析：从安全感缺乏地区分布图中，选择在访谈中被提及次数最多的地点，作为典型的节点空间进行详细分析。所选取的节点有北亭村街道、华南师范大学正门广场、华南理工大学天桥、广东工业大学宿舍、中心湖公园、内环路与自行车比赛馆。

3.3.3 节点空间分析

3.3.2 分析方法

对节点空间的分析方法主要采用的是对场地进行建模，并提取安全感相关要素进行分析，研究在空间环境层面其不安全感的主要来源，并对其安全感的缺乏进行分级评定。

安全等级	危险	不安全	临界安全	较安全	理想安全

选点分布图

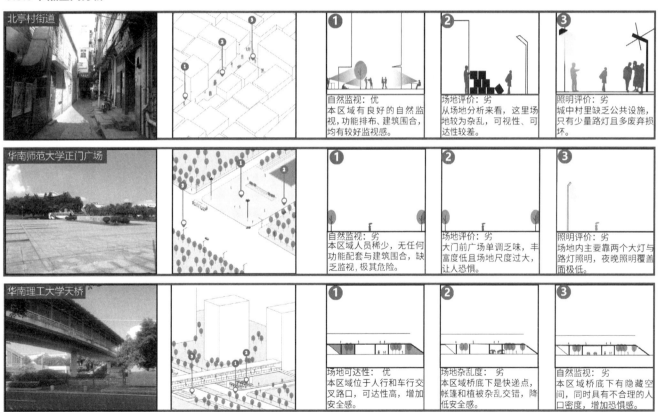

北亭村街道安全感评价为临界安全。

场地内同时具有积极和消极因素，特定时间段易提升恐惧感。

华南师范大学正门广场安全感评价为危险。

场地内的要素基本均为负面影响，是感知安全能力最低的空间之一。

华南理工大学天桥安全感评价为不安全。

场地内同时具有较多消极因素，环境复杂，易提升恐惧感。

危情"伺"伏的大学城——基于环境心理学的广州大学城环境安全感知分析

第三章 深入调研——广州大学城空间环境感知安全性调研

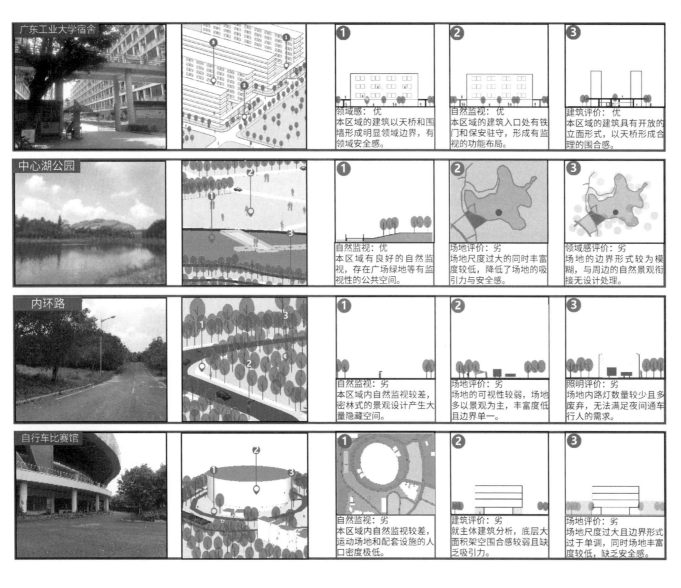

第四章 大学城安全感缺乏的原因与反思

4.1 场所缺乏安全感的因素分析

在交往行为过程中，人、行为与环境是一个彼此联系的整体。当空间环境具有安全感时，就会引发人们驻足停留的内在驱动力，从而引发交往行为的发生；反过来讲，丰富多彩的交往活动使得空间更具活力，从而提升安全感，即人们通过行为活动积极改造了环境。这是一个良性循环。反之，当空间缺乏安全感时，必然导致活动的减少，而这一现象又会使得空间更加死气沉沉，就会引发恶性循环。

因此，从环境心理学出发对场所缺乏安全感的因素进行分析并应用到设计中，对提升环境安全感，促进学生之间健康有活力的交往具有重大意义。

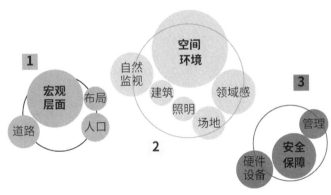

4.2 场所缺乏安全感的主要原因

主观层面：消极的公众认知造成恐惧心理暗示。

- 恶性案件传播范围广、传播速度快
- 以学生家长为主体的社会各界关注度高
- 安全保障体系不透明、宣传力度不足

→ 对特定场所产生恐惧感

客观层面：

1. 较低的人口密度，超大尺度的空间布局等不合理的规划结构；
2. 浓密种植的景观环境，缺乏自然监视等不安全的空间环境设计；
3. 相对薄弱的治安管理。

4.3 环境安全缺失对交往的影响总结

```
环境安全缺失
    │
 校园交往危机
    │
┌───┼───────┬───────┐
学生生活  校园建设  社会安定
│        │        │
├不利于身心健康  ├归属感降低  ├矛盾增加
└幸福感降低   └公共环境   └缺少公共监视
```

🎓 **对学生生活的影响**

学生通过与人交流沟通缓解学习生活压力、排解不良心态，近年来学生中抑郁症等心理疾病的发病率逐年上升，与校园交往危机的出现有很大关系；良好的校园交往能够营造和睦的学生生活氛围，增加积极开朗的情绪，从而增加对生活的幸福感与满意程度。

🏠 **对校园建设的影响**

当校园关系变得淡漠时，学生对学校的归属感就会降低，个人意识超越集体意识从而导致对出现的校园问题视而不见；而校园建设离不开学生的责任感和主人翁意识，缺少学生的支持和配合，校园的物质、文化建设都会受到很大的影响。

👥 **对社会安定的影响**

学生和居民的交往行为减少，公共场所失去活力，导致场所的"公共监视"作用降低，就会给部分不法分子提供机会，使得校园内外的安全系数降低；另外，对于一些日常小纠纷，由于平日里的沟通交流少，矛盾难以缓和甚至事态扩大，给校园及社会安定带来隐患。

> **小结**：
> 基于环境心理学、社会学、地理学等，通过调研并归纳总结出场所缺乏安全感的因素以及主要原因，深入理解环境安全与交往空间的关系，对大学城客观低犯罪率与主观恐惧之间的偏差进行反思，从而通过设计引导改善现状，营造安全、积极、有活力的高品质大学城环境。

影响场所安全感的因素

- **人口** — 人口规模、结构、分布
- **布局**
  - 功能布局
  - 公服配套数量
- **道路**
  - 道路规划
  - 公共交通设计
- **自然监视**
  - 功能布局的监视性
  - 人口密度的合理性
  - 隐藏空间的数量
- **领域感**
  - 领域边界
  - 领域安全感的可识别性
- **建筑**
  - 立面形式的开放性
  - 围合感的合理性
  - 建筑的吸引力
  - 开窗比的合理性
- **场地**
  - 场地丰富度、杂乱度
  - 场地的可通达性
  - 场地的可达性、可视性
  - 场地尺度、边界的合理性
- **照明**
  - 灯光的使用时间
  - 灯光的亮度、覆盖度
- **硬性设备**
  - 警局覆盖范围
  - 警务亭、摄像头覆盖度
- **管理** — 巡逻时间、治安播报

第五章 大学城增强安全感空间设计优化建议

5.1 总体规划布局优化

1. 改造中环线

将中环线去掉或者改造成只能让人、自行车或校巴走的中环校院绿道，同时调整校园功能分区，校园主生活区建在核心位置带，其他主功能区按需分布在核心区域的周边。

2. 城中村搬迁调整

将原本的城中村按照地形与地貌做适当的调整与搬迁，使之尽量不要占用学校用地，在提供服务解决周边劳动力就业的同时，减少外来人口对在校学生的干扰。

3. 解决校内、校际及外界交通问题

校内交通与校际交通尽量只让行人或者校巴及其他非机动车通行，增设校际巴士、公交等往返于大学城和广州市区，方便同学与当地居民出行。

5.2 空间环境设计改善

- 丰富场地设计、提高土地利用率
- 建筑单体及组团合理设计自然监视
- 优化边界设计、增强领域感
- 检修及更换照明设施

5.3 加强治安管理监控

- 完善治安管理体系，实现统一管理
- 投入资金加强安防硬件系统的建设
- 合理增设治安警亭，加大巡逻强度
- 推行兼有创意和效果的治安举措

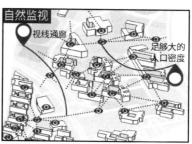

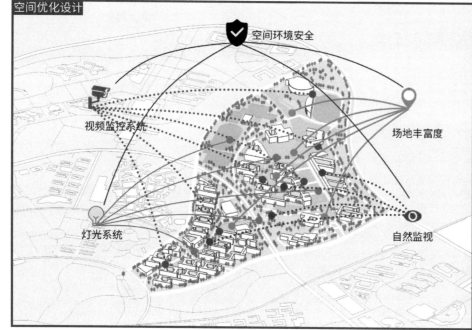

·调研中的问题与分析

? 案件相关信息的获取多依赖于互联网及纸质报刊的查阅，难以直观了解案件发生的时间、地点及频率等。

实现治安警报等信息的校内、校外公开，引发社会及学生关注，加强安全防范意识，合理调配治安警力。

? 调研中问卷派发和访谈主要对象集中在大学城学生，学生配合积极性不高，部分安全问题无法理解。

加强大学生安全知识普及教育，引导大学生正确认识大学城空间环境，加强自身防范意识。

·广州大学城最新规划

交通：三条地铁＋穗莞深城际＋过江隧道
商业：商业用地增多，配套有望改善
生态：湿地公园包围小岛
学术：将建设多个学术交流项目

希望大学城能够立足于最新的规划目标，不断完善区域规划结构，同时与改善环境空间设计、加强治安管理力度等方面相结合，致力于为广大学生提供优质、安全的校园学习生活环境。同时加强社会宣传，指引人们正确认识大学城环境，降低人们心理恐惧感。

附录

关于广州大学城不安全感的调查

您好！我们是xxx的学生，为了更好地了解广州大学城内学生公共活动空间中是否容易产生犯罪恐惧感，并对其改善提出建议，特别展开这次调查。您的建议将为我们调查的顺利进行提供宝贵信息，回答将被完全保密，请放心填写。非常感谢您抽出时间填写这份调查问卷！

1. 您的性别是

○ 女　○ 男

2. 您的学校是

○ 中山大学　○ 华南理工大学　○ 华南师范大学　○ 广州大学　○ 广东外语外贸大学

○ 广州中医药大学　○ 广东药学院　○ 广东工业大学　○ 广州美术学院　○ 星海音乐学院

3. 您觉得在大学城生活安全吗？

○ 很安全　○ 比较安全　○ 没什么感觉　○ 有点危险　○ 很危险

4. 您有关心过大学城发生的犯罪事件吗？

○ 密切关心　○ 比较关心　○ 听说过　○ 不以为然　○ 不关注

5. 请问您在日常活动中会产生不安全感的时间段有 [可多选]

□ 6:00am~8:00am　□ 8:00am~8:00pm　□ 8:00pm~10:00pm

□ 10:00pm~0:00am　□ 0:00am~6:00am

6. 主要危险来源于什么人群？

□ 本地城市人口　□ 本地农村人口　□ 外来流动人口　□ 学生　□ 学校教职工

□ 其他：_____　□ 都很无辜呀

7. 您觉得大学城内部易发生的犯罪类型有 [可多选]

□ 抢劫　□ 盗窃　□ 猥亵　□ 强奸　□ 谋杀　□ 入室抢劫　□ 入室盗窃

□ 其他：_____

8. 您觉得校园中感到不安全的地点有哪些？[可多选]

□ 宿舍　□ 饭堂　□ 教学楼　□ 天桥/隧道　□ 实验楼　□ 办公楼　□ 田径场

□ 图书馆　□ 礼堂　□ 校内绿地及公园　□ 其他：_____　□ 都挺安全的

9. 您觉得校园内外感到不安全的交通站点有哪些？[可多选]

□ 公交车站　□ 地铁南站　□ 地铁北站　□ 自行车停放点　□ 校巴站

□ 其他：_____　□ 都挺安全的

10. 您觉得校园外感到不安全的公共活动地点有哪些？[可多选]

□ 中心湖公园　□ 广州大学城极限运动中心（自行车馆）　□ 广州大学城体育中心体育场

□ 省中医院　□ 岭南印象园　□ 广东科学中心　□ 其他：_____　□ 都挺安全的

11. 您觉得校园附近感到不安全的地点有 [可多选]

□ 穗石　□ 贝岗　□ 北亭　□ 南亭　□ 都挺安全的

12. 您觉得校园附近感到不安全的城中村空间有 [可多选]

□ 城中村内部　□ 城中村与大学交界　□ 其他：_____　□ 都挺安全的

13. 您觉得校园外感到不安全的商业空间有 [可多选]

□ GOGO新天地　□ 广州大学商业中心　□ 广州大学城商业中心

□ 北亭广场　□ 都挺安全的

14. 商业空间中感到不安全的区域有 [可多选]

□ 商场入口广场　□ 停车场　□ 商场内部　□ 其他：_____　□ 都挺安全的

15. 您觉得还有哪些空间存在诱发犯罪的可能性？

_____

再次感谢您的合作！祝您身体健康，学业有成！

参考文献

[1] 李艳霞,孙长春.预防犯罪——城市空间设计的新理念——论城市空间设计与犯罪学理论的不断融合[J].犯罪研究,2004(3): 10-18.

[2] 徐大慰.国外城市犯罪的空间理论综述[J].山东警察学院学报,2015,27(5):77-81.

[3] 施锜.城市公共空间的安全性及其设计中的安全伦理意识[J].装饰,2011(7):22-26.

[4] 施錡.城市街道设计中的安全伦理意识研究——以上海若干城市区域为例[J].同济大学学报(社会科学版),2014,25(2):61-67;98.

[5] 王发曾.城市犯罪空间盲区的综合治理研究[J].地理研究,2010,29(1): 57-67.

[6] 马瑞.城市"易犯罪"空间研究[D].北京:清华大学,2010.

[7] 李晶.城市空间与犯罪——以昆明市主城区为例[D].昆明:昆明理工大学,2008.

[8] 简·雅各布斯.美国大城市的死与生[M].金衡山,译.南京:译林出版社,2005.

[9] 毛媛媛,戴慎志.国外城市空间环境与犯罪关系研究的剖析和借鉴[J].国际城市规划,2008(4): 104-109.

[10] 伊藤滋.城市与犯罪[M].北京:群众出版社,1988.

[11] JEFFERY C R.Crime prevention through environmental design[M]. Beverly Hills, CA: Sage, 1971.

[12] NEWMAN OSCAR. Defensible space: crime prevention through urban design[M]. New York: Macmillan, 1972.

城中又一村

——以广州里仁洞村为例的大城市淘宝村形成机制研究

作者学生：李之乔、武欣媛、何志荣、彭思凯
指导老师：李昕、刘晖、温馨

全国高等学校城乡规划学科

2015城乡社会综合实践调研报告评优

三等奖

扫码阅读
彩色版本

城中又一村

摘要：

关注大城市边缘出现淘宝村的现象，以广州市番禺区南村镇里仁洞村为例，通过问卷调研及访谈对互联网热潮下淘宝村的发展历程、社会关系和空间特征进行调研。研究表明：基于嵌入异地乡缘关系的生产网络和雇工模式，里仁洞村形成了完整的淘宝服装产业链及具有潮汕地域特色的亚文化区；充分利用城中村灵活的房屋流动框架体系，容纳了大量活跃的外来移民，形成职住合一的低端 CBD 空间。

乡缘关系和业缘关系交织的电商群体是淘宝村内核，又叠加在城中村空间之上。其"淘宝平台+中小产业链+乡缘纽带+城中村"的运作机制对城中村的发展出路提供了借鉴与参考。

关键词：

里仁洞村；淘宝村；城中村；异地乡缘；空间特征

目录：

- 一、绪论 1
  - 1.1 调研背景 1
  - 1.2 调研对象 1
  - 1.3 研究问题 1
  - 1.4 研究目的与意义 1
  - 1.5 研究框架 1
  - 1.6 研究方法与流程 2
  - 1.7 里仁洞村基础情况 2
- 二、里仁洞淘宝村发展历程 3
  - 2.1 人口结构变化 3
  - 2.2 产业结构发展 3
  - 2.3 电商带头人 3
  - 2.4 发展历程小结 3
- 三、淘宝产业链 4
  - 3.1 产业链组成部分 4
  - 3.2 定制化生产模式 4
- 四、乡缘纽带 5
  - 4.1 淘宝与乡缘交织的生活方式 5
  - 4.2 生产网络中的乡缘帮带关系 6
  - 4.3 乡缘纽带对大城市淘宝村的积极作用 6
- 五、空间特性 7
  - 5.1 低端 CBD——活力四射的淘宝"不夜村" 7
  - 5.2 空间制约发展 8
  - 5.3 空间特性小结 8
- 六、淘宝村模式探究 9
  - 6.1 里仁洞淘宝村发展特点总结 9
  - 6.2 里仁洞淘宝村形成机制 9
- 七、主要结论 9
- 附录一 调查问卷 10
- 附录二 半结构式访谈 10
- 参考文献 10

——以广州里仁洞村为例的大城市淘宝村形成机制研究

城中又一村

一、绪论

1.1 调研背景

淘宝村是指活跃网店数量达到当地家庭户数10%以上，并且电子商务年交易额达到1000万元以上的村庄。目前，淘宝村有200多个，集中分布在广东、福建和浙江等制造业基地。虽然淘宝产业可以在一定程度上忽略空间制约，但是这一新兴产业同区域大的经济背景以及制造业基础是密不可分的。

目前对淘宝村的研究大部分着眼于远离城市的淘宝村。农村熟人社会有利于电商信息的传播分享，专门单一的产品生产推动就地城镇化，典型例子是生产家具的沙集镇东风村。而在城中村出现淘宝村的现象却关注较少，城中村有交通、设施和商品物流的便利，于是出现同类商品在区域上的聚集地，其中包含生产功能，而更多的是集散批发的物流功能。淘宝村是城中村发展的一种新的可能性。

1.2 调研对象

位处广州大城市边缘的里仁洞，典型的城中村式"淘宝村"。本次调研选择在里仁洞生活工作的电商群体作为主要调查对象，调查研究其人际交往关系和空间需求；同时选择部分村民、加工厂厂主及其员工和实体店铺店主作为调查样本，研究电商聚集引发的对里仁洞空间以及社会关系的重构。

1.3 研究问题

研究问题主要分为以下三大方面：

(1) 里仁洞淘宝村电商群体有何特征：
 a. 乡缘关系：潮汕移民形成了怎样的乡缘社区？
 b. 业缘关系：淘宝村产业链内部协作机制是什么？
 c. 关系网络：乡缘业缘交织的人际关系网络对于淘宝村的构建起到什么作用？

(2) 城中村怎样的空间特质使里仁洞成为淘宝村？
 成为淘宝村对里仁洞的空间有怎样影响？

(3) 探究里仁洞村的内部运作机制，以及对一般城中村的借鉴意义。

*注：报告中部分描述将里仁洞村简称为里仁洞。

1.4 研究目的与意义

以广东省广州市番禺区南村镇里仁洞村为案例，研究促使在大城市边缘区形成淘宝村的内在机制。重点关注淘宝村形成的过程中乡缘所起的纽带作用以及淘宝元素植入后城中村空间的活化和重构，探求对一般城中村的借鉴意义。

1.5 研究框架

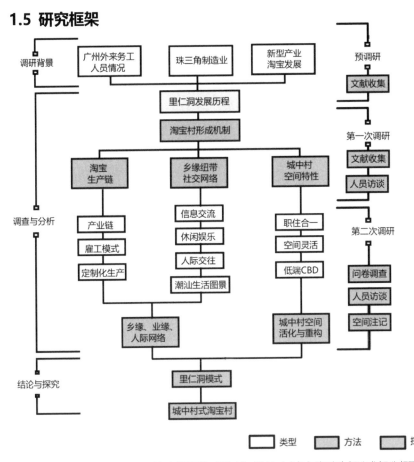

——以广州里仁洞村为例的大城市淘宝村形成机制研究

1.6 研究方法与流程

我们于 2015 年 5 月开始调研，过程中派发调研问卷共 200 份，其中有效问卷数为 183 份，问卷有效率为 91.5%。调研流程如下，分四阶段完成：

①通过预调研，确定广州大城市边缘的淘宝村里仁洞作为研究对象；②第一次调研，将里仁洞形成及发展成淘宝村的要素作为研究内容；③第二次调研，深入调查业缘、异地乡缘和空间特性；④最后研究分析得出总结与建议。

主要研究方法包括**文献查阅**、**调查问卷**、**半结构式访谈**和**空间注记**等方法。

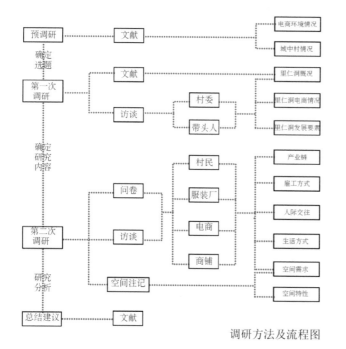

调研方法及流程图

1.7 里仁洞村基础情况

区位：

里仁洞村位于广州主城区南面，距离主城区大约 13 公里，与广州主要的服饰批发市场（沙河、白马和十三行）直线距离 15~17 公里。里仁洞村附近交通方便，有快速路通过，另外地铁、巴士等公交系统也较为完善。虽然里仁洞村距离城市中心区有一定距离，但享受了广州大城市服装产业的优势及各项配套设施服务。地处大城市边缘区是其发展的基础。

人口构成：

从里仁洞村流动人口管理办事处得知：里仁洞村民 5 千人，外来人口 3 万人，其中**潮汕人占三成**。

根据问卷的结果，可见里仁洞人口构成**以青年、男性居多**，主要容纳淘宝创业的从业者，并且**学历水平**不高。另外，人口构成多为**农村户口**，说明里仁洞容纳了很大一部分农村进城的城市化人口。

里仁洞新兴大道入口

里仁洞村区位图

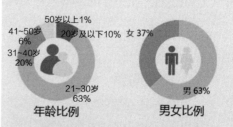

年龄比例　　男女比例

户口类型　　学历结构

二、里仁洞淘宝村发展历程

里仁洞淘宝村的发展演化过程大致划分为四个阶段,并围绕下述的两条主线展开:一是外来移民构成的同质化,二是产业生态链的完善。

2.1 人口结构变化

2002年以前,里仁洞村主要人口为原住村民。2002—2008年期间,受到该村区位优势及低廉租金的吸引,一部分在广州做服装生意的潮汕商人从广州客村和沙河等专业市场周边等处搬迁至此,开始购入里仁洞新村的房屋,在此聚居并从事服装行业,乡缘社区初步形成。2008—2011年,一批潮汕青年结伴来此从事电商行业。2011年以后,周边行业及配套产业的从业人员逐步进驻,潮汕人成为里仁洞村淘宝产业的最大经营群体。同时潮汕人的关系网络帮助电商进一步降低了房租成本,加速了在里仁洞村的聚集。

2.2 产业结构发展

2002年以前,里仁洞村并无产业基础。2002—2008年期间,由于新村的建设,中小型制衣作坊进驻里仁洞村(经营者来自湖北、潮汕、江西等地)。2008—2011年,里仁洞村成为潮汕普宁市青年在广州的电商创业基地,加工厂快速发展。2011年前后,随着淘宝产业进入相对饱和状态,原本想从事淘宝电商行业的人进入了淘宝产业链的不同环节,从事互补产业,形成差异竞争。工作及生活的相关配套行业逐步完善,淘宝服装产业生态链得以巩固。

2.3 电商带头人

潮汕电商罗文斌是里仁洞村淘宝产业的带头人,且作为创始人搭建了新的合作创业平台59网,里仁洞村中大部分网批及电商都会使用该平台进行交易。

2.4 发展历程小结

对里仁洞村发展历程的研究发现,促使其成为淘宝村的因素有以下几点,之后会就每一点进行深入研究分析:

(1) 乡缘纽带

带头人进入里仁洞创业,连带着潮汕群体的人际关系网络,形成异地乡缘社区。

(2) 完整的淘宝产业链

基于乡缘关系网络的嵌入,发展出完整的淘宝产业链,潮汕人进入淘宝补充产业和相关配套,又进一步加强了潮汕群体的集聚。

(3) 大城市边缘城中村的空间特性

里仁洞淘宝村的空间载体是大城市边缘的城中村,具有基础的产业、交通和配套基础设施,这也是里仁洞不同于一般偏远农村的淘宝村最本质的属性。

里仁洞发展历程:

演化阶段	经济形态	"移民"构成特点	配套
发展起点 1998—2002年	村民主要依靠外出打工作为主要经济来源	很少外来务工	新村建设
基础形成期 2002—2008年	服装加工成为主导产业;厂房出租成为村集体主要经济来源	全国各地的人经营加工厂;工厂大量招募外地工人	通电通水;城市干道如迎宾路建成,交通条件改善
飞跃发展期 2008—2010年	淘宝产业出现,并快速发展;加工厂数量增加;部分村民与潮汕人进行地权交易	潮汕人开始经营淘宝,加工厂及其工人来自全国各地	生活配套设施完善;淘宝产业配套设施出现
平稳发展期 2011年至今	淘宝形成完整产业链和自给自足的服务体系;加工厂数量有一定减少	潮汕人淘宝产业最大的经营者群体,参与到淘宝产业链各个环节;大部分潮汕人有定居倾向	生活配套多元化;淘宝相关配套设施完善并趋于饱和

基于乡缘的"链式迁移"过程:

潮汕人作为电商产业生态链的主体人群,淘宝村的形成得益于潮汕人群体熟人社会的构建。

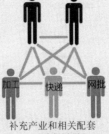

发展阶段和时间节点:

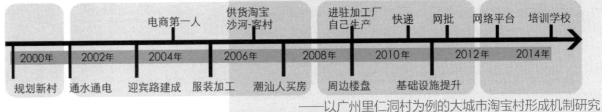

三、淘宝产业链

3.1 产业链组成部分

服装制衣厂：
(1)主体经营人群为湖北人及潮汕人，与电商互为补充关系；
(2)部分电商在追求产品品质的过程中，与工厂合作遇到了诸多问题，比如厂家不愿意小批量生产，不能满足对品质较高的要求。电商由于需求得不到满足而自行开设小生产线。

网上批发商：
(1)淘宝兴起后，电商聚集里仁洞村，原有服装厂开办网上批发功能以应对需求，从而增加线上订单，提升销量；
(2)部分电商初做淘宝时拿货困难，于是寻找货源，转做网批。

产业相关配套：
(1)必要：快递物流服务、产品包装袋等；
(2)可选择：产品设计、广告宣传、打印服务、设计、培训机构。

网络平台：
(1)淘宝网；
(2)59网（创始人为里仁洞村电商罗文斌）；
(3)阿里巴巴。

产业基础：
(1)产业功能：设计研发—仓储物流—服务平台—创意孵化；
(2)软性平台：电子商务协会—电商服务中心—培训金融站。

3.2 定制化生产模式

里仁洞村里一系列专业化分工，具备经济灵活性的微小企业使其淘宝服装产业具备柔性化生产的特征。"**淘宝电商+中小生产链**"**的新供应趋势**具有个性化、定制化及高度柔性化的特点。

在追求个性与差异的后福特时代，基于人们差异化与个性化的需求，服装这一传统劳动密集型产业由于淘宝元素的植入而使其生产具有极强的快速反应能力。小批量、多品种、库存周期短（部分实现零库存）及低成本成为里仁洞村淘宝服装产业的主要特征。

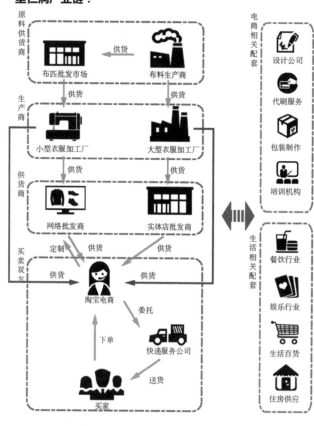

里仁洞产业链：

定制化生产模式：

大工厂批量生产，款色单一，无法满足顾客多元化的需求。

中小制衣厂柔性专精，品种多样，对市场反应灵敏。

城中又一村

"……将设计或样板给我们，选择需要的布料和尺码，具体不同布料不同尺码件数不一，只要订购数量在一卷布起即可订做。大工厂要三四百件才能做……"

小型加工厂厂主

"……我们对产品的品质要求比较高，但是一般的批发达不到要求，厂家也不愿意小批量生产。所以我们自己开了小加工厂，有了自己的生产线……"

淘宝店主

"……刚开始来这里是想做淘宝的，但是拿货难，好的服装货源难找。后来转做网批，拿些好货，卖给淘宝电商……"

网批商

——以广州里仁洞村为例的大城市淘宝村形成机制研究

四、乡缘纽带

4.1 淘宝与乡缘交织的生活方式

淘宝的植入使里仁洞村区别于一般的城市、乡村，以及其他没淘宝植入的城边村，形成富有的现代生活图景。

4.1.1 网络依赖

里仁洞村大约 2/3 的居民会选择网络的方式进行交往聊天、娱乐休闲和购物等活动，对网络有较大依赖。他们大部分是从事淘宝相关行业的。而大约 1/3 的居民不使用网络，他们大部分是加工厂工人、快递和餐馆等服务性行业人员。

4.1.2 生活作息

"淘宝节奏"体现在居民作息时间的改变以及村内彻夜营业的食肆、商铺及娱乐场所等：
(1) 早上，里仁洞村很少看到有人工作活动；
(2) 下午，里仁洞村生机勃勃，十分热闹，大街小巷里穿梭着载满货物的快递人员与下楼交接货物的淘宝电商；
(3) 夜间，是人们最主要的自由支配时间，产生较为集中的晚间娱乐高峰（22:00~23:00）。主街上分布着宵夜（有的彻夜营业）、手工制品和影视周边等购物摊位。居民会带着小孩出来逛街散步，甚至出现轮滑、夜跑等现代娱乐方式。

"……生活在里仁洞村一般都是中午起床，晚上3点以后才睡。我认识的电商都差不多。这与网店顾客的高峰期在晚上有关。……"

4.1.3 休闲娱乐

总体上电商的休闲娱乐方式较单一。由于电商直接针对网购买家，工作时间长且分散，无法离开电脑，**电脑娱乐**成为电商首选。在里仁洞村随处可见电商一边开着阿里旺旺，一边开着游戏或视频的景象。闲散的气氛成为淘宝村风貌的独特表现。

4.1.4 饮食方式

不同于工厂的集中式食堂，里仁洞村 51% 的电商**自己做饭**，他们都是携家属到里仁洞创业，并且有一定定居倾向。在里仁洞随处可见一家人围坐吃饭的场景，非常具有生活气息。

4.1.5 人际交往网络

由于对网络的依赖，人际交往也是"淘宝式"的：
(1) 习惯使用**虚拟社交网络**进行交流；
(2) **现实人际交往**则往往附加在其他服务需求之上。比如餐馆（特别是半夜的"宵夜档"）是电商群体最主要的人际交往场所。另外桌球室、篮球场也实现了一部分人际交往功能。

人际网络关系图：

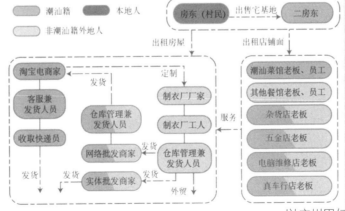

4.1.6 潮汕文化生活场景

里仁洞村的社区融入感和归属感源于潮汕地缘，具体表现在：

(1) **潮汕方言**：原住村民使用粤语，但成为里仁洞村最为常用的地方方言是潮汕话，人际交往大多可以通过潮汕话完成；

(2) **生活服务设施**：以潮汕风味餐馆及 24 小时杂货铺为代表；

(3) **潮汕文化服务行业**：如纸钱店。焚烧纸钱是潮汕重要的祭祀传统之一，祭祀祖先等潮汕旧俗作为不可或缺的文化现象在这一异地乡缘社区得以保持和延续。

Q:您在里仁洞村工作生活多久了？

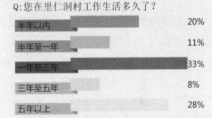

半年以内	20%
半年至一年	11%
一年至三年	33%
三年至五年	8%
五年以上	28%

五年以上的人占了约1/3，多数开加工厂，在里仁洞村新村建设之初来到这里。一年至三年的也占了约1/3，多为淘宝电商。

Q:您在里仁洞村主要和什么人交往？

工作伙伴	49%
老乡	27%
邻居	10%
房东	2%
其他	12%

——以广州里仁洞村为例的大城市淘宝村形成机制研究

4.2 生产网络中的乡缘帮带关系

在里仁洞村中，以地域及亲缘为核心形成的圈子和以职业为核心形成的圈子具有着高度的重合性，即潮汕人是电商服装产业链的主体人群。在这个异地乡缘社区中，存在着基于乡缘的雇工模式与帮带关系。乡缘社会关系网络及其合作方式成为低成本传递信息、经验、技术、资金等多种社会资源的主要渠道。

4.2.1 乡缘帮带关系

"亲带亲，友带友，邻带邻"的乡缘帮带关系是里仁洞村生产网络中重要的互助机制，经营者、创业者、打工者都可以通过同乡关系网络寻求资源的提供与帮助。

潮汕籍淘宝从业者之间的经营存在着紧密的合作，最初的创业者多为夫妻档、兄弟档。在竞争的同时体现出显著的"协同性"，主要体现商品流通及经验分享等方面。如：零售店家从同村的网批处进货，不同商家之间协调服装的产品种类，彼此互补。淘宝电商还自发形成了电子商务协会，建立QQ群及短号群。这种"抱团取暖"的方式实质上是对淘宝村内资源的整合。

4.2.2 同乡雇工模式

同乡（族群）雇工网络为里仁洞村制衣、淘宝及配套行业的运营提供了劳动力的保障与便利。无论是生意初期或是发展阶段，劳动力都基本通过个人社会网络实现了源源不断地输入与补充，形成了基于乡缘的高效、稳固的雇工渠道。早期的制衣厂与后来进驻的淘宝电商行业均采取这一模式。

4.3 乡缘纽带对大城市淘宝村的积极作用

里仁洞村的潮汕移民形成了紧密的社会交往网络。迁居、就业、信息交流、技术传授、生产协作、劳动力雇佣及资金融通基本都在这一网络内进行。同乡关系网络为初抵广州的潮汕新移民立足城市提供了帮助，同时促进了大城市淘宝村的形成与发展。具体体现在：

(1) 文化缓冲：乡缘社区对淘宝村文化氛围的促进作用

里仁洞村的潮汕族群移民的源地具有较强的一致性：大部分为潮汕普宁市人，使用潮汕方言交往并从事协作紧密的行业。这些潮汕移民在流入地里仁洞村营造了一个"异地乡缘社区"。淘宝村中社交内聚性强，再现了传统潮汕的文化习俗、饮食娱乐场景，有利于减轻焦虑感和孤立感，降低生活成本。里仁洞淘宝村成为潮汕新移民在广州文化适应进程的缓冲区。

(2) 生计保障：乡缘社区作为淘宝从业者的就业及创业平台

里仁洞异地乡缘社区的形成基于一定的产业协作基础，充足的就业选择吸收了大量的潮汕中低学历的年轻人。同乡网络提供了技术、收入以及人脉方面的优势，加速了这些年轻人的人力资本积累。这种依托于同乡关系的移民过程与谋生方式为潮汕新移民提供了生计保障和创业机会。

(3) 资本流动：乡缘社区为淘宝村的资本循环提供空间

淘宝店和制衣厂产生的利润，一部分用于扩大再生产，另一部分投入到村内生产和生活配套行业。电商员工也将所获得的工资的一部分积蓄起来，为日后创业做准备。新的淘宝店也大多是选择在里仁洞村中，族群资本因而被锁定和强化。此外，乡缘社区的形成触发潮汕人携带资金来此开店办厂，进一步扩大了投放到里仁洞淘宝村的族群资本。既独立经营又相互分工的生产经营方式只能在聚居下才能运转。

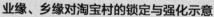

业缘、乡缘对淘宝村的锁定与强化示意

Q：您选择到里仁洞村创业谋生的主要原因？
- 交通方便 12%
- 租金低廉 12%
- 配套完善 25%
- 同乡多 23%
- 其他因素 28%

Q：您在里仁洞村开店雇佣的员工主要方式是？
- 招工启事 38%
- 劳动中介 4%
- 亲友介绍 48%
- 网上招聘 10%

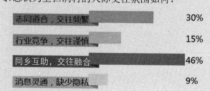
Q：您认为里仁洞村的人际交往氛围如何？
- 志同道合，交往频繁 30%
- 行业竞争，交往谨慎 15%
- 同乡互助，交往融合 46%
- 消息灵通，缺少隐私 9%

——以广州里仁洞村为例的大城市淘宝村形成机制研究

五、空间特性

5.1 低端 CBD——活力四射的淘宝"不夜村"

5.1.1 住宅空间——职住合一、平民 SOHO

建筑特色： 现代化，区别于一般城中村的逼仄与压抑。

出租屋： 4~6层小楼，通风采光良好。

单元房： 规格相似、面积不等，供经营淘宝网店的工作团队或家庭租住。客厅成为电商的主要工作场所，而货物与快递包装则散乱地堆放在楼梯间及单元房内。

里仁洞村建筑形态与居住条件的改变是淘宝电商集聚的直接结果。出租屋成为里仁洞村电商生活与办公的场所，有限的居所由单一的功能发展成为多义空间的综合体，淘宝式的商务环境则是培育这类**平民SOHO**的土壤。

5.1.2 产业空间——福特式生产流程打散与重组

街道风貌： 楼房规整，楼距适中有序。

产业集群层面： 城中村成为里仁洞服装产业链形成、运行、完善的重要载体。

空间聚集规律： 一系列"打散"的服装生产环节对应着不同的需求，匹配不同的空间形式。这些需求不一的功能难以在同一栋楼中完成，因而一个完整的企业往往切分为几个功能模块，和其他企业的不同模块产生混合。例如一间服装公司的办公室、制衣车间、仓库、宿舍，分布于不同出租屋的不同楼层。

城中村+淘宝产业空间： 为对市场十分敏感、设计灵活性较大的城中村出租屋的流动框架提供了满足不同需求的"空间盒子"，淘宝服装产业链上各个环节的空间需求在城中村出租屋的流动框架内得到满足。

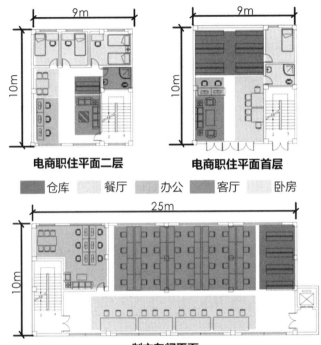

电商职住平面二层　　电商职住平面首层

■ 仓库　■ 餐厅　■ 办公　■ 客厅　■ 卧房

制衣车间平面

<u>作坊工人</u>起床之后，来到<u>制衣车间</u>开始工作，加工完成的衣服送到<u>网批</u>储存，并发货给<u>淘宝电商</u>

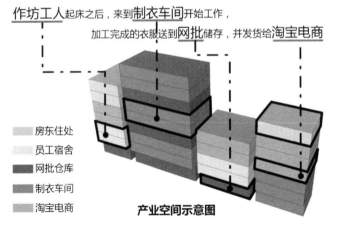

■ 房东住处
■ 员工宿舍
■ 网批仓库
■ 制衣车间
■ 淘宝电商

产业空间示意图

城中又一村

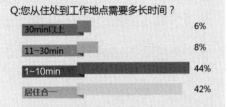

Q:您从住处到工作地点需要多长时间？

30min以上	6%
11~30min	8%
1~10min	44%
居住合一	42%

职住合一和职住交通花费10分钟以内的占86%，受访者基本住于里仁洞内。不同于一般城中村只有居住功能，里仁洞内的职住合一的功能，减少了交通时间。

功能	空间需求	适合
仓库批发	净空高、便于运输	首层
制衣加工	面积大、电梯运货	首层或上层
宿舍	多个隔间、私密性好	上层
办公	采光通风条件好	上层
电商	客厅、便于打包发货	首层或上层
房东	私密性、避免租客干扰	顶层

"……在生意好的时候会在里仁洞多租几间房作为仓库、办公或制衣。而生意差的时候就减少几间出租屋……"

——以广州里仁洞村为例的大城市淘宝村形成机制研究

5.1.3 公共空间——主街上的面对面交流

里仁洞村的主街底层皆是食肆和商铺，为村中住户甚至村外的打工仔提供餐饮、购物、娱乐等服务，成了里仁洞村最重要的公共空间。

每天的凌晨时分，楼上的网店店主们完成了一天的工作，他们三五成群地相聚在主街上的食肆吃夜宵，喝酒聊天，目的不仅为了休息放松，更为了交流最近的行情，及时捕捉淘宝上的潮流动向。他们还会相约第二天上午一起去批发市场拿货。**没有主街提供的交往空间，就没有面对面的交流机会**，被"束之高阁"的电商们将无法有效地交流信息、协同共进。

主街店铺分布：

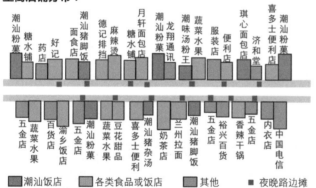

5.2 空间制约发展

5.2.1 体量与容量制约

里仁洞村是淘宝创业的摇篮，但并不适宜长远发展。当店家发展到一定规模后，仓储、经营场地、招商环境等需求发生增加，空间体量与容量无法满足大型电商的需求。发展空间不足与成本空间上升导致一批电商搬离里仁洞村。

5.2.2 消防安全

里仁洞新村规划较为合理，区别于其他城中村密仄的握手楼，但是也存在一定的消防隐患：

(1) 里仁洞村八成的村道皆可容小车开入（村道5m宽，主路9m宽），基本满足消防车的通行。而支路有4m宽且平时停放大量车辆，消防车无法通行；

(2) 大量房屋违章加建至7、8层，甚至11层，1~2m的楼房间距不能满足消防的要求；

(3) 仓库住宅共用一间，中小型电商生产、仓库、销售合为一体，也带来了一定的消防隐患。

5.3 空间特性小结

(1) 城中村相对灵活廉价的房屋流动框架体系，为电商和厂商提供了低成本的创业及产业空间；

(2) 城中村也具有一定体量、容量局限及消防隐患。

"……很多自建房的首层都用作仓储功能，隐患较大，前几年就发生过失火事故……"

"……晚上到十一点、十二点的时候主街上所有店铺还开着，并有大量人流、车流……"

淘宝节奏示意图

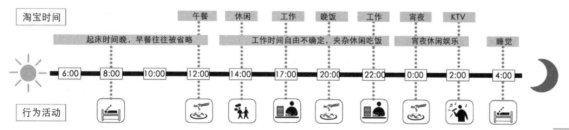

六、淘宝村模式探究

淘宝作为一种高收入、低门槛的致富方式吸引了众多青年的参与，当地政府也希望发展淘宝以促进经济发展。虽然淘宝村更多的是市场需求带动的产物，其聚集形态无法刻意形成，但里仁洞淘宝村的发展历程和运行机制给城中村的发展提供了一种可供借鉴的形成及运行模式。

6.1 里仁洞淘宝村发展特点总结

1. 城中村由单一的出租功能转向引导产业进驻，具备一定的产业基础；
2. 通过淘宝元素的植入逐步完善产业链及相关配套设施；
3. 乡缘/地缘/志缘/业缘的纽带对城中村社区进行锁定与强化；
4. 充分利用城中村灵活的房屋流动框架体系；
5. 容纳活跃的外来移民，打造适合工作与生活的生存型草根创业空间；
6. 潮汕籍电商带头人及其自主搭建的平台（59网）起到了引导与凝聚作用。

6.2 里仁洞淘宝村形成机制

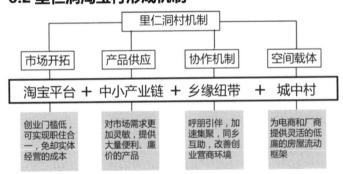

乡缘关系和业缘关系交织的电商群体是淘宝村的内核，叠加在原有的城中村空间之上，其"淘宝平台 + 中小产业链 + 乡缘纽带 + 城中村"的运作机制对城中村的出路提供了借鉴和参考。

七、主要结论

1. 淘宝村形成要素及特征？

里仁洞淘宝村的发展经历了**基于乡缘的"链式迁移"过程**，促成了外来人口的同质化（潮汕移民）和产业生态链的不断完善。产业链的特点体现在定制化、个性化、柔性专精的"**淘宝电商+中小生产链**"的**生产模式**上。而乡缘纽带及城中村的流动房屋体系对淘宝村的构建起到了决定性的作用。

2. 乡缘纽带的影响和作用？

乡缘、业缘等关系网络对里仁洞淘宝村的影响主要体现在富有潮汕文化气息的**生活方式**和生产网络中的**同乡帮带关系和同乡雇工模式**上，形成了完整的服装产业链及具有潮汕地域特色的**亚文化区**。同乡关系网络对新移民立足大城市与淘宝村的构建产生的积极作用主要分为三个方面，即：文化缓冲、生计保障、资本流动。

3. 城中村怎样的空间特质使里仁洞成为淘宝村？成为淘宝村对里仁洞村的空间有何影响？

城中村作为里仁洞淘宝村的**空间载体**，以其灵活的房屋租赁体系为电商微企提供具有伸缩性的生存空间，这一空间特质使其容纳了大量的外来移民，形成职住合一的"**低端CBD**"空间。

4. 里仁洞村内部运作机制对一般城中村的借鉴意义？

里仁洞淘宝村的运作机制可以归结为："**淘宝平台+中小产业链+乡缘纽带+城中村**"。其形成基于嵌入异地乡缘关系的生产网络和雇工模式，并与原有的城中村空间形成了叠加。"淘宝平台+中小产业链+乡缘纽带+城中村"的运作机制对城中村的出路提供了借鉴和参考。

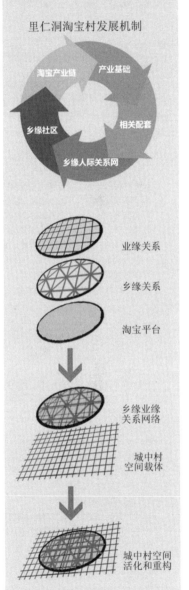

——以广州里仁洞村为例的大城市淘宝村形成机制研究

附录一 调查问卷

广州里仁洞淘宝村模式研究调查问卷

一．基本信息：
性别：A.男 B.女
年龄：A.20岁及以下 B.21~30岁 C.31~40岁 D.41~50岁 E.50岁以上
职业：A.电商 B.快递 C.房东 D.店员 E.店主 F.其他：＿＿
学历：A.小学 B.初中 C.高中 D.大学 E.大学以上
籍贯：＿＿＿
户口：A.城市 B.农村

二．调查部分
1. 您在里仁洞村工作/生活了多久？
A.半年以内 B.半年到一年 C.一年到三年 D.三年到五年 E.五年以上
2. 您居住的地点：A.新村 B.旧村 C.村外
3. 您工作的地点：A.新村 B.旧村 C.村外
4. 您从住处到达工作地点需要的时长是？
A.不需要时间（居住和工作合一）B.1~10分钟 C.11~30分钟 D.31~60分钟 E.60分钟以上
5. 您吃饭时经常选择以下哪种方式？
A.自己做饭 B.外卖 C.餐馆（食堂） D.餐馆打包 E.其他：＿＿

4. 您会通过网络进行以下哪些活动？（可多选）
A.交往聊天 B.娱乐消遣 C.工作 D.购物 E.其他 F.以上均无
5. 您在里仁洞村里主要和什么人交往？
A.工作伙伴 B.老乡 C.邻居 D.房东 E.其他
6. 您一般什么时候和交往对象交流聊天？
A.早上 B.中午 C.下午 D.晚上 E.凌晨
7. 您会以什么形式和交往对象交流聊天？
A.QQ B.微信 C.微博 D.电话 E.面对面交流
8. 您知道邻居的名字吗？ 是 否
   您知道邻居的爱好吗？ 是 否
   您与邻居相互帮助过吗？ 是 否
9. 您认为里仁洞的人际交往氛围如何？（可多选）
A.志同道合，交往频繁 B.行业竞争，交往谨慎
C.同乡互助，交往融洽 D.消息互通，缺少隐私 E.其他
10. 在里仁洞的工作与生活中，您更经常使用哪些功能？（可多选）
（1）工作配套：A.快递物流 B.机械配件 C.设计室 D.原料配料 E.包装 F.广告图文 G.通讯网络 H.金融 I.电脑配件

（2）生活配套：A.餐饮饭店 B.24小时便利店 C.KTV D.夜总会 E.菜场 F.药店 G.美发店 H.五金店 I.旅馆 J.汽车维修店 K.网吧 L.棋牌室 M.按摩店 N.彩票站
11. 您在里仁洞村创业开店的资金来源主要是？（可多选）
A.自己积蓄 B.亲友借贷 C.民间借贷 D.银行贷款
12. 您会在里仁洞村的同行间赊借货物或货款吗？
A.经常 B.偶尔 C.从不
13. 您会介绍您的亲友同乡到里仁洞村谋生吗？
A.经常 B.偶尔 C.从不
14. 您在里仁洞村开店雇佣的员工主要是？（可多选）
A.同乡 B.本地人 C.外地人
15. 您在里仁洞村开店雇佣员工的主要方式是？（可多选）
A.亲友介绍 B.劳动中介 C.招工启事 D.其他
16. 您的员工离开后的去向主要是？（可多选）
A.里仁洞 B.广州其他区域 C.回家乡 D.去其他城市
17. 您的员工离开后从事的职业主要是？（可多选）
A.开淘宝店 B.做淘宝相关的配套行业 C.其他行业
18. 您选择到里仁洞村创业谋生的主要原因是？（可多选）
A.同乡多 B.配套完善 C.租金低廉 D.交通方便 E.其他

附录二 半结构式访谈

一．基本信息：
1.年龄 2.职业 3.家乡籍贯 4.在里仁洞的工作/生活时长

二．访谈内容：
1.针对不同人群的工作生活方式：
（1）工作地点与居住地点分别位于哪里？上班花费的时长？
（2）住处与工作地点合一的利弊？是否带来特殊的需求，如可变性、多元性等？
（3）您的就餐时段及方式？
（4）您一天中的各项活动及其地点与时间？
2.针对经常使用的配套设施：
（1）您经常使用的城中村配套功能/业态（工作/生活）有哪些？
（2）哪些配套设施（业态）缺少或需要改善？
3.针对淘宝对工作生活方式的改变：
（1）您的生活作息如何？一天中的工作时长及休闲时间是多少？
（2）在里仁洞村中的融入感如何？

参考文献

[1] 王汉生,刘世定,孙立平,等."浙江村"：中国农民进入城市的一种独特方式[J].社会学研究,1997(1):58-69.
[2] 张春泥,谢宇.同乡的力量：同乡聚集对农民工工资收入的影响[J].社会,2013,33(1):113-135.
[3] 宋月萍,马腾.同乡会对农民工劳动收入的影响[J].中国人民大学学报,2015,29(2):107-113.
[4] 李志刚,刘晔,陈宏胜.中国城市新移民的"乡缘社区"：特征、机制与空间性——以广州"湖北村"为例[J].地理研究,2011,30(10):1910-1920.
[5] 李志刚,刘晔.中国城市"新移民"社会网络与空间分异[J].地理学报,2011,66(6):785-795.
[6] 李鉴洲,李世文.潮汕地区社会现象探析[J].商场现代化.2009(34):76-78.
[7] 丁未.黑白世界：一个城中村的互联网实践——社会资源分配与草根社会的传播生态[J].开放时代,2009(3):135-151.
[8] 吴昕晖,袁振杰,朱竑.全球信息网络与乡村性的社会文化建构——以广州里仁洞"淘宝村"为例[J].华南师范大学学报(自然科学版),2015,47(2):115-123.
[9] 李子蓉,刘慧玲,黄婉清,等.泉州市区"城中村"邻里关系的地理学分析[J].泉州师范学院学报,2007(2):91-96.
[10] 魏立华,闫小培."城中村"：存续前提下的转型——兼论"城中村"改造的可行性模式[J].城市规划,2005(7):9-13;56.
[11] 崔丽丽,王骊静,王井泉.社会创新因素促进"淘宝村"电子商务发展的实证分析——以浙江丽水为例[J].中国农村经济,2014(12):50-60.
[12] 汪向东.农村经济社会转型的新模式——以沙集电子商务为例[J].工程研究-跨学科视野中的工程,2013,5(2):194-200.
[13] 张作为.淘宝村电子商务产业集群竞争力研究[J].宁波大学学报(人文科学版),2015,28(3):96-101.
[14] 陈纪英.从"淘宝村"到新型城镇化[J].广西城镇建设,2013(10):36-43.

"不务正业"的报刊亭——广州市五山地区报刊亭生存现状调研

作者学生：蔡伊凡、王筱宇、赵稼楠、戎昊
指导老师：陶杰、贺璟寰、李昕

全国高等学校城乡规划学科

2015城乡社会综合实践调研报告评优

三等奖

扫码阅读
彩色版本

"不务正业"的报刊亭 —— 广州市五山地区报刊亭生存现状调研

摘要：

本次调研以广州五山地区报刊亭为对象，通过对市民的552份问卷调查以及对报刊亭公司职员和亭主的访谈，得出报刊亭服务除书报外的服务功能扩展、针对人群、区位选择以及空间利用等方面的结论，并深入分析了报刊亭现行管理制度的弊端和亭主"不务正业"的原因。最终，为报刊亭的未来发展提供政策、功能和空间策略方面的相关建议。

关键词：

五山地区；报刊亭服务；弹性经营；管理政策；空间策略

目录：

第一章 绪论
 1.1 现实背景 1
 1.2 理论背景 1
 1.3 研究目的 1

第二章 研究思路
 2.1 研究问题 1
 2.2 研究对象 1
 2.3 研究框架 2
 2.4 研究方法 3

第三章 调研结果
  ——报刊亭如何"不务正业"？
 3.1 卖什么？ 3
 3.2 怎么卖？ 4
 3.3 卖给谁？ 5
 3.4 在哪卖？ 6

第四章 调研分析
  ——报刊亭为什么"不务正业"？
 4.1 市民对报刊亭的需求仅限于书报吗？ 7
 4.2 只卖书报活得下去吗？ 7

第五章 总结与建议
  ——从"不务正业"到"文化星光"还有多远？
 5.1 "不务正业"的城市意义在哪里？ 8
 5.2 "不务正业"到底动了谁的奶酪？ 9
 5.3 通向"文化星光"之路 10
附录一 相关法规及管理条例 11
附录二 访谈调查信息记录 11
附录三 调查问卷 11
参考文献 12

"不务正业"的报刊亭 —— 广州市五山地区报刊亭生存现状调研

第一章 绪论

1.1 现实背景

2019年两会期间，一份将"报刊亭升级为城市报刊文化亭"的提案，引起社会关注，也使报刊亭这个易被人们忽视的城市一隅进入我们的视野。

随着市民阅读习惯渐趋数字化和纸质媒体的不断衰落，报刊亭经营也深受打击。曾经遍布全城的报刊亭，如今日渐式微，繁荣的都市商圈不乏有人去"亭"空的现象。人们不禁反思它在城市中存在的必要性。

而城市中现存的报刊亭的服务功能也悄然发生变化，做起了书报以外的其他生意。那么，他们都在"不务正业"些什么？他们又为什么"不务正业"呢？在数字时代的今天，报刊亭的出路在何方？报刊亭是否可以成为城市的"文化星光"？

1.2 理论背景

2012年，郑州市实施"退路进店"工程，短短一个月拆除341个报刊亭；2014年7月，北京市朝阳区在两天内拆除70余处报刊亭。此类"一刀切"的处理方式，在很大程度上造成了市民的不便，《新华日报》对此现象发表文章《整齐划一不是真正的城市美》，暨南大学新闻传播学院范似锦、周林桐发表论文《城市之大，可有报刊亭立锥之地》，并呼吁报刊亭结合信息科技的多元化发展。

分析国外相关案例，巴黎市曾为报刊亭良性应对危机推出过一系列改良政策，其中包括扩大报刊亭经营范围，结合信息科技多元发展，美化形象，设置报刊亭特供商品等；里约热内卢报刊亭也随市民需求改造成为"便民亭"，亭主可以根据地段申请扩大经营范围，并将书报升级为针对固定顾客的定制服务。在国内，也有此类报刊亭升级优化的案例。无锡报刊亭在被取缔6年之后重出江湖，变身"百事通"，包含售卖报纸、充值缴费、收发快件等多项便民服务。

广州目前对报刊亭管理还处于比较呆板的状态，政策上基本使用"一刀切"的方式。在未来，报刊亭有可能成为广州的"文化星光"吗？

1.3 研究目的

以广州科研集中地——五山地区的报刊亭为例，研究报刊亭除书报销售外的服务功能扩展、针对人群、区位选择以及空间利用，探寻他们"不务正业"的原因以及现行管理政策的弊端，并为报刊亭的未来发展提供政策、功能和空间策略方面的建议。

第二章 研究思路

2.1 研究问题

1. 报刊亭如何"不务正业"？
- a. 卖什么？
- b. 怎么卖？
- c. 卖给谁？
- d. 在哪儿卖？

2. 报刊亭为什么"不务正业"？
- a. 市民对报刊亭的需求仅限于书报么？
- b. 报刊亭只卖书报活得下去么？

3. 从"不务正业"到"文化星光"还有多远？
- a. 报刊亭"不务正业"之于城市有什么意义？
- b. "不务正业"，到底动了谁的奶酪？
- c. 报刊亭需要怎样的管理、功能及空间策略？

2.2 研究对象

我们对五山地区的报刊亭进行了区位和顾客人群的初步调研，发现每个报刊亭的顾客来源都与区位中的某一功能单元有关。所以我们依据这些功能单元的不同将五山地区的报刊亭归纳为4种类型：交通型报刊亭、学校型报刊亭、商业型报刊亭与居住区型报刊亭，并在每一个类型中选取了一个典型报刊亭进行深入调研，如图2.2-1所示。

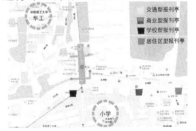

图 2.2-1 五山地区报刊亭区位图

"不务正业"的报刊亭 —— 广州市五山地区报刊亭生存现状调研

我们发现，4个报刊亭中有3个经营者非原亭主，为外地人转租经营，不同经营者经营风格存在差异，其中两姐妹经营的交通型报刊亭最具活力（图2.2-2）。

2.3 研究框架（图2.3-1）

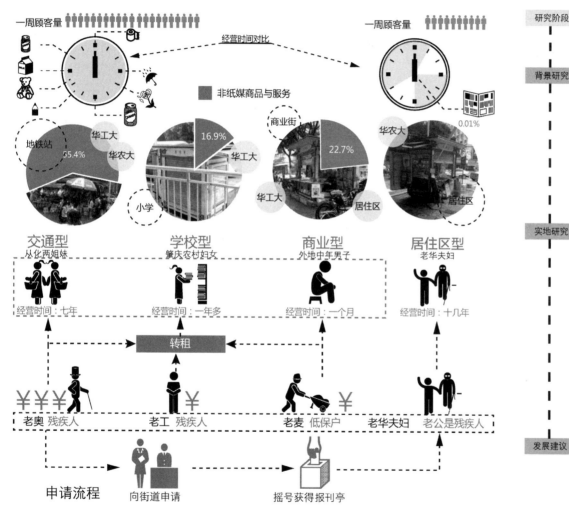

图2.2-2 4个报刊亭的经营现状

图2.3-1 研究框架图

第二章 研究思路

2.4 研究方法

我们对所选 4 个报刊亭在工作日和周末各选取每日 4 个时间段,每段 1 小时来进行调研。调研时间段为 7:30~8:30,11:30~12:30,16:30~17:30,20:30~21:30,在时间段内需记录每一位使用报刊亭服务的顾客年龄、职业、购买的商品、商品价格、购买时间以及顾客来去方向,并在每个时间段内随机选取 3 个 5 分钟统计经过报刊亭的人流量,最后取平均值得到该时段内的人流量,用以计算区位因素中潜在顾客的多少。

在调研过程中,我们主要采用了以下调研方法(图2.4-1):

调研方法

- **问卷调查法**：我们共派发问卷556份,有效问卷552份,有效率为99.28%。通过SPSS软件中交叉表、单因素分析等方法,我们对调查结果进行了系统的检验,并用图表进行可视化分析。

- **访谈法**：我们对所选取的 4 个类型的报刊亭亭主进行了多次访谈,以便对他们的生活和收入状况有深入了解。资料通过录音整理及语义分析作为证据支持。

- **微访谈**：由于报刊亭公司官方不愿接受我们的采访,我们私下与报刊亭公司职员进行了接触并对他们进行了微信访谈,作为报刊亭管理规范中的依据。

- **Mapping**：Mapping是一种以动态与演变的视角重新梳理事物背后逻辑的方法。我们运用 Mapping 的方法观察研究了 4 类报刊亭每天的经营故事,并推演出表象背后的逻辑。

- **空间句法**：在衡量区位对报刊亭的影响中,我们运用空间句法来研究和评价报刊亭的可达性与可视度。

图2.4-1 调研方法

第三章 调研结果 —— 报刊亭如何"不务正业"？

3.1 卖什么？

(1) 传统纸媒不是唯一 (图3.1-1)

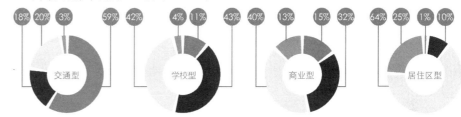

图 3.1-1 不同商品种类占各亭销售商品数量比例 ■ 其他商品 ■ 报纸 ■ 服务 ■ 杂志

4 个报刊亭都在延续传统纸媒的售卖,报纸、杂志种类丰富,覆盖信息内容广,受众年龄层次全面,具有地方特色(图3.1-2)。

(一)纸媒种类

(1) 报纸:部分报纸的销售量较大,很多本地报纸受欢迎度高,如《南方都市报》《羊城晚报》《广州日报》等。

(2) 杂志:杂志销量与报纸旗鼓相当,利润更高。最受欢迎的主要有 3 类:① 面向中小学生的漫画杂志；② 面向大众的经典杂志,如《读者》《故事会》等；③ 时政新闻综合类,如《看天下》。除此之外还有时尚生活、人文地理类等不同类型的期刊杂志,满足不同人群的购买需求。

(3) 书刊:据最近热点新闻人物、影视作品出版的专题特刊,销量少,但可以吸引路人,增加客流量。

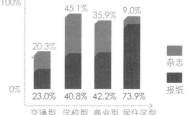

图 3.1-2 不同纸媒种类占各亭销售商品数量比例

(二)各纸媒占各报刊亭的销售比

报纸和杂志作为主要纸媒商品,除在交通型报刊亭的销售比重较小,在学校型、商业型、居住区型 3 个报刊亭中都占到了销售产品总量的 75% 以上(表3.1-1)。

各亭纸媒占销售商品总量比例　表 3.1-1

编号	纸媒销售比例	各亭纸媒售卖特点
交通型	43.3%	杂志种类较多,亭主自己会根据售卖情况调整进货种类数量。
学校型	85.9%	漫画杂志种类较多,面向华工附小的小学生群体,报纸种类丰富,满足临近华工住宅小区居民(主要是老年人)的购买需求。
商业型	78.1%	漫画杂志种类齐全,多数适合中学生、小学生阅读,以售卖杂志为主。
居住区型	82.9%	报纸种类较多,杂志较少,尤其缺乏面向学生人群的杂志,以售卖报纸为主,主要服务于居住区老年人。

"不务正业"的报刊亭 —— 广州市五山地区报刊亭生存现状调研

（2）其他商品丰富多样

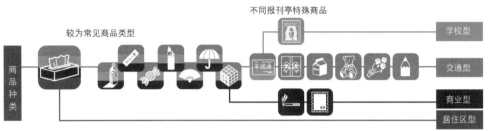

图 3.1-3 各报刊亭售卖其他商品的种类

注*不同颜色表示不同报刊亭，对应有同样颜色的商品表示该报刊亭出售此类商品。纸巾、雨伞、口香糖、打火机等商品几乎都有售卖，而针对于自身区位，各亭有不同的特殊商品出售，例如交通型报刊亭有售毕业季的礼品、公仔、花束、华农酸奶等。

除纸媒外，报刊亭还兼售其他小商品，亭主依各亭特点选择所卖商品种类，如图 3.1-3 所示。

4 个报刊亭中，交通型报刊亭的商品种类最为丰富，亭主会根据季节、节日、考试、毕业季等因素的变化售卖相应的商品，大大增加了收益，并满足了大多数顾客的需求。

学校型和商业型报刊亭则以其他商品作为辅助增收的途径，所占比例较小。

居住区型报刊亭商品种类单一，除纸巾外没有其他商品售卖。

（3）便民服务利己利人

报刊亭同时配备了一些服务功能，满足市民生活、出行等方面的需求，包括广告、问路、缴费、代保存物品、订阅报纸等，如图 3.1-4 所示。

其中，缴费功能主要是老年人使用，亭主通过手机帮顾客缴费。保存物品通常是亭主帮老顾客临时保管物品，或帮收购废旧家电的摊主保管广告牌等物品。广告主要为附近店面或教育机构做宣传，主要方式有立广告牌、广告伞，每月收入 50 元 / 个。

3.2 怎么卖？

（1）空间利用——集约使用面积，合理摆放顺序

报刊亭面积约 2 m²，每个亭主经营报刊亭均奇招频出，想尽办法增大售卖面积，例如增加平台延伸摆放面板；充分利用报刊亭所有边角空间，如将杂志夹在柱子上，摆放面板的下部空间放满小学生的杂志。亭主会一再压缩自己所占面积，只站在亭中，或坐在亭外的板凳上。

经营较好的交通型、学校型、商业型 3 个报刊亭，亭主都会注意商品的摆放位置和顺序，报纸与杂志分区域摆放，报纸集中摆放在一侧，方便顾客翻看找寻。杂志也按类别摆放在不同区域。其他非书报类商品挂放在显眼位置，使顾客一目了然（图3.2-1）。

市民更多在报刊亭借阅休息，而废品回收工会利用报刊亭作为临时储物处，商店职员或外卖员则会在报刊亭换零钱。

图 3.1-4 各报刊亭服务功能及被使用频率

图 3.2-1 报刊亭空间利用分析图

第三章 调研结果 —— 报刊亭如何"不务正业"？

"不务正业"的报刊亭 —— 广州市五山地区报刊亭生存现状调研

（2）时间安排——结合时宜，灵活经营

亭主会据自身报刊亭特点选择经营时间，或根据不同时间选择增加新的商品类型，抓住商机，结合时宜，吸引更多的顾客，增加营业额，如图 3.2-2 所示。

3.3 卖给谁？

报刊亭主要消费者来自过往人流和周边居民，其中包括固定性和随机性客流。我们按照职业将该片区的固定性客流主要划分为大学生、中小学生、上班族、退休老人等使用群体。

（1）主要购买人群各异

从图 3.3-1 中可以看出交通型主要使用人群为地铁过往人群，包括大学生和上班族，可见其根本性质是包括交通导向与学校导向的混合型报刊亭。商业型人群分布较均匀，学校型主要使用人群为中小学生和退休老人，居住区型主要使用群体为上班族和退休老人。

（2）购买人群时间分布集中

不同群体会根据其职业特征有不同作息，并影响其使用报刊亭的时间。在一天时间内，各群体会在不同时间达到使用峰值。从图 3.3-2 中我们可以看出交通型报刊亭周末峰值与大学生周末出行有关，商业型报刊亭早晚峰值与通勤交通有关，学校型报刊亭工作日峰值与学校放学有关，居住区型报刊亭早晚峰值与周边居民日常作息出入住区有关。

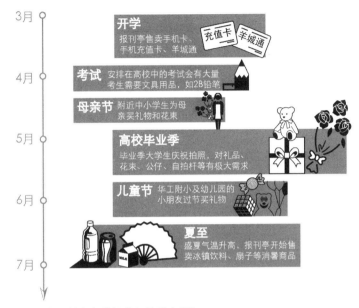

图 3.2-2 交通型书报亭弹性经营之时间策略分析

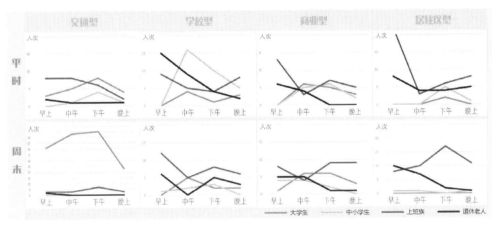

不同报刊亭在工作日和周末的一天时间内使用频次会随时间变化，不同地点的目的性人流同样是随时间变化的。

图 3.3-1 4 个报刊亭中各类人群使用时间统计

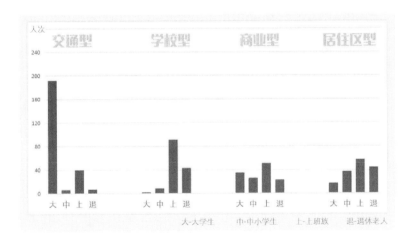

图 3.3-2 4 个报刊亭中各类人群使用频次统计

3.4 在哪卖？

五山地区的方位环境特点对处于不同位置的4个报刊亭产生不同的影响。

(1) 区位决定目的性人流

由于报刊亭定点长久经营，固定性客流构成了报刊亭的主体部分。而目的性人流（OD导向人流）如通勤人流、购物人流是固定性人流的主体。

由于目的性人流的组成和数量各不相同，各个位置报刊亭的经营策略也随之不同，在商品组成和摆放顺序上迎合该片区消费潜能最大的使用人群，如学校型报刊亭主要迎合中小学生需求（图3.4-1）。

(2) 街道尺度影响购买行为

由图3.4-2、图3.4-3的空间句法分析可以看出，各个报刊亭通达性、可视性的不同会影响人们消费的可能性。

此外，人们购买行为受到各种街道尺度的影响，例如：有效的铺前路面宽度会影响人流经过报刊亭时的步速，从而影响商业观望、商业驻留行为的发生；天气炎热时铺前是否有遮阴空间会影响人的停留时间（图3.4-4）。

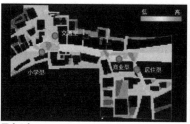
图 3.4-2
空间句法 DEPTH MAP 街道轴线整合度分析图

由轴线整合度可看出，整合度为 I(商业) > I(学校) > I(交通) > I(居住)，可以解读为：从街道对人流的引导上看，商业型报刊亭通达性更高，而居住型报刊亭通达性最低。

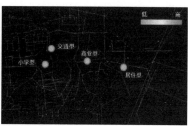
图 3.4-3
空间句法 DEPTH MAP 视线整合度分析图

从视线整合分析来看，I(商业) > I(学校) > I(交通) > I(居住)，则交通型与商业型报刊亭所处的位置更显眼，更容易引起人们购物的欲望。而居住型报刊亭位于较为隐蔽的街道，不易被人发现，交通通达性也不足，其实际中的人流统计数据也反映了其地理位置的先天不足。

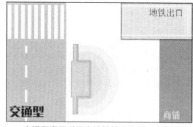
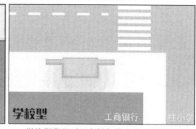

交通型亭正对五山地铁站A出口，人流量大，并且位于华农西门与华工东门50米以内，是大学生出门的必行之路。旁侧为道路斑马线；铺面面向五山广场商铺，视野开阔，商业人流密集。

学校型亭正对工商银行营业厅，毗邻通往华工附小的支路。旁侧为城市次干路斑马线，对面为地铁站C出口；铺面面向工商银行，但距离很近并且存在垂直高差，难以形成停驻人流。

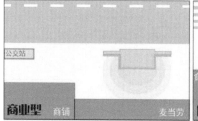

商业型报刊亭正对麦当劳，周边为商业街区；10米内有公交站点；位于道路中段，旁侧为商业区入口但多为人行交通；铺面与周边建筑夹道过窄，较难形成人流停驻。

居住区型报刊亭正对居住区商业街；地处通往五山花园住区的主要道路上，旁侧为城市次干道，距离道路立交下穿处较近，旁侧为道路交叉口，西侧对面人流较多。

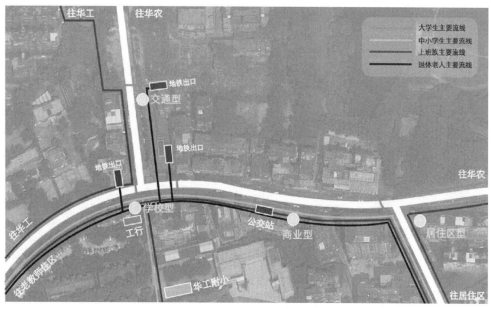
图 3.4-1 报刊亭街道区位分析

图 3.4-4 报刊亭街道尺度区位分析

"不务正业"的报刊亭 —— 广州市五山地区报刊亭生存现状调研

第四章 调研分析 —— 报刊亭为什么"不务正业"？

4.1 市民对报刊亭的需求仅限于书报吗？

（1）纸媒衰落，报刊亭面临转型

互联网时代，电子书、电子阅读器等网络媒体正迅速垄断我们获取信息的渠道。相较于互联网信息的便捷和高效，书报杂志的销量却大幅下滑。对报刊亭来说，如果不及时转型拓展服务种类和功能，而仍然依靠书报杂志为主要收入来源的话，将必然走向衰亡而被时代淘汰。

根据对人们使用报刊亭频率的问卷调查：39.93%的市民几乎不去报刊亭，而很少去（一年低于10次）的市民占到42.26%，会定期去的市民仅占总人数的17.81%。几乎不去和很少去的受访者较少使用报刊亭的原因调查中，49.56%的受访者认为纸质书报已经被电子书报取代，使报刊亭的使用率大大降低；35.09%的受访者表示报刊亭功能单一无法满足市民的服务需求；30.48%的受访者认为报刊亭的功能已被便利店等其他设施取代（图4.1-1、图4.1-2）。由此我们同样可以很直观地看出，若报刊亭服务仍然限于报刊杂志等单一功能，那么使用人群只会越来越少，经营状况会越来越差。

（2）市民需要报刊亭"不务正业"

我们对市民使用过的报刊亭服务进行了统计，结果如图4.1-3所示。可以看出市民对除了书报以外的报刊亭服务仍然存在着很大需求。而在市民使用最多的报刊亭服务中，如图4.1-4所示，有39.77%的市民主要使用的是非书报类的服务，其中饮料、零食、日用品、缴水电费和了解城市信息都占了不少比重。由此可见，报刊亭已经超越了仅销售报刊的单一功能，越来越向多元化发展。

此外，在不同年龄段顾客群体中，随着年龄递减购买书报占报刊亭服务的比例越来越少。换言之，在未来，贩卖书报的单一功能将被进一步削弱，报刊亭服务种类的增加已是时代所趋。

4.2 只卖书报活得下去吗？

（1）售卖报刊杂志经济利润较小

我们对4个报刊亭在调研的8个时间段内的销售情况进行统计。

统计结果如图4.2-1所示，在交通型报刊亭销售中，调研时间段内报刊亭总利润590.2元，报刊杂志的销售数量仅占总购买数量的25.96%，而其销售利润只占总利润的7.69%。

商业型报刊亭销售总利润116.25元，报刊杂志的销售数量占总购买量的71.53%，但其利润只占总利润的66.28%。

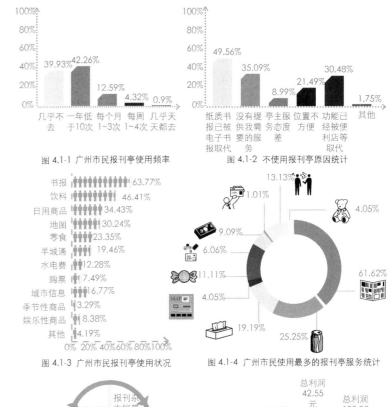

图4.1-1 广州市民报刊亭使用频率

图4.1-2 不使用报刊亭原因统计

图4.1-3 广州市民报刊亭使用状况

图4.1-4 广州市民使用最多的报刊亭服务统计

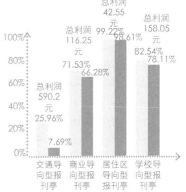

商品种类	报纸	杂志	酸奶	怡宝	纸巾	公仔
利润（元）	0.15	1.60	0.50	0.60	0.30	18.00

商品种类	雨伞	打火机	笔	毕业季花朵
利润（元）	10.00	0.15	0.5	18.00

图4.2-1 报刊亭经营利润分析

"不务正业"的报刊亭 —— 广州市五山地区报刊亭生存现状调研

居住区型报刊亭总利润 42.55 元，报刊杂志销售数量占总销售数量的 99.22%，其利润占总利润的 98.61%。

学校型报刊亭总利润 158.05 元，报刊杂志销售数量占总销售数量的 82.54%，而其利润占总利润的 78.11%。

由以上数据可看出，商品种类以报刊杂志为主，功能单一的报刊亭收入普遍偏低。此外，在报刊亭的收入利润中，报刊杂志在总利润中占的比例低于销售数量的比例，说明报刊杂志的经济利润较低，报刊亭亭主依靠报刊杂志获利较小。

因此，只卖书报对于报刊亭经营来说并不经济。

（2）转租负担使传统报刊亭难以为继

通过对报刊亭公司的访谈我们了解到广州市报刊亭亭主多是具备广州户口的低保或者残障人士，报刊亭公司并不收取租金，无偿提供报刊亭经营点。而在我们对四类报刊亭如今的亭主进行访谈之后发现，他们大多由于没有广州户口等原因不具备申请经营报刊亭的条件而转租了原亭主的报刊亭来经营。因此，在每月收入中还要除掉 2500~4000 元不等的租赁报刊亭的费用，如图 4.2-2 所示。报刊亭的租金无疑让这些经营者们雪上加霜。

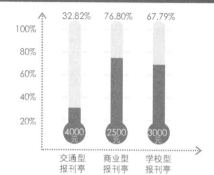

图 4.2-2 报刊亭租金占月利润比例

第五章 总结与建议 —— 从"不务正业"到"文化星光"还有多远？

5.1 "不务正业"的城市意义在哪里？

（1）提供城市公共阅读、交往空间

在居住区导向的报刊亭前，我们发现茶余饭后，总有一些老人会聚集到报刊亭旁，拿起一张报纸，在报刊亭旁摆放的凳子上坐下，或读报，或聊天，在无形中形成了一种社区阅读和交往的小空间。

在快节奏的城市生活中，阅读和社区交往已经成为一种奢侈，如果报刊亭能在繁忙的城市生活中，给人们提供一个社区阅读的空间，将大大丰富市民生活，增加城市魅力。

（2）作为城市形象、文化标志

许多广州市民认为，报刊亭是体现城市形象的窗口。城市文化不断发展，人们对于城市整体形象和归属感的需求也越来越强。而报刊亭作为散落于城市各个角落的城市文化传播载体，作为缤纷城市中的文化一隅，作为城市形象的缩影，有义务承载城市文化和精神，成为城市的"文化星光"（图5.1-1）。

"不务正业"你怎么看？—— 广州市民对报刊亭"不务正业"的态度

教师 男 50 岁左右 "不务正业"没有消极影响
> 书报亭如果在晚间深夜也能营业并且提供路人休息的设施就更好了。

学生 男 20~25 岁 报刊亭外形不美观
> 我觉得服务应该更加具有便民性，分布的密度应该要提高。

学生 男 20~25 岁 "不务正业"没有消极影响
> 没意见，从来都很满意。是体现广州市井生活的重要场所！

学生 男 25~30 岁 "不务正业"没有消极影响
> 电子书的出现肯定会对纸质书销量造成很大的冲击。例如本人只会在需要技术分析类的书籍的情况下才会购买纸质书。城市报书亭的未来堪忧，转型势在必行。估计书报只能成为附属职能了。

居民 男 60 岁 "不务正业"没有消极影响
> 报刊亭是城市文化标志之一，不可少。

学生 男 20~25 岁 "不务正业"没有消极影响
> 报刊亭设计能不能与设计师或者创意园合作，可以划分出区域特色。现在就是个铁盒子。

图 5.1-1 广州市民对报刊亭"不务正业"的态度

"不务正业"的报刊亭——广州市五山地区报刊亭生存现状调研

5.2 "不务正业"到底动了谁的奶酪？

5.2.1 政策"一刀切"，四报刊亭竟无一合规

根据对报刊亭公司员工的采访以及报刊亭公司的相关规定，报刊亭除书报，只能销售少量饮料，但不能超过营业额的40%。因此，可以认为，我们调研的所有书报亭都存在或轻或重的违规现象。

5.2.2 "不务正业"反映了怎样的问题？

（1）"不务正业"打破垄断，报刊亭公司无利可图

报刊亭公司的存在本属于帮助低保户与残疾人的爱心就业平台，公司不向报刊亭亭主收取租金，书报销售的利润也主要归亭主所有。但是报刊亭公司所推出的种种限制，却使爱心就业平台在一定程度上，成为垄断机构。

在允许销售的少量饮料中，大部分是报刊亭公司与指定品牌饮料销售商合作供应（怡宝、东鹏特饮），报刊亭公司在这一部分饮料销售中赚取部分利益，但是如此单一的饮料种类是无法满足市民需求的。大部分亭主表示：自己书报亭销售的饮料是自己与饮料经销商联系，不由报刊亭公司统一配送，公司无法从中获利。

可以看出"不务正业"在无形之中打破了报刊亭公司的垄断，使报刊亭经营回归了市场。

（2）"双超"与"转租"，爱心助残已变质

据规定，报刊亭"双超"行为（超经营范围、超面积）的管理与"转租"这一严重违约行为的治理都属于街道负责。

根据采访，五山地区城管表示由于没有具体相关规定，对报刊亭违规销售以及占道的经营行为，他们只能予以适当的批评。

同时报刊亭作为爱心扶贫助残项目，原亭主是由街道选出，几乎不用负担任何创业起步费用。而在报刊亭几经转手之后，原亭主不但能够收取租金，还能同时从事其他工作，许多原亭主早已脱离低保身份，所谓爱心助残早已变质。

综上所述，"不务正业"是在纸媒衰落和市民需求的双重作用下，报刊亭自下而上谋求生存的不得已手段，也使它成为功能多元复合的有效单元，增添了街道的活力。但这样也有弊端，包括管理困难和一定程度的城市公共空间占用，在问卷中，29.1%的受访者认为报刊亭占用城市空间，25.8%的受访者认为其销售的商品没有保障。更严重的是，在这样不合理规定下所助长的市场上的垄断现象与管理上的灰色空间，更不利于报刊亭的健康良好发展（图5.2-1）。

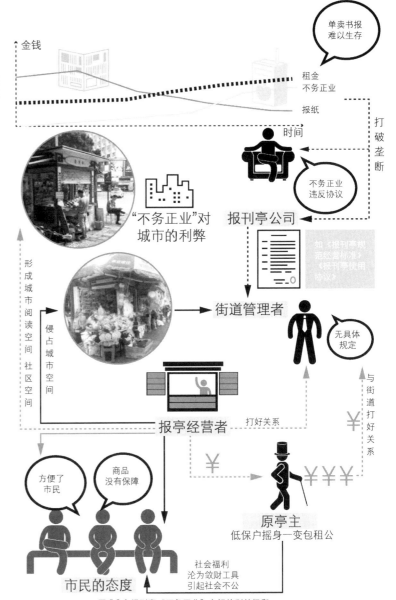

图 5.2-1 报刊亭"不务正业"之间的利益权衡

第五章 总结与建议——从"不务正业"到"文化星光"还有多远？

"不务正业"的报刊亭 —— 广州市五山地区报刊亭生存现状调研

5.3 通向"文化星光"之路

5.3.1 管理政策方面的建议

a. 管理部门应在一定范围内扩大经营许可。如纽约报刊亭允许销售10美元以下商品。里约报刊亭允许销售不超过报刊亭商品品种40%的其他商品。

b. 与其他城市公服设施单位合作。如：快递公司、水电公司等，实现公服外包，功能复合。

c. 市场化试点经营。将一部分报刊亭进行市场化试点经营，形成示范作用，带动低保户、残疾人逐步革新报刊亭经营模式，并将报刊亭公司纳入报刊亭经营的利益链条中，用市场化所得利益更好地将报刊亭公司建设成爱心创业就业平台。

d. 允许试点自由出租。市场化试点允许自由出租，同时加大对爱心就业报刊亭转租现象的监管，防止爱心就业变质为敛财工具（图5.3-1）。

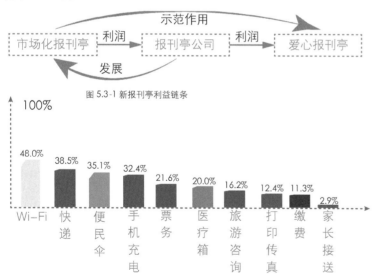

图 5.3-1 新报刊亭利益链条

图 5.3-4 广州市民对未来报刊亭功能的需求

5.3.2 "文化星光"报刊亭所具有的特征（图5.3-2）

- 因时制宜 根据不同节气节日销售不同商品
- 因地制宜 根据区域周边顾客销售不同商品
- 便民 提供便民服务扩大服务人群提高服务力
- 城市文化空间 提供社区交往空间阅读空间
- 灵活高效的空间 在尽量小的占地中实现高效的空间利用

图 5.3-2 未来报刊亭意向图

5.3.3 "文化星光"报刊亭所具有的功能

- 结合电子媒体与信息科技

  Wi-Fi　电子书下载　电子地图　太阳能　手机充电

- 便民服务

  便民伞　快递收发　医疗箱　票务　旧书回收

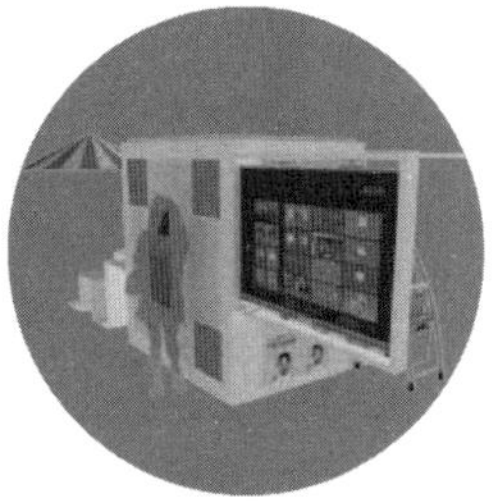

  与快递取件柜结合

图 5.3-3 "文化星光"报刊亭功能示意图

今日的报刊亭，不应随着时代的发展而没落，或许可以随着时代的进步焕发新的光彩。希望有一天，报刊亭能够成为城市的"文化星光"，成为我们的城市中悠远而美丽的点缀（图5.3-3、图5.3-4）。

第五章 总结与建议——从"不务正业"到"文化星光"还有多远？

"不务正业"的报刊亭——广州市五山地区报刊亭生存现状调研

附录一 相关法规及管理条例

广州报刊亭经营管理条例（2015年4月发布）

一、亭容亭貌整洁
没有"乱摆卖、乱搭建、乱拉挂、乱开挖、乱张贴、乱堆放""六乱现象"；没有乱贴乱挂，悬挂违规小广告；没有遮挡报刊亭的"十六字公约"；如若发现有"报刊亭"字样掉落或三面灯箱玻璃破碎等亭体损坏情况，可及时拨打公司客服热线020-83793000进行报修。

二、没有超面积经营
没有骑压盲道、乱摆乱卖及超面积占用道路等违规经营现象。

三、没有超范围经营
按合法经营范围做好经营，没有在亭外、亭内摆放冰箱或冰筒，擅自销售饮料、香烟、火机、袋装食品等工商营业执照未允许经营项目等的违规经营现象。

四、销售合法出版物
自觉抵制售卖各类违规刊物或物品，如政治类非法刊物、淫秽色情刊物、封建迷信刊物及境外刊物、盗版书刊、码报、六合彩等非法出版物。

五、环境卫生清洁
做好报刊亭内外的保洁工作，报刊亭表面无"牛皮癣"和张贴广告，亭内无垃圾杂物，坚持一周进行一次卫生清洁，把报亭卫生工作落到实处。

六、查亭内是否亮证经营
证照是报刊亭合法存在的依据，已派发的报刊亭的各种相关证件一定要悬挂在亭内。

七、查精神面貌是否良好
报刊亭经营者在日常经营中要自觉守法、诚信经营、热情服务、文明待人，以良好的精神风貌营造文明氛围。

附录二 访谈调查信息记录

报刊亭 A- 交通型 亭主：王某姐妹（转租）性别：女 年龄：30~35岁
地址：广州市天河区五山粤汉路××地铁A出口前
经营时间：8:00~20:00（工作日）7:00~21:00（周末）

两姐妹来自从化，转租自一个生活富裕的残疾人亭主，转租费用4000元左右，已经经营了七年。姐妹两人轮流看管报刊亭，周末或特定节日繁忙的时候丈夫会来帮忙。经营利润较好，姐妹两人都没有全职工作。由于地铁口前有监控摄像头，并不担心店内商品被偷，收摊时并不将亭完全收起，会将部分商品堆叠在亭旁用防水布盖起。与城管的关系较好，查处占道经营时管理较松。报刊亭扩展经营面积很大，最大时可达原亭面积的3倍。扩展商品品种丰富，并且会随着季节节日而变化（附图1）。

附图1

报刊亭 B- 学校型 亭主：李某 性别：女 年龄：30~35岁
地址：广州市天河区五山路××××营业厅前
经营时间：8:00~20:00（工作日）8:00~20:30（周末）

亭主来自肇庆，转租的报刊亭。此亭原先由街道处筛选获得经营报刊亭的资格，并通过抽签的方式决定报刊亭的位置分配。经营报刊亭才几年，老顾客已经很多并且来往较密切。和周边清洁工的关系很好，会帮助清洁工看管个人物品。清洁工也会在亭主离开时帮忙照看报刊亭。小学生顾客非常多，带来收入比重很大（附图2）。

附图2

报刊亭 C- 商业型 亭主：张某（转租）性别：男 年龄：35~40岁
地址：广州市天河区五山岳洲路某店铺前
经营时间：8:00~20:00（工作日）8:00~21:00（周末）

亭主来自外省，转租自一个低保家庭亭主，刚经营一个多月，转租费用2000元左右。原亭主曾经在调研期间被采访过，但提及转租时较为警惕，表示只是让亲戚朋友经营。有代办手机充值、车票订购的业务，由亭主本人通过手机应用客户端提供服务。希望与较大规模的代理商合作售卖扩展商品。表示报纸获利很少，目前杂志为营利主体（附图3）。

附图3

报刊亭 D- 居住区型 亭主：华某 性别：女 年龄：50~55岁
地址：广州市天河区五山××北路与××路交叉口处
经营时间：8:30~12:30；15:30~20:00（工作日）
8:00~12:30；15:30~20:00（周末）

华某是我们调研中最可信的合乎帮助五类人群条例的亭主，客家人，不能熟练使用普通话和粤语。身体有残障不灵便之处，中午需要固定时间回家午休，和丈夫子女一起居住在附近的住区。表示经营情况很差，但个人没有掌握其他技能，只能看管报刊亭。亭旁还代摆放了很多广告牌，可以从中获益。报刊亭旁边有很多在街边摆牌找工作的民工。民工们会在亭旁休息，也会与亭主闲聊，并在报刊亭中翻看报纸，寻找招聘信息（附图4）。

附图4

附录三 调查问卷（问卷发放为网络问卷，由问卷星提供）

关于广州居民对于报刊亭使用与评价情况的问卷

您好！我们是××大学建筑学院的学生，我们正在进行一个关于城市报刊亭的使用现状与改善方法的社会调研。十分感谢您能抽空为我们填写这份问卷，您所填写的所有信息都将匿名处理，并不用作任何商业用途，谢谢！

基本信息
年龄：A.18岁以下　B.18~25岁　C.26~30岁　D.31~40岁
　　　E.41~50岁　F.51~60岁　G.60岁以上

"不务正业"的报刊亭 —— 广州市五山地区报刊亭生存现状调研

性别：A. 男 B. 女
职业：A. 全日制学生 B. 生产人员 C. 销售人员 D. 市场 / 公关人员 E. 客服人员
F. 行政 / 后勤人员 G. 人力资源 H. 财务 / 审计人员 I. 文职 / 办事人员
J. 专业人士（如会计师、律师、建筑师、医护人员、记者等）
K. 技术 / 研发人员 L. 管理人员 M. 教师 N. 顾问 / 咨询 O. 其他：_____

1. 请问您平常使用报刊亭的频率是？（包括除了买书报之外的其他活动，如：饮料、羊城通等）
A. 几乎不去 B. 很少去（一年低于10次） C. 每个月1~3次
D. 每周1~4次 E. 几乎天天都去

2. 请问您不使用或较少使用报刊亭最主要的原因是什么？
[如第1题回答C-E项则跳过该题]
A. 纸质书报已经被电子书报取代 B. 报刊亭没有提供我需要的服务
C. 报刊亭亭主服务态度较差 D. 报刊亭位置不方便
E. 报刊亭的功能已经被便利店或其他城市设施取代 F. 其他：_____

3. 请问您使用过的报刊亭的服务包括？
A. 书报 B. 饮料 C. 日用商品（打火机、纸巾等） D. 地图、旅游指南
E. 零食 F. 购买羊城通 G. 缴水电费 H. 购买火车票、飞机票等
I. 了解城市信息（表演信息、出租广告）
J. 购买季节性商品（情人节花束、毕业季商品等）
K. 玩具和娱乐性商品（桌游、游戏卡） L. 其他：_____

4. 如上题的选项中，您使用最多的报刊亭服务是？
A. 书报 B. 饮料 C. 日用商品（纸巾和打火机等） D. 地图、旅游指南
E. 零食 F. 购买羊城通 G. 缴水电费 H. 购买火车票、飞机票等
I. 了解城市信息 J. 购买玩具和娱乐性商品
K. 购买季节性商品（情人节、毕业季商品等） L. 其他：_____

5. 如果可能的话，您认为或希望未来的报刊亭可以增加哪些功能？
A. Wi-Fi B. 便民伞 C. 医疗箱 D. 缴费（水电） E. 票务服务（火车、飞机）
F. 手机充电 G. 快递收发 H. 打印传真 I. 旅游咨询服务 J. 家长接送点
K. 其他：_____

6. 您认为现有报刊亭的位置是否便利？
[如第1题回答A-B项则跳过该题]
A. 很便利 B. 一般 C. 不便利

7. 您通常使用的报刊亭的位置在？
[如第1题回答A-B项则跳过该题]
A. 家附近 B. 工作地点或学校附近 C. 交通站点附近 D. 其他：_____

8. 您认为报刊亭对于城市存在哪些消极影响？
A. 没有消极影响 B. 外形不美观，影响市容 C. 乱摆乱放，占用城市空间
D. 销售商品质量安全没有保障 E. 其他：_____

9. 您对城市报刊亭现状或未来的发展有何意见或感想？（非必答题）
_____

十分感谢您的填写！

参考文献

[1] 张红英. 百姓家门口的便民亭 [N]. 中国邮政报, 2011-07-14 (001).
[2] 车辉. 报刊亭绝不能简单地"一拆了之"[N]. 工人日报, 2012-05-14 (001).
[3] 贾淼. 城市"家具"一报刊亭的人性化设计探析 [D]. 成都: 西南交通大学, 2010.
[4] 赵浩. 亭亭玉立 负重前行 [N]. 中国邮政报, 2012-06-02 (005).
[5] 陆丽云. 邮政报刊亭, 路在何方？[N]. 中国邮政报, 2010-11-16 (007).
[6] 左娅. 报刊亭变身智能终端 [N]. 人民日报. 2014-03-20 (010).
[7] 朱烨洋. 消失的报刊亭：何日君再来 [N]. 中国新闻出版报, 2013-05-17 (001).
[8] 王汉友. 报刊亭设计语言及其应用研究 [D]. 昆明: 昆明理工大学, 2008.
[9] 雒志河. 浅谈城市邮政报刊亭规划设计 [J]. 门窗, 2012(12): 174;180.
[10] 王汉超. 大城市为何容不下小报亭 [N]. 人民日报, 2012-06-05 (001).
[11] 宋金萍. 整齐划一不是真正的城市美 [N]. 新华日报, 2010-10-28(A01).
[12] 段兵, 刘志. 运用现代营销 传播先进文化——上海东方书报亭成功运作的经验和启示[J]. 新闻知识, 2008(10): 58-60.
[13] 史金虎. 东方书报亭实施个性化发行 [N]. 中国新闻出版报, 2003-10-23 (003).
[14] 戴寅. 从书报亭看上海报业竞争态势——文新集团系列报刊对东方书报亭的调研报告[J]. 新闻记者, 2005(9): 20-21.
[15] 金羊, 李青, 万华, 等. 书报亭生存艰难 说再见情何以堪 [N]. 文汇报, 2013-12-5 (007).
[16] 张志亮, 詹兆强."小报亭"卖出"大名堂"[N]. 中国联合商报, 2009-6-01 (B04).
[17] 胡线勤, 张晓燕, 邓应华, 等. 报刊亭出路: 构建新的智能化生态 [J]. 中国报业, 2015(5): 18-19.
[18] 刘卓. 巴黎报刊亭: 城市一道亮丽风景[J]. 中国报业, 2015(5): 32-33.
[19] 赵焱. 里约报刊亭: 居民生活的"好邻居"[J]. 中国报业, 2015(5): 33-34.
[20] 和风."互联网+"时代, 报刊亭再就业有了新出路 [N]. 工人日报, 2015-5-4(003).
[21] 袁雪莲, 伍晓阳. 明天, 城市里还会有报刊亭吗 [N]. 新华每日电讯, 2013-8-18(003).
[22] 周林桐, 范以锦. 城市之大, 可有报刊亭立锥之地 [J]. 中国报业, 2015(5): 20-22.

无7个线的篮球场
——篮球场空间对东莞社会融合的促进机制研究

作者学生：赖惠杰、段阳、刘海涛、姜楠
指导老师：李昕、陶金、罗圆

全国高等学校城乡规划学科

2016城乡社会综合实践调研报告评优

佳作奖

扫码阅读
彩色版本

摘要&目录

摘要：改革开放以来,我国不同地区间的人口流动日趋频繁，不同人群间的社会融合成为影响社会经济发展的重要因素。本调查以东莞常平镇和大朗镇为例，通过问卷及访谈的方式，选择对篮球场这个特殊空间对东莞城市社会融合的促进作用进行调研。结果发现，东莞篮球场这个具有主题且功能复合的活跃空间，通过拓展外来人口的次级社会资本，促进了不同人群间的社会融合。与社会学中"社会资本理论"相一致，其作用途径主要为文化接纳、行为适应和身份认同三个方面。同时，社区级篮球场空间对社会融合的促进作用最为明显，体育设施的功能复合、设施管理的公平开放等原则都可增进体育设施对于社会融合的促进效果。基于以上结论，本研究对公共体育设施管理提出改善建议，并对社区级篮球场的布局和设置提出设计方案。

关键词：社会融合；篮球场；流动人口；空间布局；东莞

Abstract：Since the reform and opening up, the migration of population among different regions of China becomes more and more frequent. The integration of diverse group has become the problem which has a profound influence on local social and economic development. This thesis mainly researches the promoting effect of the basketball court and basketball culture on the social integration by taking Changping town and Dalang town as examples. By means of questionnaire and interview, we choose to investigate Dongguan basketball court which is the special place that can promote social integration in Dongguan. It turns out that Dongguan basketball court , the active space with theme and composite function, can promote social integration among diverse groups by broadening secondary social capital of floating population. In accordance with the theory of "social capital" in Sociology, it mainly embodies in three dimensions: cultural acceptance, behavioral adaptation and self-identity. Meanwhile, we find out that community level basketball courts exert the best effect on promoting the social integration. What's more, such principles like multiple functions of sports infrastructures as well as managements of facilities based on equality and opening-up, can also make spectacular contributions to the social integration. On the basis of above, the thesis proposes the strategy to improve public sports facilities management and puts forward the design scheme of the layout and arrangement of the community level basketball court.

Keywords：Social integration , Basketball court , Floating population , Spatial distribution, Dongguan

目 录

1 绪论 1
　1.1 现实背景 1
　1.2 理论背景 1
2 研究设计 1
　2.1 研究目标 1
　2.2 研究内容 1
　2.3 研究实施 2
　2.4 技术路线 3
3 调查结果与分析 3
　3.1 篮球场对东莞社会融合促进作用明显 3
　3.2 篮球场空间对社会融合的促进机制分析 4
　3.3 社会融合作用显著的篮球场空间特征研究 7
4 结论与讨论 9
　4.1 主要结论 9
　4.2 讨论与反思 9
　4.3 体育设施发展布局管理建议 9
参考文献 10
附录 11

0 篮球场空间对东莞社会融合的促进机制研究

◆研究背景◆

1 绪论

1.1 现实背景

东莞是一个外来人口比例高达77.28%的城市，是珠三角地区城市中外来人口比例最高的城市。工厂密集、外来务工人口多成为它外来人口比重高的主要原因，同时也为研究社会融合问题提供了很好的平台。

东莞是我国著名的篮球城市，这里遍布2.6万个篮球场，密度之大冠居全国。东莞市有**三级民间篮球联赛**，此外很多镇也有一至三级民间联赛，全年东莞全市民间篮球赛共有**数百万场**，民间联赛观众众多，仅大朗镇全年观看民间篮球比赛的人数就**超过十万人**。在全民发展体育健身的大背景下，**篮球场作为一种公共空间能不能产生更多的社会价值是我们关注的重点。**

图1-1 篮球场数量对比

小学生三人篮球赛

"红牛杯"
东莞市篮球联赛

松湖·造梦空间
街头篮球未来联赛

东莞家庭三人篮球赛

图1-2 东莞篮球比赛图例

1.2 理论背景

过往研究普遍认为，以篮球为代表的大众体育可以促进社会融合。解光云（2005）认为早在古典时期，文体性公共空间就在促进民主和平和集体认同方面起到了重要作用。同时，以城邦公共空间为中心的竞技比赛等文体活动，使人们逐渐获得一种集体的认同感和对城邦的归属感。仇军、钟建伟（2007）等认为大众体育的参与在现代城市发展中对社会融合作出了贡献。李彦龙（2014）认为篮球是一种高效交友的有效途径，能使陌生的人群很快地融合。

Bourdieu(1986)较早地提出社会资本理论，认为社会成员和社会团体因为在社会关系所构成的"场域"中的不同位置，可以获得不同的社会资源，以及具有不同资源获取的权利。Portes(1995)为代表的一批学者将社会资本理论用于社会融合问题的研究，认为社会网络和社会资本对新移民的社会融合与本地化密不可分。周敏和林闽钢(2004)认为，社会资本能够带动并促进流动人口与当地主流社会的融合。曹子玮(2003)、任远（2012）等认为，结合我国现有国情，依靠业缘关系、当地组织活动等拓展的次级社会资本是促进流动人口社会融合的重要渠道。杨菊华（2009）、陆淑珍（2012）等学者认为应着重从行为适应、文化接纳、身份认同三个维度对不同人群间的社会融合程度进行考量。综合已有理论，本调研从行为适应、文化接纳、身份认同三个方面，对东莞篮球场通过拓展外来务工人员次级社会资本从而促进流动人口社会融合的机制进行探讨。

鉴于前人在探究社会融合的问题上很少从城市空间的角度来研究，我们选取了篮球场这种文体性公共空间为研究对象，结合前人的研究基础，探究这种公共空间对于社会融合有怎样的影响。

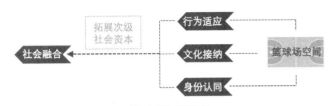

图1-3 理论研究框架

2 研究设计

2.1 研究目标

以东莞市常平镇和大朗镇为例，研究公共篮球场是否能促进本地人与外地人之间的社会融合，并探究其背后的机制。通过篮球场案例研究和分析，为城乡篮球场布局和大众体育设施管理提出建议。

2.2 研究内容

2.2.1 研究内容及方法

（1）篮球场对东莞社会融合是否有作用

①通过实地调研和访谈，研究篮球场空间使用现状和人群。

②多方式派发问卷，就东莞市民在社会融合方面的特征进行调查。

（2）篮球场如何促进东莞社会融合

根据所参考的文献，主要从行为适应、文化接纳、身份认同三个方面对人群的社会融合程度进行衡量。

①针对东莞发放问卷A，从不同的人群和不同的篮球场使用方式研究社会融合的各个方面与篮球场活动和篮球场空间的关系。

②对东莞**以外的城市**随机派发问卷B检验篮球场空间的融合作用，证实东莞的显著性。

（3）何种篮球场空间能够促进社会融合

①实地观察案例篮球场上的活动，描绘篮球场空间利用的方式。

②通过问卷调查篮球场的服务距离、人们去篮球场的交通方式，探究篮球场的特征。

1 篮球场空间对东莞社会融合的促进机制研究

◆ 研究方法 ◆

2.2.2 调研对象

东莞——具有篮球特色并具有社会融合问题研究背景的城市

东莞市户籍人口188.93万人，常住人口831.66万人，下辖32个镇。2010年东莞"篮球之城"的名片正式亮相，以篮球为核心的体育文化产业显现出清晰明确的发展方向。东莞政府制定了一系列的推动篮球文化产业发展的办法和措施。比如将体育彩票公益金用于对篮球场等基础性的设施设备维护，对推动东莞篮球运动的发展具有相当重要的作用。

常平镇和大朗镇——在东莞各镇中具有一定代表性和典型性

（1）常平镇户籍人口7.5万，总人口50万；大朗镇户籍人口6.7万、常住人口32万，两镇均位列东莞外来人口比例较高的5个镇之中，并且2个镇的人口数量与东莞其他镇相比都比较多，人口密度比较大，经济水平相当，有一定代表性。

（2）篮球活动比较活跃，在各级篮球比赛中都取得了不错的名次，大朗男篮获2016年东莞市篮球联赛甲级男子冠军。

图2-1 调研对象选地示意图

常平还珠沥村和大朗大井头村——篮球场有空间特征并且有着比较好的管理体系，具有一定代表性和借鉴意义

两个村都有自己的篮球场，并且有比较好的管理措施，有相对比较完整周全的篮球比赛运作和管理体系。

2.3 研究实施

2.3.1 问卷

基于研究内容和研究问题，我们制作了两份问卷——问卷A和问卷B。

问卷A：从"世界工厂"到"篮球城市"——东莞"社会融合"问题调研问卷

针对调研对象的基本信息和社会融合情况进行了调查，是本调研的基本问卷。

问卷B：无兄弟不篮球——篮球场对社会融合促进作用的调查问卷

针对东莞以外的城市的篮球场空间的融合作用进行调查，用作与问卷A对比。

2.3.2 问卷实施

我们于4月14日对东莞常平镇进行了预调研，随后5月4日前往大朗镇大井头村深入调研，并在常平篮球馆附近派发问卷A 35份；5月内再针对东莞随机抽样，以网络派发的形式发放问卷A 198份；5月27日针对东莞以外的对象派发问卷B 79份。

调研过程中我们对还珠沥村村干部和大井头村村党委书记进行了深入访谈，并对周边村民进行随机访谈，整理他们对东莞（本村）篮球事业发展的观点和建议。

图2-2 问卷实施示意图

2.3.3 问卷有效性

本次调研共发放问卷312份，其中针对东莞常平镇和大朗镇居民，共发放长网络问卷198份，实地发放纸质问卷35份，问卷有效率94%；对其他城市居民随机发放79份短网络问卷，有效率100%。

东莞调查对象男女比例为1.5：1；年龄结构方面，年轻人比重最大，68%的人处在19~35岁年龄段；户籍方面，54%的样本是外地户口，其中本省外地（广东省内东莞外）人和外省人接近1:1；职业方面，3/4的对象已参加工作，参加工作的人中47%的人在工厂工作。

以上数据比例能够支撑分析结果的可靠性。

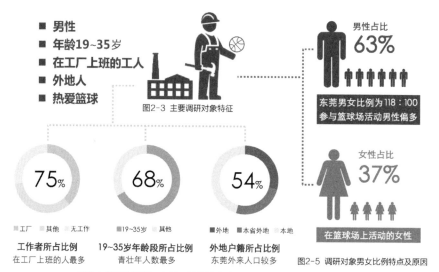

图2-3 主要调研对象特征

图2-4 调研对象职业、年龄、户籍特点总结

图2-5 调研对象男女比例特点及原因

2 篮球场空间对东莞社会融合的促进机制研究

调查结果与分析

2.4 技术路线

根据研究目标，我们制订的研究内容、研究阶段和研究方法如下：

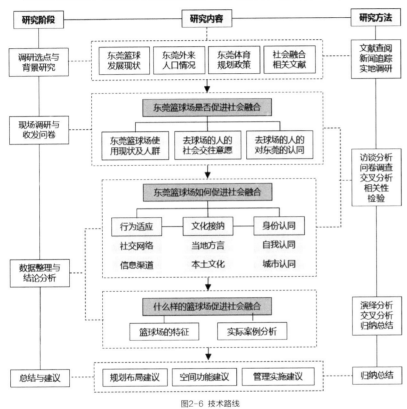

图2-6 技术路线

3 调查结果与分析

3.1 篮球场对东莞社会融合促进作用明显

3.1.1 篮球场空间使用率高、使用人群多元，是社会融合发生的前提

本次调研中，我们发现篮球场空间中并不只进行篮球活动，如**打篮球**、**看篮球**，还会在特定时间进行**与篮球无关的其他活动**，如电影放映或村内组织的文化活动等。基于这**三种活动类型**，我们将人们在篮球场空间中参加这三种活动的情况，根据访谈和调研所见现状分为了六种。

参与篮球场活动或在篮球场上进行非篮球场活动的人占总人数的81.97%，其中本地人和外地人的比例接近1:1，数据能够支撑对这两类人群的社会融合的研究。在对东莞常平还珠沥村和大朗镇大井头村的实地调研和访谈中我们得知：村篮球场平均每周至少有4~6场自发组织的篮球运动，参与篮球场活动的既有本地人也有外地人，不同人群的聚集是社会融合发生的前提，篮球场恰好提供了这样一个公共场所。

篮球场空间使用率高，人群使用多样，在这里不同血缘、地缘或业缘的人在活动中相遇碰撞，是社会融合产生的绝佳场所。

图3-1 去篮球场上活动的人群特征

3.1.2 在篮球场活动能促进人群的交往意愿

调查中，将去篮球场进行活动的被调查对象设为A组，从不去篮球场的被调查对象为B组。对比两组的社会交流意愿评分量表，每一项A组的平均分都高于B组，直观地说明了在篮球场上活动的人与人交流的意愿更强，因此社会融合的效果也更好。

行为	去篮球场上活动	不去篮球场上活动
一起工作	3.7	3.2
聊天	3.6	3.5
做朋友	3.7	3
做亲戚或通婚	3.4	3.2

图3-2 参与/不参与篮球场活动人群的交往意愿对比

量表说明：采用5等级评分制，1代表不愿意，5代表非常愿意　□从不在篮球场上活动　■在篮球场上活动

3.1.3 在篮球场空间活动能促进人群对城市文化的认同

社会融合包含了人们对所处同一个集体的共同认同。下图为对A、B两组对东莞城市的喜爱程度选择进行标准化处理后绘制的图形，B组"完全不喜欢"的数值高于A组5个点，同时A组"非常喜欢"的数值也超过B组5个点，而中间的数值

◆ 调查结果与分析 ◆

差距都很小。数据反映了在篮球场上参加活动的人群对东莞的认同和喜爱程度更高,这与人们在篮球场上的行为活动是分不开的。活动促进融合,融合促进认同,认同也会反作用于融合与活动。

综上所述,篮球场空间所承载的多种人群所从事的多项活动对各类人群的融合作用明显。

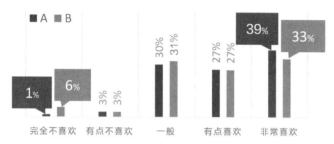

图3-3 去(B)/不去(A)篮球场的人对城市喜爱程度

3.2 篮球场空间对社会融合的促进机制分析

3.2.1 行为适应

(1) 参与以篮球为主题的篮球场活动能有效提升社会交往的意愿

篮球空间对于外来务工人员的社交主动性有促进作用,活动类型与篮球紧密程度越高促进效果越明显。其中参与打篮球活动的外来务工人员在社交主动性方面受到的促进作用最强,参与看篮球活动的人群受到的促进作用其次。不打篮球也不看篮球仅到球场进行一些其他活动的人员与不到篮球场进行活动的人群相比,在社交主动性方面受到的促进作用不明显。

参与篮球场相关活动频率越高,被调查对象社交主动性越强。较少参加篮球场的相关活动的人群对社会交往的主动性较弱。但是,高频的篮球场活动对于家庭结构的本地化融合促进效果不明显。因为相比其他社交意愿,做亲戚或通婚的意愿更容易受到自身血缘和地缘等复杂因素的影响。

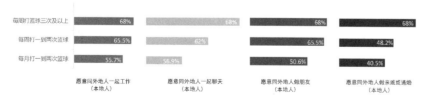

图3-4 与外地人(本地人)的交往意愿

(2) 参与以篮球为主题的篮球场活动能有效拓展社会网络和信息获得渠道

通过篮球场活动而拓展的次级社会资本对促进东莞流动人口的社会融合有较为重要的作用。根据以往的研究表明,外来务工人员在进入城市后,起初他们拥有依靠血缘和乡缘积累而得的社会资本,但流动人口若仅依靠初级社会关系来构建人际网络结构,则其本地融入程度较低;若能发展到依靠业缘关系、当地组织活动等次级社会资本构建人际关系网络则有利于外来务工人员本地融入的次级社会资本形成。

东莞外来务工人员众多,工厂密布,外来人口多在劳动密集型工厂中从事体力劳动。为追求较高工作效率,这些工厂管理模式具有层级制与泰勒制*特点,故员工间交流较少,不利于业缘关系形成。因此东莞外来务工人员近一周的联系人中工友仅占36.6%,远低于非东莞地区的89.9%。可见业缘关系对于拓展东莞外来人员次级社会资本的作用较小。

本调研发现,43.9%的东莞务工人员近一周主要联系人中有通过篮球场活动认识的人。34.2%的外来务工人员遇到困难时选择向球友求助,超过了向工友求助的比例;41.1%的外来务工人员的主要信息源自通过篮球场活动认识的人,多于源自工友和同乡。并且62.5%的受访者认为从球友处获得了非常多的信息。

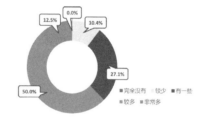

图3-5 通过篮球场上的相关活动而认识的人对日常获得信息的帮助

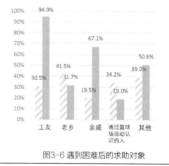

图3-6 遇到困难后的求助对象

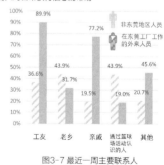

图3-7 最近一周主要联系人

*泰勒制:泰勒制管理下人员呈现具有较强组织性、纪律性,但人与人之间较为冷漠、沟通能力不足的特点。

4 篮球场空间对东莞社会融合的促进机制研究

调查结果与分析

3.2.2 文化接纳

（1）参与篮球场活动，对外地人了解当地语言有促进作用

了解地方语言是完成人群文化接纳的重要指标，篮球场活动对于外来务工人员接纳当地方言有促进作用。其中，参与篮球场活动非广东籍调查对象对当地方言的了解程度最高，达到60.0%，其次是看篮球的群体。仅到篮球场进行与篮球无关活动的被调查对象与不去篮球场进行活动的被调查对象在对当地语言的了解程度上没有显著区别。

（2）参与篮球场活动，对接纳当地文化有促进作用

篮球场空间对参与其中的东莞本地人员在接纳当地风俗方面有一定的促进作用，其中打篮球的人群对当地文化了解程度最高，其次为看篮球的人群。但对外省人在文化接纳方面的促进作用较低。这与东莞当地人文景观本身知名度较低，风俗与其他省份差别较大有关。

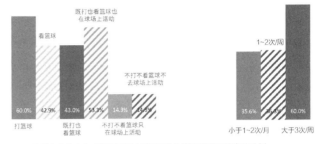

图3-9 外地人中能完全听说粤语的比例及外地人打篮球不同频次的比例

图3-8 东莞本地利用篮球场等公共空间组织的传统活动

图3-10 外地人的文化接纳程度

3.2.3 身份认同

在篮球场空间上发生的活动可以促进参与人群对其自身身份的认同，暨促进了其对自身在社会中的地位、位置、角色和形象的接受程度和对其所属集体的认同感。

（1）篮球场活动有助于促进自我身份认同和自我价值提升

参与篮球场空间的活动有助于促进外来人口对本地身份的认同，打球频率越高，其在本地身份认同方面受到的促进效果越好。 相比于不到篮球场进行活动的被调查对象，到篮球场进行活动的被调查对象认为自己是本地人或新莞人的比例更高。篮球场空间的公共性、平等性有助于参与者之间相互消除隔阂、加深理解，从而提升参与者的身份认同。其次，参与篮球场活动的受访者对自身本地身份的认同感最高，这说明篮球场活动作为一种群体性体育运动，其注重合作、公平平等的特点有利于参与者收获对于团体的归属感，从而促进对其本地身份的认同。

这说明篮球场活动有助于提升参与者对自我价值的认同，研究中我们还发现，在个人职业声望上70.2%的人认为参与篮球场相关活动对于自身职业声望有一定的提升。

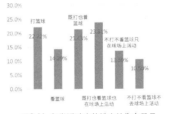

图3-11 各类场中外地人认为自己是新莞人或本地人的比例

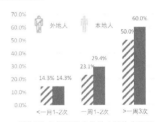

图3-12 各类频率中外地人认为自己是新莞人或本地人的比例

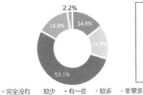

图3-13 篮球场活动对自身职业声望的提升作用

> 篮球就像是一种共同语言，一打起球大家就熟络了。上次打球时突然走过来一个外地的球友和我聊天，一问发现他和我的几个朋友都很熟，我去问我朋友才知道原来他每个星期都要过来和他们PK，一来二去就成了朋友。

大井头村 叶哥 26岁

 5 篮球场空间对东莞社会融合的促进机制研究

◆ 调查结果与分析 ◆

(2) 篮球场活动有利于促进其对所在城市的文化认同

参与篮球活动的人群对东莞的喜爱程度更高。 在所有受访的外来人口中，打篮球的外地人中66.7%表示喜欢东莞，比例最高，而不打球不看球只在篮球场进行一些其他活动和不去篮球场活动的外地人中喜欢东莞比例相对较低。这说明直接参与篮球场活动可以更有效地提升外地人对于东莞的喜爱。因为篮球场空间给外地人提供了一个参与社会生活的捷径，增加对城市的了解，促进对城市的认同和喜爱。

东莞的篮球活动有利于促进外来人口的本地化。 根据前人研究，外来人口在新的城市完成了初步的生存适应后，逐渐适应城市的生活方式，构建起新的社会网络，开始基本融入城市，但是外地人要实现定居城市，还需要认同城市的文化价值观念、生活方式。考虑未来规划时，更加直接参与篮球场活动能增加外地人未来本地定居的可能性。打篮球的外地人中考虑定居的比例最高；其次是打篮球也看篮球，并在篮球场参与一些其他活动的外地人，这说明参与篮球场活动能更直接地参与到所在城市的社会生活中，促进外地人对于所在城市的文化价值观念、生活方式的认同，并促进其定居。这种促进作用在省内省外人身上基本类似。

参与活动频率越高考虑本地定居的比例越高。 这种促进作用在省内居民身上更为明显，当打球看球频率由一周1~2次增加到一周3次以上时，省内居民选择考虑中或准备定居的比例由46.2%升高到75%，而相比较下省外居民比例由58.8%到60%波动不明显。

参与篮球场活动能促进参与活动的人对城市形象的认同。 这是因为篮球活动作为一项集体活动，使得社群之中的个体间发生情感和利益上的联系。当成员们自愿为成就集体的目标而奉献个人的努力时，人员对于群体的认同感得到了提升。[1] 这一现象在各村之间的联赛中体现得尤为明显，各村的观赛人员为自己村的队伍加油，运动员为本村的荣誉而努力比赛，在这一过程中观赛和打球的人对于本村的认同感都得到了提升。

---

① 陈忠. 城市认同：问题与建构——我国城市发展中危机与现代重构[J]. 城市问题, 2004(4)：37.

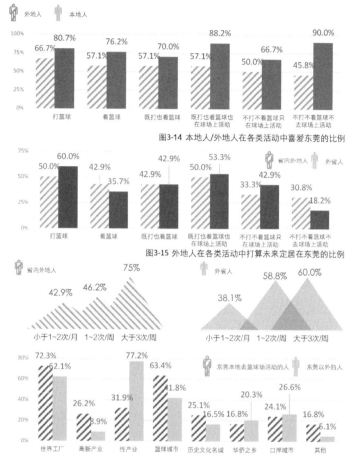

图3-14 本地人/外地人在各类活动中喜爱东莞的比例

图3-15 外地人在各类活动中打算未定居在东莞的比例

图3-16 人们对东莞的城市印象

大井头村 叶书记 36岁

现在很多村或镇篮球队会请外援，就是外援实力挺强的啊。请外援就是指通过人才引进，也就是常说的新东莞人，他们不仅给外援本地户口，也给他们安排本地的工作，因为只安排他们打球也不行呢。

常平镇 李姐 47岁

打球好在东莞有一定优势的，现在村里啊、镇里啊、厂里啊这些比赛好多，而且很多观众。大家都想招干活好、打球也好的人。政府对这些人也有一定的补贴扶持的。

松山湖镇 王姐 25岁

我们松山湖整支女篮都是外援引进的啊，松山湖本地人很少，只能整体引入湖北省二队。除了晚上为镇队打球以外，政府也安排了工作岗位给我们的，当然也有其他挺多福利。

调查结果与分析

3.3 社会融合作用显著的篮球场空间特征研究

3.3.1 社区级篮球场对社会融合的促进作用最强

体育场地是开展体育活动的基本条件之一，是居民参与全民健身运动的物质保障。篮球体育设施分为高级体育设施中心（城市篮球馆、场）、中级体育设施中心（镇区篮球馆、场）和低级、社区级体育设施中心（社区、村篮球场）。经过调研我们发现到社区级篮球场进行活动的人数最多，社区级篮球场使用率最高、活动最为多元，对社会融合的促进作用最强。

（1）社区级篮球场使用效率最高，发生的活动最多元

社区级篮球场使用人数最多。根据调查数据显示，61.8%的本地人、51.3%的本省外地人和41.7%的外省人选择使用15分钟内能到达的篮球场，所占比例在3类人群中都最高，说明15分钟内能到达的篮球场，即社区级篮球场的使用人数最多。

社区级篮球场的使用效率最高。55.4%的被调查者平时主要使用社区级篮球场。这主要是因为在社区级篮球场上所发生的活动具有就地就近开展性、个人闲暇性、健身娱乐性和非竞技性等特点。此外，相对于高等级的体育设施，社区级篮球场覆盖率较高，经济门槛较低，到达所需的时间成本亦较低。26.7%的被调查对象选择学校内篮球场，因为东莞部分学校内部篮球场采用开放式管理模式，这类方式也能弥补城市村镇体育设施用地不足的问题。51.1%的被调查对象步行或骑自行车到篮球场，同时选择15分钟以内到达球场的被调查对象所占比例最高，说明了大多数人倾向于选择较近的社区级篮球场进行活动。

（2）社区级篮球场对社会融合的促进效果更好

社区级篮球场对社会融合的促进效果更好。调查中，我们将选择到15分钟内能到达的篮球场进行活动的被调查对象设为A组，将选择到15分钟以上才能到达的篮球场进行活动的被调查对象设为B组。对比两组的社会交流意愿评分量表，每一项A组的平均分都高于B组，直观地说明了到达所需时间在15分钟以内的社区级篮球场对于社会融合的促进效果更明显。

	选择到15分钟内到达的篮球场活动的人群（A组）	选择到15分钟以上才能到达的篮球场进行活动的人群（B组）
一起工作	3.83	3.61
聊天	3.88	3.62
做朋友	3.88	3.63
做亲戚或通婚	3.56	3.14

图3-18 在不同等级篮球场活动人群的交往意愿对比

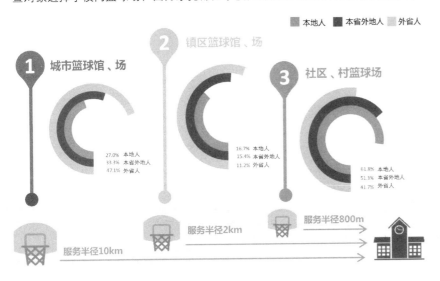

图3-17 各类人群出行时间分布

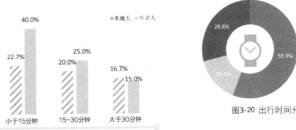

图3-19 各类出行时间选择中新东莞人本地人、外省人比例

图3-20 出行时间分布

图3-21 出行交通方式选择

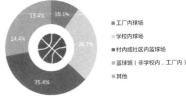

图3-22 设施选择分布

案例分析

3.3.2 具有特定主题但功能复合的公共空间效果最好

东莞常平镇还珠沥村和大朗镇大井头村均为社区级篮球场，通过实地调研我们发现两者经过长时间各类活动的积累，其功能复合性强；两者都处在几个功能区的交集，人群复合性强。**不同人群的聚集是社会融合发生的前提，篮球场恰好提供了这样一个公共场所。**

3.3.3 篮球场管理的相对公平和开放

从案例分析可知，不同使用人群对体育公共空间的使用时间和对场地的使用区域不同，因此运动场地的开放是错时的，比如办公场地白天不可以打篮球但可以散步，学校场地白天不可以散步但可以体育培训。

从访谈中我们得知，为了保证篮球场设施的安全与管理方便性，外地人要租场打球必须要有一位本地人参与，这样的管理方式对外地人仍有所保留，应该使用更人性化的管理手段促进体育空间使用的公平性。

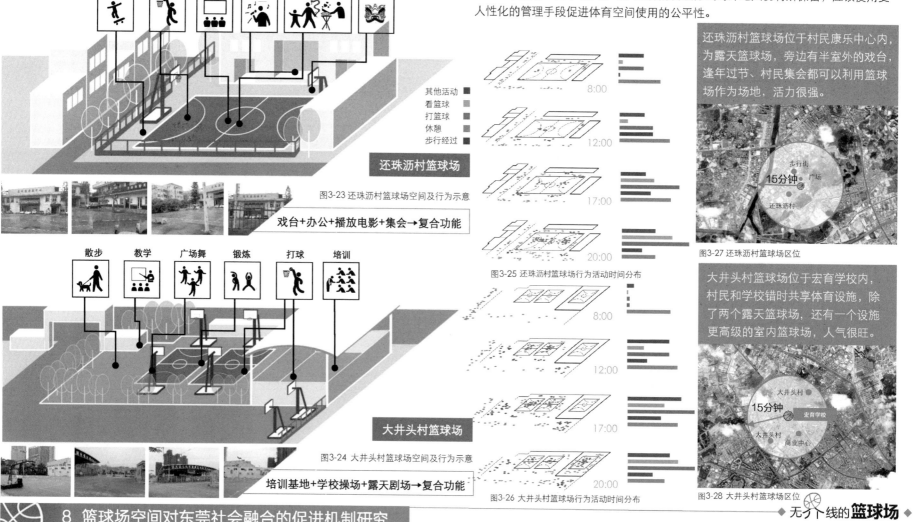

图3-23 还珠沥村篮球场空间及行为示意
戏台+办公+播放电影+集会→复合功能

图3-24 大井头村篮球场空间及行为示意
培训基地+学校操场+露天剧场→复合功能

图3-25 还珠沥村篮球场行为活动时间分布

图3-26 大井头村篮球场行为活动时间分布

还珠沥村篮球场位于村民康乐中心内，为露天篮球场，旁边有半室外的戏台，逢年过节、村民集会都可以利用篮球场作为场地，活力很强。

图3-27 还珠沥村篮球场区位

大井头村篮球场位于宏育学校内，村民和学校错时共享体育设施，除了两个露天篮球场，还有一个设施更高级的室内篮球场，人气很旺。

图3-28 大井头村篮球场区位

8 篮球场空间对东莞社会融合的促进机制研究

结论与讨论

4 结论与讨论

4.1 主要结论

（1）篮球场空间对社会融合有较强促进作用，篮球场空间对参与其中的人在行为适应、文化接纳、身份认同等方面有较为显著的促进作用，有效拓展了东莞务工人员的次级社会资本，人群在篮球场空间的活动参与度越高受到的促进作用越强。

（2）社区级篮球场对社会融合的促进最为有效，其对通勤时间15分钟以内的区域有最好的服务效果。

（3）体育设施的功能复合、设施管理的公平开放等原则可增进体育设施对于社会融合的促进效果。

4.2 讨论与反思

这种现象与东莞本身的社会背景和篮球场布局模式是紧密联系的。东莞的社会环境是东莞篮球场繁荣的温床，是其对社会融合发挥巨大作用的土壤，而东莞篮球场的空间布局则是其促进社会融合的物质保障，篮球活动的自身特点是东莞篮球场能够有效促进东莞社会融合的重要原因。

4.2.1 篮球活动的自身特点对社会融合的作用

（1）**篮球活动的公平性和易参与性为不同社会背景的人员提供了良好的互动平台**。篮球运动的公平性和合作性，利于提升篮球活动参与者对于同伴的信任感，对于集体的归属感，从而促进他们的社会融合。

（2）**篮球赛为不同背景的看球者提供了共同话题，大大提高了观赛人员之间交流的可能性**。对于仅到篮球场活动的人，球场空间为他们提供了与他人交流的可能性。众多看球者一同为自己所在的村镇的篮球队加油助威，有助于提升看球者对于自己所在村镇的认同感，从而促进他们的社会融合。

（3）**篮球活动对于促进社会融合也有一定的局限性**。由于男性更容易参与到篮球场活动中，篮球场活动对于男性的社会融入的促进效果更为显著，而对女性的促进效果略低。但社区级篮球场通过功能复合引入其他类型功能，在一定程度上弥补了这一缺陷。

4.2.2 社区级篮球场对于社会融合促进效果最佳的原因

（1）**社区级篮球场具有平等化、低门槛、开放性强的特点**。篮球场活动有效地拓展了东莞外来务工人员的次级社会资本，弥补了在劳动密集型产业聚集区中外来务工人员业缘关系难以拓展的不足，有效地促进了东莞流动人口的社会融合。

（2）**社区级篮球场是一个功能复合的公共空间**。为社区各种类型活动的开展提供了空间，成为一个能使社区各类人群均能参与其中的公共空间，能够容纳各种类型的社区活动。利用篮球场组织的看电影、村民聚餐等活动，使得篮球场空间发挥出了除了举办篮球比赛外更多的功能，更好地促进了社会融合。

（3）**社区级篮球场提供了稳定的社交人群和社交空间**。社区级篮球场与其他级别篮球场不同之处主要在于，社区级篮球场中的活动人群相对固定，为空间的参与者提供了一个相对稳定的社交人群和社交空间。在这种稳定的社交人群和社交环境的作用下，参与其中的人员之间更容易建立有效的社交网络，拓展次级社会资本，更容易建立相互间的理解与信任；在这种条件下，参与到空间中的人更容易了解并接受彼此的生活方式、文化价值观念，最终实现真正意义上的社会融合。

4.2.3 东莞篮球的繁荣是政府支持与村民自治组织合力推动下的产物

（1）**东莞政府的大力推动是东莞篮球运动持续繁荣、篮球场建设水平日益提升的外在动力**。东莞政府的支持为东莞各级别篮球场的建设提供了充分的物质保障；东莞政府的大力宣传也为篮球文化的传播和普及提供了良好的保障。

（2）**村民自治组织的支持和管理，是东莞篮球持续繁荣的内在生命力**。在东莞分布最广泛、对社会融合促进效果最好的社区级篮球场普遍为各村集体所有，归村委会管理，村民自治组织的支持和管理保证了社区篮球的良好运转和维护。村委会在篮球场上举办各类社区活动，也使得球场功能更为复合，发挥出了更大的作用。

4.3 体育设施发展布局管理建议

4.3.1 建议

2016年5月5日，国家体育总局正式发布的《体育发展"十三五"规划》中提到：推进基本公共体育服务示范区建设，制定结构合理、内容明确、符合实际的基本公共体育服务标准体系，2020年人均体育场地面积达到 1.8 m^2 的目标。如何让每个人的 1.8 m^2 产生更大的社会效益？我们认为：

（1）**注重社区级体育公共设施的发展**。重点落在民众的15分钟生活圈内，谨慎建设大型公共体育场馆。

（2）**注重体育设施的功能复合**。如幼儿园、小学和中学的服务半径与社区体育设施服务半径相近，开放学校的体育设施给居民和学生错时利用可以避免重复建设。

参考文献

（3）注重体育设施管理的公平性与开放性。调研发现，即使是名义上完全公共的篮球场仍然有它的底线，如外地人组织打球，为便于管理，必须要有一位本地人参与才能订场。在外来人口密集的区域，需要更人性化的管理手段。

（4）社区级体育设施的发展过程中，应当将政府支持与居民自治管理两种方式良好结合。政府支持可以为社区及体育设施的修建提供物质保障，居民自治管理可以更好地保证篮球场的运营与维护，也可使篮球场空间功能更加复合，使篮球场更有活力。

4.3.2 理想空间设计

通过调研我们发现，使用率较高的篮球场主要在社区、学校和工厂。这三个地点与篮球场的关系模式如下图所示。综合上述建议，我们提出的理想型社区融合空间具有如下空间特征：

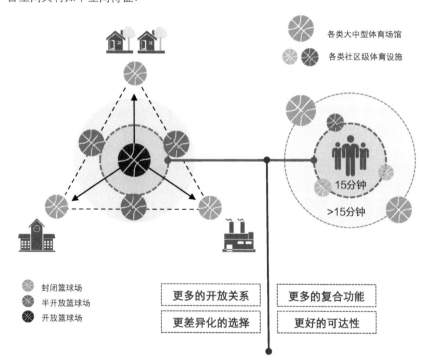

图4-1 理想型社区融合体育空间特征

参考文献

[1] 蔡云楠,谷春军. 全民健身战略下公共体育设施规划思考[J]. 规划师,2015,31(7): 5-10.
[2] CUBA L, HUMMON D M. A place to call home: identification with dwelling, community, and region[J]. Sociological quarterly,1993,34(1):111-131.
[3] 陆淑珍. 城市外来人口社会融合研究——基于珠江三角洲地区的分析[D].广州:中山大学,2012.
[4] 李珊珊. 社会变迁与乡村公共空间利用——以A乡篮球场为例[J]. 经济研究导刊,2013(3): 53-54.
[5] 李彦龙. 篮球运动的本质与价值研究[D].武汉:武汉体育学院,2014.
[6] 马得勇. 社会资本:对若干理论争议的批判分析[J]. 政治学研究,2008(5):74-81.
[7] PARK R E. Human migration and the marginal man[J]. American journal of sociology,1928,33(6):881-883.
[8] 仇军,钟建伟. 社会学与体育社会学:视域开启与理论溯源[J]. 体育科学,2007(2):46-53; 93.
[9] RAVENSTEIN E G. The laws of migration[J]. Journal of the royal statistical society,1889,52(2):241-305.
[10] 任海. 体育与"乡—城移民"的社会融入[J]. 体育与科学,2013,34(1): 24-25.
[11] 任远,陶力. 本地化的社会资本与促进流动人口的社会融合[J]. 人口研究,2012,36(5): 47-57.
[12] 王桂新. 城市化基本理论与中国城市化的问题及对策[J]. 人口研究,2013,37(6): 43-51.
[13] 解光云. 古典时期雅典城市的文体性公共空间与竞技活动[J]. 上海体育学院学报,2005(6):14-16; 28.
[14] 夏菁. 城市社区体育设施规划布局方法优化研究——以铜陵市为例[D].合肥:安徽建筑大学,2014.
[15] 杨菊华. 从隔离、选择融入到融合:流动人口社会融入问题的理论思考[J]. 人口研究,2009,33(1): 17-29.
[16] 于鹏杰. 城市化过程中的族群与认同——以东莞族群研究为例[J]. 经济研究导刊,2011(3):143-146; 158.
[17] 周皓. 流动人口社会融合的测量及理论思考[J]. 人口研究,2012,36(3): 27-37.
[18] 周结友,裴立新. 社会资本:全民健身运动功能的一个研究视角[J]. 体育科学,2018(5): 18-23.
[19] 张文宏,雷开春. 城市新移民社会认同的结构模型[J]. 社会学研究,2009,24(4): 61-87; 243-244.
[20] 赵瑜. 篮球的秘密:从东莞到全国[M]. 北京:中国青年出版社,2011.
[21] 赵溢洋,陈蕾. 体育运动的社会和人力资本功能对随迁子女城市融入的影响——共变关系的调节与远端中介效应[J]. 体育科学,2014,34(4): 18-29.

附录

附录一 调研访谈对象资料

编号	性别	年龄（岁）	访问地点	和东莞关系	工作状态及性质
1	男	26	大井头村篮球场	本地人	企业人员
2	男	36	大井头村居委会	本地人	政府部门人员
3	女	27	耀声电子厂门口	省内外地人	企业人员
4	女	25	常平镇篮球场	外省人	企业人员

附录二 问卷A
从"世界工厂"到"篮球城市"——东莞"社会融合"问题调研问卷

亲爱的朋友：

您好！我们正在进行一项"篮球场与社会融合"的调查，十分感谢您百忙之中抽空填写本问卷！我郑重承诺：本次调查所有问卷结果仅供于学术研究，保证不会泄露，无任何商业目的，涉及的个人信息我们将绝对保密，请您放心！衷心感谢您的参与和意见！

1.您与篮球运动的关系？[若此题回答E项则跳至第14题]
A.打篮球 B.看篮球 C.打篮球也看篮球 D.打篮球也看篮球，并在篮球场活动 E.不看球不打球，只在篮球场活动 F.不去篮球场进行活动

2.您打或看篮球的频率？A.一月1~2次或更低 B.一周1~2次 C.一周3次以上

3.您平时打球或看球的地点是？（多选）
A.工厂内球场 B.学校内球场 C.村内或社区内篮球场 D.篮球馆（非学校内、工厂内）E.其他：___

4.您打球（看球）的原因是？（多选）
A.个人爱好、娱乐消遣 B.工厂组织 C.村内组织 D.周围朋友都打球 E.其他：___

5.您去打球（看球）地点所需时间是？
A.15分钟以内 B.15~30分钟 C.30分钟以上

6.您去打球或看球所使用的交通方式是？
A.步行、自行车 B.公交、摩托车 C.自己开车、打车 D.其他：___

7.通过打（看）篮球，你获得了？（选择1~3个）
A.更健康的体魄 B.更多的朋友 C.更多的信息（就业、生意、生活等方面） D.球技被认可的快感 E.异性的关注 F.奖励或福利 G.休闲娱乐，消磨时间 H.其他：___

8.您最近一周联系的朋友主要是？（选择1~3个）
A.同事、工友 B.同乡、老乡 C.家人、亲戚 D.在篮球场活动认识的人 E.其他：___

9.您的信息来源主要有？（选择1~3个）
A.同事、工友 B.同乡、老乡 C.家人、亲戚 D.在篮球场活动认识的人 E.其他：___

10.当您遇到困难的时候您会向谁寻求帮助？（多选）
A.同事、工友 B.同乡、老乡 C.家人、亲戚 D.在篮球场活动认识的人 E.其他：___

11.通过篮球场上的活动认识的人对您日常获得信息的帮助？
A.完全没有 B.较少 C.有一些 D.较多 E.非常多

12.您是否愿意与本地人（外地人）一同进行篮球场活动

项目	非常不愿意	不愿意	无所谓	愿意	非常愿意
参与篮球场活动	1	2	3	4	5

13.如果您的球打得好的话是不是工友们都会崇拜您，领导们也会看重您？
A.完全没有 B.较少 C.有一些 D.较多

14.您与本地人（外地人）的交往意愿：（打分）

项目	非常不愿意	不愿意	无所谓	愿意	非常愿意
一起工作	1	2	3	4	5
聊天	1	2	3	4	5
做朋友	1	2	3	4	5
参与篮球场上的活动	1	2	3	4	5
做亲戚或通婚	1	2	3	4	5

15.您能讲本地方言吗？
A.不能听也不能说 B.能听一些但不能说 C.完全能听，只说一点 D.基本可以听说 E.完全可以听说

16.您是否熟悉本地特有的风俗习惯？（例如过节醒狮、端午划龙舟等）
A.完全不熟悉 B.熟悉一些 C.大部分熟悉 D.非常熟悉

17.您是否参与过本地特有的传统风俗活动？（例如看醒狮、划龙舟、包粽子等）
A.完全不参加 B.参加一些 C.大部分都参加 D.全部都参加

18.您是否游览过东莞的松山湖、硝烟池、可园等景点？
A.完全没有去过 B.去过一些 C.大部分都去过 D.全部都去过

19.您与东莞的关系？[若此题回答A项则跳至第22题]
A.东莞本地居民 B.东莞市外、广东省内居民 C.广东省外居民

20.您认为自己属于？A.外地人 B.既是本地人，又是外地人 C.新东莞人 D.本地人 E.不清楚

21.您打算长期在东莞生活下去吗？
A.已经长期定居 B.准备在东莞定居 C.东莞只是临时工作地，还是会离开 D.还在考虑中，不确定 E.其他：___

22.您的性别？A. 男 B. 女

23.您的年龄？A.18岁及以下 B.19~25岁 C.26~35岁 D.35岁以上

24.您受教育的程度是？A.初中以下 B.初中 C.高中 D.大专 E.本科及以上

25.您的职业是？A.学生 B.企业人员或工人 C.事业单位或政府部门人员 D.其他：___

26.您的月收入大概是？A.1500元以下 B.1500-3000元 C.3001-5000元 D.5000元以上

27.您的家庭成员在东莞的居住情况？（多选）
A.自己在东莞 B.配偶在东莞 C.孩子在东莞 D.父母在东莞 E.兄弟姐妹在东莞

28.您在东莞生活有多久了？___年。您现在从事的工作做了多久了？___年。您来东莞做了几份工作了？___份。

29.您对东莞这个城市的喜爱程度是？
A.完全不喜欢 B.有点不喜欢 C.一般 D.有点喜欢 E.非常喜欢

30.提到东莞您会想到什么？（多选）
A.世界工厂 B.高新产业 C.性产业 D.篮球城市，CBA强队 E.历史文化名城 F.华侨之乡 G.外贸口岸 H.其他：___

再次衷心感谢您的参与和意见！！！

附录三 问卷B
无兄弟不篮球——篮球场对社会融合促进作用的调查问卷

亲爱的朋友：

您好！我们正在进行一项"篮球场与社会融合"的调查，十分感谢您百忙之中抽空填写本问卷！我郑重承诺：本次调查所有问卷结果仅供于学术研究，保证不会泄露，无任何商业目的，涉及的个人信息我们将绝对保密，请您放心！衷心感谢您的参与和意见！

1.您与篮球运动的关系？
A.打篮球 B.看篮球 C.打篮球也看篮球 D.打篮球也看篮球，并在篮球场活动 E.不看球不打球，只在篮球场活动 F.不去篮球场进行活动

2.您最近一周联系的朋友主要是？（选择1~3个）
A.同事、工友 B.同乡、老乡 C.家人、亲戚 D.在篮球场活动认识的人 E.其他：___

3.您的信息来源主要有？（选择1~3个）
A.同事、工友 B.同乡、老乡 C.家人、亲戚 D.在篮球场活动认识的人 E.其他：___

4.当您遇到困难的时候您会向谁寻求帮助？（选择1~3个）
A.同事、工友 B.同乡、老乡 C.家人、亲戚 D.在篮球场活动认识的人 E.其他：___

5.提到东莞您会想到什么？（多选）
A.世界工厂 B.高新产业 C.性产业 D.篮球城市，CBA强队 E.历史文化名城 F.华侨之乡 G.外贸口岸 H.其他：___

再次衷心感谢您的参与和意见！！！

"村中乐巢"——广州市城中村青年公寓现象研究

作者学生：龙越、王如越、凌芷茜、钟文亮
指导老师：陶杰、李昕、林铭祥

全国高等学校城乡规划学科

2016城乡社会综合实践调研报告评优

佳作奖

扫码阅读
彩色版本

"村中乐巢" —— 广州市城中村青年公寓现象研究

摘要：

本次调研以广州市城中村青年公寓为对象，通过问卷、访谈等方法，调查分析了城中村青年公寓的产生原因、经营现状、空间特点、社会经济效益、城市意义等方面的问题。研究表明：城中村青年公寓的引入有助于加速城中村改造，为城市挽留高素质人才，提高城市的竞争力。

广州市的城中村青年公寓是民间资本投入城中村改造的独特产物，这一机制为城中村的改造升级提供了借鉴与参考，具有推广意义。

关键词：

城中村；青年公寓；基本特征；产生原因；生命力

Abstract:

In this paper, we investigate the causes, the present status of development, the spatial characteristics, the economic effects and the urban context of youth apartments in urban villages in Guangzhou, with the methods of questionnaire surveys and interviews, etc. It indicates that the introduction of Youth Apartments has contributed to the development urban village reconstruction and the retention of high-quality-talents, thus improving urban competitiveness.

Youth apartment in urban villages is the unique outcome of urban village reconstruction through non-governmental capital. The mode provides experiences and references to urban village reconstruction and could be promoted throughout China.

Keywords:

Urban village, Youth apartment, Basic feature, Cause, Socioeconomic benefit

【目录】

第一章 绪论
    1.1 研究背景 1
    1.2 研究设计 1

第二章 城中村青年公寓的基本特征
    2.1 分布特征：交通方便，生活便利 3
    2.2 空间特点：户型虽小，配套完善 3
    2.3 人群特征：低年龄、高学历，相互交往密切 4

第三章 城中村青年公寓的运作机制
    3.1 旧房改造模式：以民宅和厂房改造为主 5
    3.2 运营模式：旧楼改造，出租为主，集中管理 5
    3.3 青年租房需求特征 6
    3.4 落户城中村 7

第四章 城中村青年公寓的生命力探究
    4.1 产品对比 7
    4.2 产品效益 8
    4.3 存在问题 9

第五章 调查结论与讨论
    5.1 调查结论 10
    5.2 讨论：城中村青年公寓的发展前景怎么样？ ... 10

参考文献 10
附录一：调查问卷1 11
附录二：调查问卷2 11

"村中乐巢"——广州市城中村青年公寓现象研究

第一章 绪论

1.1 研究背景

（1）"乐巢"兴起

近年来，青年公寓陆续出现在国内的各大城市，并多以连锁形式出现，有的还颇具规模。但现有的青年公寓无法满足城市里青年庞大的居住需求，而且经济效益并不理想。加之在北上广深这样的一线城市里，青年存在向城中村扎堆的现象。种种因素作用下，青年公寓出现了落户城中村的趋势。

（2）"村中乐巢"

2013年，INNER心中公寓开设了第一家门店，成为广州第一家城中村青年公寓。发展到今天，广州现已开设城中村青年公寓7家，招租状况呈现出家家爆满、供不应求的趋势，如：广州市二宫附近的INNER公寓，1个月内300多套公寓几乎全部租满；广州市东圃的唐顿公寓更是在2天时间内就租满了全部200余套。

（3）广州市人才流失现象严重

QQ大数据发布的《2016全国城市年轻指数报告》显示，广州以36.91%的年轻人口流出率成为年轻人最想离开的一线城市。甚至，广州年轻人口出现10.04%的负增长。

城中村青年公寓的出现是否只是偶然？为什么会如此火爆？能否作为留住城市年轻人口的一种手段？在这个瞬息万变的时代，城中村青年公寓又能走多远呢？

1.2 研究设计

1.2.1 研究目的

本研究调查了广州市区内多家城中村青年公寓，以3个典型公寓为例对城中村青年公寓的居住质量、空间感受、配套设施等问题进行深入研究，分析这种产品的产生机制及其对于青年、城中村和城市的影响。同时探寻这种模式对城市更新、城市存量开发、城中村改造的经验意义，在此基础上对其发展提出建议。

1.2.2 研究内容

1. 城中村青年公寓的基本特征有哪些？
- a. 分布地点与数量
- b. 内部空间特征
- c. 出租状况、居住满意度、空间感受等现状

2. 青年公寓为何落户城中村？
- a. 旧房改造模式
- b. 运营机制
- c. 青年的住房需求
- d. 落户城中村

3. 城中村青年公寓是否具有生命力？
- a. 与其他产品对比的优劣势
- b. 经济效益与社会效益
- c. 存在问题

1.2.3 研究方法

问卷分析法	本次调研我们共设计了2套问卷，分别调查城中村青年公寓的居住满意度以及青年的租房需求。其中关于居住满意度的调查问卷为实地问卷，共派出161份，有效问卷156份；关于青年租房需求的调查问卷为网络问卷，共派出207份，有效问卷186份。
访谈法	在实地调研中，我们共访谈租户31人，周边村民15人，公寓管理员4人。通过访谈的方法，深入了解城中村青年公寓的现状、管理模式、运营模式和其对周边的影响。
资料收集法	调查初期通过资料收集，对城中村青年公寓进行了初步的了解，整理出广州市内现有的全部7家城中村青年公寓的基本信息，筛选出我们要深入调研的目标公寓。
对比分析法	通过将调查目标与城市中一般的青年公寓、附近的小区住宅、城中村内其他房源进行对比，得出城中村青年公寓的优势与劣势。
朋友圈注记法	通过关注目标公寓的官方微信和租户的朋友圈动态，得到他们的基本信息、日常活动和最新动态，对城中村青年公寓有更加深入的体会和感受。
其他方法	调研中还用到了跟踪法、空间注记法等调查方法。

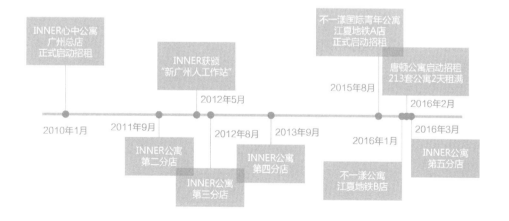

"村中乐巢"——广州市城中村青年公寓现象研究

1.2.4 研究对象的整理与筛选

青年公寓	分布	改造类型	套房数	最近地铁站	距离地铁站时间
INNER广百新一城店	海珠区	旧厂房	185	8号线宝岗大道站	12min
INNER宝岗大道店	海珠区	民宅	155	8号线宝岗大道站	5min
INNER橡胶新村店	海珠区	民宅	92	8号线宝岗大道站	12min
INNER昌岗店	海珠区	旧厂宿舍	58	2号线、8号线昌岗站	3min
INNER市二宫店	海珠区	废弃服装厂	122	2号线市二宫站	10min
不一漾国际青年公寓	白云区	民宅	81	2号线江夏站	15min
唐顿公寓	天河区	民宅握手楼	213	5号线东圃站	12min

通过基本资料的整理，我们对城中村青年公寓进行了分类。在区位上，城中村青年公寓主要分为市中心型与近郊型；在改造房产上，主要分为闲置旧厂房改造型与民宅改造型。综合2个分类条件，我们发现广州市目前存在的7家城中村青年公寓可以分为3类：

a.市中心以民宅改造型；b.市中心以旧厂房改造型；c.近郊以民宅改造型。

在这3种类型中分别挑选1个具有代表性的公寓作为我们深入调查的对象，最终我们确定的研究对象为INNER公寓市二宫店、INNER公寓宝岗大道店和唐顿公寓。

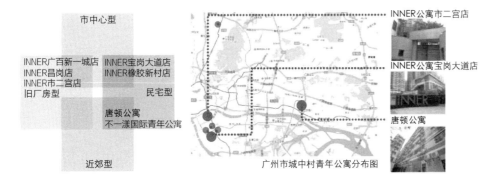

广州市城中村青年公寓分布图

1.2.5 研究框架

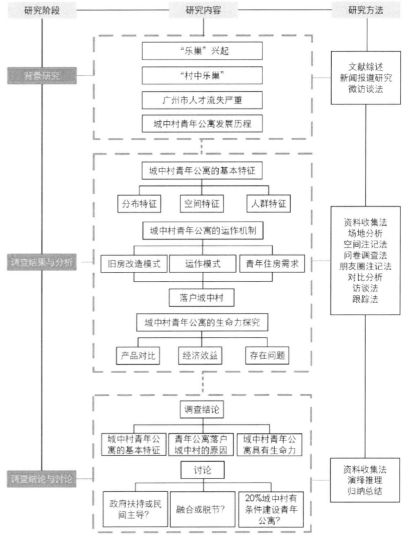

第二章 城中村青年公寓的基本特征

2.1 分布特征：交通方便，生活便利

青年较为依赖公共交通与公共配套设施，故广州城中村青年公寓均选址于周边配套设施相对完善的地段。以唐顿公寓为例，在其10分钟生活圈内基本涵盖了青年日常生活起居所需要的全部周边配套设施，如交通、医疗、餐饮娱乐与休闲、银行、邮局等。

唐顿公寓周边配套设施

2.2 空间特点：户型虽小，配套完善

（1）以小户型为主

室内家具配置较为简单，旨在舒适宜居。小户型在满足青年租户单人或两三人合租需求的同时也确保了较低的租金。

户型	平面图	面积	价格	适合人群	室内透视
单间		约25㎡；小户型；室内空间较小且基本无隔断。可以自己买家具或改变家具的摆放位置以提高使用效率。	1800元/月 INNER公寓 1000元/月 唐顿公寓	目前经济比较拮据的青年租客，可一人居住或两人合租。	
LOFT		约34㎡；小户型；双层空间，卧室与其他空间分隔，形成动静分区。阁楼处私密性强，但层高不足导致稍显局促。	2400元/月 INNER公寓 唐顿公寓无此户型	追求个性的青年租客，LOFT中的大户型可两人合租。	
一房一厅		约40㎡；室内空间较大，动静分离，层次相对明显。与单间和LOFT相比，它增加了封闭式厨房。	2800元/月 INNER公寓 1500元/月 唐顿公寓	经济状况较好、有会客需求或需要保障卧室私密性的青年人群。可两人合租。	
两房一厅		约55㎡；室内空间较大，活动范围广，居住质量较好，且通风采光较为良好。	3400元/月 INNER公寓 2800元/月 唐顿公寓	适合喜欢交流的青年租客，两人或三人合租更划算。	

"村中乐巢"——广州市城中村青年公寓现象研究

(2) 户内空间具有多样性

青年的生活方式较为多元，他们对居住空间也有着不同的要求。在广州，青年公寓拥有多种生活配套组合，居住空间也呈现出多样性。INNER公寓甚至有"我的范，我做主"项目出资鼓励租客自己对房间进行个性化的改造。

(3) 配套服务完善

INNER公寓向租客提供了针对青年人生活习惯的各种便利服务，如快递收发、送餐上门等。同时有24小时保安值班和摄像头监控，保障租客的安全。

(4) 公共空间丰富

由于户型较小，租客的社交和活动场所不可避免地从公寓内移向公寓外。因此城中村青年公寓一般有更多的公共空间，如小型电影院、咖啡厅等，以满足青年的需求，同时营造有归属感的社区。

快递收发　家政清洁　治安监控　家电维修　网络服务　送餐上门

针对年轻人生活习惯提供的便利服务

创业交流　节日派对　K歌大会　跳蚤市场　阅读交流　健身娱乐

迎合年轻人兴趣组织的各种交流活动

2.3 人群特征：低年龄、高学历，相互交往密切

(1) 低年龄、高学历

81%的INNER租客年龄介乎18-25岁之间，男女比例较为均衡，其中约四分之一的租客月薪在3000元以下，月薪在3000-5000元和5000-6500元区间内的租客分别占37%和32%。

(2) 租户交往密切，形成社交圈子

INNER公寓从开租起几乎每月都会给青年租客提供线下聚会的活动。同时公寓有创业平台Redroom项目，由首批23位社区租客众筹建立，计划提供支持青年创业孵化的服务，为租客提供资金、技术和人脉支持。

INNER租客基本信息

INNER公寓近半年来活动

活动照片

NO PETS　NO KIDS　NO FAMILY　YOUTH ONLY

准入条件

租户组织

INNER住户
李先生

住在这里，慢慢地有了牵挂。所有的住户都在一个微信群里，就算凌晨5点喊声"饿了"，也会有不眠者回应几声，说不定还会贡献吃的。新住户加入后，也不会有融不进的隔离感。老住户会主动问候新住户，还帮助他们融入集体。

INNER住户
李先生

我2015年年初搬进来，现今因结婚搬走了，但很多记忆都在。那时候，大家都聚在花园里，我还比较内向。但每次路过花园的时候，他们总会喊我一起玩，我特别开心！特别特别开心！

INNER住户
陈小姐

住进INNER后与来自五湖四海的人成为邻居，我们彼此之间也产生了很多交集：房间偶尔出现蟑螂，邻居帮忙灭掉；不懂安装家具，邻居帮忙研究；出现感情问题找人倾诉，邻居成为倾听者；遇到不懂的事情，邻居帮忙想办法等。类似这样的事情日常中我们经常会遇到。因此彼此成为邻居也算是一种缘分。

租客意见

第三章 城中村青年公寓的运作机制

3.1 旧房改造模式：以民宅和厂房改造为主

3.1.1 由城中村民宅改造

民宅平面各异，所以由此改造的青年公寓空间较为多元。同时因为建筑改造前后均为居住空间，因此在空间方面较有优势，改造成本较低。

3.1.2 由厂房、仓库改造

青年公寓和厂房等工业建筑具有较大的相似性，即结构和空间体系模数化，规整的平面使得改造青年公寓的成本较小，但厂房建筑空间进深较大，若简单将平面铺开则会造成较大的安全隐患，且居住质量较差。一般改造策略如下：

结构：选择框架结构的厂房以减少改造难度。如INNER市二宫店原为三跨厂房，柱间距8~12m，无需改变柱距即可直接分隔空间。

内部空间：改造做法一般为厂房中部设置走廊，作为交通空间或设置工程设备管线，南北两向增加墙体布置房间，以此来分隔大尺度厂房空间，减小体量，同时在建筑中部设置楼梯来组织交通。

建筑立面：对外墙进行加固以及重新粉刷，如INNER公寓一般选用青年公寓统一的亮黄色与蓝色，突出青年公寓的特征。

基础设施和生产设备：在改造厂房的过程中一般将其中具有的可以满足非生产性功能要求的基础设施，如供电、供热、供水、排水等重新利用，这是减少投资、节约能源的有效技术措施。

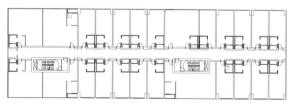
INNER市二宫店C栋平面

INNER市二宫店C栋走廊透视

3.2 运营模式：旧楼改造，出租为主，集中管理

（1）投资模式：改造闲置物业

房地产投资企业对村民闲置的城中物业进行专业化开发或提升改造后，出租给正在工作、求职、创业的青年群体作为居住地，采用集中规范管理，同时使村民获得固定的租金回报。

（2）经营模式：出租为主，分长租和短租两种

INNER公寓和唐顿公寓均为长租公寓（租期至少为半年以上的公寓）。长租公寓人员流动较少，管理更为方便和安全，也容易在青年租客之间形成融洽和谐的邻里关系，增加社区凝聚力。

不一漾国际青年公寓则为短租公寓，房费支付灵活多样：可以按天交、按周交、按月交。这种公寓给考研青年提供了便利。

（3）管理模式：集中管理，具有进入门槛

目前广州的城中村青年公寓仅面向未婚青年，且携带宠物者不得入住。因此租客的素质特点、生活习惯较为相似，更方便管理。

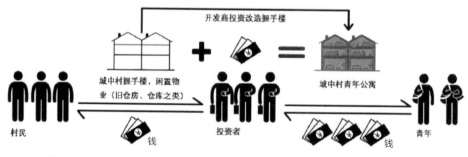
城中村青年公寓的开发流程

顺应市场规律，就能够找到问题的解决方法。除了付给村里的租金，钱主要用在完善硬件设备，比如改造地下的排水系统，重新装修建筑，增加消防设备和安防监控设施等。虽然前期资金投入大，但是回报稳定，现金流充裕，我已经很满足了。

INNER公寓创始人吴伟光

3.3 青年租房需求特征

3.3.1 普遍存在购房过渡期，租住市场需求较大

从问卷结果来看，约74%受访的18~25岁青年在未来5~7年无购房打算。广东省人社厅发布的数据显示广州青年毕业1年后平均月薪为6505元，若无家庭出资帮助则在短期内没有能力购买房屋，因此主要通过租赁房的形式进行过渡。但随着广州住房市场不断升温，房价持续攀高，购房过渡期限也逐渐延长。

除此之外通过访谈可知，很多外地来广州的青年在刚工作时不希望将自己固定在某一个房子上。调研发现受访青年中50%的外地青年人倾向于在广州工作5年、7年后离开广州，因此他们更倾向选择灵活性强的租住项目。

3.3.2 租户需求层级

从问卷中我们可以看出青年的居住需求是有层级之分的。

a. 第一层级：基本居住

青年在租房时最关心的问题是居住地段，它在影响因素排序中居于首位。由于大学生刚工作时工资并不高，因此租房所要花费的费用成为受访对象最大的顾虑之一。在能够承受的租金方面，近九成的调查对象认为租金占月收入的10%~30%是能接受的，大约10%的人能接受租金超过月收入的30%。

b. 第二层级：环境与服务

房屋的舒适度、家电设施是否齐全、治安是否良好、是否有活动绿地等因素成为青年们最关心的第二个要素。过半受访青年对所租公寓的现状不太满意，有人甚至表示如果能升级环境与配套，增加15%的租金也愿意。

c. 第三层级：交往与交流

在选择公寓的影响因素排序时，"与同龄人交往"这一因素得分仅为1.47，处在末尾。但在后续关于公共空间的调查中，约八成青年希望增加公共空间和社区活动，有些甚至积极提出建议。

这反映出青年在租房时首先会满足低层级的需求，但他们依然渴望交往和聚会的机会。城中村青年公寓在两者间达到平衡，提供了一个既能享受良好区位、较低租金，又能与同龄人密切交往的平台。

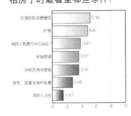
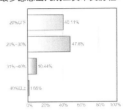
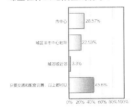
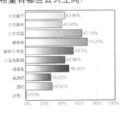

> 毕业之后我想暂时先留在广州，找到工作再待上几年。可是我一直都找不到又便宜又好的房子，只好租了猎德村的出租屋。
>
> 青年B，24岁，汕头人

> 我现在住的地方周边的环境实在不是太好，也没有健身房、游泳池之类的设施，但是它离我工作的地方非常近。如果配套能做得好点，那多加些租金我也愿意。
>
> 青年A，26岁，鹤山人

3.4 落户城中村

第四章 城中村青年公寓的生命力探究

4.1 产品对比

4.1.1 与一般城中村出租房对比

 卫生条件

经实地调研和访谈，发现唐顿公寓和INNER公寓均对自身内部环境卫生有较为规范的管理，卫生条件相对提高，青年租客的身体健康有所保障，居住心理感受也更好。

 治安环境

通过公寓管理方访谈得知唐顿和INNER均存在租客准入门槛，租客群体特征较为统一，便于管理；同时实行更为专业和规范的出入管理，并有24小时治安监控和保安轮值，租客的人身和财产安全更有保障。

 物业水平

问卷调查反映，相比一般出租屋，唐顿和INNER能为青年租客提供更规范化的管理和服务，效率更高更便捷，更符合年轻人的使用需求。

 个性化风格

实地考察和问卷调查均反映唐顿和INNER公寓在户型、面积、实用性等方面更符合青年的生活需求，空间布局灵活，室内装修风格依据青年的身心需求而设计，提高了青年租客的居住舒适度和归属感。

 同龄人社区

公寓微信公众号和租客们的朋友圈反映，两家公寓都会不定期组织各种聚会活动，能更好地满足年轻人在居住生活中的社交需求，更有利于青年的身心健康。

 价格偏高

城中村青年公寓提供更优质的住房和服务，因此收费也相对更高。城中村一般出租房的单间为500～900元/月，而唐顿公寓一个单间价格为800～1300元，INNER公寓市二宫店为1800元。

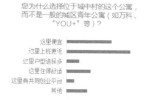

"村中乐巢"——广州市城中村青年公寓现象研究

4.1.2 与城区普通青年公寓对比（如小米、"YOU+"）

 价格优势

INNER公寓宝岗大道店一个单间1800元，同一地段的魔方公寓为2400元/单间。INNER为尚不具备购房实力的青年提供了一个相对低廉的居所。

 职住就近

问卷调查显示，上班更近是青年们抛弃市中心而选择位于东圃的唐顿公寓的最大原因。通勤时间越短，则自由时间越多，自主掌握生活节奏，提高幸福感。

 缺少绿化

实地考察发现唐顿公寓用地内几乎没有绿地，INNER公寓稍有一点绿化。主要原因是用地紧张，楼间空地优先满足通行需求，难以顾及环境绿化等景观需求。

 远离喧嚣

唐顿公寓的问卷中有部分租客反映，相比起繁华的城区，相对安静的城中村环境更舒适、更适合自己，位于城中村的唐顿公寓正是满足了这一类型青年的需求。

 创业平台

INNER创业公寓为渴望自主创业的青年人提供创业平台，通过"青年公寓+创客空间"的模式将分散在城市各处的创业者聚集起来，有助于解决人才聚集和交流的问题。

 **旧楼隐患**

唐顿和INNER分别由旧民宅和旧厂房改造而来，可能存在房屋结构等安全隐患。尤其是唐顿公寓周边建筑密集，可能带来消防隐患。

4.2 产品效益

4.2.1 经济效益

（1）降低青年在城市的居住成本

地处城中村使得城中村青年公寓具备明显的价格优势，而且青年公寓模式及其提供的管理服务又更贴合青年的身心需求，既减轻了青年群体在毕业初期遇到的租房压力，又为其提供了良好的居住和创业环境。

（2）盘活闲置物业，促进资源转化利用

城中村青年公寓选择适宜的城中村旧楼，升级改造为适合年轻人居住的公寓，提高了城中村地产资源的质量和利用率。项目整体的人气、知名度和潜在客户，对房产租赁市场起积极作用。

城中村青年公寓与同地段其他产品价格对比

市二宫地段 单位：元

		LOFT	单间	一房一厅	两房一厅	三房一厅	四房及以上
城中村青年公寓		小2400；大3200	1800	2200~2800	3400	—	—
普通住宅小区（较新，中高档）	江南翠菊园	—	—	2000~3400	3000~5000	4000~5000	7500
	东华星域	—	—	2800~3500	4200~5500	4500~6000	—
普通住宅小区（较旧，低端）	二宫小区	—	—	1600~1900	2500~3300	—	—
	嘉丽苑	—	—	1500~2500	2000~3300	3500~3800	—
普通城中村住宅楼		—	600~1500	600~1800	1200~2800	—	—

宝岗大道地段 单位：元

		LOFT	单间	一房一厅	两房一厅	三房一厅	四房及以上
城中村青年公寓	INNER公寓	小2400；大3200	1800	2200~2800	3400	—	—
普通青年公寓	魔方公寓	—	2400~2500	3000~3400	—	—	—
普通住宅小区（较新，中高档）	翠城花园	—	—	2000~3500	3000~4500	4500~6000	6000~8300
	海富花园	—	—	2000~3200	3200~4000	3800~5500	4200~6000
普通城中村住宅楼	沙园街道普通住宅	—	400~1000	800~1500	1200~2000	—	—
	昌岗小区	—	—	500~850	750~1650	2500	—

城中村青年公寓租金在1800~3400元区间上，价格接近附近地段的中高档小区，但是与中高档小区对比起来还是有优势的，与附近地段普通青年公寓相比价格存在绝对优势；比城中村普通出租房价格高出1~2倍。由此可见：

同一地段内出租房价格

城中村普通出租房 < **城中村青年公寓** < 普通住宅小区 < 普通青年公寓

第四章 城中村青年公寓的生命力探究

"村中乐巢"——广州市城中村青年公寓现象研究

（3）提高物业项目档次和收益水平

青年公寓在外观、居住档次和租金上均高于一般城中村出租房，其收益水平在各类房产租赁项目中属于高回报，且青年公寓具有长期稳定的需求基础，项目回报较为稳定。

4.2.2 社会效益

（1）减少群租模式的混乱现象，提高区域治安水平

群租带来的消防、治安、卫生等问题显著且难以避免，青年公寓对于租客群体的筛选、日常的治安和消防管理等工作能有效遏制此类负面影响，从而改善其所在地区质量。

（2）提高区域人口素质水平，增强区域人才竞争力

城中村青年公寓能吸引大量毕业初期的知识青年流入，且该模式又是完全市场化运作，比起政府专项扶持的"人才公寓"等项目可操作性更强，惠及面更广，更能有效留住人才。

（3）改善城中村风貌，提升城市整体形象

城中村青年公寓的建筑风格具有一定档次和特色，能在一定程度上改善城中村建筑风貌、人口结构及素质水平，从而提升城中村物质空间环境和精神文化氛围，对城中村乃至整个城市的形象都有正面影响。

4.3 存在问题

（1）与城中村联系不密切，影响力有限

根据访谈信息，现阶段的城中村青年公寓对周边影响有限，这一方面是因为年轻人生活习惯与周边居民相去甚远；另一方面是因为现时城中村青年公寓尚未形成规模，单个公寓居住人数少，难以形成规模效应。

（2）投资回报率低，开发模式难以为继

现时新建物业型的服务式公寓利润空间一般在10%～15%，投资回报率偏低，很少开发商愿意投资此类项目。尽管城中村青年公寓属于旧楼改造，前期成本有所下降，但投资回报始终不高，不一定能引起开发商的投资热情。

"青年公寓，你怎么看？"——城中村青年公寓对周边居民的影响

❶ 公寓门前便利店大叔

青年公寓建成后，我的生意变好了，有的租客半夜也会来买东西。我跟一些熟客还成了朋友，不时聊两句。

❷ 公寓门前燕塘牛奶店大叔

我开店比较晚，开店后年轻人已经出门上班了，所以对我生意影响不大。听说青年公寓里外都装了监控，四个保安轮流值班。公寓老板还安排了两个保安在城中村里执勤，治安挺有保障的。

❸ 公寓侧街小巷便利店老板娘

公寓建成以来就有保安24小时值班，我们附近的环境和治安都好多了。年轻人都喜欢网购，很少来店里买东西，都是来收快递。

❹ 公寓对街鸡蛋灌饼摊大姐

最近多了很多年轻人来帮衬生意。我不知道那里盖的什么公寓，只知道那里刚招租几天就租满了。

❺ 公寓对街烧烤摊大叔

我在这里卖烧烤十多年了，以前东圃有抢劫偷东西的，现在治安和环境都变好了。虽然生意时好时坏，小偷也还是有，不过少很多了。

❻ 一条街外的奶茶店小妹

感觉生意没什么变化，治安好像也没什么改变。

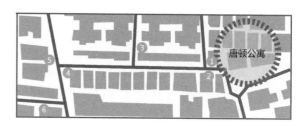

第四章 城中村青年公寓的生命力探究

第五章 调查结论与讨论

5.1 调查结论

(1) 城中村青年公寓的基本特征

城中村青年公寓具有交通便利、配套完善、租客学历高以及租客交往密切等特点。

(2) 青年公寓落户城中村的原因

在反对大拆大建，鼓励社会资本介入城中村改造的背景下，广州市的城中村青年公寓应运而生。青年迫切的住房需求与城中村急需改造提升的现状碰撞出了城中村青年公寓这一独特产物。

(3) 城中村青年公寓具有生命力

a. 为青年提供落脚大城市的临时居所

城中村青年公寓，一方面满足了刚毕业青年对于住房的品质要求；另一方面，相对低廉的价格也符合青年群体的承受范围。

b. 提高城市竞争力，挽留高素质人才

城中村青年公寓作为挽留高素质人员、保障人才供应的重要举措已经成为推动城市化进程、加快区域发展的有效途径。

c. 提升城中村形象，加速城中村改造

城中村青年公寓的引入，可以有效地减少城中村加建、扩建的情况，有助于提升城中村的形象。因为规范了准入门槛，设置了完善的安保措施，城中村青年公寓对于细致管理城中村外来人口、提升城中村治安环境方面都具有现实意义。另外，青年公寓的引入，也优化了城中村的人口结构，促进了城中村的业态升级，加速了城中村的改造。

5.2 讨论：城中村青年公寓的发展前景怎么样？

(1) 政府扶持或民间主导？

城中村青年公寓目前是完全市场化的产物，如果想要走得更远，势必需要政府明确态度，并给予相关政策的扶持。根据调查，多数城中村青年公寓处于供不应求的状态，但实际上它并没有成为一种风靡的现象。这与城中村集体用地特殊的用地性质，投资者的投资回报比率不甚乐观以及缺乏政府的政策引导都具有一定的关系。总体来说，政府态度的明确会给投资者带来一剂定心丸。

(2) 融合或脱节？

根据调查我们发现，城中村青年公寓与城中村的联系并不紧密，这会导致城中村空间的分层，无法达到逐步影响、有效改造的目的。如何促使城中村与青年公寓之间产生更多的交流和融合是城中村青年公寓想要走得更远必须考虑的问题。

(3) 20%城中村有条件建设青年公寓？

通过区位条件、通勤时间、现有建设状况等条件的筛选，我们发现广州市现存的139个城中村中，有近20%具有投资建设青年公寓的条件，如石牌村（天河区）、龙洞村（天河区）、石溪村（海珠区）等。如此看来，青年公寓进入城中村这一方式有机会成为城中村改造的有效触媒。

参考文献

[1] 闫小培, 魏立华, 周锐波. 快速城市化地区城乡关系协调研究——以广州市"城中村"改造为例 [J]. 规划研究, 2003(3): 30-38.
[2] 钟平平. 城市青年廉租公寓居住空间研究 [D]. 长沙: 湖南大学, 2012.
[3] 常丽莎, 吴笛. 青年的居住模式与人性化研究 [J]. 现代城市研究, 2003(3):70-73.
[4] 王立君. 我国城市青年公寓发展对策与思考 [J]. 山西建筑, 2009, 35(17):35-36.
[5] 李琳. 青年公寓的商业运作模式 [J]. 中国房地产, 2011(5):64-65.
[6] 潘雨红, 张昕明, 张冬梅, 等. 高学历青年流动人口居住情况与需求特征研究 [J]. 规划广角, 2013, 29(S2): 246-249.
[7] 庄志强. 广州市城中村改造政策与创新策略研究——以白云新城地区为例 [D]. 上海: 同济大学, 2008.
[8] 叶小玲. 广州市毕业大学生住房问题调查研究 [C]//中国城市规划学会. 多元与包容——2012中国城市规划年会论文集（06住房建设与社区规划）. 昆明: 云南出版集团公司, 云南科技出版社, 2012:5.
[9] 甘灿业. 城中村存在的问题及对策分析——以南宁市西乡塘区秀灵村为例 [J]. 经济与社会发展, 2009, 7(2): 142-145.
[10] 蓝宇蕴. 论市场化的城中村改造——以广州城中村改造为例 [J]. 中国城市经济, 2010(12): 275-278.
[11] 赵桂珠, 谢栋. 城市青年公寓发展对策研究 [J]. 城市建筑, 2015(6):1.
[12] 牛思远, 周滩珊. Inner公寓：青年公寓里的创客生意 [N]. 南方日报, 2015-12-2.
[13] 周露. "房中村"青年公寓设计分析 [J]. 大众文艺:学术版, 2014(11):108-109.
[14] 么咏仪. "青年公寓+创客空间"互联网新型社区排行榜 [J]. 互联网周刊, 2015(10):46-48.

"村中乐巢"——广州市城中村青年公寓现象研究

附录一：调查问卷1（问卷发放为网络问卷，由问卷星提供）

广州市青年公寓市场需求调研

Hello！我们是xx大学城市规划专业的学生，正在做一个社会调研。在广州工作的你们，到底想住什么样的公寓，想要什么样的服务呢？这就是我们的调研内容啦。您的想法和意见对我们很重要，我们也会为您保密的，所以请放心大胆地填写吧！感激不尽！
（注：青年公寓指的是，专为年轻人设计的、配套齐全、装修精致，并提供公共交流空间和活动的青年人社区。）

1.年龄
A.18～22岁 B.23～25岁 C.26～30岁 D.31～45岁 E.>45岁

2.出来工作多久了？
A.尚未 B."小鲜肉"，刚出来一两年 C."大师兄"，奋斗三五年了 D."老江湖"，摸打滚爬五年以上了

3.准备买房吗？
A.名下已经有房了 B.毕业后五年内买 C.毕业后七年内买 D.五到七年内不考虑买房

4.愿意租房子住吗？
A.想跟朋友/闺蜜合租 B.想跟男朋友/女朋友合租 C.想自己住 D.住家里 E.住学校/单位宿舍

5.最多愿意拿出工资的几成来交房租？
A.20%以下 B.20%～30% C.31%～40% D.40%以上

6.租房子时最看重哪些条件？【排序题】（从最重要到最不重要）
A.价格 B.地段（距离市中心远近） C.交通和生活便捷性 D.治安及物业管理 E.环境舒适 F.同龄人交往
G.房型、质量及硬件配套

7.希望在什么地段租到房子？
A.市中心 B.城区非市中心地带 C.城郊或近郊 D.只要交通和配套完善，以上都可以

8.对于房子本身的条件，最注重什么？【排序题】
A.户型及房间格局 B.房间装修风格 C.硬件配套(家具、家电) D.隔声效果 E.通风采光

9.希望提供哪些服务？【多选题】
A.送餐 B.家政清洁 C.家电维修 D.快递收发 E.宠物托管 F.洗衣 G.其他预约服务：＿＿＿

10.希望有哪些公共空间？【多选题】
A.公共客厅 B.公共厨房 C.公共花园 D.健身房 E.咖啡厅/茶室 F.小型电影院 G.阅读室 H.桌游吧
I.酒吧 J.还有：＿＿＿

11.希望举办哪些社区活动？【多选题】
A.节日/生日派对 B.创业者交流会 C.聚餐及茶话会(如下午茶、烧烤、火锅等) D.酒会
E.跳蚤市场(闲置物品买卖) F.电影交流会 G.K歌大会 H.猜谜游戏、运动小竞赛等 I.还有：＿＿＿

12.你心目中理想的青年公寓什么条件最重要？【排序题】(从最重要到最不重要)
A.丰富的社交活动(同龄人社区) B.个性化房间布局(装修风格) C.家具家电齐全，拎包入住
D.一站式服务(快递收发、家政、送餐、洗衣、维修、宠物托管等) E.交通和生活配套 F.环境整洁与绿化
G.24小时治安监控 H.还有：＿＿＿

附录二：调查问卷2（问卷发放为实地派发）

广州市城中村青年公寓现状及优势调研

您好！我们是xx大学城市规划专业的学生，正在做一个关于城中村青年公寓现状及优势的社会调研，希望了解公寓租客的感受和评价。您的想法和意见对我们很重要，我们将为您的信息保密。谢谢您的合作！

一、基本信息
年龄： 18～25岁 26～30岁 31～40岁 40岁以上
租期： 一年 两年 三年

二、调查部分
1.您觉得住在青年公寓里，比一般的城中村出租屋好在哪里？（多选）
A.环境干净，不会垃圾满地 B.绿化好，既养眼又舒心 C.治安比一般城中村好，更有安全感
D.都是年轻人，交流更多，社区氛围更融洽 E.房间装修和配套更适合自己
F.物业管理更有效率，水电包修 G.其他：＿＿＿

2.您为什么选择位于城中村的这个公寓，而不是一般的城区青年公寓（如万科、"YOU+"等）？（多选）
A.这里便宜 B.这里上班更近 C.这里有年轻人共同创业的平台 D.这里户型选择多
E.这里住得舒适 F.其他：＿＿＿

3.您所居住的青年公寓具有哪些普通青年公寓的特点？（多选）
A.邻里氛围良好，交到了新朋友 B.比较个性化，符合自己的生活方式
C.拥有更多分享和交流的机会 D.可以自主管理公寓 E.其他：＿＿＿

4.如果钱攒起来了会不会搬离这里？想搬去哪里？
A.城区的青年公寓 B.城区的一般公寓 C.在城区买个房子 D.不想搬走 E.其他：＿＿＿

再次感谢您的参与，祝您愉快！

主 题 三

城 市 更 新

老城 新馆
粤剧艺术博物馆——规划视角下的用地与建筑调查

作者学生：叶鸿任、周煊祥
指导老师：李昕

华南理工大学城乡规划学科
2019城乡认识调查研究报告
优秀作业

扫码阅读
彩色版本

1 项目背景 Background

老城 新馆
粤剧艺术博物馆——规划视角下的用地与建筑调查

项目区位

图1-1 地理区位 图片源自作者自绘

图1-2 交通区位 图片源自作者自绘

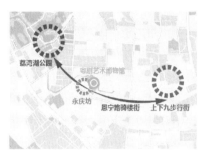

图1-3 周边资源 图片源自作者自绘

地理区位
粤剧艺术博物馆位于广州市荔湾区恩宁路以北，元和街以南，多宝坊以西地段。
南临恩宁路骑楼街，西南临永庆坊，东临多宝坊。

交通区位
粤剧艺术博物馆靠近内环快速路，与城市干道相接，交通可达性比较高。
博物馆附近分布着较多的公交站点，**距离最近的地铁站步行仅需8分钟，距离公交车站步行仅需2分钟。**

周边资源
粤剧艺术博物馆位于恩宁路骑楼街，具有十分浓厚的历史人文气息。它连接着东边的上下九步行街和西边的荔湾湖公园两大著名景点，并且紧邻永庆坊，形成相辅相成、联动发展的格局。

历史背景

历史建设背景
在20世纪初广州拆除西关大屋兴建骑楼街时期，恩宁路街区成为当时的被改建街道。政府认为骑楼街适应广州炎热多雨天气，且方便形成商业街，故**进行大规模的骑楼街建设**。根据当时的规范——"80英尺（约24米）马路允许建15英尺的骑楼，但底层高度不得低于15英尺（约4.6米）"，恩宁路道路宽约12米，两侧骑楼街高约9米，恩宁路街区形成了狭窄密集的肌理。当时道路宽度的规划并未考虑未来汽车交通的加入，导致现在在一些交通节点上容易形成拥堵，而道路的拓宽会影响到周围骑楼街的保护。在这样拥挤的居住街区中放置一个庞大的博物馆，容易产生不协调的地方，因此**细腻肌理与巨大公建的相互作用与相互融合成为我们的关注点。**

图1-4 骑楼街 图片源自百度图片

粤剧博物馆原址为一片民居，除居住外未有其他功能。由于老城区房子年代久远不适宜市民生活生产，**广州开展危房破房拆除改建，并将恩宁路街区列为首个旧城改造项目**。后政府征收该地，对危房进行拆迁，并在无原有建筑保留的基础上建设了粤剧博物馆。

历史文化背景
清朝，粤剧艺术在西关萌芽。近代因黄沙码头为珠三角最重要的枢纽，吸引了粤剧"大佬倌"们聚集此地，一些粤剧名家如薛觉先、红线女、李海泉等均曾在此居住，让**粤剧成为恩宁路最为耀眼的文化名片**。八和会馆、銮舆堂以及众多"私伙局"以粤剧文化的交流、传承和壮大为己任，此处成了不少海外粤剧人的"根"。
恩宁路就是这么一个拥有浓厚粤剧文化底蕴的地方，粤剧艺术博物馆建设在这里，能够很好地承载这深厚的粤剧文化。

发展阶段

2006年
广州提出城市发展"中调"战略
恩宁路连片危破房改造项目作为广州的首个旧城改造项目启动

2007年
政府对外公布恩宁路拆迁范围

2008年
恩宁路改造规划区内正式开始拆迁

2009年
粤剧艺术被联合国教科文组织收录于世界非物质文化遗产目录中

2012年
广州市政府拟于旧城区西关择址建设粤剧艺术博物馆

2016年
广州粤剧艺术博物馆正式对公众开放

2018年
习近平总书记到西关历史文化街区恩宁路考察，要求做好城市的文化传承工作

……

总结
恩宁路老旧街区的拆迁与粤剧艺术博物馆的建设并不存在必然的因果联系，它坐落老城中不过是一场美丽的偶然而已。
但它很好地承载了老城中的粤剧艺术文化，并且很努力地去适应老城的氛围。

2 用地调整
Current Use of the Land

老城 新馆
粤剧艺术博物馆——规划视角下的用地与建筑调查

用地调整对比

用地历史变迁

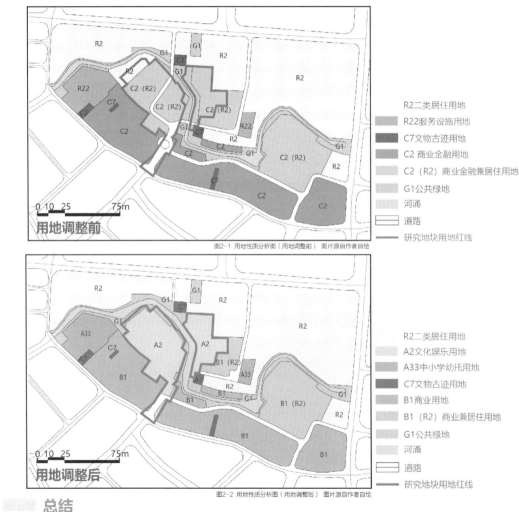

图2-1 用地性质分析图（用地调整前） 图片源自作者自绘

图2-2 用地性质分析图（用地调整后） 图片源自作者自绘

图2-3 用地卫星图（2009年） 图片源自谷歌地图
图2-4 用地卫星图（2012年） 图片源自谷歌地图
图2-5 用地卫星图（2015年） 图片源自谷歌地图
图2-6 用地卫星图（2018年） 图片源自谷歌地图

图2-7 用地历史照片（一） 图片源自百度图片
图2-8 用地历史照片（二） 图片源自百度图片
图2-9 用地现状照片（一） 图片源自作者自摄
图2-10 用地现状照片（二） 图片源自作者自摄

总结

从用地调整对比可以看出，粤剧艺术博物馆所在地块由原来的C2（R2）类用地调整为A2类用地后，周边地块基本上没有大的调整。

主要的用地调整变化在于**河涌沿岸的G1类用地连续性得到增强，有利于营造舒适连续的沿河开放空间**。

根据历史照片的对比分析，可以看出**粤剧艺术博物馆的建设为密集的老城肌理创造出开阔的公共空间，大大改善了老城的公共环境**。

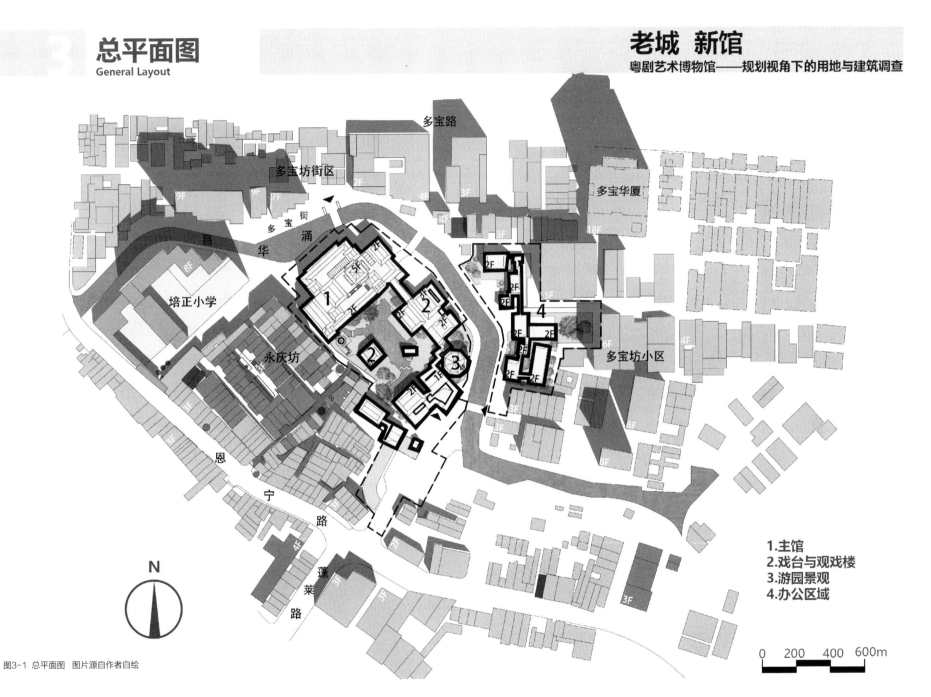

图3-1 总平面图 图片源自作者自绘

4 主要指标
Economic and Technical Indexes

老城 新馆
粤剧艺术博物馆——规划视角下的用地与建筑调查

指标名称	指标数据	数据来源	规范对照	备注总结
用地面积	16243㎡	实测估算	—	分北岸和南岸2个地块
总建筑面积	21644㎡	实测估算	总建筑面积在20001~50000㎡区间内的属于大型馆	粤剧艺术博物馆规模属于大型馆
建筑占地面积	5946㎡	实测估算	—	—
建筑高度	南岸：25m 北岸：14m	官方数据	—	
容积率	1.33	实测估算	—	—
建筑密度	36.6%	实测估算	新建博物馆建筑的建筑密度不应超过40%	粤剧艺术博物馆的建筑密度符合规范要求
绿地率（含水面）	22%	实测估算	—	粤剧艺术博物馆内设有大面积水体，部分绿化以盆栽形式呈现
停车位（地下）	34个	实地统计	博物馆建筑基地内设置的停车位数量，应按其总建筑面积的规模计算确定 大型馆每1000㎡建筑面积应设不少于6个停车位	按照规范要求和建筑规模，粤剧艺术博物馆应设立不小于132个停车位 博物馆现状停车位仅供内部工作人员使用，停车位数量不符合规范要求
建筑后退红线距离	北岸地块 退水面6m；退建筑8m 南岸地块 退水面5m；退建筑4m	实地测量	—	粤剧博物馆对红线的后退充分体现对场地周边的尊重，后退的空间成为服务周边居民区的开放空间

图4-1 主要指标表 图表源自作者自绘
规范参考：《博物馆建筑设计规范》 JGJ 66—2015

总结
从指标上看，粤剧艺术博物馆的建设基本符合规范要求，而且充分体现出其对周边场地的尊重与对周边肌理的衔接适应；
考虑粤剧艺术博物馆所处地块属于老城片区，建设局限性较大，因此关于停车位的规范要求没有很好地满足，只满足内部工作人员的停车需求。
由于停车位的局限，理论上是鼓励游客选择公共交通作为出行方式到达粤剧艺术博物馆的。

5 交通与人流
Transportation and Group

老城 新馆
粤剧艺术博物馆——规划视角下的用地与建筑调查

交通分析

外部交通

图5-1 外部交通环境 图片源自作者自绘

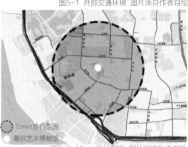

图5-2 15min步行范围 图片源自作者自绘

内部交通

图5-3 内部交通流线 图片源自作者自绘

图5-4 居民步行流线 图片源自作者自绘

从上图可以看出，粤剧艺术博物馆位于路网密布的老城区中，交通可达性较强，而且附近有大量公交站点衔接。博物馆内部交通分为内部人员的工作流线和游客游览路线，这两条路线并不是完全独立，有时会交汇在一起。另外，**居民会穿越博物馆外围的开放空间，博物馆成为居民往返多宝路和恩宁路的必经之地。**

人流分析

活动时间分析

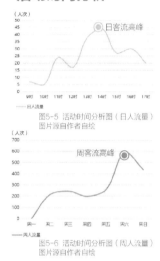

图5-5 活动时间分析图（日人流量）
图片源自作者自绘

图5-6 活动时间分析图（周人流量）
图片源自作者自绘

粤剧艺术博物馆的客流量不大，每日大概几百人次的人流量。**每日下午是一天的客流高峰**，可能是居民下班来散步或者青年前来旅游；而**每周的客流高峰是周六日**。

人流构成分析

进入博物馆游玩的人群来源可分为附近居民和普通游客，以普通游客为主。博物馆与民居之间无阻隔或用桥连通，所以附近居民前来游玩比较方便。

活动频率分析

大部分人是第一次来，值得注意的是，附近居民中第一次来博物馆的占大多数，只有少数居民偶尔进入，观赏馆内景观。**博物馆主体部分对回头客吸引力不足。**

图5-7 活动频率分析图 图片源自作者自绘

交通方式选择

由于博物馆位于老城区，未能解决好停车场问题，建设的地下车库仅对内使用，因此鲜有选择驾车前往粤剧艺术博物馆的，**其中乘坐公交（地铁与公共汽车）成为最多人选择的交通方式**，步行的多为附近居民。

图5-8 交通方式选择分析图 图片源自作者自绘

不同类型人群活动分析

休憩聊天
多分布在博物馆中庭院旁边的楼阁

观景拍照
多分布在博物馆中庭院内

遛狗散步
多分布在博物馆外围开放空间

观展
多分布在博物馆负一层展厅

图5-9 不同类型人群活动分析 图片源自作者自绘

人群调查问卷分析

人们对粤剧博物馆的反响大部分为正面的，少数持不满意态度，主要因为博物馆外围的河涌治理问题。博物馆内设置庭院景观，为游客提供了很多网红打卡点，有学生群体身着汉服结队来拍摄，也有附近居民常来此处喂鱼赏花，能欣赏美景又可收获知识，对游玩的人来说是个好景点。
但从访谈中我们发现大部分居民对博物馆仍保持新奇状态，场馆开放已满三年，仍有不少初次光临的附近居民，并且他们对粤剧有一定兴趣但一直没有了解的渠道，这说明**博物馆的活力和吸引力都还有待提升。**

图5-10 问卷分析图
图片源自作者自绘

6 周边关系 Neighbouring Relationship

老城 新馆
粤剧艺术博物馆——规划视角下的用地与建筑调查

周边业态分析

业态分类

餐饮
餐饮业种类丰富,既有经济实惠的餐馆满足当地居民的餐饮需求,又不乏精致特色的咖啡厅吸引游客消费。

服务
服务办公人群的打印店；
面对周边居民的服务性商铺；
健身房、推拿按摩、美发店、快递店、药房；
面对游客的特色民宿酒店。

购物
多宝路沿街的商铺多是服务周边居民的生活性购物点,如超市、市场、杂货铺等。
恩宁路沿街的商铺除了百货商场、文具店等生活性购物点,还有铜艺、银艺等面向游客的旅游消费性购物点。

办公
商务办公性质的特色工作坊多集中在永庆坊内。永庆坊内独特的人文环境吸引珠宝设计等工作室进驻办公。

业态分布
从图中可以看出,粤剧艺术博物馆周边的商业业态分布多集中沿街分布在其北端的多宝路和南端的恩宁路,以及博物馆西南端的永庆坊内。

图6-1 周边业态分布图
图片源自作者自绘

特色业态空间
多宝路——带状生活服务型业态分布
恩宁路——带状旅游消费型业态分布
永庆坊——块状商务商业综合型业态分布

我们着重关注永庆坊的业态及其对粤剧艺术博物馆带来的影响。

永庆坊作为历史城区微改造项目,在保留原有居住功能的前提下植入新的业态,包括高端商务办公以及面向旅游消费人群的商业业态,如特色餐饮、特色民宿。
永庆坊与粤剧艺术博物馆的文化衔接体现在永庆坊内的**銮舆堂文化展示厅**和**西瓜广场**。
粤剧艺术博物馆作为永庆坊的文化补充,永庆坊的商业业态为博物馆承载相应的旅游服务功能。二者相辅相成,联动发展以吸引更多的人流。

图6-2 永庆坊业态分布图
图片源自作者自绘

开放空间分析

开放空间范围
由于管理的需求,粤剧艺术博物馆有一个比较明确的封闭边界,而周边的空地则对外开放,成了附近居民活动的开放性公共空间。
博物馆周边的开放空间多是围绕博物馆本身沿河涌分布的,这些开放空间成为居民区与博物馆之间十分重要的缓冲空间,形成"**居民区—开放空间—博物馆**"的空间格局。

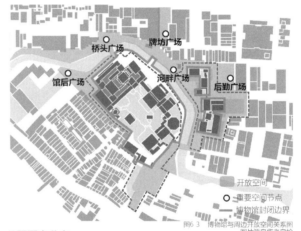

图6-3 博物馆与周边开放空间关系图
图片源自作者自绘

公服配套分布
垃圾收集点的分布较为均匀,满足游客与部分居民的需求,其中靠近居民区的垃圾桶利用率比较高。
开放空间的座椅布置相对集中在东侧博物馆建筑前后,牌坊和桥头也有部分的座椅。**但西端的馆后广场作为永庆坊与博物馆的衔接,却没有安置公共座椅,没有营造出具有停留意义的开放空间。**

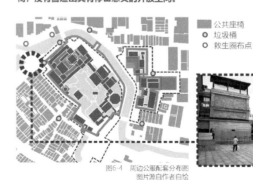

图6-4 周边公服配套分布图
图片源自作者自绘

1 馆后广场

2 牌坊广场

3 桥头广场

4 河畔广场

5 后勤广场

图6-5 广场实景图 图片源自作者自摄

主题三 城市更新

7 建筑解读
Architectural Interpretation

老城 新馆
粤剧艺术博物馆——规划视角下的用地与建筑调查

建筑解读

粤剧艺术博物馆建筑围绕中心湖而建，从入口开始揉入了粤剧诞生及发展的文化元素，**展现岭南传统园林与西方装饰意趣结合的园林景色**，将展览渗入园林布置中，使参观者多元地接收到岭南园林艺术和粤剧艺术。

建筑功能分区

1. 主馆
2. 戏台与观戏楼
3. 游园景观
4. 办公区域

图7-2 粤剧艺术博物馆功能分布
图片源自作者自绘

建筑特色空间分布

普天乐： 建筑屋顶样式为卷棚顶，屋顶装饰运用岭南"三雕二塑一嵌"技艺（木雕、砖雕、石雕、灰塑、陶塑、嵌瓷）。

红船晚沙： 用船的造型塑造凉亭，结合粤剧起源，意为以船上表演为主的粤剧表演方式。周围搭配假山水景，吸引很多游客驻足拍照。

广福台： 水上戏台，致敬最早的粤剧戏台——佛山祖庙万福台，正对着观戏楼，带来良好的视觉体验，充满岭南特色韵味。

西洋楼： 二层小楼，别致雅观，是广东容纳西方文化、中西结合的风格。

八和阁： 建筑屋顶样式为攒尖顶，与普天乐馆内粤剧文化展馆銮舆堂相同，一高一矮相互对应。

贺香楼： 博物馆工作人员的北入口。

地下展厅
地下车库

图7-1 粤剧艺术博物馆剖面图
图片源自百度图片

8 案例对比
Case Comparison

老城 新馆
粤剧艺术博物馆——规划视角下的用地与建筑调查

粤剧艺术博物馆与广东省博物馆

粤剧艺术博物馆是在拥有细腻城市肌理的老城区中的巨大体量，如何适应周边场地成了它最大的考验：用地面积的局限，对周边民居的影响，对老城建筑氛围的呼应协调等。粤剧艺术博物馆通过开放公共空间以提升周边人居环境，减少对附近居民的影响，削减自身体量以适应老城肌理，提炼岭南特色元素进行建筑设计，以顺应周边建筑风貌，**努力把自己隐藏在老城中**……

广东省博物馆是与粤剧艺术博物馆完全不同的存在，它屹立在广阔的新城地块，不用顾忌周边的环境，**肆意释放着自己的个性**……

广东省博物馆概述

图8-1 广州省博物馆
图片源自百度图片

区位条件
广东省博物馆西临广州大剧院，东临中和广场，北临广州图书馆，南靠临江大道，除西面外被主干道包围，而且附近分布着许多公交站点，交通十分便捷。
广东省博物馆不仅自身配备停车场，周围也有较多停车场可以共享，如广州大剧院停车场、广州图书馆停车场、广州第二少年宫停车场。对于广东省博物馆来说，小汽车交通是较便捷的到达方式。

周边业态
广东省博物馆周边业态主要是公共建筑与大型商业广场，人流交叉频繁发生。广东省博物馆面向的主要是家庭出行的人群，同时欢迎单独观展和结伴观展的人，它和周边的建筑关系也是互相依靠，比如人群会在大型商场用餐消费，再进入省博物馆，或游览完省博物馆后再去周围其他公建。

关于绿化
对比粤剧博物馆，广东省博物馆西门口大道两侧的草坪并未种植太多植物，且不对游客开放，其实大道并未给人带来庄严的感觉，反而会觉得夏天很晒。大面积的草地得不到利用，维护成本也较高，与粤剧博物馆比较开放的姿态相比，其实是一种很大的浪费。如果可以更好地经营这片草地，比如举办室外展览、举办亲子互动活动等，或许会给省博物馆注入新的元素。

数据对比

	粤剧艺术博物馆	广东省博物馆
用地面积	16243㎡	41000㎡
总建筑面积	21644㎡	67000㎡
建筑占地面积	5946㎡	9571㎡
容积率	1.33	1.63
建筑密度	36.6%	23.3%
建筑高度	25m	44m
绿地率	22%	37%

图8-2 数据对比图
图片源自作者自绘

根据指标数据可以看出，广东省博物馆的规模比粤剧艺术博物馆要大得多，但建筑密度远比粤剧艺术博物馆小，这是因为粤剧艺术博物馆为了**适应老城的细腻肌理而选择放弃将体量集中，尽可能地铺开以削减自身巨大体量，控制建筑高度**，充分体现了粤剧艺术博物馆对老城的尊重与妥协。

项目对比

	粤剧艺术博物馆	广东省博物馆
用地功能	博物馆	
用地性质	A2	
周边用地	以R2居住用地和B1商业用地为主，类型丰富	以A类用地为主，类型比较单一
项目区位	位于老城区	位于新城区
人流类型	影响力相对不足，除了外来人流，也有附近居民	影响力较大，吸引外来人流，人流量大
交通便捷程度	以公交作为主要出行方式	附近分布有较多的地铁站和公交车站，但需要步行一定距离
开放空间	沿河涌的开放空间对外开放，服务周边居民	馆前公共绿地封闭，不准外来人员进入

图8-3 项目对比图
图片源自作者自绘

虽然两者皆为A2类用地，但由于两者建设所在地块不同，所表现出来的建筑意图和对场地的关系也有很大差异。
位于老城区的粤剧艺术博物馆使出浑身解数把自己融入老城区当中。尽可能多地开放公共空间与附近的居民区衔接，运用仿旧的具有岭南特色的建筑形式等，减弱自身存在感，让自身与老城区融为一体。
而位于新城区的广东省博物馆则"我行我素"、傲立珠江，新城内有足够多的空地去容纳、去包容它，因此它不需要考虑太多与周边场地的衔接。

老城 新馆
粤剧艺术博物馆——规划视角下的用地与建筑调查

9 分析总结
Analysis and Summary

周边关系

粤剧艺术博物馆对周边的态度是友好和开放的。博物馆围合馆内的庭院进行保护，较大程度地向周围居民开放。

同时博物馆与永庆坊相邻，它的后门连接了永庆坊和博物馆的人流，两者互相吸引对方的人群，比如有些游客在永庆坊用餐、购物、拍照，再到粤剧博物馆参观、拍照，两者的功能相辅相承，较好地满足了来这个片区的游人需求。

关于交通

博物馆目前对游客开放的门口只有南边两个，北门对外来人员的禁止减少了附近居民进入的积极性，甚至造成一定程度上的干扰。

博物馆对小汽车车库的规定也让不少倾向于驱车前来的人望而却步，在附近没有停车场、道路较窄难行的情况下，这样的管理方法似乎也是与环境的一种协调。所以我们更多地能看到乘坐城市公交前来的游客和步行、骑自行车经过的市民。

空间感受

粤剧艺术博物馆在空间形态上融合了粤剧艺术和岭南园林艺术，场馆内会不间断播放经典粤剧，将粤剧文化空间的氛围营造得很充分，使游客更容易接受馆内的环境。在室外有追溯历史的建筑与怡人的庭院亲水景观，室内则采用现代展览馆的装饰，有宽敞的休息空间与高大的展览空间，让游客在舒适的环境中了解粤剧文化的精粹。

同时场馆的公共服务设施比较充足。休息椅方面，室外有美人靠和亲水平台，室内有播放室，随时可以歇脚；厕所也在室内外各分布了一处，坑位充足，环境洁净；需要上下楼层的地方配置了手扶梯，垃圾桶分布均匀，为博物馆游览提供了很好的硬件基础。

改善建议

面对周围居民靠很近却不了解的情况，我们认为可以将现在封锁的叠月桥开通，并按博物馆建设初期设想的那样开放一些与居民进行互动的空间，充分利用游廊展馆，在管理制度更完善的情况下或许会增加博物馆的活力。

面对眼前较少的人流量，粤剧艺术博物馆可以考虑着眼于如何增加博物馆自身的吸引力进行发展。比如适当增加粤剧表演的场次；在周末或假日适当延长开放时间，让白天没空的人群可以参观，将这些潜在游客引入馆中；在节假日承办大型活动，宣扬粤剧文化的同时也让周围社区的居民聚在一起，提高社区的和谐度，更好促进与周边地块的良好相处。

图9-1 博物馆周边环境（一）

社区广场　周边民居

室外停留广场　室内停留中庭　游客　附近居民

图9-2 博物馆周边环境（二）

猎德花园 ——规划视角下的用地与建筑调查

作者学生：汤雪儿，张慧岚
指导老师：李昕

华南理工大学城乡规划学科
2019城乡认识调查研究报告
优秀作业

扫码阅读
彩色版本

一、改造背景

猎德花园——规划视角下的用地与建筑调查

1. 背景因素

(1) 政策支持

- 广州发展战略调整——"中调"
"中调"战略的提出标志着广州从拓展阶段迈入优化与提升阶段，着重调整旧城产业结构、危旧房与"城中村"的改造。

- 广州发展方式调整——"三旧改造"模式
在"中调"的背景影响下，一方面是广州城市发展建设空间越发窘迫的内在要求；另一方面是中央和省政府宏观政策倾斜的外在机遇，使得"三旧"改造势在必行。

(2) 改造迫切因素

- CBD与城中村城市风貌的极大效应差
- 亚运会的举办
- 猎德大桥建设

(3) 区位条件

- 区位概况
猎德村地处广州市珠江新城CBD的核心位置，东边与广粤天地相邻，南边面向珠江，西边是广州城市中轴线，北边紧邻花城大道。

图1-1 区位

● **交通条件**

猎德村周边公共交通便捷，紧邻5号线和APM线，附近地铁站有猎德站和潭村站，公交站分布密集。猎德村被花城大道、猎德大道和临江大道三条城市主干道包围，可满足市民多种出行方式的需要。

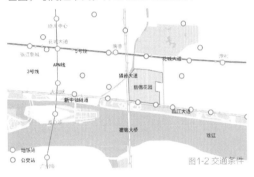
图1-2 交通条件

● **周边建筑类型**

猎德村周边建筑丰富，主要以高层居住区以及商务和商业办公区为主，还有配套的教育区。周边基础设施的建设与房价的高涨，带动了居住和商业的需求。

图1-3 周边建筑类型

2. 发展过程

● **历史村落**
——九百年历史的猎德村
地理空间上背山面水，山水田构建的一涌两岸村落"风水"环境。
其空间布局体现岭南典型的整体格局和村庄肌理。

● **旧城中村**
——1994年珠江新城规划，对猎德村实行耕地征用。
村民不再务农，村经济开始非农化，大多数村民收入来自出租屋收入。
村集体以合作方式开发了美居中心、利雅湾、高德中心大厦等高端项目。

● **新城中村**
——2007年，土地拍卖，开始拆迁。
——2010年，桥东安置房修建完成，村民回迁。
——2013年，桥西商业综合体修建完成。

图1-4 历史村落

图1-5 村落肌理图

图1-6 未改造前城中村的状态

图1-7 拆迁建设中的猎德村

图1-8 安置房修建完成

图1-9 桥西商业综合体

政策、客观条件影响以及其区位决定了猎德村的改造不可避免、难以替代；其发展历经"历史古村—旧城中村—新城中村"的改变。

二、开发模式与土地现状

猎德花园——规划视角下的用地与建筑调查

猎德花园是广州市第一个引入房地产开发商参与城中村改造的典型案例，其改造模式的特点主要是通过在交易市场拍卖村中的部分土地获得改造的启动资金，用于对村民的货币赔偿、回迁房建设以及村集体物业的发展，实现了改造项目的经济收支平衡。

1. 改造模式

确立了以市、区政府主导，村集体为改造实施主体的组织形式。通过市、区、村集体三个层面协调分工、职责明确的监控、管理、实施改造旧猎德村。政府通过给予减免税费等政策和实施市政配套工程等给予支持，又通过城市管治方式约束猎德改造方案及其实施过程。而村集体自身的权威性和合法性又对改造实施的顺利进行提供了可靠的保障。政府"代征代拍"的全新角色既避免了开发商介入复杂的拆迁领域，又避免村集体的改造行为受开发商影响。

图2-1 改造参与各方开发协作模式

2. 土地划分结构

采用"土地三分制"原则，划分为桥东、桥西和桥西南。其中桥东仍保留集体土地性质，作为村民回迁安置小区；桥西土地转变成国有土地，按照商业用地性质进行拍卖，所得巨款用于桥东地区回迁房的建设资金；桥西南土地仍保留集体用地性质，并新建可提高村集体经济收入的酒店。改造建设过程则采用滚动式拆迁重建的方式，先拆迁桥西，后桥东部和桥西南部。

	建设用地面积（hm²）	容积率	功能	土地产权
桥东（回迁安置片区）	13.2	5.2	居住、教育	集体用地
桥西（开发商融资片区）	11.4	7.9	商业	国有土地
桥西南（村经营片区）	3.2	5.4	酒店、商业办公	集体用地

图2-3 三片区改造后情况

图2-2 土地现状类型图

图2-4 猎德村土地利用空间结构

3. 模式对比

综合对比各类的城中村，可以看出使用同一种改造模式的地区往往拥有类似的布局分区，**即改造模式决定了土地划分和空间结构**。在最普遍的整体重建改造项目中，为使各方获利最大化，改造地块经常被分为几个片区，其中一片用于满足村民回迁本地的需求，另一片用于商业高强度开发，以赚取大量资金来反哺拆迁建设支出。同时，高容积率是所呈现出的共性。

图2-5 城中村改造模式归纳

	改造模式	土地划分	功能分区	容积率
猎德村	政府主导，开发商参与	三分制	回迁安置区、商业融资区、集体经营区	5.2
杨箕村	政府主导，开发商参与	三分制	回迁安置区、商品住宅区、商业办公区	6.18
林和村	政府主导，开发商高度参与	三分制	回迁安置区、商品住宅区、商业办公区	6.21
琶洲村	开发商主导，多方协作	三分制	回迁安置区、商品住宅区、商业办公区	4
裕安围	村集体主导，开发商参与	三分制	回迁安置区、新建建设区、旧村保留区	1.35

图2-6 各城中村改造模式与土地利用情况

图2-7 杨箕村土地利用空间结构   图2-8 林和村土地利用空间结构

图2-9 琶洲村土地利用空间结构   图2-10 裕安围土地利用空间结构

三、总平面图

猎德花园——规划视角下的用地与建筑调查

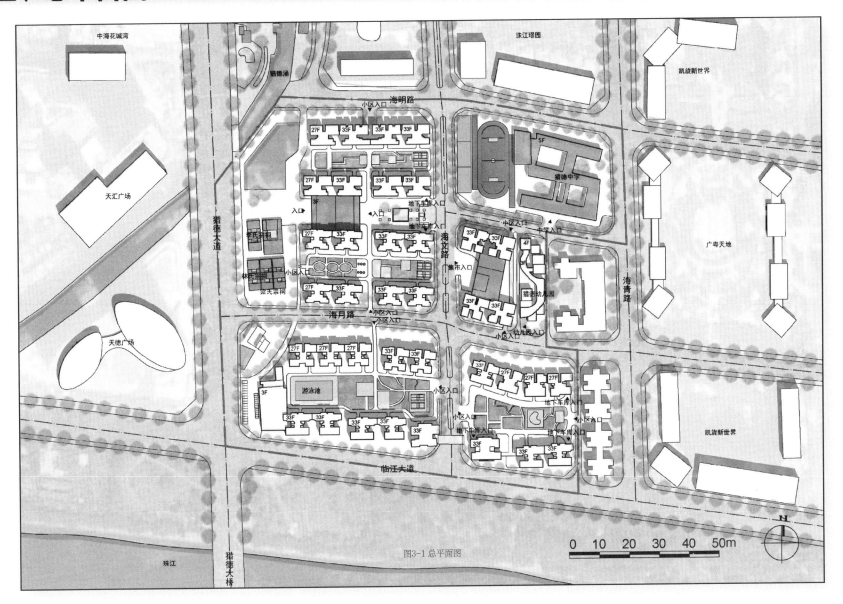

图3-1 总平面图

四、经济技术指标

猎德花园——规划视角下的用地与建筑调查

猎德花园经济技术指标表

表4-1

		指标	数据来源	旧版规范标准	对比分析	新版规范标准	对比分析
居住总人口（人）		18118	官方数据	居住小区级居住人口为10000~15000人	—	十分钟生活圈居住区居住人口为15000~25000人	—
居住总户数（户）		5662	官方数据	居住小区级居住户数为3000~5000户	—	十分钟生活圈居住区居住户数为5000~8000户	—
总用地面积（hm²）		17.17	实测估算	高层Ⅳ区居住小区人均用地面积为10~15 m²/人 现状为17.11/18118＝11.4 m²/人	符合	高层Ⅳ区十分钟生活圈人均用地面积为21~27 m²/人 现状为17.11/18118＝11.4 m²/人	不符合
其中	住宅用地（hm²）	9.96（58.0%）	实测估算	占比55%~65%	符合	占比60%~64%	不符合
	配套设施用地（hm²）	2.52（14.7%）	实测估算	占比12%~22%	符合	占比12%~14%	符合
	公共绿地（hm²）	1.75（10.2%）	实测估算	占比9%~17%	符合	占比7%~10%	符合
	城市道路用地（hm²）	2.94（17.1%）	实测估算	占比5%~15%	不符合	占比15%~20%	符合
建筑面积（hm²）		87.79	实测估算	—	—	—	—
建筑占地面积（hm²）		4.76	实测估算	—	—	—	—
容积率		5.2	实测估算	《广州市旧城更新改造规划纲要》(2010年版)规定旧城区拆除重建区容积率＜5.5	符合	十分钟生活圈居住区容积率为1.4~1.8	不符合
建筑密度（%）		27.8	实测估算	高层Ⅳ区住宅建筑净密度不应超过22% 现状为27.8%×60%＝16.7%	符合	高层Ⅳ区住宅建筑净密度不应超过22% 现状为27.8%×60%＝16.7%	符合
绿地率（%）		28.5	实测估算	新区建设的绿地率不应低于30%	符合	新区建设的绿地率不应低于30%	符合
建筑高度（m）		100	实测估算	—	—	—	—
停车位数量（个）		4258	实测估算	居民汽车停车率不应小于10% 现状为4258/5662＝75%	符合	居民汽车停车率不应小于10% 现状为4258/5662＝75%	符合
车库入口数（个）		7	实地统计	—	—	—	—
建筑后退线（m）		建筑物面向道路10m 山墙面向道路4m	实测估算	高层建筑物面向道路时后退最小距离5m 高层建筑物山墙面向道路时后退最小距离4m	符合	高层建筑物面向道路时后退最小距离5m 高层建筑物山墙面向道路时后退最小距离4m	符合

与旧版规范对比基本符合要求，仅城市道路用地不符合标准。
反映出居住区在设计建造时土地集约效益高，配套较为完善，绿化环境较好，但是干道穿越造成干扰较大。

与新版规范对比部分符合要求，总用地面积、住宅用地面积、容积率不符合标准。
反映出现在的居住区能够满足居民十分钟生活圈内的日常需求，但是土地资源受限，开发强度巨大。

规范参考：《城市居住区规划设计标准》GB 50180—2018、《城市居住区规划设计规范》GB 50180—1993（2002年版）、《广州市旧城更新改造规划纲要》（2010年版）

五、物质空间分析 I

猎德花园——规划视角下的用地与建筑调查

1.规划结构

十字形道路网将居住区分成五个相对独立的片状组团，由于每个组团规模、建筑高度、建筑开放空间以及底层功能不尽相同，因此具有较高的辨识度。

图5-1 规划结构分析

2.群体组合

建筑正南正北规则布置，有利于**节约土地**以及在一定程度上减少西晒的影响。

建筑之间间距为20m以上，满足日照要求，并可以形成开敞的公共空间。

南边地块利用沿江面宽资源，并通过**点式住宅引入江景**。

图5-2 群体组合分析

3.公服配套

- **宗祠区**：复建居住区中保留基地中原有的品质，能赋予社区独特的历史感。
- **会所区**：三大会所集中了小区的基本商业及服务设施，分别侧重于管理、商业、休闲三个不同的定位。设计注重与其周边环境的协调，外观设计尺度适宜。
- **教育区**：教育建筑位于小区的东北部，处于小区的一个角落，减少对居住区干扰。同时中学、小学均为院落式建筑布局。

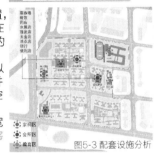

图5-3 配套设施分析

4.道路交通

图5-4 人车系统分析

表5-1

道路名称	道路等级	道路红线宽度	人行道宽度
猎德大道	城市主干道	48m	6m
临江大道	城市主干道	45m	8m
海清路	城市次干道	30m	6m
海文路	城市次干道	30m	6m
海明路	城市支路	14m	3m
海月路	城市支路	13.5m	3m

数据来源：实地测量

- **道路等级**：西边和南边两条城市主干道，猎德大道和临江大道；城市次干道，海清路；支路，海明路。
- **人车系统**：在入口处设地下车库入口，实现小区内部以步行交通为主，大大提高安全性。

5.公共空间

图5-5 公共空间分析　图5-6 组团绿地　图5-7 入口广场　图5-8 文化广场　图5-9 集市广场

- **组团绿地**：游览路径、植物层次丰富，运动设施多样。
- **入口广场**：与周围商铺形成较为宽敞的集散广场。
- **文化广场**：利用场地特有的宗祠文化以及龙舟，结合猎德涌形成广场空间，彰显文脉张力。
- **集市广场**：利用雨篷形成室内外的过渡空间，可供自行车停放并提供休憩座椅。

6.出租与自住房分布、比例

不同于一般的居住区，出租是猎德村最主要的房屋交易方式。因为房屋面积越小，出租的可能性越高，村民得到的房租收益也就越高，所以在设计之初就充分考虑到了村民出租房屋的需求，5662套房子除了满足村民自身居住以外，还有接近4000套可以出租获得收益，其中有3600套是便于出租的75m²以下小户型。

图5-10 出租屋分布情况

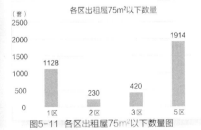

图5-11 各区出租屋75m²以下数量图

图5-12 户型图

7.改造前后对比——旧城中村向新城中村的转变

图5-13 改造前猎德村
图5-14 改造后猎德村

1. 城中村属性
- 用地还是集体用地。
- 容积率、人口容量上升，属于高密度住宅区。
- 村民还是以出租房屋为主要经济来源。

2. 新旧属性
- 新的居住环境：房屋日照通风良好；道路等级分明，人车分流；文化、娱乐、教育三大配套设施合理布置；公共空间类型丰富；景观绿化搭配美观适宜。

六、物质空间分析 II

猎德花园——规划视角下的用地与建筑调查

1. 满意度评价

调查方法

"SD法"：把反映居住环境的因素转换为易理解的形容词对，在工作日15:00发放25份问卷，有效回收20份，统计后得出SD得分表和评价曲线，对各类别按权重赋值后得到居民对物质空间的综合评价。

改造前后综合评分提高，物质空间的改善得到了村民的认可。 户内空间、道路交通、小区管理大幅提升；公服配套、绿化景观、基础设施小幅提升。

问题反馈

改造后户外空间各数值都低于及格线，交往空间和公共空间比改造前更低。

过高开发强度带来弊端：高达5.2的容积率和高达100m的建筑高度形成一座座"屏风楼"，使居民感到压抑拥挤。

公共空间的设计缺乏活力：村民曾经频繁活动的公共空间如祠堂、庙宇等被拆除搬迁，利用率不高，现代住区单元式楼栋和封闭式管理阻碍人际交往。

原因分析

倒算容积率：按拆迁情况和融资需要确定改造方案的总建设量和各地块的容积率，虽能确保充足资金支持改造顺利进行，但难以有效控制市场过度逐利行为以及对城市环境的负面影响。

整体拆除重建：原始村落的空间肌理、生活场景、公共活动、历史建筑、民俗文化、地方认同等因其生长环境的破坏而遭受不可挽回的影响。

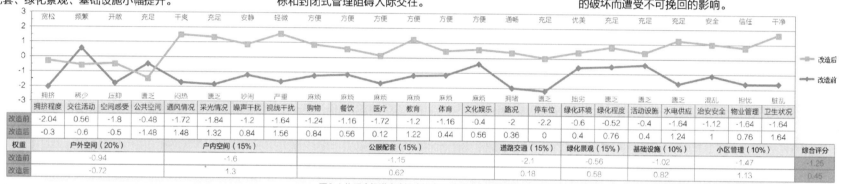

图6-1 物质空间满意度调查问卷SD得分表与评价曲线

2. 城市环境

住房体系

城中村具备保障房的功能，扮演着城市低成本生活区的角色。低收入群体承担着城市经济系统正常运行的基本功能，拆除重建将他们驱赶在外，忽视其利益和作用。

图6-2 城中村低成本生活区

生活成本

村民和低收入群体的生活成本大幅上涨，医疗、饮食、教育等日常消费成倍增长，进一步促进低成本生活区的快速消亡。

图6-3 日常消费生活成本提升

基础设施

人口容量的增加带来巨大交通压力，增加通勤距离和时间；铺设大量市政基础设施增加了全市市民的公共财政支出，与"谁受益谁投资"的原则冲突。

图6-4 基础设施交通压力加重

地域文化

重建的祠堂区承载着村内活动，猎德涌内扒龙舟的民俗文脉延续至今，**非物质与物质文化得到了部分保留**。

但改造彻底拆除了原有古祠堂、古民居、古树等历史元素，完全抹去了传统岭南水乡空间肌理，**抹掉了城市中极具特色的地域文化，走向"千城一面"的怪圈**。

图6-5 物质与非物质地域文化部分保留

图6-6 传统村落空间肌理

城市景观

原本混乱无序的城中村为珠江新城中心商务区带来极大的外部负效应，改造重建为整齐有序的城市住区，**有利于展现一个干净整洁的城市环境**。

滨水建筑紧靠珠江，但高度过高、体量过长，没有留出视线通廊和梯级高度差，对开发强度的放任导致其严重影响江边景观，破坏城市面貌。

图6-7 混乱无序的城中村向整齐有序的现代住区转变

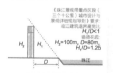

图6-8 滨江建筑退距过短，通江廊道宽度过窄

七、社会空间分析

猎德花园——规划视角下的用地与建筑调查

1. 人群结构

市场上热闹的出租生意使猎德花园在社会空间上分为了两大群体：村民和租客，他们在经济水平、社会阶层、生产方式上有所差异，并且在生活习惯、社会关系、思想观念上也大有不同，这免不了产生一些矛盾和冲突，但也同时为不同社会阶层的流动和融合创造了机遇。为探究村民、租客两群体社会空间特征，我们在工作日下午3:00进行了问卷调查和访谈，一共发放问卷50份，有效回收48份，其中村民20份，租客28份。

① "低收入人群落脚点"——城中村历史属性
② "坐地收租"——村民守护性经济行为惯性
③ "小产权"——回迁安置房非正规属性

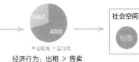

图7-1 出租市场行为形成新社会空间结构

2. 经济阶层

👤 村民

人物画像

中老年为主，平均初中学历，大多无业或在村外工作。受年龄与文化水平限制，职业地位较低。

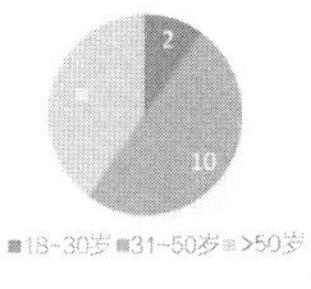

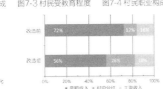

图7-2 村民年龄段构成 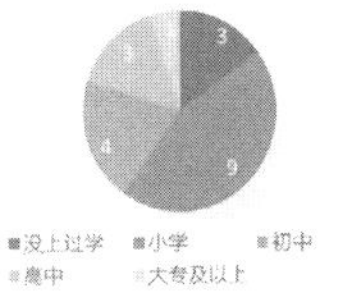　图7-3 村民受教育程度 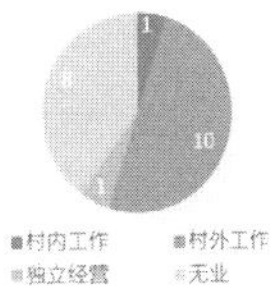　图7-4 村民职业构成

收入组成

改造为村民带来稳定可观的经济收益，大幅提升了村民的个人资产。
村民的经济收入来源主要由房租收入、村内分红和工资收入组成。

图7-8 村民经济收入变化　图7-9 村民经济收入主要来源占比

村内分红

占比不高。
满足分红资格的人数较少。
改造后比重上升。
土地置换留有大笔资金用作村内福利。

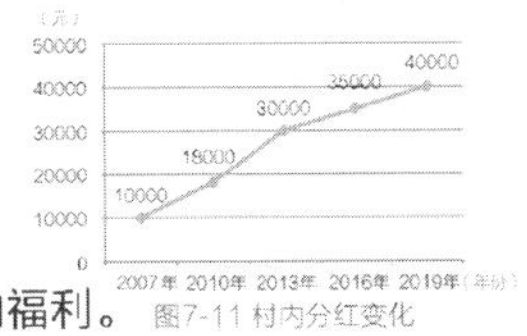

图7-11 村内分红变化

工资收入

占比较低。
处于次属劳动力市场，工作报酬低。
改造后比重涨幅不大。
"坐地收租"心理，缺乏向上流动愿望。

图7-12 工资收入变化

👤 租客

人物画像

中青年为主，平均高中学历，多为公司白领。随租金和生活成本提升替换为高收入、高学历的新租客。

图7-5 租客年龄段构成　图7-6 租客受教育程度　图7-7 租客职业构成

阶层流动

改造实现了区位价值的释放，不再是中心城区的"租金塌陷带"。

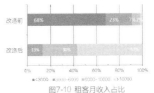

图7-10 租客月收入占比

房租收入

占比最高。
始终依赖收租这一守护型经济。
改造后比重下降。
违建面积不予补偿，可供租房数减少。

图7-13 房租收入变化

3. 社会关系

交流频率

村民间联系度紧密，但略有下降，因为物质空间现代化重构阻隔了村民日常交流，并且缺乏有活力的公共空间。
村民与租客的交流频率较少，并有所下降，因为租客阶层向上变迁，与村民的思想观念、生活习惯等方面相差愈大。

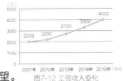

图7-14 改造前后社区人际交流频率

互动频率

大多数村内活动如宗亲宴、扒龙舟等仅限村民参加，仍保持着过去城中村"人际关系孤岛"的属性，乡缘社会所拥有的封闭排外特征阻碍了不同人群的融合和交流。诸如此类的社会隔绝问题一度影响舆论对猎德村的看法，造成矛盾。

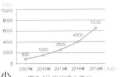

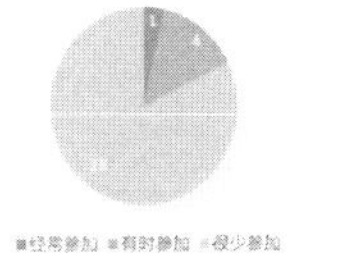

图7-15 租客参加村内活动的频率

猎德花园改造的核心是物质空间重构，但对社会空间的作用是有限且间接的。土地征用占用了村民的生产资料，撤村改居使他们获得名义上的市民身份，然而他们仍恪守传统思想观念和行为方式，人际网络和心理认同仍局限于村内。因此这样的改造只是**"被动市民化"**，即村民只是被动地接受社会经济效益，却没对自身的组织方式、经济模式、行为习惯和价值观念做出相应调整。

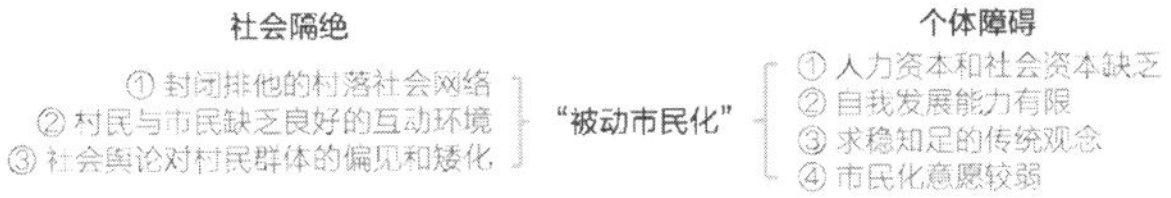

社会隔绝
① 封闭排他的村落社会网络
② 村民与市民缺乏良好的互动环境
③ 社会舆论对村民群体的偏见和矮化

个体障碍
① 人力资本和社会资本缺乏
② 自我发展能力不足
③ 求稳知足的传统观念
④ 市化化意愿较弱

"被动市民化"

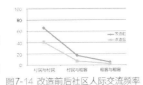

图7-16 社会空间存在问题根源与具体表现

八、案例对比分析

猎德花园——规划视角下的用地与建筑调查

1. 改造背景

"三旧"改造背景下,广州市城中村改造工作进入全面推动阶段。全拆重建的"猎德模式"具有资金大、耗时长、问题多、实施难度大等特点,政府希望探索新的改造模式处理城中村的问题。在这样的背景下,荔湾区政府决定选择自然环境基础好、人文历史特色明显、现状建筑质量较好的西塱村裕安围经济社作为探索广州城中村综合整治改造新模式的先期试点。

图8-1 裕安围改造后鸟瞰图

2. 改造分析

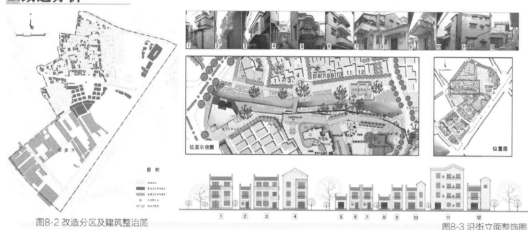

图8-2 改造分区及建筑整治图

图8-3 沿街立面整饰图

- 改造前在土地利用方面呈现两大分区:北部以村生活用地为主,南部以二类工业及仓储用地为主。建筑质量和设施配套都较好,因此不需要大拆大建。但片区之间缺乏联系,社区感、景观整体性都不强,需要加以整理,以形成更有吸引力的居住空间。人文历史特色明显,自然景观丰富。
- 基于以上的特点,规划采用渐进式更新改造的方式,采用组团布局方式,形成"居住片区围绕社区文化馆、河涌为中心建设"的空间肌理结构。同时进行分区改造、分类整治以满足村民生产和生活以及村历史文脉传承的需要。
- 北部整治区:村容村貌的整治尽可能地少进行改动,以小修小补为主,主要目的为保留和体现裕安围经过历史沉淀的岭南文脉特点。河涌和沿街建筑立面作为重点改造整治的对象。
- 南部安置区:对旧工厂进行拆除重建,满足北部拆迁居民的安置需要、有证物业的复建要求和改造融资的需要,同时实现城乡功能和景观的协调。

3. 对比分析

猎德花园与裕安围对比分析表　表8-1

	猎德花园	裕安围
项目	城中村改造	
区位	新城中心区	老城区
类型	现代化小区	城中村
改造时间	2007年	2010年
用地面积	17.13公顷	13.67公顷
容积率	5.2	1.35
居住群体	社会阶层改变	社会阶层没有变动
改造模式	拆除重建	渐进式更新
实施主体	政府主导,市场参与	村为主体,市场合作参与
文脉延续	宗族祠堂重建,岭南水乡村庄肌理消失	延续原来村落的脉络,挖掘红色历史文化价值

裕安围可以说是城中村改造探索过程中在"猎德模式"之后的渐进式更新模式的典型代表。渐进式更新更具有普遍性,可以更好地延续原来的城市特色风貌与格局。

九、问题与建议

猎德花园——规划视角下的用地与建筑调查

1. 问题

物质城市化

目前看来，每个参与者都是改造的受益方：政府花费较少支出就能优化城市面貌，开发商能够获得最大的土地区位价值，村民的物质居住空间得到极大改善。

城中村改造应充分考虑社区的长远发展，避免造成原社会网络续存不再、地域历史文脉遭受破坏、整体城市环境受到负面影响等问题。

心理城市化

村民在传统的思维方式、行为习惯和安全策略影响下，需重新适应集体土地国有转制、集体公司市场化转制、村民谋生方式与角色认同的转变等方面的变化。

村民大多通过收租获得经济收益，从"种庄稼"变成"种房子"。

村民尚需强化自身市民定位，完成心理转变。

图9-1 问题一——物质城市化

图9-2 问题二——心理城市化

2. 建议

核心目标：区位利益 → 社会福利

把从居住者需求出发作为改造的核心目标，而非过分追求社会经济效益，停留在物质更新的"外显城市化"。

模式周期：推倒重建 → 渐进更新

用长远的眼光看待改造，追求社区的永续发展，强调改造的连续性，提倡渐进更新而非一次性推倒重建。

管理制度：城乡割裂 → 平等有序

弥补城乡二元体制差距，完善社区参与、管理、财政和保障制度，有效引导社区健康有序发展。

居民意愿：被动城市化 → 主动城市化

激发村民主动城市化的意愿，而非仅仅采用自上而下的手段，强调改造方案从策划到实施的公众参与。

历史文脉：千城一面 → 地域特色

站在城市特色多样性和地域性的角度，保留传统村落文化载体、社会网络和空间肌理。

3. 参考文献

[1] 邓炯华. 广州城中村改造模式对比研究[D]. 广州:华南理工大学,2014.
[2] 王林盛. 广州城中村改造实例研究——解读猎德村[D]. 广州:华南理工大学,2011.
[3] 刘晔,刘于琪,李志刚. "后城中村"时代村民的市民化研究——以广州猎德为例[J]. 城市规划, 2012, 36(7):81-86.
[4] 巫梁俣. 猎德村改造问题研究综述[J]. 建筑工程技术与设计, 2018(8):44-45.
[5] 王世福,卜拉森,吴凯晴. 广州城市更新的经验与前瞻[J]. 总体规划, 2017(6):80-87.
[6] 李晴,高华. 基于历史性空间视角的高密度住区规划研究——以广州市猎德村改造为例[J]. 南方建筑, 2014(6): 76-80.
[7] 彭伟文. 城镇化进程中的非农化社区重构——以广州市猎德村为例[J]. 文化遗产, 2015(5): 146-156;161-162.
[8] 夏静婧. 城镇化转型期内城中村的城市形态演变——基于广州市的案例研究[C]//中国城市规划学会. 规划60年: 成就与挑战——2016中国城市规划年会论文集（08城市文化）. 北京：中国建筑工业出版社，2016: 1110-1119.

T.I.T创意园
TEXTILES INDUSTRY & TRADE

作者学生： 刘诗茹、林芮欣
指导老师： 赵渺希

华南理工大学城乡规划学科

2019城乡认识调查研究报告

优秀作业

扫码阅读
彩色版本

01 项目背景
PROJECT BACKGROUND

1.1 T.I.T创意园的历史变迁

1956年 — **2007年** — **2010年** — **2012年** — **至今**

广州T.I.T创意园的前身广州纺织机械厂建立。1998年8月，因连续亏损三年，企业濒临倒闭。

广州纺织工贸企业集团有限公司（土地产权方）积极响应市政府"退二进三"政策，纺机厂实行全面停产，联手深圳德业基投资控股集团有限公司（投资方），对历史建筑开展活化改造，总投资约为2亿人民币。遵循"修旧如旧、建新如故"的原则，工厂巧手改造，形成了园区生态原貌、纺织工业元素和时尚创意的完美结合。

2010年8月，中国时尚创意论坛暨广州T.I.T创意园开园庆典，时任广东省委书记汪洋参观园区。2010年9月，广州T.I.T创意园被广东省发展改革委认定为"广东省现代服务业集聚区"。

2012年7月，微信总部签约入驻广州T.I.T创意园，园区规划定位为国家级孵化器。2012年10月，广州市人民政府授予园区"广州市战略性新兴产业（时尚创意）基地"荣誉。

如今，T.I.T创意园已形成了"时尚、创意、科技"的主题定位，共吸纳了包括微信全球总部、MO&Co、哲品、树德、爱范儿等129家企业。园区就业人数约4000人，年产值从改造前1130万元增加到2017年的产值150亿元，为海珠区贡献税收6亿元，成为广州市旧厂房改造、工业遗产保护再利用的成功典范。

1.2 当前定位

园区定位主题"时尚、创意、科技"，以服装时尚产业为依托，创新创意等新兴业态为加速动力，科技互联网为主导产业。通过传统行业与互联网思维的融合，打造充满活力、可持续发展的产业集群生态圈。

图1-1 广州纺织机械厂（百度图片）

图1-2 原装配车间、原布配车间
（曹幸. 广州旧工业建筑更新改造的调查研究[D]. 广州: 华南理工大学, 2017.）

图1-3 微信办公建筑（自摄）

图1-4 创意园入口（自摄）

01 项目背景
PROJECT BACKGROUND

1.3 区位分析

创意园区位

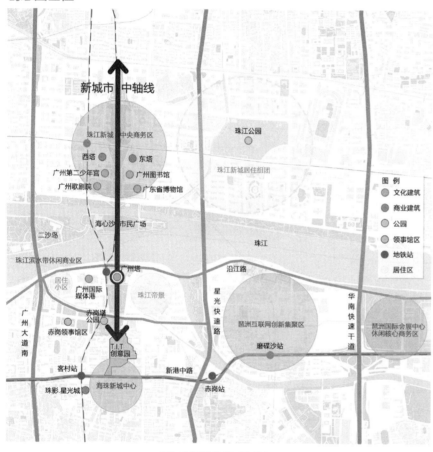

图1-5 区位分析（自绘）

广州T.I.T创意园位于广州市海珠区新港中路397号，在广州新中轴线南端的核心节点上，于珠江新城CBD南侧，城市RBD（休闲旅游商业区）内，临近琶洲会展中心，与广州新电视塔南广场相接，区位条件优越。

交通分析

图1-6 交通分析（自绘）

T.I.T创意园位于地铁3号线和8号线交叉的客村地铁站约400米处，用地周边的城市主干道有广州大道、新光快速和场地南侧的新港中路，园区通过西侧的艺苑路与干道相连，交通便利。

园区距离广州火车东站、新火车站、客运港、航空港等城市重要交通设施均不超过半小时车程。

1.4 周边环境

周边建筑

场地周边东南侧分布有城中村，多为低层建筑，对创意园视觉景观影响较小；高层建筑主要分布在创意园东边，距创意园较远（120米以上），影响较小。

周边交通

围绕创意园的赤岗北路和新港中路设有公交站，离创意园最近的赤岗路口公交站距创意园入口170米，其余站点与园区联系较弱；社会停车场大多分布在创意园东侧和南侧，创意园西侧分布较少，对创意园主入口组织交通影响较小。

环境氛围

T.I.T创意园的北侧有广州塔，西北侧有赤岗塔，为广州地标，地块氛围休闲。东边和南边多为商业和高层住宅，城市氛围浓厚，西南有珠影星光城及其文化休闲广场，人流较大，商业配套齐全，娱乐活动频繁。

图1-7 周边环境分析（自绘）

02 项目现状

PROJECT PROFILE

2.1 总平面和经济技术指标

经济技术指标　　　　　　　　表2-1

经济技术指标	数据来源	规范标准	注释分析
用地面积	8.37hm² 官方数据	依据本项目详细规划指标	—
建筑占地面积	3.47万m² 实测估算	依据本项目详细规划指标	—
总建筑面积	4.5万m² 官方数据	依据本项目详细规划指标	—
容积率	0.53 实测估算	根据《广州市旧厂房改造专项规划(2010—2020)》,全市旧厂房改造平均开发强度商业金融用地控制在3.3~3.5,居住用地为2.9~3.0,工业用地为2.0	低于上位规划指标
建筑密度	41.4% 实测估算	本项目详细规划指标为34%	稍高于规划指标
绿地率	15.29% 实测估算	本项目详细规划指标为35%	低于规划指标
绿化覆盖率	42.0% 实测估算	本项目详细规划指标为50%	低于规划指标
建筑高度	3~12m 实测估算	—	—
园区人数	约4000人 官方数据	—	—
停车位	178个 实地统计	本项目详细规划指标为300个	低于规划指标
建筑后退用地红线	艺苑路/艺洲路:3m;新港中路:10m 实测估算		

图2-1 卫星图（百度地图）

广州T.I.T创意园原规划面积9.34公顷，2015年位于其北侧的二期建筑B4、B5被拆除用于广州美术馆建设，现占地8.37公顷。

T.I.T创意园区内建筑密度低，项目主打绿色生态的园区环境，绿化覆盖率高，树木随处可见。

园区建筑层数有1~4层，建筑高度为3~12米，由厂房改造的建筑层高较高，由厂房改造的工作室常有夹层、错层、通高。

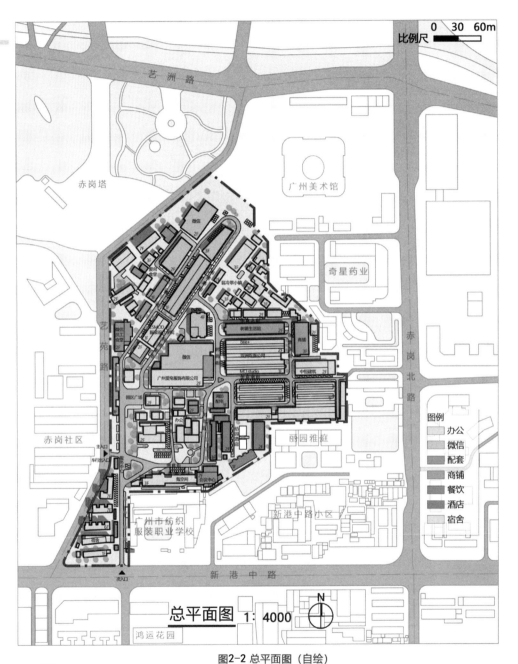

图2-2 总平面图（自绘）

02 项目现状
PROJECT PROFILE

2.2 交通流线和功能分区

人车混行
车辆出入口：西侧
道路宽度：5-6m（双车道为主）
面向城市支路：艺苑路
地上车位：178个
停车收费：16元/小时
流线较简单，标识系统完善

车辆出入口距离办公区域较远，车辆（尤其来自微信办公区域）绕行距离远，通勤不便利。园内车辆基本来自员工和会议人员，数量少，交通混乱基本只出现在会议中心广场处，由于人车混行，对步行人群有一定影响。车位沿街道设置，比较混乱，没有大型的统一的停车场。

街道尺度适中，且沿街环境优雅宁静，吸引许多外来人群散步和闲逛。尽管人行流线较复杂，但步行距离不长，且右图流线尽端是不同特色的小广场和景观小品，能够在每个角落都有不同的空间体验。

图2-3 车行流线

图2-4 步行流线

T.I.T创意园最初的定位是引进服装设计和研发企业以便形成产业集群，所以最开始的规划将园区划分为六个功能区（右图）。在城市发展的背景下，T.I.T淘汰一些服装企业，引入科技企业打造"互联网+"模式的创意园。

微信入驻T.I.T创意园后，园区的格局发生了较大变化。如下图所示，北侧是微信办公区域，单独的物业公司管理区域，配套有员工餐厅和咖啡厅，是一个相对独立的区域。翡冷翠小镇是二期改造的结果，入驻小型的新媒体和设计类企业，配套有咖啡厅。剩余建筑为服装和小型"互联网+"公司提供场地，餐厅分布均匀，配套较为完善。南边是对外出租的会议中心，一侧是公寓酒店，为差旅、会议和办公的人提供住宿。

图2-5 早期功能规划

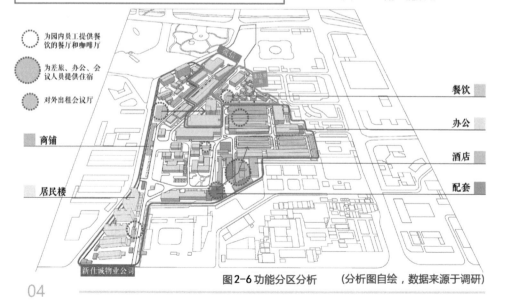

图2-6 功能分区分析　　（分析图自绘，数据来源于调研）

02 项目现状
PROJECT PROFILE

2.3 创意园意象

2.3.1 建筑改造
- 最大限度地保留旧厂区中建筑的外形特征，提取工业厂房的元素改造建筑。

2.3.2 景观小品
- 许多景观小品是纺织厂保留的机器设备，经过清洗和涂刷，放置在广场或草坪上。

2.3.3 绿化
- 原生态环境绿化设计，被称为"生态式创意园"。

2.3.4 思考
- 保留的建筑和小品虽然附有文字说明，可以让人大致了解纺织厂的历史。但通过网络评价我们了解到有游客认为改造出来的景观小品，就整体规模而言过于分散和稀少，无法完整呈现纺织厂当年的工艺现场和文化精神，对于小品的解读只能停留在欣赏层面。

游客对创意园的感知，建立在直观的建筑形态和景观氛围基础上，是一种整体的怀旧感受，没有工业文化的意象。

纺织厂的功能置换是对工业生产空间的消费性改造，是一种文化消费空间而不是遗产意义上的空间。这种消费主义的设计思路，使工业遗产的完整性、工业流程的技术价值都受到严重影响。园区内仅仅通过几个工业景观小品和街名来体现纺织厂的工业主题，除了文字解说少量提及工业价值和技术地位，对于工业流程、技术手段等非物质遗产的表现是根本不存在的。

① 科技办公建筑

① 小广场景观小品

① MO&Co办公绿化

② 文创商铺建筑

② 草坪景观小品

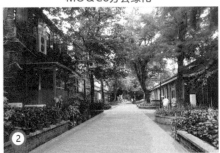
② 微信办公绿化

③ 微信办公建筑

○ 改造建筑
○ 景观小品
○ 绿化

图2-7 意象分布

（分析图自绘，图片自摄）

02 项目现状
PROJECT PROFILE
2.4 园区产业和使用评价

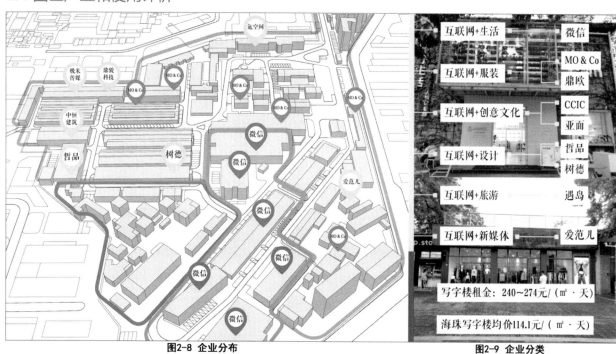

园区企业分为如左图六类，是名副其实的"互联网+"产业小镇，服装、创意设计和互联网企业各占1/3，其中微信和MO&Co两个强势企业占据园区的大部分办公区域，且对其他小型公司有一定的吸附作用。微信的入驻为园区注入新生活力，吸引更多互联网和新媒体企业入驻，形成一定的产业集群，T.I.T开始向总部经济和创意科技孵化器转变，在这个寸土寸金的城市新中轴线上创造更高的经济价值。

T.I.T内写字楼租金是客村普通商务写字楼的两倍，目前比不少珠江新城甲级写字楼租金还要高。但由于出租面积较少，总价不高，小型企业能够负担起这高昂的单价。T.I.T创意产业园形成了较好的商务氛围，是创意产业公司眼中的"珠江新城"。据网络资料显示，目前的招商率和入驻率都是100%，后面想排队入驻的企业有几十家。

入驻企业总数量：129家

图2-8 企业分布　　图2-9 企业分类

使用评价

- **微信负责人**："这里比较开阔，对创业者的创业思维有很好的激发作用，同事们非常喜欢这里。"
- **MO&Co员工**："交通便利，周边设备齐全，园内绿树成荫、鸟语花香，是广州市中心难得的一块原生态创意园区。"
- **园区员工**："展览与园区的核心产业和时尚尖端潮流相关，水平较高，有别于其他的园区，园区特色很强。"
- **大众点评**："虽然不大不过很安静，有种大隐隐于市的感觉，环境不错，里面有咖啡屋和服装店，咖啡屋氛围不错，很适合约上三五个好友聚一聚。"
- **大众点评**："交通很便利，但停车位太乱，员工多，不方便停车。"

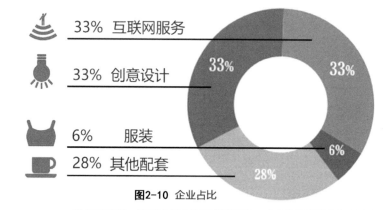

- 33% 互联网服务
- 33% 创意设计
- 6% 服装
- 28% 其他配套

图2-10 企业占比

(分析图自绘，租金数据来源于好租APP，企业数量数据和评论来源于网络)

03 T.I.T创意园的矛盾
CONTRADICIONS OF T.I.T

3.1 T.I.T违建事件

图3-1 违建前平面图（自绘）

图3-2 违建后平面图（自绘）

2013年，翡冷翠小镇管理方广州市××投资管理有限公司私自将T.I.T创意园出租给其的1000㎡的建筑面积扩建到6000㎡。其行为属于违建行为，但仍然公开招商进行出租，与租户签订租赁合同。租户装修完毕后翡冷翠小镇无法按照实际租赁面积给商户们办理备案合同，其提出的解决方案为将其合法面积分摊到各个商户头上。实际租赁面积增加，但能拿营业执照的面积却没有增加。租户无法接受便拒绝交租金，最后被管理方停水停电，强占店面内所有财产。

图3-3 T.I.T内的抗议横幅（网络图片）

图3-4 租户搬走后至今还空着的店铺（自摄）

3.2 违建事件相关部门的反应

图3-5 海珠区城管给租户的复函

 海珠区人民法院 — 因该项目是违建，合同被判为无效租赁合同，该投诉不予办理。

 广州市规划局 — 定性翡冷翠小镇为违法建设，3次要求海珠区城管制止和查处。

 海珠区城管 — T.I.T创意园原始建筑资料不清楚，改建过程中采用的技术措施不清楚，违法事实不清，不处理。

3.3 创意园用途变更前后概况总结

创意园房屋使用权变更表　　表3-1

土地使用性质	工业用地	工业用地
土地权属	广州纺织工贸企业集团	广州纺织工贸企业集团
房屋使用权	广州纺织工贸企业集团	广州新仕诚企业发展有限公司

3.4 T.I.T工业用地房屋用途变更流程

图3-6 工业用地房屋用途变更流程

在申请房屋使用功能改变的过程中，并没有涉及规划管理部门。园区的20年的最长有效租期，只取得街道与工商局的临时证明，且每年都需办理临时证明，借"临时"的帽子做着"长期"的事情，这样其实有违规划审批土地用途的初衷，后续部分的开发与管理、使用性质的更改理应由规划部门来调整。

04 T.I.T的未来走向
FUTURE OF T.I.T

4.1 海珠生态城启动区控制性详细规划

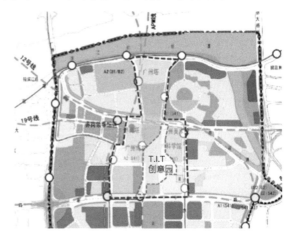

图4-1《海珠生态城启动区控制性详细规划》通告

在2015年海珠生态城启动区控制性详细规划中，广州拟在城市新中轴线南部建设广州美术馆、广州博物馆、广州科学馆、广州文化馆和岭南大观园"四馆一园"五大文化建筑。

4.2 对T.I.T的处置方式

用地性质：T.I.T所在地块由工业用地变为绿地、文化设施用地，三分之一的建筑将被拆除。

建筑保留：在近日发布的岭南公园招标文件中，明确提出要编制创意园的保护和改造利用规划，这意味着创意园将部分保留和利用。

企业安置：拆迁部分涉及四十多户商家的安置问题。市人大明确指出在T.I.T创意园周边建设T.I.T总部大楼，以弥补纺织工贸集团因被征拆T.I.T创意园部分物业带来的影响与损失。

未来功能：广东省城乡规划设计研究院总工程师马××："岭南公园和花城广场有着显著的差异，不再是'拆平'的广场那么简单。今后可以利用T.I.T创意园的旧厂房建筑来承载部分公共功能。"

图4-2 T.I.T创意图 照片自摄

4.3 对于T.I.T拆迁的社会评价

> 哔哔哔 👍14
> 我家就住在TIT创意园对面，一直引以为傲的微信总部就在我家对面。以前还能带着好友一起去创意园里游玩一番，里面大大小小的小咖啡馆真的超有感觉，还记得以前很多活动都在T.I.T里面举行，印象最深的是有一年的超级女声广州唱区就是在这里举行，这个平日不那么起眼的地方顿时成为了城中热话——看着广州塔建起还有珠影这一带的复兴，T.I.T创意园的复兴，最后再要与T.I.T创意园说再见。这些都承载我太多太多记忆了。我们赶不上时代的步伐，只希望被时光善待。祝福广州明天会更好！

图4-3 评论截图于公众号：羊城攻略《再见了，T.I.T创意园》

> 搞什么，我刚打卡完就要拆了哦。

> 唉，家就在旁边，又少了个溜娃的好地方，以后去哪里玩好呢？

> 想起我第一份工作就在T.I.T，那时候还带着稚气和青涩，岁月饶过谁呐……

> 又迎来升级改造，就如当年的纺织厂一样，一定会更好！

主题三 城市更新

05 同类案例对比——广州红专厂
CASE ANALYSIS WITH REDTORY

5.1 红专厂与T.I.T创意园的对比分析

红专厂与T.I.T创意园对比分析表　　　　　表5-1

指标	红专厂	T.I.T创意园	对比分析
城市区位	天河区 珠江新城CBD以东	海珠区 城市新中轴线	都位于城市中心区
园区前身	广东罐头厂	广州纺织机械厂	
建厂时间	1956年建厂	1956年建厂	三旧改造 第一批项目
停产/搬迁时间	2008年搬迁至从化	2007年停产	
开园时间	2009年	2010年	
用地面积	16hm²	8.34hm²	两倍面积
开发模式	政府+食品厂+设计公司 合作开发	厂家与投资方自行开发	2007年红专厂被纳入政府储备用地
土地权属	广州市政府	广州纺织工贸企业集团	
土地租期	5年（2009—2014年）	最长20年	
园区租金	150元/（月·m²）	200元/（月·m²）	T.I.T的租金更高
未来规划	"广州国际金融城"规划	"海珠生态城"规划	对有价值的部分建筑保留
未来定位	文化休闲、商业娱乐、商务办公、居住休憩功能的综合片区	工业用地变为绿地 作为岭南公园一部分	

5.2 创意园定位及业态构成

图5-2 红专厂业态构成　　　图5-3 T.I.T创意园业态构成

在土地权属上，红专厂用地由鹰金钱公司代管，但政府早已经把红专厂地块收入储备用地当中。在代管真空期内，红专厂文化艺术机构向鹰金钱公司租下了这一场地进行开发利用。其土地使用权的不稳定性相较于T.I.T创意园，更加朝不保夕。且T.I.T的定位更加清晰，整个园区办公占比90%以上，并不像红专厂后期定位不清晰，商业大量入驻，导致园内租金飞涨，侵占了红专厂的文创产业，艺术氛围愈发稀薄。

图5-1 红专厂照片 图片来源于网络

06 思考与总结
THINKING AND SUMMARY

6.1 对新规划的思考

图6-1 创意园组图（一）

如今广州的许多创意园都面临着拆迁让位规划的情况，这种让位并不是完全丢弃原有的历史遗产，政府往往会考虑保留部分有价值的建筑，拆除违建。且T.I.T的日后改造方向是作为广场绿地，成为岭南文化公园的一部分，一定程度上也能作为广州的一个文化符号，而不是变成高楼大厦，似乎是个不错的方向。

值得注意的是，在拆迁过后，T.I.T过去与未来相结合的创意办公氛围是否还能有所保留？T.I.T的租金相当得高，引进了大量高端服装行业，园区的最大价值早已不是低廉的租金，而是已形成的产业生态圈和可激发创意的舒适的办公环境，当创意产业已发展到可以承担比城市里的写字楼还高的租金时，这是否可以看作是T.I.T的一种成功？政府的选择性保留让旧厂房建筑得以保存下来，但是要重新在厂房之中形成创意办公氛围，实属不易。

图6-2 创意园组图（二）

6.2 对广州"退二进三""三旧改造"政策的思考

图6-3 创意园组图（三）本页面图片均为自摄

· 2008年广州出台的《关于推进市区产业"退二进三"工作的意见》规定，企业利用原址从事创意产业等第三产业后，因城市建设、规划管理需要或政府储备土地等原因需要征收企业土地时，企业应当自政府提出征收土地之日起，无条件配合政府开展征收工作，征收时按原用地性质给予补偿。

首先，一个园区从开园到培养成熟需要5~10年时间，开发者面临着土地产权不稳、随时会被国家征收另作他用的情况，开发的思路自然容易成为：追求商业的短期营利性，使园区走向商业化。产权不稳同时折射出我国城市化进程中，旧厂房所占据的土地价值、经济价值高于其本身作为工业遗产的社会情感、文化、历史及美学的价值，临时性的创意园常常只能让位城市发展，这样会影响广州的创意产业发展和对三旧改造政策的信任。

其次，城市工业遗产更新过程中，阶段性的政策与宏观机制之间存在的矛盾——实际经营业态转变在城市土地功能结构中得不到及时反映，极易造成相关部门在工作中的冲突和统计数据的失实，将工业用地转变为临时性的非工业用途，企业得不到长期有力的保障，不利于企业长期发展和产业结构的稳步转型。

最后，在倡导土地集约化的今天，如何评判一个创意园该不该拆？是否可以设立文化创意产业园区的淘汰机制，考核园区的单位土地面积产生的文化产值，能否形成完整的产业链，产生规模效应，考核园区内能孵化多少家上市企业等，保障创意园在城市规划过程中的权益。

参考文献

[1]尹新,孙一民.探究城市工业遗产更新阻力——以广州红专厂文化创意产业园为例[J].华中建筑,2018,36(4):33-38.

[2]刘逸芸,王世福,雷翔.房屋用途更改与规划体制协调研究[C]//中国城市规划学会.持续发展理性规划——2017中国城市规划年会论文集（14规划实施与管理）.北京：中国建筑工业出版社,2017:33-42.

[3]范晓君,徐红罡.建构主义视角下工业遗产的功能置换和意义诠释——广州红专厂的案例研究[J].人文地理,2015,30(5):22-28.

图6-4 创意园组图（四）

唯品同创汇
—— 基于旧厂房改造的城市认知

作者学生：陈增德、朱佳学
指导老师：姚圣

华南理工大学城乡规划学科
2019城乡认识调查研究报告
优秀作业

扫码阅读
彩色版本

01 项目背景

• 项目背景

海珠区位于广州中心城区，亦是"一江两岸三带"建设的重要区域。作为广州曾经的**工业区聚集地**，海珠区快速发展过程中形成了大量低效无序的旧城镇、旧厂房、旧村庄，既制约了产业升级，也存在许多社会管理隐患，**"三旧"改造**问题迫在眉睫。

海珠唯品同创汇是海珠区南洲街道**东风经济联合社**（简称东风联社）村级工业园区升级改造示范项目，是海珠区遵循"**老城市、新活力**"重要指示，落实市委、市政府九项重点工作部署的一个实践点。通过实施"**政府指导、村社主导、市场运作**"的改造模式，打造绿色生态的**鸡心岛高科技时尚体验公园**。目前一~三期已经完成改造正在招商，四期改造正在推进，园区已入驻企业150多户。

产业单一 产能低效	海珠区东风联社地处新城市中轴线南端，有着天然的地缘优势，但由于产业单一、产能低效、缺乏具有竞争力的产业资源，东风联社整体社会效益逐渐下降。
整体社会 效益下降	
产业亟需 升级转型	东风联社意识到传统单一的产业亟需转型升级，在海珠区政府的关心指导之下，东风联社主动引入国内领先的资产运营管理机构——同创集团。
引入机构 同创集团	
园区活化 运营模式	通过导入先进的园区活化运营模式，基于海珠区服装产业聚集及产业升级转型的大环境，以打造时尚创意赋能平台为目标，对空间进行特色改造，引入时尚产业龙头企业资源及时尚产业相关配套，为低效建筑重新注入活力。
特色改造 升级转型	

• 功能定位

广州唯品同创汇，是同创资产集合全国乃至全球科技产业的产品展示、产业集聚、互动体验的**全国首个高科技时尚体验公园**，涵盖VR、AR、人工智能、3D全息技术、智能生活、科技娱乐、智能穿戴等全板块产业，并联合唯品会为服装设计师打造了**时尚创意园区**。

项目融汇了创意、办公、商业、潮流资讯、休闲体验等多方元素，并突破传统创意园发展及运营模式，以创变的理念及革新的姿态，成功塑造了广州全新的**创意园3.0标杆**。

- 低科技、智能、时尚产业小型总部办公
- 科技创新、智能制造孵化基地
- 创新科技展示中心；体验式极客街区
- 服装时尚创意园区

唯品同创汇整体航拍图　　唯品同创汇街景图

• 改造条件

• 具备良好的政策背景：《"十三五"国家科技创新规划》提出，到2020年，将广州建成具有国际影响力的**国家创新中心城市**，打造成为**国际科技创新枢纽**，形成开放、宽松、自由的创新生态，科技创新多项重要指标在"十二五"末的基础上翻一番。这为创意园的建设和运营提供了**良好的政策环境**。

• 把握旧城更新的契机：海珠区南洲街道东风经济联合社，面积约$1.8km^2$，户籍人口5793人，流动人口约10万人，一度面临着旧城区存在的市政基础差、消防安全隐患多、"散乱污"场所集聚等典型**城中村问题**。唯品同创汇的建立顺应了海珠区"**以治理促环境提升，以改造促产业发展**"的城中村治理模式，**改造升级村社物业**，促进产业升级，通过物业升级消除消防隐患。

• 具备形态高端的产业条件：引入黑匣VR、唯品会设计师孵化器等**高新产业**，遵循"大力发展科学技术，努力成为广州主要科学中心和创新高地"的社会理念，以科技驱动创意，指导时尚设计领域的变革。

• 周边用地现状分析

项目原为**工业用地**，周边用地主要为绿地、村庄建设用地、商业用地、工业用地和居住用地。北边靠近大塘城中村的村庄建设用地，南边以居住用地和工业用地为主，西边为商业服务设施用地，东边为海珠湖公园绿地。项目周边生态环境良好，但城中村较多，在一定程度上制约了发展。

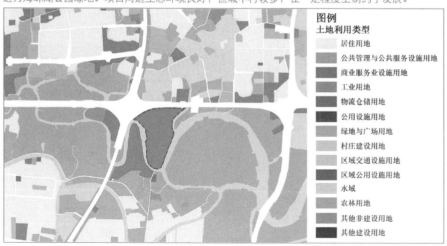

主题三 城市更新

02区位分析

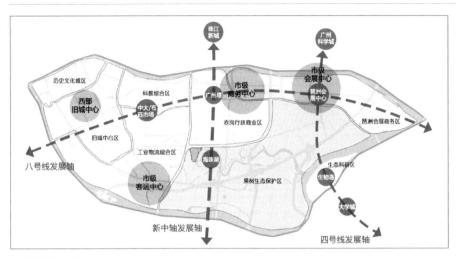

- **宏观区位分析**

唯品同创汇位于**海珠区新滘中路，毗邻海珠湖**。按照海珠区"一区两片，绿心蓝脉，四心三轴"的空间结构规划，项目地处"**绿心蓝脉**"之间，**新中轴发展轴**上，具有优越的地理位置，便利的交通条件，丰富的景观资源和良好的发展前景。海珠区规划功能分区分为八大区，项目位于**果树生态保护区**，并靠近**赤岗行政商业区**和**工业物流综合区**。既享受着生态保护区优越的自然资源，同时与行政商业区和工业物流区有着良好的联系。

- **海珠区创意园分布分析**

海珠区分布着各式各样的创意园，主题丰富，百花齐放，在政府的扶持下稳健发展。创意园多分布在海珠区**中部中轴线附近和沿河地段**，呈现出一定的**产业聚集趋势**，多为旧改而成。不同创意园有着各自的特色产业和项目定位，总体趋于**异质化**发展，在追求创新中相互发展促进。

- **景观区位分析**

唯品同创汇位于绿色生态轴线上，位置邻近**海珠区三大绿色公园**：海珠湖公园、上涌果树公园和海珠湿地公园，并且地处石榴岗水域，毗邻海珠湖和石榴岗河，**生态自然景观丰富**。丰富的景观资源给项目带来舒适的办公环境的同时，也带来了**更多的人流**，这对于创意园的发展非常有益。

- **外部交通分析**

道路分析

唯品同创汇临近主干道新滘中路和广州大道南，次干道上冲南约新街从场地内部穿越，**道路交通便捷，可达性较高**。附近公交站有大塘站、上冲站和上冲南站。

地铁线路分析

唯品同创汇位于地铁3号线**大塘站**附近，距B出口400m，通过地铁可快捷到达客村商圈和赤岗商务区，往南可抵番禺。并且未来有规划地铁11号线通过，交通非常便利。

商业设施分布

唯品同创汇西侧为广州创投小镇，有较多商业设施分布。北部有少量商业配套，东边和南边1km范围内未有大型商业设施，仅在靠近地铁处有一些小餐馆和便利店。

- **周边用地分析**

居住区分布

唯品同创汇北边和南边有大片**城中村**，由于城中村难以带来大量人流和高质量的劳动力，对于唯品同创汇的发展难以形成促进作用。但**旧城更新**正在推进，相信未来会得到改善。

医院分布

周边多为绿地和办公用地，**生活配套设施相对较少**。在以唯品同创汇为中心的1km范围内，只有广州天博医院一所医院，在3km范围内有广东省第二人民医院，基本满足需求。

学校分布

在以唯品同创汇为中心的1km范围内，有3所幼儿园，没有小学和中学。学校多分布于北面居住区附近，由于本项目以办公和游玩为主，对教育资源的需求不高。

02

03 总平面图

04 改造策略＆技术指标

• 改造策略·设计理念

场地的设计理念为将鸡心岛打造为"**一个自发生长的半岛城市**"，提倡慢速、混合和平衡的原则。地块开发按照北部沿路带—西部湖岸带—东部河岸带—中部的顺序进行分期建设。目前北部和西岸的局部已完成，正在进行东部湖岸带的开发。

● **慢速**：以单车和步行为主要交通，注重文化、创意与内涵，非传统意义的"高效"的城市
● **混合**：反功能主义规划，创建生产、生活和商业、文化充分融合的社区
● **平衡**：人与自然和谐共处，社区自发成长，提倡新的自给自足式低碳生活

• 改造策略·功能规划

场地原来的业态主要为有关汽车、机械和材料方面的**加工服务业以及仓储业**，改造后的场地功能包括**时尚娱乐休闲区**、**VR高科技体验区**、**科技娱乐互动区**、**AI硬件创新区**和**新派主题休闲区**五个功能分区，打造鸡心岛高科技时尚体验公园。目前时尚娱乐休闲区已建成，VR高科技体验区正在建造中。我们本次的调研内容主要针对时尚娱乐休闲区和VR高科技体验区开展。

北部城市界面置换

西岸生态文化街区生成

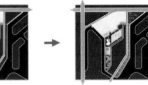
东岸滨水商业兴起

中部城市核心区成长

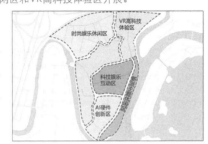

• 技术指标

	一期	二期	三期	四期	总和	数据来源	规范标准	备注
总用地面积/㎡	18700.00	16306.84	10574.06	31000.00	76580.90	官方数据	—	另有果园约15685.30㎡和停车场约9444.46㎡
建筑占地面积/㎡	11453.00	7989.91	6642.99	20707.00	46792.90	官方数据	—	—
总建筑面积/㎡	31368.00	18858.61	15640.15	43679.00	109545.76	官方数据	—	—
建筑密度	61.25%	49.00%	62.82%	66.80%	61.10%	计算所得	根据《工业项目建设用地控制指标(试行)》(2004)工业项目建筑系数应大于30%，根据《广州市城市规划管理技术标准与准则》(2005)，文化娱乐设施建筑密度不得大于40%	因为旧改，建筑密度远超过文化娱乐设施用地规划标准
容积率	1.68	1.16	1.48	1.41	1.43	计算所得	根据《广州市旧厂房改造专项规划(2010—2020)》，全市旧厂房改造平均开发强度商业金融用地控制为3.3-3.5，居住用地为2.9-3.0，工业用地为2.0	低于上层规划指标
绿地率	7.72%	6.26%	8.90%		7.68%	实测估计	根据《工业项目建设用地控制指标(试行)》(2004)工业园区内不得安排绿地，因工艺需要绿地率不得大于20%；根据《广州市城市规划管理技术标准与准则》(2005)，文化娱乐设施绿地率不得小于35%，在旧区改造或者场地受限区域不得小于25%	用地作为工业用地时符合规范标准，由于用地原为工业用地，绿地率远低于目前文化娱乐设施用地的规范标准。但地块南侧的果园可为地块服务
停车位/个	139	256		143	538	实测估计	—	果园旁的停车场共有351个停车位
建筑层数	1~4F (2/3F居多)	2~3F (3F居多)	1~3F (2/3F居多)	1~5F (3F居多)	1~5F (3F居多)	实测估计	—	建筑高度较统一，整体感强

05 业态经济&交通分析

•业态经济

纺织老厂房聚集的城中村 → 时尚产业和高科技产业聚集

- 布匹存储及加工业，经济价值较低 → 吸引龙头企业，园区闭环运营模式
- 沿路多为汽车服务及销售，形象较差 → 时尚与生态一体的新型产业园
- 场地多为低端业态和"散乱污"场所 → 科技企业孵化器专业化众创空间

唯品同创汇吸引了龙头企业入驻，使产业链上下游企业生态式聚拢，形成了**园区闭环运营模式**。

入驻企业包括唯品会、竖梁社、韦格斯杨、FDC面料图书馆、辅料易、奕色、赛若特、银禧庆典、韩后、肯德基、7-11便利店等100余家时尚企业及商业品牌。自2018年6月园区开园以来，已建成园区的出租率已达**90%以上**，实现了区域内时尚产业集聚和快速发展，还吸引了众多企业到此举办活动。

东风联社工业园的蝶变，实现了**产业转型升级**，提升了物业的经济市场价值，**壮大了村级集体经济**。项目计划总投资额2亿元，已投资1.3亿元（2019年2月），改造后物业租金从仓储租金形式（20元/㎡）提升为办公租金形式，村社集体经济收入直线上涨。

2018年6月28日 "时尚驱动力"艺术沙龙
2018年8月5日 奥美服装设计学院服装研讨会

部分举办的活动

2019年1月18日 广州市城市更新协会产业发展专业委员会成立暨产业升级助力城市更新发展专业论坛
2019年3月30日 "一带一路"国际跨界文化产业峰会暨72届戛纳电影节·亚洲之夜全球新闻发布会
2019年4月29日 海珠区"海青杯"青年创新创业大赛

部分入驻企业

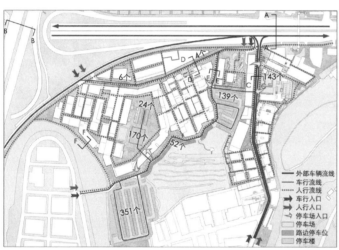

图例：
- → 外部车辆流线
- --- 车行流线
- ···· 人行流线
- ➤ 车行入口
- ➤ 人行入口
- ▨ 停车场入口
- ▨ 停车场
- ▨ 路边停车位
- ▨ 停车楼

内部街道

上冲南约新街

新滘中路人行道

滨水步道

•交通分析

唯品同创汇北临新滘中路，西近广州大道，被次干道上冲南约新街南北向穿越，**外部交通发达便利**。

建筑内部有**大量通廊**供行人使用，极大地丰富了行人的游览流线，也起到了良好的**消防疏散**作用。沿河有**亲水步道**，提供了舒适的景观体验。人行流线和车行流线的关系处理相对合理。

场地内部设有沿建筑组团外侧行驶的车行道，并有1个停车楼、4个停车场和路边停车位，共有**约889个停车位**。

停车楼

停车场

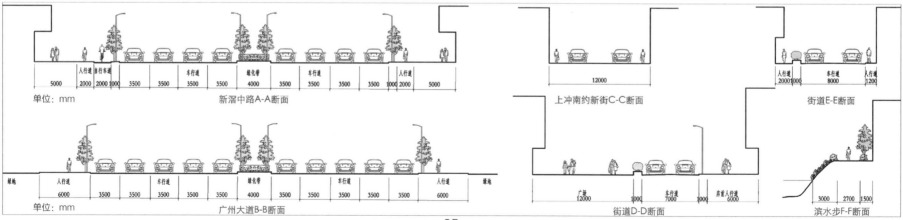

新滘中路A-A断面 / 上冲南约新街C-C断面 / 街道E-E断面
广州大道B-B断面 / 街道D-D断面 / 滨水步F-F断面

06 空间分析

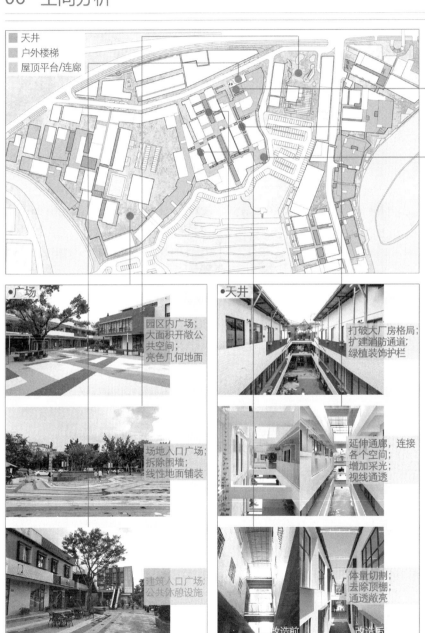

- 天井
- 户外楼梯
- 屋顶平台/连廊

•广场
园区内广场；
大面积开敞公共空间；
亮色几何地面

场地入口广场；
拆除围墙；
线性地面铺装

建筑入口广场；
公共休憩设施

•天井
打破大厂房格局；
扩建消防通道；
绿植装饰护栏

延伸通廊，连接各个空间；
增加采光；
视线通透

体量切割；
去除顶棚；
通透敞亮

改造前　改造后

•屋顶平台
亮色遮雨格栅；
过渡灰色空间

屋顶休闲平台；
扩大应用面积；
增加构筑物

•楼梯
镭射楼梯，引人注目

安全楼梯，改善交通消防

增设楼梯；
亮色醒目；
丰富空间；
增强体验

改造前　改造后

•改造前

屋顶盖满了棚子	垃圾成堆	杂乱破旧
• 建造时间： 20世纪80年代初 • 消防安全： 楼栋建造密集； 片区十分杂乱； 电气线路老化； 有大量易燃布匹集中堆放； 消防车道及消防设备缺失 • 严重的消防案例隐患	• 建筑空间及环境： 空间单一且缺乏合理性 层高低矮； 空间狭窄压抑； 环境单调； 光线阴暗； 地面积水； 垃圾成堆 • 周边生态环境良好，但缺乏梳理	

•改造后

- 对建筑做减法：
  体量切割，
  拆分原有连片主体建筑，
  打破原来大厂房的格局　→更适合不同业态自由组合空间

- 改善采光，提高空间质量：
  去除部分顶棚；　→空间通透敞亮，采光充足
  增加步道及屋顶绿化休闲平台　→从露台延伸出的通廊连接各个空间
  插入中庭露台　→视线通透，改善采光，丰富空间

- 增加公共的开场空间：
  拆除围墙；
  引入绿道和广场　→提供大面积开敞的共享空间，并配备休闲设施

- 解决消防问题：
  打通消防通道；　→改善采光和消防
  扩建消防通道；
  拆除违章建筑；　→清除安全隐患，使交通有序
  增加消防设施；
  增加安全楼梯　→改善交通和消防，丰富空间环境

→提高了园区环境质量+消除了消防安全隐患+带来了经济高质量增长

推陈出新，为旧建筑赋予了新生命，华丽变身后的园区已成为人们青睐的休闲文化场所，也提供了良好的办公环境。多个大露台、大楼梯和中庭的运用使得空间分配上更具灵活性，让使用面积最大化。

07 立面分析

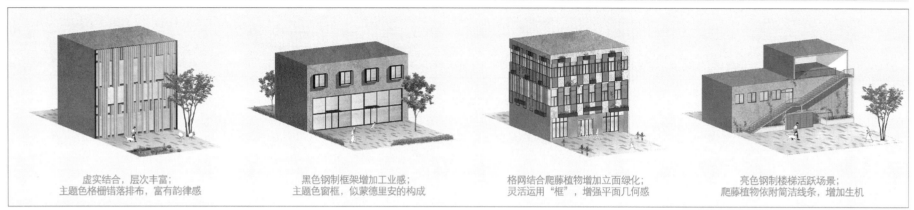

虚实结合，层次丰富；
主题色格栅错落排布，富有韵律感

黑色钢制框架增加工业感；
主题色窗框，似蒙德里安的构成

格网结合爬藤植物增加立面绿化；
灵活运用"框"，增强平面几何感

亮色钢制楼梯活跃场景；
爬藤植物依附简洁线条，增加生机

升级立面效果是旧厂改造的必要手段，易行且有效，性价比高。

改造前的老厂房十分破旧杂乱，影响了城市的整体风貌。

设计师通过开出更多大窗户，大量运用黄色/橙色/红色等暖色调色彩，结合低调的不同灰度的黑灰色和简洁的白色，灵活运用框架/格栅/格网和钢材，结合立体绿化。

利用虚实对比、色彩对比、材质对比等简洁统一的改造手法营造出了丰富活泼却整齐有序的建筑形象，使建筑外立面更加显眼立体，也脱离出了周边传统守旧的建筑风格，成了海珠湖周边地区最引人注目的建筑群落。

08 环境分析

• 景观分析

     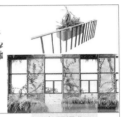

50亩生态果林后花园	河边林荫步行道	面状绿化	线状绿化	点状绿化	立面绿化
纺织植物知识科普基地+烧烤区+秋千休闲区+草坪+植物认领种植+鹅卵石林荫道+水渠	良好水质/自然驳岸/绿树成荫/宁静氛围	大面积草坪衬托点状树木/营造开阔环境/提供休憩场地	划分空间/隔绝视线/强调线条的方向性	突出景观重点/营造空间节点	丰富建筑立面/造荫遮阳

• 休闲设施分析

烧烤区桌椅　　天台座椅+花坛护栏　　广场艺术造型座椅　　广场花坛座椅　　公共区域的遮阳桌椅　　景观座椅　　艺术座椅

• 艺术装置分析

墙绘　　墙绘结合植物　　　　　　　龙舟 雕塑　　　　　　剑杆织布机，原工厂机器

• 标识系统分析

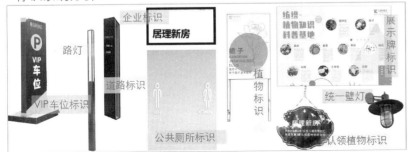

企业标识　路灯　道路标识　居理新房　展示牌标识　植物标识　统一壁灯　VIP车位标识　公共厕所标识　认领植物标识

• 总结

- 景观：唯品同创汇一~四期的绿地率经实测估计约为7.68%（不包含果园）。果园占地面积约为15685.30㎡，为园区提供了一个生态氧吧，营造了良好的办公氛围和游览环境。园区三面环水，且临海珠湖，景观资源优越，使唯品同创汇成为一个**生态与时尚和科技相结合的园区**。园区内的景观设计手法丰富，星星绿色点缀在工业风的建筑群里，给园区增添了生机。

- 休闲设施：园区在各个公共活动场所都设置了座椅，在满足游人休憩的同时，也美化了园区环境。

- 艺术装置：唯品同创汇中随处可见不同风格的雕塑和墙绘，还邀请了艺术家悬亮子为园区设计了以龙舟为主题的艺术装置，悬挂在中庭，成为了**视觉焦点和园区的标志**。园区还展示了纺织工厂曾经的机器，述说着过往。

- 标识系统：园区的标识系统也采用了建筑立面的主题色——**黄、橙、红、灰**，统一且鲜明，造型简洁明了。

09 案例对比&思考总结

● 案例对比

	海珠唯品同创汇	琶醍啤酒文化创意园	T.I.T创意园
区位	海珠区新滘中路	琶洲A区滨江带	广州新电视塔南侧
	大塘地铁站	有轨电车琶醍站	客村地铁站+步行
	公交直达	公交直达	公交不直达
前身	老厂房聚集的城中村	珠江啤酒厂	广州纺织机械厂
定位	高科技时尚体验公园 设计师时尚创意园	啤酒文化艺术平台及高端餐饮休闲娱乐地带	服装产业创意平台
	时尚产业小型总部办公、智能制造孵化基地、创新科技展示中心、体验式极客街区、服装设计师创意园	酒吧餐饮业、创意工作室、啤酒博物馆、创意酒店、健身俱乐部	创意工作区、设计师之家、展示发布中心、品牌总部、时尚休闲区、配套服务区
规模	用地面积：76581 m² 建筑面积：46793 m² 容积率：0.61	用地面积：97170 m² 建筑面积：50666 m² 容积率：0.52	用地面积：92338 m² 建筑面积：36000 m² 容积率：0.39
评价	形成以高科技产业和服装设计为特色的体验中心和创意园，也为城市更新作出了开创性的范例，成为海珠区示范性创意园区	形成以酒业为特色的啤酒文化娱乐产业园，成为广州夜生活的新标志，相关创意产业有待提高	形成以服装创意产业主导的多元化发展模式，吸引科技类企业入驻，园区创意氛围较好，基础设施完善

唯品同创汇

T.I.T创意园

琶醍啤酒文化创意园

唯品同创汇、琶醍啤酒文化创意园和T.I.T创意园都是海珠区旧城更新的经典项目。**三者规模相当，前身均为旧厂房，并且有着较为优越的交通条件**；三者的定位都为时尚创意园，但在方向上却截然不同。
琶醍啤酒文化创意园是延续原旧厂房的酒文化，形成以酒为主题的娱乐产业园；T.I.T创意园也是延续原来的纺织文化，形成以服装产业为主导的创意工作区。
相比之下，唯品同创汇的目标更为大胆前卫，项目定位为高科技时尚体验公园和设计师时尚创意园，通过引进龙头企业形成丰富的业态加速发展，为城市更新作出了开创性的范例，成为海珠区示范性创意园区。

● 思考总结

城市更新应该是业主、居民、政府三方的共赢，唯品同创汇实现了与业主的良性沟通，为周边居民提供了丰富的公共空间，也为城市更新提供了新的可能性。相对于很多传统的创意园，唯品同创汇无疑作出了很多大胆的尝试，无论是在项目定位、功能规划、场地设计，还是在项目运营、产业发展上都有很多值得我们思考和借鉴的地方。

优点：
- 顺应**国家发展政策**，巧妙利用项目区位和交通优势，作出了"高科技体验中心"+"设计师时尚体验园"的项目定位；
- 通过引入高端产业，形成**园区闭环运营模式**，将物业租金从仓储租金形式提升为办公租金形式，促进了**村社集体经济**的发展；
- 空间和立面改造手法简洁统一中又富有变化，灵活运用了**黄、橙、红、灰**等主题色，采用涂料、钢框、钢网、玻璃等材质，打破原场地破旧的建筑风貌，通过**体量切割**的方式形成丰富业态空间的同时消除了**消防隐患**；
- 设计了足量的公共空间，配有充足的停车场和公共卫生间且设有各式座椅与遮阳，**充足的服务配套设施满足了游客的使用需求**；
- 大量连廊丰富了流线和空间，同时充分利用了屋顶空间，增大了可利用面积；
- 大量艺术品和景观小品的点缀，配合建筑的设计使得场地创意氛围十足。

不足：
- **步行流线较复杂，空间识别性差**，难以清楚明了地走完整个园区，无法体验所有空间，**建议设置流线指引和完善的标识系统**；
- 功能分区不够完善，办公、商业、游览混合，游客易误入办公区，影响购物游玩体验，且对办公人员影响较大，**建议加强分区管理**；
- **园区活力有待提升**，园区内以办公空间为主，商业服务和娱乐功能有待完善丰富，吸引人流增强活力；
- 缺乏与河涌景观相关的空间设计，未能充分利用靠近河涌的优势，**建议更深入地开发利用景观资源，提高景观资源的利用率**。

● 创意园规划经验总结

- **掌握特点**：即全面掌握城市创意产业的发展特点。首先要研究分析**国家政策背景、城市定位、整体产业经济发展基础、人才资源情况**等，作为创意产业发展的资源条件，再对城市创意产业发展的**现状**进行系统分析，包括经济—空间现状、发展特征、存在的问题等，这些都是创意产业未来发展的基础；
- **准确定位**：即对城市创意产业进行科学准确的规划定位。规划定位的确定要以**城市创意产业现状为基础，全面掌握全国创意产业发展态势与格局，从区域角度提出城市创意产业的发展目标，错位发展，避免同质**；
- **明确重点**：即明确创意产业未来具体的发展重点，以实现发展目标与定位。发展重点可以从重点行业、活动策划等方面进行，体现城市创意产业的发展特色，提高知名度与影响力；
- **因地制宜**：即理解场地原来的文化特征、业态分布、资源条件，结合**场地的实际情况**，作出合理的发展定位和方向。

● 参考资料

管娟. 理想空间:创意产业园规划设计与实践[M]. 上海：同济大学出版社, 2013.

主题四 交通出行

渡城内外——广州市水上巴士系统调研及改善

作者学生：侯文滔、李帅君、周志威、杨雨晨、林伟鸿
指导老师：姚圣、李昕、李嘉豪

全国高等学校城乡规划学科
2015交通出行创新实践竞赛评优
二等奖

扫码阅读
彩色版本

调研概况 01

1.1 摘要

Recently in Guangzhou, the ferry which is called the fourth set of public transportation system after the subway、bus、taxi has become more and more active.
The ferry in Guangzhou has taken good use of the natural river, with punctuality, comfort and patency. We explored its potential, meanwhile, we find three modes of the ferry: from downtown area to suburbs, between downtown area and between suburbs through summarizing the information. Refer to the Hong Kong ferry, we explored a new urban development mode based on ferry, we also find the ferry is playing an important role in the transportation between downtown area and suburbs because of its critical significance to the vulnerable groups. Finally, the ferry can also ease traffic jams and provide a new trip to the citizen. At last, we list some defect of the ferry and put forward changing ideas and planning recommendations.

近期，继地铁、公交、出租车之后的**第四套公交系统**——水上巴士在城市交通中愈发活跃，并不断发展。

水上巴士（简称为水巴）充分利用了天然水道，具有**准点、舒适、不堵塞**的优势。在调研中，通过对各个线路人流量折线图的统计与归纳，我们发现其折线图有一定的规律，可以归为三种模式，对应为：**市中心到外围地区，市中心到市中心，外围地区到外围地区**。

通过借鉴香港水巴模式，探讨一种**基于水巴的城市新区开发模式**，用水巴来带动新区的前期发展。进一步调研和访问后发现，水巴对于城市外围区域，特别是弱势群体具有重要的意义，扮演了**缝合边远地区与中心城区**的重要角色。另外在潜力方面，水巴不仅能缓解局部交通堵塞，其舒适的环境和特殊的观光功能也为水巴注入了新的活力，为市民和游客提供了**多样化的出行方式**。针对其特点，我们总结了水巴目前存在的问题，并提出针对性的意见和规划建议。

1.2 调研背景

依托珠江，水巴前身轮渡20世纪80年代末年客运量达到1.15亿人次。但20世纪90年代随着广州城建的全面发展，水上客运交通萎缩。2012年的客流量保持在2000万人次。

2013年，客轮公司加快码头与船只建设，增设航线，广州水上巴士逐渐从单一的点对点轮渡发展为城市的公交网络系统，水上巴士逐步发展。

1.3 调研目的

本次调研以广州水上巴士作为研究对象，通过对运营状况、**机动性、可达性、效率、用户反馈**进行多角度分析，探求水上巴士作为引导区域开发重要手段在国内的先进性、可实施性和可推广性。基于提高城市机动性、推动社会可持续发展以及实现社会公平的目标，对水上巴士提出问题和意见，帮助水上巴士系统在广州市以及全国众多具有丰富水系的城市普遍推广。

1.4 调研意义

有大量乘客把水巴作为穿梭城市中心与城市外围区域的交通工具。

老年人更依赖这种舒适的交通工具。

很多乘客把水巴作为休闲的出行方式。

1.5 框架方法

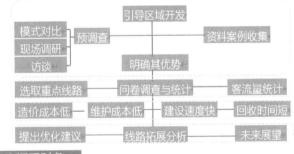

文献查阅法 跟踪调查法 现场调查法 记时统计法 数据归纳法

管理者访谈 乘客访谈 潜在乘客微信调研 问卷法 案例对比法

1.6 调研对象

广州水上巴士线路有14条线，8条为长线，6条为过江短线，现有营运船舶51艘，码头25座。

为了更好地界定水巴所影响的地区，明确水巴的性质和定位，根据初步观察，以北京路和珠江新城两个新旧市中心半径2.5公里为界将码头分为"市中心区码头"和"中心区外围码头"。

我们选取芳村—广州塔（S2）这条长线以及广州塔—海心沙（S11）、鱼珠—长洲（S5）三条线路进行重点研究。

问卷采用现场问卷及网络问卷两种形式。现场问卷发放150份，网络问卷发放233份。

渡城内外——广州市水上巴士系统调研及改善

调研分析 02

2.1 市中心及外围地区现状差异

对比分析

分类	线路	模式图	承载情况	周边交通系统
外围地区—市中心	S2、S12	城市中心	载人	部分码头与其他公交接驳良好，公交线路较多
市中心—市中心	S4、S7、S8、S11	城市中心	载人	—
外围地区—外围地区	S1、S3、S5、S6、S10、S12、S13、S14	城市中心	载人、自行车	码头与其他公交接驳较差，公交线路少

通过对沿途景观、乘坐环境、票价、功能齐全等要素的评价，得出水巴的**旅游性**综合得分较高。

同时，调查数据表明通过增加周边自行车服务点、餐饮、购物等相关的**配套服务设施**，提供更便捷旅游服务可以吸引更多游客。

水巴使用满意度评价

出租车 / 水上巴士 / 地铁 / 公交

总结：
外围—市中心：工作日存在上下班高峰，客流较大；非工作日客流较为稳定。**市中心—市中心**：工作日与非工作日客流均较小；非工作日客流略有增加。**外围—外围**：工作日存在上下班高峰，客流较大；非工作日上下午客流也有一定峰值。

市中心—市中心

外围地区—市中心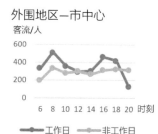

外围地区—外围地区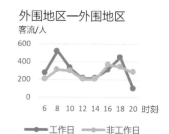

2.3 分析总结

乘客

1. 长洲岛没有跨江桥，出发去市区乘船比较快捷方便。
2. 平时上班高峰车行压力较大，乘船比较舒适，而且路上还不拥堵，比坐车能节省不少时间。
3. 周末带小孩出来玩，坐船比较舒适，还能体验漂亮的江景。

管理人员

1. 水巴现在作为广州第四套公交系统已经逐步分担了城市的交通压力，从2011年的日均客流4千多人次到现今5万人次左右，可以看出水运系统在逐步完善。
2. 目前还规划了15条新的航线，预计到2016年日均客流量将达到8万人次左右。
3. 新规划的站点大多也是处于城市较为偏远的地区，作为陆上交通的补充，服务更多市民。

2.2 市中心及外围地区居民使用差异

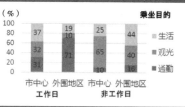

工作日市区各出行比例相当，市外围以通勤为主；非工作日市区以观光为主，郊区以观光 生活为主。

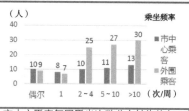

市中心乘客每周乘坐次数分布较为均匀；外围乘客每周乘坐频率较高，一半以上乘在5次以上。

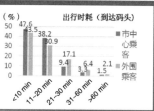

大于20分钟外围地区的乘客明显较多，说明外围地区换乘交通比较不发达。

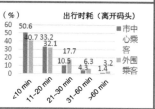

大于20分钟外围地区的乘客明显较多，说明外围乘客目的地较远。

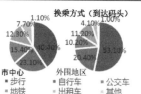
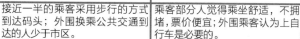

接近一半的乘客采用步行的方式到达码头；外围换乘公共交通到达的人少于市区。

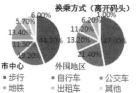

接近一半的乘客采用步行的方式离开码头；外围地区换乘公共交通的比例变高。

乘客部分人觉得乘坐舒适，不拥堵，票价便宜；外围乘客认为上自行车是必要的。

市中心乘客大部分人觉得信息化程度低，速度较慢；外围乘客觉得接驳不便。

渡城内外——广州市水上巴士系统调研及改善

优势分析 03

3.1 为偏远地区和弱势人群提供便利

提供便利的交通方式

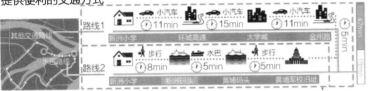

加强不同地区之间的联系

	路线1	路线2
出行方式	自驾	水巴
O—D	新洲小学—黄埔军校旧址	
OD距离	20.6km	3.1km
总时	42min	18min

水巴为偏远地区人群出行节约时间，缩短出行距离。

	数量	周末通行量	工作日通行量	平均耗时
桥	3座	约80000人	约50000人	2min
水巴	9条	约2000人	约500人	15min

黄沙片区道路网密布，通过9条水巴的路网补充，周末水巴承担桥交通量的 **7.5%**，工作日承担桥交通量的 **3%**。

为典型适用人群提供便利

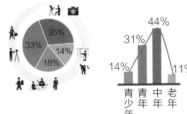

水巴乘客人群定位：

偏远地区乘坐水巴的老人、青少年数量明显增多。

低收入人群中老年人和青少年比例较高。

青少年和老年人出行以通勤、生活为主，对水巴存在较强的依赖性。

典型人群的出行特征

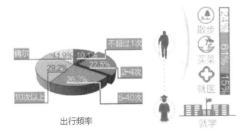

典型人群出行：

乘坐水巴10次以上的人群，87.1%是因上班或上学。

老年人主要目的地有医院、公园、菜市场等。

周边站点乘客出于休闲购物的目的选择乘坐水上巴士或轮渡。

3.2 提供舒适环境，促进旅游发展

水巴综合环境良好，人均使用面积较大

	地铁	公交	的士	水巴
厕所	×	×	×	√
公共桌	×	×	×	√
小卖部	√	×	×	√
垃圾桶	×	×	×	√
观光台	×	×	×	√
新鲜空气	×	√	×	√
单节尺寸	22m×2.0m	10m×2.0m	1.8m×4.5m	25m×8.0m
载客量	318人	40人	4人	200人
人均用地面积	0.21m²	0.56m²	2.03m²	1m²

水巴码头周边景点密布

旅游性质为主的码头：海心沙、中大、广州塔、黄沙、西堤、大元帅府、黄埔军校7个码头。

· 广州塔码头：广州塔、赤岗塔
· 海心沙码头：花城广场、海心沙公园
· 黄沙码头：文化公园、沙面、上下九步行街
· 黄埔军校码头：黄埔军校、烈士墓园

缩短出行距离，提高能源利用率

在中心城区，不用水巴平均路线长度比水巴路线长度长两倍左右；而在郊区不用水巴平均路线长度是水巴路线的三倍以上。

水巴采用"LNG"动力系统，热效率达到 **75%**，高于石油的65%和煤炭的50%。同时，天然气燃烧的转化率也是远高于其他能源。水上巴士上乘坐的人数越多，水巴的节能优势越明显，应尽可能增大乘客流量。

3.3 用水巴代替桥梁，引导区域开发

水巴与桥梁运营维护成本对比

在鱼珠、长洲间有一座桥，桥的每小时汽车通行量为 N 辆，设有 1/3 的汽车流量不可转化为水巴客载量。

为了满足通行要求，水巴的汽车通行量为 $1/4 \times N$，每艘水巴的平均车载量设为10辆，班次为20分钟一趟，每艘船的乘客量为200人。一个码头平均有2艘船存在。

	数量	造价成本	维护成本	时间
水巴	N/180	400万元/艘	10万元/年	月内
桥梁	1	9000万元/公里	30万元/年	2、3年

结论：
1. 鱼珠、长洲之间的交通量平均为1200辆/小时，兴建6座码头即可解决交通运输问题。**每年总共节省约成本3000万元**。如果用于水巴建设，相当于多增加1座桥梁的交通量，将解决偏远地区的交通问题。
2. 水巴收费计2元/次，桥梁收费计10元/次。

	收费单价	年乘客量	造价成本	维护成本	回收时间
水巴	2元/次	200万次	2400万元	60万元/年	7年

从成本造价和后期运营维护的角度看，水巴比道路桥梁有明显优势。

水巴与桥梁开发模式对比

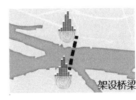

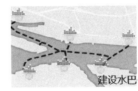

桥梁的建设可以刺激桥梁周边的发展。而同等资金条件下，在满足交通量的前提下，通过建设码头、发展水巴，可以带动两岸片区的发展。

渡城内外——广州市水上巴士系统调研及改善

改进推广 04

4.1 水巴改进建议

1. 综合利用珠江两岸现有码头，建立新航线

针对现有航线少的问题，我们认为应该利用起珠江两岸的现有码头，既节约财政税收，又能发挥这些码头的价值。新增的码头多位于外围城区，如图所示，地铁线不密集，过江交通也并不便利。

2. 更新船只，提高相对速度

现有船只已经达到使用年限，可以更换新型水巴。相对于越来越拥堵的陆上交通，畅通无阻的珠江水道是个绝佳的选择。

3. 发挥慢行交通优势，改善接驳

广州外围城区水网密布，不利于设置公交、地铁线路，应发扬水巴与自行车等慢行交通无缝对接的优势。

4. 实现网络信息化，结合手机APP

手机高度普及，依托手机APP，让人们更容易得到水巴的班次信息，既是一种宣传，又方便乘客合理安排出行时间。对于管理部门，公交信息系统的统一管理，综合调度，大大提高效率。

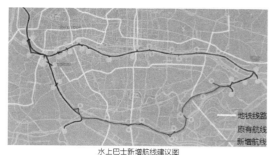
水上巴士新增航线建议图

如意坊—石围塘码头慢行交通接驳

鱼珠—长洲码头慢行交通接驳

4.2 水巴推广策略

1. 航线差异化管理

a) 分人群推广，按市中心区和外围城区划分

水巴在广州公共交通中的交通承担率还很低，但对于身处水网密布外围城区的乘客来说却是必不可少的。

b) 差异化收费，分时段、地段收费

由于不同航线的水巴承担的主要功能不同且外围城区乘客更偏向于通勤类，因此可以在外围城区制定更低的价格，在旅游线路提供更好的服务，相对收取较高的费用。此外，还可以分时段，如在上下班高峰期提供更实惠的价格等。具体建议价格如下表，通勤线水巴一层1元，二层2元。旅游线在上下班高峰期支援通勤，价格同通勤线，而在平时则一层10元，二层20元。分时段、地段差异性收费既体现了公平性，又兼顾了效率。

一般时段定价：

费用	通勤线	旅游线
一层	1元	10元
二层	2元	20元

高峰时段定价：

高峰时段	通勤线	旅游线
一层	1元	1元
二层	2元	2元

c) 分功能推广，加强针对性

由上表可知水巴航线在不同地段，所承担的主要功能会发生转变。针对不同的功能，突出不同主题水巴的特点。如旅游线上可以开展一些如主题聚会的特色活动。

2. 扩大航线影响范围，与地铁、公交车等联动宣传

通过利用珠江两岸的旧码头开启新航线，扩大影响范围。在地铁站、公交车站等交通节点提供最近码头及班次信息，给乘客提供更多元的选择。

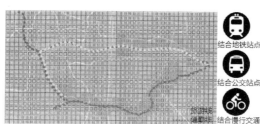
以500米为单位划分方格网。

4.3 总结

通过调查研究和分析，我们发现水上巴士是一种优秀的交通方式：

一、水上巴士是广州公共交通体系的重要补充，是外围城区百姓出行的重要交通方式；
二、水上巴士虽然交通承担率低，但是体现了社会的公平和人文关怀；
三、由于广州水网密布，在新城开发中，利用水巴引导区域开发，能在前期减少成本，避免因修建地铁和公路大桥带来的巨额资金投入；
四、水上巴士被确定为"第四套公共交通系统"，这为水上巴士的发展提供了黄金机遇。

现今而言，水上巴士面临的问题还有很多，航线的不均衡分布、设备、船只的落后，这些都限制了水上巴士的发展。但是，水上巴士的明天是光明的。我们认为广州水上巴士是一种既关怀了郊区百姓生活，又兼顾效率与社会公平的优秀交通方式。

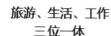

旅游、生活、工作
三位一体

路线多样化、网络信息化
新型的水上巴士

渡城内外——广州市水上巴士系统调研及改善

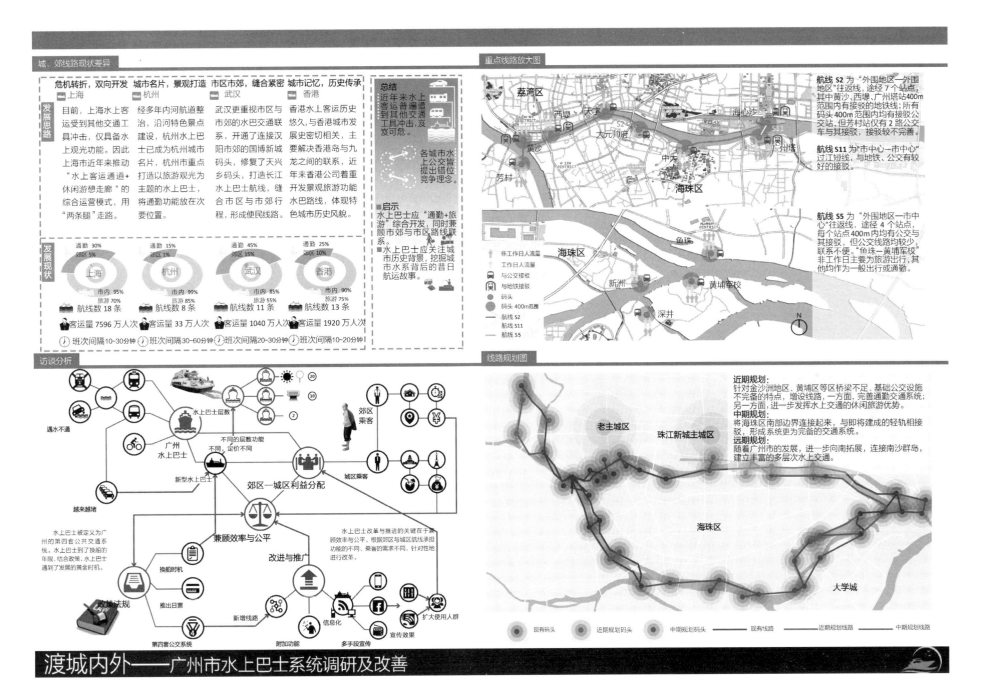

"秩"同道合 ——深港跨境学童出行链模式研究

作者学生：徐金涛、陈东祺、李一姣、廖亚乔
指导老师：姚圣、李昕、杨雅洁

全国高等学校城乡规划学科
2018交通出行创新实践竞赛评优
三等奖

扫码阅读
彩色版本

"秩"同道合——深港跨境学童出行链模式研究

摘要

近年来深港跨境学童人数大幅上升，引起社会各界广泛关注。源于香港与内地在生活状况、教育体制、文化习俗等方面的差异，跨境学童在交通出行、社会参与等方面需要适应不同的环境和制度。现阶段，关于跨境学童的研究主要着眼于社会融合与管理，缺少针对日常交通出行的关注。通过对深圳沙井社区跨境学童群体日常上下学通勤的调研，构建深港跨境学童出行链模型和选择指南，以期对粤港澳大湾区跨境交通出行网络的完善提供借鉴。

关键词：深港跨境学童；出行链模式；出行方式；粤港澳大湾区跨境出行

In recent years, the rising number of cross border schoolchild has attracted wide attention from the society. Considering the differences between Hongkong and mainland China in living conditions, educational system and cultural customs, cross border schoolchild may have to adapt to different environment and system in public transportation and social participation. Currently, researches about cross border schoolchild focus mainly on social integration and management rather than commuting mode. After invetsigating the commuting transportation of the cross border school children in Sha Jing Village, Shenzhen, establish trip chain pattern and selection guide of the cross border schoolchild between Shenzhen and Hongkong. In order to provide reference for the improvement of the cross border transportation network among Guangdong-Hong Kong-Macao Greater Bay Area.

Keywords: Cross Border Schoolchild, Trip chain pattern, Trip mode, Cross border commute in Guangdong-Hong Kong-Macao Greater Bay Area

① 调研概况

1.1 调研背景

香港跨境学童数量变化

跨境学童数量逐年上升，即将达到峰值；受政策影响，2013年后无双非婴儿诞生。

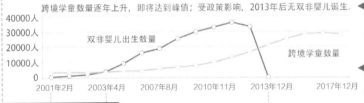

跨境学童相关政策变化

- 2001年，香港法院裁定在香港出生，而父母均为内地居民的庄丰源享有香港居留权。（自由行时期）
- 2003年，推行内地居民来港"自由行"政策，使得内地孕妇赴港产子更加方便。
- 2013年，"零双非"政策，无期限停止接收非本地孕妇在香港生产。（零双非时期）

各群体出行链示意图

出行链相关词云 ／ 跨境学童出行示意 ／ 跨境人群出行示意

深港跨境学童：出生在香港拥有香港户籍，居住在深圳的学童群体。每日从深圳过境到香港上学，放学后过境回深圳家中。

单非儿童/双非儿童：单非儿童指出生在香港拥有香港户籍，父母其中一方为香港居民的儿童。双非儿童指出生在香港拥有香港户籍，父母双方皆非香港居民的儿童。

保姆车：由保姆车公司经营，接送数名跨境学童由家经关口往返学校的车辆。

出行链：指人们为完成一项或多项活动（多目的出行），在一定时间顺序排列的出行目的所组成的往返行程。包含了大量的时间、空间、方式和活动类型信息。

粤港澳大湾区：由香港、澳门两个特别行政区和广东省的广州、深圳、珠海、佛山、中山、东莞、肇庆、江门、惠州等九市组成的城市群，是国家建设世界级城市群和参与全球竞争的重要空间载体。

1.2 调研框架与方法

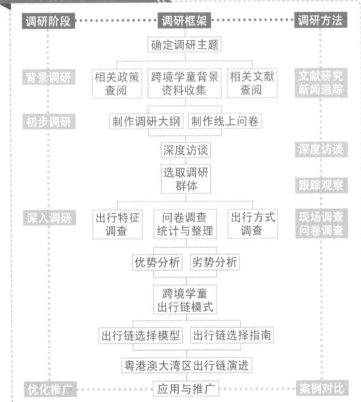

1.3 调研目的与意义

调研目的：本调研以居住在深圳市沙井村的跨境学童群体为研究对象，通过对其出行方式和出行特征进行调研分析，从交通软性模式的角度出发，探讨深港跨境学童的出行链模型，提出深港跨境学童出行链选择指南。以提升社会服务、优化交通路线、推广跨境出行链模式为目标，完善粤港澳大湾区出行链，提高跨境出行效率，降低跨境出行成本，保障出行安全，促进社会公平。

调研意义：①从交通需求的角度看，有利于更好地满足跨境学童的基本通勤需求。②从社会公正的角度看，着眼于深港跨境学童群体的交通出行，探讨跨境学童远距离通勤的出行链模式。③从出行效率的角度看，能推广更高效的出行方式，减少不必要交通资源浪费。

"秩"同道合 ——深港跨境学童出行链模式研究

② 调研分析

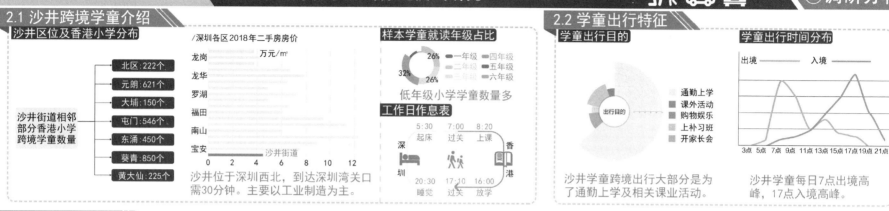

2.1 沙井跨境学童介绍
2.2 学童出行特征

2.3 交通方式比较

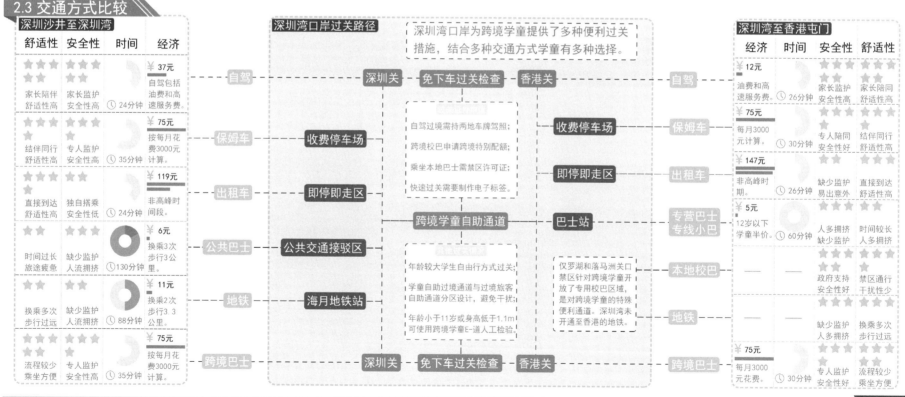

"秩"同道合——深港跨境学童出行链模式研究

③ 特性分析

3.1 出行方式选择

出行方式选择

出行方式分担率

自驾	出租	地铁	公交	跨境巴士	保姆车
25.4%	14.1%	1.4%	25.4%	5.6%	28.1%

公共交通和个体交通出行的占比较高。

3.2 出行链模式分析

通勤出行链模式

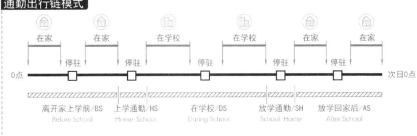

□ **出行链构成** 以通勤及其相关活动为主要目的，可能包含其他非通勤活动、不同出行目的连接。

□ **出行链模式** 跨境学童通勤涉及多个活动地点，除通勤活动之外还嵌套了其他活动，多为复杂链。

模型选择指南

 舒适　

跨境 部分巴士运营跨境服务；少量私家车拥有两地车牌可直接跨境

 安全　

 省时　

满11岁　未满11岁

年龄 未满11岁不可独自乘坐公交（港方）；满11岁后无校巴乘坐名额

 省钱

影响因素分析

各影响因素与出行方式交叉选择分析：

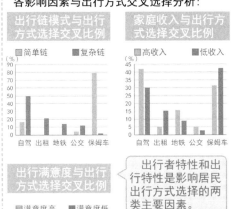

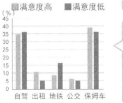

出行者特性和出行特性是影响居民出行方式选择的两类主要因素。

自驾通勤跨境和保姆车通勤跨境由于在机动性和方便性上占优势，在多种因素影响下选择比重依旧大。

联合选择模型

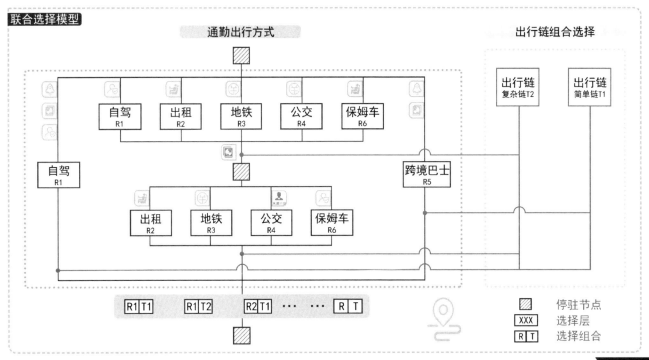

"秩"同道合——深港跨境学童出行链模式研究

④ 推广演进

4.1 出行链信息模型应用推广策略

模型应用

地图APP采集
安装插件于地图APP中采集出行者属性信息，录入数据库。

个性化订制
基于人群类型出行大数据与用户私人偏好，智能选择路线。

人群属性记录
地图APP用户输入身份信息，选择相应职业、收入层级等出行者属性选项。

出行属性记录
用户输入目的地并选择相应出行性质，如通勤、娱乐、生活等。

出行方式推荐
APP列出出行方式，由出行链模型选择并推荐最适宜用户的方式。

数据模型入库
出行链模型数据库采集用户出行属性，建立私人订制出行模型。

回程方式推荐
用户出发前往目的地，并收到依去程指定的回程交通推荐的交通方式。

推荐方式调整
用户基于时间与经济成本等选项，依自身需求调整推荐交通方式。

出行者属性模型应用——结合地图导航APP

出行属性模型应用——高峰段拥堵改善

深港跨境人群日常出行主要流向图

- 居住点
- 目的地
- 关口

工作日 7:00AM —— 集聚于关口
工作日 5:00PM —— 集聚于交通枢纽
休息日 全天 —— 集聚于中心区

深圳段流向
香港段流向

■ 根据人群流向，建立出行属性模型以统筹人流数据、模拟人流倾向与易发生交通拥堵的路段。作为实况参考，改善高峰时段交通资源配置供需不平衡与站点区域安全隐患等问题。

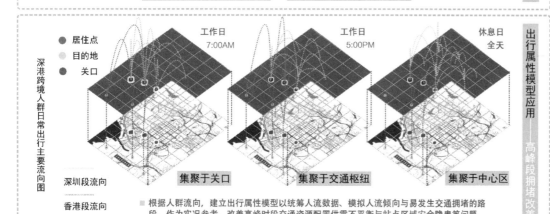

交通方式模型应用——资源配置

深港跨境人群交通方式选择比例图

- 地铁
- 巴士
- 汽车
- 慢行

跨境工作者
跨境学童
跨境游客

■ 根据交通方式比例，建立交通方式模型，以预测和优化交通资源配置不均衡的区域。
■ 通过应用与客户终端APP开发，各类型人群可调取模型数据库，选择适合自身的交通方式。

4.2 总结

■ 深港跨境学童出行链研究具有**代表性**，对类似的特殊城际交通群体出行模式研究有借鉴意义。
■ 出行链模型有应用和推广意义，服务于**城市各阶层**交通优化。
■ 通过更多类似跨境学童的代表性群体出行链模型，完善粤港澳大湾区出行链，有助于城际人流与物质流**交通效率提升**。

模型推广意义

城市居民
■ 出行链模型采集居民身份信息扩充数据库。
■ 模型进行筛选并推荐符合居民私人偏好的出行方式与出行目的地。
■ 个性化出行链有助于提升市民出行体验。

相关企业
■ 出行链模型记录分时段人群流向、线路选择与人流聚集地点。
■ 模型通过计算为交通产品供需精准配置、APP交互商机、新目的地与新项目开发提供参考。

政府部门
■ 出行链模型记录各交通方式比重、道路分配。
■ 模型通过模拟对交通资源的统筹、配置，优化基础交通建设与道路安全系统。

"小小数字，大大便利"
——广州轨道交通出行数字标识系统的调研

作者学生：魏文翰、陈昕玮、邱璜、陈兆凯
指导老师：刘晖、戚冬瑾、魏宗财

全国高等学校城乡规划学科

2017交通出行创新实践竞赛评优

三等奖

扫码阅读
彩色版本

"小小数字,大大便利"
广州轨道交通出行数字标识系统的调研

01 背景研究

摘要

在广州地铁大线网布局规划下,为进一步提高地铁标识系统对乘客的**引导作用**,**数字标识**系统被引入到广州地铁标识系统中。数字标识系统,是为了进一步服务对中英文标识有障碍的乘客,通过对**站点、站台方向、屏蔽门**进行数字编码,实现乘客对标识的**快速和简单识别**,从而达到对乘客人流的疏导以及进一步加强广州地铁标识的统一与便利。

关键词:广州;数字标识系统;简易识别

Abstract: As one of the key sections of the Grand Metro Network on Guangzhou, as well as to further enhance the identifiability of metro signage system, Number Coding Signage is applied to the original signage system. **The Number Coding Signage, is aimed to be of better service to passengers who might have problems recognizing Chinese or English.** With this new system, passengers can better make their travel as a result of better identifiability, which contributes to the diversion of pedestrians.

Keywords:
Guangzhou, The Number Coding Signage, Convenient method

1.1 研究目的与背景

本次调研主要针对广州地铁标识系统中于2016年新增的数字编码标识,通过对其**产生的背景与目的、实际使用情况与效果**进行调研与分析,对广州地铁标识系统的现状与效果进行研究,探讨其经验在国内某些城市的轨道交通规划中的推广,从交通**软性管理措施**的角度上对地铁交通出行提出新的优化意见,达到在低成本投入的条件下提高地铁系统的运营效率。

广州地铁拥有较多的地铁线路,同时,广州地铁由于乘客**人群复杂、客流量大**,仅有中英文的标识系统已不能满足对多元人群的引导需求,因此广州地铁在原有基础上,参考日本、韩国地铁标识系统案例而新增数字编码标识。在不影响原有标识的前提下,**新增数字编码标识**是否能起到对地铁乘客的疏导作用,又有哪些方面可以进一步优化呢?

- **777万人次** 2016年线网日均客运量
- **897.3万人次** 单日最高客运量
- **10条** 正在运营线路数量
- **25条** 规划地铁线路数量

1.2 广州地铁标识系统及更新内容

总体指引	导向柱	站点	站台	屏蔽门
线网总图 APP指引 地图标识	500m导向柱 站点前导向柱	站点标牌 出入口信息	线路站台 站台方向	站点信息 列车方向
线网图增加车站编码	导向柱增加车站编码	站点入口增加车站编码	站台指引增加站台编码	屏蔽门增加屏蔽门编码

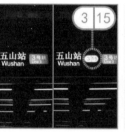

更新内容

		更新前	更新后	更新内容
车站编码 对每个车站进行数字编码,如人和3-27,代表3号线第27站。	**1 车站编码** 每条线路每个车站都有不同的编码,更容易查找、定位。	陈家祠 Chen Clan Academy 西门口 Ximenkou 中文+英文	陈家祠 Chen Clan Academy 1|07 西门口 Ximenkou 1|08 增加数字编码	线路名称 1|07 车站名称 1号线 第7个站 3|11 1|14 换乘站
站台编码 站台编码在原有的方向指示上面添加数字标识,更易识别。	**2 站台编码** 更易于辨认两侧方向。	黄村方向→ 以最终站点命名方向	黄村方向 1→ 增加数字站台标注	线路色 1 站台编号
屏蔽门编码 对站内每个屏蔽门进行编码,主要用于突发情况时站内定位。	**3 屏蔽门编码** 更易于站内定位。	陈家祠 无屏蔽门编码	陈家祠 1|07 11 新增屏蔽门编码	线路色 11 屏蔽门 屏蔽门编号

"小小数字，大大便利"
广州轨道交通出行数字标识系统的调研

02 调研分析

2.1 研究框架与方法

调研准备 → 研究目的 → 研究背景整理 → 广州地铁大线网 → 目标资料整理 → 问卷预调研 → 调研过程与分析 → 调研对象确定 → 对象优劣总结 → 问卷派发与访谈 → 推广策略 → 改进与改进 → 调研成果分析 → 说明

文献查阅法
· 大线网时代下的变革与挑战 · 地铁导向系统构成 · 标识系统案例 · 查阅数字标识系统更新过程 · 数字标识系统更新后的媒体评价

访谈法 14人
地铁运营中心访谈：标识系统更新的契机、更换方式、推广方式公众参与等。
使用者访谈：更新后对高频乘客的影响以及对目标群体的导向改善程度。

问卷法 202份
预调研：确定使用者对导向系统变化的了解程度，为正式问卷提供参考。
正式调研：区分乘客类型、确定乘客对标识系统更新的态度与意见。

 文献查阅法   现场观察法   案例对比法

 问卷法   管理者访谈   乘客访谈

 调研日期
2017.03 发起人访谈
2017.04 广交会问卷派发
2017.05 线上问卷派发

发起人
广州地铁公司
地铁运营中心
访谈法

 普通乘客
本地乘客
通勤族
问卷法、访谈法
122人

 特殊乘客
外来乘客
文字识别不便者
问卷法、访谈法
80人

2.2 优势分析

• **为外地人/外国人的出行提供便利**

识别、记忆更加容易的**数字编码**帮助外来人群**定位站点、人工问询**。
广州素有第三世界贸易中心之称，外国人/外地人数量很多，且随着城市的扩张，越来越复杂的地铁线网让线路识别日益复杂，而外国人中无法识别中文与英文的人群占了很大比例，这部分人群的识别需求不容忽视。

问卷调研 51人（外国人23，外地人28）

问题1：您有注意到广州地铁轨道交通出行的数字标识系统吗？ 没有10% / 有且能看懂55% / 有，但看不懂35%

问题2：数字标识能否更好地对您的站内交通、上下站换乘路径进行引导？ 不显著15% / 改善很大40% / 稍微改善45%

问题3：您认为新增的数字标识是否容易识别（大小、字体粗细、图案等）？ 不够1% / 一般30% / 很好69%

问题4：您对广州地铁轨道交通出行的数字标识系统的评价是？ 不满意0% / 没感觉24% / 有改善76%

结论1：
大部分的外地人、外国人给予数字标识系统正评价，能注意到并看懂数字标识的意义，能更好地引导站内交通，容易识别。说明数字标识能便利对外地人、外国人的交通引导、可识别性较好。为外地人、外国人轨道交通出行提供便利。

乘客访谈

 外地游客小傅：
来广州玩之前也坐过北京、上海、武汉的地铁，这里过来看到数字标识觉得很新鲜，但是结合线路信息很快能看懂用途，为我们外地人坐地铁避免了不少麻烦。

 外商Trinidad：
我这次来广州参加广交会，英语不是我的母语，因此要找随行翻译，数字标识很大地方便了我在广州的私人行程。这很棒，非常有用。

• **为老年人/小孩的出行提供便利**

数字编码有利于老年人/小孩**辨认方向**与人工问询。老人、小孩文字识别能力与记忆力相比青年人都较弱，因此当进入复杂的轨道交通系统中很容易混乱，在不改变原有导向系统的基础上增加数字标识能有效改善这种现象。

问卷调研 29人（老年人16，小孩13）

问题1：您有注意到广州地铁导向系统新增的数字标识吗？ 没有14% / 有且能看懂41% / 有，但看不懂45%

问题2：您乘坐地铁时走错站台、线路的情况是否有得到改善呢？ 没有7% / 改善很大31% / 一般62%

问题3：数字标识是否有助于改善地铁出行环境，使乘客出行更加便捷？ 改善很大21% / 稍微变差0% / 变差很多0% / 不显著24% / 稍微改善55%

问题4：您认为新增的数字标识是否容易识别（大小、字体粗细、图案等）？ 不满意7% / 很好41% / 一般52%

结论2：
大部分老人、小孩能注意到数字标识但其中很大一部人看不懂，认为数字标识改善站内迷路现象，改善地铁出行环境。
说明数字标识帮助老人、小孩辨认方向，改善地铁内交通引导，为其提供便利；但很大部分的人看不懂，对老人、小孩的识别性仍不太够。

老广州人陈先生：
我们也坐了几十年了，对地铁很熟悉，近几年开了很多线路，去很多地方也更方便了，但是**线网越来越复杂**，我们有时候坐新线也会坐错，像加了这些数字就**很好啊，很方便**。

 小学生区同学：
我平时上学、放学都是爸爸妈妈带我，自己一个人不敢坐地铁，因为我字还认不全，但是加了数字以后我记**编号**就可以了。

"小小数字，大大便利"
广州轨道交通出行数字标识系统的调研

02 调研分析

• 指引更加清晰

五山 → 体育西路 → 陈家祠

较熟悉轨道交通的乘客会按照既定的经验使用中文站点名称作为识别站点的依据。

不熟悉轨道交通线路或者中/英文识别能力较差的乘客则会对**数字更加敏感**，数字代替文字成为更加通用的站点识别方式。

机场南方向 3号线 番禺广场方向

原导向系统以终点站命名行车方向，低频乘客难以辨认。

新增数字命名站台方向直观易懂，人工问询时只需要说明1或2站台，**提高效率**。

未编码的屏蔽门无法识别，无法定位，**紧急事件突发**时较难定位处理。

屏蔽门对乘客站内定位、突发事故定位等都有极为有效的效果，发生突发事件能够**第一时间定位**处理。

问卷调研 202人

问题1：您乘坐地铁时走错站台、线路的情况有得到改善吗？

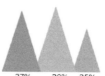

37% 改善很大　38% 一般　25% 没有

问题2：线路图中数字标识能否便利乘客确认换线方式？

23% 很大　44% 稍微　31% 不显著　1.5% 稍差　0.5% 很差

乘客访谈

大学生李某：
近几年广州地铁开了很多新线路，坐地铁出去外面玩的时候越来越方便，我以前在三号线**体育西路三个站台换乘**的时候经常走错，现在有了**站台编码**就很少走错过了。

问题3：屏蔽门上数字标识的添加能否帮助站内定位？

问题4：站点的数字标识能否改善经常下错站的现象？

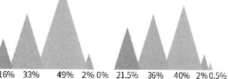

16% 很大　33% 稍微　49% 不显著　2% 稍差　0% 很差
21.5% 很大　36% 稍微　40% 不显著　2% 稍差　0.5% 很差

乘客访谈

上班族罗先生：
来广州工作不到一年，却刚好见证了地铁导向系统的变迁，出门玩的时候怎么换乘一直是我很头疼的事情，有数字编码以后，坐地铁方便了，和朋友约在地铁里见面也方便了。

结论3：
所有乘客中大部分人认为数字标识的添加能改善站内交通状况，但改善程度不大。大部分人认为数字标识的添加能便利确认换线方式、帮助站内定位、改善下错站现象。但其中亦有极少数乘客认为现状变差。

对全体乘客而言，数字标识系统使站内指引更加清晰。

• 适应大线网时代

采用数字标识的站点名称将更有利于城市地铁系统向更**国际化**、**系统化**、**易用化**的方向发展。在未来，随着城市地铁线网变密，广州地铁将进入大线网时代，中文名/英文名的站点标识将更加繁杂，即使对于本地日常通勤乘客也很难掌握。

站台编号与屏蔽门编号在应对大线网时代下，能够大大提高轨道交通工作人员的效率和乘客的使用效率，并且有效减少使用中的错向客流，使得轨道站内交通更加顺畅。

• 应用成本低

轨道交通出行的数字标识虽然在设计修改、人工审核上投入很大，但实际应用时，在站外采用喷绘方式增加，在站内由于结合新线开通时所有导向系统的统一更换，所以总体应用成本非常小。

发起者访谈

1. 结合新线路开通
数字标识添加在2016年9月开始试点运营，经修改调整后于2017年元旦期间结合7号线开通更换完毕，成本极低。

2. 采用喷绘、贴纸方式增加数字
指引立柱，以及闸门上数字采用喷绘添加，站内导向大部分是采用贴纸形式，改造成本低。

3. 其他地铁系统学习成本低
由于数字标识逻辑简单且广州地铁承接其他城市地铁建设，应用到其他地铁系统不难。

2.3 存在问题

在乘客访谈中发现，地铁数字标识存在着宣传力度不足、应用不成系统、美观性不足、使乘客产生迷惑等问题。

宣传力度不足
多位乘客反映，看懂全靠推理，站内应更多设置导向指引。

美观性不足
没有很好地体现广州本地特色，药丸的形状堆起来显得很密集。

应用不成系统
乘客反映应构建完整的指引系统体系，包括地面和玻璃门上的指引以及与APP合作等。

信息太多产生迷惑
站内导向信息系统性不强，新增数字标识有时会造成迷惑，如4号站看成4号线等。

"小小数字,大大便利"
广州轨道交通出行数字标识系统的调研

03 推广改进

3.1 改进计划

1. 加大宣传力度

①地铁自媒体增加宣传使用方式

- 地铁报站电视 推广前期播放 使用介绍视频
- 地铁报站电视 推广中期播放
- 地铁Wi-Fi主页 结合数字编码 线上同步使用

②线路图附加编码使用介绍

线路图包含所有线路车站的信息,是所有外地人必看的地铁信息中心,在线路图中附加编码使用介绍方便将信息精准投递到目标乘客。

3. 乘客智能问询系统

在地铁导向系统中数字编码的基础之上,设计投入乘客智能问询客户端,实现乘客站内智能导向,以便外地乘客等的站内导向。

2. 使用方式拓展

①地面导向引入数字编码成果

- 将站内垂直交通与水平交通线路精确衔接。(如:换乘X号线扶梯请在12号屏蔽门处搭乘)
- 当前编码系统对乘客吸引度不足预期,应在全系统渗透数字编码成果,利于习惯培养,更好发挥其用途。

②结合手机出行APP增加数字编码

与百度、高德等地图软件协调,确保导向系统的全面覆盖。

4. 结合地方特色设计

调研反映现状数字编码略为单调,可以结合每个站点的特色进行针对性设计,以作为编码的辅助,帮助目标乘客快速识别目的地。

3.2 改进推广计划

1. 推广可行性强

①改造成本低

数字编码增设的硬性成本较低,只需更换贴纸等标识,伴随新线路开通增设更加节约成本,一经确定方案便可广泛应用于各条线路。

广州地铁的实践经验,基本可以复制使用,大大减少推广到其他城市时的学习、实践成本。

②普适性较强

由于我国各城市的地铁车站在空间结构和导向系统设计上差异不大,因此该系统在国内推广时具有很强的适应能力。

3. 推广步骤

Step1 南方地区大城市
根据广州地铁使用人群的迁移,在深圳、佛山等南方城市率先推广。

Step2 国内其他大城市
在北京、上海、南京等国内大城市推广,以满足大城市更多特殊乘客需求,帮助使用习惯渗透。

Step3 筹建地铁城市
在筹建地铁城市的地铁导向系统设计中直接植入数字标识系统,降低学习成本。

2. 推广意义

 对**特殊群体**照顾,展现人文关怀与国际大都市面貌。

 为地铁智能导向客户端的应用提供基础。

 完善人流导向系统,从站内指引升级为站间指引。

 方便**快速定位**站内**突发事故**、事件及日常交往碰面。

 减少**错向交通流**,缓解站内、线内交通压力。

 地铁站内服务指引更加清晰。

4. 推广模式

①政府主导

作为民生工程的一部分,由政府主导引入先进编码系统成果并广泛应用。

②市场主导

乘客提案地铁公司更新导向系统,提高乘客、地铁互动。

3.3 总结

1. 数字标识系统便利交通出行,促进社会公正

- 从社会公正的角度出发,考虑到特殊人群的需要,对老年人、小孩、外国人、外地人等特殊群体出行的便利性有极大改善。

- 从交通出行的角度出发,在地铁线路越来越繁复的背景下,通过数字标识系统使出行更加便捷。

2. 不成系统,形式单调

- 数字标识系统目前还不成系统,在许多地图导航软件中还未覆盖。

- 美观性有所欠缺,信息过多,呈现形式单调。

- 对于非特殊群体不够友善,一定程度上增加了非特殊群体的识别难度。

3. 加强宣传与合作

- 通过各种方式加强宣传,增加普及性。

- 设计方面更系统、深入地融入导航系统。

- 结合咨询/导航系统完善出行体验。

4. 体现人文关怀,值得推广

- 满足了特殊群体的需求,体现城市的人文关怀,以人为本。

- 有效组织站内外交通,增加城市交通效率。

"小小数字，大大便利"
——广州轨道交通出行数字标识系统的调研

03 推广改进

大线网下的站点编号规划

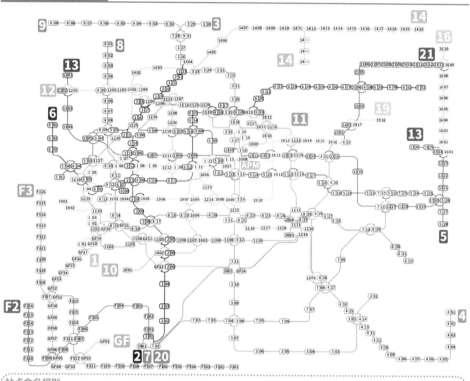

数字编码位置示意

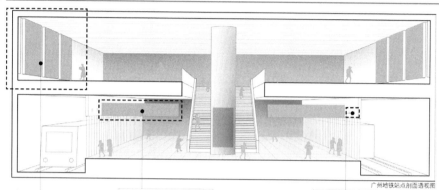

广州地铁站点剖面透视图

站点命名方式	站台编码	站内标识	乘车指引	屏蔽门编号
同：通过线路号加站点号的方式命名。异：表现形式略有区别，但命名逻辑相同。	广州地铁的站台编码为数字、中文、英文的结合。东京地铁则只通过数字表示。简洁但不易识别。	同：标注目标站或者下一站的指向。异：广州地铁标识较为简单，首尔、东京的标识则含有更多信息，表达更为清晰。	乘车指引方面广州地铁内容较为完整，也相对复杂。除了站点编号外，更新增了站台编码和屏蔽门编号。	屏蔽门编号是广州轨道交通独有的数字编码组成，将屏蔽门进行编号后，方便乘客在月台定位、找到楼梯、设备的位置等。
广州地铁 1号线12站	广州地铁 	广州地铁 	
首尔地铁 1号线30站	首尔地铁	首尔地铁	
东京地铁 C号线01站	东京地铁 1号线2站台	东京地铁	

站点命名规则

```
8 19 10 04
13 10   3 16
11 18   1 15
3 18    1 13   10 08
3 01  →  3 30
清流     机场北
19 01 → 19 18
穗盐路   奥体东
3 30     3 31     3 40
3 01-9   3 01-1   3 01
3 15     3 15-1   3 15-9
```

1. 转线站点数字编码设置
转线站点数字编码由两部分组成：**站点数字编码及转线符号**。
其中，站点数字编码包含该站在不同地铁线路中的不同数字编码，并以所在线路色调作为边框和转线符号的色调。

2. 数字编码顺序标准设置
地铁线路数字编码的顺序以**由西向东、由南向北**作为主顺序，并以最西、最北站点作为01号站，以此类推形成地铁线路的站点数字编号。

3. 新增北（东）延段站点数字编码设置
北（东）延线增加站点时**按原有顺序**继续对站点进行编号。

4. 新增南（西）延段站点数字编码设置
南（西）延线增加站点按 **01-1、01-2……01-N** 进行编号，以此类推。

5. 新增分支站点数字编码设置
在线路中间增加站点时，以**该站点编号（N）与增加站点编号（n）组成N-n**的形式，以此类推。

宣传图示

现阶段广州轨道交通出行的数字标识缺乏较为简单易懂的说明，通过在地铁站内添加简单易懂的识别漫画说明，乘客可以不用通过文字就能了解数字编码的用途；漫画说明还具有科普的特性，加深乘客对地铁导向系统的了解。

"童行"协力 —— 广州市"警家校"护安护畅交通模式研究及推广

作者学生：黄植业、叶宏、陈凌凡、李皇龙
指导老师：车乐、李昕、吴子超

华南理工大学城乡规划学科

2019交通出行创新实践调查研究报告

优秀作业

扫码阅读
彩色版本

"童行"协力 —— 广州市"警家校"护安护畅交通模式研究及推广

摘要

随着社会经济的发展，家长利用私家车接送学生的比例不断增加，上下学高峰时期，社会车辆和接送车辆的双重压力导致学校周边道路交通量激增，对学生的出行安全造成威胁，引起校方和家长极大的担忧。广州交警联合学校、家长，在全市范围内推行"警家校"护安护畅模式。本研究通过对广州市越秀区豪贤路小学"警家校"模式的运行情况进行调研，描述学校周边场地交通特征，收集交警、学校、家长、学生和周边居民的反馈意见，总结"警家校"模式的适用性和优势，并针对当前"警家校"模式的不足，提出优化策略和推广建议。

关键词：学童；交通安全；"警家校"模式

With the development of economy, the proportion of using private cars to pick up students keeps increasing. During the peak hour, the dual pressure of social vehicles and pick-up vehicles leads to the surge of road traffic around the school, which also poses a threat to the travel safety of students and causes great concern of school and parents. Guangzhou traffic police, together with schools and parents, implemented the "police, home and school" mode in the whole city. The study conducted an investigation on the operation of the "police, home and school" mode of Haoxian Road Primary School in Yuexiu District, Guangzhou. First, we describe the traffic characteristics and collect feedback from traffic police, schools, parents, students and surrounding residents. Then we summarize the applicability and advantages of the "police, home and school" model. In view of the shortcomings of the current model of "police, home and school", the optimization strategy and the popularization mode are put forward.

Keywords: Children, Traffic safety, "Police·Home·School"

1.1 研究背景

◆ 重要性

道路交通事故伤害已成为全球危害儿童及青少年生命安全的重要原因。统计数据显示，儿童道路交通事故的高发时段为上午7:30～8:30以及下午16:00～17:00，即儿童每天上午和下午的上学放学时间段。

◆ 政策背景

2018年3月，广东省公安厅、教育厅和文明办联合印发《推广"警家校"护安护畅工作方案》，在全省推广由学生家长、学校教师、公安民警三方联动的"警家校"校园周边交通护安护畅模式，规范学校及周边道路通行秩序，保障学生出行安全。

◆ 实行范围

2018年全面推广"警家校"护安护畅模式。据统计，目前"警家校"模式已在全市117所小学实施。
其中，越秀区共12所中小学及幼儿园运用了"警家校"护安护畅模式。

◆ 选点分析

根据地区人口密度、周边交通拥堵情况以及道路条件等选取了豪贤路小学作为典型地点进行调研。豪贤路小学是广州市第一批实施"警家校"护安护畅模式的试点学校，实施后改善明显。

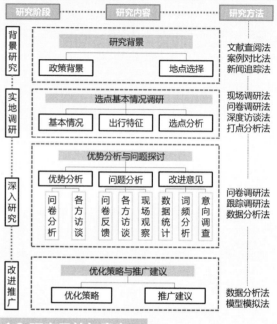

豪贤路小学位于越秀区七个重点拥堵整治区域之一，且位于中心位置，交通地位突出。

越秀区人口密度约35000人/km²，为全市之最，容易出现交通拥堵问题。

豪贤路周边路况复杂，有高架出入口，同时接驳城市主干道和次干道。

01 研究背景

1.2 研究框架和方法

1.3 研究目的与意义

本研究以广州市越秀区豪贤路小学为重点研究对象，通过对实施基本情况和实施后警、家、校三方的反馈，分析该模式的先进性、可实施性和可推广性。基于提高城市交通效率，保障学生出行安全，改善学校周边出行环境的目标，对其提出优化策略和推广建议，促进该模式在广州乃至全国的推广研究。

1.4 研究内容

调研范围：广东省广州市越秀区豪贤路小学周边100m范围

调研主体：学生和家长，小学相关负责人员，交警大队相关负责人员，周边居民

问卷数量：发出问卷894份，有效问卷876份

主题四 交通出行

"童行"协力 —— 广州市"警家校"护安护畅交通模式研究及推广

02 基本情况

2.1 基本情况

警：制定相关文件和指引，同时提供校门口交通设施和辅警；

校：组织家委会、学生志愿者以及安排值班老师和保安；

家：根据家委会发布的任务组织值班，安排各个岗位值班。

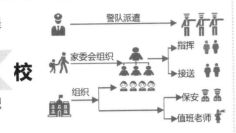

◆ **警方措施**

 提供制服：警方提供订制的蓝色制服、帽子以及袖标。

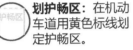 **划护畅区**：在机动车道用黄色标线划定护畅区。

 警力支持：接送期间安排交通执勤，维持交通秩序。

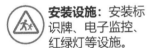 **安装设施**：安装标识牌、电子监控、红绿灯等设施。

 划护安区：在人行道用黄色标线划定护安区。

 设置临停：给接送车辆提供临时停放的权限。

◆ **校方举措**

 组织培训：开学前组织学生家长接受相关培训。

 亲子同行：将护畅活动作为学生亲子教育的实践课。

 ◆ **家长职责**：每天共有**四名**家长站岗，设接送岗与指挥岗，并有一名**队长**（指挥岗）。

 发布任务：每周通过班委会向每班发放执勤任务安排。

 情况反馈：及时收集学生及家长意见反馈到警方。

2.2 出行特征

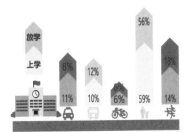

放学 56% 上学 18%
11% 8% 10% 12% 6% 6% 59% 14%

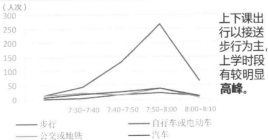

上下课出行以接送步行为主，上学时段有较明显**高峰**。

（步行 / 自行车或电动车 / 公交或地铁 / 汽车）

2.3 选点分析

◆ **场地问题**

辅警活动

一名辅警无法兼顾斑马线和临停区域秩序。

家长活动

树木和临停车辆**遮挡视线**，家长集中在两侧人行道目送。

共享单车停放

车辆集中在校门右侧，而**左侧志愿者空闲**，未充分利用。

志愿者活动

共享单车占用护安区和人行道，影响行人的**通行效率**。

◆ **交通标志**

关于临时停车的交通指示牌多达四个，对应的**具体区域不明确**，需要辅警进行解说劝离。

◆ **违规行为**

大量非机动车违规逆行、横穿道路，对行人**通行安全**造成影响。

◆ **流线特征**

车流主要有三个来向，一旦堵塞，将导致严重的拥堵连锁反应。

主要步行人流来自学校以南，必然导致穿越马路，人车冲突问题突出。

"童行"协力 —— 广州市"警家校"护安护畅交通模式研究及推广

03 优势与问题

3.1 优势分析

指标	数值
文明程度	4.18
安全程度	4.14
通畅程度	3.81

满意度：92.4%　86.3%　80.3%

有改善 ┃ 没有改善

根据问卷数据，实施后虽然仍存在一些问题，但空间改进的效果明显，交通状况提升的认可度高。

◆ 护畅层面

需要	增加警力	拓宽道路	改建校门	设置禁行	道路标牌	电子设备
	⊗	⊗	⊗	○	○	○

节省经济和人力成本
相对于增加警力、扩建校门等措施，能有效降低成本。

减少违规行为
汽车违停和超速行为降低20%，非机动车违停行为减少40%，行人横穿马路人数减少25%。

- 汽车违章 20%
- 非机动车违停 40%
- 横穿马路 25%

平均接送停车时长：实施前 1min20s　实施后 13s

通行能力提高 34%　车速降低 23%

◆ 护安层面

家长：跟孩子一起做志愿者十分有意义，既能维护校园交通安全，又能帮助孩子学习交通知识，增进感情。

保安：志愿者和交警配合指挥，引导共享单车及电动车停放，扩大警力辐射范围，提高周边环境的安全性。

安全性提升
护安区与校门前广场内禁止行车，人车分离。

3.2 运行问题

◆ 访谈意见

 志愿者：希望**规范自行车的停放和使用**。同时加强志愿者队伍的培训管理，规范服务范围和定职定岗。

 辅警：豪贤路高峰期临停车辆比较多，需要对其进行劝离。**交通标志被树木遮挡**，许多外来司机看不清。

 交警大队：制定措施过程中，重点考虑城市车流方向、道路基础情况以及**后期运营可行性**，目前推广效果较好。

 校长："警家校"模式运营超过两年，效果明显，接下来重点关注如何**提高行人安全**，以及非机动车违规行为。

◆ 制度缺陷

◆ 问卷反馈

家长的问卷反馈归纳为两点：
(1) 各交通主体无序通行导致校门拥堵；
(2) 道路设计与执法力度无法满足需求。

 39% 非机动车违规
 26% 路人违规
 23% 汽车违规

 34% 道路情况较差
 33% 交叉口不合理
 30% 执法力度不足

交通特征：交警缺乏对交通流量和道路基础设施的勘测，校方缺乏对家长出行结构的调查，导致人员配置不够合理；

志愿者保障：未为志愿者执勤购买安全保险，未制定可行的激励措施，且志愿者的职权范围未得到法律确权；

信息反馈：对于不服从管理的违章车辆，志愿者与交警之间缺乏有效的反馈渠道。

3.3 改进方向

◆ 家长对于改进措施态度分析

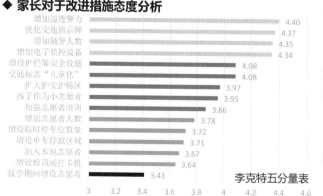

措施	评分
增加巡逻警力	4.40
优化交通指示牌	4.37
增加辅警人数	4.35
增加电子监控设备	4.34
增设护栏等安全设施	4.08
交通标志"儿童化"	4.08
扩大护安护畅区	3.97
孩子作为小志愿者	3.95
加强志愿者培训	3.86
增加志愿者人数	3.78
增设临时停车位数量	3.72
增设单车停放区域	3.71
加入本地志愿者	3.67
增设校园讯息打卡	3.64
放学期间增设志愿者	3.41

李克特五分量表

◆ 家长改进建议词云分析

"童行"协力 —— 广州市"警家校"护安护畅交通模式研究及推广

04 改进与推广

4.1 优化策略

◆ **制度层面**

1. 保障志愿者合法权益
为了保障志愿者的合法权益，政府应向学校划**拨资金购买保险**，以及采取**评选星级志愿者**等激励措施。

2. 建立志愿者信息平台
为了减轻学校和家长执勤负担以及加强社会参与，建议鼓励社会志愿者加入"护畅队"。同时，政府应当统筹各方，建立**志愿者信息平台**，完善志愿者培训和活动组织程序。

| 注册 → 培训 → 认证 → 线上报名 → 签到 |
| 警方　　　　　　　　　　校方 |

3. 建立信息反馈制度
建立相关信息反馈平台，通过认证的志愿者可对违规交通行为进行**拍照取证**，上传至信息反馈平台记录，由交警部门进行核实并作出处理。

第一步： 对不听从指挥造成交通拥堵者，拍照取证

第二步： 关注微信公众号，点击"全民护畅"进行报名和登录

第三步： 点击"我要留言"将现场照片和文字上传，等待处理

◆ **校方措施**

1. 增设护栏等安全设施
考虑到儿童横穿马路的情况以及家长乱停放情况，需要增设护栏来对交通行为进行指引和规范。

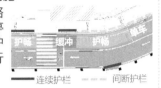

—— 连续护栏　　---- 间断护栏

2. 设计儿童特色道路空间
依据儿童成长和认知规律，设计校门空间，其要素包括但不限于：墙面、路面、护栏等。

◆ **家长措施**

改进志愿者指挥方式
要求志愿者主动指挥车辆停靠，若下游岗位空闲，则通过前进手势指挥车辆往前走，否则应当停在自身所处位置。

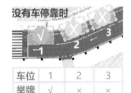
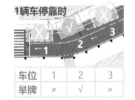

没有车停靠时　　　　　1辆车停靠时

车位	1	2	3
举牌	√	×	×

车位	1	2	3
举牌	×	√	×

◆ **警方措施**

1. 优化辅警配置
新增一名辅警，引导开车家长有序停靠，督促即停即走。

2. 完善道路设施
在路边增设固定测速仪，录入家长车牌，对超速车辆进行处罚。

优化标识，提升指示牌醒目程度，设计儿童特色指示牌。

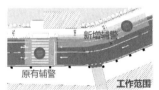
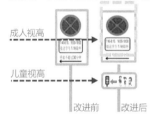

成人视高　　　　儿童视高
改进前　　　　　改进后

3. 重新分配路权
从简单的人—车二元分配法转向复合的人—机动车—非机动车**多元分配法**。调整护安护畅区位置并扩大范围，改为红绿灯前的非机动车等待区和机动车缓冲区。

护安区	校门			护安区
护畅区	斑马线	缓冲	护畅区	自行车

← 车行方向

4.3 总结

"警家校"护安护畅模式经过试点学校的实践探索，不断完善，尝试引入"家长+学生"共同执勤、星级志愿者评选等新措施。通过对试点学校和制度优势分析，该模式充分发挥了"警家校"三方优势，利用社会软性措施明显改善了试点学校的交通拥堵状况、学生出行安全等问题，有较好的教育宣传作用。除此之外，目前现场情况和管理制度仍存在较多问题，包括效率较低、权益缺少保障、运营资金缺口等，难以形成完整有效的模式进行全面推广。因而，政府仍需统筹各方，建立统一的管理平台、信息平台，制定具体的指引标准文件，因地制宜地进行推广。

4.2 模式推广

共享单车"电子围栏"的潮汐式动态优化设计

作者学生：马雪尔、朱思谕、陈斯炫、黄天元、侯泽华
指导老师：姚圣、李昕、杨雅洁

华南理工大学城乡规划学科

2018交通出行创新实践调查研究报告

优秀作业

扫码阅读
彩色版本

共享单车"电子围栏"的潮汐式动态优化设计

一、研究综述

摘要：

随着共享单车逐渐成为大众生活的一部分，单车随意停放问题也日益严峻。为了改善共享单车的停放情况、增加车辆使用率，共享单车电子围栏应运而生。利用GPS、蓝牙等手段确定共享单车停放状态，辅以一定奖惩手段，达到规范停车的作用。本次调研将对广州珠江新城电子围栏的使用现状进行研究，并从电子围栏选址、APP交互、停车点设计三个角度提出改进意见。

As shared bikes became a part of people's daily life, the problem of optionally parking has become more and more severe. In order to improve the parking situation of shared bikes, improve the utilization rate, electronic fence comes into being. Using GPS, bluetooth and other devices as well as rewards and punishments, the parking status of shared bikes can be monitored and governed. The research is based on the real utilization of electronic fence in Guangzhou, so as to suggest improvements from location of electronic fence, APP interaction and parking spot design.

关键词：共享单车；电子围栏；动态停车设施
Keywords: Shared bikes, Electromicfence, Dynamic parking facility

1.1 研究背景

近年来共享单车发展迅猛，截至2017年7月，全国共累计投放互联网租赁自行车超过1600万辆，注册人数超过1.3亿人次。随之而来的单车乱停乱放问题亟待多方共同探索治理新路径。2017年，交通运输部等十部门联合出台《关于鼓励和规范互联网租赁自行车发展的指导意见》，要求运营企业"要落实对车辆停放管理的责任，推广电子围栏等技术"。多家共享单车企业纷纷响应号召，在广州、上海进行电子围栏试运行。在电子围栏试行一年后，这种方式是否起到管理作用？又该如何改进推广呢？

1.2 研究目的

本次调研主要研究目前正在推行的共享单车电子围栏的停车现状，通过对其运作原理、交互设计、用户体验等多个方面的研究，分析广州珠江新城现有共享单车电子围栏的使用情况。探讨该模式对现状共享单车乱停乱放现象的改善效果及可推广性，并从优化用户的停车体验、推广电子围栏的角度出发，尝试发现问题并提出改进范式，从而便利市民使用，方便平台管理，维护市容整洁。

1.3 调研范围

摩拜单车在广州市的运营禁停区域有如下几种类型

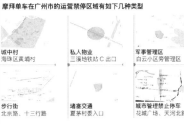

| 城中村 | 私人物业 | 军事管理区 |
| 海珠区黄埔村 | 三溪地铁站C出口 | 白云小区旁管理区 |

| 步行街 | 堵塞交通 | 城市管理禁止停车 |
| 北京路、十三行路 | 夏茅村委入口 | 花城广场、天河北路 |

本文选择的研究范围位于广州市天河区，北起天河路，南至海心沙，西起广州大道，东至猎德大道。范围内包括了天河商圈及周边重要建筑，地处广州新城中心区，电子围栏分布较为密集。目前调研范围内的禁停区有三处：花城广场、海心沙及天河路；推荐停车点有两处：正佳广场西侧及广州百货东侧。

1.4 电子围栏简介

电子围栏优势：

普通围栏
✓ 灵活性高
✓ 成本低
✗ 管理效力差

有桩自行车
✓ 管理效力高
✗ 成本高
✗ 灵活度低

电子围栏
灵活性　管理效力　低成本

电子围栏集普通围栏的灵活性、低成本与有桩自行车高管理效力的优势，是一种折中的解决方式。

电子围栏类型：

电子围栏分为禁停区和推荐停车点两种：

禁停区域
GPS定位单车在禁停区　后台发送提醒信息　用户收到提醒

推荐停车点
单车停在推荐停车点内　智能停车桩确认位置　用户收到奖励

公众认知：

请问您是否知道共享单车电子围栏？

- 没有听说过 43.6%
- 通过路旁的指示牌得知 33.3%
- 从APP得知 12.8%
- 从网络得知 10.3%

请问您是否愿意配合电子围栏的管理？

- 非常愿意 88.2%
- 看情况
- 不太愿意 11.8%

根据问卷结果，目前电子围栏普及度尚不够高，但公众参与热情很大。

1.5 研究框架

- 研究综述
  - 研究背景
  - 研究目的
  - 研究范围
  - 简介
    - 优势分析
    - 类型分析
    - 公众认知
      问卷87份
      访谈14人
- 现状调研
  - 问题发现
    - 宏观布点
    - APP设计
    - 停车桩设计
  - 差异分析
- 指导
- 优化设计
  - 运用大数据进行动态规划
    数据来源：Mobike
  - 设计APP引导机制
  - 设计多功能停车桩

共享单车"电子围栏"的潮汐式动态优化设计

二、现状调研

2.1 现状研究

采用现场踏勘的方式调研研究范围内现有电子围栏使用状况，综合工作日、休息日早上9点、中午12点、晚上8点停车情况，得出调研结果如下：

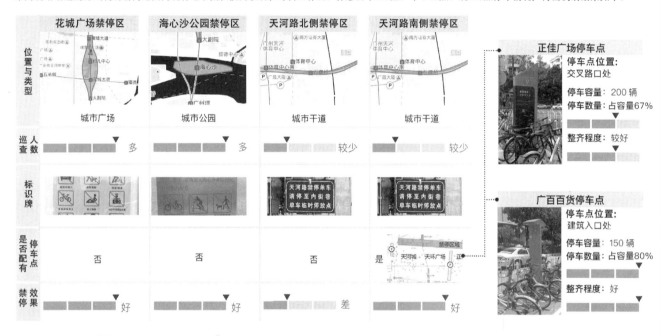

2.2 APP现状研究

2.3 差异分析

依据现场调研情况，将各禁停区与停车点的停车效果进行比较，总结出三类影响停车效果的因素。

1.巡查人员数量

花城广场与海心沙公园内有大量巡查人员对共享单车的停放进行管理，因而这两处禁停情况十分理想。

结论：巡查工作能够改善禁停效果。

2.停车点与禁停区的配合

天河路南侧区域虽无巡查人员，但禁停效果依旧十分理想。而天河路北侧却仍有单车停放。

结论：利用推荐停车点疏解停车需求能够改善禁停效果。

3.停车点布置

广百百货停车点位于广百入口处，符合使用者的停车需求，因而该处停车数量多于正佳广场停车点。

结论：推荐停车点要匹配使用需求。

2.4 问题发现

根据现场及问卷调研结果，总结出电子围栏的三大问题：

1. 停车点位置与需求不匹配

您认为目前停车点有哪些问题？

- A 位置不合理
- B 数量太少
- C 路边的指示牌不明显，很难找到
- D 把车停进去没有任何提示与反馈
- E 奖励力度不够
- F APP里没有提示，很难找到

■ 禁停区外随意停放处

根据现场调研，花城广场禁停区周边有多处无序的集中停车的区域，主要集中在车站、隧道出口处。
这是由于禁停区内的**停车需求没有得到停车点的疏解**。
根据问卷结果，64%的受访者认为目前推荐停车点的**数量太少**，另有42%的受访者认为目前推荐停车点的**位置还不够合理**。

2. APP未起到引导作用

您认为以下哪些因素会影响您的停车体验？

- A APP是否及时提醒停车点位置
- B 路边是否有明显的标识
- C 停车点是否有明显的边界
- D 停放完后能否及时收到反馈

APP 对您起到引导作用了吗？

多数用户认为APP 的及时提醒极大地影响他们的停车体验，然而目前的APP 并不能起到很好的提示作用。
超过半数用户认为目前的奖惩力度不足以起到管理作用。

3. 停车桩设计不人性化

您认为停车点标识明显吗？

多数用户认为停车点的指示牌和及时的反馈会影响停车体验，而超过半数的用户表示现有停车点的设计并不显眼，停车后也得不到反馈。

主题四 交通出行

共享单车"电子围栏"的潮汐式动态优化设计

三、优化分析

3.1 宏观设计策略

城市居民

- 找车不够方便高峰期用车难
- 电子围栏标识应该更加醒目

结合人流分布和区域功能合理设置**推荐停车点**数量，并设计更为人性化的**标识系统**。

共享单车企业 (mobike / ofo)

- 乱停乱放导致了单车的大量折损
- 雇佣人力进行单车调度效果欠佳

引入**鼓励机制**引导用户将单车停入推荐停车点，减少折损和人力运营负担。

政府部门

- 部分单车的停放侵占公共空间
- 乱停现象造成城市公共交通的混乱

建立更为规范的**禁停区域**划定，保障城市交通安全的同时保护公共空间不受侵占。

改进前 → 根据单车数量将推荐停车点增加至20处 → **电子围栏** → 将机动车道纳入禁停范围处 → **改进后**

如何发挥电子围栏优势？

- 奖励机制引入后**更有动力**将车停入推荐停车点。
- 多功能的智能停车桩在城市中**更具识别性**，找车停车都更加便捷。
- 通过软性的组织方式实现单车的**精准投放**，容量位置与需求匹配。
- 智能停车桩增加**用户交互窗口**，为品牌宣传和广告投放提供可能。
- 作为城市基础设施的停车系统有效提升了管理效率。
- 规范化后的**禁停区域**和**城市公共交通系统**相配合，提高安全性。

3.2 潮汐式动态优化策略

8:00 AM 1324辆 — 集聚于沿江步行带&体育中心

1:00 PM 1589辆 — 集聚于珠江新城商务区

7:00 PM 1761辆 — 集聚于天河北商圈

数据来源：Mobike

单车各个时段聚集区域内推荐停车点设置奖励措施规范停车行为

活跃单车数量	1324辆	1589辆	1761辆
奖励区域大小	750公顷	710公顷	685公顷

数据来源：Mobike

单车数量随时间变化呈现潮汐态势 — 灵活响应不同时段需求 ◀ **电子围栏** ▶ 及时匹配不同区域供给 — 单车不同时段集聚于不同功能地块

共享单车"电子围栏"的潮汐式动态优化设计

四、优化设计

4.1 APP交互逻辑优化设计

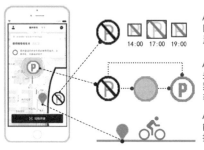

APP实时显示当时禁停区范围，发挥电子围栏灵活多变的优势。

APP即时推送奖惩的相关信息，将用户引导出禁停区，引导向推荐停车点。

APP为用户提供导航功能，并依据距离和时间推算奖励力度。

4.2 智能停车桩优化设计

将智能停车桩定位为一种新型**城市基础设施**，提供城市服务，从而加大推广力度和发挥优势。

- 蓝牙精确定位
- 地图导览
- 智能照明
- Wi-Fi
- 广告收入
- 奖励音效

停车桩的优化设计考虑将停车桩定位为一种辅助GPS精确定位的城市新型基础设施。

它能同时提供无线网络、地图导览和智能照明等城市服务。

实时奖励音效与APP结合，鼓励用户养成文明停车的好习惯。

4.3 APP导览与奖惩机制设计

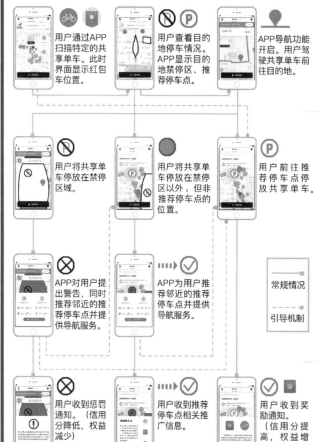

用户通过APP扫描特定的共享单车。此时界面显示红包车位置。

用户查看目的地停车情况。APP显示目的地禁停区、推荐停车点。

APP导航功能开启。用户驾驶共享单车前往目的地。

用户将共享单车停放在禁停区域。

用户将共享单车停放在禁停区以外，但非推荐停车点的位置。

用户前往推荐停车点停放共享单车。

APP对用户提出警告，同时推荐邻近的推荐停车点并提供导航服务。

APP为用户推荐邻近的推荐停车点并提供导航服务。

常规情况

引导机制

用户收到惩罚通知。（信用分降低，权益减少）

用户收到推荐停车点相关推广信息。

用户收到奖励通知。（信用分提高，权益增多）

骑行前

用户自发或在APP的引导下寻找到共享单车。

骑行时

APP为用户提供导航功能。优化共享单车，**提供手机支架**。通过实时定位和提示，将用户引导向正确的停车区域。

若用户不需要导航，APP将在后台运行并判断用户停车地点是否符合要求，**通过震动或铃声**对用户进行提示。

骑行结束

骑行结束后，APP将奖惩的详细信息推送给用户。

4.4 结语

本次调研对广州珠江新城电子围栏的使用现状进行研究，结合现场调研与用户意见对宏观布点、APP交互、停车桩设计提出改进意见：
1. 利用人车流的时空数据确定电子围栏合理数量及随时间变化的奖励区域。
2. 完善APP停车引导流程，指引用户停车。
3. 设计标识性强、功能更多、能提供停车交互反馈的停车桩，优化停车体验。

4.5 参考文献

[1]邓力凡,谢永红,黄鼎曦.基于骑行时空数据的共享单车设施规划研究[J].规划师,2017,33(10):82-88.

[2]李敏迪.车辆供给和距离效应对公共自行车借车行为影响[J].公路交通科技，2017,34(2):121-128.

"小·快·灵"——适用于高校社区的微公交运营模式及推广调研

作者学生：张嘉明、逢浩廷、于点、苏荣强
指导老师：赵渺希、黄俊浩

全国高等学校城乡规划学科

2017交通出行创新实践竞赛评优

佳作奖

扫码阅读
彩色版本

"小·快·灵"——适用于高校社区的微公交运营模式及推广调研

01 调研概况

1.1 摘要

为了弥补高校社区内传统公交大巴难以到达的区域，微公交系统应运而生。国内某高校在2015年夏引入以电动小型客车为主的微公交系统，缝合了南北向的原校内公交线无法服务到的东西向公交服务盲区。微公交相比传统大巴拥有"小、快、灵"等优势，成为该大学校园公交系统的重要组成部分。

本小组通过网络和实地调研对该大学微公交线进行多角度分析，得出其灵活高效、快捷便利等特点，能快速适应路窄坡多的环境，减少内部人员出行的必要步行距离，验证了微公交系统的实用性。

针对该大学微公交线的使用现状和存在的问题，对线路规划和服务设施、服务水平提出意见，并通过案例对比进而探究其在一般高校社区推广应用的可行性。

Abstract: Micro transportation, or mini bus, is a newly appeared word designated to modify the traditional transportation system by permeating to those places where the big-buses couldn't. Based on our all-round internet investigations and the field works according to an examplary work- a national university implementing this new program in 2015 in order to reconnect the E-W parts through the whole campus which had been marginalized for years , We finalized three merits this new term possesses compared to the traditional one- SMALL size, SPEEDY shifting capability and SMART system, which can be abbreviated as SSS. SSS also can be integrated as flexible, effective or alert, implicates the feasibility of the micro transportation facing problems such as how to be more effective to the old, shabby road or is there any appropriate way to abridge the distance while people going out which can help saving their time? With these questions raised out, this article is on the purpose of reaching some conlusions by analyzing the statistics gathered from the investigations done before on adaptable routes planning, reasonable methods on refining public infrastructures , and also whether this system could be on a more widespread use later on.

1.2 调研背景

1. 完善服务
微公交能快速适应路窄坡陡的特殊环境；为更多弱势人群带来出行便利；接驳地铁，满足周边人群换乘需求；在雨天提供其他方式难以胜任的短途服务。

2. 持续发展
微公交使用清洁能源，节能环保，优化校园环境；是深入服务群众的重要过程，可持续探索发展。

本调研的主要对象选取国内某大学微公交线路，通过对其产生背景、运营现状、机动性、使用评价等进行分析，探讨微公交在高校社区运营的实用性、先进性与可持续发展性。

基于提高高校社区内部的交通效率和满足广大群众的多样化出行需求，提出针对性问题和改进意见，并探求微公交系统在一般高校社区内推广部署策略。

1.3 调研目的与意义

近年来电力机动车使城市交通形式趋于多样化发展，许多景区和新建大型楼盘使用电瓶观光车服务内部交通。但由于法律对电瓶车的认可长期处于模糊状态，且多样化的电瓶车形式不好控制，令电瓶车的全面推广受阻。

国内某大学微公交线应广大师生和职工家属的提议近期开始实行，以电瓶车连接该大学的东西向交通。这条线路为大量东西区学生和南区职工家属的出行提供便利，同时完善了校园内的公交服务系统。

1.4 研究框架与方法

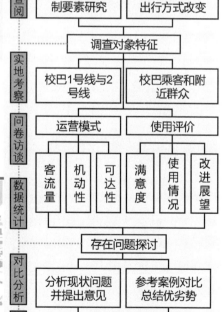

1.5 调研内容

调研工作主要围绕对象大学校内微公交线开展，了解整体情况。

调研共派发230份现场问卷，按照乘客群众出行目的不同以上下午高峰期、中午闲时、晚上闲时为分组进行派发。并在问卷调研同时随机访谈了十余位乘客，向公交司机、工作人员等了解了相关背景情况和使用状况。通过问卷调研与该大学原公交线进行对比分析。

实地考察统计了每个时间段微公交线的班次、客流量、准点情况、停靠站点情况。

调研后期拓展阶段对相似情况的高校案例进行对比考察，并以华南农业大学为对象做实地推广分析。

"小·快·灵" ——适用于高校社区的微公交运营模式及推广调研

02 优势分析

2.1 微公交线路现状

本微公交线位于高校南部区域，连接东西两个主要出入口，沿线多为文体活动场所、公寓区和宿舍区。除了服务校内人员，对于西门外的单位和学院也提供接驳东门地铁口的便利。

微公交第3站以西区域现状地形高低起伏明显，路窄坡多，人车不分流，路边乱停车现象严重，使群众难以借助大型交通工具出行。开通微公交线后出行难问题得到了有效改善。

站点分布：1幼儿园　2中山像　3造纸楼　4博士后公寓　5西二　6西区饭堂　7西区运动场　8研究生宿舍　9南区饭堂

○ 微公交站点　▬▬▬ 微公交分支段
━━ 微公交线路　━━ 地铁线与站点

2.3 优势分析

速度快

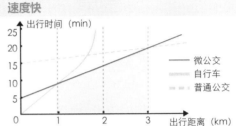

由上图可以看出，微公交凭借班次密度高、等车时间短、相对于自行车速度快等优点，特别适合坡度路段较多的线路，线路长度在少于3km时优势特别明显，较适合作为普通公交的辅助交通工具。

线路灵活

微公交线与原公交线相比在线路选择上有一定的优势。在上下班高峰期或者乘客较少的时候，司机会根据实际情况选择最优线路，以达到满足最大运力的目的。

体积小

微公交由于体积较小，能够达到一些普通公交无法达到的路段，比如单车道或者道路宽度只有4m的路段，在灵活性上与普通公交相比有一定的优势。

小结

微公交虽然载客人数有限，但其"小、快、灵"三大优势明显，使其在普通公交无法达到的路段能够通行，加上在短距离出行上耗时较少，班次密度大使得乘客的候车时间缩短，同时线路灵活，令乘客的选择更多，交通的可达性更强，加强了交通的机动性。

2.2 线路对比分析

		原公交线	微公交线
类型特征	动力系统	天然气	电力
	运行车辆数	4辆	4辆
	载客数	45人	14人
服务规划	线路长度	约2.8km	约1.7km
	站点密度	300m	150m
	收发车时间	7:00~21:30	7:00~22:30
	班次密度	每15min一班	5~10min一班
	服务特征	无座乘客（上限24人）	招手即停、线路可变
	主要服务人群	师生、校外人员	师生、退休老人、上班族
	主要服务目的	上下学、上下班	上下学、上下班、接送小孩

相对区位图
━ 微公交线路
━ 原公交线路

小结：
· 微公交线在空间上作为原公交线的错位服务，两者结合能覆盖较大的服务范围。
· 原公交主要是服务学校内部师生上下课，而微公交线还承担社会人员的出行需求，具有一定的社会服务。
· 微公交线具有灵活，站点、班次密度高和环保等优势。

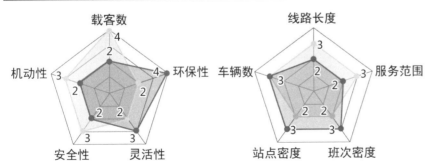

○ 原公交线　● 微公交线

"小·快·灵"——适用于高校社区的微公交运营模式及推广调研

03 访问分析

3.1 问卷调查及统计
派发对象：乘车、候车乘客
派发数量：230份
派发地点：首、末、热门站
派发时间：7:00~22:00

乘客主要社会角色
校外学生 21%，校外职员 3%，本校学生 45%，教职工 7%，退休者 9%，其他 15%
有薪资 85%，无薪资 15%
本校人员 65%，外校人员 35%

以学生和附近老年居民为主体，学生占到约3/4。

乘客年龄段
18岁以下 4%，18~29岁 69%，30~44岁 5.5%，45~60岁 7%，60岁以上 14.5%

以青年为主，其次为老年（其中，3/4携带儿童未计入）。

乘坐目的
- 上下班 17
- 上放学 43
- 接送孩子 14
- 购物买菜 40
- 文体活动 60
- 去坐地铁 92
- 其他 28

到达目的地方式多为只乘一段路，少有直达。

乘坐时段
- 7:00~9:00 26
- 9:00~11:00 14
- 11:00~13:00 12
- 13:00~15:00 11
- 15:00~17:00 21
- 17:00~19:00 37
- 19:00之后 8

存在早晚高峰；由于城市午休习惯，午上班高峰不明显。

乘坐频率
有时候坐 8.5%，每天2次以上，每天1次 13%，每天2次，很少/第一次坐
有通勤需求人群：随机乘坐 32%，常规乘坐 68%
无通勤需求人群：随机乘坐 63%，常规乘坐 37%

1. 常规性乘坐：随机性乘坐≈4:6。
2. 乘坐随机性与通勤目的的存在正相关关系。

乘坐评价
等车时间 3.46，路线满意度 4.53，安全感 4.34，座位数量 3.75，车票价 4.54，车站数量 4.02

乘客最不满意等车时间与座位数量，供需不平衡。

改进建议
- 提高准点率 75
- 更新为多座位巴士 118
- 增加安全防护设施 36
- 开通更多线路 40
- 增加更多站点 27
- 延长收发车时间 31
- 结合APP更新行车实况 73
- 增加班次 173
- 其他 3

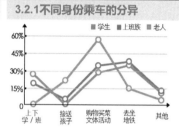

3.2 数据对比分析

3.2.1 不同身份乘车的分异
（学生、上班族、老人）
上下学 / 班、接送孩子、购物买菜、文体活动、去坐地铁、其他

1. 不同身份乘客乘坐微公交线的目的存在明显分异。
2. 学生和上班族利用微公交与地铁等接驳明显多于老年人。老人多利用微公交进行娱乐文体活动。

3.2.2 不同身份需求分异
（学生、上班族、老人）
增加班次、更换多座位巴士/防护措施、增加安全防护措施、开通更多线路、增设更多站点、延长收发车时间、结合APP更新行车实况、提高准点率

1. 乘客身份影响其乘车体验与需求。
2. 有通勤需求的人群更多期望班次和座位的增加，也对微公交的准点率要求更高。
3. 越年轻的群体对开发APP的呼声越高，老人则无一选择以这种方式进行实时车况公布。

3.2.3 不同出行目的各指标评价分异

指标\目的	路线满意度	等车时长	安全感	票价	车站数量	座位数量
上下班						
上放学						
接送孩子						
购物买菜						
文体活动						
地铁						
其他						

2.5 3.5 4 4.5 5分

不同出行目的影响乘客的乘车体验与评价。利用微公交进行娱乐活动的群体整体满意度最高。不同出行目的的等车时长评价分异最大，通勤群体明显对其忍耐力更低。

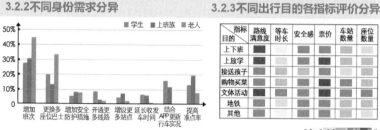
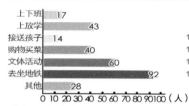
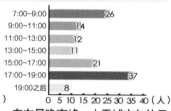

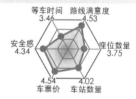

3.2.4 运力 VS 客流
高峰加车、供不应求、空闲时段

图例：运力（提供座位数/10min）、客流量（人）>运力、客流量（人）<运力

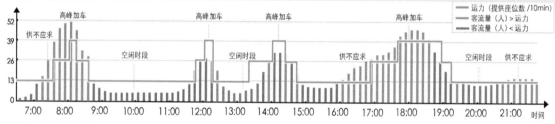

3.3 访谈分析
访谈时间：7:00~22:00 访谈份数：20份

使用者（乘客）
1. 上班高峰期车等待的时间较长，且车辆经常只在首末站停靠，中间站等车很困难。
2. 遇到暴雨天气公交会停止运营，对上班族不利，而且车辆没有遮雨设施。
3. 延误、停运不告知，行车情况不能实时通知。

运营者（司机）
1. 周五和周末乘客比较多，大概多30%。
2. 如果遇到特殊天气，比如下大雨，袖珍公交会停止运营。
3. 车少人多，导致乘客等车时间较长。

管理方（汽车租赁公司）
1. 每辆车每三天进行一次检修以保证安全。
2. 微公交线能为华工东西向交通提供一定的便利，服务人群不仅是校内人员还包括社会上其他人员。
3. 每辆微公交每天的收入为500~800元，可以达到收支平衡。

管理方（校后勤中心）
1. 设置微公交的初衷是为方便西二区的老人到东区的校医院看病。
2. 采用外包形式，后勤中心负监督责任。
3. 微公交线与原公交线在空间上形成错位服务，作为校园交通的补充，能较大程度上解决校园交通的问题，方便师生出行。

"小·快·灵"——适用于高校社区的微公交运营模式及推广调研

04 改进推广

4.1 改进建议

4.1.1 改善运营线路

改善示意图 | 改善建议&依据

1. 调整线路
——开设高峰快线
高峰期分配1~2辆车专门运送上下班/课客流，中途只按乘客要求停站，提高乘客疏散效率。

上下班/课高峰期总站客流饱和，等车时间长，且中间站乘客挤不上车，引起不满，导致部分群众只能选择步行。

2. 延长线路
——延长至东公寓区
从幼儿园站开始延长，能为东公寓区居民群众的日常出行提供方便。

东公寓区居民多倾向于前往条件最好的西区饭堂就餐，刚翻新不久的西区运动场相较于年久失修的东区运动场也是首选。

3. 试行新线路
——衔接校园北半部分
新旧微公交线可设幼儿园站为中继站，简化线路模式，扩大服务范围。

微公交线路只覆盖校园南半部分，西区公寓和宿舍的群众前往医院或乘地铁和东区群众前往教学楼上下课通常选择步行。

4.1.2 提升服务水平

 司机考核上岗 杜绝不文明行为

 保持前后班次间隔 保证准点率

 使用年卡优惠券 换乘一次免费

 加装护栏或车门 部分采用19座型

用户可通过移动设备随时了解车辆位置等信息

站点用监控反馈等车人数 电子站牌显示车辆位置

统计当前车辆载客等数据 并实时反馈至用户APP端 和调度控制系统端

整合用户端和车载端数据 提出调度建议给管理层 实时调配运力，提升效率

4.2 推广策略

4.2.1 推广条件

①大型单位社区，有潜在的住户上下班交通需求。
②城中村，道路情况复杂，道路宽度有限，普通公交难以运行。
③广大城乡接合地带，乘客需求量与微公交载客量相匹配。

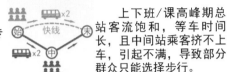

4.2.2 推广意义

①增加交通的覆盖面：虽然现阶段公共交通覆盖面相比以前有了很大的提升，但仍然存在不少服务的盲区，在这些服务盲区内布置大运量的普通公交成本相对大而且有道路宽度的限制，所以微公交成为一个不二之选。
②缓解上下班高峰期的交通压力：微公交作为公共交通的一种，在某种程度上减少了私人交通的使用，缓解了道路压力。
③提供新的就业岗位：微公交能创造当地的就业岗位，增加了当地的收入。
④方便群众的出行：微公交能为群众减少出行的时间，使生活更加方便。
⑤增加交通的接驳性和机动性：微公交的线路设置多数与其他交通线路相衔接，能使交通系统更加完善。

4.2.3 推广策略

推广模式
外包为主、公营为辅、政府监督的合作模式。

政府：制定有关微公交的法律法规，明确各部门职责与权利，使微公交市场规范化。
单位管理部门：根据当地情况制定线路，了解和听取群众反映意见，对微公交公司负有监督责任。
微公交公司：定时检查和维护微公交，在运营中不断提高服务水平。

4.3 总结展望

通过现场调研和派发问卷发现微公交有以下特点：
①优点：微公交不仅解决了退休老人到医院看病路途不便的困难，体现了人文关怀，而且提高了校园内的交通机动性，为师生出行提供了极大的便利，同时为社会其他人员上下班和日常生活解决了一部分出行问题，具有社会性。
②不足：微公交在上下班高峰期存在运力不足问题，导致乘客候车时间过长。同时车辆经常需要维修导致有时车辆无法正常运营。司机素质有待提高，有随意吐痰和扔烟头的现象。
③微公交凭借其"小、快、灵"的优势在交通情况较复杂、道路宽度有限的路段适应性极强，这值得我们进行推广和应用，同时微公交具有环保、随上随下、价格宜民的优点，受到群众的热捧，我们应该大力发展和应用。比如在一些高校，原有交通系统无法覆盖的地方开通一两条线路，在旧城区等道路狭窄的区域作为普通公交的接驳，又或者设在一些乘客需求量不大的农村地区。

"小·快·灵" ——适用于高校社区的微公交运营模式及推广调研

05 拓展创新

5.1 现状调研

5.1.1 小快灵优势再总结

能够解决很多普通巴士难以解决的问题

在一定范围内可以做到安全、快速的通行，为乘客提供最大限度的便捷

灵活的线路选择可以便公共交通更加人性化

充分满足不同人群的需要

5.1.2 试点部署流程设想

可以先发展试点，比如北京、上海、天津、福建、广东等地，逐步扩散到次沿海区域如河北、安徽、湖北、湖南、广西等，再至宁夏、甘肃、内蒙古、新疆等实现全面的高校"小快灵"交通的普及。

5.1.3 类似案例对比

北京地区某高校开展的校园纯电动巴士试运营，拥有纯电动循环系统，安全性能好，能一次性满足最多26位顾客需求。缺点是，外包困难，启动资金需求大。

河南地区某高校开展的校园电瓶摩托项目，提供零散的小摩托供全校园师生自取自用。停车、使用，都很方便。缺点是安全性能难以得到保障，初期投入成本大，难以管理，停车位需求量大。

华南地区某高校开展校园电动巴士创新线路，该线路补充该校区原有南北单线延伸、东西线路不足的状况，灵活性强，能适应不同道路断面。缺点是安全性略有不足，一次性容纳乘客量有限。

浙江地区某高校推出了校园电动汽车的项目，该电动小汽车自取自用，灵活方便。同时该车车速受到限制，保证了使用者和非使用者双方的安全性。但缺点是成本巨大，不易管理，而且容易丢失。

5.2 线路调查

5.2.1 地块前期调研与筛选

地块现有公共交通辐射图

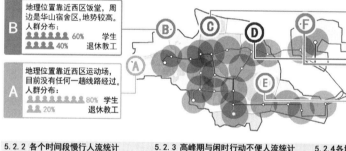

B 地理位置靠近西区饭堂，周边是华山宿舍区，地势较高。
人群分布：60% 学生，40% 退休教工

A 地理位置靠近西区运动场，目前没有任何一趟线路经过。
人群分布：80% 学生，20% 退休教工

C 地理位置靠近该小区内部的一小学，周围是校内公寓。
人群分布：30% 学生，70% 教工

D 地理位置位于六一宿舍区内，经过北区运动场、教学区。
人群分布：70% 学生，30% 在职教工

F 地理位置位于东区外国语区附近，临近城市干道。
人群分布：80% 学生，20% 在职教工

E 以上六个点由于第五个点E位于考虑范围外的校区内，周围建筑多为教学楼与行政楼，因而不算在考虑范围以内。本预测线路着重考虑住宅区域内部四点。
人群分布：70% 学生，30% 教工

5.2.2 各个时间段慢行人流统计
5.2.3 高峰期与闲时行动不便人流统计
5.2.4 各地块机动车辆与速度分布图

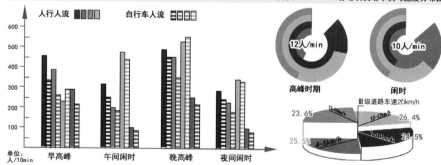

人行人流　自行车人流

单位：人/10min　早高峰　午间闲时　晚高峰　夜间闲时

12人/min　10人/min
高峰时期　闲时

我们在早高峰、午间闲时、晚高峰、夜间闲时四个点，对四个地块进行了调研。从上图可以看出，人流量：C>B≈A>D。
高峰期：行动不便人口B、C>A、D。闲时：行动不便人口B、D>A、C。总体来说各个地区机动车分布相似，车速最快的区域A时速也未超过Ⅲ级道路，满足小快灵微公交需求。经过分析，我们选取了A、B、C三点作为主线区域，计划D点处为副线。

5.3 线路规划

5.3.1 可辐射范围反推法

由于地块南部教学区车流发达，路线覆盖广，因此我们只需在原有基础上增设一条新线路，在确定了具体范围之后，根据需要覆盖的辐射范围确定站点。东校区与教学区需要点选择舍弃。

需求量最小　需求量次之　需求量最大

在确定了站点之后，我们根据现场人流以及多方调查，发现不同的站点有明显不同的人流量，以及通行需求，若以圆圈表示，则半径越大的圆圈表示需求越大。

5.3.2 最终规划线路图

原有一号线　规划路线
原有二号线　规划路线副线
原有三号线

由于北部东西向没有校园传统巴士，同时地表崎岖，经过多重讨论，得出右图线路较为合理。圆圈表示站点，相对大的即为人流、需求量大的地方；小的站点则作为象征性标识存在。副线具有时间性，最北面的区域仅在高峰时期开放。两条线路交叉，错开时间，不同的时间点优先处理需要大量疏通的人群，可达到效率最大化。

灵公交·助广交

——广交会期间临时公共巴士调研及改善

作者学生：沈娉、余慕凤、赵楠楠
指导老师：阎瑾、李昕、刘玮

全国高等学校城乡规划学科

2016交通出行创新实践竞赛评优

佳作奖

扫码阅读
彩色版本

华南理工大学建筑学院城乡规划专业 社会调研优秀作业选编

灵公交·助广交

广交会期间临时公共巴士调研及改善

摘要

广交会即中国进出口商品交易会，自1957年以来每年分春秋两期在广州举行。为了缓解广交会时期产生的大人流量带来的交通压力，广交会临时公共巴士应运而生。

本调研发现相比地铁运载力固定、出租车效率低，临时公共巴士具有整合资源、调度灵活、集约高效等优势，是会展时期交通疏导系统的重要组成部分。同时临时公共巴士的线路的站点设置与城市认知标志有重要联系，其在促进城市旅游发展上也发挥作用。

广交会临时公共巴士同时具备交通疏导和旅游展示功能，该优秀交通方式可推广到不同城市的大型展会和其他出现大人流量的事件中。而针对广交会临时公共巴士目前存在的问题，本调研从线路上、运行机制上和宣传上探究改进的方法。

关键词：临时公交；大人流量；调度灵活；城市认知

The Canton Fair is held in Guangzhou every 2 years since 1957 for international trade .In order to alleviate the traffic pressure caused by the Canton Fair, the temporary bus arised. Compared to the fixed carrying force of subway, lower efficiency of taxi, temporary bus is flexible to schedule, intensive and efficient, thus it is an important component of traffic evacuation system during the exhibition.

Through our analysis for the temporary public bus, we found it's high-efficiency and time-saving, which validates the advancement of the transportation.The settings of temporary bus lines relates closely with the urban images,so it also improves the development of tourism.

Temporary bus is worth extending due to its role in traffic guidance and tourism.So the good transportation can be generalized to the large-scale exhibition of different cities and other various incidents that have huge flow of people.According to its characteristic,we try to find the methods to improve its line,mechanism and publication.

Keywords: Temporary bus, Flexible scheduling, City events

1.1 调研背景

广交会（中国进出口商品交易会）自1957年至今已举办50多年，成为广州标志性事件。随着广交会不断发展，场馆区域如何调度交通供应设施满足客流需求，直接影响到城市交通和地区会展行业的发展。而广交会临时公交线路从2004年开始设置，其线路和站点根据实际不断调整。时至今日，临时公交配合其他交通方式共同承担广交会的交通疏散压力。

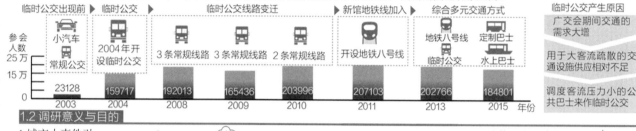

1.2 调研意义与目的

1.城市大事件引起人流激增，公共巴士为有效疏散工具。

2.临时公共巴士能为多元化的群体提供灵活的交通服务。

3.公共巴士具有较大潜力，符合会展交通可持续发展的要求。

调研以广交会临时公共巴士为研究对象，通过对运营状况、机动性和使用评价等进行分析，探求其作用及该模式的先进性。基于提高城市交通效率和满足公众出行需求，提出针对性的改进意见，探究临时公交在广州市以及全国普遍推广的策略。

1.3 调研内容与方法

1.3.1 临时公交介绍

临时公交运营时间：每期的前四天为15:00～19:00，每期最后一天撤展日为13:00～17:00。

2016年春季广交会三期时间表		
期数	第一期	第二期	第三期
时间	4月15~19日	4月23~27日	5月1~5日
产品	机电五金类	轻工类	服装食品类

A线（环市路线）：广交会展馆—1数码港国际酒店—2广运楼—3华师粤海酒店—4岗顶大酒店—5天河城—6假日酒店—7白云宾馆—8亚洲国际大酒店

B线(流花路线）：广交会展馆—1W酒店—2外商大酒店—3东风大酒店—4广东大酒店—5东方宾馆—6中国大酒店

1.3.2 调研框架与方法

调研共派发200份问卷，采访了十余位乘客，并与公交司机、工作人员以及公交公司管理人员进行了深入访谈，详细记录了临时公交的班次、时间、站点与上下客量等数据。

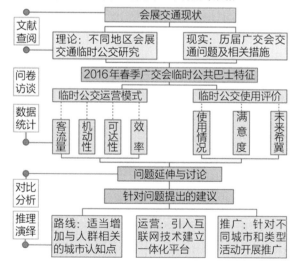

灵公交 · 助广交

2.1 优势一 · 整合资源

三种类型的巴士均可用作临时公交，实现多种社会资源利用。

调度的车辆类型			可调度的车辆数	
			A线	B线
大型公交		30座 核载98人	常规公交线路调用	19辆	6辆
小型公交		9座 核载19人	常规公交线路调用	5辆	11辆
如约巴士		9座 核载19人	订制巴士来作补充	不定	不定

2.2 优势二 · 集约高效

使用公共巴士人均用地低，节省道路资源。

	标准尺寸	行驶时用地	行驶时人均用地
大型公交	2.5m×10.5m	约36m²	0.37~1.2m²
小型公交	2m×5.5m	约16m²	0.9~1.8m²
出租车	1.8m×4.5m	约16m²	4~8m²
自行车	0.6m×2m	约2m²	1~2m²

临时公交乘客平常多使用的交通工具：出租车 6%，私家车 25%，地铁 22%，公交车 47%

2.3 优势三 · 灵活调度

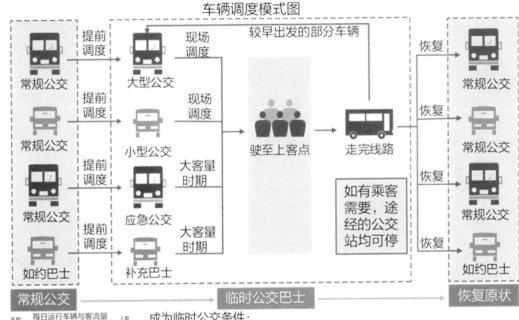

车辆调度模式图

成为临时公交条件：
- 日常客流量少：减少对常规公交的影响。
- 原线路较接近：便于转换成为临时公交。
- 夜间运行巴士：不影响原来线路的运行。

临时公交每日运行车辆数视客流量而定，大型巴士数及巴士总数和客流量正相关。

2.4 优势四 · 提供城市认知

途经站点类型：交通枢纽、商业中心、标志酒店
线路途经城市风貌：旧城中心城市景观、新城中心城市景观

临时公交线路经过广州新、旧城中心，站点包括交通枢纽、商业中心和标志酒店等。线路串联起了广州的地标，为外来客商提供了很好的城市认知平台。相比之下，地铁系统始终运行在地下，乘坐者对城市环境认知度为零。

2.5 优势五 · 便利上客

临时公共巴士上客点位于场馆交通核心区，距离场馆多数出入口较近，在场馆区域内比地铁站和有轨电车站更便利到达。

2.6 优势六 · 快捷实惠

到同样目的地，乘临时公交相比乘地铁或普通公交比较省时。相比乘出租车耗时多5~10min，但成本低廉，综合性价比高。

	A线（到环市路）		B线（到流花路）	
	广交会场馆—岗顶大酒店	广交会场馆—亚洲国际大酒店	广交会场馆—外商大酒店	广交会场馆—中国大酒店
临时公交	¥6 25min	¥6 50min	¥6 25min	¥6 40min
普通公交	¥3 60min	¥3 90min	¥3 60min	¥3 90min
地铁	¥4 40min	¥6 60min	¥5 50min	¥5 55min
出租车	¥30 20min	¥37 30min	¥33 20min	¥44 30min

2 优势分析

灵公交·助广交

广交会期间临时公共巴士调研及改善

3.1 客流量分析

3.1.1 定位：补充式灵活交通

目前临时公交作为补充式交通工具，总体载客量占比不高。但其机动灵活，载客量随实际情况变化，有较大潜力。

广交会客流交通方式分布

临时公交客流量

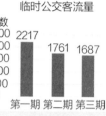
临时公交客流变化

3.1.2 疏导：客流高峰期疏散

广交会每天散场时段出现比较集中的人流，临时公交相应出现客流高峰，其在客流集中时段发挥较大疏导作用。

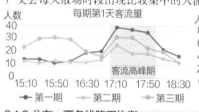
每期第1天客流量

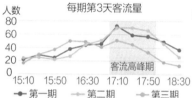
每期第3天客流量

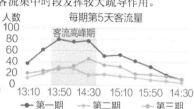
每期第5天客流量

3.1.3 分布：两条线路不均衡

A、B线均经过广州重要的酒店和商圈。A线途经站点相对较多，乘客数占比高。两条线路运营的情况不均衡，线路还具有优化空间。

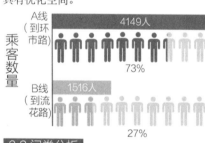
乘客数量

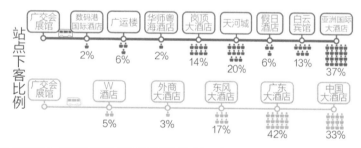
站点下客比例

3.2 问卷分析

3.2.1 对象分析：面向中外多样人群

问卷调查对象涵盖28个国家的参会人员，其中65%为临时公交的乘客。临时公交乘客类型多样，覆盖中外人群。

3.2.2 站点分析：交通枢纽可达性不足

临时公交乘客目的地以酒店为主，而其他交通方式的乘客目的地以交通枢纽为主，可得临时公交对枢纽的可达性不足。

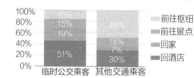

3.2.3 吸引力分析：宣传力度不足

考虑因素 选择临时公交原因　　考虑因素 不选择临时公交原因

接驳便捷、搭乘舒适和线路直达是临时公交吸引乘客的主要优势，约有1/3不乘坐临时公交的调研对象表示不知有临时公交，证明其宣传力度不足，需在宣传方面进行改进。

3.2.4 使用评价分析：候车时长需缩短

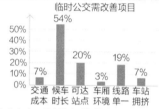

临时公交乘客使用后对交通成本和可达性评价较高，对候车时长的评价较低，目前临时公交的候车时长为5～30min不定，因此需要引入更智能的调度方式减少候车时长。

3.3 访谈分析

临时公交的司机
Q：如何成为本次广交会临时公交的司机？
A：之前负责常规的公交车线路，听从调度作临时公交司机，提前会熟悉运营线路。

临时公交调度主负责人
Q：如何进行灵活的临时公交车辆调度？
A：调度运客压力较少或者夜班的公交车，根据现场客流量来决定运行车辆数和时间。

临时公交的经营者
Q：如何确定线路站点和保证持久合理性？
A：据往年路线和交通局统计的客流量确定。某些站点已成为客商城市认知的标志。

访谈总结：
临时公交为城市公交系统中演变出来应对大客流事件的交通措施，灵活性与机动性是临时公交最突出的特点。同时，临时公交的线路站点结合了城市重要节点来设置。

3 特性分析

广交会期间临时公共巴士调研及改善
PUBLIC TRANSPORT BETWEEN THE EXHIBITION AND THE CITY

灵公交·助广交

广交会期间临时公共巴士调研及改善

4.1 改进建议

4.1.1 改善线路，平衡客流
1. A线：环市中路线增设较多外商选择前往的广州东站广场站。
2. B线：流花路线取消较少乘客选择的合景酒店站，增设花城大道珠江新城的路线及站点。
3. B线：流花路线中将线路东风东路—解放北路，调整为东风中路—中山五路—解放北路。

—— 原有线路　┈┈ 新增路线　🚌 起点终点　○ 原有站点　● 新增站点

改善建议及示意图：

改善依据：
1. 原有线路站点多设置在广州旧时标志物附近，较少与近年来外商认识的广州新标志物相关。花城大道周边有较多显著标志物：东塔、西塔和大剧院等。

2. 流花路线站点设置相对较少，载客比例也相对较低，缺少目前较多外商选择前往的繁华商圈。较多外商离开广交会前往广州繁华的商圈及新交通枢纽。

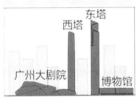
不乘坐临时巴士的目的地
- 交通枢纽 48%
- 商圈景点 30%
- 回家 15%
- 酒店 7%

3. 流花路线多到达老式招待所地区，没有覆盖到目前更多外商选择的新型小酒店的集中区域。北京路商圈分布密集新型小酒店：七天酒店和如家酒店等。

—— 原有线路
● 新型酒店

4.1.2 增强宣传，提升标识

场馆内：缺少现场的指引和信息的显示，对公交巴士的引导性不足。

等车处：靠临时告示牌和人力宣传，现场指示的影响力不足。

巴士内：没有配备视觉报站的指示，车内语音播报的质量也不佳。

改进建议

📱 设立临时公交和其他交通方式一体化的APP；场馆内设置应用指示和交通指引。

📶 APP上发布临时公交宣传信息；现场增设电子屏等现代化宣传设施，并显示班次信息。

📢 张贴临时公交线路的双语指示牌并改善语音系统播音质量，APP实现到站提醒。

4.1.3 减少候时，升级调度

目的：引进互联网信息技术，建立广交会综合交通一体化平台，并且实现临时公共巴士的灵活调度和搭乘。

4.2 推广策略

4.2.1 时段大人流量事件推广

"交通疏导+旅游展示"结合：
一定时段内出现展会、运动会和花市等大人流量事件，临时公共巴士可推广应用，同时发挥交通疏导和旅游文化展示的功能。展会和运动会事件，线路可结合城市标志物。

展会推广，潜力巨大：
珠三角区域内会展业发达，对临时公交存在较大需求，广交会先进的临时公交模式可推广。

4.2.2 瞬时大人流量事件推广

疏导为主，灵活调度：
短时间内出现大人流量的事件，如足球赛、汇演等，临时公共巴士可作为重要的交通方式，以疏散瞬时出现的大人流。

 增加车辆数　 缩短发车间隔

针对其时间短、人流量集中的特点，可通过增加车辆数、提高发车频率和减少发车间隔等措施来实现有效疏散。

4.3 总结

通过调查研究与分析，广交会的临时公共巴士是一种优秀有效的交通方式：

一、该临时公共巴士是特殊性时期运用在特定空间的人流疏散方式，其灵活性和调度机动性强，能有效解决一定时段内大人流量出现带来的交通问题。

二、该临时公共巴士面对参与会展的多种人群开放，体现对外来人群的关怀以及城市交通的公平性，并带来城市意象认知，对旅游业和服务业产生好处。

三、该临时公共巴士能充分整合社会资源，并具有集约高效、环保低碳的特点，是可持续的绿色交通方式。

目前，广交会临时公交在线路上、调度机制上和标识与宣传上还存在问题，但均有改进提升的潜力。另外，临时公交能够推广应用到不同城市各类大人流量的事件中，发挥灵活高效、绿色集约等优势，符合城市交通追求高效可持续的理念。

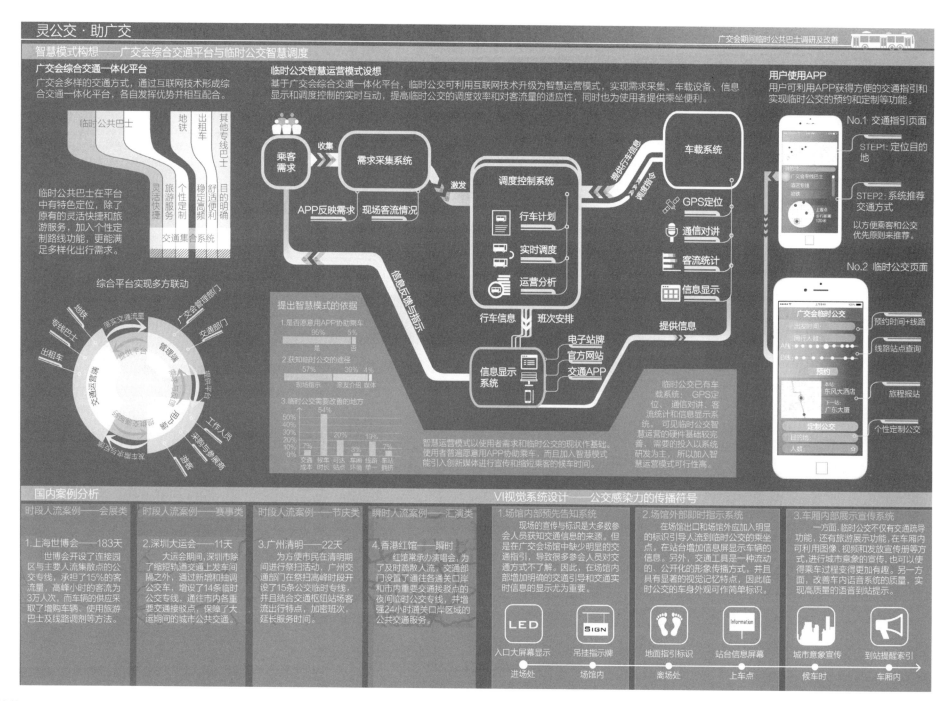

夜35在路上
——广州夜间巴士35路现状调研及优化

作者学生：罗能敏、韩宇雷、郝嘉晨、黄诗琪
指导老师：陶杰、贺璟寰、李昕

全国高等学校城乡规划学科

2015交通出行创新实践竞赛评优

佳作奖

扫码阅读
彩色版本

夜35在路上
——广州夜间巴士35路现状调研及优化

摘要：

在很多城市，夜间出行量增多，夜间交通系统不足的矛盾已经出现。夜间巴士在很大程度上缓解了城市夜间公共交通系统不足的情况，满足了市民夜间出行需求。广州夜间巴士已开通多年，在如何设置夜间巴士方面经验丰富，有十分重要的研究价值。本文主要调研广州的夜班35巴士，通过对其运营现状、使用反馈等多方面的调研，找出现阶段夜间巴士存在的问题，并提出可能的改进推广建议。

Abstract:

With the increase of travel at night, the problem of insufficiency of the night transportation system has emerged in many cities. The night bus is to a large extent eased the shortage of city night public transport system and meet the needs of the public to travel at night. Guangzhou night bus has opened more than 10 years. It is experienced in terms of how to set up a night bus. So it has very important research value. In this paper, it takes the Guangzhou 35 night bus as the main research object. Through its operation status, the use of feedback and other aspects of this night bus, it will find out the existing problems of night bus at present and suggest possible improvements to promote.

关键词： 夜35；夜间巴士；低收入人群；通勤保障

目录

01 背景资料
　1.1 夜巴简介
　1.2 为什么调研夜巴
　1.3 提出问题
　1.4 研究目的
　1.5 研究内容&方法

02 现状调研
　2.1 基本信息
　2.2 问卷调查
　2.3 实地访谈

03 特性分析
　3.1 特性一：人群特殊性
　3.2 特性二：人群依赖性

04 改进与推广
　4.1 问题与改进
　4.2 推广
　4.3 总结与展望

05 案例对比与线路优化
　5.1 国内外案例分析与借鉴
　5.2 夜巴微观空间设计
　5.3 线路优化

01 背景资料

1.1 夜巴简介

广州夜间公共交通系统包括巴士和地铁，其中地铁在23:30停运。

1.1.1 夜巴是什么

夜间巴士（简称"夜巴"）是指夜间时段（22:00~次日06:00）为市民提供交通服务的公共巴士。

1.1.2 夜巴的特征

运行时间：22:00~次日02:00
　　　　　04:00~06:00
发车间隔：每20~30分钟一班
票　　价：3~6元

1.1.3 广州夜巴发展

广州市夜巴诞生于20世纪70~80年代，早期市域范围小，夜巴集中服务于市区。此后市域扩大，夜巴线路随之增加。目前，广州市总共有99条夜巴线路，服务范围几乎覆盖全市。

1.1.4 夜巴只出现在大城市的原因

· 城市人口多，人口构成相对复杂，市民夜生活较丰富，夜间出行需求量相对较多。
· 城区范围较大，城市公共服务水平高，为有需要的乘客提供便捷便宜的夜间交通工具。

1.2 为什么调研夜巴

1.2.1 为什么调研夜巴

众多城市夜间出行需求增加，但夜间公共交通几近缺失。夜巴作为城市夜间公共交通的主体，相对于其他交通方式更为价廉、安全。并且，夜巴的建设成本低，只需在日间巴士的基础上加开线路，无需再建巴士站或站场；夜巴的车辆实际上也是日间巴士的用车，无需另购车辆。

1.2.2 为什么选择夜35

选择夜35主要有三个原因。一是夜35运行路线跨越区域广，同时经过城市中心区和城市边缘区。二是夜35可研究人群种类丰富，其路线经过大型居住区、高校、大型商业办公区，涉及不同职业、身份的人群。三是夜35的运营时段跨度长，分两个时段，涵盖了晚上十点至早上六点，而其余多数夜班车只运营一个时间段，时间跨度短。

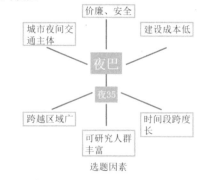

选题因素

1.3 提出问题

1. 什么人在坐夜巴？

2. 什么时间段坐夜巴？

3. 有多少人坐夜巴？

4. 为什么会坐夜巴？

1.4 研究目的

本次调研主要通过研究广州夜35的运营现状、使用反馈等方面，分析夜巴优势，以及现阶段的可能存在的问题，探究可能拓展改善的功能，归纳总结改进推广建议，从而促进夜巴在更多城市推广。

1.5 研究内容&方法

夜35在路上
——广州夜间巴士35路现状调研及优化

2.1 基本信息

2.1.1 调研流程
调研选取了使用者、管理单位、运营方三类人群，以问卷及访谈为主，车辆速度、上下站人数、运营时长计量为辅的方式进行调研。

分时段对夜35进行调研11次，其中22:00~23:30、23:30~00:30、00:30~01:30各调研3次，04:00~06:00调研2次。

对象的访谈及问卷的发放主要集中于夜35公交班次上及相关站点。其中，共发放问卷244份，有效问卷226份，分工作日及周末凌晨时段发放。

2.1.2 线路概况

2.1.3 运营机制

2.1.4 排班表

	1号车	2号车	3号车	4号车	5号车	6号车
运营时段	22:00~00:00	22:30~00:30	23:00~01:00	23:30~01:30	00:00~01:00	00:30~01:30
	01:00~02:00	04:00~06:00	04:30~06:30	05:00~06:30	05:30~06:30	06:00~07:00

夜间巴士车辆均由日间巴士调配，日间巴士完成白天运营，返回车场，到夜间时段发车，实现日夜循环使用。

夜35发车时段为凌晨班次22:00~01:30、清晨班次04:00~06:00，共计6部车辆循环发车，单次往返耗时约2小时，单个运营日共发车12班次。

2.2 问卷调查

2.2.1 使用人群

您的职业是：
- 其他 31
- 公务员 14
- 退休/无业 27
- 学生 19
- 自由职业 17
- 个体经营 14
- 企事业单位工作 124

■ 22:00-1:30 ■ 4:00-6:00

您的收入水平为：
- 1k以下 4.4%
- 1k~3k 15.6%
- 3k~5k 47.8%
- 5k~8k 17.6%
- 8k以上 14.6%

相关访谈及总结：
1. 夜35（夜间）主要满足了低收入下班加班人群的出行需求。
2. 夜35（晨间）主要满足了免费乘车的中老年人晨练的出行需求。

夜间主要出行者是企事业单位工作者；晨间主要出行者是退休赋闲的中老年人。

2.2.2 乘坐时段

您一般乘坐夜35的时段：
- 13人
- 23人
- 38人
- 152人

■ 22:00-23:30 ■ 23:30-00:30 ■ 00:30-1:30 ■ 4:00-6:00

您等候夜35所用的时间：
- 11人
- 71人
- 63人
- 81人

■ 10分钟以内 ■ 10-20分钟 ■ 20-30分钟 ■ 30分钟以上

相关访谈及总结：
1. 乘坐夜35（夜间）的主要时段为十点至十二点，若错过一班车需等待30~40分钟。
2. 乘坐夜35（晨间）的主要时段为四至六点，间隔长但人流较少。

乘客乘坐夜35主要集中在夜间商业中心结束营业的十点至十二点时段。

夜35发车间隔为30~40分钟，观察显示其能够准时发车，服务水平可靠。

2.2.3 使用评价

您认为夜35定价是否合理：
- 偏高 22%
- 合理 70%
- 偏低 8%

大多数乘客认为作为公共交通的巴士定价是合理的。

您认为夜35发收时间是否合适：
- 偏早 31%
- 合适 60%
- 偏晚 9%

超过半数的乘客认为夜35收发时间能够满足他们的出行需求。

您对夜35站点数量的看法：
- 偏多 1%
- 合适 75%
- 偏少 24%

大部分乘客满意现状，部分居住白云区的乘客认为还可以增设一些站点。

您认为夜35需要改进的方面：
- 延长运营 20%
- 增设站点 34%
- 保证准点率 14%
- 使用实时公交 9%
- 设置招扬站 18%
- 其他 5%

乘客主要关注方向集中在夜巴的运营时间和站点问题。

2.3 实地访谈

（运营方）王司机：
1. 开夜巴晚上路况相对较好，开了几十年，习惯以后没有白天开那么累。
2. 夜巴司机收入并不比开日间巴士的司机高，我们这些老司机等着缴满公积金就不干了，年轻新司机干一两个月就辞职了。
3. 晚上十点到十二点车上乘客较多，较晚时段乘客寥寥无几，甚至空车。
4. 希望政府和公司可以关注夜巴司机的情况，提供适当的补贴，提高司机的积极性。

（管理方）新福利巴士公司某经理：
1. 夜35开通一方面是政府对客流分担率等指标有考核要求，一方面也是满足夜间出行市民的需求。
2. 现在夜巴运行都是亏损状态，低峰时间较少人乘坐，公司方面负担比较大，有一部分政府的补贴。
3. 会更多地进行夜巴的推广宣传，考虑经济效益和公益服务的平衡。

相关访谈及总结：
1. （夜间）高峰时人多拥挤，希望可以适当增加班次。
2. （夜间）部分站点几乎无人上下，可否取消或设置为招扬站，加快归程速度。
3. （晨间）除老年人晨练外较少其他类型使用者，偶有一些上班或者赶车人群。
4. （晨间）政府公益性的夜间公交举措提供了晨间出行可能性，获得了使用者的一致好评。

02 现状调研

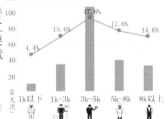

夜35在路上
——广州夜间巴士35路现状调研及优化

3.1 特性一：人群特殊性

3.1.1 人群构成剖析

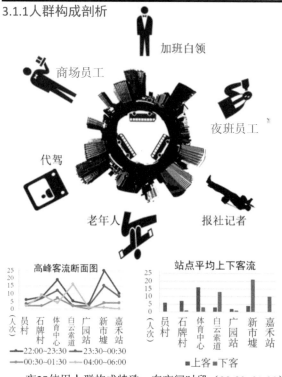

3.1.2 低收加班群体

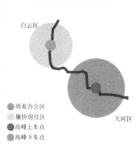

夜间时段22:00~01:30，夜35高峰上车站点集中于体育中心路段，高峰下车站点则为新市墟路段。形成"中心商业区—城郊居住区"的人流转换现象。

白云区新市墟偏离城中心，房价相对低廉，折射出该时段使用人群收入较低，无力支付其他高昂交通运输工具费用，依靠夜巴完成日常上下班运输任务。

3.1.3 老年群体

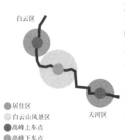

晨间时段04:00~06:00，夜35高峰上车站点集中于白云区新市墟及天河区员村附近路段，高峰下车站点则为白云索道风景区，形成"居住区—风景旅游区"的人流转换现象。

该时段主要乘客为老年群体，出行目的地集中于白云山风景区，经问卷及访谈得知，其主要由居住区至景区进行晨练。夜35已成为沿线老年群体日常出行的重要工具。

3.2 特性二：人群依赖性

3.2.1 通勤保障性

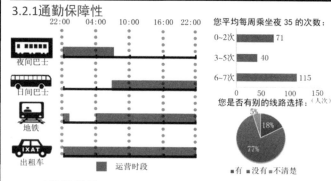

夜间巴士运营时段处于其他公共交通工具服务盲区，为城市居民提供了必要的夜间通勤保障。其特点为：

1. 为城市23:00~06:00时段唯一公共出行交通工具；
2. 相对于高昂花费的出租车，夜间巴士为城市夜间提供廉价的出行保障；
3. 夜巴使用人群乘坐频率固定，51%受访者每周工作日5~7天均乘坐夜35完成出行；
4. 夜间巴士的线路往往具有唯一性，77%的乘客在使用夜间巴士时只有一条线路可以到达目的地，这也构成了乘客对特定线路的依赖性。

夜35使用人群构成特殊，在夜间时段（22:00~01:30）和晨间时段（04:00~06:00）分别表现为夜间下班者专车、老年人专车。

1. 夜间时段，上车高峰客流断面集中于石牌桥—体育中心路段，下车高峰则集中于新市—新市墟一带，其余路段上下车客流较低。根据问卷统计，夜间班次有**65%**的乘客为企事业单位工作者，通过具体访谈得知他们包括商场员工、加班白领、报社记者等，新兴的代驾行业工作者往往在结束一次接送服务后用夜巴进行返程。

2. 晨间时段，上车高峰客流断面集中于员村生活区—体育中心、新市—新市墟路段，下车高峰则集中于白云索道站，其余路段几乎无上下车客流。该时段**90%**的乘客为中老年人，结伴乘车前往白云山风景区晨练，形成老年专车现象。

3.2.2 时段依赖性

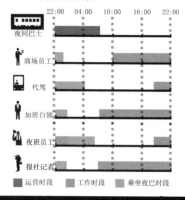

夜间巴士使用人群主要集中于夜间下班及上班群体，其工作时间大多横跨白天及夜间，上下班交通工具长期依赖夜巴。

由左图时间表对比可以看出商场员工、加班白领等由于工作性质特殊，下班时间集中于22:00至24:00之间，该时段属其他大众交通工具服务盲区，夜间巴士成为该类群体夜间通勤的首要选择。

3.2.3 综合效益性

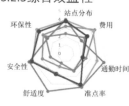

根据横向对比分析，夜间巴士在费用、准点率、安全性、环保性方面处于领先地位，是最受低收入人群依赖的夜间出行方式，应加强该公共交通平台建设，更好地服务大众。

对比因素 交通类型	站点分布	费用	通勤时间	准点率	舒适度	安全性	环保性
夜间巴士	3.75	3.27	2.1	4.1	2.7	4.21	4.11
日间巴士	3.19	4.47	2.51	2.28	1.71	2.89	3.46
地铁	3.88	4.23	3.85	4.43	2.57	4.11	4.46
私家车	3.96	2.42	4.68	4.39	4.96	4.51	2.8
自行车	2.31	2.94	2.07	2.24	1.27	1.9	3.11

03 特性分析

夜35在路上
——广州夜间巴士35路现状调研及优化

4.1 问题与改进

4.1.1 发现问题

问题一：收车时间过早
夜间运营时段为22:00~01:30。收车时间过早，无法充分满足此条线路的乘客需求。

问题二：巴士线路换乘选择少
夜35线路是市中心区通向嘉禾望岗地区唯一一条线路，绝大部分乘客都依赖这条唯一可以抵家的线路。

问题三：班次间隔大、时段分布太均匀
发车班次间隔过大，为30分钟，许多乘客反映，他们耗费很多时间在等候夜巴上，一旦错过班车，等下一班车的时间将长达30~40分钟。夜巴运营时段分布过于均匀。夜间时段能保证一定乘客量；晨间时段人较少，几乎都为老年人。

问题四：候车环境不安全
部分站点的候车环境很不安全。嘉禾望岗区域位于市域北部，较偏远。途径站点中，如白云索道，夜晚人极少。这样的候车环境存在安全隐患。

问题五：女性回家路危险
对于部分女性，夜巴的服务范围距其住址较远，因而她们下车后仍需走一段较长的夜路，存在安全隐患。访谈对象李女士反映，每晚下了夜巴之后走夜路，都提心吊胆。

4.1.2 改进建议

建议：
1. 延长夜间时段的运营时长。
2. 推后收车时间。

建议：加开巴士线路，提供更多选择。

建议：
1. 缩短发车间隔。
2. 推广公交车实时定位系统。
3. 根据调研数据，合理安排运营时段为均衡式或波谷式。
4. 节省资源，最大化满足乘客需求。

建议：
1. 设置及时报警装置。
2. 覆盖完备的监控条件。
3. 站点的环境设计宜为明亮、温馨的风格，视线遮挡区域宜小。

建议：
1. 准许女性乘客可在站点之间的节点下车。
2. 巴士宜有女性专用下车呼叫按钮。

4.2 推广

4.2.1 推广意义

1. 城市关怀
完善城市公共服务体系，体现城市人文关怀属于广州市"优先发展公共交通"战略的重要部分。

2. 促进城市发展
积极促进城市经济发展，城市提供夜巴的优质服务能够反向促进城市生产。

3. 绿色出行
夜间巴士促进了城市及交通低碳化、节能化的可持续发展，对改善生态环境具有积极作用。

4. 移动的夜间安全灯
夜巴不仅仅是普通的交通工具，它也为夜间城市公共安全作着贡献。

4.2.2 推广计划

1. 广州现有99条夜间巴士，市域范围仍在扩大。城市管理者应理性使用科学的工具和分析方法，发展更为全面高效的夜巴线路覆盖范围。

2. 根据乘客的使用反馈来看，以及大量实际调研数据和对人群的分析，公交公司应适当调整站点分布，如缩减无人上下车的站点，在大客流量区域增加站点；合理分配运营时段，如变均衡式为波谷式，以适应各人群需求；缩短发车间隔，加强对夜间工作的关怀。

3. 对夜间巴士进行一定微观改良设计，使夜巴体验更舒适、安全，吸引更多人士选择乘坐夜巴。

4.3 总结与展望

4.3.1 总结

1. 广州市的夜间巴士对于城市夜间生活，有重要意义，它解决了一部分人深夜通勤的刚性需求。

2. 广州市现有99条夜间巴士，随着广州市域范围的扩大，且原本线路系统设计本身存在许多漏洞。

(1) 从规划层面上看，广州夜间巴士需要扩大覆盖服务范围，并根据实际摸查调研结果，优化局部线路设计。

(2) 从微观层面上看，巴士公司应提升巴士的服务品质，为乘客提供更好的夜间巴士使用体验，体现城市关怀精神。

4.3.2 展望

城市夜间生活情况和城市夜间公共服务水平其实从侧面反映了一个城市的发达程度。在未来，广州市在优先发展公共交通的战略指导下，科学合理地做好夜班公交的规划与运营管理。

(1) 从线路布局、站点设置、运营时间等基本需求做起使夜间出行的市民"可乘"夜巴。

(2) 适时提升运营管理的智能化程度，使夜间出行的市民"易乘"夜巴。

(3) 未来可通过提升满足市民人性化出行需求的能力，使夜间出行的市民"乐乘"和首选夜巴。

晚高峰的夜巴载满了乘客。他们中的大多数人都为下班回家。

刚错过班车的人再等下一班车估计就是半个多小时后了。

凌晨五点的夜35号班车乘客多为去白云山风景区早锻炼的老年人。

白云索道站到了夜晚，基本没有什么人。周围树木高大繁茂疏于打理，形成大片视线遮挡区域，环境有安全隐患。

夜35在路上
——广州夜间巴士35路现状调研及优化

5.1 国内外案例分析与借鉴

国外

韩国怎么做？
智慧城市
大数据分析
科学的政策制定

首尔市提出建设智慧城市的概念。近日，他们提出"利用大数据解决市民小烦恼"的口号，将通过分析使用大数据，为市民带来全新的市政服务。通过对深夜道路交通数据的分析，政府和公交公司可以制定更为合理的夜间巴士路线。在建设智慧城市的过程中，通过分析交通、福利和经济等领域的大数据，可以让政策制定更为科学有效。

互联网大数据

新加坡怎么做？
结合交通与规划
合适的服务半径
保证居民可达性
保障公共服务供给

新加坡综合化公共交通系统的成功首先要归功于周密的城市规划决策者的交通政策——交通规划与土地利用规划紧密结合。为了使每个邻里和社区都有相当的可达性，他们提出每400m至少有一公交站点、每3000～3500㎡居住单元要有巴士干线服务等规定，根据土地利用和社区发展的目标，保障相应的公共交通服务的供给。

交通规划

日本怎么做？
智能公交系统
充分考虑人群需求
价廉
舒适性
安全性

日本使用智能公交系统，通过加强公共交通出行的便利性来降低私家车的出行，改善城市交通的状况。日本已经进入老龄化时代，日本的公交系统处处为老年人着想，体现在很多细节上。日本最近推出女性专用夜间巴士，解决了女性半夜搭车的安全问题。日本有夕发朝至的夜间巴士线路，比新干线便宜，十分受年轻人欢迎。除了便宜，各家巴士公司也在尽可能提升夜行巴士的舒适性和安全性。

智能系统

国内

中国香港地区怎么做？
合理安排线路
合理设计覆盖面
司机额外津贴
节日特别机制

夜间巴士相较于日间巴士线路较疏，线路覆盖面亦较广，不少行车路线较迂回。巴士公司需向在深夜工作的车长支付额外的工资津贴，所以运营成本较一般线路高。因此通宵路线的收费亦较一般路线高，并在车费等级表有独立的收费标准。在大型节日（如元旦、农历新年、中秋节及圣诞节）时，巴士公司会为此特别开办一些只属于节日服务的通宵线路。这些线路的走线一般较为直接，既途经人流较多的地点，又能覆盖未有常规通宵巴士的地区。

客流与车辆

5.2 夜巴微观空间设计

1. 运用上下车提示铃
夜班车高峰上下车站点十分集中，许多站点都没有人上下车。而夜班车没有人上车的站点，司机就可以不停站继续开车，这样就可以提高运营效率，减少乘客乘车时间，以达到更快捷回家的目的。

上下车提示铃

2. 增加障碍设施，为老年人、残疾人保驾护航。
（1）车门安装有可移动的升降机，或者专供轮椅使用的坡板，供腿脚不方便的老人乘轮椅使用。
（2）车内备有安全的固定装置，保护反应慢的老人不受颠簸和撞击。

坡板

3. 增加摄像头，保护乘客安全
尚存公交扒手、色狼问题，尤其是在夜间。增加车内、夜间公交站台摄像头数量，加强夜间公交治安防护，有利于保护乘客安全。

监控摄像头

4. 女性自由下车
由于站点设置问题，许多乘客的家在两个站点之间。在夜间，为了保障女性乘客的安全，减少她们独自步行回家时间，可以让女性乘客采取就近原则，运营沿线自由下车。

女性自由下车

5.3 线路优化

5.3.1 线路优化示意图

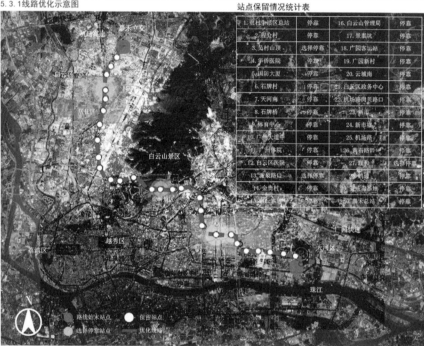

站点保留情况统计表

1. 员村牛结区总站	停靠	16. 白云山管理局	停靠
2. 程介村	停靠	17. 景泰坑	停靠
3. 员村山顶	选择停靠	18. 广园客运站	停靠
4. 华侨医院	停靠	19. 广园新村	停靠
5. 嗣园大厦	停靠	20. 云城南	停靠
6. 石牌村	停靠	21. 白云区政府中心	停靠
7. 天河南	停靠	22. 机场路岗贝路口	停靠
8. 石牌桥	停靠	23. 萧岗	停靠
9. 体育中心	停靠	24. 新市墟	停靠
10. 广州大道中	停靠	25. 机场路	停靠
11. 广州医院	停靠	26. 黄石路口	停靠
12. 白云山医院	停靠	27. 联和	选择停靠
13. 濂泉路口	选择停靠		
14. 金贵村	停靠		

图例：路线始末站点、保留站点、选择停靠站点、优化站点

5.3.2 站点优化依据

站点上下车客流统计

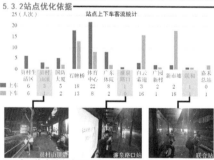
员村山顶站 濂泉路口站

夜35线路覆盖面呈现"体育中心商业区—白云山风景区—新市墟居住区"的变化趋势。
其中，以体育中心、白云索道、新市墟为核心的区域为客流高峰路段；但员村山顶、濂泉路口、联和三个站点日常上下车客流较低，为缩短夜35运营时长、提高效率，在该三处新停站选择性停靠，做到"有人停靠、无人免停"，最大限度保证夜35的快捷直达性。

5.3.3 班次优化依据

发车时段输送客流统计 末班车收车时间满意度 9% 31% 60%

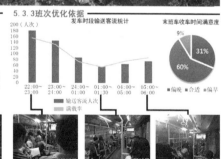
夜间时段 同时段 晨调时段
输送客流人次 满意率
偏晚 合适 偏早

夜35现运营时段为22:00~01:30，04:00~06:00，但在实际使用时，01:30~04:00服务盲区中仍存在乘坐需求。
原末班车运营全程平均输送乘客57人次，63%受访者希望延长夜间时段末班车收车时间，为更大限度服务大众，可将末班车收车时间延长至03:00。同时，在22:00~24:00乘客需求量高峰时段，增加发车班次，可在此期间将原30分钟一班改为20分钟一班，增加乘客输送量。

05 案例对比与线路优化

优步迷途——广州人民优步使用状况调研及改进推广　　UBER

作者学生：彭祎苁、晏琳、招丽欣、王誉莹、林卓琪
指导老师：姚圣、李昕、李嘉豪

全国高等学校城乡规划学科

2015交通出行创新实践竞赛评优

佳作奖

扫码阅读
彩色版本

优步迷途
——广州人民优步使用状况调研及改进推广

摘要 Abstract

We conduct researches on the running system of People's Uber, comparing to Taxi on both transportation and economy aspects. We solve puzzles by interviewing drivers, distributing questionnaires, and even tracking the cars' routes. Through the research, we found that instead of being puzzled, people's Uber has done better jobs to some extent, though it is less professional. But in general it is more competent and attractive, successfully meeting customers' huge demands. Finally we make discussions about its legality, searching for its local charactistic, so as to be the role model of other region, hoping to find its path towards success.

我们对广州市人民优步的运营现状进行调研，在交通和社会经济层面与出租车对比，通过访谈、问卷、跟踪体验等方法收集数据，解"迷"优步。调研发现，人民优步在多方面并不迷茫，继续保持或改善即可走向正轨。而在专业性上仍处劣势，总体来讲竞争力强。最后对其合法性进行探讨，找到广州特色，为其他城市提供参考，找到优步的迷途之路。

关键词：广州；人民优步；出租车；专车

1.1 调研背景

Uber概况：Uber于2009年成立于美国，是打车软件的鼻祖。它为乘客提供多样化出行选择和高质量的服务。

市场背景：根据2013年广州出租车市场供需关系：总体供小于求，Uber进驻广州市场具有合理性。

1.2 调研目的

通过对广州人民优步使用者的出行特点、使用反馈等调查，研究人民优步相较出租车已有的优势和存在的问题。对比其他城市案例，为人民优步提出改进意见并探讨其发展趋势。

1.3 调研框架

研究概况：调研背景→调研目的→调研框架→调研方法→优步介绍→对比分析→运营机制→交通层面（机动性、安全性、即时性、舒适性、经济性、低碳性）→社会经济层面→改进推广（存在问题、合法性探讨、改进建议）→拓展调研（空间分布、时间分布、跟踪体验、推广分析）

1.4 调研方法

 访谈法　 问卷法　 跟踪体验法　 文献查阅　 实时数据记录　 对比分析

1.5 人民优步

- 手机打开APP界面定位后点击用车
- 15s内APP派单，司机打电话确认
- 10min左右车辆到达指定位置
- 到达目的地后，网上支付车费

专车服务与出租车关系

"人民优步"是Uber在中国发布的专车服务，不同于出租车，它利用互联网技术提供出行服务。同时，其独特的运营机制也区别于其他专车。用户可使用装有Uber程序的手机，一键叫车，几分钟内便获得接驾。软件对每次行程的路线都留有记录，并且乘客在每次行程之后都会给出评分，整个过程是安全而透明的。

竞争型（价格、客户群相近）	互补型（价格高、服务好）
Uber旗下"人民优步"（调研对象）	Uber旗下 UberX/BLACK等
其他专车软件低端系列	其他专车软件高端系列

1.6 运营机制

1.6.1 动态定价模型

动态定价模型：P1 (0.88×P)，P2 (3×P)，动态定价区间

人民优步是追随市场经济的共享平台，它创造的动态定价模型实时计算交通需求并定制价格，得出"共享经济"模型。该算法也是其经济系统的核心。升高价格并不是从乘客中收取费用，而是提高公司对于司机的补偿。有别于其他专车软件传统的固定价格机制。

多变量预测 / 三个变量 / 影响模型

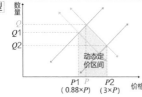

精明的算法和后台数据调配车辆，通过大数据预测需求。

- **交通流量**：通过对于顾客交通信息的收集，形成自己的数据库。分析交通热点区域，并提前建议司机前往该区域，平衡各区域间车辆供求关系。
- **天气情况**：优步在不同的天气下提供不同的价格模式。例如，下雨天和通勤高峰期时，价格会提高至1.5倍左右。提高司机的积极性。
- **突发事件**：提前录入地区将会发生的人群密集性事件，如球赛、演唱会等，并提高价格吸引司机前往，提供大量"弹性供应"，及时疏散人群。

1.6.2 司机接单机制

人民优步采用软件终端15秒派单机制，保证乘客即时乘车。而其他专车软件采用抢单机制，造成司机拒载现象，并容易产生安全隐患。

1.6.3 价格补贴机制

人民优步采用周薪制度，使得司机接单更灵活。而是否补贴又取决于乘客的用后评价和接单数量。评价为5分制，每周评分达到4.9且接单数达到要求方可获得补贴。

周薪构成：基本行程收益（顾客20%）、公司80%、溢价补贴、冲单补贴

1 背景资料

2.1 交通层面

2.1.1 机动性 ——高峰期的"救星"

一般在什么时段选择人民优步

出租车交班时间为7:30~9:00；17:30~19:00，恰好是上下班高峰期。交班地点一般在城郊地带，再加上这些时段内城拥堵，出租车在市中心提供服务次数受限，所得利润较低，因此司机会拒载。

由问卷统计得知，早晚高峰时段使用人民优步的人群比例分别为13.77%和21.46%。可见在繁忙交通时段，很多人有打车需求。人民优步不受交班规则的制约，也不介意内城交通堵塞，因此更加愿意接送顾客。相比于出租车，它们在特殊时段有更强的机动性，灵活方便。

2.1.2 调动社会资源 ——看不见的重构"机器"

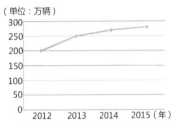

2012—2015年广州小汽车保有量

广州市出租车供应量不足，小汽车保有量过盛。出租车只能满足60%的客户需求，而额外的40%则由各类专车补齐。人民优步利用过盛的私家车，去填补缺失的出租车，既减缓了"打车难"问题，又使小汽车资源得到充分利用，有效地调动了社会车辆资源。

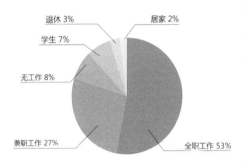

做Uber司机前做什么

根据相关统计数据显示，人民优步司机的组成多种多样。因为人民优步入职门槛低，工作时间灵活，收入可观，所以不仅能为有工作的人创造更稳定的收入，而且可以供给失业人士就业岗位，为毕业生提供经济过渡。让空闲时间里的人充分发挥自我和社会价值，有效调动社会的人力资源。

前提 传统出租车模式的劣势
出租车模式是车找人，双方都不知道彼此的存在和需求，于是才有空跑的车辆和打不到车的人同时存在的现象。

模式 匹配乘客、司机需求
优步可以说是一种"互联网+"模式，它将乘客和司机两端通过互联网的形式连接起来。车辆的空车信息、人的需求信息同时传给服务器，经过匹配处理后可满足彼此的需求。

效果 调动社会资源信息
信息社会里不可见资源的作用不可小视。人民优步将信息数据化，大大提高城市运作效率。

2.1.3 安全性 ——放心的软屏障

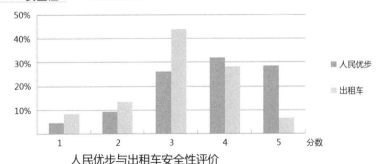

人民优步与出租车安全性评价

60%乘客对人民优步评分较高（4~5分），而对出租车评分较高的乘客只占35%。经过访谈，我们得知，人们对人民优步安全感较高的原因如下：①出租车司机连续工作时间长，工作压力大，脾气较差，人民优步司机工作时间灵活，且受评价奖励机制制约，服务水平高，态度好；②人民优步不设现金支付，避免假币诈骗；③部分优步司机为自带车加入，一些乘客认为司机经济状况良好，安全性相对较好。

综上所述，人民优步给乘客的是一种心理上的安全感"软屏障"。

优步迷途 ——广州人民优步使用状况调研及改进推广

2.1 交通层面

2.1.4 快捷性 ——高峰期的"救星"

94%人民优步乘客能在10分钟以内打到车，出租车乘客能在10分钟以内打到车的比例仅为59%，可见，人民优步到达较为快捷。这是系统自动计算分配距离最近的司机带来的优势。

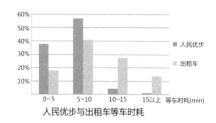

人民优步与出租车等车时耗

经访谈，除人民优步司机对工作环境较满意外，部分出租车司机也有"跳槽"意向。大部分乘客对人民优步的舒适程度评价较高。

乘客特殊气候可以在室内等，而且我们自己的车，都会注意打扫，相比之下会更舒适一点。 —— 优步司机

现在好多出租车司机都去开专车。开自己的车多好！要不是跟公司签了合同，我也去开专车。 —— 出租车司机

有的出租车司机态度比较差，而且部分车还比较旧。人民优步这两方面做的就更好一点。 —— 乘客

2.2 社会经济层面

2.2.1 经济性 ——打车者的省钱计划

	起步价	元/km	元/分钟
人民优步	9元	1.6	0.35

	起步价	2.5~35km	>35km
出租车	10元	1.6元/km	+50%空驶费

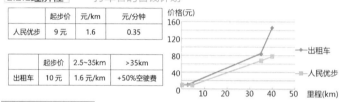

如左表，出租车按里程计费，人民优步同时按里程和时间计费。左侧折线图为理想情况下($v=60km/h$)人民优步和出租车费用对比，可看出该情况下人民优步的费用均低于出租车。

2.2.2 低碳性 ——城市的绿色血液

相比于出租车，人民优步的运作模式减少了空跑现象，更具有环保性和低碳性。

CO_2排放量5654t/d

2.3 使用评价

	特殊天气容易打到	边远地区容易打到	高峰时段容易打到	等车时间短	舒适性好	安全性高	费用合理	服务质量好	司机熟路
人民优步	2.81	2.09	3.16	3.88	4.28	3.62	3.98	4.2	2.71
出租车	1.49	1.44	1.43	2.15	2.66	3.04	2.83	2.65	3.31

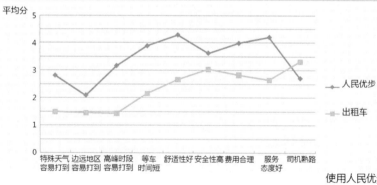

对乘客进行人民优步和出租车满意度调查，乘客分别对上表项目做出评价（1~5分），经统计得出各项平均分。人民优步在特殊天气、边远地区、高峰时段、快捷性、舒适性、安全性、费用合理性、服务质量均优于出租车；仅在司机熟路程度上不及出租车。人民优步专业性有待提高。

$$平均分 = \sum_{i=1}^{5} A_i B_i / 该题有效答卷份数$$

其中A_i为第i个选项的分数，B_i为第i个选项被选次数。

使用人民优步前	名次	使用人民优步后
地铁 2.34分	1	地铁 2.67分
公交车 1.80分	2	公交车 2.00分
出租车 1.49分	3	人民优步 1.82分
私家车 0.78分	4	私家车 0.72分
自行车 0.21分	5	出租车 0.90分
其他 0.12分	6	其他 0.23分
	7	自行车 0.22分

如上表，出租车按里程计费，人民优步同时按里程和时间计费。以上折线图为理想情况下($v=60km/h$)人民优步和出租车费用对比，可看出该情况下人民优步的费用均低于出租车。

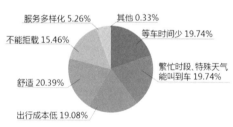

使用人民优步的原因

- 等车时间少 19.74%
- 繁忙时段、特殊天气能叫到车 19.74%
- 舒适 20.39%
- 出行成本低 19.08%
- 不能拒载 15.46%
- 服务多样化 5.26%
- 其他 0.33%

乘客选择人民优步的原因主要是等车时间少、容易打到车、出行成本低和舒适。应在今后继续保持优势。

优步迷途——广州人民优步使用状况调研及改进推广

3.1 存在问题与改进

人民优步有什么令人不满的地方
- 其他 6.74%
- 司机不认路 35.23%
- 支付方式少 16.58%
- 无保障 18.65%
- 操作界面繁琐 9.33%
- 车数量太少 13.47%

从问卷统计数据得，55.74%人民优步的乘客反映司机对路况不熟悉，且Uber公司"无保障"让乘客感觉不安全，反映了人民优步存在专业性、安全性等问题。

您为什么未选择人民优步
- 其他 14.35%
- 没智能手机或不懂操作 6.23%
- 无监管，不信赖 9.09%
- 不知道，不了解 70.33%

从问卷统计数据得，绝大多数非人民优步乘客由于没听说或不了解人民优步而未选择这个出行方式，反映了人民优步仍存在宣传力度不足，使用人群仍比较局限等问题。

改进建议

1. 提高准入门槛
制定更完整的准入标准，对新注册的司机进行全面考核，包括对道路的熟悉程度等，且进行入门培训与心理指导。

2. 对司机的定期培训
对司机进行定期培训，指导应对突发状况；及进行定期考核评价，对不通过的司机进行警告和惩罚，严重时给予解雇的处分。

注册　考核　培训　考核　点评　合格

存在问题

专业性　　人民优步行业准入门槛相对出租车行业较低，司机专业水平参差不齐。对路况熟悉程度不足反映在：①司机接单后到达乘客预约地点时间长，乘客候车时间增加；②车辆绕行路程长，到达目的地时间长，乘客乘车体验下降。

安全性　　人民优步司机的专业水平相对较低，且司机的专业素质与行为无法得到统一的监督与管理，司机对乘客的骚扰行为时有发生，客观上来说人民优步仍存在一定的安全隐患。

普及性　　人民优步从2014年年初进入中国市场后，目前只在北上广深、成都、杭州等9个城市运行，普及程度远远不及其他打车软件，且人民优步的使用人群多集中在智能手机用户和会使用这类APP软件的中青年群体，局限性仍较强。

出租车行业管理和服务体制已不适合当前社会发展需要，必须进行全面改革。政府的态度应从建立制度转向建立专车进入市场的门槛，用多样性服务满足市场需求。

人民优步应加大宣传力度，把人民优步的使用人群的年龄范围扩大，简化界面与操作，进入二三线城市，最大程度满足广大乘客的出行需求。

合法性的探讨——与政府的"猫鼠游戏"

"迷"在广州：
人民优步与政府的关系，不应是"猫鼠游戏"，而应是基于法律框架下的合作。

应对挑战态度强硬
- 堪萨斯城：政府"反科技"
- 昆士兰：政府规范"过时"
- 欧盟：就禁止Uber在当地服务一事向欧盟发起投诉
- 德国：推出一项合法经营的新型打车服务

安全隐患引起争议
- 休斯顿：一男性司机被指性侵犯一名醉酒女子被捕，对司机背景考察有漏洞
- 印度：一男司机因涉嫌强奸女乘客而被捕，有前科

与政府形成合作关系
- 旧金山：做出永久立法，为类似Uber的服务商创建新名字"交通网络公司"
- 波士顿：与当地政府合作，通过科技和大数据配合政府打造智能城市，为交通出行提供数据依据
- 北京：已经给了拼车服务合法"名分"
- 浙杭：专车属新生事物，不排斥，应加强安全监管，完善对应的法律法规
- 厦门：要求清理平台，进一步规范专车运营平台

被封杀和起诉
- 堪萨斯城：Uber购高额保险，对司机进行背景核查
- 俄勒冈州波特兰：被政府以"非法运营"起诉停运
- 韩国：违反了"禁止未注册"

3.2 推广意义

1. 填补公共交通在时空上的空缺。
   （1）午夜及凌晨公共交通缺乏、上下班高峰期公共交通供不应求时满足人们出行需求。
   （2）解决城市边远地区"打车难"问题。
2. 为母婴、老人、残疾人等出行受限制的弱势群体提供良好的搭乘条件。
3. 减少私家车的出行，缓解交通压力。
4. 实现公交站点、地铁站点与乘客目的地的"最后一公里"短程接驳。
5. 提供大量就业岗位。

上下班高峰期　城市边远地区　服务弱势群体　最后一公里

3.3 总结

人民优步以手机APP作为平台，是一种创新而有效的交通模式。它不仅对城市现有人、车、信息资源进行了优化配置和利用，而且一定程度上缓解了打车难问题，使人们的出行变得更加舒适便捷。

人民优步进入中国，支持和反对的声音此起彼伏。——"出租车怎么办？""人民优步何去何从？"。

通过对广州人民优步的运营情况调研，我们试图寻找优步的迷途之路，提出了自己的见解与建议。希望人民优步能和政府、交管部门、出租车群体协调互补达到平衡，共同改善人们的出行质量，提高交通运作效率，使城市这部机器更好的运转。

3 改进与推广

优步迷途 —— 广州人民优步使用状况调研及改进推广

载客热点与经济

从各区来看，天河区和越秀区GDP总值和人均GDP均处于领先位置。在优步车辆分布上面，也呈现出密集分布的状态。海珠、荔湾区车辆散布，相较天河、越秀无明显的聚集现象，经济水平也有差距。白云区就面积来看，车辆密度低，只在白云机场处聚集，与人均GDP低相吻合。

天河区常住人口少，人口密度低，但经济水平高；海珠区人口数量和人口密度均高于天河，但在优步车辆分布图上来看，车辆在天河区密度大，有聚集现象，而海珠区车辆较少，稀疏。说明车辆的分布更取决于该区的经济水平。

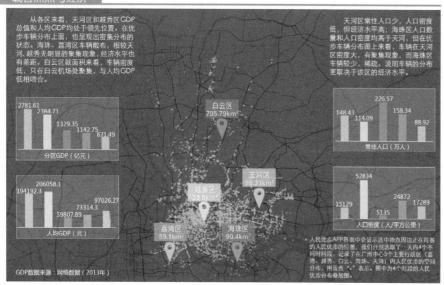

GDP数据来源：网络数据（2013年）

人民优步APP界面中会显示途中地点周边正在待客的人民优步的位置，我们分别选取了一天中4个不同时间段，记录了广州市中心5个主要行政区（荔湾、越秀、白云、海珠、天河）内人民优步的空间分布，用蓝点"•"表示。图中为4个时段的人民优步分布叠加图。

载客热点的时空分布

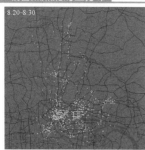
8:20-8:30

早高峰时段，人民优步多集中在天河中心地带以及越秀、荔湾老城区，海珠相对较少，白云最少。车辆分布较集中。老城区居住功能为主，新城区就业功能为主。市民通过人民优步完成从家到工作地的出行需求。

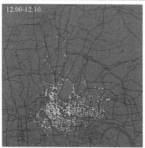
12:00-12:10

中午时段，人民优步集中分布在城市中心区。跟早高峰相比，荔湾、天河东部以及海珠东北部车辆明显增加，白云车辆减少并且更分散。老城区居民工作比较灵活，司机多利用中午休息时间接单。

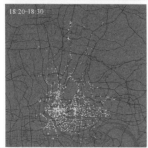
18:20-18:30

下班高峰期，荔湾老城区、海珠北部、市中心天河车辆仍比较多，白云车辆有所增加，并沿主干道线性分布。人们利用人民优步完成从工作地到家或娱乐场所的迁移，工作片区多车辆聚集，居住片区多车辆到达。

00:00-00:10

半夜时间段，车辆主要还是集中在天河、越秀、荔湾三个城区，海珠区零星分布，白云区跟晚高峰时间段车辆密度相似，推测与城市夜生活丰富、持续时间久有关。

跟踪体验

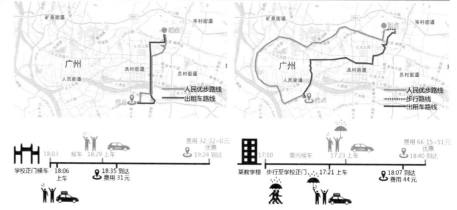

	项目	起点	终点	天气	起始时刻	时耗(min)	里程(km)	费用(元)
跟踪体验1	人民优步	某校正门	新港中路	晴	18:03	81	8.4	0
	出租车					29	8.1	31
跟踪体验2	人民优步	某教学楼	江南西	大雨	17:10	90	25.0	51
	出租车					57	13.8	44

小结：一方面，选择人民优步的乘客能在室内等候车辆到达，出租车乘客则需步行至城市道路容易打车的地点等候，人民优步上门接送更能满足乘客需求，适应恶劣天气。另一方面，出租车司机对城市道路更为熟悉，里程和时耗更短，费用更低。人民优步司机不熟悉路况且没有配置导航，往往误选拥堵严重的道路，浪费时间，费用也大大增加。人民优步司机的专业素质亟需提高。

推广分析

城市	Taxi数量(万辆)	人口(万人)	辆/万人	专车受欢迎程度
广州	1.9	1292	15	较欢迎
台北	3.0	267	112	遇冷
北京	6.6	2070	32	一般
上海	5.0	2500	20	较欢迎
深圳	1.5	1036	14	较欢迎
杭州	1.0	884	11	非常受欢迎
成都	1.4	1405	10	非常受欢迎
天津	3.2	1294	25	一般
武汉	1.6	979	16	较欢迎
重庆	1.2	2885	4	非常受欢迎
乌鲁木齐	1.2	311	39	一般
三亚	0.2	69	29	一般
荆州	0.1	569	2	非常受欢迎

U 表示已引入Uber的城市

人民优步在国内城市：出租车与专车市场

由上面数据分析可知，人民优步能在广州推广的一大原因是广州本身的出租车市场不完善，需求量大于供给量。在北京，平均每一万人拥有32辆出租车。而人民优步进驻北京也不温不火，并没有对市场起到很大的调节作用。结合广州的数据分析得出，当大城市的出租车市场低于20辆/万人，小城市的出租车市场低于15辆/万人时，人民优步可以考虑进入当地市场，调节供需关系，方便出行。

人民优步在广州：开放与包容

因为广州的开放、包容，关于人民优步的讨论要比其他城市来得热烈。互联网等新媒体的运用，也给这些讨论提供了平台和机会。广州可以给其他城市以榜样的作用：如何在新鲜事物进入的时候，给予他们更多的发展空间和培育创新性本土化，为城市作出更多的贡献。

附 录

2006—2019 年华南理工大学《城乡社会综合调查研究》获奖作业列表

序号	获奖作品名称	奖项	获奖等级	获奖学生	指导教师	获奖时间
1	十年"伴"载——对顺德公共交通共同体（TC）模式的研究及改善	交通创新	二等奖	林志航、汤浩恒、梁雅捷、李轶青	姚圣、李昕、俞礼军、张钰	2019
2	中环"马尼拉"——香港中环周日菲佣聚集现象调查研究	城乡社会	三等奖	程宸、何韦萱、慕容卓一、郑泡梅	阎瑾、李昕、魏宗财、白雪	2019
3	旧城新说——应用景观符号学对永庆坊打卡景点的空间感知调查	城乡社会	佳作奖	王雨霏、沈晨如、黄一杰、何松伦	陶杰、李昕、刘婷	2019
4	"星星"出行，有爱无碍——广州自闭症群体自主出行支持调研	城乡社会	佳作奖	陆楚杰、戴琳、蒋佳琳、李泽盛	车乐、李昕、吴子超	2019
5	大爱无声——基于社会融合的广州某高校听障生社群调研	城乡社会	三等奖	卢逸伦、陈佩谦、赵杨、叶子荷	阎瑾、曾天然、王慧芹	2018
6	何以匆匆？——外卖骑手工作空间调研	城乡社会	三等奖	何雨晴、尹心桐、康冰冰、梁锡燕	车乐、向博文	2018
7	"秩"同道合——深港跨境学童出行链模式研究	交通创新	三等奖	徐金涛、陈东祺、李一姣、廖亚乔	姚圣、李昕、杨雅洁	2018
8	不"独"而立——独立书店与商业综合体相互关系探究	城乡社会	佳作奖	蔡洢琪、陈琳童、刘洪升、尹斓锡	陶杰、魏宗财、魏立华、田文豪	2018
9	"胶囊"里的歌声——碎片化时代迷你KTV的使用调查	城乡社会	佳作奖	魏易芳、方轶男、徐琳、谢雨吟	陶杰、魏宗财、田文豪	2018
10	循循善"诱"——游憩线路分享型APP的慢性交通诱导效应	交通创新	佳作奖	韩咏淳、陈嘉悦、黄艺翔	赵渺希、林伟鸿	2018
11	"管"中窥貌——基层治理视角中浙南上张乡集镇风貌整治的田野调查	城乡社会	三等奖	杨乙、叶东豪、殷佳婧、郑太善	赵渺希、黄俊浩	2017
12	危情"伺"伏的大学城——基于环境心理学的广州大学城环境安全感知分析	城乡社会	三等奖	林焯炜、邱彦琦、李家琦	戚冬瑾、蓝素雯	2017
13	"小小数字，大大便利"——广州轨道交通出行数字标识系统的调研	交通创新	三等奖	魏文翰、陈昕玮、邱璜、陈兆凯	刘晖、戚冬瑾、魏宗财	2017
14	广州某单位住区既有住宅增设电梯社会调研报告	城乡社会	佳作奖	郭焕金、陈沛健、陈仲、蔡俊杰	阎瑾、黄诗贤	2017
15	老何所"漂"——广州岑村Y小区"老漂族"的生活现状和漂泊感调查研究	城乡社会	佳作奖	贾姗、苏章娜、周一慧、莫海彤	阎瑾、李昕、魏宗财	2017
16	网约巴士——城际出行新选择	交通创新	佳作奖	陈伟、周曦明、伍敏安、丁春雨	阎瑾、黄诗贤	2017
17	"小·快·灵"——适用于高校社区的微公交运营模式及推广调研	交通创新	佳作奖	张嘉明、逢浩廷、于点、苏荣强	赵渺希、黄俊浩	2017
18	和你一起慢慢变老——广州市逢源街社区养老设施调查研究	城乡社会	三等奖	梁伟研、王舜奕、王玮	贺璟寰、李昕、刘洁敏	2016
19	老有所"仰"——与第三年龄大学对比的广州高校型老年大学现状调研	城乡社会	三等奖	黄银波、苏伊珩、周健莹、何慧灵	陶杰、李昕、林铭祥	2016
20	"村中乐巢"——广州市城中村青年公寓现象研究	城乡社会	佳作奖	龙越、王如越、凌芷茜、钟文亮	陶杰、李昕、林铭祥	2016

续表

序号	获奖作品名称	奖项	获奖等级	获奖学生	指导教师	获奖时间
21	无界线的篮球场——篮球场空间对东莞社会融合的促进机制研究	城乡社会	佳作奖	赖惠杰、段阳、刘海涛、姜楠	李昕、陶金、罗圆	2016
22	生态难民！？——对广州新洲渔民新村疍民生存困境的调查	城乡社会	佳作奖	麦晟、李玥、黄俊傑、元沃延	李昕、陶金、罗圆	2016
23	灵公交·助广交——广交会期间临时公共巴士调研及改善	交通创新	佳作奖	沈娉、余慕凤、赵楠楠	阎瑾、李昕、刘玮	2016
24	障·爱——广州市黄埔区智障人士工疗站发展状况调研	城乡社会	二等奖	刘彦欣、徐嘉婧、许君正、叶宸希	李昕、阎瑾、李嘉妍	2015
25	广州市中心区停车泊位错时共享模式探究	交通创新	二等奖	席紫茵、韩锋、陈静、舒同	赵渺希、李昕、陈铠楠	2015
26	渡城内外——广州市水上巴士系统调研及改善	交通创新	二等奖	侯文滔、李帅君、周志威、杨雨晨、林伟鸿	姚圣、李昕、李嘉豪	2015
27	"不务正业"的报刊亭——广州市五山地区报刊亭生存现状调研	城乡社会	三等奖	蔡伊凡、王筱宇、赵稼楠、戎昊	陶杰、贺璟寰、李昕	2015
28	老人与土——广州城郊3村的土地养老调研报告	城乡社会	三等奖	江贺韬、贺永雄、王慧芹、张弘	李昕、赵渺希、陈铠楠	2015
29	城中又一村——以广州里仁洞村为例的大城市淘宝村形成机制研究	城乡社会	三等奖	李之乔、武欣媛、何志荣、彭思凯	李昕、刘晖、温馨	2015
30	夜35在路上——广州夜间巴士35路现状调研及优化	交通创新	佳作奖	罗能敏、韩宇雷、郝嘉晨、黄诗琪	陶杰、贺璟寰、李昕	2015
31	优步迷途——广州人民优步使用状况调研及改进推广	交通创新	佳作奖	彭袆芃、晏琳、招丽欣、王誉莹、林卓琪	姚圣、李昕、李嘉豪	2015
32	人在"迁"途——广州中大布匹市场外来务工者迁移过程的调查研究	城乡社会	一等奖	吴梦迪、可怡萱、谷雨濛、杨小妹	邓昭华、赵渺希、王世福、张晨	2014
33	母爱10平方——广州天河路商圈母婴室状况调查	城乡社会	二等奖	黄菁、黄俊浩、李雨龙、骆媛婷	李昕、阎瑾、伊曼璐	2014
34	"非"常校园——基于广州高校非洲留学生交往活动及交往空间特征的校园需求分析	城乡社会	二等奖	邢鹏威、仇普钊、许欢、刘畅	车乐、汤黎明、张文侠	2014
35	我的公交我做主——深圳市定制公交车调研及优化	交通创新	二等奖	杨楚唯、罗嘉伟、于长祺、白丰玮、谭杰荣	邓昭华、张晨	2014
36	"夹缝"中的最后一公里——政府支持下的城中村公交接驳便民车调研	交通创新	三等奖	耿浩、赵银涛、王楚伊、陈翠旭、李月	刘晖、陈海涛	2014
37	办公桌 on moving	城乡社会	佳作奖	王秋婧、钟佩茜、陈纤嫣、麦家杰	车乐、张文侠	2014
38	流动的城市，奔跑的夜晚	城乡社会	佳作奖	罗啸天、刘玮、龙晓、李雪	陶杰、覃国洪	2014

续表

序号	获奖作品名称	奖项	获奖等级	获奖学生	指导教师	获奖时间
39	语音"司南"——盲人手持语音导航系统	交通创新	二等奖	付冬勤、谢茵蕾、冯颖雯、谢雯	车乐、刘梦婷	2013
40	轻而易"举"——广州地铁便民伞使用状况调研	城乡社会	三等奖	邬雪琦、林铭祥、殷永	陶杰、魏立华、殷晴、蒋琳婕	2013
41	网络在手，校巴我有——校园巴士GPS定位系统应用调研	交通创新	三等奖	肖露萌、刘洁敏、郑健钊、周兆前、陈浩	汤黎明、赵渺希、罗宗宇	2013
42	广州服装公交专线调研	交通创新	三等奖	刘帅、何卓书、郑敏仪、纪晓玉	阎瑾、吴欣燕	2013
43	人"微"不再言轻——以广州大佛寺扩建为例的自媒体影响下规划公共事件参与研究	城乡社会	佳作奖	张晨、代茹诗、熊安昕、谢晓菲	邓昭华、赵渺希、魏志梁、刘文雯	2013
44	公共服务设施使用中的社会分异特征	城乡社会	二等奖	吴嘉慧、李佩玲、吴颖婷、潘婉君	赵渺希、汤圆	2012
45	丰屋之戒？——从居民感受出发的珠江新城高容积率居住区调查	城乡社会	三等奖	温馨、黄芳、徐臻、白帆	汤黎明、窦飞宇	2012
46	利益的空间扭曲——基于利益主体的广州恩宁路使用者空间评价	城乡社会	三等奖	黄汝钧、刘啸、薛严、梁冠铮	赵渺希、汤圆	2012
47	你援我助——公交线路支援策略的探索	交通创新	三等奖	徐琛、钟烨、彭钰、马驰骋	陶杰、王成芳、汤黎明、王世福、刘雨菡	2012
48	购便捷——广州超市购物巴探究	交通创新	三等奖	周超晨、郭家桢、李隽、郑嘉敏	刘晖、赵渺希、俞礼军、钟诗颖、任咏军	2012
49	商流不息——以地铁站点为依托的地下商业空间研究	城乡社会	佳作奖	宋亚灵、陈衍秀、张文全、刘康	刘晖、钟诗颖、任咏东	2012
50	不再"挺"而走险——关怀孕妇公交巴士出行	交通创新	佳作奖	黄倩、崔泽松、肖彤	陶杰、刘雨菡	2012
51	城来城往——基于地铁线出行状况的广佛功能联系研究	城乡社会	一等奖	杨子杰、钟秋妮、林俊琦、彭丽君	王世福、赵渺希、戚冬瑾	2011
52	分分计较——公交优惠政策对广州市民出行方式的影响	城乡社会	二等奖	刘珺、孙阳、朱苑薇、王玥	Francesca Frassoldati、邓昭华、戚冬瑾、赵渺希	2011
53	居有定所，有其乐——广州市金沙洲新社区公共活动现状调研	城乡社会	三等奖	罗婕、黄淑清、田菲、周丽婵	戚冬瑾、叶芳芳、赵渺希	2011
54	骑·行·大学城——广州市大学城公共自行车系统使用	城乡社会	佳作奖	陈倩茹、李缤思、张东驰、孙瑞阳	王世福、赵渺希、戚冬瑾	2011
55	取径通"优"——广州市异地候乘	交通创新	佳作奖	刘耀科、赖程充、许路、张蓉	董慰、杨观宇、刘晖	2011
56	广州"BRT+公共自行车"交通模式	交通创新	佳作奖	陈可、邝晓雯、潘隆苏、易淑祯	戚冬瑾、叶芳芳、刘晖	2011
57	TC（公交共同体）——公益性与机动性的平衡	交通创新	佳作奖	林韵莹、林创业、丁汀、何政康	汤黎明、王玉顺、俞礼军、魏立华、刘晖	2011

续表

序号	获奖作品名称	奖项	获奖等级	获奖学生	指导教师	获奖时间
58	"蚁民"巴士，益民巴士？——广州上社村村巴运营调研报告	城乡社会	三等奖	简锦锋、梁尚婷、林梓丹、吴欣燕	王世福、邓昭华、Francesca Frassoldati、戚冬瑾、叶红、俞礼军	2010
59	关爱5%——以体育西路站为例的广州市地铁站无障碍设施使用情况调研报告	城乡社会	佳作奖	方文雄、王斯颖、魏丽、赵江	陶杰、戚冬瑾、叶红、张颖异	2010
60	真假残疾——广州市老城区批发市场周边残疾人专用车运营现状调研	城乡社会	佳作奖	邱媛媛、黄燕萍、王耕野	刘晖、戚冬瑾、叶红、顾新辰	2010
61	亦快亦慢宜生活——广州增城市绿道系统调研	城乡社会	佳作奖	冯志丰、罗宗宇、汪景行、张璐瑶	董慰、戚冬瑾、谢瑜	2010
62	佛山二中"公交校车"交通出行创新实践调研	城乡社会	佳作奖	岑迪、刘梦婷、王庆乐	刘晖、戚冬瑾、叶红、顾新辰	2010
63	当住宅变成仓库——天河IT商业区周边住区"住改仓"消防安全问题调研	城乡社会	佳作奖	许杰兰、张玮璐、邹百平、沙思云	陶杰、戚冬瑾、魏立华、易乔	2009
64	退贤让路——广州市体育东路建筑退缩位现状调研	城乡社会	佳作奖	陈明哲、李冕、孙晓丽	汤黎明、魏立华、戚冬瑾、刘姝婧	2009
65	街巷·儿童——广州传统街巷式住区儿童户外活动空间调研	城乡社会	三等奖	关志烨、叶芳芳、张汉燊	戚冬瑾、区绮雯	2008
66	大城小吃——广州市上下九商业步行街户外饮食行为调研报告	城乡社会	三等奖	李珏、窦建珊、刘汀、陈锐敏	阎瑾、黄铎、戚冬瑾	2008
67	广州市恩宁路片区被拆迁居民意愿调研	城乡社会	三等奖	张天尧、陈燕燕、陈明辉	刘玉亭、汤黎明、戚冬瑾、李文丹	2008
68	何处"撒野"——广州市五羊新城社区公共健身设施使用状况	城乡社会	佳作奖	张璟琳、魏哲、吴碧君	刘玉亭、汤黎明、戚冬瑾、李文丹	2008
69	老外来淘金——广州市淘金路洋餐饮店现状调查	城乡社会	佳作奖	何雯雯、王嘉莹、卓柳盈	陶杰、魏立华、戚冬瑾	2008
70	走走停停——北京路步行街步行停留行为及休憩座椅调研	城乡社会	二等奖	张肖珊、章倩滢、王琳、叶碧岑	魏立华、汤黎明、戚冬瑾	2007
71	广州市北京路商圈停车诱导系统调查报告	城乡社会	三等奖	段晓宇、胡岚、林余铭、王林盛	王世福、魏立华、戚冬瑾、王敏	2007
72	让女性大于半边天——广州北京路步行街厕所男女蹲位数量及比例调查	城乡社会	三等奖	陆伟夫、陆海坤、曾博	魏立华、汤黎明、戚冬瑾	2007
73	广州市老城区小学的校园周边环境问题调查报告	城乡社会	佳作奖	王必武、钟家栋、周光红、周杨杨	汤黎明、魏立华、王成芳	2006